Lars Jensen-Nissen

IAS 32 / IAS 39 und steuerliche Gewinnermittlung

GABLER EDITION WISSENSCHAFT

Forschungsreihe
Rechnungslegung und Steuern

Herausgegeben von
Professor Dr. Christoph Watrin,
Universität Münster

Lars Jensen-Nissen

IAS 32 / IAS 39 und steuerliche Gewinnermittlung

Bilanzierung von Finanzinstrumenten dem Grunde nach

Mit einem Geleitwort von Professor Dr. Norbert Herzig

Deutscher Universitäts-Verlag

Bibliografische Information Der Deutschen Nationalbibliothek
Die Deutsche Nationalbibliothek verzeichnet diese Publikation in der Deutschen Nationalbibliografie; detaillierte bibliografische Daten sind im Internet über <http://dnb.d-nb.de> abrufbar.

Dissertation Universität zu Köln, 2007

1. Auflage April 2007

Lektorat: Ute Wrasmann / Anita Wilke

Der Deutsche Universitäts-Verlag ist ein Unternehmen von Springer Science+Business Media.
www.duv.de

Umschlaggestaltung: Regine Zimmer, Dipl.-Designerin, Frankfurt/Main
Gedruckt auf säurefreiem und chlorfrei gebleichtem Papier
Printed in Germany

ISBN-13 978-3-8350-0691-1

Geleitwort

Das weltweite Vordringen der IFRS/IAS-Rechnungslegung wirft zwangsläufig die Frage nach der Zukunft der steuerlichen Gewinnermittlung auf. Für Deutschland steht dabei der Aspekt im Vordergrund, ob an dem traditionellen Maßgeblichkeitsgrundsatz festgehalten werden kann. Herr Jensen-Nissen setzt sich vor diesem Hintergrund für eine Verselbstständigung der steuerlichen Gewinnermittlungen ein, die an die IFRS/IAS als „Starting Point" anknüpft, ohne eine rechtstechnische Verknüpfung im Sinne der Maßgeblichkeit vorzusehen.

Die von Herrn Jensen-Nissen vorgenommene Untersuchung, die von der Wirtschafts- und Sozialwissenschaftlichen Fakultät der Universität zu Köln als Dissertation angenommen worden ist, beschränkt sich dabei auf die Betrachtung der Bilanzierung von Finanzinstrumenten. Er wählt für seinen Untersuchungsaufbau eine dreigliedrige Struktur. Ausgangspunkt der Untersuchung ist zunächst eine Darstellung des bilanziellen IFRS/IAS-Vorgehens. Zu einem besseren Verständnis der IFRS/IAS-Vorschriften werden diese mit den gegenwärtig geltenden steuerbilanziellen Vorschriften verglichen. In einem weiteren Schritt leitet er sodann Vorschläge für die zukünftige Gestaltung der steuerlichen Gewinnermittlung ab.

Herr Jensen-Nissen zeigt, dass trotz der unterschiedlichen Gewichtung der Kriterien „Relevance" und „Reliability" in beiden Rechenwerken neben gravierenden Unterschieden in zentralen Aspekten - beispielsweise die bilanzielle Abbildung von Finanzderivaten - auch Felder der Übereinstimmung zu finden sind. Die IAS 32 und IAS 39 präsentieren in Teilbereichen Bilanzierungsvorschriften, die überzeugende Ansätze zur Schließung gegenwärtiger steuerbilanzieller Regelungslücken bieten. Herr Jensen-Nissen zeigt eindrucksvoll, dass die IFRS/IAS zukünftig in Teilen durchaus als Schrittmacher der steuerlichen Gewinnermittlung verstanden werden können.

Die strukturell klar gefasste Arbeit zeichnet sich durch eine stets nachvollziehbare Gedankenführung aus. Die Untersuchung beinhaltet einen interessanten Forschungsbeitrag, der Wissenschaftlern und Praktikern gleichermaßen empfohlen werden kann.

Professor Dr. Norbert Herzig

Vorwort

Im Juni 2000 hat die EU-Kommission mit der Ankündigung ihrer „Neuen Rechnungslegungsstrategie“ grundlegende Weichen zur Angleichung des europäischen Bilanzrechts gestellt, die eine Harmonisierung der auf unterschiedlichen Traditionen basierenden Rechnungslegungsvorschriften der einzelnen Mitgliedstaaten zum Ziel hat. Es soll demnach erreicht werden, dass der gemeinsame Binnenmarkt nicht auch zukünftig weiterhin in eine Vielzahl unterschiedlichster Rechnungslegungssysteme untergliedert bleibt, sondern dass ein einheitliches, von allen EU-Mitgliedstaaten anerkanntes Rechnungslegungssystem dem Gedanken des gemeinsamen Binnenmarktes Rechnung trägt. Die Rechungslegungsstrategie der Europäischen Union stellt dabei zur Erreichung dieser Zielsetzung auf die IFRS/IAS als alternativloses Rechenwerk ab. Da in Deutschland die handelsbilanzielle Rechnungslegung über das Maßgeblichkeitsprinzip eng mit der steuerbilanziellen Rechnungslegung verzahnt ist, muss konstatiert werden, dass diese Entwicklung nicht ohne Auswirkung auf die steuerliche Gewinnermittlung bleiben kann, dass es ggf. zu einer Aufgabe des tradierten Maßgeblichkeitsprinzips kommen wird.

Als eine Konsequenz aus der Aufgabe des Maßgeblichkeitsprinzips bedarf es der Konzeption einer eigenständigen Steuerbilanz. Im Rahmen des Untersuchungsaufbaus skizziere ich daher Grundzüge eines eigenständigen Steuerbilanzrechts, um dann als wesentliches Ziel meiner Dissertation untersuchen zu können, ob nicht eventuell einzelne IFRS/IAS-Bilanzierungsvorschriften künftig zur steuerlichen Gewinnermittlung herangezogen, d.h. ob etwaige IFRS/IAS-Wertungen nicht gegebenenfalls in die Konzeption einer eigenständigen Steuerbilanz Eingag finden können. Die Untersuchung konzentriert sich dabei ausschließlich auf einzelne IFRS/IAS-Vorschriften zur Bilanzierung von Finanzinstrumenten.

Die Arbeit entstand während meiner Tätigkeit am Seminar für Allgemeine Betriebswirtschaftslehre und Betriebswirtschaftliche Steuerlehre der Universität zu Köln und wurde Ende 2006 fertiggestellt. Folglich berücksichtigen die Ausführungen den Stand der Gesetzgebung, Rechtsprechung und Literatur bis Dezember 2006.

Das Zustandekommen und der Abschluss meines Dissertationsprojektes basiert auf einer ganzen Fülle unterstützender Kräfte, ohne deren Wirken dieses Projekt nur schwerlich hätte vollendet werden können. Zunächst möchte ich meinem Doktorvater, Herrn Prof. Dr. Norbert Herzig, für die Aufnahme als Doktorand an seinem Lehrstuhl, die Anregung zu dem Dissertationsthema und die während meiner Lehrstuhlzeit gewährten großen wissenschaftlichen Freiheiten danken. Danken möchte ich zudem dem Zweitgutachter, Herrn Prof. Dr. André Jacues Dicken, für das Abfassen des Korrefrats sowie Herrn Prof. Dr. Eckhart Bomsdorf für die umsichtige Leitung der Prüfungskommission.

Dank gebührt außerdem meinen lieben und netten Kollegen am Lehrstuhl, die mich während meiner Dissertationsphase begleitet haben. Ich habe mit ihnen immer gerne das gemeinsame Mittagsmahl eingenommen. Mir wird dabei vor allem in guter Erinnerung bleiben, dass sie mich trotz meiner Affinität zum Fußball und hier insbesondere zum HSV während der gemeinsamen Mahlzeiten immer zu Wort kommen ließen.

Einen ganz besonderen Dank möchte ich aber an meine Frau Iris aussprechen, die mir durch ihre verständnis- und liebevolle Art, die mir durch ihre Zuversicht und durch ihren aufheiternden Humor jederzeit das Gefühl des Gelingens des Dissertationsprojektes vermitteln konnte. Auch für die Durchsicht des Manuskriptes möchte ich mich bei ihr bedanken. Du warst mir jederzeit eine große Hilfe! Zu guter Letzt möchte ich dann auch noch einen Dank an meinen Sohn Ole richten. Ole war maßgeblich dafür verantwortlich, dass ich die schriftliche Abfassung der Dissertation mit Nachdruck vorangetrieben habe, da ich diese noch vor seiner Geburt beenden wollte. Mit einer Punktlandung habe ich dieses Ziel dann auch erreicht.

Lars Jensen-Nissen

Inhaltsübersicht

Inhaltsverzeichnis

Tabellenverzeichnis

Abkürzungsverzeichnis

a. A.	anderer Ansicht
a. a. O.	am angegebenen Ort
a. F.	alte Fassung
A/D/S	Adler, H. / Düring, W. / Schmaltz, K. (Hrsg. Kommentar)
ABlEG	Amtsblatt der Europäischen Gemeinschaften
Abs.	Absatz; Absätze
ADHGB	Allgemeines Deutsches Handelsgesetzbuch
AG	Aktiengesellschaft; Die Aktiengesellschaft (Zeitschrift)
AG	Application Guidance (findet sich lediglich im Zusammenhang mit einem Standard)
AktG	Aktiengesetz
AO	Abgabenordnung
ARC	Accounting Regulatory Committee
BaFin	Bundesanstalt für Finanzdienstleistungsaufsicht
BB	Betriebs-Berater (Zeitschrift)
BC	Basis for Conclusion
Bd.	Band
BFA	Bankenfachausschuss (IDW)
BFH	Bundesfinanzhof
BFH/NV	Bundesfinanzhof: Nicht veröffentlichte Urteile (Zeitschrift)
BFHE	Sammlung der Entscheidungen des Bundesfinanzhofes (Sammelwerk)
BFuP	Betriebswirtschaftliche Forschung und Praxis (Zeitschrift)
BGB	Bürgerliches Gesetzbuch
BGBl.	Bundesgesetzblatt (Zeitschrift)
BGH	Bundesgerichtshof
BGHZ	Entscheidungen des Bundesgerichtshofes in Zivilsachen (Zeitschrift)
BMF	Bundesministerium der Finanzen
BStBl.	Bundessteuerblatt (Zeitschrift)
BT-Drucksache	Bundestags-Drucksache
bzw.	beziehungsweise

CCCTB	Common Consolidated Corporate Tax Base
d. h.	das heißt
D/E/J/W	Dötsch, E. / Eversberg, H. / Jost, W. F. / Witt, G. [Hrsg. Kommentar]
DB	Der Betrieb (Zeitschrift)
DBW	Die Betriebswirtschaft (Zeitschrift)
ders.	derselbe
dies.	dieselbe; dieselben
DO	Dissenting Opinion
DRS	Deutscher Rechnungslegungs Standard
DRSC	Deutsches Rechnungslegungs Standards Comittee
DStJG	Veröffentlichungen der Deutschen Steuerjuristischen Gesellschaft e. V. (Zeitschrift)
DStR	Deutsches Steuerrecht (Zeitschrift)
DStRE	Deutsches Steuerrecht: Entscheidungsdienst (Zeitschrift)
DStZ	Deutsche Steuer-Zeitung (Zeitschrift)
DSWR	Datenverarbeitung - Steuer - Wirtschaft – Recht (Zeitschrift)
ECOFIN	Economic and Financial Council / Rat der EU-Wirtschafts- und Finanzminister
ED	Exposure Draft
EFG	Entscheidungen der Finanzgerichte (Zeitschrift)
EFRAG	European Financial Reporting Advisory Group
EG	Europäische Gemeinschaft
Einf.	Einführung
EStG	Einkommensteuergesetz
EStR	Einkommensteuer-Richtlinien
EU	Europäische Union
EuGH	Europäischer Gerichtshof
EZB	Europäische Zentralbank
f.	folgende
ff.	fortfolgende
FB	Finanz-Betrieb (Zeitschrift)
FG	Finanzgericht
Fn.	Fußnote
FR	Finanzrundschau (Zeitschrift)

GenG	Genossenschaftsgesetz
ggf.	gegebenenfalls
gl. A.	gleicher Ansicht
GmbH	Gesellschaft mit beschränkter Haftung
GmbHR	GmbH-Rundschau (Zeitschrift)
GoB	Grundsätze ordnungsmäßiger Buchführung und Bilanzierung
GrS	Großer Senat
GStB	Gestaltende Steuerberatung (Zeitschrift)
GuV	Gewinn- und Verlustrechnung
H	Hinweis
H/H/R	Herrmann, C. / Heuer, G. / Raupach, A. (Hrsg. Kommentar)
HdR	Handbuch der Rechnungslegung
HFR	Höchstrichterliche Finanzrechtsprechung (Zeitschrift)
HGB	Handelsgesetzbuch
Hrsg.	Herausgeber
i. d. R.	in der Regel
i. e. S.	im engeren Sinne
i. F.	im Folgenden
i. H. v.	in Höhe von
i. S. d.	im Sinne der / des
i. V. m.	in Verbindung mit
i.w.S.	im weiteren Sinne
IAS	International Accounting Standards
IASB	International Accounting Standards Board
IASC	International Accounting Standards Committee
IDW	Institut der Wirtschaftsprüfer in Deutschland e. V.
IFRIC	International Financial Reporting Interpretations Committee
IFRS	International Financial Reporting Standards
IG	Implementing Guidance
INF	Die Information über Steuer und Wirtschaft (Zeitschrift)
IStR	Internationales Steuerrecht (Zeitschrift)
IWB	Internationale Wirtschaftsbriefe (Zeitschrift)
JbFSt	Jahrbuch der Fachanwälte für Steuerrecht (Zeitschrift)

KOM	Kommission
KonTraG	Gesetz zur Kontrolle und Transparenz im Unternehmensbereich
KoR	Internationale und kapitalmarktorientierte Rechnungslegung (Zeitschrift)
KStG	Körperschaftsteuergesetz
KMU	Klein und mittelständische Unternehmen
KWG	Gesetz über das Kreditwesen (Kreditwesengesetz)
lit.	littera (Lateinisch = Buchstabe)
m. w. N.	mit weiteren Nachweisen
MaH	Mindestanforderung an das Betreiben von Handelsgeschäften der Kreditinstitute
MaIR	Mindestanforderungen an die Ausgestaltung der Internen Revision der Kreditinstitute
MaK	Mindestanforderung an das Kreditgeschäft der Kreditinstitute
MaRisk	Mindestanforderungen an das Risikomanagement
MoMiG	Gesetz zur Modernisierung des GmbH-Rechts und zur Bekämpfung von Missbräuchen
n. F.	neue Fassung
NJW	Neue Juristische Wochenzeitschrift (Zeitschrift)
Nr.	Nummer
n.v.	nicht veröffentlicht
n. rkr.	nicht rechtskräftig
NWB	Neue Wirtschaftsbriefe (Zeitschrift)
NZG	Neue Zeitschrift für Gesellschaftsrecht (Zeitschrift)
OFD	Oberfinanzdirektion
OLG	Oberlandesgericht
RFH	Reichsfinanzhof
RFHE	Sammlung der Entscheidungen und Gutachten des Reichsfinanzhofs und des Obersten Finanzgerichtshofs (Sammelwerk)
RIW	Recht der Internationalen Wirtschaft (Zeitschrift)
Rn.	Randnummer
RStBl.	Reichssteuerblatt (Zeitschrift)

S.	Satz; Seite; Siehe
SIC	Standing Interpretations Committee
Slg	Sammlung der Rechtsprechung des Gerichtshofs (Zeitschrift)
SME	Small- and Medium-Sized Entities
sog.	sogenannte (-s)/(-r)/(-n)
StB	Der Steuerberater (Zeitschrift)
Stbg	Die Steuerberatung (Zeitschrift)
StbJb	Steuerberater-Jahrbuch (Schriftenreihe)
StBp	Die steuerliche Betriebsprüfung (Zeitschrift)
StGEG	Gesetz zur steuerlichen Gewinnermittlung (Gesetzesvorschlag der Stiftung Marktwirtschaft)
StuB	Steuern und Bilanzen (Zeitschrift)
StuStu	Steuer und Studium (Zeitschrift)
StuW	Steuer und Wirtschaft (Zeitschrift)
u. a.	unter anderem, (-n); und andere(s)
u. U.	unter Umständen
vGA	verdeckte Gewinnausschüttung
vgl.	vergleiche
WM	Wertpapier-Mitteilungen (Zeitschrift)
WPg	Die Wirtschaftsprüfung (Zeitschrift)
WpHG	Gesetz über den Wertpapierhandel (Wertpapierhandelsgesetz)
z. B.	zum Beispiel
ZBB	Zeitschrift für Bankrecht und Bankwirtschaft (Zeitschrift)
ZfB	Zeitschrift für Betriebswirtschaft (Zeitschrift)
ZfbF	Zeitschrift für betriebswirtschaftliche Forschung (Zeitschrift)
ZGR	Zeitschrift für Unternehmens- und Gesellschaftsrecht (Zeitschrift)
ZHR	Zeitschrift für das gesamte Handelsrecht und Wirtschaftsrecht (Zeitschrift)
ZIP	Zeitschrift für Wirtschaftsrecht (Zeitschrift)
z. T.	zum Teil

1. Teil: Grundlagen der Untersuchung

1. Kapitel: Einführung

I. Einleitung

Das europäische Bilanzrecht und damit auch die deutsche Rechnungslegung stehen im Hinblick auf den gemeinsamen EU-Binnenmarkt vor weitreichenden Herausforderungen, die sich im Kern aus den Harmonisierungsbestrebungen der europäischen Rechnungslegung ergeben. Nachdem bereits vor mehr als 20 Jahren mit der Vierten und der Siebenten EG-Bilanzrichtlinie auf europäischer Ebene erste Harmonisierungsschritte unternommen wurden,[1] haben das Europäische Parlament und der Europäische Rat mit der Verabschiedung der EG-Verordnung betreffend die Anwendung internationaler Rechnungslegungsgrundsätze (IAS-Verordnung)[2] in jüngster Zeit einen weiteren Vorstoß in Richtung Harmonisierung der Rechnungslegung vorgenommen. Im Zuge dessen wurden durch drei Änderungsrichtlinien - die Fair Value-Richtlinie, die Modernisierungsrichtlinie und die Schwellenwertrichtlinie[3] - sowohl die Vierte als auch die Siebente EG-Bilanzrichtlinie an internationale Rechnungslegungsstandards angepasst. Auf Grund notwendiger Anpassungsmaßnahmen des nationalen Gesetzgebers sind diese Harmonisierungsbestrebungen mittlerweile auch im deutschen Handelsgesetzbuch wiederzufinden.[4] Kapitalmarktorientierte Unternehmen sind nunmehr verpflichtet, ihren Konzernabschluss nach den IFRS/IAS-Vorschriften zu erstellen.[5] Zusammen mit der IAS-Verordnung wirkt der IFRS/IAS-Konzernabschluss gem. § 315 a Abs. 1 HGB befreiend hinsichtlich der Erstellung eines HGB-Konzernabschlusses. Zudem eröffnet der Gesetzgeber gem. § 315 a Abs. 3 HGB auch nichtkapitalmarktorientierten Unternehmen die Möglichkeit, einen befreienden IFRS/IAS-Konzernabschluss aufzustellen.

---

1 Vierte EG-Bilanzrichtlinie vom 25.7.1978, Richtlinie 78/660/EWG des Rates, ABlEG 1978, L 222-11; und Siebente EG-Bilanzrichtlinie vom 13.6.1983, Richtlinie 83/349/EWG des Rates, ABlEG 1983, L 193-1.

2 IAS-Verordnung vom 19.7.2002, Verordnung (EG) 1606/2002 des Europäischen Parlaments und des Rates, ABlEG 2002, L 243-1.

3 Fair Value-Richtlinie vom 27.9.2001, Richtlinie 2001/65/EG des Europäischen Parlaments und des Rates, ABlEG 2001, L 283-28; Modernisierungsrichtlinie vom 18.6.2003, Richtlinie 2003/51/EG des Europäischen Parlaments und des Rates, ABlEG 2003, L 178-16; Schwellenwertrichtlinie vom 13.5.2003, Richtlinie 2003/38/EG des Rates, ABlEG 2003, L 120-22.

4 Mit dem Bilanzrichtliniengesetz vom 19.12.1985 wurden die Vierte und Siebente EG-Bilanzrichtlinie in deutsches Recht umgesetzt. Zuletzt wurden durch das Bilanzrechtsreformgesetz vom 04.12.2004 die IAS-Verordnung und die verpflichtenden Bestandteile der Fair Value-Richtlinie, der Modernisierungsrichtlinie und der Schwellenwertrichtlinie in deutsches Bilanzrecht aufgenommen, BiRiLiG vom 19.12.1985, BGBl. I 1985, S. 2355; und BilReg vom 4.12.2004, BGBl. I 2004, S. 3166.

5 Es handelt sich hierbei um eine Abkürzung für die International Financial Reporting Standards (IFRS) / International Accounting Standards (IAS). Im Folgenden wird ausschließlich die Abkürzung IFRS/IAS verwendet.

Im Gegensatz zu dem befreienden IFRS/IAS-Konzernabschluss sieht das HGB keine IFRS/IAS-Befreiungsvorschrift für den Einzelabschluss als Grundlage für die Ausschüttungsbemessung vor. Als einzige Ausnahme hiervon ist lediglich die neu eingeführte Vorschrift des § 325 Abs. 2a HGB anzusehen, nach der bestimmten Gesellschaften das Recht eingeräumt wird, anstelle des HGB-Jahresabschlusses einen IFRS/IAS-Jahresabschluss im Bundesanzeiger offenzulegen. Hinzu kommt, dass der Unternehmer neben diesen Jahresabschlüssen auch noch einen Abschluss für steuerbilanzielle Zwecke anzufertigen hat, da dieser trotz Maßgeblichkeit der Handelsbilanz in den meisten Fällen auf Grund steuerlicher Sonderregelungen nicht deckungsgleich mit dem HGB-Einzelabschluss ist. Vor dem Hintergrund, dass der Kaufmann am Markt erfolgreich sein und nicht einen Großteil seiner Ressourcen und seiner Energien darauf verwenden sollte, Bilanzierungspflichten nachzukommen, ist als Problem zu benennen, dass er sich unnötigerweise mit einer Vielzahl von Bilanzen auseinandersetzen muss. Es wird daher interessant sein zu beobachten, welche Sogwirkung auf den Einzelabschlusses von der Möglichkeit ausgehen wird, einen befreienden IFRS/IAS-Konzernabschluss und auch einen für Offenlegungszwecke befreienden IFRS/IAS-Einzelabschluss aufstellen zu dürfen. Obwohl eine derartige Sogwirkung nicht quantifizierbar ist, gilt es, sich Gedanken über die Zukunft der steuerlichen Gewinnermittlung zu machen, da die zunehmende wirtschaftliche Bedeutung eines IFRS/IAS-Abschlusses eine Bündelung der Ressourcen im Hinblick auf den Rechnungslegungsaufwand erfordert. In diesem Zusammenhang darf zudem die künftige Entwicklung der HGB-Kapitalerhaltungsbilanz im Europäischen Binnenmarkt nicht unbeobachtet bleiben. Aufgrund der Tatsache, dass der Kapitalerhaltungsgrundsatz deutscher Prägung im Wettbewerb mit den Vorschriften anderer Mitgliedstaaten zur Kapitalerhaltung an Bedeutung zu verlieren droht, deutet sich an, dass die gegenwärtig enge Bindung zwischen der steuer- und handelsbilanziellen Gewinnermittlung aufgelöst werden muss.

Neben der Entwicklung, dass sich europäische Harmonisierungsbestrebungen auf die steuerliche Gewinnermittlung auswirken, stellt zudem die hohe Dynamik der Kapitalmärkte die Gewinnermittlung der Unternehmen vor die Schwierigkeit einer sachgetreuen Bilanzierung von Finanzprodukten. Nach Möglichkeit soll zwar die wirtschaftliche Bedeutung eines Finanzinstruments zweckgerecht abgebildet werden,[6] allerdings zeigen nicht zuletzt die Diskussion im IASB um den IAS 39 oder aber die steuerlichen Überlegungen zur bilanziellen Abbildung von Sicherungsbeziehungen, dass die Bilanzierung von Finanzinstrumenten Probleme aufwerfen kann, die eine zweckorientierte Bilanzierung nicht immer ganz einfach erscheinen lassen. Während beispielsweise die vom IASB im Jahr 2003 eingeführte allgemeine Fair Value-

---

6 Die EU-Kommission gibt anlässlich der Bedeutung eines gemeinsamen Finanzmarktes als Ziel aus, gemeinsame Regelungen zur Rechnungslegung bereitzustellen. Über die transparente Darstellung von Informationen soll es den Wertpapiermärkten der EU ermöglicht werden, den Bedürfnissen der Anleger entgegenzukommen, so dass das Volumen der Finanzmärkte erheblich ansteigt. Die EU-Kommission stellt insofern als ein zentrales Anliegen ihrer Rechnungslegungsstrategie heraus, dass Wertpapiere auf der Grundlage einheitlicher Rechnungslegungsstandards auf europäischen und internationalen Finanzmärkten gehandelt werden sollten; vgl. EU-Kommission vom 13.06.2000, KOM (2000) 359 endgültig, S. 3 Rn. 2 ff.

Option im Jahre 2005 grundlegend eingeschränkt wurde,[7] ist steuerbilanziell beispielsweise die vom deutschen Gesetzgeber neu eingefügte spezielle Maßgeblichkeit des § 5 Abs. 1 a EStG nicht als Fortschritt hinsichtlich der Bilanzierung von Sicherungsbeziehungen anzusehen,[8] da es an konkreten handelsbilanziellen Vorschriften mangelt. Auch beständige Überlegungen des IASB zur Abgrenzung zwischen Eigen- und Fremdkapitalinstrumenten i.S.d. IAS 32, die durch einen im Juni 2006 veröffentlichten Exposure Draft ihre Fortsetzung fanden, charakterisieren die Schwierigkeiten, die sich aus der Notwendigkeit einer sachgerechten bilanziellen Abbildung von Finanzinstrumenten ergeben.[9]

II. *Vorgehensweise und Untersuchungsziel*

Das Vordringen der internationalen Rechnungslegung und die hohe Entwicklungsdynamik von Finanzprodukten werfen vermehrt Fragen nach der Zukunft der steuerlichen Gewinnermittlung und einer sachgerechten Bilanzierung von Finanzinstrumenten auf. Einleitend ist daher neben der Frage, welche Folgewirkungen sich aus der zunehmenden Internationalisierung der Rechnungslegung für die Zukunft des Maßgeblichkeitsgrundsatzes ergeben,[10] zu erläutern, welche steuerbilanziellen Auswirkungen sich aus einer möglichen Aufhebung des Maßgeblichkeitsprinzips ergeben würden. Ein wichtiger Punkt ist dabei der europäische Umgang mit der Zukunft des Gläubigerschutzes, d.h. der Frage welchen Stellenwert zukünftig eine ausschließlich dem Kapitalerhaltungsgedanken verpflichtete Rechnungslegung noch haben wird. In diesem Zusammenhang ist zu diskutieren, welche Relevanz die sich zu einem Weltstandard entwickelnden IFRS/IAS für die steuerliche Gewinnermittlung entfalten können. Die IFRS/IAS bieten für bilanzielle Problemstellungen weltweit einheitliche Lösungsansätze an, so dass es zu untersuchen lohnt, ob diese Lösungsansätze nicht auch für steuerliche Zwecke Verwendung finden können oder ob steuerlich wegen einer abweichenden Zwecksetzung eher eine andere Lösung vorgezogen werden muss.

---

7 Gem. IAS 39.9 (b) (i), (ii) kann nunmehr nur noch auf eine eingeschränkte Fair Value-Option zurückgegriffen werden. Anzuwenden ist diese Regelung für die Erstellung von Abschlüssen erstmals ab dem 01.01.2006. Die geänderte Fassung des IAS 39 „Finanzinstrumente: Ansatz und Bewertung - Wahlrechte der Bewertung zum beizulegenden Zeitwert" wurde am 16.06.2005 verabschiedet und veröffentlicht. Anlass für die Korrektur war insbesondere die von der Europäischen Zentralbank (EZB) im Februar-Monatsbericht 2004 vorgetragene Kritik, dass eine allgemeine Fair Value-Option die Gefahr einer erhöhten Volatilität in der GuV nach sich zieht und dass eine Fair Value-Bewertung von Verbindlichkeiten zu einer Berücksichtigung des eigenen Kreditausfallrisikos des bilanzierenden Unternehmens führt; vgl. EZB, Fair Value, Monatsbericht 2004, S. 77 ff.

8 Gesetz zur Eindämmung missbräuchlicher Steuergestaltungen vom 28.4.2006, BGBl. I 2006, S. 1095.

9 Vgl. IASB vom 22.06.2006, Exposure Draft: Financial Instruments Puttable at Fair Value and Obligations Arising on Liquidation, S. 1 ff.

10 Diese Frage ist nicht nur für kapitalmarktorientierte Unternehmen von erheblichem Gewicht, die an einer durchgängigen Bilanzierung nach internationalen Grundsätzen im Einzel- und Konzernabschluss interessiert sein dürften. Sie betrifft insbesondere auch die große Zahl der klein- und mittelständischen Unternehmen in Deutschland, die derzeit noch unter dem Aspekt der Wirtschaftlichkeit dem Konzept der Einheitsbilanz folgen.

Im Speziellen nimmt sich diese Arbeit sodann einiger Fragen zur Bilanzierung von Finanzinstrumenten an. Die Untersuchung bezieht sich thematisch ausschließlich auf den Bilanzansatz von Finanzinstrumenten, ohne dass Bewertungsfragen eigenständig diskutiert werden. Zwar handelt es sich bei der Fair Value-Konzeption des IAS 39 um einen wichtigen Baustein der IFRS/IAS-Bilanzierung von Finanzinstrumenten, die Untersuchung konzentriert sich jedoch lediglich auf die Bilanzierung von Finanzinstrumenten „dem Grunde nach", da im geltenden Steuerbilanzrecht in vielen Teilbereichen diesbezüglich keine abschließende Rechtsklarheit gegeben ist und eine Fair Value-Konzeption steuerlich zudem von nachrangiger Bedeutung sein dürfte.[11] Aspekte des Ansatzes der Höhe nach, d.h. Bewertungsfragen, werden allerdings dann herangezogen, wenn dies für die zu erläuternden Vorschriften des IAS 32 und des IAS 39 notwendig erscheint. Beispielsweise wird dies im Rahmen der Untersuchung zum Hedge-Accounting der Fall sein, da die bilanzielle Abbildung von Sicherungsbeziehungen untrennbar mit der Bewertung der Sicherungs- und Grundgeschäfte verbunden ist.[12] Trotz des nicht unumstrittenen und viel diskutierten IFRS/IAS-Vorgehens werden die konzeptionellen IFRS/IAS-Lösungsansätze im Folgenden als Chance verstanden, Handlungsalternativen für ein eigenständiges Steuerbilanzrecht aufzuzeigen, die einer sachgerechten steuerbilanziellen Abbildung finanzieller Geschäftsvorfälle entgegenkommen.

Zusammengefasst besteht die Zielsetzung der Untersuchung somit zum einen darin, einleitend die Bedeutung des Maßgeblichkeitsgrundsatzes im geltenden Recht zu untersuchen und die Konsequenzen aufzuzeigen, die sich aus einer Aufhebung dieses Grundsatzes ergeben. Zum anderen wird die Konzeption einer eigenständigen Steuerbilanz erarbeitet, bei der im Speziellen untersucht wird, ob die IFRS/IAS-Lösungsansätze zur Bilanzierung von Finanzinstrumenten steuerbilanzielle Bedeutung erlangen können.

III. Untersuchungsaufbau

Der erste Teil der Untersuchung, der als Grundlagenteil zu verstehen ist, beschäftigt sich mit der Entwicklung der steuerlichen Gewinnermittlung in Deutschland vor dem Hintergrund der fortschreitenden Internationalisierung der Rechnungslegung. Eine im zweiten Kapitel vorgenommene Untersuchung zur Zukunft des Kapitalerhaltungs- und Maßgeblichkeitsgrundsatzes bildet dabei den Ausgangspunkt, an den im dritten Kapitel Überlegungen zu allgemeinen Grundlagen eines eigenständigen Steuerbilanzrechts anknüpfen. Hier werden inhaltliche Grundanforderungen definiert, die, eng angelehnt an den Rahmen des geltenden Steuerbilanzrechts, notwendigerweise auch an eine eigenständige steuerliche Gewinnermittlung zu stellen

---

11 Der Ausschluss von Bewertungsfragen ist insbesondere dahingehend zu verstehen, dass eine umfassende wissenschaftliche Auseinandersetzung mit der IFRS/IAS-Fair Value-Konzeption nicht Gegenstand dieser Untersuchung sein soll.

12 Vgl. hierzu auch das vierte Kapitel zu den Sicherungsbeziehungen, S. 197 ff.

sind. Der Grundlagenteil dient insoweit der Rechtfertigung der nachfolgend angestellten Überlegungen im Hinblick auf die Übernahme einer IFRS/IAS-Wertung in ein eigenständiges Steuerbilanzrecht.

Der zweite Teil der Arbeit setzt sich im Sinne eines theoretischen Grundgerüsts für die später vorzunehmende Untersuchung mit den Grundkonzeptionen der beteiligten Rechenwerke auseinander. Neben einem Vergleich der Zielsetzung (1. Kapitel) und der zentralen Grundsätze (2. Kapitel) der jeweiligen Rechenwerke werden im dritten Kapitel auch zentrale Bilanzierungseinheiten der Aktiv- und Passivseite einer grundlegenden Analyse unterzogen. Die Gegenüberstellung der zentralen Bilanzierungseinheiten soll dabei vor allem einem tieferen Verständnis der Bilanzierungsvorschriften für finanzielle Geschäftsvorfälle in den jeweiligen Rechenwerken dienen. Daher werden sowohl eine Abgrenzung des Asset-Begriffs vom steuerlichen Wirtschaftsgut als auch eine Abgrenzung des Liability-Begriffs vom steuerlichen Schuldbegriff sowie eine Abgrenzung der jeweiligen Eigenkapitalgrößen vorgenommen. Hinsichtlich der IFRS/IAS-Regelungen wird insbesondere auf die Vorschriften des Frameworks Bezug genommen.

Im dritten Teil der Arbeit wird konkret geprüft, inwieweit die verabschiedeten Regelungen des IASB zur Bilanzierung von Finanzinstrumenten „dem Grunde nach" in ein eigenständiges Steuerbilanzrecht übernommen werden könnten. Zunächst wird dabei im ersten Kapitel die Kategorisierung der Finanzinstrumente nach IAS 39 betrachtet, um dann im zweiten Kapitel auf die Aktivierung finanzieller Vermögenswerte und im dritten Kapitel auf die Passivierung von Eigen- und Fremdkapitalinstrumenten eingehen zu können. Das vierte Kapitel beschäftigt sich mit Sonderfragen zur Bilanzierung von Sicherungsbeziehungen, das fünfte greift Aspekte der personellen Zurechnung von Finanzinstrumenten auf.

Der Untersuchungskontext des zweiten und dritten Teils orientiert sich grundsätzlich an folgendem dreigliedrigen Untersuchungsaufbau:

1. Darstellung der IFRS/IAS-Vorgehensweise;
2. Vergleich des IFRS/IAS-Vorgehens mit dem geltenden Steuerbilanzrecht;
3. Beurteilung einer Übernahme der IFRS/IAS-Wertung in ein eigenständiges Steuerbilanzrecht.

Da das steuerbilanzielle Vorgehen in vielen Bereichen der Bilanzierung von Finanzinstrumenten weitgehend ungeklärt ist, ist es teilweise notwendig, zunächst vertiefende steuerliche Ausführungen vorzunehmen, ohne dass unmittelbar die IFRS/IAS-Vorschriften vergleichend herangezogen werden. Des Weiteren wird zur Verdeutlichung der diskutierten Sachverhalte jeweils problemorientiert auf konkrete Finanzinstrumente näher Bezug genommen. Die Untersuchung bezieht sich dabei auf die vom IASB verabschiedeten IAS 32 und IAS 39, die für die Erstellung eines Jahresabschlusses ab dem 01.01.2006 anzuwenden sind. Hinsichtlich der für den Vergleich heranzuziehenden steuerbilanziellen Vorschriften wird entsprechend auch auf gesetzliche Vorschriften Bezug genommen, die für den Veranlagungszeitraum 2006 maßgebend sind.

2. Kapitel: Zukünftige Entwicklung der Rechnungslegung

I. Kapitalerhaltungsgrundsatz

Die handelsrechtlichen Rechnungslegungsvorschriften bauen im Wesentlichen auf abstrakten Normen auf und werden weniger durch fallbezogene Einzelvorschriften konkretisiert. Gem. § 243 Abs. 1 HGB hat der Kaufmann seinen Jahresabschluss nach den Grundsätzen ordnungsmäßiger Buchführung (GoB) aufzustellen, so dass im Ergebnis eine dem gesetzlichen Zweck entsprechende Bilanz den Erfolg des Unternehmens ausweist.[13] Die GoB sind dabei als ein Ordnungssystem zu verstehen, das es dem Kaufmann ermöglicht, die wirtschaftliche Lage des Unternehmens zutreffend abbilden zu können. Im Einzelnen können die GoB als Rechtsnormen entweder - wie in den Vorschriften des § 252 HGB - im Gesetz ausdrückliche Erwähnung finden oder sich ausschließlich aus der Zwecksetzung der Rechnungslegung ergeben.[14] Gegenwärtig zählen zu den GoB im deutschen Handelsbilanzrecht:[15]

- Kapitalerhaltungsgrundsatz;
- Dokumentationsgrundsätze;
- Rahmengrundsätze;
- Systemgrundsätze;
- Ansatzgrundsätze für die Bilanz;
- Definitionsgrundsätze für den Jahreserfolg.

Zwar stehen die GoB als ein System von Regeln in einer wechselseitigen Beziehung zueinander und umfassen mithin die gesamte Rechnungslegung, so dass die Isolation eines einzelnen GoB den Systemgedanken konterkarieren würde.[16] Allerdings bedarf der Kapitalerhaltungsgrundsatz einer genaueren Betrachtung, da er auf Grund der handelsbilanziellen Zweckausrichtung im Sinne eines Gläubigerschutzgedankens von zentraler Bedeutung ist. Daneben finden sich zudem auch im Gesellschaftsrecht Vorschriften, die über die Rechnungslegung hinaus Anforderungen an die Kapitalerhaltung einer Gesellschaft stellen.

---

13 Vgl. BFH vom 31.5.1967, I 208/63, BStBl. III 1967, S. 607; BFH vom 3.2.1969, GrS 2/68, BStBl. II 1969, S. 291; Moxter, Handelsrecht, ZGR 1980, S. 262.

14 Vgl. Baetge/Zülch in: HDJ, I/2 Rn. 2 ff.; Beisse in: FS Beusch, Gläubigerschutz, 1993, S. 79; Leffson, GoB, 1987, S. 22; Moxter, Grundsätze, 2003, S. 9.

15 Vgl. Baetge/Zülch in: HDJ, I/2 Rn. 43; Thiele/Stellbrink/Ziesemer in: Baetge/Kirsch/Thiele, Einführung Rn. 58.

16 Vgl. Baetge, GoB, DB 1986, S. 2; Baetge/Zülch in: HDJ, I/2 Rn. 1; Förschle in: Beck Bil Kom, 5. Auflage 2003, § 243 Rn. 1; Leffson, GoB, 1987, S. 18; Thiele/Stellbrink/Ziesemer in: Baetge/Kirsch/Thiele, Einführung Rn. 57.

1. Gläubigerschutz nationaler Prägung

1.1. Rechnungslegung

1.1.1. Schuldendeckungsfähigkeit des Aktivvermögens

Obwohl die deutsche handelsrechtliche Rechnungslegung ursprünglich den Gläubigerschutz nicht als zentralen Zweck der Rechnungslegung ansah, hat sie sich im Laufe der Zeit dem Gläubigerschutz zu Lasten der Informationsvermittlung zugewendet.[17] Ursprünglich schlossen die Rechnungslegungspflichten nicht aus, dass der Kaufmann Vermögensgegenstände mit ihrem Zeitwert ansetzen konnte. Im Zeitablauf wurden die Zeitwerte allerdings durch das Prinzip der vorsichtigen Bewertung mit historischen Anschaffungs- und Herstellungskosten als Wertobergrenze ersetzt, um den bis dahin möglichen Ausweis und vor allem die mögliche Ausschüttung unrealisierter Gewinne zu unterbinden und um die Ermittlung eines entziehbaren Gewinns zur Schuldendeckungsfähigkeit des Aktivvermögens zum Schutz des Gläubigers sicherzustellen.[18] Unverändert konzentriert sich das deutsche Bilanzrecht mit Blick auf die Vermeidung der Ausschüttung unrealisierter Gewinne nach wie vor auf den Schutz der Gläubigerinteressen.[19] Die gegenwärtige Verpflichtung eines jeden Kaufmanns gem. § 238 Abs. 1 HGB zur Buchführung und gem. § 242 HGB zur Erstellung eines Jahresabschlusses, bestehend aus Bilanz und GuV, ist daher dem ehemals ins deutsche Handelsrecht hineingetragenen Kapitalerhaltungsgrundsatz verpflichtet.[20] Als positive Erfahrung der Anwendung des Gläubigerschutzes ist hervorzuheben, dass sich mit diesem Grundsatz im Laufe der Jahre ein hohes

---

17 Ihren Ursprung findet die deutsche handelsrechtliche Rechnungslegung in der Mitte des 19. Jahrhundert mit der Aufnahme der Pflichten zur Buchführung und Inventarisierung in das Allgemeine Deutsche Handelsgesetzbuch (ADHGB). Seinerzeit bestand der Zweck der Rechnungslegung hauptsächlich noch in der Selbstinformation des Kaufmanns zur besseren Kontrolle seiner kaufmännischen Tätigkeiten zur Vermeidung eines Konkurses. Vgl. Schön, Handelsbilanz, ZHR 1997, S. 135 ff. m.w.N.; Thiele/Stellbrink/Ziesemer in: Baetge/Kirsch/Thiele, Einführung Rn. 2.

18 Vgl. zur historischen Entwicklung Schön, Handelsbilanz, ZHR 1997, S. 140; Thiele/Stellbrink/Ziesemer in: Baetge/Kirsch/Thiele, Einführung Rn. 3; vgl. zum Kapitalerhaltungsgrundsatz Baetge/Zülch in: HDJ, I/2 Rn. 36; Kübler in: FS Budde, Vorsichtsprinzip, 1995, S. 363; Leffson, GoB, 1987, S. 106 f.; Rammert, Kapitalerhaltung, BFuP 2004, S. 580 ff.; Weber-Grellet, Entwicklungen, BB 1999, S. 2660. Vor dem Hintergrund der inhaltlichen Ausgestaltung von Rechnungslegungsgrundsätzen zur Erfüllung der Rechnungslegungsverpflichtungen ist demnach der Stellenwert der einzelnen Adressaten des Adressatenkreises von entscheidender Bedeutung. So zählen neben den Anteilseignern als Eigentümer der Gesellschaft auch die Gläubiger des Unternehmens zum Adressatenkreis der Rechnungslegung. Die Koalition der Gläubiger setzt sich aus Arbeitnehmern und vor allem auch aus denjenigen zusammen, die über den Markt wirtschaftlich mit dem Unternehmen in Form von Leistungsbeziehungen verbunden sind. Zwischen Eignern und Gläubigern besteht ein Interessensgegensatz dahingehend, dass sie um die Ansprüche aus den künftigen Cashflows aus den Investitionen des Unternehmens konkurrieren.

19 Der Gläubigerschutz als dominierende Funktion der handelsbilanziellen Rechnungslegung vgl. Baetge, GoB, DB 1986, S. 6; Beisse in: FS Beusch, Gläubigerschutz, 1993, S. 83; ders. in: FS Moxter, Bilanzrechtssystem, 1994, S. 15; Budde/Steuber, Gläubigerschutz, AG 1996, S. 544; Hense/Schellhorn in: Beck Bil Kom, 5. Auflage 2003, § 264 Rn. 35; Leffson, GoB, 1987, S. 41 ff.; Rammert, Kapitalerhaltung, BFuP 2004, S. 578; Strobl in: FS Clemm, IASC-Rechnungslegung, 1996, S. 393; Weber-Grellet, Entwicklungen, BB 1999, S. 2660.

20 Entnahmerestriktionen im Sinne der Kapitalerhaltung knüpfen an den Jahresabschluss einzelner Gesellschaften an, ein Konzernabschluss löst keine Ausschüttungssperre aus; vgl. auch Rammert, Kapitalerhaltung, BFuP 2004, S. 578.

Maß an Rechtssicherheit in der Rechnungslegung auch für weitere Bilanzadressaten eingestellt hat. So werden neben den Interessen der Gläubiger auch die Interessen der Anteilseigner und des Unternehmens geschützt,[21] da die Ausschüttungen unrealisierter Gewinne die Erreichung des Gesellschaftszwecks gefährden könnten und infolgedessen die Sicherung der Verdienstquelle der Gesellschafter in Frage stellen würden.[22] Vor diesem Hintergrund sind daher auch die Entwicklung und die Ausprägung der existierenden Bilanzierungsgrundsätze im Einzelnen zu verstehen. Die gem. § 243 Abs. 1 HGB angesprochenen Grundsätze ordnungsmäßiger Buchführung sind Ausdruck und Konkretisierung des Gläubigerschutzes im Sinne einer vorsichtigen Rechnungslegung. Am deutlichsten findet sich dies in dem kodifizierten GoB des § 252 Abs. 1 Nr. 4 HGB wieder, nach dem das Vorsichtsprinzip als wesentliche Gewinnermittlungsnorm für die HGB-Kapitalerhaltungsbilanz anzusehen ist.[23]

1.1.2. Vorsichtsprinzip

Konkretisiert wird das Vorsichtsprinzip gem. § 252 Abs. 1 Nr. 4 HGB durch das Realisations- und Imparitätsprinzip,[24] deren Formen und Inhalte sich entsprechend aus dem Kapitalerhaltungsgrundsatz ergeben. Aus dem Realisationsprinzip ergibt sich die Bilanzierung zu Anschaffungskosten, damit erreicht wird, dass sich Beschaffungsvorgänge erfolgsneutral auswirken.[25] Nicht realisierte Erfolgsbeiträge dürfen nicht ausgewiesen werden; ein ausschüttungsfähiger Gewinn liegt erst dann vor, wenn ein Geschäftsvorfall durch einen Absatzvorgang bestätigt wurde.[26] Aus dem Imparitätsprinzip ergibt sich hingegen, dass erwartete, aber noch nicht realisierte negative Erfolgsbeiträge aus eingeleiteten Geschäften zu antizipieren sind, so dass die Folgeperiode von Verlusten freigestellt wird.[27] Das Imparitätsprinzip bewirkt somit, dass zu erwartende Verluste bereits in der Erkenntnisperiode berücksichtigt werden und nicht erst dann, wenn sie durch den Geschäftsvorfall erfolgswirksam werden.[28] Im Interesse der Kapitalerhaltung werden künftige Rechnungsperioden so von vorhersehbaren Risiken und Verlusten freigehalten, die am Bilanzstichtag zwar noch nicht realisiert, aber bereits

---

21 Vgl. Baetge, GoB, DB 1986, S. 6; Beisse in: FS Beusch, Gläubigerschutz, 1993, S. 83; Budde/Steuber, Gläubigerschutz, AG 1996, S. 544; Leffson, GoB, 1987, S. 82 f.; Moxter, Grundsätze, 2003, S. 3.

22 Vgl. Baetge, GoB, DB 1986, S. 6; Leffson, GoB, 1987, S. 82 f.; Thiele/Stellbrink/Ziesemer in: Baetge/Kirsch/Thiele, Einführung Rn. 36.

23 Vgl. Beisse in: FS Beusch, Gläubigerschutz, 1993, S. 83; ders. in: FS Moxter, Bilanzrechtssystem, 1994, S. 15.

24 Vgl. BFH vom 17.9.2003, I R 91, 92/02, BFH/NV 2004, S. 182; Kübler in: FS Budde, Vorsichtsprinzip, 1995, S. 363; Weber-Grellet in: Schmidt, EStG, 25. Auflage 2006, § 5 Rn. 77.

25 Die Erfolgsneutralität von Ausgaben, die erst in späteren Perioden zu Aufwand werden, stellt das Grundgerüst einer periodisierten Gewinnermittlung dar.

26 Vgl. BFH vom 14.12.1988, I R 44/83, BStBl. II 1989, S. 323; Beisse in: FS Beusch, Gläubigerschutz, 1993, S. 84; Hense/Geißler in: Beck Bil Kom, 5. Auflage 2003, § 252 Rn. 43 ff.; Leffson, GoB, 1987, S. 251.

27 Risiken und Chancen werden somit imparitätisch behandelt, da Risiken stärker zu gewichten sind als Chancen; vgl. Moxter, Grundsätze, 2003, S. 55.

28 Vgl. Baetge, GoB, DB 1986, S. 13; Beisse in: FS Beusch, Gläubigerschutz, 1993, S. 85; Leffson, GoB, 1987, S. 340.

verursacht sind. Die als Verlust ermittelten Beträge werden mit Hilfe von Rückstellungsbildungen oder Vermögensminderungen von der Gewinnverteilung ausgenommen und so für den späteren Bedarf bereitgehalten.[29]

Neben den Bewertungsgrundsätzen ergibt sich aus dem Vorsichtsprinzip zudem die Notwendigkeit zur Objektivierung der Rechnungslegung. Im Vordergrund steht dabei die Ausschaltung subjektiver Willkür, so dass sich ein hohes Maß an Nachvollziehbarkeit der Rechnungslegung ergibt. Formell ist die Objektivierung das Gestaltungsprinzip der Buchführung, materiell bedeutet es die Vergegenständlichung des Bilanzrechts. Auch ist die Objektivierung ein Prinzip der Rechtsfindung, das klare Regeln erfordert, die praktikabel sind und einer wohlverstandenen wirtschaftlichen Betrachtungsweise entsprechen.[30]

1.2. Mindestkapital und Ausschüttungsbegrenzung

Im Sinne des Kapitalerhaltungsgrundsatzes existieren für Kapitalgesellschaften auf Grund ihrer beschränkten Haftung neben den allgemeingültigen Gewinnermittlungsvorschriften gesonderte gesetzliche oder satzungsmäßige Ausschüttungs- oder Mindestkapitalvorschriften.[31] Nach der Vorstellung des Gesetzgebers ist das aufzubringende Mindestkapital, für Aktiengesellschaften das gem. § 1 ff. AktG vorgeschriebene Grundkapital in Höhe von mindestens 50.000 € und für GmbHs das gem. § 5 GmbHG vorgeschriebene Stammkapital in Höhe von mindestens 25.000 €, als Ausgleich für den Haftungsausschluss der Eigner zu beurteilen.[32] Um die Garantiefunktion des Mindestkapitals gewährleisten zu können, muss sichergestellt werden, dass es auch tatsächlich aufgebracht wird und bis zur Liquidation erhalten bleibt.[33] So bestimmt das Aktiengesetz, dass gem. § 57 Abs. 1 u. 2 AktG eine Einlagenrückgewähr nicht zulässig ist und dass gem. § 57 Abs. 3 AktG vor Auflösung der Gesellschaft nicht mehr Divi-

---

29 Vgl. BFH vom 23.6.1997, GrS 2/93, BStBl. II 1997, S. 735; Beisse in: FS Moxter, Bilanzrechtssystem, 1994, S. 19; Kübler in: FS Budde, Vorsichtsprinzip, 1995, S. 363; Moxter, Grundsätze, 2003, S. 56. Bilanzgegenstände werden so höchstens zu Werten angesetzt, die sich am Absatzmarkt orientiert später auch realisieren lassen; vgl. Leffson, GoB, 1987, S. 344.

30 Vgl. Beisse in: FS Beusch, Gläubigerschutz, 1993, S. 84; ders. in: Beisse in: FS Moxter, Bilanzrechtssystem, 1994, S. 16; Moxter, Verhältnis, BB 1997, S. 197 ff. Allerdings neigt die nationale Bilanzrechtsinterpretation zuweilen dazu, der Objektivierungsnotwendigkeit durch eine übervorsichtige Bilanzierungsweise Ausdruck zu verleihen; vgl. Herzig in: HdR, 5. Auflage 2005, Kapitel 3 Rn. 75.

31 Im Gegensatz zur natürlichen Person als Einzelunternehmer, der mit seinem gesamten persönlichen Vermögen haftet, haftet der Gesellschafter einer Kapitalgesellschaft lediglich noch mit einem bestimmten Teil seines Vermögens, so dass ein Teil des Insolvenzrisikos aus der unternehmerischen Tätigkeit auf die Gläubiger verlagert wird. Diesem Umstand trägt das Gesellschaftsrecht entsprechend auch Rechnung; vgl. Moxter, Grundsätze, 2003, S. 1; Roth, Gesellschaftsformen, ZGR 2005, S. 356 f.; Schön, Gläubigerschutz, WPg 2001, S. 75, Sonderheft.

32 Die Gesellschaft haftet nicht nur mit ihrem Stamm- bzw. Grundkapital, sondern mit dem gesamten Gesellschaftsvermögen, so dass mit der Bildung eines Stamm- bzw. Grundkapitals vor allem eine Trennung der Rechts- und Geschäftssphäre zwischen Gesellschafter und Gesellschaft gewürdigt wird; vgl. hierzu Barta, Stammkapital, GmbHR 2005, S. 659 ff.

33 Vgl. Hüffer in: Aktiengesetz, 7. Auflage 2006, § 1 Rn. 11 f.; Hueck/Fastrich in: Baumbach/Hueck, 18. Auflage 2006, § 30 Rn. 1 ff.

denden ausgeschüttet werden dürfen, als der Bilanzgewinn zulässt. Für die GmbH ist diesbezüglich insbesondere auf die §§ 29 und 30 GmbHG zu verweisen, demzufolge das Stammkapital nicht an die Gesellschafter zurückbezahlt werden darf.[34] Vor diesem Hintergrund sind auch die Vorschriften der §§ 58 und 150 AktG zur gesetzlichen Rücklagenbildung zu beurteilen, die Vermögen an die Gesellschaft binden und somit der Kapitalerhaltung zur Seite stehen. Neben den rechtsformspezifischen Vorschriften des Aktiengesetzes und des GmbH-Gesetzes zielen auch gesonderte handelsrechtliche Vorschriften auf die Kapitalerhaltung durch Ausschüttungsbegrenzung ab. Die §§ 269 und 274 Abs. 2 HGB kodifizieren beispielsweise eine Ausschüttungsbegrenzung im Zusammenhang mit dem Ansatz von Bilanzierungshilfen, und auch die Verpflichtung zur Bildung einer Rücklage für eigene Anteile gem. § 272 Abs. 4 HGB ist als Ausschüttungssperre zu verstehen, da so sichergestellt wird, dass der Erwerb eigener Anteile nicht zur Rückzahlung von Grund- und Stammkapital führt.[35]

Entgegen der Auffassung des Gesetzgebers ist allerdings nicht unumstritten, ob ein verpflichtendes Mindestkapital überhaupt einen Beitrag zur Kapitalerhaltung leisten kann, da die Aufbringung lediglich für den Zeitpunkt der Gesellschaftsgründung eine materielle Aussage über die Haftungsfähigkeit der Gesellschaft erlaubt. Über den Zeitpunkt der Gründung hinaus lässt sich aus der Bereitstellung eines einmaligen Mindestkapitals hingegen kein Schutz der Gläubiger ableiten, da die wirtschaftliche Tätigkeit des Unternehmens dem entgegenwirken kann.[36] Materiell gewichtiger sind dagegen Überlegungen zur Ausschüttungsbegrenzung, da die Gläubiger dadurch nachhaltig vor gesellschaftsschädigendem Verhalten der Gesellschafter geschützt werden können. Insbesondere spielt die Höhe des Mindestkapitals für den Schutz durch Ausschüttungssperren keine Rolle; entscheidend ist vielmehr, dass eine Ausschüttungsschwelle definiert wird, die die Gläubiger vor übermäßigen Entnahmen der Gesellschafter schützt.[37] Auch der Sachverhalt, dass die Ausschüttungsbegrenzung gesetzlich kodifiziert sein muss, ergibt sich nicht zwingend aus dem Gläubigerschutz, da alternativ auch individuelle

---

[34] Sowohl das Aktiengesetz als auch das GmbH-Gesetz orientieren sich am System der Kapitalerhaltung, jedoch weicht die konkrete Ausgestaltung voneinander ab. So verweist das Aktiengesetz beispielsweise hinsichtlich der Ausschüttung explizit auf den im Jahresabschluss ausgewiesenen Bilanzgewinn, während sich bei der GmbH lediglich ein generelles Verbot von Auszahlungen an die Gesellschafter unter Beeinträchtigung des zu erhaltenden Stammkapitals findet. Die Kapitalbindung der GmbH kennt insofern keine unmittelbare Bindung von Ausschüttungen an den Jahresüberschuss bzw. den Bilanzgewinn; vgl. Hueck/Fastrich in: Baumbach/Hueck, 18. Auflage 2006, § 30 Rn. 3; Strobl in: FS Clemm, IASC-Rechnungslegung, 1996, S. 404.

[35] Vgl. Förschle/Hoffmann in: Beck Bil Kom, 5. Auflage 2003, § 272 Rn. 118.

[36] Das Mindestkapital ist beispielsweise von den Gründungskosten eines Unternehmens zu trennen; so ist nicht auszuschließen, dass die Gründungskosten das statutarische Mindestkapital um ein Vielfaches übersteigen. Vgl. EuGH vom 30.9.2003, C-167/01, GmbHR 2003, S. 1260 Rn. 135; Schön, Kapitalerhaltung, DK 2004, S. 165 m.w.N.; Seibert, Mindestkapital, BB 2005, S. 1061. Unklar ist auch, ob ein Mindestkapital einen Beitrag zur optimalen Kapitalstruktur eines Unternehmens leistet und ob der betriebswirtschaftliche Erfolg der Unternehmung dadurch positiv beeinflusst wird. Vgl. zum Erfordernis des Gläubigerschutzes auch Niehues, Gläubigerschutz, WPg 2001, S. 1214 ff. Zudem ist darauf hinzuweisen, dass es schon im eigenen Interesse der Gesellschafter sein sollte, eine dem Risiko des verfolgten Gesellschaftszwecks entsprechende Grundkapitalausstattung vorzusehen; vgl. hierzu Barta, Stammkapital, GmbHR 2005, S. 662.

[37] Vgl. Seibert, Mindestkapital, BB 2005, S. 1061.

Vereinbarungen zwischen Vertragspartnern Einlagepflichten und Entnahmeschranken konstituieren können.[38] Derartige Vereinbarungen finden sich beispielsweise im US-amerikanischen Recht.[39] Es handelt sich um Covenants, die im Rahmen von kreditvertraglichen Vereinbarungen über Gebote oder Verbote den Handlungsspielraum des Kreditnehmers eingrenzen. Hauptsächlich wird diese Art der vertraglichen Ausschüttungsbegrenzung von Finanzgläubigern wie Banken und Versicherungen eingesetzt, die auf Grund ihrer Stellung über gute Informationen und auf Grund ihrer Finanzstärke über eine starke Verhandlungsposition verfügen.[40]

2. Europarecht

Das System der gesellschaftsrechtlichen Kapitalerhaltung und die daraus resultierenden Anforderungen an die Bilanzierung von haftungsbeschränkten Unternehmen sind auch im europäischen Gemeinschaftsrecht vorzufinden. Neben den Richtlinien zur Rechnungslegung und zum Gesellschaftsrecht kommt vor allem der Rechtsprechung des EuGH zur Niederlassungsfreiheit eine bedeutende Rolle im Zusammenhang mit der Kapitalerhaltung zu.

2.1. Rechnungslegung

Als europarechtliche Norm, die die Rechnungslegung von Kapitalgesellschaften mit dem Grundsatz der Kapitalerhaltung in Verbindung bringt, ist die Vierte EG-Bilanzrichtlinie aus dem Jahre 1978 zu nennen.[41] Im Zusammenhang mit der Kapitalerhaltung weist der Rat in seinen Erwägungsgründen zur Vierten EG-Bilanzrichtlinie darauf hin, dass dem Jahresabschluss bezüglich des Schutzes der Gläubiger sowie Dritter eine besondere Bedeutung zukommt. Auch schreibt Art. 31 c der Vierten EG-Bilanzrichtlinie vor, dass neben anderen Grundsätzen auch der Grundsatz der Vorsicht zu beachten ist. Als Ausprägung des Grundsatzes der Vorsicht sind im Sinne der Richtlinie auch das Realisations- und das Imparitätsprinzip zu nennen.[42] Die Ausprägung des Vorsichtsprinzips im Sinne der Vierten EG- Richtlinie ist jedoch in Kombination mit dem vorrangig zu berücksichtigenden Grundsatz des True and Fair View gem. Art. 2 Abs. 3 zu verstehen, der vom EuGH als der fundamentale Grundsatz der

---

38 Vgl. Schön, Kapitalerhaltung, DK 2004, S. 166 m.w.N.; Rammert, Kapitalerhaltung, BFuP 2004, S. 588; Thießen, Covenants, ZBB 1996, S. 20 f.

39 Vgl. Healy/Palepu, Covenants, Journal of Accounting and Economics 1990, S. 100 f.; Wüstemann, US-GAAP, 1999, S. 67 f.

40 Vgl. Kübler, Unternehmensfinanzierung, 1989, S. 31 f.; Rammert, Kapitalerhaltung, BFuP 2004, S. 589 m.w.N.

41 Vierte EG-Bilanzrichtlinie vom 25.7.1978, Richtlinie 78/660/EWG des Rates, ABlEG 1978, L 222-11. Die Vierte EG-Bilanzrichtlinie steht vornehmlich im Zeichen der Koordinierung der einzelstaatlichen Vorschriften über die Gliederung und den Inhalt des Jahresabschlusses.

42 Vgl. Habersack, Gesellschaftsrecht, 1999, S. 178 Rn. 282.

harmonisierungsbedürftigen europäischen Rechnungslegung angesehen wird.[43] Die Generalnorm des True and Fair View ist so zu verstehen, dass die Jahresabschlüsse die Tätigkeiten und Vorgänge der Gesellschaften derart wiedergeben, dass sie möglichst verlässlich und in möglichst geeigneter Weise das Informationsbedürfnis Dritter befriedigen, ohne die Interessen der Gesellschaft zu beeinträchtigen.[44] Der EuGH leitet aus dem Vorsichtsgebot daher zwar eine breite Schutzwirkung für alle Jahresabschlussadressaten ab,[45] in Verbindung mit der Generalnorm des True and Fair View impliziert dies seiner Ansicht nach allerdings vor allem Gläubigerschutz durch Informationsbereitstellung für den mündigen Geschäftspartner.[46] In Verbindung mit der True and Fair View-Norm räumt der EuGH dem Vorsichtsprinzip insofern nicht zwingend die in der deutschen Rechnungslegung vorzufindende starke Stellung ein.[47]

Über die Informationsbereitstellung hinaus finden sich in den Vorschriften der Richtlinie im Sinne der Kapitalerhaltung zudem konkrete Ausschüttungssperren für bestimmte ausgewiesene, jedoch noch nicht realisierte Gewinne. Gem. Art. 34 Abs. 1 lit. b werden Ausschüttungen in Höhe aktivierter Aufwendungen für die Errichtung und Erweiterung des Unternehmens untersagt. Gleiches gilt gem. Art. 37 Abs. 1 für die Aktivierung von Forschungs- und Entwicklungskosten. Andere Ausschüttungsregeln, wie beispielsweise ein Verbot zur Ausschüttung des Mindestkapitals, finden sich in der Rechnungslegungsrichtlinie hingegen nicht.

---

43 Vgl. EuGH vom 27.6.1996, C-234/94, DB 1996, S. 1400; EuGH vom 7.1.2003, C-306/99, BStBl. II 2004, S. 144; EuGH vom 14.9.1999, C-275/97, 1996, S. I-5331 Rn. 26 f. Es fand sich ursprünglich die Auffassung, dass dem True and Fair View-Gebot je nach nationalem Bilanzzweck unterschiedliche Bedeutung zukommt; vgl. beispielsweise Ludewig, Rechnungslegung, AG 1987, S. 13 f.

44 Im HGB findet sich die Generalnorm des True and Fair View in den ergänzenden Vorschriften für Kapitalgesellschaften wieder; gem. § 264 Abs. 2 S. 1 HGB muss der Jahresabschluss der Kapitalgesellschaft ein den tatsächlichen Verhältnissen entsprechendes Bild der Vermögens-, Finanz- und Ertragslage der Kapitalgesellschaft vermitteln. Im deutschen Schrifttum wird an diesem Grundsatz kritisiert, dass eine inhaltliche Bestimmung auf Grund fehlender Abgrenzungskonturen nicht möglich ist; vgl. Ekkenga, Objektivierung, 1998, S. 106 f.; Knobbe-Keuk, Bilanzsteuerrecht, 8. Auflage 1991, S. 36; Niehus, True and Fair View, DB 1979, S. 221 ff.; Tubbesing, True and Fair View, AG 1979, S. 91 ff.

45 Vgl. i.V.m. Art. 54 Abs. 3 lit. g EGV zum Adressatenkreis EuGH vom 4.12.1997, C-97/96, GmbHR 1997, S. 1550.

46 Vgl. zur Informationsfunktion der Vierten EG-Bilanzrichtlinie Arbeitskreis "Externe Unternehmensrechnung" der Schmalenbach-Gesellschaft, IAS, DB 2001, S. 161; Moxter, EuGH, BB 1995, S. 1464; Niehues, Gläubigerschutz, WPg 2001, S. 1211 f. m.w.N.; Schulze-Osterloh, EuGH, DStZ 1997, S. 281.

47 Dies bedeutet nunmehr nicht, dass die Stellung des Vorsichtsprinzips in Deutschland nicht im Einklang mit der Vierten EG-Bilanzrichtlinie zu sehen ist; vielmehr ist die Auffassung des EuGH dahingehend zu verstehen, dass die deutsche Regelung zum Gläubigerschutz über den Schutzbereich der Vierten EG-Bilanzrichtlinie hinausgeht. Auch wenn die Generalnorm des True and Fair View in hohem Maße als unbestimmt einzustufen ist, muss daher zur Kenntnis genommen werden, dass der EuGH diesen Grundsatz als Generalnorm einer harmonisierten europäischen Rechnungslegung zugrundelegt und dass insofern nicht davon ausgegangen werden kann, dass die Stellung des deutschen Vorsichtsprinzips im Zuge der Harmonisierung der Rechnungslegung europaweite Verbreitung findet.

2.2. *Mindestkapital und Ausschüttungsbegrenzung*

Als weitere europarechtliche Norm, die mit dem Grundsatz der Kapitalerhaltung in Verbindung zu bringen ist, ist die Zweite Gesellschaftsrechtliche Richtlinie[48] aus dem Jahre 1976 anzusehen. Ziel der auch als Kapitalrichtlinie bekannten Richtlinie ist die Harmonisierung der Vorschriften über die Aufbringung und Erhaltung eines Mindestkapitals von Aktiengesellschaften auf europäischer Ebene. Sie ordnet für sämtliche Aktiengesellschaften auf dem Gebiet der EU ein festes Mindestkapital an und begrenzt zudem die Ausschüttung an die Anteilseigner. Ihre wesentliche Bedeutung liegt mithin in der gemeinschaftsweiten Festschreibung des Kapitalerhaltungsgrundsatzes.[49] Mit dem Hinweis, dass die Aktionäre nicht persönlich für die Gesellschaftsschulden einzustehen haben, gibt sie vor, dass Aktiengesellschaften zum Schutz der Gläubiger gem. Artikel 6 Abs. 1 der Kapitalrichtlinie über ein Kapital i.H.v. mindestens 25.000 € verfügen müssen. Auch darf gem. Art. 15 und 16 der Kapitalrichtlinie einmal aufgebrachtes Kapital nicht ohne weiteres an die Aktionäre zurückgezahlt werden. Art. 15 Abs. 1 lit. a der Kapitalrichtlinie untersagt Ausschüttungen an die Aktionäre, durch die das Nettoaktivvermögen den Betrag des gezeichneten Kapitals zuzüglich etwaiger nicht angreifbarer Rücklagen unterschreiten würde.[50]

Als Bestätigung der Kapitalerhaltungskonzeption auf europäischer Ebene hat der Kapitalerhaltungsgrundsatz auch Eingang in die SE-Verordnung[51] zur Gründung der Europäischen Aktiengesellschaft gefunden.[52] Mit der SE-Verordnung wird auf europäischer Ebene im Wesentlichen das Ziel verfolgt, Gesellschaften verschiedener Mitgliedstaaten die Möglichkeit einzuräumen, grenzüberschreitenden Kooperationsmodellen einen zivilrechtlich abgesicherten Rahmen zu bieten, der u.a. ein Mindestkapital fordert. So sieht Art. 4 Abs. 2 SE-Verordnung für die Gründung der Europäischen Aktiengesellschaft ein Mindestkapital in Höhe von 120.000 € vor, das gewährleisten soll, dass die Gesellschaft über eine ausreichende Vermögensgrundlage verfügt, ohne dass kleine und mittlere Unternehmen auf Grund der Höhe des Mindestkapitals von vornherein von der Gründung einer Europäischen Aktiengesellschaft ausgeschlossen werden.

---

48 Kapitalrichtlinie vom 13.12.1976, Richtlinie 77/91/EWG1977, L 26-1.

49 Vgl. Habersack, Gesellschaftsrecht, 1999, S. Rn. 137.

50 Vgl. Habersack, Gesellschaftsrecht, 1999, S. 74 f. Rn. 135 f.; Niehues, Gläubigerschutz, WPg 2001, S. 1212; Schön, Gläubigerschutz, WPg 2001, S. 77, Sonderheft. Gegenwärtig liegt ein Änderungsvorschlag des Europäischen Parlaments und des Rates zur Modernisierung der Kapitalrichtlinie vor, durch den Anforderungen an die Einbringung von Sacheinlagen und an die Besitzstruktur gelockert werden sollen. Eine Aufweichung des Aktionärs- und Gläubigerschutzes ist mit den Änderungsvorschlägen nicht verbunden, so dass anzunehmen ist, dass auch zukünftig für europäische Aktiengesellschaften gewisse Mindestanforderungen an die Kapitalerhaltung und Kapitalaufbringung gelten; vgl. Änderung der Kapitalrichtlinie vom 13.7.2006, Richtlinie 2006/.../EG des Europäischen Parlaments und des Rates, Internet 2006, S. 1 ff., abrufbar unter http://europa.eu.int/comm/internal_market/company/capital/index_de.htm.

51 SE-Verordnung vom 8.10.2001, Verordnung 2157/200/EG des Rates, ABlEG 2001, L 294-1. Die Verordnung ist mit Wirkung vom 08. Oktober 2004 in Kraft getreten.

52 Vgl. Schön, Gläubigerschutz, WPg 2001, S. 77, Sonderheft.

Einschränkend zum europäischen Kapitalerhaltungsgrundsatz des Gesellschaftsrechts ist jedoch zu konstatieren, dass sowohl die Kapitalrichtlinie als auch die SE-Verordnung ausschließlich für Aktiengesellschaften Geltung besitzen.[53] Nicht erfasst werden GmbHs und vergleichbare Rechtsformen,[54] so dass auf europäischer Ebene für Gesellschaften mit beschränkter Haftung einheitliche gesellschaftsrechtliche Kapitalerhaltungsvorschriften nicht vorliegen. Der eingeschränkte persönliche Geltungsbereich der Kapitalrichtlinie erfordert es, dass der Kapitalschutzgedanke der Kapitalrichtlinie von den Ausschüttungssperren der Vierten EG-Bilanzrichtlinie zu trennen ist. Während die gesellschaftsrechtlichen Vorschriften der Kapitalrichtlinie zur Kapitalerhaltung nur für eine geringe Anzahl der Unternehmen wirksam werden, finden die Vorschriften der Vierten EG-Bilanzrichtlinie unabhängig von der Rechtsform für alle haftungsbeschränkten Unternehmen Anwendung.[55] Im Ergebnis liegen auf europäischer Ebene somit lediglich über die Vierte EG-Bilanzrichtlinie einheitliche Schutzvorschriften zum Erhalt des Kapitals für alle haftungsbeschränkten Gesellschaften vor.[56]

2.3. Niederlassungsfreiheit

Verdeutlicht wird der Unterschied hinsichtlich der Kapitalerhaltung zwischen der Vierten EG-Bilanzrichtlinie und der Kapitalrichtlinie durch die Rechtsprechung des EuGH zur Niederlassungsfreiheit von Kapitalgesellschaften,[57] die zu einer Erosion des gesellschaftsrechtlichen Kapitalerhaltungsgrundsatzes deutscher Prägung führt.[58] Kern der Rechtsprechung des EuGH in den Rechtssachen „Centros“[59], „Überseering“[60] und „Inspire Art“[61] und „SEVIC“ ist die Feststellung,[62] dass Vorschriften des Sitzstaates, denen sich fremde Gesellschaften anzupassen haben,[63] in einem gemeinsamen Binnenmarkt als Behinderung der Niederlassungsfreiheit

53 Begründet wird dies mit der Tatsache, dass diese Gesellschaften den allgemeinen Kapitalmarkt in Anspruch nehmen und die von ihnen ausgegebenen Anteile grundsätzlich frei übertragbar sind.

54 Vgl. Habersack, Gesellschaftsrecht, 1999, S. 75 f. Rn. 135 f.; Lutter, Gläubigerschutz, ZGR 2000, S. 3 u. 9; Niehues, Gläubigerschutz, WPg 2001, S. 1213.

55 Vgl. Niehues, Gläubigerschutz, WPg 2001, S. 1213.

56 Vgl. Jensen-Nissen/Lochmann, Kapitalerhaltung, StuB 2006, S. 311.

57 Die Niederlassungsfreiheit gem. Art. 43 EG-Vertrags als Teil der Grundfreiheiten des Art. 3 EG-Vertrags wird vom EuGH i.S. eines umfassenden Benachteiligungsverbots für grenzüberschreitende Sachverhalte verstanden; vgl. Herzig/Wagner, Gruppenbesteuerung, DB 2005, S. 1 f.

58 Vgl. Herzig/Gellrich/Jensen-Nissen, Relevance, BFuP 2004, S. 554; Rammert, Kapitalerhaltung, BFuP 2004, S. 579; Wilhelm, Kapitalaufbringung, ZHR 2003, S. 535.

59 EuGH vom 9.3.1999, C-212/97, EuGHE 1999, S. I/1459.

60 EuGH vom 5.11.2002, C-208/00, EuGHE 2002, S. I/9919; bestätigt durch BGH vom 13.3.2003, VII ZR 370/98, NJW 2003, S. 1461.

61 EuGH vom 30.9.2003, C-167/01, GmbHR 2003, S. 1260. Gemäß dieser Entscheidung ist die Anwendung von Sonderanknüpfungspunkten weitestgehend eingeschränkt worden.

62 Zur Bedeutung der Niederlassungsfreiheit vgl. auch das SEVIC-Urteil; EuGH vom 13.12.2005, C-411/03, AG 2006, S. 80.

63 Nach der in Deutschland bisher herrschenden Sitztheorie ist für die Anerkennung und rechtliche Behandlung einer Kapitalgesellschaft die Rechtsordnung des Staates maßgeblich, in dem die Gesellschaft ihren tatsächlichen Sitz hat. Die Sitztheorie ist daher darauf ausgerichtet, dass eine Gesellschaft mit Tätigkeits-

anzusehen sind. Die Urteile stehen für eine Abkehr von der Möglichkeit, dass im Inland tätige Kapitalgesellschaften den deutschen Kapitalerhaltungsregeln unterworfen werden können, da mit Rücksicht auf Niederlassungsfreiheit eine in einem anderen EU-Staat gegründete Gesellschaft mit Verwaltungssitz im Inland nicht den inländischen gesellschaftsrechtlichen Vorschriften Folge zu leisten hat.[64] Vielmehr ist auf der Grundlage der Inkorporationstheorie[65] das Recht des Gründungsstaates für die ausländische Gesellschaft maßgebend,[66] so dass die inländischen gesellschaftsrechtlichen Anforderungen an das Mindestkapital und die Ausschüttungsbegrenzung leer laufen. Der EuGH begründet sein Vorgehen damit,[67] dass potenzielle Gläubiger bereits dadurch ausreichend geschützt seien, dass die Gesellschaft unter ihrer ausländischen Rechtsform am Rechtsverkehr teilnimmt und die allgemeinen gemeinschaftsrechtlichen Schutzregeln der Richtlinien zu beachten hat.[68] Ein Abbau von Gläubigerschutzrechten vermag der EuGH hierin nicht zu erkennen, da er dem Gläubiger auf der Grundlage einer angemessenen Informationsbereitstellung ein qualifiziertes Urteilsvermögen zutraut.[69] Ausdrücklich verweist er darauf, dass dem ausländischen Rechtsformzusatz als wesentliche Informationsquelle eine hohe Bedeutung zukommt und dass sich der Gläubiger zum Schutz seiner Interessen auf die gemeinschaftsrechtlichen Schutzregelungen berufen kann, die Mindeststandards festlegen, die in allen Mitgliedstaaten Geltung besitzen.[70]

---

schwerpunkt in Deutschland sich den inländischen Rechtsvorschriften zu unterwerfen hat; bei Verlegung des Sitzes nach Deutschland würde dies bedeuten, dass die ausländische Gesellschaft sich auflösen und nach deutschem Recht neu gegründet werden muss; vgl. hierzu Wilhelm, Kapitalaufbringung, ZHR 2003, S. 535.

64 Vgl. Herzig/Gellrich/Jensen-Nissen, Relevance, BFuP 2004, S. 554.

65 Für die Gründungstheorie ergibt sich das Personalstatut einer Gesellschaft nach ihrem Gründungsrecht; der Ort, von dem aus die Gesellschaft geführt wird, ist unerheblich. Es gilt stets das Recht des Inkorporationsstaates; es erfolgt eine Anknüpfung an das Recht am Ort der Registrierung; vgl. Bayer, Inspire Art, BB 2003, S. 2358 m.w.N.; Knobbe-Keuk, Daily Mail, ZHR 1990, S. 325 ff. m.w.N.

66 Vgl. Bayer, Inspire Art, BB 2003, S. 2363; Binnewies, EU-Kapitalgesellschaft, GmbH-StB 2004, S. 208; Dißars, Überseering, INF 2004, S. 475 f.; Sandrock, Gesellschaftsrecht, BB 2003, S. 2588; Schön, Kapitalerhaltung, DK 2004, S. 163; Spindler/Berner, Gläubigerschutz, RIW 2004, S. 8; dies. Gesellschaftsrecht, RIW 2004, S. 950; differenzierende nach Zuzug- und Wegzugfälle Hey, Personalstatut, DK 2004, S. 578 ff.

67 Vgl. EuGH vom 9.3.1999, C-212/97, EuGHE 1999, S. I/1459, Rn. 36; EuGH vom 30.9.2003, C-167/01, GmbHR 2003, S. 1260, Rn. 135; insbesondere in Verbindung mit der Vierte EG-Bilanzrichtlinie vom 25.7.1978, Richtlinie 78/660/EWG des Rates, ABlEG 1978, L 222-11; und der Niederlassungsrichtlinie vom 21.12.1989, Richtlinie 89/666/EWG des Rates, ABlEG 1989, L 395-36.

68 Vgl. Bayer, Inspire Art, BB 2003, S. 2362 ff.; ders., Gesellschaftsrecht, BB 2004, S. 4; Schanze/Jüttner, Inspire Art, AG 2003, S. 662. Der EuGH bezieht sich auf die Rechtskraft des Richtlinienrechts. In dem Urteil Inspire Art stellt er klar, dass nationale Bestimmungen, die in Einklang mit der Niederlassungsfreiheit stehen, keine Beschränkung der Niederlassungsfreiheit darstellen, dass Mitgliedstaaten das ihnen eingeräumte Ermessen einer Richtlinie nicht zur Benachteiligung ausländischer Gesellschaften nutzen dürfen und dass die durch die Niederlassungsrichtlinie herbeigeführte Angleichung der Schutzvorschriften abschließend sind; vgl. hierzu EuGH vom 30.9.2003, C-167/01, GmbHR 2003, S. 1260, Rn. 55 ff.

69 Vgl. EuGH vom 9.3.1999, C-212/97, EuGHE 1999, S. I/1459 Rn. 36; EuGH vom 30.9.2003, C-167/01, GmbHR 2003, S. 1260, Rn. 135; Bayer, Inspire Art, BB 2003, S. 2364; Schanze/Jüttner, Inspire Art, AG 2003, S. 663 m.w.N.; Spindler/Berner, Gläubigerschutz, RIW 2004, S. 13.

70 Vgl. EuGH vom 9.3.1999, C-212/97, EuGHE 1999, S. I/1459 Rn. 36; EuGH vom 30.9.2003, C-167/01, GmbHR 2003, S. 1260, Rn. 135.

3. *Folgen des europäischen Einflusses auf den Kapitalerhaltungsgrundsatz*

Die oben skizzierten europäischen Vorschriften und EuGH-Urteile lassen die Zukunft des Kapitalerhaltungsgrundsatzes deutscher Prägung in einem ungewissen Licht erscheinen. Neben dem Aspekt, dass die an deutsche Gesellschaften gerichteten Mindestkapitalanforderungen und Ausschüttungsbegrenzungen durch die rechtmäßige Niederlassung ausländischer Gesellschaften im Inland ausgehebelt werden, bleibt abzuwarten, welche Ausprägung zukünftig der in der deutschen Rechnungslegung verankerte Gläubigerschutz haben wird. Zwar müssen ausländische Gesellschaften, sofern sie sich im Inland niederlassen, nach geltender Rechtslage ihren Gewinn nach den inländischen HGB-Vorschriften ermitteln,[71] zu hinterfragen ist jedoch, ob die HGB-Kapitalerhaltungsbilanz für eine nach ausländischem Recht gegründete Gesellschaft zweckgemäß ist, da diese auch weiterhin unter ihrer ausländischen Rechtsform am Wirtschaftsverkehr teilnimmt. Dies gilt insbesondere vor dem Hintergrund, dass der EuGH der Vierten EG-Bilanzrichtlinie eine hinreichende Kapitalschutzfunktion zuspricht, die nicht dem restriktiven deutschen Kapitalerhaltungsverständnis entspricht. Für das deutsche Gesellschafts- und Handelsrecht gilt es daher zu überlegen, in welchem Maße sich der deutsche Kapitalerhaltungsgrundsatz im Wettbewerb mit ausländischem Gesellschaftsrecht behaupten kann und auf welcher Grundlage die Kapitalerhaltung zum Schutz der Gläubiger zukünftig zu ermitteln ist.[72]

Als eine Reaktion auf diese Entwicklung soll im Bereich der gesellschaftsrechtlichen Vorschriften mit dem Entwurf eines Gesetzes zur Modernisierung des GmbH-Rechts und zur Bekämpfung von Missbräuchen (MoMiG) das Mindestkapital einer GmbH von 25.000 € auf 10.000 € abgesenkt werden.[73] In der Begründung des Gesetzesentwurfs wird das verbleibende Mindestkapital als Seriositätsschwelle gekennzeichnet, die auch weiterhin dem Gläubigerschutz verpflichtet ist, es jedoch Kleinunternehmen und Existenzgründern hinsichtlich des geringen Kapitalbedarfs erleichtert, eine Gesellschaft mit beschränkter Haftung zu gründen.[74] Zweifelhaft ist allerdings, ob diese gesetzgeberische Maßnahme im europäischen Wettbewerb der Gesellschaftsformen als geeignete Maßnahme zur Stärkung der deutschen Gesellschaftsformen zu bezeichnen ist, da sie vornehmlich den Schutzbereich des Mindestkapitals betrifft und die Schwelle des Mindestkapitals lediglich herabsetzt und nicht aufhebt. In diesem Zu-

---

71 Ebenso wie der Niederlassungsstaat die aus anderen Mitgliedstaaten stammenden Gesellschaften zu respektieren hat, müssen diese Gesellschaften das Recht des Niederlassungsstaates akzeptieren; vgl. Schanze/Jüttner, Inspire Art, AG 2003, S. 667. Sofern die Zweig- oder Hauptniederlassung eines nach ausländischem Recht gegründeten Unternehmens gem. § 1 Abs. 1 u. 2 HGB im Inland ein Handelsgewerbe betreibt, ist das Unternehmen bezogen auf die Niederlassung im Inland gem. § 238 HGB buchführungspflichtig; vgl. BFH vom 15.9.2004, I R 5/04, BFH/NV 2005, S. 421; Hense/Klein in: Beck Bil Kom, 5. Auflage 2003, § 238 Rn. 37.

72 Insbesondere muss die Frage gestellt werden, warum ein Unternehmer, der über eine Konzernstruktur mit dem Rechtskleid des Gründerstaates in unterschiedlichen Mitgliedstaaten tätig wird, in einem gemeinsamen Markt den Erfolg der beteiligten Gesellschaften nach unterschiedlichen Vorschriften zu ermitteln hat.

73 Vgl. MoMiG vom 29.5.2006, Webseite des Bundesjustizministerium 2006, S. 2 u. 34.

74 Vgl. MoMiG vom 29.5.2006, Webseite des Bundesjustizministerium 2006, S. 38.

sammenhang bleibt auch abzuwarten, welchen Einfluss die gesonderten Kapitalerhaltungsvorschriften für Aktiengesellschaften auf diesen Prozess nehmen werden. Neben der Möglichkeit, dass die aus der Kapitalrichtlinie und der SE-Verordnung abgeleiteten Kapitalerhaltungsvorschriften auf alle Gesellschaften mit beschränkter Haftung ausgedehnt werden und sich die europäische gesellschaftsrechtliche Harmonisierung auf das deutsche Kapitalerhaltungskonzept zubewegt,[75] ist nicht auszuschließen, dass es auch weiterhin unterschiedliche Anforderungen an die Kapitalerhaltung zwischen Aktiengesellschaften einerseits und anderen beschränkt haftenden Gesellschaften andererseits geben wird, so dass sich weiterer Veränderungsdruck auf die Kapitalerhaltung deutscher Prägung aufbauen wird.[76] In diesem Fall dürften sich die Schutzvorschriften zum Kapitalerhalt auf die Vorschriften im Sinne von Ausschüttungssperren reduzieren, die sich aus der Vierten EG-Bilanzrichtlinie ergeben. Im Zusammenhang mit weiteren Maßnahmen zur Harmonisierung der Rechnungslegung auf europäischer Ebene muss daher in Erwägung gezogen werden, dass die deutsche Kapitalerhaltungsbilanz langfristig von einer informationsorientierten Rechnungslegung abgelöst wird, an die dann außerbilanzielle Kapitalerhaltungsmaßnahmen im Sinne des Gläubigerschutzes anzuknüpfen haben. Auf Grund der Anknüpfung der Steuerbilanz an die Handelsbilanz hängt hiervon auch maßgeblich die Zukunft der steuerlichen Gewinnermittlung ab.

II. Maßgeblichkeitsgrundsatz

1. Verknüpfung von Handels- und Steuerbilanz

Das Verhältnis der handels- zur steuerrechtlichen Gewinnermittlung in Deutschland findet seinen Ausdruck in dem sog. Grundsatz der Maßgeblichkeit der Handelsbilanz für die Steuerbilanz.[77] Im geltenden Recht verweist § 5 Abs. 1 EStG auf die handelsrechtlichen Grundsätze

---

[75] So fordert beispielsweise Lutter auf Grund der Folgen, die sich durch die Niederlassungsfreiheit für den Kapitalerhaltungsgrundsatz einstellen, die Ausdehnung der Kapitalrichtlinie auf alle Gesellschaften mit beschränkter Haftung; vgl. Lutter, Gläubigerschutz, ZGR 2000, S. 13.

[76] Es ist insbesondere zu fragen, warum ein Investor in Deutschland eine Gesellschaft nach restriktivem deutschen Recht gründen soll, wenn er die Möglichkeit hat, mit einer im Ausland gegründeten Gesellschaft im Inland tätig zu werden, um so gegebenenfalls die inländischen Kapitalerhaltungsvorschriften umgehen zu können.

[77] Erstmalig kodifiziert wurde der Maßgeblichkeitsgrundsatz 1874. 1874 wurde er durch das bremische Einkommensteuergesetz (Bremisches Einkommensteuergesetz vom 17.12.1874, Gesetz-Blatt 1874, S. 121.) und durch das sächsische Einkommensteuergesetz (Einkommensteuergesetz für das Königreich Sachsen vom 22.12.1874, Gesetz- und Verordnungsblatt 1874, S. 471.) in den Kanon der steuerlichen Gewinnermittlung aufgenommen. In den genannten Gesetzen der Freien Hansestadt Bremen und des Königreichs Sachsens fand sich zum ersten Mal die Bestimmung, dass für die steuerliche Gewinnermittlung auf die Grundsätze für die Inventur und Bilanz des Handelsgesetzbuchs maßgebend Bezug genommen werden muss, um durch Anknüpfung an handelsrechtlich gesichertes Vorgehen eine Vereinfachung der steuerlichen Gewinnermittlung zu ermöglichen. Nach einer gem. § 33 EStG (EStG 1920 vom 29.3.1920, RGBl. I 1920, S. 359 ff.) reichseinheitlichen Kodifizierung im Jahr 1920 wurde das Maßgeblichkeitsprinzip dann 1925 durch § 13 EStG (EStG 1925 vom 10.8.1925, RGBl. I 1925, S. 189 ff.) dahingehend modifiziert, dass eigens die GoB und ein Vorrang abweichender steuerlicher Regelungen im Steuerrecht Erwähnung fanden. Mit Verabschiedung des EStG 1934 (EStG 1934 vom 16.10.1934, RGBl. I 1934, S. 1005.) wurde der Maßgeblichkeitsgrundsatz sodann als Grundlage des heutigen Rechtszustands in § 5 Abs. 1 EStG verankert; vgl.

ordnungsmäßiger Buchführung und bindet diese in das Recht der steuerlichen Gewinnermittlung ein. Trotz der ausschließlich steuerrechtlichen Verankerung ist der Maßgeblichkeitsgrundsatz als eine tragende Säule für das gesamte deutsche Bilanzrecht anzusehen, da sich über das Maßgeblichkeitsprinzip die handels- und steuerbilanziellen Rechnungslegungsvorschriften inhaltlich wechselseitig bestimmen und dem Bilanzierenden die Möglichkeit der Erstellung einer Einheitsbilanz eröffnet. Die enge Verzahnung der handels- und steuerbilanziellen Vorschriften resultiert dabei im Wesentlichen aus einer gewissen Zweckkompatibilität der beiden Rechenwerke. Als zentrale materielle Begründung der Maßgeblichkeit der Handelsbilanz für die Steuerbilanz wird dabei die sog. Teilhaber- bzw. Gleichstellungsthese angeführt.[78] In Anlehnung an den Kapitalerhaltungsgrundsatz wird der Fiskus im Sinne eines „stillen Teilhabers" hinsichtlich der Ausschüttungsbegrenzungsfunktion der Bilanz nicht besser gestellt als der Anteilseigner; er wird ihm gleichgestellt.[79] Die Besteuerung des Erfolgs der Unternehmung, der den Kapitalerhaltungsvorschriften genügt, führt somit dazu, dass der Zugriff des Fiskus wie auch der Zugriff eines Gesellschafters auf das Gesellschaftsvermögen nicht zu Lasten der Schuldendeckungsfähigkeit des Unternehmens geht.[80] Der Gesetzgeber hat sich mit der Verknüpfung von Handels- und Steuerbilanzrecht insofern bewusst für die Übernahme handelsrechtlicher Grundsätze in das Steuerrecht entschieden,[81] da so sichergestellt werden konnte, dass nur ein Gewinn besteuert wird, der auch nach den Prinzipien der kaufmännischen Vorsicht als erwirtschaftet gilt.[82] Als ein weiterer Effekt lässt sich feststellen, dass die Maßgeblichkeit in umgekehrter Richtung auch den Fiskus schützt, da der Steuerpflichtige dann zur Zahlung von Steuern herangezogen wird, sofern er tatsächlich einen Gewinn erzielt hat.[83] Zudem stellt der steuerbilanzielle Verweis auf die GoB sicher, dass die

---

Alsheimer, Maßgeblichkeit, ZfB 1974, S. 842; Döllerer, Handelsbilanz, BB 1971, S. 1335; Herzig in: Handwörterbuch der Rechnungslegung und Prüfung, Maßgeblichkeit, 2002, S. 1536; ders. in: HdR, 5. Auflage 2005, Kapitel 3 Rn. 1; Pohl, Maßgeblichkeit, 1983, S. 18 ff.; Stahlschmidt, Maßgeblichkeit, DStZ 2000, S. 415; zudem leistet die Einheitsbilanz auch einen Beitrag zur Einheit der Rechtsordnung; vgl. Raupach, Maßgeblichkeit, BFuP 1990, S. 515; Stobbe, Maßgeblichkeit, FR 1997, S. 362; ders. in: HHR, § 5 EStG Rn. 71.

78 Maßgeblich Döllerer, Handelsbilanz, BB 1971, S. 1334; vgl. zur Gleichstellungsthese auch Herzig in: HdR, 5. Auflage 2005, Kapitel 3 Rn. 2 m.w.N.

79 Erstmalig wohl Preußisches Verwaltungsgericht vom 2.7.1902, V A 136/01, Entscheidung des Königlich Preußischen Oberverwaltungsgerichts in Staatssteuersachen 1902, S. 294, Ergänzungsband X; vgl. auch Clemm in: FS Offerhaus, Maßgeblichkeit, 1999, S. 639; Döllerer, Maßgeblichkeit, BB 1988, S. 238; Groh in: FS Börner, Maßgeblichkeit, 1998, S. 183 f.; Herzig in: HdR, 5. Auflage Kapitel 3 Rn. 2; Schön, Handelsbilanz, ZHR 1997, S. 143; Söffing in: FS Budde, Maßgeblichkeitsgrundsatz, 1995, S. 635 ff.; Stobbe, Maßgeblichkeit, FR 1997, S. 362; ders. in: HHR, § 5 EStG Rn. 71; Streim, Einheitsbilanz, BFuP 1990, S. 534; vgl. zur Teilhabe des Staats am Erfolg privaten Wirtschaftens Kirchhof, Steuerverfassungsrecht, StbJb. 1994, S. 7 f.

80 Vgl. Schön, Gläubigerschutz, WPg 2001, S. 79 Sonderheft.

81 Mit dem Verweis auf die GoB wurden diese nicht zu eigenständigem Steuerrecht im Sinne steuerlicher GoB, die allein nach steuerlichen Kriterien auszulegen wären. Vgl. Ahmann in: FS Schmidt, Bilanzrichtlinie, 1993, S. 269 ff.; Herzig/Rieck, Tomberger, IStR 1998, S. 317; Weber-Grellet, Europäisches Steuerrecht, StuW 1995, S. 349 ff.; ders. EuGH, DB 1996, S. 2092.

82 Vgl. Beisse in: FS Beusch, Gläubigerschutz, 1993, S. 85.

83 Vgl. Herzig, IAS/IFRS und steuerliche Gewinnermittlung, 2004, S. 7; ders. in: Handwörterbuch der Rechnungslegung und Prüfung, Maßgeblichkeit, 2002, S. 1538; Streim, Einheitsbilanz, BFuP 1990, S. 534.

Besteuerung von Unternehmen dem Grundsatz der Gleichmäßigkeit der Besteuerung gerecht wird, da die handelsrechtlichen GoB rechtsform- und größenunabhängig von allen buchführungspflichtigen Gewerbetreibenden anzuwenden sind.[84]

Obgleich der Maßgeblichkeitsgrundsatz im heutigen Steuerbilanzrecht gem. § 5 Abs. 1 EStG nach wie vor Geltung besitzt, musste er sich im Zeitablauf dennoch wesentlichen Veränderungen fügen. Als Maßnahme, die dem Gedanken der Einheitsbilanz Rechnung trägt, ist in diesem Zusammenhang vor allem die Einführung der umgekehrten Maßgeblichkeit zu erwähnen, die sich aus dem nachträglich eingefügten § 5 Abs. 1 S. 2 EStG ableitet,[85] nach dem steuerrechtliche Wahlrechte bei der Gewinnermittlung in Übereinstimmung mit der handelsrechtlichen Jahresbilanz auszuüben sind. Hingegen begründen Einfügungen besonderer Gesetzesvorbehalte der Absätze 2 bis 5 weitreichende Durchbrechungen des Maßgeblichkeitsgrundsatzes, die die steuerliche Gewinnermittlung vom Handelsrecht zunehmend abkoppeln.[86] In jüngerer Zeit hat sich die Durchbrechung durch das steuerrechtliche Verbot der Drohverlustrückstellung gem. § 5 Abs. 4 a EStG[87] und auch durch die Einfügung weiterer Bilanzierungsvorbehalte gem. § 5 Abs. 2 a und 4 b EStG sowie durch die Vorgabe steuerspezifischer Bewertungsregeln beispielsweise gem. § 6 Abs. 1 Nr. 3 a EStG[88] zu den Rückstellungen erheblich ausgeweitet, so dass die Möglichkeit einer einheitlichen Handels- und Steuerbilanz zunehmend verloren geht und vermehrt die Notwendigkeit besteht, getrennte Rechenwerke aufzustellen. Der sich neben der Gleichstellungsthese aus dem Maßgeblichkeitsprinzip ergebende Vereinfachungsaspekt verliert somit erheblich an Bedeutung. Fraglich ist auch, ob die sich aus dem Maßgeblichkeitsgrundsatz ergebende Schutzfunktion des Bilanzierenden noch aufrechterhalten werden kann, da die zuletzt vorgenommenen Durchbrechungen der Maßgeblichkeit ausschließlich fiskalisch motiviert waren und somit nicht erkennbar ist, dass der Fiskus noch viel vom Gedanken des gleichberechtigten Teilhabers hält.[89]

2. *Aufhebung des Maßgeblichkeitsgrundsatzes und deren Konsequenzen*

Die aufgezeigten europarechtlichen Entwicklungen zum Kapitalerhaltungsgrundsatz rütteln an den Grundfesten der Legitimation der Maßgeblichkeit mit der Gleichstellungs- bzw. Teilha-

---

84 Vgl. Herzig/Rieck, Tomberger, IStR 1998, S. 317.

85 WoBauFG vom 22.12.1989, BGBl. I 1989, S. 2408; vgl. auch Herzig in: HdR, 5. Auflage Kapitel 3 Rn. 1 m.w.N.; Weber-Grellet in: Schmidt, EStG, 25. Auflage 2006, § 5 Rn. 40.

86 Beispielsweise das restriktive Vorgehen bei den Rückstellungen wegen Verletzung fremder Schutzrechte gem. § 5 Abs. 3 EStG oder bei den Jubiläumsrückstellungen gem. § 5 Abs. 4 EStG; vgl. auch Burkhalter, Maßgeblichkeitsgrundsatz, 2003, S. 97 f. m.w.N.

87 Eingefügt durch das Gesetz zur Fortsetzung der Unternehmenssteuerreform vom 31.12.1997, BGBl. I 1997, S. 2590.

88 Steuerentlastungsgesetz 1999/2000/2002 vom 24.3.1999, BStBl. I 1999, S. 304; vgl. für einen Überblick steuerspezifischer Vorschriften Rogler, Gewinnermittlung, BFuP 2001, S. 413 ff.

89 Vgl. zur fiskalischen Motivation Herzig in: HdR, 5. Auflage Kapitel 3 Rn. 1; zur Teilhabe des Fiskus Stobbe, Maßgeblichkeit, FR 1997, S. 364; ders. in: HHR, § 5 EStG Rn. 78.

berthese, da der sich abzeichnende Bedeutungsverlust des Gläubigerschutzes durch bilanzielle Kapitalerhaltung der Gleichstellungsthese ihre Grundlage entzieht. Selbst wenn man unter Berücksichtigung der bestehenden Durchbrechungen und Einschränkungen der Maßgeblichkeit auch einen weniger am Vorsichtsprinzip orientierten Gewinn als geeigneten Maßstab für die steuerliche Leistungsfähigkeit ansieht, so bedarf der Fortbestand der Maßgeblichkeit wegen des grundsätzlichen Gegensatzes zwischen dem informationsorientierten True and Fair View und der Zahlungsbemessung dennoch einer Überprüfung.[90]

In Abhängigkeit von der künftigen Entwicklung des nationalen und europäischen Gesellschafts- und Bilanzrechts ist somit nicht auszuschließen, dass es zukünftig zu einer als notwendig erachteten Abkopplung der Steuer- von der Handelsbilanz kommen kann, was auf Grund der bestehenden engen Verknüpfung zwischen der Kapitalerhaltungs- und Steuerbilanz zu erheblichen Konsequenzen für die steuerliche Gewinnermittlung führen würde.[91] In erster Linie würde die Aufhebung des Maßgeblichkeitsgrundsatzes die Entwicklung und Kodifizierung einer eigenständigen steuerlichen Gewinnermittlungskonzeption erfordern, um sicherzustellen, dass der Fiskus auf eine Bemessungsgrundlage zur Besteuerung der Unternehmen zurückgreifen kann.[92] Diese könnte z.B. auf den bisherigen handelsrechtlichen Grundsätzen aufbauen, die in Form eines eigenständigen Steuerbilanzrechts festgeschrieben werden müssten. Denkbar wäre aber auch eine Abkehr von einem Steuerbilanzrecht, um stattdessen zu einer zahlungsorientierten Rechnungslegung überzugehen, die im geltenden Steuerrecht bereits in der Form der Einnahmen-Überschussrechnung gem. § 4 Abs. 3 EStG bekannt ist.[93] Im Kontext der weiteren Untersuchung werden im Zusammenhang mit der Internationalisierung der Rechnungslegung lediglich Aspekte zu einem eigenständigen Steuerbilanzrecht Gegenstand der Untersuchung sein. Auf Perspektiven einer zahlungsorientierten Rechnungslegung wird hingegen nicht weiter eingegangen, was jedoch nicht dahingehend verstanden werden soll, dass diese Alternative der Gewinnermittlung als unterlegen einzustufen ist.

---

90 Vgl. Jensen-Nissen/Lochmann, Kapitalerhaltung, StuB 2006, S. 313.

91 Die Konsequenzen beschränkten sich dabei nicht nur auf die steuerliche Gewinnermittlung, da die wechselseitige Verknüpfung von handels- und steuerbilanzieller Rechnungslegung indirekt auch auf andere Rechtsbereiche wie z.B. Gesellschafts- und Schuldrecht oder das Berufsrecht wirkt. Für den Fall einer Aufhebung des Maßgeblichkeitsgrundsatzes wäre in der Konsequenz ein umfassender Reformbedarf auch in anderen Rechtsgebieten gegeben. Zu den Rechtsgebieten zählen insbesondere das Gesellschaftsrecht, das Schuldrecht, das Insolvenzrecht, das Bankrecht und das Berufsrecht; vgl. hierzu ausführlich Herzig, IAS/IFRS und steuerliche Gewinnermittlung, 2004, S. 11 ff.

92 Bei einer Neukonzeption der steuerlichen Gewinnermittlung sind auch mögliche Folgewirkungen mitzubedenken, die sich sowohl im Bereich der periodischen Besteuerung als auch im Bereich der aperiodischen Besteuerung ergeben können. Insbesondere würde eine Neukonzeption auf das Einkommensteuergesetz, auf das Körperschaftsteuergesetz, auf das Gewerbesteuergesetz, auf das Umwandlungssteuergesetz sowie auf das Erbschafts- und Schenkungsteuergesetz ausstrahlen, da diese Gesetze jeweils auf die sich aus § 5 Abs. 1 EStG ergebende Gewinnermittlung Bezug nehmen; vgl. ausführlich zu den einzelnen Steuergesetzen Herzig, IAS/IFRS und steuerliche Gewinnermittlung, 2004, S. 9 ff.

93 Zu alternativen Formen der Gewinnermittlung und deren Umsetzung vgl. Herzig, IAS/IFRS und steuerliche Gewinnermittlung, 2004, S. 334 ff.; Herzig/Hausen, Modifizierte EÜR, DB 2004, S. 1 ff.

III. Internationalisierung der Rechnungslegung

1. Europäischer Binnenmarkt und Harmonisierung der Rechnungslegung – Entscheidung für IFRS/IAS

Im Juni 2000 hat die EU-Kommission mit der Ankündigung ihrer „Neuen Rechnungslegungsstrategie" grundlegende Weichen zur Harmonisierung des europäischen Bilanzrechts gestellt,[94] um zukünftig sicherzustellen, dass die auf unterschiedlichen Traditionen basierenden Rechnungslegungsvorschriften der einzelnen Mitgliedstaaten die Vorzüge des einheitlichen Binnenmarktes nicht weiter konterkarieren.[95] Erklärtes Ziel der Rechnungslegungsstrategie ist es demnach, eine Harmonisierung des Nebeneinanders der 25 unterschiedlichen Rechnungslegungssysteme zu erwirken, um zu vermeiden, dass der Binnenmarkt zukünftig weiterhin in 25 autonome Rechnungslegungssysteme unterteilt ist.[96] Die Europäische Union hält es daher für notwendig, ein einheitliches, international anerkanntes Rechnungslegungssystem in Europa zu etablieren, um die Vergleichbarkeit und Transparenz von Jahresabschlüssen - insbesondere auch als Grundvoraussetzung für einen effizienten und vollständig integrierten Kapitalmarkt in Europa - zu verbessern. Als unwahrscheinlich ist es dabei anzusehen, dass ein nationaler oder mehrere nationale Rechnungslegungsstandards europaweite Akzeptanz finden könnten, da diese Standards von nationalen Standardsettern aufgestellt werden, die ohne Mitwirkung anderer Staaten nur die Interessen und das Umfeld ihres Staates beachten. Als globaler Standard kommen aus Sicht der EU-Kommission daher nur Rechnungslegungsstandards in Betracht, die von einem übernationalen, globalen Standardsetter entwickelt werden.[97] Mangels Alternativen und in Anerkennung der Tatsache, dass der IASB (ehemals IASC)[98] ein Rechnungslegungssystem entwickelt, das eine weltweite Verwendung qualitativ hochwertiger Rechnungslegungsstandards gewährleistet, werden die IFRS/IAS von der EU-Kommission als

---

94 EU-Kommission vom 13.06.2000, KOM (2000) 359 endgültig, S. 1 ff.

95 Neben dem Aspekt, dass das Nebeneinander mehrerer Rechnungslegungssysteme für grenzüberschreitend tätige Unternehmen verwirrend ist, ist es zudem höchst kostenintensiv; vgl. EU-Kommission vom 13.06.2000, KOM (2000) 359 endgültig, S. 5 Rn. 11.

96 Eines der wesentlichen Ziele, das mit der Gründung der Europäischen Union verknüpft war, war die Verwirklichung eines innergemeinschaftlichen Binnenmarktes. So wurde der Begriff des Binnenmarktes dann auch 1987 in Art. 3 des EG-Vertrags aufgenommen. Laut EG-Vertrag ist der Binnenmarkt gekennzeichnet durch die Beseitigung der Hindernisse für den freien Waren-, Personen-, Dienstleistungs- und Kapitalverkehr zwischen den Mitgliedstaaten. Diese vier Merkmale des Binnenmarktes sind auch als die vier Grundfreiheiten bekannt.

97 Vgl. Wagenhofer, Standards, BFuP 2002, S. 236 f.; ähnlich Kübler in: FS Budde, Vorsichtsprinzip, 1995, S. 367.

98 Das International Accounting Standards Committee (IASC) wurde im April 2001 vom International Accounting Standards Board (IASB) im Rahmen eines Restrukturierungsprogramms abgelöst. Der IASB hat die vom IASC herausgegebenen International Accounting Standards (IAS) übernommen. Die zukünftigen Standards, die vom IASB erlassen werden, werden als International Financial Reporting Standards (IFRS) herausgegeben. Im Dezember 2001 wurde dann auch das Standing Interpretations Committee (SIC) in International Financial Reporting Interpretations Committee (IFRIC) umbenannt, dessen Entscheidungen als IFRIC veröffentlicht werden.

alternativloses Rechenwerk für den europäischen Binnenmarkt angesehen.[99] Als wesentlicher Vorteil neben der Vereinheitlichung der Rechnungslegung im EU-Binnenmarkt wird darauf verwiesen, dass die IFRS/IAS den Unternehmen die Möglichkeit der Erstellung eines einheitlichen Weltabschlusses bieten, der über die Grenzen Europas hinaus Geltung besitzt.[100]

Die Konzentration auf die IFRS/IAS soll nach Auffassung der Kommission den international tätigen Unternehmen zudem den Zugang zu den internationalen Kapitalmärkten mit dem Ziel erleichtern, Marktinformationen zu stabilisieren, so dass es zu einer Verbesserung der Kapitalallokation und damit des Funktionierens von Kapitalmärkten kommt. Eine höhere Transparenz und Vergleichbarkeit relevanter Daten und unterschiedlicher Investitionsmöglichkeiten verringern i.d.R. die Informationsasymmetrie der Marktteilnehmer, so dass sich die Transaktionskosten reduzieren und die Liquidität des Kapitalmarktes erhöht wird.[101] Zudem weist eine harmonisierte Rechnungslegung positive Netzwerkeffekte auf, die sich positiv auf die Stabilität eines Kapitalmarktes auswirken. Je mehr Unternehmen ein Rechnungslegungssystem nutzen, desto größer werden auf Grund der Vergleichbarkeit die Vorteile für alle Unternehmen, die es nutzen. Als Folge erhalten mehr Unternehmen den Anreiz, dieses System auch zu verwenden,[102] so dass anzunehmen ist, dass die Zahl der Nutzer in Zukunft steigen wird. Andererseits hat ein einheitliches globales Rechnungslegungssystem nicht nur Vorteile, da auf die jeweiligen spezifischen nationalen Normengefüge keine Rücksicht genommen werden kann und somit die Gefahr besteht, dass eine einheitliche Interpretation und Anwendung eines einheitlichen Rechenwerks nicht gewährleistet werden kann.[103] Auch können die IFRS/IAS als Weltstandards auf regionale gesellschaftsrechtliche Strukturen treffen, die abnormale Bilanzierungskonsequenzen nach sich ziehen können.[104] Dennoch überwiegen für die EU-Kommission eindeutig die Vorteile eines einheitlichen, globalen Rechnungslegungssystems, so dass sie in ihrem Strategieentwurf aus dem Jahr 2000 im Wesentlichen zwei Maßnahmen vorgeschlagen hat: Die Einführung der IFRS/IAS in das europäische Bilanzrecht – verpflichtend zumindest für den konsolidierten Abschluss kapitalmarktorientierter Unternehmen – so-

99 Vgl. EU-Kommission vom 13.06.2000, KOM (2000) 359 endgültig, S. 6 Rn. 15; Herzig, Rechnungslegung, WPg 2000, S. 104 ff. Die US-GAAP sind beispielsweise auf den US-Amerikanischen Markt zugeschnitten und werden nicht von einem global unabhängigen Standardsetter aufgestellt.

100 Vgl. van Hulle in: Übergang der Rechnungslegung vom HGB zu den IFRS, Europäische Rechnungslegung, 2004, S. 134.

101 Vgl. zur Annahme der Reduktion der Kapitalkosten Daske, Kapitalkosten, BFuP 2005, S. 455 ff.

102 Vgl. Wagenhofer, Standards, BFuP 2002, S. 232.

103 Der IASB hat dieses Problem erkannt und veröffentlicht daher vermehrt Interpretationen und sonstiges Material; vgl. auch Wagenhofer, Standards, BFuP 2002, S. 237.

104 Beispielsweise die IFRS/IAS-Abgrenzung von Eigen- und Fremdkapitalinstrumenten. Gem. IAS 32.11 können deutsche Personengesellschaften grundsätzlich kein bilanzielles Eigenkapital ausweisen, da den Gesellschaftern ein gesetzliches Kündigungsrecht bezüglich der Gesellschaftsanteile zusteht. Die Gesellschaftsanteile sind als Fremdkapitalinstrumente auszuweisen, gegebenenfalls zum Fair Value, so dass das Unternehmen gegebenenfalls bilanziell überschuldet ist.

wie ergänzend hierzu die Anpassung der Vierten und der Siebenten EG-Bilanzrichtlinie an internationale Standards.

1.1. IAS-Verordnung

1.1.1. IFRS/IAS-Konzern- und Jahresabschluss

Die Aufnahme der IFRS/IAS in das europäische Bilanzrecht wurde mit der IAS-Verordnung vom 19.7.2002[105] in europäisches Recht vorgenommen.[106] So sieht die IAS-Verordnung für den EU-Binnenmarkt ab dem Jahr 2005 für den konsolidierten Konzernabschluss börsennotierter Unternehmen, die dem Recht eines EU-Mitgliedstaates unterliegen,[107] eine verpflichtende Anwendung des IFRS/IAS-Regelwerks vor.[108] Den Mitgliedstaaten räumt die Verordnung darüber hinaus ein Wahlrecht ein, den Anwendungsbereich der IFRS/IAS-Regelungen auch auf Konzernabschlüsse nicht-kapitalmarktorientierter Unternehmen sowie den Bereich der Einzelabschlüsse auszudehnen (Art. 5 IAS-Verordnung). Mit der Verabschiedung der IAS-Verordnung kommt den IFRS/IAS ein erheblicher Bedeutungsgewinn zu. Zwar ist die Anwendung der IFRS/IAS lediglich für den Konzernabschluss börsennotierter Unternehmen europaweit verpflichtend, jedoch geht der größte Teil der Mitgliedstaaten, wie Deutschland auch, dazu über, auch nicht-börsennotierten Unternehmen die Möglichkeit einzuräumen, ihren Konzernabschluss befreiend nach den IFRS/IAS-Vorschriften aufzustellen.[109] Sofern sich der IFRS/IAS-Konzernabschluss in naher Zukunft u.a wegen der positiven Netzwerkeffekte flächendeckend durchgesetzt haben sollte, stellt sich zunehmend die Frage nach der Anwendung der IRFS/IAS im Einzelabschluss, da bereits im Konzernabschluss auf das IFRS/IAS-Regelwerk zurückgegriffen wird. Entscheidend für die Beantwortung der Frage nach dem Einzug der IFRS/IAS in den Einzelabschluss dürfte dabei vor allem die zukünftige Entwicklung des Kapitalerhaltungsgrundsatzes im Europäischen Binnenmarkt sein, d.h. der Klärung

---

105 IAS-Verordnung vom 19.7.2002, Verordnung (EG) 1606/2002 des Europäischen Parlaments und des Rates, ABlEG 2002, L 243-1.

106 Vgl. Busse von Colbe, Harmonisierung, BB 2002, S. 1530; Dücker, Bilanzrecht, StuB 2002, S. 70 ff.; Ernst, IAS-Verordnung, BB 2001, S. 823 ff.; Herzig, IAS/IFRS und steuerliche Gewinnermittlung, 2004, S. 3; Niehus, Einzelabschluss, WPg 2001, S. 738 f.

107 Ausländische Unternehmen, die in der EU börsennotiert sind, sind nicht verpflichtet, einen IFRS/IAS-Konzernabschluss aufzustellen; vgl. hierzu van Hulle, Harmonisierung, IWB 2004, S. 852.

108 Abweichend hiervon bleibt es den Mitgliedstaaten vorbehalten, eine zweijährige Übergangsregelung für solche Unternehmen zuzulassen, von denen lediglich Schuldtitel oder Wertpapiere in einem Nichtmitgliedstaat zum öffentlichen Handel zugelassen sind, sowie für Unternehmen, die zum Zweck der Zulassung zurzeit voll umfänglich nach US-GAAP bilanzieren (Art. 9 IAS-Verordnung). Schon bisher erlaubte § 292 a HGB den an einem organisierten Kapitalmarkt tätigen Unternehmen, einen Konzernabschluss nach international anerkannten Rechnungslegungsgrundsätzen (IAS oder US-GAAP) mit befreiender Wirkung zu erstellen.

109 Vgl. Übersicht der Europäischen Union zur Umsetzung der IAS-Verordnung in den Mitgliedstaaten: http://europa.eu.int/comm/internal_market/accounting/docs/ias/ias-use-of-options_en.pdf.

der Frage, ob dem Kapitalerhaltungsgrundsatz als Bilanzierungszweck noch Bedeutung zukommt und wenn ja, wie er zu interpretieren ist.[110]

Da es sich bei den IFRS/IAS allerdings um eine Informationsbilanz handelt, die sich zuvorderst nicht für Ausschüttungszwecke und somit zur Kapitalerhaltung eignet, sind die positiven Netzwerkeffekte, die sich aus der Harmonisierung der Rechnungslegung im Binnenmarkt ergeben, im Spannungsbogen zur Zwecksetzung des Einzelabschlusses zu sehen. Während sich der Zweck einer Konzernbilanz im Wesentlichen über das Ziel der Informationsbereitstellung und weniger als Bemessungsgrundlage für die Ausschüttung an die Gesellschafter definiert, und so die EU-Entscheidung für die IFRS/IAS nicht im Widerspruch zu den Kapitalerhaltungsanforderungen steht, die sich aus der Kapitalrichtlinie[111] und der SE-Verordnung[112] für Aktiengesellschaften ergeben, sieht es hingegen für den Fall, dass die IFRS/IAS verstärkt in den Einzelabschluss vordringen, anders aus. Dann gilt es zu klären, nach welchen Maßstäben die Ausschüttungen vorzunehmen sind, um den für Aktiengesellschaften geltenden Kapitalerhaltungsanforderungen gerecht zu werden. Für alle anderen Kapitalgesellschaften gilt Ähnliches: Für sie wird entscheidend sein, welche Kapitalerhaltungsmindeststandards auf europäischer Ebene als notwendig erachtet werden und in welchem Maße sich Mindeststandards im europäischen Binnenmarkt werden durchsetzen können, damit beantwortet werden kann, ob die IFRS/IAS Bedeutung für den Einzelabschluss erlangen können. Grundlage dieser Entwicklung ist die Vierte EG-Bilanzrichtlinie, die, wie oben dargestellt, als einziges Regelwerk Vorschriften zur Kapitalerhaltung für alle beschränkt haftenden Gesellschaften enthält.[113]

1.1.2. Transformation der IFRS/IAS in europäisches Bilanzrecht

Problematisch (an der Entscheidung für die IFRS/IAS) ist, dass die IFRS/IAS von dem privat organisierten Gremium des IASB aufgestellt werden.[114] Die Entwicklung der Standards durch ein privatrechtliches Gremium erfordert, dass jeder einzelne Standard zusätzlich in europäisches Recht transformiert werden muss (Endorsement), um als legitimiertes Regelwerk des EU-Binnenmarktes Bedeutung erlangen zu können. Die Transformation geschieht auf dem Wege eines sog. Komitologieverfahrens,[115] demgemäß die EU-Kommission gem.

---

110 Vgl. hierzu die Diskussion um den Kapitalerhaltungsgrundsatz S. 6 ff.

111 Kapitalrichtlinie vom 13.12.1976, Richtlinie 77/91/EWG des Rates, ABlEG 1977, L 026-1.

112 SE-Verordnung vom 8.10.2001, Verordnung 2157/200/EG des Rates, ABlEG 2001, L 294-1.

113 Vgl. Kapitel zu Mindestkapital und Ausschüttungsbegrenzung auf europäischer Ebene, S.10.

114 Der IASB besteht aus vierzehn Personen und trägt die Verantwortung für die Verabschiedung der Standards zur Rechnungslegung. Der IASB ist keine staatliche Einrichtung; er ist privatwirtschaftlich organisiert. Die wichtigste Qualifikation für die Mitgliedschaft im Board ist die Fachkenntnis; politische oder regionale Interessen sind nicht von Belang.

115 Das Komitologieverfahren ist auf Artikel 202 EG-Vertrag in Verbindung mit dem Beschluss 1999/468/EG des Rates vom 17.07.1999 zurückzuführen, wonach zur Verwirklichung der Ziele nach Maßgabe des Ver-

Art. 3 Abs. 1 IAS-Verordnung über die Anwendbarkeit der IFRS/IAS zu beschließen hat, nachdem gem. Art. 6 Abs. 1 IAS-Verordnung zuvor der Regelungsausschuss für Rechnungslegung (ARC) eine Empfehlung über die Annahme abgegeben hat.[116] Erst nach Abschluss des Komitologieverfahrens besitzen die transformierten Standards Rechtsqualität und sind infolgedessen zwingend von börsennotierten Konzernen anzuwenden.[117] Eine Übernahme aller Standards in europäisches Recht in einem einheitlichen Vorgang wird es allerdings nicht geben. Die Transformation wird vielmehr sukzessive, bezogen auf die jeweils einzelnen Standards, vorgenommen, da die IFRS/IAS einem ständigen Wandel unterliegen. Die EU-Kommission ist somit im Sinne der Rechtssicherheit ständig verpflichtet, auf Entscheidungen des IASB zu reagieren.[118] Entweder sind neue vom IASB verabschiedete Standards in europäisches Recht zu transformieren oder es werden vom IASB einzelne Standards aktuellen wirtschaftlichen Entwicklungen angepasst, so dass die verabschiedete Version erneut in europäisches Recht transformiert werden muss. Nicht ganz unproblematisch ist hierbei sicherlich, dass die EU-Kommission sich das Recht vorbehält, einen Sonderweg zu gehen, wie dies bei der Übernahme des IAS 39 geschehen ist.[119]

Im vorliegenden Fall des IAS 39 liegen die Schwierigkeiten vor allem in der Entwicklung zur Fair Value-Bewertung von Finanzinstrumenten. Der vom damaligen IASC im Dezember 1998 verabschiedete IAS 39 stellte seinerzeit lediglich eine Interimslösung dar, die bis zur Herausgabe eines konsistenten Standards zur Bilanzierung und Bewertung von Finanzinstrumenten Bestandskraft haben sollte. Im Dezember 2003 wurde eine überarbeitete Fassung des IAS 39 veröffentlicht, die im März 2004 durch Ergänzungen zum Portfolio Hedging noch erweitert wurde.[120] Die Überarbeitung war damit noch nicht abgeschlossen und dauert nach wie vor an; so wurde im Juni 2005 eine nochmalige Überarbeitung der Fair Value-Option

---

trags der Rat der Kommission in den von ihr angenommenen Rechtsakten die Befugnis zur Durchführung der Vorschriften übertragen kann. Im Rahmen dieser Rechtssetzungstätigkeit stehen der Kommission Verwaltungsausschüsse (Komitees, daher Komitologie) unterstützend und kontrollierend zur Seite; Beschluss vom 28.6.1999, EG-Richtlinie 1999/468/EG des Rates, ABlEG 1999, L 148-23; vgl. auch Ernst, IAS-Verordnung, BB 2001, S. 824; Kußmaul/Tcherveniachki, KMU, DStR 2005, S. 616; Oestreicher/Spengel, Maßgeblichkeit, RIW 2001, S. 891; Schulze-Osterloh, Einzelabschluss, ZIP 2003, S. 173.

116 Die Abkürzung ARC steht für Accounting Regulatory Committee.

117 Vgl. Schön, Auslegung, BB 2004, S. 763.

118 Die Kommission hat einzig die Möglichkeit, sich über die Kommentierung eines vom IASB herausgegebenen Exposure Drafts aktiv an der Entstehung oder Änderung eines Standards zu beteiligen. Die Kommission hat hierzu frühzeitig Kontakt zur Wirtschaft aufgenommen und die European Financial Advisory Group (EFRAG) ins Leben gerufen. Sofern der IASB tätig geworden ist, kontaktiert die Kommission zunächst die EFRAG, um festzustellen, ob Einwände gegen das IASB-Vorgehen zu erheben sind; vgl. hierzu van Hulle in: Übergang der Rechnungslegung vom HGB zu den IFRS, Europäische Rechnungslegung, 2004, S. 135 f.

119 Ausgeklammert wurden dabei bestimmte Vorschriften über die Fair-Value-Option und das Hedge-Accounting; vgl. Verordnung vom 19.11.2004, Verordnung 2086/2004 der Kommission, ABlEG 2004, L 363-1. Die EU-Kommission reagierte beispielsweise mit der Streichung der Fair-Value-Option für Verbindlichkeiten auf die von der EZB geäußerte Kritik, dass die Option nicht zweckmäßig verwendet werden könnte; vgl. EZB, Fair Value, Monatsbericht 2004, S. 77 ff.

120 Amendment to IAS 39: Financial Instruments: Recognition and Measurement, Fair Value Hedge Accounting for a Portfolio Hedge of Interest Rate Risk.

verabschiedet,[121] die dann entsprechend auch das Komitologieverfahren zu durchlaufen hatte.[122]

1.2. Modernisierung der Vierten und Siebenten EG-Bilanzrichtlinien

Als zweite Maßnahme zur Harmonisierung der Rechnungslegung führt die EU-Kommission die Modernisierung der Vierten und Siebenten EG-Bilanzrichtlinie an. Die beiden EG-Bilanzrichtlinien,[123] die lange Zeit vor Verabschiedung der IAS-Verordnung den europäischen Harmonisierungsprozess der Rechnungslegung initiiert hatten,[124] sind trotz Inkrafttreten der IAS-VO nach wie vor maßgebend für die europäische Rechnungslegung. Sie formulieren zwar im Wesentlichen allgemeine Grundsätze,[125] die zwangsläufig noch konkreter Regelungen bedürfen,[126] sie werden jedoch keineswegs durch die IAS-Verordnung aufgehoben oder überflüssig; sie bleiben vielmehr für Unternehmen, die künftig die IFRS/IAS im Jahres-/ Konzernabschluss anwenden müssen bzw. dürfen, weiterhin geltendes Recht. Trotz der Notwendigkeit, bei der Transformation der IFRS/IAS in europäisches Recht einen europäischen Sonderweg zu vermeiden, muss die EU-Kommission daher darauf achten, dass die IFRS/IAS mit den Rechnungslegungsgrundsätzen der EU übereinstimmen. Die zu übernehmenden IFRS/IAS müssen insbesondere mit der Generalnorm des True and Fair View der EG-Bilanzrichtlinien übereinstimmen,[127] so dass im Sinne der EU-Rechnungslegungsstrategie sichergestellt wird, dass die zu übernehmenden Standards ein den tatsächlichen Verhältnissen entsprechendes Bild der Vermögens-, Finanz- und Ertragslage eines Unternehmens vermitteln.[128]

---

121 Die geänderte Fassung des IAS 39 „Finanzinstrumente: Ansatz und Bewertung - Wahlrechte der Bewertung zum beizulegenden Zeitwert" wurde am 16.06.2005 verabschiedet und veröffentlicht.

122 Verordnung vom 15.11.2005, Verordnung EG 1864/2005 der Kommission, ABlEG 2005, L 299-45.

123 Vierte EG-Bilanzrichtlinie vom 25.7.1978, Richtlinie 78/660/EWG des Rates, ABlEG 1978, L 222-11; und Siebente EG-Bilanzrichtlinie vom 13.6.1983, Richtlinie 83/349/EWG des Rates, ABlEG 1983, L 193-1.

124 Vgl. Kirsch, Bilanzierungsnormen, WPg 2002, S. 744; Küting, Bilanzrichtlinien, BB 1993, S. 30 f.; Kußmaul/Tcherveniachki, KMU, DStR 2005, S. 2076.

125 Die Siebente EG-Bilanzrichtlinie hat die Koordination der nationalen Vorschriften über den konsolidierten Abschluss zum Inhalt. Die Vierte EG-Bilanzrichtlinie hat hingegen die Koordination der nationalen Vorschriften über den Jahresabschluss zum Inhalt, so dass in erster Linie die Vierte EG-Bilanzrichtlinie für den HGB-Einzelabschluss von Relevanz ist. Die Jahresabschlussrichtlinien enthalten zwei Gruppen von Vorschriften: Vorschriften zur Gewinnermittlung und Vorschriften, die der Informationsbereitstellung dienen. Zu den Gewinnermittlungsvorschriften zählen Ansatznormen und Bewertungsnormen. Moxter kritisiert die Jahresabschlussrichtlinie dahingehend, dass sie sich aus einer Aneinanderreihung extrem unbestimmter Rechtsbegriffe zusammensetze; vgl. Moxter, EuGH, BB 1995, S. 1463.

126 Vgl. EuGH vom 7.1.2003, C-306/99, BStBl. II 2004, S. 144.

127 Vgl. zum True and Fair View als Generalnorm des EuGH vom 27.6.1996, C-234/94, DB 1996, S. 1400; EuGH vom 7.1.2003, C-306/99, BStBl. II 2004, S. 144; EuGH vom 14.9.1999, C-275/97, 1996, S. I-5331 Rn. 26 f.

128 Gem. IAS-Verordnung können die IFRS/IAS nur übernommen werden, wenn sie dem Prinzip des Art. 2 Abs. 3 der Vierte EG-Bilanzrichtlinie vom 25.7.1978, Richtlinie 78/660/EWG des Rates, ABlEG 1978, L 222-11; und des Artikels 16 Abs. 3 der Siebente EG-Bilanzrichtlinie vom 13.6.1983, Richtlinie 83/349/EWG des Rates, ABlEG 1983, L 193-1 nicht zuwiderlaufen.

Um gewährleisten zu können, dass die IAS-Verordnung und damit die IFRS/IAS nicht mit einzelnen Vorschriften der beiden Richtlinien kollidieren, war die Kommission gezwungen, beide Richtlinien in gewissen Punkten an die Entwicklungen der internationalen Rechnungslegung anzupassen.[129] Die Gremien der EU haben daher ergänzend zu der IAS-Verordnung in jüngster Zeit Richtlinien zur Anpassung der Vierten und der Siebenten EG-Bilanzrichtlinie an internationale Rechnungslegungsstandards verabschiedet, die entsprechend Unstimmigkeiten zwischen den Rechnungslegungsrichtlinien und den IFRS/IAS beseitigen.[130] Hervorzuheben sind die Modernisierungs- und die Fair Value-Richtlinie,[131] die den Mitgliedstaaten mehr Flexibilität bei der Anpassung ihres nationalen Rechts an künftige Entwicklungen der IFRS/IAS ermöglichen.[132] Von nicht unwesentlicher Bedeutung für die zukünftige Entwicklung der Rechnungslegung in den Mitgliedstaaten dürfte insbesondere das gem. Art. 1.12 der Modernisierungsrichtlinie und das gem. Art. 1.1 der Fair Value-Richtlinie eingeräumte Wahlrecht der Mitgliedstaaten sein, ihren Unternehmen zu gestatten, im Sinne der IFRS/IAS-Bilanzierung bestimmte Bilanzposten mit dem Fair Value zu bewerten. Zwar kann eine derartige Erlaubnis oder Verpflichtung auf den Konzernabschluss beschränkt bleiben, so dass die Fair Value-Bewertung nicht zwingend Eingang in den Einzelabschluss findet. Dennoch wird deutlich, dass mit der Modernisierung der Bilanzrichtlinien mit dem Ziel einer gemeinschaftsweiten Vergleichbarkeit der Abschlussinformationen eine Abkehr von dem bisher in Art. 32 der Vierten EG-Bilanzrichtlinie postulierten Anschaffungskosten- und Herstellungskostenprinzip einhergeht.

Die Anpassung der Vierten und der Siebenten EG-Bilanzrichtlinie an die IAS-Verordnung muss daher als eine Zäsur der europäischen Rechnungslegung verstanden werden. In Zukunft wird zur Darstellung der Vermögens-, Finanz- und Ertragslage des Unternehmens nicht ausschließlich auf die historischen Anschaffungskosten abgestellt werden müssen: Es besteht die Möglichkeit, die wirtschaftliche Lage des Unternehmens über Zeitwerte abzubilden und etwaige nicht realisierte Gewinne in der GuV auszuweisen. Bemerkenswert ist in diesem Zusammenhang, dass derart ausgewiesene, nicht realisierte Gewinne nicht mit Ausschüttungs-

---

129 Dies insbesondere vor dem Hintergrund, dass die beiden Bilanzrichtlinien die Schaffung eines gleichwertigen Bilanzrechts für den EU-Binnenmarkt nicht erreichen konnten, da sie kein einheitliches Rechnungslegungssystem für alle Mitgliedstaaten vorgeben, sondern lediglich einen Korridor beschreiben, innerhalb dessen sich die Mitgliedstaaten bei der Ausgestaltung der Rechnungslegungssysteme bewegen müssen; vgl. EU-Kommission vom 13.06.2000, KOM (2000) 359 endgültig, S. 5 Rn. 9 f.; Kessler, Vorabentscheidung, IStR 2000, S. 535; Küting, Bilanzrichtlinien, BB 1993, S. 32 m.w.N.; Moxter, EuGH, BB 1995, S. 1465.

130 Vgl. EU-Kommission vom 28.05.2002, KOM (2002) 259 endgültig, S. 3; Ammann/Hucke, Bilanzrechtsreformgesetz, StuStu 2005, S. 231 f.; Kußmaul/Tcherveniachki, KMU, DStR 2005, S. 616.

131 Modernisierungsrichtlinie vom 18.6.2003, Richtlinie 2003/51/EG des Europäischen Parlaments und des Rates, ABlEG 2003, L 178-16; Fair Value-Richtlinie vom 27.9.2001, Richtlinie 2001/65/EG des Europäischen Parlaments und des Rates, ABlEG 2001, L 283-28. Daneben ist noch die Schwellenwertrichtlinie vom 13.5.2003, Richtlinie 2003/38/EG des Rates, ABlEG 2003, L 120-22 zu erwähnen, die im Wesentlichen die Größenklassen der europäischen Bilanzvorschriften harmonisiert.

132 Vgl. Kußmaul/Tcherveniachki, KMU, DStR 2005, S. 616.

sperren belegt wurden,[133] obwohl die Vierte EG-Bilanzrichtlinie das Instrumentarium der Ausschüttungssperre kennt und der EuGH offen auf die Schutzwirkung der Richtlinie im Sinne des Gläubigerschutzes hinweist. Das vorrangige Ziel der Modernisierung, die Angleichung der EG-Bilanzrichtlinien an die IFRS/IAS, ist dahingehend zu interpretieren, dass die Richtliniengeneralnorm des True and Fair View nunmehr ausschließlich informationsorientiert zu verstehen ist und dass der Grundsatz der Vorsicht zunehmend an Bedeutung verliert. Die Zulässigkeit von Zeitwerten im Konzern- und Jahresabschluss bedeutet für die europäische Rechnungslegung mithin eine Wende von einer vergangenheits- zu einer zukunftsorientierten Betrachtungsweise der Unternehmenslage und ist insofern als Antwort auf die Frage nach der Entwicklung des Kapitalerhaltungsgrundsatzes auf europäischer Ebene zu verstehen, nach dem der Schutz der Gläubiger in Form von Ausschüttungsbegrenzungsmaßnahmen in die Verantwortung der Vertragspartner gelegt wird.

2. EG-Bilanzrichtlinien und nationales Recht

2.1. EuGH und Gemeinschaftsrecht

Dem EuGH fällt gem. Art. 220 EG-Vertrag die Rolle zu, für die Wahrung des europäischen Rechts bei der Auslegung und Anwendung des EG-Vertrags sowie für die Auslegung sekundären Gemeinschaftsrechts Sorge zu tragen. Da beispielsweise die EG-Bilanzrichtlinien im Einzelnen nicht alle Fragen der Rechnungslegung detailliert anordnen, sondern sich im Wesentlichen aus allgemeinen Grundsätzen zusammensetzen, liegt es im Verantwortungsbereich der Mitgliedstaaten, nationale Vorschriften zu erlassen, die den Grundsätzen der Richtlinien entsprechen. Sofern der nationale Gesetzgeber den Inhalt der Richtlinien jedoch nicht oder nicht richtig in nationales Recht umsetzt, gleichzeitig sich jeder Bürger jedoch auf den normativen Inhalt der Richtlinien berufen kann, obliegt dem EuGH die Zuständigkeit hinsichtlich der Umsetzung und Auslegung von EG-Richtlinien in nationales Recht.[134] Aus nationalstaatlicher Sicht ist es nicht ausreichend, wenn der Inhalt einer Richtlinie nur näherungsweise oder

---

[133] Art. 42 c der Vierten EG-Bilanzrichtlinie schreibt vor, dass, sofern ein Finanzinstrument mit dem Fair Value bewertet und nicht zu Sicherungszwecken eingesetzt wird, eine Wertänderung in der GuV auszuweisen ist (Wertänderungen, die auf Wechselkursdifferenzen zurückzuführen sind, sind im Eigenkapital zu erfassen). Zusätzlich bietet Art. 42 f. der Vierten EG-Bilanzrichtlinie die Möglichkeit, dass der Fair Value anderer Vermögensgegenstände auch in der GuV ausgewiesen werden darf.

[134] Der unmittelbaren Geltung der Rechtsprechung gehen die unmittelbare Geltung von Bestimmungen des EG-Vertrags sowie des an die Mitgliedstaaten gerichteten sekundären Gemeinschaftsrechts voraus; vgl. hierzu EuGH vom 17.12.1970, 33/70, Slg 1970, S. 1213. A.A. hinsichtlich des sekundären Gemeinschaftsrechts ist der BFH, BFH vom 16.7.1981, V B 51/80, BStBl. II 1981, S. 692; BFH vom 25.4.1985, V R 123/84, HFR 1985, S. 452. Der BFH weist darauf hin, dass eine Verordnung allgemeine Geltung hat, da sie in allen Teilen verbindlich ist und unmittelbar in jedem Mitgliedstaat gilt. Im Gegensatz dazu ist eine Richtlinie zwar für jeden Mitgliedstaat hinsichtlich des zu erreichenden Ziels verbindlich, überlässt jedoch den innerstaatlichen Stellen die Wahl der Form und der Mittel. Eine Richtlinie kann insofern kein unmittelbar geltendes Recht erzeugen, da Art. 20 Abs. 3 GG lediglich die Anwendung von Gesetzen gebietet, die von den gesetzgebenden Körperschaften kompetenzgemäß und materiell verfassungsgemäß geschaffen wurden.

teilweise übernommen wurde, da dem europäisches Recht und somit der EuGH entgegensteht. Die vom EuGH zu prüfenden Auslegungsfragen setzen im Zweifelsfall nicht nur an den nationalen Vorschriften an; sie schließen, sofern die Vorschrift der Richtlinie ihrer Natur und ihrem Wortlaut nach so beschaffen ist, dass sie unmittelbare Wirkungen zu erzeugen geeignet ist,[135] auch Auslegungsfragen mit ein, die die Richtlinie direkt betreffen.[136]

Obwohl dem EuGH die zentrale Rolle hinsichtlich der Auslegung des Gemeinschaftsrechts zukommt, steht zunächst die nationale Rechtsprechung bei der Durchsetzung des Gemeinschaftsrechts in der Pflicht. Die nationalen Gerichte haben zunächst die konkrete Anwendung des Gemeinschaftsrechts, das in nationales Recht transformiert wurde, auf den jeweiligen Einzelfall bezogen zu prüfen.[137] Ist für eine gebotene richtlinienkonforme Auslegung dagegen der Inhalt der Richtlinie selbst heranzuziehen, ist zur einheitlichen Auslegung und Fortbildung des Gemeinschaftsrechts die Auslegung der Richtlinie dem EuGH vorbehalten.[138] Einer Vorabentscheidung des EuGH bedarf es daher nicht, wenn und soweit der Inhalt der in Betracht kommenden gemeinschaftsrechtlichen Regelungen offensichtlich zutreffend in nationales Recht umgesetzt wurde[139] und lediglich die Anwendung von Gemeinschaftsrecht auf den jeweiligen Sachverhalt vorzunehmen ist.[140]

Der skizzierte Verantwortungsbereich des EuGH bedingt allerdings, dass er gem. Art. 234 EG-Vertrag im Rahmen von Vorabentscheidungsverfahren auch von den nationalen Gerichten angerufen wird,[141] da der EuGH die nationalen Gerichte nicht zur Anrufung zwingen kann.[142] Ob sich in diesem Zusammenhang aus Art. 234 EG-Vertrag eine Verpflichtung oder lediglich die Möglichkeit der nationalen Gerichte zur Vorlage beim EuGH ergibt, war lange Zeit strittig.[143] Einigkeit herrschte zunächst nur dahingehend, dass Finanzgerichte lediglich berechtigt

---

135 Vgl. EuGH vom 4.12.1974, 41/74, Slg 1974, S. 1337.

136 Vgl. beispielsweise EuGH vom 4.12.1974, 41/74, Slg 1974, S. 1337; EuGH vom 1.2.1977, 51/76, NJW 1977, S. 2022; EuGH vom 19.1.1982, 8/81, EuGHE 1982, S. 53; Herber in: FS Döllerer, Bilanzrichtlinie, 1988, S. 231, Fn. 27 m.w.N.; Meyer-Arndt, Bilanzrecht, BB 2005, S. 1623.

137 Vgl. EuGH vom 1.2.1977, 51/76, NJW 1977, S. 2022; Herber in: FS Döllerer, Bilanzrichtlinie, 1988, S. 234 f.

138 Vgl. EuGH vom 8.11.1990, C-231/89, HFR 1991, S. 245; BFH vom 8.11.2000, I R 6/96, BStBl. II 2001, S. 570 m.w.N.; Hennrichs, EG-Bilanzrichtlinie, ZGR 1997, S. 68 m.w.N.; Schulze-Osterloh, Tomberger-Entscheidung, ZGR 1995, S. 172 f.; Weber-Grellet, Europäisches Steuerrecht, StuW 1995, S. 339.

139 Vgl. EuGH vom 6.10.1982, 283/81, EuGHE 1982, S. 3415; BVerfG vom 27.8.1991, 2 BvR 276/90, DB 1991, S. 2230; BFH vom 23.10.1985, VII R 107/81, BB 1986, S. 383; BFH vom 15.7.1998, I R 24/96, BStBl. II 1998, S. 728.

140 Vgl. BFH vom 8.11.2000, I R 6/96, BStBl. II 2001, S. 570; BFH vom 15.9.2004, I R 5/04, BFH/NV 2005, S. 421.

141 Vgl. Küting/Ranker, IFRS, BB 2004, S. 2511; Kußmaul/Tcherveniachki, KMU, DStR 2005, S. 617.

142 Vgl. Groh, EuGH, DStR 1996, S. 1207.

143 Vgl. BFH vom 9.9.1998, I R 6/96, BStBl. II 1999, S. 129 m.w.N.; Schütz, EuGH, DB 2003, S. 688.

und nicht verpflichtet sind, den EuGH in einem Vorabentscheidungsverfahren anzurufen.[144] In der Vergangenheit befanden der BFH und Stimmen in der Literatur für den BFH ebenso, dass sich aus Art. 234 EG-Vertrag keine Verpflichtung zur Vorlage beim EuGH ableiten lässt.[145] Diese Auffassung konnte sich jedoch nicht durchsetzen. Mittlerweile wird seitens der EU-Kommission,[146] der Bundesregierung[147], des EuGH[148] und auch des I. Senats des BFH gem. Art. 234 Abs. 3 EG-Vertrag eine Vorlagepflicht des BFH[149] vorausgesetzt,[150] wenn an der zutreffenden Umsetzung der gemeinschaftsrechtlichen Bestimmungen in das nationale Recht oder ihrer Auslegung Zweifel bestehen.[151] Allerdings ist die Erforderlichkeit und die Erheblichkeit einer Vorlage von den jeweiligen nationalen Gerichten selbst zu beurteilen.[152] Bedeutung gewinnt die Vorlagepflicht vor allem im Zusammenhang mit der Tragweite der Vorabentscheidungszuständigkeit des EuGH. Für die steuerliche Gewinnermittlung ist die Vorabentscheidungszuständigkeit hinsichtlich der Frage von Relevanz, ob aus der Maßgeblichkeit gem. § 5 Abs. 1 EStG eine Verknüpfung des Steuerbilanzrechts mit den gemeinschaftsrechtlichen Bilanzierungsgrundsätzen abgeleitet werden kann, so dass der EuGH über die Auslegung der Bilanzrichtlinien Einfluss auf die Steuerbilanz geltend machen kann.

---

[144] Vgl. BFH vom 17.2.2000, V B 144/99, BFH/NV 2000, S. 999; BFH vom 7.12.2000, VII B 207/00, Haufe-Index 2000, S. 1; BFH vom 1.2.2001, VII B 139/00, BFH/NV 2001, S. 947.

[145] Vgl. gegen Vorlagepflicht BFH vom 9.9.1998, I R 6/96, BStBl. II 1999, S. 129 m.w.N.; Beisse, True and fair view, DStZ 1998, S. 310; Biener, Bilanzierung, StbJb. 1996, S. 43; Meyer-Arndt, Bilanzrecht, BB 2005, S. 1623; Moxter, EuGH, BB 1995, S. 1463; Schulze-Osterloh, EuGH, DStZ 1997, S. 283 ff.; Weber-Grellet, Europäisches Steuerrecht, StuW 1995, S. 336; für Vorlagerecht bzw. -pflicht Dautzenberg, Leur-Bloem, FR 1997, S. 690; Groh, EuGH, DStR 1996, S. 1206; Herlinghaus, Tomberger, IStR 1997, S. 537 f.; Kessler, Vorabentscheidung, IStR 2000, S. 532; Meilicke, Europäisches Recht, DB 1996, S. 513; Meilicke, Vorlagepflicht, BB 2001, S. 41; Schön in: FS Flick, Maßgeblichkeitsprinzip, 1997, S. 585 f.; Schüppen, Gewinnzuweisung, DB 1996, S. 1481; Streck/Olgemöller, EuGH, DStR 1993, S. 417; Weerth, Tomberger, RIW 1996, S. 763 jeweils m.w.N.

[146] Vgl. EuGH vom 7.1.2003, C-306/99, BStBl. II 2004, S. 144 Rn. 87.

[147] Vgl. EuGH vom 7.1.2003, C-306/99, BStBl. II 2004, S. 144 Rn. 87.

[148] Vgl. EuGH vom 7.1.2003, C-306/99, BStBl. II 2004, S. 144.

[149] Vgl. BFH vom 8.11.2000, I R 6/96, BStBl. II 2001, S. 570; anders noch BFH vom 9.9.1998, I R 6/96, BStBl. II 1999, S. 129.

[150] Gleicher Auffassung Scheffler, Vorabentscheidungszuständigkeit, StuB 2004, S. 300; Weerth, Europarecht, RIW 2003, S. 2117; nach wie vor anderer Auffassung Grotherr, BIAO, IWB 2003, S. 429 f.; Weber-Grellet, EuGH, DStR 2003, S. 69.

[151] Art. 234 Abs. 3 EG-Vertrag schreibt demnach vor, dass letztinstanzliche Gerichte zur Vorlage verpflichtet sind, wenn sich ihnen in einem Verfahren eine Frage zur Gültigkeit oder Auslegung des Gemeinschaftsrechts stellt.

[152] Vgl. EuGH vom 7.1.2003, C-306/99, BStBl. II 2004, S. 144; BFH vom 8.11.2000, I R 6/96, BStBl. II 2001, S. 570; Groh, EuGH, DStR 1996, S. 1207. Das nationale Gericht hat nach innerstaatlichem Recht zu prüfen, welche Rechtsfragen für die Entscheidung bedeutsam sind, ob hierfür richtlinienkonform auszulegendes Recht heranzuziehen ist und ob die Auslegung der Richtlinie erforderlich ist.

2.2. *Gemeinschaftsrechtliche Bilanzierungsgrundsätze*

Unstrittig ist, dass der EuGH für die richtlinienkonforme Auslegung der Bilanzierungsvorschriften des HGB zuständig ist,[153] die auf Grund der Umsetzung der Vierten und der Siebenten EG-Bilanzrichtlinie durch das Bilanzrichtlinien-Gesetz vom 19.12.1985 in nationales Recht aufgenommen wurden.[154] Strittig ist hingegen, ob der EuGH auch für die Auslegung nationaler Vorschriften zuständig ist, die sich nicht aus den gemeinschaftsrechtlichen Bilanzierungsvorschriften ableiten, aber dennoch auf Bestimmungen zurückgreifen, die unter die gemeinschaftsrechtlichen Vorschriften fallen.

Der BFH vertritt diesbezüglich die Rechtsauffassung, dass die Vierte EG-Bilanzrichtlinie für das Recht von Nicht-Kapitalgesellschaften nicht gilt, da der Anwendungsbereich der Richtlinie sich nur auf Kapitalgesellschaften erstreckt, was daher auch für die Kompetenz des EuGH gilt.[155] Eine Entscheidung darüber, ob und in welchem Umfang die für Kapitalgesellschaften geltenden Bilanzierungsgrundsätze auch Bedeutung für die Auslegung der für Einzelkaufleute und Personengesellschaften geltenden Bilanzierungsvorschriften besitzen, gehört nach Auffassung des BFH einzig zum Kompetenzbereich deutscher Gerichte.[156] Insoweit hat der BFH dem EuGH bislang noch keine steuerbilanziellen Vorabentscheidungen vorgelegt, da er dies nicht für notwendig erachtet. Anders hingegen das Finanzgericht Hamburg, das mit Beschluss vom 22.04.1999 an den EuGH mit Fragen zur Vorabentscheidung zur Auslegung der Umsetzung der EG-Bilanzrichtlinie in nationales Recht herangetreten ist.[157] Der EuGH hat daraufhin mit dem Urteil BIAO vom 07.01.2003 entschieden,[158] dass er trotz des aus der Vierten EG-

---

153 Vgl. BGH vom 21.7.1994, II ZR 82/93, BB 1994, S. 1673.

154 BiRiLiG vom 19.12.1985, BGBl. I 1985, S. 2355. Das Bilanzrichtliniengesetz zur Durchführung der Vierten, Siebenten und Achten Richtlinie hat eine grundlegende Neuordnung des Handelsbilanzrechts bewirkt, nachdem bis dato die handelsrechtliche Bilanzierung nur im Aktiengesetz näher bestimmt war und für die Bilanzierung von Unternehmen anderer Rechtsformen mit den §§ 38 ff. HGB a.F. rudimentäre Vorschriften vorlagen. Mit Einführung des Bilanzrichtliniengesetzes war die handelsrechtliche Rechnungslegung für alle Unternehmensformen maßgebend. Grundlage für das Handelsbilanzrecht aller Kaufleute sind die Bestimmungen der Vierten EG-Bilanzrichtlinie, während die Siebente EG-Bilanzrichtlinie im Zusammenhang mit dem konsolidierten Abschluss und die Achte Richtlinie im Zusammenhang mit der Pflichtprüfung beauftragter Personen auch mit ins Bilanzrichtlinien-Gesetz aufgenommen wurden; vgl. auch Knobbe-Keuk, Bilanzsteuerrecht, 8. Auflage 1991, S. § 3 I 1.

155 Vgl. BFH vom 9.9.1998, I R 6/96, BStBl. II 1999, S. 129; BFH vom 28.3.2000, VIII R 77/96, BStBl. II 2002, S. 227.

156 BFH vom 28.3.2000, VIII R 77/96, BStBl. II 2002, S. 227. Moxter verweist darauf, dass die Mitgliedstaaten von vornherein nicht bereit waren, die Konkretisierung der gemeinschaftsrechtlichen Gewinnermittlungsvorschriften den EU-Organen zu überlassen, da sie dann für den Fall einer Verknüpfung von Handels- und Steuerbilanzrecht von vornherein gezwungen gewesen wären, auch steuerbilanzielle Kompetenzen an den EuGH abzutreten; vgl. Moxter, EuGH, BB 1995, S. 1465.

157 Finanzgericht Hamburg vom 22.4.1999, II 23/97, DStRE 2005, S. 171. Der diesem Beschluss zugrundeliegende Sachverhalt betrifft die steuerbilanzielle Auswirkung einer Risikounterbeteiligungsgarantie der deutschen Niederlassung einer französischen Bank in der Rechtsform einer Kapitalgesellschaft gegenüber einem in der USA tätigen Vertragspartner. Die dem EuGH vorgelegten Fragen betreffen drei Punkte: erstens die Vorabentscheidungszuständigkeit des EuGH, zweitens die Bilanzierung von Kreditrisiken und drittens Fragen zur Wertaufhellung.

158 EuGH vom 7.1.2003, C-306/99, BStBl. II 2004, S. 144.

Bilanzrichtlinie abgeleiteten, gem. § 264 Abs. 2 S. 1 HGB vorrangig für Kapitalgesellschaften geltenden Grundsatzes, dass der Jahresabschluss ein den tatsächlichen Verhältnissen entsprechendes Bild der Vermögens-, Finanz- und Ertragslage der Gesellschaft zu vermitteln hat, nicht lediglich für die richtlinienkonforme Anwendung des Handelsbilanzrechts für Kapitalgesellschaften zuständig ist, sondern auch dann zuständig ist, wenn Inhalte der Vierten EG-Bilanzrichtlinie in das für alle Kaufleute geltende Handelsbilanzrecht übernommen werden. Der EuGH hält sich demnach zur Wahrung der einheitlichen Auslegung der gemeinschaftsrechtlichen Bilanzierungsvorschriften auch dann für zuständig, wenn das Gemeinschaftsrecht für die Entscheidung lediglich mittelbar von Bedeutung ist, der nationale Gesetzgeber mithin eine analoge Anwendung des Gemeinschaftsrechts vorsieht.[159] Er hat in diesem Zusammenhang auch klargestellt, dass er in seiner Kompetenz nicht davor haltmacht, mittelbar Einfluss auf die nationalen steuerlichen Gewinnermittlungsvorschriften zu nehmen, sofern das nationale Steuerrecht über die Maßgeblichkeit auf handelsrechtliche Vorschriften Bezug nimmt, die den Grundsätzen der Vierten EG-Bilanzrichtlinie entsprechen, unabhängig davon, ob die handelsrechtlichen Vorschriften für alle Kaufleute (§§ 238 ff. HGB) gelten oder ob es sich um spezielle Bilanzierungsvorschriften für Kapitalgesellschaften (§§ 264 ff. HGB) handelt.[160] In seiner Konsequenz bedeutet dieses Urteil, dass der BFH mit Blick auf die mittelbare Zuständigkeit des EuGH trotz langer Zeit gehegter gegenteiliger Auffassung in Zukunft nicht daran vorbeikommt, dem EuGH auch steuerbilanzielle Fragen vorzulegen.[161] Gleichwohl ist darauf hinzuweisen, dass dies nur für Sachverhalte gilt, die einer Vorabentscheidung des EuGH zur Auslegung der Vierten EG-Bilanzrichtlinie bedürfen, so dass zur Anwendung nationalen Rechts auf den jeweiligen Sachverhalt auch nur die nationalen Gerichte heranzuziehen sind.[162]

---

159 Vgl. auch EuGH vom 17.7.1997, C-130/95, EuGHE I 1997, S. 4291; EuGH vom 17.7.1997, C-28/95, FR 1997, S. 685. In den Rechtssachen Giloy und Leur-Bloem hat der EuGH seine Zuständigkeit für die Auslegung des Gemeinschaftsrechts für den Fall bejaht, dass der nationale Gesetzgeber bei der Umsetzung der Bestimmungen einer Richtlinie in nationales Recht beschlossen hat, rein innerstaatliche Sachverhalte und Sachverhalte, die unter die Richtlinie fallen, gleich zu behandeln.

160 Vgl. EuGH vom 7.1.2003, C-306/99, BStBl. II 2004, S. 144; so auch schon Dautzenberg, Leur-Bloem, FR 1997, S. 691; Groh, EuGH, DStR 1996, S. 1209; Herlinghaus, Tomberger, IStR 1997, S. 537; Herzig/Dautzenberg, Auswirkungen, BFuP 1998, S. 23 ff. m.w.N.; Herzig/Rieck, Tomberger, IStR 1998, S. 310. Dies gilt ausdrücklich nur, wenn die Steuerbilanz an die Handelsbilanz gekoppelt ist; vgl. auch Bärenz, EuGH, DStR 2003, S. 494; Weerth, Europarecht, RIW 2003, S. 461 f.

161 Vgl. Dziadkowski, BIAO, IStR 2003, S. 100 f.; Schaumburg, Gewinnermittlung, Stbg 2004, S. 547; Schütz, EuGH, DB 2003, S. 689. Dies trifft nicht auf steuerbilanzielle Sondervorschriften zu, die sich nicht aus den GoB ableiten. Der umgekehrten Maßgeblichkeit ist durch die Bilanzrichtlinien Grenzen gesetzt, da diese in den Bilanzrichtlinien nicht vorgesehen ist; vgl. hierzu Weerth, Europarecht, RIW 2003, S. 461.

162 Vgl. BFH vom 15.9.2004, I R 5/04, BFH/NV 2005, S. 421.

2.3. *Einfluss internationaler Rechnungslegungsnormen auf die steuerbilanzielle Gewinnermittlung*

Dadurch, dass die Vierte EG-Bilanzrichtlinie durch die Generalnorm des True and Fair View beherrscht wird, steht es außer Frage, dass der EuGH bei Fortbestehen der Maßgeblichkeit auf Grund seiner oben angesprochenen Kompetenzen im Sinne des True and Fair View Einfluss auf die Steuerbilanz nehmen wird. Hinsichtlich der weitreichenden Spielräume der EG-Bilanzrichtlinien ist allerdings offen, in welchem Maße die Generalnorm des True and Fair View sich materiell auf die steuerliche Gewinnermittlung auswirken wird.[163] Deutlich sollte jedoch sein, dass die zutreffende Vermittlung des Einblicks in die Vermögens-, Finanz- und Ertragslage des Unternehmens nicht ausschließlich in den Anhang zu verbannen ist, obwohl sich dieser Grundsatz im deutschen Handelsbilanzrecht gem. § 264 Abs. 2 HGB nur als rechtsformspezifische Vorschrift für Kapitalgesellschaften wiederfindet.[164] Der EuGH wird den True and Fair View-Grundsatz vielmehr bei Auslegungsfragen heranziehen, so dass dem Grundsatz somit vor allem eine Interpretations- und Korrekturfunktion zukommt.[165]

Als weiterer Aspekt von wesentlicher Bedeutung ist in diesem Kontext zu berücksichtigen, dass auch die IFRS/IAS zukünftig konkrete Bedeutung für die deutsche Steuerbilanz entfalten werden. Zum einen kommt es durch die Modernisierung der Vierten und Siebenten Bilanzrichtlinie, intendiert durch eine Angleichung der EG-Bilanzrichtlinien an das IFRS/IAS-Normenwerk, und der mittelbaren Zuständigkeit des EuGH für die steuerliche Gewinnermittlung zu einem Heranrücken der IFRS/IAS an die Steuerbilanz. Zum anderen stellt der EuGH im BIAO-Urteil vom 07.01.2003 klar,[166] dass er im Rahmen von gemeinschaftsrechtlichen Wahlfreiheiten bei der Auslegung der Bilanzrichtlinien neben nationalen Vorschriften gegebenenfalls die IFRS/IAS ergänzend heranzieht, so dass die Bilanzrichtlinien unter Berücksichtigung der IFRS/IAS auszulegen sind.[167] Der EuGH folgt mit dieser Entscheidung sehr deutlich der Politik der EU-Kommission hinsichtlich der Übernahme der IFRS/IAS zur Harmonisierung der Rechnungslegung. Es ist daher davon auszugehen, dass zukünftig der Grundsatz des True and Fair View durch die IFRS/IAS konkretisiert wird,[168] so dass die IFRS/IAS bei Fortbestehen der Maßgeblichkeit im Ergebnis zunehmende Relevanz für die Steuerbilanz er-

---

163 Die Vierte Bilanzrichtlinie ist trotz der Generalnorm des True and Fair View von Wahlrechten durchzogen, die dem nationalen Gesetzgeber weitreichende Spielräume lassen; vgl. hierzu Berndt/Hommel, Konvergenzprojekt, BFuP 2005, S. 412; Kessler, Vorabentscheidung, IStR 2000, S. 535 f.; Küting, Bilanzrichtlinien, BB 1993, S. 31; Schütz, EuGH, DB 2003, S. 688.

164 Vgl. Herzig/Rieck, Tomberger, IStR 1998, S. 315; Weber-Grellet, EuGH, DB 1996, S. 2090; a.A. da als GoB ablehnend Beisse, True and fair view, DStZ 1998, S. 311 ff. m.w.N.

165 Vgl. Herlinghaus, Tomberger, IStR 1997, S. 533.

166 Vgl. EuGH vom 7.1.2003, C-306/99, BStBl. II 2004, S. 144.

167 Auf den konkreten Sachverhalt des BIAO-Urteils des EuGH bezogen, verweist der BFH darauf, dass die IFRS/IAS aus zeitlichen Gründen keine Anwendung finden. Der zu entscheidende Sachverhalt stammt aus dem Jahr 1989, während die IFRS/IAS erst ab 2005 auf europäischer Ebene Rechtskraft entfalten; vgl. hierzu BFH vom 15.9.2004, I R 5/04, BFH/NV 2005, S. 421.

168 Vgl. Weerth, Europarecht, RIW 2003, S. 462.

langen.[169] Das deutsche Steuerbilanzverständnis droht somit einer informationsorientierten Rechnungslegungsentwicklung unterworfen zu werden, die auf Grund entobjektivierender Elemente sicherlich schwer hinnehmbar sein dürfte.

3. Umsetzung der IAS-Verordnung und Modernisierung der Vierten und der Siebenten EG-Bilanzrichtlinie in Deutschland

Neben der Tatsache, dass die IFRS/IAS über die Rechtsprechung des EuGH und die in Deutschland kodifizierte Maßgeblichkeit gegebenenfalls Einfluss auf die steuerliche Gewinnermittlung ausüben, ist auch der Umgang mit den IFRS/IAS auf nationaler Ebene für die zukünftige Entwicklung der steuerlichen Gewinnermittlung von entscheidender Bedeutung. Handlungsbedarf besteht vor allem auf Seiten des Gesetzgebers, der zu entscheiden hat, ob und inwieweit die IFRS/IAS in das Recht des Einzelabschlusses Eingang finden und in welchem Umfang die Modernisierung der Vierten und der Siebenten EG-Bilanzrichtlinie das deutsche HGB verändern.[170] Mit dem am 4.12.2004 verabschiedeten Gesetz zur Einführung internationaler Rechnungslegungsstandards und zur Sicherung der Qualität der Abschlussprüfung (Bilanzrechtsreformgesetz)[171] erfolgt zunächst eine Anpassung des nationalen Bilanzrechts an die Vorgaben der IAS-Verordnung. Da die IFRS/IAS auf dem Verordnungswege bereits in europäisches Recht transferiert werden, erwachsen sie zu unmittelbar geltendem Recht in den Mitgliedstaaten, so dass es für die Anwendung der IFRS/IAS für den Konzernabschluss kapitalmarkorientierter Unternehmen keiner weiteren Maßnahmen des nationalen Gesetzgebers bedarf. Gem. § 315 a Abs. 1 HGB stellt der deutsche Gesetzgeber diese Unternehmen allerdings von der Verpflichtung frei,[172] zusätzlich noch einen HGB-Konzernabschluss aufzustellen. Das Bilanzrechtsreformgesetz sieht darüber hinaus eine teilweise vorzunehmende Weiterleitung der Mitgliedstaatenwahlrechte der IAS-Verordnung an die Unternehmen vor. So wird es gem. § 315 a Abs. 3 HGB auch nicht-kapitalmarkt-

---

169 Vgl. Dziadkowski, BIAO, IStR 2003, S. 101; Schaumburg, Gewinnermittlung, Stbg 2004, S. 547; Scheffler, Bilanzsteuerrecht, StuB 2004, S. 776 ff.; ders., Vorabentscheidungszuständigkeit, StuB 2004, S. 302; Weerth, Europarecht, RIW 2003, S. 463. Hennrichs ist der Auffassung, dass die IFRS/IAS lediglich „kraft ihrer Argumente“ Bedeutung für die Steuerbilanz entfalten werden, sich eine IFRS/IAS-konforme Auslegung steuerbilanzieller Normen hingegen nicht ableiten lässt; vgl. Hennrichs, Kapitalerhaltung, StuW 2005, S. 264.

170 Dieser Aspekt ist in der Vergangenheit in Deutschland kontrovers diskutiert worden. Für ein Vordringen der IFRS/IAS in den Einzelabschluss vgl. Arbeitskreis "Externe Unternehmensrechnung" der Schmalenbach-Gesellschaft, IAS, DB 2001, S. 161; Arbeitskreis "Externe Unternehmensrechnung" der Schmalenbach-Gesellschaft, IFRS, DB 2003, S. 1585 ff.; Baetge/Krumnow/Noelle, DRSC, DB 2001, S. 773; Böcking, Einzelabschluss, WPg 2002, S. 925 ff.; ausgehend von einer Anwendung auf mittlerer bis langer Sicht vgl. IDW, IAS-Verordnung, WPg 2002, S. 986; Herzig, Asset, WPg 2005, S. 211 ff.; Herzig/Gellrich/Jensen-Nissen, Relevance, BFuP 2004, S. 550; dieselben, EÜR, DSWR 2005, S. 90; ähnlich Buchholz, IAS, DStR 2002, S. 1280 ff.; Niehus, Einzelabschluss, WPg 2001, S. 738 f.; kritisch vgl. Arbeitskreis Bilanzrecht der Hochschullehrer Rechtswissenschaft, Bilanzrecht, BB 2002, S. 2372 ff.; Euler, Einzelabschluss, BB 2002, S. 875 ff.; Zeitler, Rechtsstaat, DB 2003, S. 1529 ff.

171 BilReg vom 4.12.2004, BGBl. I 2004, S. 3166.

172 § 315 a HGB wurde mit dem BilReg vom 4.12.2004, BGBl. I 2004, S. 3166 ins HGB eingefügt.

orientierten Unternehmen ermöglicht, einen befreienden IFRS/IAS-Konzernabschluss aufzustellen. Art. 5 der IAS-Verordnung gestattet den Mitgliedstaaten zudem, die Unternehmen zu berechtigen oder ihnen vorzuschreiben, ihren Jahresabschluss auch nach den IFRS/IAS-Vorschriften aufzustellen. Derzeit macht der deutsche Gesetzgeber von diesem Wahlrecht keinen Gebrauch; er eröffnet den Unternehmen gem. § 325 Abs. 2 a HGB lediglich die Möglichkeit, für die IFRS/IAS-Anwendung in einem nur zur Informationszwecken dienenden, vom Jahresabschluss zu unterscheidenden Einzelabschluss zu optieren.[173] Für Zwecke der gesellschaftsrechtlichen Kapitalerhaltung und der Ausschüttungsbemessung sowie als Grundlage für die steuerliche Gewinnermittlung nach dem Maßgeblichkeitsgrundsatz hält das Bilanzrechtsreformgesetz hingegen am verpflichtenden Einzelabschluss nach HGB fest. Dies wird damit begründet, dass ein IFRS/IAS-Abschluss – insbesondere wegen der starken Betonung des Fair Value-Gedankens und der erfolgswirksamen Erfassung nicht realisierter Gewinne – als Ausschüttungsbemessungsgrundlage nicht geeignet sei.[174] Als unmittelbare Folge der europarechtlichen Verpflichtung und der durch das Bilanzrechtsreformgesetz (BilReG) hervorgebrachten Wahlrechte ist somit abzusehen, dass mit dem Vordringen der IFRS/IAS in den Konzernabschluss einerseits ein erheblicher Bedeutungsverlust des nationalen HGB-Konzernabschlusses einhergehen wird[175] und dass sich andererseits eine erheblich administrative Mehrfachbelastung der Unternehmen ergibt, da ein Konzern - ohne die Erstellung einer Steuerbilanz - nunmehr zwei unterschiedliche Abschlüsse, basierend auf zwei unterschiedlichen Normenwerken, aufzustellen hat.

4. Europäischer Binnenmarkt und gemeinsame Unternehmenssteuerbemessungsgrundlage

Trotz der Tatsache, dass auf europäischer Ebene bereits weitreichende Maßnahmen zur Harmonisierung der Rechnungslegung vorgenommen wurden, stecken Überlegungen zur Harmonisierung der steuerlichen Bemessungsgrundlagen von Unternehmen noch im Anfangsstadium. Zwar wurde die EU-Kommission bereits im März 1988 diesbezüglich tätig und legte den Entwurf einer Richtlinie über die Harmonisierung der steuerlichen Gewinnermittlungsvorschriften im gemeinsamen Binnenmarkt vor,[176] jedoch wurde dieser Entwurf, der sich weitgehend an den Vorschriften der Vierten EG-Bilanzrichtlinie orientierte, seinerzeit mit den Leitlinien zur Unternehmensbesteuerung der EU-Kommission im Zusammenhang mit der Beauf-

---

173 Gem. § 325 Abs. 2 a HGB wird es großen Kapitalgesellschaften im Sinne von § 267 Abs. 3 HGB ermöglicht, neben dem Einzelabschluss nach HGB freiwillig zu Informationszwecken einen Einzelabschluss nach IAS/IFRS aufzustellen, der anstelle des HGB-Einzelabschlusses im Bundesanzeiger offenzulegen ist.

174 Der Gesetzgeber sieht derzeit keine Alternative zur HGB-Kapitalerhaltungsbilanz als Ausschüttungsbemessungsgrundlage und als Grundlage für die Steuerbilanz; vgl. BilReg vom 4.12.2004, BGBl. I 2004, 3166, vor allem Begründung S. 45 in BT-Drucksache 15/3419.

175 Vgl. Rammert, Kapitalerhaltung, BFuP 2004, S. 578 f.

176 Abgedruckt in Kreile, Harmonisierung, DB 1988, S. 1 ff. Beilage 18/88; Weber-Grellet, Europäisches Steuerrecht, StuW 1995, S. 337; Herzig in: FS Vormbaum, Harmonisierung, 1990, S. 195 ff.

tragung der Ruding-Kommission[177] zur Analyse des Koordinierungsbedarfs bei den Unternehmenssteuern in den Hintergrund gedrängt. Obwohl die Kommission im Bereich der Unternehmensbesteuerungssysteme bereits frühzeitig Harmonisierungsmaßnahmen als notwendig erachtete, beschränkte sie sich zunächst, unter Berücksichtigung des Subsidiaritätsprinzips und vor dem Hintergrund angesichts der Schwierigkeit der politischen Umsetzung von Koordinierungskonzepten, auf einzelne, eng begrenzte Harmonisierungsvorhaben,[178] die ihr zur Vollendung des Binnenmarktes zunächst unerlässlich erschienen.[179]

In jüngster Vergangenheit hat die EU-Kommission allerdings wieder verstärkt Überlegungen zur europäischen Unternehmensbesteuerung aufgenommen und stellt in diesem Zusammenhang sehr deutlich klar, dass zur Verwirklichung des gemeinsamen Binnenmarktes die ökonomische Vernunft es gebietet, im Bereich der direkten Besteuerung existierende steuerliche Hindernisse nicht nur punktuell abzubauen, sondern auch über einen einheitlichen Rahmen im Bereich der Unternehmensbesteuerung nachzudenken. Als einen wichtigen Schritt in diese Richtung sieht die EU-Kommission die Einführung einer gemeinsamen Steuerbemessungsgrundlage an, die diverse steuerliche Hindernisse grenzüberschreitender Unternehmenstätigkeiten abbauen würde.[180] In diesem Zusammenhang werden insbesondere Überlegungen zu einer Common Consolidated Corporate Tax Base (CCCTB) angestellt.[181] Die Kommission sieht in diesem Zusammenhang die IFRS/IAS als das einzig existierende Rechenwerk an, das als neutraler Ausgangspunkt für eine binnenmarktkonforme steuerliche Bemessungsgrundlage zur Verfügung stehen würde und somit auch heranzuziehen ist.[182]

Zusätzliche Wege dürften die IFRS/IAS dadurch eröffnen, dass der IASB am 24.06.2004 ein erstes Discussion Paper zur Entwicklung von Rechnungslegungsstandards für Small- and Me-

---

177 Vgl. EU-Kommission, Ruding-Kommission, 1992, S. 3 ff.

178 Mutter-Tochter-Richtlinie vom 23.6.1990, Richtlinie 90/435/EWG des Rates1990, L 225-6; und Fusionsrichtlinie vom 23.6.1990, Richtlinie 90/434/EWG des Rates, ABlEG 1990, L 225-1.

179 Vgl. Fuest/Huber, Koordinierung, Vierteljahreshefte zur Wirtschaftsforschung 2003, S. 381; Herzig/Rieck, Tomberger, IStR 1998, S. 319 f.; Weber, Standortwahl, 1998, S. 36 ff.

180 Vgl. EU-Kommission vom 23.05.2001, KOM (2001) 260 endgültig, S. 19; EU-Kommission vom 23.10.2001, KOM (2001) 582 endgültig, S. 3; EU-Kommission vom 17.10.2003, KOM (2003) 613 endgültig, S. 5 Rn. 15; EU-Kommission vom 24.11.2003, KOM (2003) 726 endgültig, S. 19.

181 Einem grenzüberschreitend agierenden Unternehmen soll optional eine harmonisierte steuerliche Gewinnermittlung zur Verfügung gestellt werden, die eine unternehmensweite einheitliche BMG ermöglicht. Mittels eines geeigneten Aufteilungsmodus wird die Bemessungsgrundlage anschließend auf die wirtschaftlichen Einheiten in den Mitgliedstaaten aufgeteilt, da die Besteuerung unverändert in den Mitgliedstaaten erfolgt; vgl. hierzu ausführlich Herzig, CCCTB, StuW 2006, S. 157 ff. m.w.N.

182 Vgl. EU-Kommission vom 24.11.2003, KOM (2003) 726 endgültig, S. 18 ff.; Herzig, CCCTB, StuW 2006, S. 160; Herzig/Bär, Europäisches Bilanzrecht, DB 2003, S. 1 f.; Hey, Unternehmensbesteuerung, StuW 2004, S. 203 ff.; Spengel in: Deutsches Steuerrecht im europäischen Rahmen, Unternehmensbesteuerung, 2004, S. 126 ff. Neben der Vereinheitlichung der Bemessungsgrundlage wird im Kontext der Harmonisierung der Unternehmensbesteuerung auch das Instrument eines einheitlichen Mindeststeuersatzes oder einer Beibehaltung des Status Quo diskutiert. Überlegungen zum zukünftigen Vorgehen nimmt eine vom ECOFIN-Rat eingesetzte Arbeitsgruppe vor. Die Arbeitsgruppe befasst sich entsprechend mit Regeln für eine einheitliche Bemessungsgrundlage; vgl. BMF, September 2004, Monatsbericht, S. 38.

dium-Sized Entities (SME) veröffentlicht hat.[183] Die IFRS/IAS-Light sollen auf die Rechnungslegungsbedürfnisse nicht-kapitalmarktorientierter Unternehmen zugeschnitten werden und sollen es dem europäischen Mittelstand ermöglichen, mit einem angemessenen Aufwand den Jahresabschluss nach den IFRS/IAS-Regeln aufstellen zu können.[184] Die Diskussion um eine einheitliche steuerliche Bemessungsgrundlage muss insofern nicht nur auf eine europaweite Konzernbesteuerung beschränkt bleiben;[185] sie wird vor dem Hintergrund der Besteuerung mittelständischer Unternehmen vielmehr auch auf die Ebene des Einzelabschlusses mit dem Ziel ausgeweitet werden, dass die IFRS/IAS einen Beitrag leisten können, grenzüberschreitende Hindernisse im Bereich der Unternehmensbesteuerung durch staatenübergreifende Gemeinsamkeiten in der Rechnungslegung abzubauen.

IV. Fortentwicklungen der steuerlichen Gewinnermittlung

Die aktuell skizzierten Entwicklungen werfen verstärkt die Frage nach der Zukunft der steuerlichen Gewinnermittlung in Deutschland auf, da die Internationalisierung der Rechnungslegung und auch der Bedeutungswandel des Kapitalerhaltungsgrundsatzes zunehmend externen Veränderungsdruck auf den Maßgeblichkeitsgrundsatz ausüben. Die europäische Rechnungslegungsstrategie mit der Entscheidung für die IFRS/IAS und der damit einhergehende Bedeutungszuwachs der IFRS/IAS-Rechnungslegung für den Einzelabschluss lässt offen zutagetreten,[186] dass auf nationaler Ebene über die Ausgestaltung der Gewinnermittlungsvorschriften zu diskutieren ist, um zu verhindern, dass erhebliche Ressourcen der Unternehmen ausschließlich auf die Rechnungslegung verschwendet werden. Neben derart ökonomischen Überlegungen sorgen zudem auch die Konvergenz der EG-Bilanzrichtlinien an die IFRS/IAS und die Transformation der IFRS/IAS in europäisches Recht sowie das EuGH-Urteil „BIAO"[187] für eine materiellrechtliche Beeinflussung der handels- und steuerbilanziellen Ge-

---

183 Sog. IFRS/IAS-Light, Internetquelle: http://www.iasb.org/uploaded_files/documents/8_891_pv-sme.pdf. Vgl. zu Diskussion um die IAS-Light Böcking/Herold, IAS-Light, DK 2004, S. 789 ff.; Heintges/Härle, Mittelstand, DB 2005, S. 173 ff.; IDW, SME, WPg 2004, S. 1153 ff.; Lüdenbach/Hoffmann, Mittelstand, BFuP 2004, S. 597 ff.

184 Anzumerken sei an dieser Stelle, dass das IFRS/IAS-Light-Regelwerk möglicherweise nicht deckungsgleich mit dem Full-IFRS/IAS-Regelwerk sein wird.

185 Inwieweit in Anlehnung an die IFRS/IAS ein konsolidierter Konzernabschluss Gegenstand der Überlegungen zur steuerlichen Bemessungsgrundlage sein kann, wird in den folgenden Überlegungen nicht weiter thematisiert; der Kontext der Untersuchung beschränkt sich einzig auf den IFRS/IAS-Jahresabschluss als Ausgangspunkt für die steuerliche Gewinnermittlung. Angemerkt werden soll an dieser Stelle allerdings, dass die EU-Kommission sich darüber im Klaren ist, dass die Ausarbeitung von spezifischen Regelungen zur steuerbilanziellen Konsolidierung zukünftig thematisiert werden muss; sie weist in diesem Zusammenhang darauf hin, dass die IFRS/IAS-Konsolidierung steuerlichen Erfordernissen nicht genügen dürften; EU-Kommission vom 24.11.2003, KOM (2003) 726 endgültig, S. 22 f.

186 Um Friktionen zu vermeiden und dem Bedürfnis nach detaillierter, international vergleichbarer und entscheidungsrelevanter Information entsprechen zu können, ist für kapitalmarktorientierte Unternehmen und deren Tochtergesellschaften die Anwendung der IFRS/IAS-Vorschriften auch im Einzelabschluss unumgänglich.

187 EuGH vom 7.1.2003, C-306/99, BStBl. II 2004, S. 144.

winnermittlung. Hinzu kommt, dass von Seiten der EU-Kommission der Gedanke einer europäischen steuerlichen Bemessungsgrundlage forciert wird, deren neutraler Ausgangspunkt die IFRS/IAS sein sollten. Dem Zusammenwirken der Handels- und der Steuerbilanz über die Maßgeblichkeit kommt insofern nicht nur hinsichtlich der Zukunft des Kapitalerhaltungsgrundsatzes, sondern auch vor dem Hintergrund des Bedeutungszuwachses der IFRS/IAS ein neues Gewicht zu, da insbesondere die IFRS/IAS-Normen hinsichtlich ihrer Zweckausrichtung nunmehr einer besonderen steuerlichen Würdigung bedürfen.[188] Es erscheint insofern zweifelhaft, ob das Konzept der Anbindung der steuerlichen Gewinnermittlung an eine HGB-Kapitalerhaltungsbilanz langfristig tragfähig ist, obwohl zunächst noch an der bisherigen Konzeption zumindest für eine Übergangsfrist festgehalten werden muss, solange für alle Kaufleute noch die Notwendigkeit besteht, eine HGB-Kapitalerhaltungsbilanz zu erstellen.

Grundlage der nachfolgenden Untersuchung ist daher das Konzept eines eigenständigen Steuerbilanzrechts, das sich unter Aufgabe der Maßgeblichkeit in einem ersten Schritt von den skizzierten internationalen Einflüssen löst.[189] Einem eigenständigen Bilanzsteuerrecht würde dabei die Idee eines funktionenspezifisch differenzierten Rechnungslegungssystems zugrundeliegen,[190] das sich an den tragenden Grundprinzipien des Steuerrechts ausrichtet. Die eigenständige Steuerbilanz könnte sodann in einem zweiten Schritt unter dem Gesichtspunkt der Vereinfachung bspw. auf einer funktionsneutralen Basisrechnung - im Sinne einer gemeinsamen Grundlage der unterschiedlichen zweckabhängigen Rechnungen - aufsetzen.[191] In diesem Zusammenhang wäre es zur Vermeidung von Doppelarbeiten möglich, dass die steuerliche Gewinnermittlung ersatzweise auf Regelungen anderer Rechenwerke zurückgreift, soweit keine steuerlichen Sonderregelungen greifen.[192] Vor dem Hintergrund eines möglichen Vordringens der IFRS/IAS bis in den Einzelabschluss und der Überlegungen zu einer EU-Harmonisierung der steuerlichen Bemessungsgrundlage bieten sich hier die IFRS/IAS wiederum an. Wenn auch eine rechtstechnische Anknüpfung im Sinne einer Maßgeblichkeit an das gesamte IFRS/IAS-Regelwerk ausgeschlossen scheint,[193] so ist es durchaus denkbar, dass

---

188 Vgl. EU-Kommission vom 24.11.2003, KOM (2003) 726 endgültig, S. 20.

189 Vgl. Herzig, Asset, WPg 2005, S. 211; Herzig/Gellrich/Jensen-Nissen, Relevance, BFuP 2004, S. 550.

190 Vgl. Herzig/Bär, Europäisches Bilanzrecht, DB 2003, S. 5 ff.

191 Vgl. Herzig/Dautzenberg, Auswirkungen, BFuP 1998, S. 36. Zum ähnlichen Konzept eines Einheitsabschlusses für steuerliche Zwecke, die Gewinnausschüttung sowie das Feststellen einer Überschuldung vgl. Arbeitskreis "Externe Unternehmensrechnung" der Schmalenbach-Gesellschaft, IFRS, DB 2003, S. 1587 f.

192 Vgl. Müller, Maßgeblichkeit, DStR 2001, S. 1863.

193 Überzeugen kann die Idee einer IFRS/IAS-Maßgeblichkeit aus zweierlei Gründen nicht. Einerseits ist es fraglich, ob eine Informationsbilanz mit dem steuerlichen Grundsatz der Zahlungsbemessung übereinzubringen ist, andererseits bestehen insbesondere aus verfassungsrechtlicher Hinsicht Bedenken. Obwohl die IFRS/IAS durch das Komitologieverfahren in europäisches Recht transformiert werden, ist fraglich, ob die Regeln eines privaten Standard-Setters mit dem Demokratie- und Rechtsstaatsprinzip des Grundgesetzes vereinbar sind. Als Eingriffsrecht in die private Vermögensordnung der Steuerbürger bedarf das Steuerrecht der Legitimation durch die verfassungsrechtlich dafür vorgesehenen Rechtsetzungsorgane, im Bereich der direkten Steuern der Legitimation durch die Legislative. Dies gilt auch für die Vorschriften der steuerli-

einzelne IFRS/IAS den Ausgangspunkt eigenständiger steuerlicher Regelungen bilden, wenn IFRS/IAS materiell den Sachgesetzlichkeiten der steuerlichen Gewinnermittlung genügen.

Die IFRS/IAS als Weltstandards werden im Rahmen dieser Untersuchung daher als Möglichkeit begriffen, im Rechtsvergleich konkrete Einzelregelungen für steuerliche Zwecke entdecken zu können. Die einzelnen IFRS/IAS-Bilanzierungsansätze bieten gegebenenfalls Lösungsansätze an, die der Fortentwicklung der steuerlichen Gewinnermittlung in einem wirtschaftlich dynamischen Umfeld dienen können.[194] Bei allen Bilanzierungsfragen wird daher zunächst geprüft, welchen Lösungsansatz die IFRS/IAS anbieten, um dann klären zu können, ob die von den IFRS/IAS gewählten Lösungsansätze nicht auch für steuerbilanzielle Zwecke verwendet werden könnten. Dies gilt insoweit auch für die Bilanzierung von Finanzinstrumenten. Die einzelnen Bilanzierungsvorschriften des IAS 32 und des IAS 39 werden daher im zweiten und dritten Teil dieser Arbeit jeweils als Ausgangspunkt der vorzunehmenden Untersuchung herangezogen.

---

chen Gewinnermittlung, die einen zentralen Bestandteil der Steuerberechnung bildet. Im Rahmen des Modells der IFRS/IAS-Maßgeblichkeit wird die steuerliche Gewinnermittlung indes mittelbar an die Rechnungslegung eines privaten Standardsetters geknüpft, der damit über erhebliche Teile der Einnahmeseite des Staatshaushalts bestimmt. Hinzu kommt, dass die Sicherstellung des Rechtsschutzes durch unabhängige Finanzgerichte schwer möglich ist, da sowohl die nach Art. 19 Abs. 4 GG unverzichtbare Auslegungskompetenz der Finanzgerichte als auch die weltweite Einheitlichkeit der IFRS/IAS Beachtung finden sollen; vgl. im Einzelnen Arbeitskreis Bilanzrecht der Hochschullehrer Rechtswissenschaft, Bilanzrecht, BB 2002, S. 2378 f.; Herzig, IAS/IFRS und steuerliche Gewinnermittlung, 2004, S. 32; Herzig/Gellrich/Jensen-Nissen, Relevance, BFuP 2004, S. 555; Hommelhoff/Schwab in: FS Kruse, Privatgremien, 2001, S. 707 ff.; Kahle, Einflüsse, StuW 2001, S. 134 ff.; ders., Zukunft, WPg 2003, S. 271; Kirsch, IFRS/IAS, DStR 2006, S. 1202; Zeitler, Rechtsstaat, DB 2003, S. 1529 f.; die Verfassungsmäßigkeit bejahend vgl. Heintzen, EU-Verordnung, BB 2001, S. 825 ff.; Oestreicher/Spengel, Maßgeblichkeit, RIW 2001, S. 891 ff.

194 Vgl. Herzig in: HdR, 5. Auflage Kapitel 3 Rn. 75; ders., IAS/IFRS und steuerliche Gewinnermittlung, 2004, S. 35; Herzig/Gellrich/Jensen-Nissen, Relevance, BFuP 2004, S. 556.

3. Kapitel: Allgemeine Grundlagen eines eigenständigen Steuerbilanzrechts

Die Neugestaltung eines eigenständigen Steuerbilanzrechts bedarf einer Rahmenkonzeption, die sich an unterschiedlichen Vorgaben zu orientieren hat. Aufgabe dieses Kapitels ist es nicht, eine Antwort auf die wertungsabhängige Frage nach der richtigen Gewinnermittlungsart zu geben. Sie besteht vielmehr darin, allgemeine Grundlagen für die Neugestaltung der steuerlichen Gewinnermittlung angesichts der zunehmenden Internationalisierung der Rechnungslegung zu ermitteln. Derartige Rahmengrundsätze leiten sich aus verschiedenen Anforderungsmerkmalen ab, die auch schon im geltenden Steuerbilanzrecht Beachtung finden. Die Neugestaltung einer eigenständigen Steuerbilanz wird daher keine in allen Bereichen neu geordnete Gewinnkonzeption sein, die alles bisher Dagewesene in Frage stellt. Während bisher allerdings der HGB-Kapitalerhaltungsgrundsatz über die Maßgeblichkeit ins geltende Steuerbilanzrecht hineingetragen wurde, hat sich ein eigenständiges Steuerbilanzrecht nicht an zweckfremden Grundsätzen auszurichten, sondern ist ausschließlich der steuerlichen Zahlungsbemessungsfunktion verpflichtet. Auch werden nur Rahmengrundsätze und keine konkreten Gesetzesformulierungen erarbeitet, da es lediglich zu prüfen gilt, ob die IFRS/IAS-Lösungsansätze für ein eigenständiges Steuerbilanzrecht Bedeutung erlangen können. Ausgangspunkt der Überlegungen sind die systemtragenden Prinzipien des Steuerrechts, die durch den Rechtsstaat verbürgt werden und als allgemein anerkannte Grundwertungen auch bei der Neugestaltung der steuerlichen Gewinnermittlung zu beachten sind.[195] Die systemtragenden Prinzipien sollen, ergänzt um ökonomische Prinzipien und konkretisiert durch allgemeine Gewinnermittlungsgrundsätze, die inhaltlichen Grundanforderungen definieren, an denen die im Folgenden zu entwickelnden Alternativen einer steuerlichen Gewinnermittlung auszurichten sind.

I. Systemtragende Prinzipien des Steuerrechts

Das deutsche Steuersystem hat sich am Regelungskanon des Grundgesetzes auszurichten, so dass die Vorschriften zur Besteuerung von Unternehmen dem Normengefüge des Grundgesetzes verpflichtet sind. Gem. Art. 20 Abs. 3 GG ist der Fiskus in einem rechtsstaatlichen Verfahren bei der Auferlegung einer Steuerlast zunächst an den Vorbehalt des Gesetzes gebunden, die nicht gegen die verfassungsrechtliche Werteordnung verstößt.[196] Auch hat er im Besteuerungsverfahren gem. Art. 3 Abs. 1 GG den Grundsatz der Besteuerung nach der Leistungsfähigkeit als sachgerechtes Prinzip des allgemeinen Gleichheitsgrundsatzes zu be-

---

[195] Vgl. BFH vom 3.2.1969, GrS 2/68, BStBl. II 1969, S. 291; grundlegend Tipke, Steuerrechtsordnung (1. Bd.), 2. Auflage 1993, S. 135 ff.

[196] Vgl. Herzig, IAS/IFRS und steuerliche Gewinnermittlung, 2004, S. 15 f.; Kirchhof in: FS Offerhaus, Verfassungsrechtsprechung, 1999, S. 84; Lang in: Tipke/Lang, Steuerrecht, 18. Auflage 2005, § 4 Rn. 50 ff.; Tipke, Steuerrechtsordnung (1. Bd.), 2. Auflage 1993, S. 136 u. 151; Zeitler, Rechtsstaat, DB 2003, S. 1529.

rücksichtigen. In Verbindung mit der Eigentumsgarantie des Art. 14 GG verlangt das Leistungsfähigkeitsprinzip Bestimmtheit und klare Maßstäbe der Besteuerung; das Steuerrecht kann sich als Eingriffsrecht demgemäß nicht mit Wahlrechten, Unsicherheiten und Wahrscheinlichkeiten zufrieden geben.[197]

Die Gewinnermittlung betrachtend bedeutet dies, dass auch die steuerliche Feststellung des Unternehmensgewinns den systemtragenden Prinzipien des Grundgesetzes Folge zu leisten hat. So ist bereits die gegenwärtig aufzustellende Steuerbilanz trotz des Maßgeblichkeitsprinzips nicht dem Gläubigerschutz verpflichtet, was spätestens der Große Senat des BFH mit Urteil v. 03.02.1969 zur Ausübung von handelsrechtlichen Aktivierungswahlrechten in der Steuerbilanz deutlich hervorgehoben hat.[198] Die Steuerbilanz ist dem handelsbilanziellen Vorgehen mithin nicht schutzlos ausgeliefert; sie ist vielmehr angesichts der Tatsache, dass Handels- und Steuerrecht unterschiedlichen Sachgesetzlichkeiten folgen,[199] zunächst den eigenen Fundamentalprinzipien verpflichtet. Das Maßgeblichkeitsprinzip findet daher dort seine Grenzen, wo handelsrechtliche Gewinnermittlungsvorschriften mit den fundamentalen Prinzipien des Steuerrechts nicht in Übereinstimmung zu bringen sind.[200] Gleiches muss daher für die Vorschriften der IFRS/IAS gelten. Zwar ist das Modell einer IFRS/IAS-Maßgeblichkeit abzulehnen; sofern allerdings IFRS/IAS-Lösungsansätze steuerbilanziell herangezogen werden sollen, müssen diese Lösungsansätze einer Prüfung durch die systemtragenden Prinzipien standhalten.

1. Rechtsstaatsprinzip

Der Rechtsstaat verbürgt sich durch den Grundsatz der Gesetzmäßigkeit der Besteuerung gegenüber seinen Bürgern für Rechtssicherheit. Demnach setzt ein Eingriff voraus, dass zunächst ein gesetzlicher Tatbestand erfüllt sein muss, bevor dem Steuerpflichtigen als Rechtsfolge eine Steuerlast auferlegt wird. Um Rechtssicherheit gewährleisten zu können, dürfen Steuertatbestände mithin nicht als Generalklausel oder Ermessenstatbestände ausgestaltet sein.[201] Für ein eigenständiges Steuerbilanzrecht bedeutet dies, dass die hierzu notwendigen

---

197 Vgl. auf die Leistungsfähigkeit bezogen BFH vom 3.2.1969, GrS 2/68, BStBl. II 1969, S. 291; Grotherr, BIAO, IWB 2003, S. 429; Lang in: Tipke/Lang, Steuerrecht, 18. Auflage 2005, § 4 Rn. 69 ff.; bezogen auf den Gleichheitssatz und die Eigentumsgarantie Kirchhof in: FS Offerhaus, Verfassungsrechtsprechung, 1999, S. 85 ff.; ders., Steuerverfassungsrecht, StbJb. 1994, S. 7 ff.; Weber-Grellet, Maßgeblichkeitsgrundsatz, StuB 2002, S. 702; Zeitler, Rechtsstaat, DB 2003, S. 1531.

198 Vgl. BFH vom 3.2.1969, GrS 2/68, BStBl. II 1969, S. 291. Steuerbilanziell besteht für handelsrechtliche Aktivierungswahlrechte grundsätzlich ein Aktivierungsgebot.

199 Vgl. BFH vom 16.12.1998, GrS 2/99, BStBl. II 2000, S. 632.

200 Vgl. Grotherr, BIAO, IWB 2003, S. 429.

201 Vgl. Herzig, IAS/IFRS und steuerliche Gewinnermittlung, 2004, S. 1347; Kirchhof in: FS Offerhaus, Verfassungsrechtsprechung, 1999, S. 84; Lang in: Tipke/Lang, Steuerrecht, 18. Auflage 2005, § 4 Rn. 150 ff.; Tipke, Steuerrechtsordnung (1. Bd.), 2. Auflage 1993, S. 136 u. 151; Weber-Grellet, Entwicklungen, BB 1999, S. 2660; ders., Maßgeblichkeitsgrundsatz, StuB 2002, S. 702; Zeitler, Rechtsstaat, DB 2003, S. 1529.

Vorschriften gesetzlich zu kodifizieren sind: Daher würde ein Verweis auf außergesetzliche private Rechnungslegungsstandards wie den IFRS/IAS den verfassungsrechtlichen Anforderungen nicht genügen.[202]

Aus dem Gebot der Rechtssicherheit folgt die Notwendigkeit der Objektivierbarkeit des zu besteuernden Gewinns. Eine wirtschaftliche Betrachtungsweise muss dort zurücktreten, wo sie einen zu breiten Ermessensspielraum eröffnet.[203] Die steuerliche Bemessungsgrundlage muss möglichst klar und einfach ermittelbar sein,[204] was bei nicht eindeutig interpretierbaren Gewinnermittlungsvorschriften nicht sicherzustellen ist. Objektivierbarkeit bedeutet auch, dass der ermittelte Gewinn zudem durch Dritte leicht nachvollziehbar sein muss, d.h. er muss intersubjektiv überprüfbar sein.[205] Neben verständlichen Vorschriften setzt dies voraus, dass auf vergangenheitsbezogene, bereits bekannte Daten zurückgegriffen wird,[206] die einer Überprüfung durch Dritte standhalten. Die Einräumung vorgegebener oder faktischer Wahlrechte würde die Objektivierbarkeit des zu besteuernden Gewinns erheblich einschränken; Ermessensspielräume hat der Gesetzgeber bei der Gewinnermittlung demnach zu vermeiden.[207]

2. Eigentumsgarantie

Die Besteuerung erzielter Gewinne stellt im Sinne einer staatlichen Teilhabe einen Eingriff in die alleinige Privatnützigkeit von Eigentum dar. Als immanenten Baustein einer freiheitlichen Wettbewerbsordnung schützt das Grundgesetz mit dem Instrumentarium der Eigentumsgarantie des Art. 14 GG privatnütziges Eigentum vor einer übermäßigen Teilhabe des Staates, um zu gewährleisten, dass die Ausgestaltung einer Steuer der Privatnützigkeit dient und sie nicht erdrosselt. Das BVerfG leitet dementsprechend aus Art. 14 Abs. 2 GG, wonach Eigentum verpflichtet und sein Gebrauch zugleich dem Wohl der Allgemeinheit dienen soll, eine Besteuerungswertobergrenze ab.[208] Die Besteuerungsobergrenze bezweckt, dass der ertragbrin-

---

202 Vgl. Arbeitskreis Bilanzrecht der Hochschullehrer Rechtswissenschaft, Bilanzrecht, BB 2002, S. 2378 f.; Weber-Grellet, Entwicklungen, BB 1999, S. 2660.

203 Vgl. Moxter, Verhältnis, BB 1997, S. 198.

204 Vgl. Hennrichs, Maßgeblichkeit, DStJG 2001, S. 313.

205 Vgl. Kuhner, Spannungsverhältnis, BFuP 2001, S. 529 f.

206 Vgl. Herzig, Rechnungslegung, WPg 2000, S. 113.

207 Vgl. Budde/Steuber, Verfassungsrecht, DStR 1998, S. 504; Herzig, Rechnungslegung, WPg 2000, S. 113; ders. IAS/IFRS und steuerliche Gewinnermittlung, 2004, S. 15 f.; Kahle, Maßgeblichkeit, WPg 2002, S. 180. Ein so verstandenes Prinzip der Objektivierbarkeit steht auch im Einklang mit dem Grundsatz der Gleichmäßigkeit der Besteuerung, denn nur eindeutige und nachprüfbare Gewinnermittlungsregeln ermöglichen eine Vergleichbarkeit und damit eine Gleichmäßigkeit der Besteuerung.

208 Hieraus wurde vom BVerfG der sog. Halbteilungsgrundsatz abgeleitet; vgl. BVerfG vom 22.6.1995, 2 BvL 37/91, BVerfGE 1995 Bd. 93, S. 121 und S. 165; BFH vom 11.8.1999, XI R 77/97, BStBl. II 1999, S. 771; vgl. zum sog. Halbteilungsgrundsatz auch Englisch, Eigentumsgarantie, StuW 2003, S. 237; Kirchhof, Steuerverfassungsrecht, StbJb. 1994, S. 7 ff.; Lang in: Tipke/Lang, Steuerrecht, 18. Auflage 2005, § 4 Rn. 216. Der Halbteilungsgrundsatz ist im Schrifttum allerdings nicht kritiklos hingenommen worden. Es wird darauf hingewiesen, dass es sich in erster Linie um eine freie Schöpfung des Gerichts handelt, da er sich der Verfassung nicht entnehmen lässt. Gem. Art. 14 Abs. 2 S. 2 GG soll lediglich die Sozialpflichtigkeit des

gende Einsatz einer Eigentümerposition neben Gemeinwohlzwecken auch privaten Zwecken zugutekommt.[209] Aus Art. 14 GG wird mithin das Prinzip der eigentumsschonenden Besteuerung dahingehend abgeleitet, dass für den Vermögensstamm ein Bestandsschutz zu gelten hat.[210] Die Besteuerung darf einen Vermögenswert nicht derart belasten, dass die Substanz des Vermögenswertes sich verringert.[211] Um den Substanzschutz gewährleisten zu können, vertritt Lang die Auffassung, dass eine Steuer nur an Ist-Erträge und nicht an Soll-Erträge anknüpfen darf.[212] Eine Steuer, die an Soll-Erträge anknüpft, greift in die Substanz des Vermögens ein, so dass der angestrebte Schutz des Vermögensstammes mittels eines Sollertragsteuerkonzepts nicht erreicht werden kann. Das BVerfG stellt in diesem Kontext hinsichtlich der Einkommensbesteuerung heraus, dass nur der tatsächliche und nicht ein lediglich gegebenenfalls erwirtschafteter Hinzuerwerb steuerlich zu erfassen ist.[213] Für die Ausgestaltung des Gewinnermittlungsrechts bedeutet dies, dass nur ein möglichst sicherer, der Höhe nach feststehender Gewinn erfasst werden darf.[214]

3. *Gleichmäßigkeit der Besteuerung*

Im Mittelpunkt des Steuer- und Finanzverfassungsstaats steht der Gleichheitsgrundsatz des Art. 3 Abs. 1 GG, der für das Steuerrecht verlangt, dass die Steuerpflichtigen durch ein Steuergesetz rechtlich und tatsächlich gleich belastet werden.[215] Das BVerfG interpretiert die Belastungsgleichheit in ständiger Rechtsprechung dahingehend,[216] dass die Besteuerung jedes

---

Eigentums gegenüber der prinzipiellen Eigentumsfreiheit begründet werden; vgl. hierzu Englisch, Eigentumsgarantie, StuW 2003, S. 247 m.w.N.; Weber-Grellet, Vermögensteuer, BB 1996, S. 1417 f. m.w.N.

209 Vgl. Englisch, Eigentumsgarantie, StuW 2003, S. 244 m.w.N.

210 Vgl. BVerfG vom 18.1.2006, 2 BvR 2194/99, HFR 2006, S. 507; vgl. Kirchhof, P., Steuerverfassungsrecht, StbJb. 1994, S. 7 ff.; ders., Leistungsfähigkeit, StuW 1985, S. 323; vgl. auch Kirchhof, F., Verfassungsgerechte Besteuerung, StuW 2002, S. 191 ff.; ders. Steuerrechtsordnung, StuW 2006, S. 5; Lang in: Tipke/Lang, Steuerrecht, 18. Auflage 2005, § 4 Rn. 214; Schön, Grundgesetz, StuW 1995, S. 372 m.w.N.

211 Eine das Vermögen belastende Besteuerung ist dabei nicht vergleichbar mit einer Belastungswirkung, die durch die Einkommen- und Gewerbesteuer entsteht. Da eine auf dem Vermögensstamm lastende Steuer darauf angelegt ist, die vermögenswerten Rechtspositionen jährlich wiederholend und unabhängig vom tatsächlichen Ertrag als Besteuerungsobjekt heranziehen, verhält sie sich dahingehend anders, dass die Einkommen- und Gewerbesteuer darauf abzielen, einen tatsächlichen Hinzuerwerb nur einmal im Jahr seiner Entstehung steuerlich zu erfassen; vgl. BVerfG vom 18.1.2006, 2 BvR 2194/99, HFR 2006, S. 507.

212 Vgl. Lang in: Tipke/Lang, Steuerrecht, 18. Auflage 2005, § 4 Rn. 101; gleicher Ansicht Herzig, IAS/IFRS und steuerliche Gewinnermittlung, 2004, S. 17.

213 Vgl. BVerfG vom 18.1.2006, 2 BvR 2194/99, HFR 2006, S. 507.

214 Vgl. Herzig, Rechnungslegung, WPg 2000, S. 113; ders., IAS/IFRS und steuerliche Gewinnermittlung, 2004, S. 17; Kirchhof, Steuergleichheit, StuW 1984, S. 309; ders., Leistungsfähigkeit, StuW 1985, S. 327; Zeitler, Rechtsstaat, DB 2003, S. 1531. Es bleibt abzugrenzen, wie ein solcher „möglichst sicherer Gewinn" definiert werden muss.

215 Vgl. BVerfG vom 27.6.1991, 2 BvR 1493/89, BVerfGE 1991 Bd. 84, S. 239; BVerfG vom 10.4.1997, 2 BvL 77/92, BVerfGE 1997 Bd. 96, S. 1; vgl. auch Tipke, Steuerrecht, StuW 1988, S. 269. Der Eingriff in die Vermögens- und Rechtssphäre des Steuerpflichtigen gewinnt seine Rechtfertigung entsprechend aus der Gleichheit der Lastenzuteilung, da die Steuer als Gemeinlast alle Bürger betrifft.

216 Vgl. BVerfG vom 9.2.1972, 1 BvL 16/69, BVerfGE 1972 Bd. 32, S. 333; BVerfG vom 3.11.1982, 1 BvR 620/78, 1135/78, 1104/79, 363/80, BVerfGE 1982 Bd. 61, S. 319; BVerfG vom 22.2.1984, 1 BvL 10/80, BVerfGE 1984 Bd. 66, S. 214; BVerfG vom 25.9.1992, 2 BvL 5, 8, 14/91, BVerfGE 1991 Bd. 87, S. 153.

Bürgers nicht lediglich über eine Gleichbehandlung als solches oder sein Erwerbspotenzial, sondern über die finanzielle Leistungsfähigkeit des Einzelnen zu erfolgen hat.[217] Der sich an der wirtschaftlichen Leistungsfähigkeit orientierende Zugriff auf den einzelnen Steuerpflichtigen statuiert eine relative Grenze der Besteuerung, demgemäß die Besteuerung relativ im Verhältnis zu den Mitsteuerpflichtigen angemessen sein muss. Gleiche Leistungsfähigkeit muss steuerlich entsprechend gleich und ungleiche Leistungsfähigkeit steuerlich unterschiedlich behandelt werden.[218] Für die Erhebung von Steuern folgt daraus, dass nicht eine für jeden Bürger identische Kopfsteuer und auch nicht eine gleichheitskonforme Steuer, die an den Bildungsstand, an die Art des Arbeitsplatzes oder an den Sollertrag von Vermögen anknüpft, Ausgangsgröße der Besteuerung sein kann. Vielmehr richtet sich der verfassungsmäßig notwendige Vergleich auf das von jedem Steuerpflichtigen durch tatsächlich erbrachte Leistung Erworbene, das durch das tatsächlich erzielte Einkommen konkretisiert wird und somit als Ausdruck seiner Leistungsfähigkeit im Sinne des verfassungsrechtlichen Gleichheitsgrundsatzes anzusehen ist.[219]

Das BVerfG verweist in diesem Zusammenhang darauf, das eine individualisierende und spezialisierende Gesetzgebung keine Konsequenz des Gleichheitssatzes und der daraus resultierenden Besteuerung nach der Leistungsfähigkeit sein kann, sondern dass vielmehr Vorschriften zu allgemein verständlichen und möglichst unausweichlichen Belastungsgründen als sachgerechte Umsetzung der Besteuerung nach der Leistungsfähigkeit anzusehen sind.[220] Der Gleichheitssatz hat somit einen willkürfreien Ansatz objektiv feststellbarer und auf einfache Art berechenbarer Positionen zur Konsequenz. Sicherheit und Gleichmäßigkeit der Besteuerung und deren problemlose und nachvollziehbare Durchführung sind im Sinne von Objektivierung und Vereinfachung mithin als vorrangig vor betriebswirtschaftlichen Aspekten einzuordnen.[221] Der Gesetzgeber ist innerhalb der konkreten Steuerausgestaltung verpflichtet, eine nachvollziehbare und konsistente Systematik anzubieten.[222] Steuerliche Bilanzierungswahl-

---

217 Das Leistungsfähigkeitsprinzip gilt auch in der Literatur als allgemein anerkannter normativer Besteuerungsmaßstab; vgl. hierzu beispielhaft Birk, Steuerrechtswissenschaft, StuW 1983, S. 298; ders., Leistungsfähigkeit, StuW 2000, S. 329; Gassner/Lang, Leistungsfähigkeitsprinzip, 2000, S. 11; Herzig, IAS/IFRS und steuerliche Gewinnermittlung, 2004, S. 17 f.; Kirchhof, Leistungsfähigkeit, StuW 1985, S. 324; ders., Steuerverfassungsrecht, StbJb. 1994, S. 9; ders. Steuerrechtsordnung, StuW 2006, S. 5; Pezzer, Bilanzierungsprinzipien, 1991, S. 8; Schön, Steuergesetzgebung, StuW 2004, S. 66 f.; Tipke, Steuerrecht, StuW 1988, S. 270; Weber-Grellet, Reform, DStR 1998, S. 1344; ders., Entwicklungen, BB 1999, S. 2661; vgl. auch BFH vom 3.2.1969, GrS 2/68, BStBl. II 1969, S. 291.

218 Vgl. Birk, Leistungsfähigkeit, StuW 2000, S. 329; Englisch, Eigentumsgarantie, StuW 2003, S. 237; Schön, Grundgesetz, StuW 1995, S. 369; Weber-Grellet, Maßgeblichkeitsgrundsatz, StuB 2002, S. 701.

219 Vgl. Kirchhof, Steuergleichheit, StuW 1984, S. 298; ders., Leistungsfähigkeit, StuW 1985, S. 325.

220 Vgl. BVerfG vom 10.4.1997, 2 BvL 77/92, BVerfGE 1997 Bd. 96, S. 1.

221 Selbst wenn dadurch Vereinfachungen vorgenommen werden, die z.B. Steuerwerte von dem abführen, was gemeinhin als „betriebswirtschaftlich richtiger“ Wert eines Gegenstandes zu verstehen ist; vgl. Kirchhof in: FS Offerhaus, Verfassungsrechtsprechung, 1999, S. 88 ff.; Weber-Grellet, Entwicklungen, BB 1999, S. 2661.

222 Vgl. Crezelius, Steuergesetzgebung, Stbg 2005, S. 103.

rechte stehen von daher beispielsweise nicht im Einklang mit dem verfassungsrechtlichen Gleichheitssatz.[223]

3.1. *Leistungsfähigkeitsprinzip*

Das Leistungsfähigkeitsprinzip als Ausdruck des von der Verfassung vorgegebenen Grundsatzes gleichmäßiger Besteuerung ist zwar unbestimmt, jedoch keineswegs unbestimmbar.[224] Durch gesetzgeberische Maßnahmen muss es konkretisiert werden, so dass es zudem den Wertvorstellungen des Gesetzgebers unterliegt. Dem Gesetzgeber steht es in diesem Zusammenhang frei, zur Ausgestaltung seines Steuersystems an der tatsächlichen Einkommenserzielung (Einkommen) und/oder erst an der Einkommensverwendung (Konsum) als Indikator zur Erfassung der Leistungsfähigkeit anzuknüpfen. Um auf der Grundlage des geltenden Ertragsteuerrechts den Nutzen der IFRS/IAS für ein eigenständiges Steuerbilanzrecht ausloten zu können, wird im Folgenden unterstellt, dass auch weiterhin das Einkommen als Indikator zur Messung der steuerlichen Leistungsfähigkeit herangezogen wird, so dass sich weiterführende Überlegungen zu einem ausschließlich konsumorientierten Besteuerungssystem erübrigen.

Das Ertragsteuerrecht versteht Leistungsfähigkeit demnach als die Fähigkeit, Steuern aus erwirtschaftetem Einkommen zahlen zu können.[225] Konkretisiert wird der Einkommensbegriff im geltenden Recht durch den Einkünftekatalog des § 2 Abs. 1 Satz 1 EStG.[226] Gemeinsames Merkmal der dort genannten Einkunftsarten ist das Erfordernis von erwirtschaftetem, am Markt realisierten Einkommen.[227] Ertragsteuerlich erfolgt eine Besteuerung des Erwerbseinkommens auf Grundlage einer über den Markt entgoltenen Leistung. Die Wertbestätigung über den Markt soll der Objektivierung dienen, stellt die Vergleichbarkeit der Einkünfte sicher und verringert die Gefahr einer Ungleichbehandlung durch Ungleichbewertung von Einkommen.[228] Gem. § 2 Abs. 2 EStG erfolgt als Ausfluss des Leistungsfähigkeitsprinzips die Ermittlung der Einkünfte in Form von Gewinnen oder Überschüssen nach dem sog. objekti-

---

223 Vgl. BFH vom 3.2.1969, GrS 2/68, BStBl. II 1969, S. 291.

224 Vgl. Birk, Leistungsfähigkeit, StuW 2000, S. 329; Herzig, IAS/IFRS und steuerliche Gewinnermittlung, 2004, S. 18; Lang in: Tipke/Lang, Steuerrecht, 18. Auflage 2005, § 4 Rn. 83 ff.; Tipke, Steuerrecht, StuW 1988, S. 272.

225 Vgl. Birk, Leistungsfähigkeit, StuW 2000, S. 330; Kirchhof, Leistungsfähigkeit, StuW 1985, S. 321; Kirchhof in: Kirchhof/Söhn, EStG, § 2 Rn. A 3; Lang in: Tipke/Lang, Steuerrecht, 18. Auflage 2005, § 4 Rn. 53 ff.

226 Wie eingangs dargelegt, bildet das geltende Recht den Rahmen für die Untersuchung, so dass im Ertragsteuerrecht auch weiterhin an der Einkünftekategorisierung des § 2 EStG festgehalten wird.

227 Vgl. BFH vom 25.6.1984, GrS 4/82, BStBl. II 1984, S. 751; Herzig, IAS/IFRS und steuerliche Gewinnermittlung, 2004, S. 18; Kirchhof in: Kirchhof/Söhn, EStG, § 2 Rn. A 365 ff.; Lang in: Tipke/Lang, Steuerrecht, 18. Auflage 2005, § 4 Rn. 108; Ruppe in: HHR, Einf. ESt Rn. 17; Wittmann, Markteinkommen, StuW 1993, S. 35 ff.

228 Vgl. Lang in: Tipke/Lang, Steuerrecht, 18. Auflage 2005, § 4 Rn. 108.

ven Nettoprinzip, nach welchem der Unterschiedsbetrag zwischen Erwerbsbezügen und Erwerbsaufwendungen der Besteuerung zugeführt wird,[229] so dass die den Unternehmenserfolg belastenden Sachverhalte steuerliche Berücksichtigung finden. Da das Leistungsfähigkeitsprinzip die uneingeschränkte Beachtung von Erwerbsaufwendungen fordert, müssen folglich auch Erwerbsaufwendungsüberhänge mit in die Bemessungsgrundlage für einen Steuerpflichtigen einfließen.[230]

Obwohl die einkommensorientierte Interpretation des Leistungsfähigkeitsprinzips durch die Marktrealisation konkretisiert wird, lässt sich hieraus keine eindeutige Aussage hinsichtlich eines Gewinnermittlungssystems ableiten, da zu klären ist, welcher Zeitpunkt der Marktrealisation die Fähigkeit des Steuerpflichtigen dokumentiert, Steuern zu leisten. Bezogen auf die Gewinnermittlung muss daher der Zeitpunkt der Marktrealisation – insbesondere auch im Hinblick auf eine möglichst objektivierbare und eigentumsschonende Gewinnermittlung – weiter eingegrenzt werden.

3.2. Maßstäbe zur Messung der wirtschaftlichen Leistungsfähigkeit

Überlegungen hinsichtlich einer zeitgerechten Erfassung des realisierten Markteinkommens müssen vor dem Hintergrund der Einkommen- bzw. Körperschaftsteuer als Abschnittsteuer, die periodisch und sukzessiv das Jahreseinkommen erfasst, vorgenommen werden.[231] Ausgehend von einem einheitlichen Gewinnbegriff dürfen alternative Methoden der Gewinnermittlung über die Gesamtdauer des Bestehens des Betriebes grundsätzlich nicht zu einem unterschiedlichen Totalgewinn führen (Grundsatz der Totalgewinngleichheit).[232] So rechtfertigt die Koexistenz von verschiedenen Gewinnermittlungsmethoden eine Ungleichbehandlung der Steuerpflichtigen in Form unterschiedlicher Totalgewinne nicht.[233] Alternative Gewinnermittlungsmethoden führen in der Regel jedoch zu einer unterschiedlichen Verteilung des Totalgewinns auf die einzelnen Teilperioden.

---

229 Vgl. BVerfG vom 2.10.1969, 1 BvL 12/68, BVerfGE 1969 Bd. 27, S. 58; BFH vom 21.10.1986, VIII R 1/85, BFH/NV 1987, S. 152; BFH vom 23.8.1999, GrS 1/97, BStBl. II 1999, S. 778; Birk, Leistungsfähigkeit, StuW 2000, S. 331; Bornhaupt in: Kirchhof/Söhn, EStG, § 9 Rn. A 15 a; Friauf, Nettoprinzip, StuW 1973, S. 97; Herzig, IAS/IFRS und steuerliche Gewinnermittlung, 2004, S. 18; Kirchhof in: Kirchhof/Söhn, EStG, § 2 Rn. A 10; Klein, Nettoprinzip, DStZ 1995, S. 630; Lang, Nettoprinzip, StuW 1985, S. 16; Söffing, Nettoprinzip, StbJb. 1988, S. 123; Seeger in: Schmidt, EStG, 25. Auflage 2006, § 2 Rn. 10; Tipke, Nettoprinzip, StuW 1974, S. 84.

230 Vgl. Lang in: Tipke/Lang, Steuerrecht, 18. Auflage 2005, § 9 Rn. 54 f.

231 Vgl. Hennrichs, Maßgeblichkeit, DStJG 2001, S. 309.

232 Vgl. BFH vom 17.5.1960, I 35/57 S, BStBl. III 1960, S. 306; BFH vom 16.1.1975, IV R 180/71, BStBl. II 1975, S. 526; vgl. auch Herzig, IAS/IFRS und steuerliche Gewinnermittlung, 2004, S. 19 ff.

233 Vgl. Bergkemper in: HHR, § 4 EStG Rn. 504, 507 u. 531; Herzig, IAS/IFRS und steuerliche Gewinnermittlung, 2004, S. 19 f.; Heinicke in: Schmidt, EStG, 25. Auflage 2006, § 4 Rn. 10 ff.; Weber-Grellet in: Kirchhof/Söhn, EStG, § 4 Rn. D 10; a.A. Drüen, Gewinnerzielungsabsicht, FR 1999, S. 1104.

Für die zeitliche Erfassung des am Markt erwirtschafteten Einkommens kommen grundsätzlich drei Zeitpunkte in Betracht, die unterschiedliche Momente des Liquiditätsprozesses der Marktrealisation repräsentieren:[234]

- Vertragsabschluss
- Leistungserbringung (Umsatzakt)
- Zufluss des Entgelts

Der Vertragsabschluss begründet im Zuge des Marktrealisationsprozesses zunächst die rechtliche Verpflichtung zur Leistungserbringung sowie das Recht auf Gegenleistung. Zwar ist dieser Zeitpunkt - zumindest bei schriftlichen Verträgen - objektiv feststellbar, doch ist neben dem objektiv feststellbaren Zeitpunkt des Vertragsabschlusses auch eine rechtssichere und eigentumsschonende Gewinnermittlung im Sinne der Ermittlung möglichst sicherer Werte erforderlich. Die Erfassung eines Erfolges im Zeitpunkt des Vertragsabschlusses würde hingegen einen nicht weiter am Markt konkretisierten Erfolg der Besteuerung unterwerfen, da beispielsweise bei fest vereinbartem Marktentgelt die noch anfallenden Erwerbsaufwendungen noch zu prognostizieren wären und daher als unsicher anzusehen sind. Der Vertragsabschluss entspricht hinsichtlich der tatsächlichen am Markt stattfindenden Transaktion den steuerlichen Objektivierungsanforderungen nicht abschließend und kann somit nicht als Anknüpfungszeitpunkt für die Erfassung wirtschaftlicher Leistungsfähigkeit dienen.[235] Anders sieht dies hingegen für den Zeitpunkt des Umsatzaktes aus, da mit der durchgeführten Leistungserbringung der Erfolg am Markt tatsächlich erwirtschaftet und somit konkretisiert wird. Auch wenn die entgeltliche Gegenleistung nicht unmittelbar erbracht wird, besitzt der Steuerpflichtige ab diesem Zeitpunkt einen realisierbaren Anspruch auf das zu leistende Entgelt, der auf Grund der bereits vollzogenen Markttransaktion das Erfordernis einer objektivierbaren, intersubjektiv überprüfbaren Periodisierungsregel erfüllt. Der Zeitpunkt der Leistungserbringung kann mithin als sachgemäßer Realisationszeitpunkt zur Messung der wirtschaftlichen Leistungsfähigkeit herangezogen werden.[236] Obwohl der Zeitpunkt der Leistungserbringung den systemtragenden Prinzipien zur steuerlichen Gewinnermittlung gerecht wird, ist darauf hinzuweisen, dass das sicherste Maß für die Realisation des wirtschaftlichen Erfolges der tatsächliche Zahlungsfluss ist, da eine nach der Leistungserbringung zugeflossene Zahlung keinem Ausfallrisiko mehr unterliegt. Auch weist der Zeitpunkt der Zahlung zudem ein hohes Maß an intersubjektiver Überprüfbarkeit auf, da die Zahlungsbewegungen am Kassenbestand

---

234 Vgl. Herzig, IAS/IFRS und steuerliche Gewinnermittlung, 2004, S. 20; Lang in: Tipke/Lang, Steuerrecht, 18. Auflage 2005, § 17 Rn. 206; Moxter, Missverständnisse, DStZ 2000, S. 160.

235 Vgl. Herzig, IAS/IFRS und steuerliche Gewinnermittlung, 2004, S. 20.

236 Vgl. Herzig, IAS/IFRS und steuerliche Gewinnermittlung, 2004, S. 20.

abzulesen sind und keinen Raum für Bewertungsdifferenzen lassen.[237] Steuerlich wäre somit auch eine Gewinnermittlung auf Grundlage von Zahlungsflüssen möglich.[238] Mit Blick auf den IFRS/IAS-Betriebsvermögensvergleich und deren bilanzielle Lösungsansätze wird für die nachfolgende Untersuchung allerdings auf den Zeitpunkt der Leistungserbringung als Maßgabe der zeitlichen Erfassung des am Markt erwirtschafteten Einkommens abgestellt, wie dies gegenwärtig bereits auch im geltenden Recht gem. § 4 Abs. 1 Satz 1 EStG der Fall ist.[239]

II. Ökonomische Prinzipien

Neben den aufgezeigten verfassungsrechtlichen Prinzipien des Steuerrechts insistiert die Finanzwissenschaft vor allem auf ökonomischen Besteuerungsprinzipien zur Vermeidung von allokationsverzerrenden Zusatzlasten (excess burden). Wohlfahrtssteigerung setzt voraus, dass die verfügbaren Produktionsmittel den Ort innerhalb einer Volkswirtschaft erreichen, an dem sie den höchsten Nutzen entfalten können. Dies geschieht in einer freien Wettbewerbsordnung über den Markt im freien Austausch von Waren und Dienstleistungen, Arbeitskraft und Kapital. Ökonomisch ist es daher sinnvoll, die Marktprozesse von verzerrenden Einflüssen frei zu halten,[240] so dass wirtschaftlicher Effizienz sowie Einfachheit und Transparenz der Besteuerung ein hoher Stellenwert eingeräumt wird.[241] Bei möglichen Zielkonflikten der ökonomischen mit den verfassungsrechtlichen Prinzipien ist allerdings zu berücksichtigen, dass in einem Rechtsstaat verfassungsrechtliche Prinzipien nicht durch die optimale Erfüllung ökonomischer Prinzipien ausgehebelt werden können.

1. Wirtschaftliche Effizienz – Entscheidungsneutralität der Besteuerung

Mit der Forderung nach wirtschaftlicher Effizienz eines Steuersystems geht die Forderung nach einer entscheidungsneutralen Besteuerung einher, um zu gewährleisten, dass durch eine Optimalsteuer die effiziente Allokation der Ressourcen nicht behindert wird.[242] Ökonomisch darf eine Steuer demnach nicht zu einer Änderung einer wirtschaftlichen Entscheidung führen, so dass die wirtschaftliche Effizienz im Konkreten fordert, dass Entscheidungen hinsicht-

---

237 Vgl. Herzig, IAS/IFRS und steuerliche Gewinnermittlung, 2004, S. 21 f.; Wagner, Neutralität, StuW 1992, S. 2; ders., Überschussermittlung, DStR 1997, S. 517 ff.; ders., Maßgeblichkeit, DB 1998, S. 2073 ff.; Weber-Grellet, Reform, DStR 1998, S. 1348.

238 Vgl. Schön, Grundgesetz, StuW 1995, S. 370 f.

239 Dadurch wird indes nicht ausgeschlossen, dass steuerlich bei einer Neukonzeption der Gewinnermittlung nicht auch auf ein Gewinnermittlungssystem zurückgegriffen werden kann, das am Zahlungszufluss ausgerichtet ist; vgl. zu einer zahlungsbasierten Gewinnermittlung Herzig, IAS/IFRS und steuerliche Gewinnermittlung, 2004, S. 334 ff.

240 Vgl. Homburg, Steuerlehre, 2005, S. 157 ff.; Schön, Steuergesetzgebung, StuW 2004, S. 64.

241 Vgl. Herzig, IAS/IFRS und steuerliche Gewinnermittlung, 2004, S. 22; Stiglitz/Schönfelder, Finanzwissenschaften, 1989, S. 408 ff.

242 Vgl. Elschen, StuW 1991, S. 99; Wagner, Neutralität, StuW 1992, S. 2; Homburg, Steuerlehre, 2005, S. 157 ff.; Schön, Steuergesetzgebung, StuW 2004, S. 64.

lich der Rechtsform (Rechtsformneutralität), der Finanzierungsart (Finanzierungsneutralität), der Investition (Investitionsneutralität) und auch der konsumtiven Verwendung (Konsumneutralität) neutral sind. Neben den volkswirtschaftlichen Aspekten ist eine entscheidungsneutrale Besteuerung auch aus betriebswirtschaftlichen Aspekten interessant, da sie auch zur Vermeidung steuerlich verursachter Administrativkosten im Unternehmen beiträgt.[243]

Im Ergebnis stellt eine allokativ effiziente Steuer auf die Erfassung des ökonomischen Gewinns ab, demgemäß müsste auf der Grundlage der Differenz von Ertragswerten an künftige Zahlungsströme angeknüpft werden. Allerdings kann eine allein auf Schätzgrößen basierende Gewinnermittlung nicht rechtssicher realisiert werden, so dass das ökonomische Neutralitätsprinzip schwer als maßgebender Ansatzpunkt für ein eigenständiges Steuerbilanzrecht herangezogen werden kann, da es auf verfassungsrechtliche Probleme stößt.[244] Dennoch sollte bei der Formulierung von Gewinnermittlungsvorschriften darauf geachtet werden, dass mögliche Verzerrungswirkungen insbesondere von Investitions- und Finanzierungsentscheidungen vermieden werden,[245] so dass die jeweiligen Produktionsfaktoren möglichst steuerneutral belastet werden. Die ökonomische Forderung nach Neutralität kann insofern deckungsgleich zur verfassungsrechtlichen Forderung nach Belastungsgleichheit verstanden werden.[246]

2. *Einfachheit und Transparenz der Besteuerung*

Die Gewährleistung personenbezogener Steuergerechtigkeit kann in der Steuerdurchführung unter Umständen zu einer Verkomplizierung und Intransparenz der Besteuerung führen, so dass in der Steuererhebung die Gefahr eines Vollzugsdefizits besteht.[247] Bedenklich wären derartige Vollzugsdefizite sowohl bezüglich der notwendigen rechtsstaatlichen Bestimmtheit von Steuergesetzen als auch hinsichtlich der Forderung nach einem gleichheitskonformen Steuerrecht. Das BVerfG weist mit seinem Urteil vom 09.03.2004 ausdrücklich darauf hin, dass die Steuerpflichtigen nicht nur rechtlich, sondern auch tatsächlich gleich belastet werden müssen.[248] Normen, deren Durchsetzung auf Grund von verwaltungstechnischen Hindernissen

---

243 Vgl. Elschen, StuW 1991, S. 101; Herzig, IAS/IFRS und steuerliche Gewinnermittlung, 2004, S. 22.

244 Die nach Johannsson und Samuelson benannte Johannsson-Samuelson-Steuer besteuert in einem kapitaltheoretischen Modell die Erträge einer Investition intersektoral entscheidungsneutral hinsichtlich einer Alternativanlage am Kapitalmarkt. Sie besteuert im Zeitpunkt der Investitionsauszahlung den ökonomischen Gewinn der Investition, der sich aus der Verzinsung der Ertragswerte der Investition zusammensetzt; vgl. hierzu Johannson, Efficiency, Swedish Journal of Economics 1969, S. 104 ff.; Samuelson, Deductibility, The Journal of political economy 1964, S. 604 ff.

245 Vgl. Herzig, IAS/IFRS und steuerliche Gewinnermittlung, 2004, S. 23.

246 Vgl. Schön, Steuergesetzgebung, StuW 2004, S. 64.

247 Vgl. Birk, Leistungsfähigkeit, StuW 2000, S. 330; Herzig, IAS/IFRS und steuerliche Gewinnermittlung, 2004, S. 23; Pezzer, Bilanzierungsprinzipien, 1991, S. 10; Weber-Grellet, Vermögensteuer, BB 1996, S. 1419.

248 Vgl. BVerfG vom 9.3.2004, 2 BvL 17/02, BStBl. II 2005, S. 56.

nicht erfolgen kann, stehen demnach im Widerspruch zur Besteuerungsgleichheit.[249] Flankiert von verfassungsrechtlichen Aspekten ist aus ökonomischen Gesichtspunkten ein einfaches und transparent ausgestaltetes Steuersystem, das mit einem angemessenen Verwaltungsaufwand vollzogen werden kann, als unerlässlich anzusehen.[250] Nicht unberücksichtigt bleiben darf dabei jedoch, dass der Vereinfachungsgedanke wiederum nicht zu Lasten der individuellen Leistungsfähigkeit des Steuerpflichtigen gehen darf. Das BVerfG hält demnach „vergröbernde, die Abwicklung des Massenverfahrens erleichternde Typisierungen“[251] nur dann für zulässig, sofern für die Vereinfachung eine Notwendigkeit besteht, sie zur Vereinfachung geeignet und die Vereinfachungen auch nicht unverhältnismäßig sind.[252] Pauschbeträge dürfen beispielsweise nicht unverhältnismäßig hoch oder niedrig angesetzt werden.[253]

III. Allgemeine Gewinnermittlungsgrundsätze

Aus den systemtragenden Prinzipien des Steuerrechts und den ökonomischen Prinzipien abgeleitet, muss eine an periodisierten Größen orientierte Gewinnermittlung bestimmten formellen und materiellen Grundsätzen genügen. Diese Grundsätze entsprechen im Wesentlichen den Rahmen- und Systemgrundsätzen des handelsrechtlichen GoB-Systems;[254] sie umreißen Anforderungen, die ein zweckorientiertes steuerliches Gewinnermittlungssystem zu erfüllen hat.[255]

1. Formelle Grundsätze

- Der Grundsatz der Klarheit verlangt, dass die einzelnen Posten der Art nach eindeutig bezeichnet, hinreichend aufgegliedert und so geordnet sein müssen, dass der Jahresabschluss verständlich und übersichtlich ist. Dies bedeutet z.B., dass die Posten der Bilanz sowie Aufwendungen und Erträge der Gewinn- und Verlustrechnung einzeln zu erfassen und entsprechend zu bezeichnen sind, so dass der

---

249 Vgl. BVerfG vom 9.3.2004, 2 BvL 17/02, BStBl. II 2005, S. 56; BFH vom 16.7.2002, IX R 62/99, BStBl. II 2003, S. 74.

250 Vgl. Herzig, IAS/IFRS und steuerliche Gewinnermittlung, 2004, S. 23; Stiglitz/Schönfelder, Finanzwissenschaften, 1989, S. 408 ff.

251 BVerfG vom 25.9.1992, 2 BvL 5,8,14/91, BVerfGE 1992, S. 181.

252 Vgl. BVerfG vom 25.9.1992, 2 BvL 5,8,14/91, BVerfGE 1992, S. 181; BVerfG vom 10.4.1997, 2 BvL 77/92, BVerfGE 1997 Bd. 96, S. 6; Kirchhof, Steuervereinfachung, DStJG 1998, S. 9 ff.

253 Vgl. BVerfG vom 25.9.1992, 2 BvL 5,8,14/91, BVerfGE 1992, S. 181.

254 Vgl. zu den Rahmen- und Systemgrundsätzen Baetge/Zülch in: HDJ, I/2 Rn. 43; Thiele/Stellbrink/Ziesemer in: Baetge/Kirsch/Thiele, Einführung Rn. 58.

255 Vgl. zu den Anforderungen an eine eigenständige Steuerbilanz Herzig, IAS/IFRS und steuerliche Gewinnermittlung, 2004, S. 24 ff.

Abschluss von sachkundigen Dritten in angemessener Zeit nachvollzogen werden kann.[256]

- Der Grundsatz der formellen Stetigkeit leitet sich aus dem Grundsatz der Vergleichbarkeit ab und fordert, dass die äußere Form der Gewinnermittlung beizubehalten ist. Dies setzt grundsätzlich voraus, dass die Gliederung der Gewinnermittlung sowie die Bezeichnung der einzelnen Posten in aufeinander folgenden Jahren einheitlich vorgenommen werden.[257]

2. *Materielle Grundsätze*

- Der Grundsatz der Wahrheit und Vollständigkeit erfordert, dass der Gewinn sachlich richtig und willkürfrei ermittelt wird. Die Bilanz muss sämtliche aktiven und passiven Bilanzierungseinheiten und die GuV sämtliche Aufwendungen und Erträge, die für die Beurteilung der Leistungsfähigkeit von Bedeutung sind, bei der Ermittlung des Gewinns berücksichtigen und in nachprüfbarer Form wiedergeben.[258]
- Der Grundsatz der Wesentlichkeit fordert, dass in der Gewinnermittlung nur die für die Ermittlung der wirtschaftlichen Leistungsfähigkeit relevanten Informationen zu erfassen und offenzulegen sind. Sofern die Ermittlung der wirtschaftlichen Leistungsfähigkeit nicht beeinträchtigt wird, können unwesentliche Informationen unberücksichtigt bleiben.[259] Diese Einschränkung ist für das Steuerrecht als Eingriffsrecht allerdings äußerst eng auszulegen.[260]
- Der Grundsatz der materiellen Stetigkeit verlangt eine inhaltliche Gleichartigkeit der Gewinnermittlungen aufeinander folgender Geschäftsjahre. Sowohl Bewertungs- als auch Ansatzwahlrechte, die im Interesse der Vergleichbarkeit und der Willkürfreiheit wiederkehrend nach den gleichen Prinzipien vorzunehmen sind, sind stetig auszuüben, so dass lediglich ein durch wirtschaftliche Überlegungen

---

256 Vgl. hierzu auch die Kommentierung zum Grundsatz der Klarheit und Übersichtlichkeit nach HGB, ausführlich Baetge/Zülch in: HDJ, I/2 Rn. 59; Förschle in: Beck Bil Kom, 5. Auflage 2003, § 243 Rn. 51 ff.; Thiele/Brötzmann in: Baetge/Kirsch/Thiele, § 243 Rn. 81 ff.

257 Vgl. ausführlich Baetge/Zülch in: HDJ, I/2 Rn. 56; Ballwieser in: Baetge/Kirsch/Thiele, § 265 Rn. 1 ff.; Hense/Geißler in: Beck Bil Kom, 5. Auflage 2003, § 265 Rn. 2 ff.

258 Vgl. ausführlich Förschle/Kroner in: Beck Bil Kom, 5. Auflage 2003, § 246 Rn. 1 ff. m.w.N.; Thiele in: Baetge/Kirsch/Thiele, § 246 Rn. 1 ff.; Weber-Grellet in: Schmidt, EStG, 25. Auflage 2006, § 5 EStG Rn. 68.

259 Vgl. BFH vom 15.11.1960, I 189/60 U, BStBl. III 1961, S. 48; BFH vom 18.1.1995, I R 44/94, BStBl. II 1995, S. 742; BFH vom 25.3.1992, I R 69/91, BStBl. II 1992, S. 1010; BFH vom 20.6.2000, VIII R 32/98, BStBl. II 2001, S. 636; Leffson, GoB, 1987, S. 180 ff.; Weber-Grellet in: Schmidt, EStG, 25. Auflage 2006, § 5 Rn. 84.

260 Vgl. Groh, Rechtsprechung, ZGR 1996, S. 646; Herzig, IAS/IFRS und steuerliche Gewinnermittlung, 2004, S. 25 f.; Hoffmann, Wesentlichkeit, BB 1995, S. 1688 f.

gerechtfertigter Methodenwechsel vorgenommen werden darf. Es ist mithin an einer einmal gewählten Bewertungs- oder Ansatzmethode festzuhalten.[261]

- Das Nominalwertprinzip ist Ausdruck der nominellen Kapitalerhaltung im Sinne der Ermittlung des Gewinns als Geldrechnung (Grundsatz: 1 Euro = 1 Euro). Eine Inflationsberücksichtigung durch Bezugnahme auf Indexwerte ist allein aus Praktikabilitätsgesichtspunkten nicht durchführbar.[262]
- Das Prinzip der Unternehmensfortführung verlangt, dass bei der Erfassung und Bewertung von Wirtschaftsgütern und Schulden – soweit erforderlich – grundsätzlich von der Fortführung der Unternehmenstätigkeit auszugehen ist. Von der Fortführung des Unternehmens ist nur dann nicht auszugehen, wenn dieser Annahme tatsächliche oder rechtliche Gegebenheiten entgegenstehen.[263]
- Das Stichtagsprinzip ermöglicht die vollständige und zutreffende Feststellung eines stichtagsbezogenen Betriebsvermögensvergleichs im Rahmen einer periodisierten Gewinnermittlung.[264]

IV. Grundlagen - zusammengefasst -

Der Rahmen für ein eigenständiges Steuerbilanzrecht wird durch die systemtragenden Prinzipien des Steuerrechts und ergänzend durch ökonomische Prinzipien vorgegeben, die durch allgemeine Gewinnermittlungsprinzipien zudem konkretisiert werden. Die Gewichtung der einzelnen Prinzipien und somit die tatsächliche Ausgestaltung der Gewinnermittlung unterliegt letztlich dem Gesetzgeber und wird in dieser Arbeit nicht weiter aufgegriffen. Entscheidend ist vielmehr, dass es das Ziel einer eigenständigen Steuerbilanz sein muss, eine folgerichtige, eigentumsschonende und objektivierbare Messung der wirtschaftlichen Leistungsfähigkeit unter Beachtung von Praktikabilitätsgesichtspunkten zu gewährleisten. Vor diesem Hintergrund und vor dem Hintergrund der Internationalisierung der Rechnungslegung soll im Folgenden untersucht werden, ob die konzeptionellen Lösungsansätze, die die IAS 32 und 39 zur Bilanzierung von Finanzinstrumenten dem Grunde nach anbieten, hinsichtlich der Ausgestaltung einer eigenständigen Steuerbilanz Bedeutung erlangen können.

---

261 Vgl. BFH vom 1.4.1958, I 60/57 U, BStBl. III 1958, S. 291; BFH vom 22.4.1966, VI 37/65, BStBl. III 1966, S. 368; Baetge/Zülch in: HDJ, I/2 Rn. 56; Glanegger in: Schmidt, EStG, 25. Auflage 2006, § 6 Rn. 60 ff.; Ballwieser in: Baetge/Kirsch/Thiele, § 252 Rn. 241 ff.; Hense/Geißler in: Beck Bil Kom, 5. Auflage 2003, § 252 Rn. 55 ff.; Herzig, IAS/IFRS und steuerliche Gewinnermittlung, 2004, S. 26.

262 Vgl. Herzig, IAS/IFRS und steuerliche Gewinnermittlung, 2004, S. 26; Knop/Küting/Weber, Herstellungskosten, DB 1985, S. 2517; Lang in: Tipke/Lang, Steuerrecht, 18. Auflage 2005, § 9 Rn. 56 f.; Weber-Grellet in: Schmidt, EStG, 25. Auflage 2006, § 5 Rn. 82.

263 Vgl. ausführlich zur Unternehmensfortführung Baetge/Zülch in: HDJ, I/2 Rn. 67; Baetge/Ziesemer in: Baetge/Kirsch/Thiele, § 252 Rn. 41 ff.; Hense/Geißler in: Beck Bil Kom, 5. Auflage 2003, § 252 Rn. 9; Herzig, IAS/IFRS und steuerliche Gewinnermittlung, 2004, S. 26.

264 Vgl. BFH vom 27.6.2001, I R 45/97, BFH/NV 2001, S. 1334.

2. Teil: Gestaltung eines eigenständigen Steuerbilanzrechts

1. Kapitel: Zielsetzung der Rechnungslegung

I. Zielsetzung der IFRS/IAS-Rechnungslegung

In seinem Vorwort zu den IFRS/IAS benennt der IASB als Ziel die Entwicklung hochwertiger, verständlicher und durchsetzbarer globaler Rechnungslegungsstandards, die den Teilnehmern der weltweiten Kapitalmärkte hochwertige, transparente und vergleichbare Informationen zur Entscheidungsfindung zur Verfügung stellen.[265] Das Framework konkretisiert die Zielsetzung dahingehend, dass die IFRS/IAS-Rechnungslegung über die Vermögens-, Finanz- und Ertragslage des Unternehmens (True and Fair View) informieren soll, den Abschlussadressaten mithin entscheidungsnützliche Informationen zu vermitteln (Decision Usefulness) hat. Nach F.9 werden zu den Abschlussadressaten neben den potentiellen oder gegenwärtigen Investoren zwar auch Arbeitnehmer, Kreditgeber, Lieferanten und Kunden gezählt. Auf Grund des als nicht unproblematisch erscheinenden weit gefassten Adressatenkreises geht der IASB allerdings davon aus, dass ein Jahresabschluss, der die Informationsanforderungen der Investoren erfüllt, zugleich auch der Mehrzahl der Informationswünsche der übrigen Bilanzadressaten genügt (F.10), da diese den Unternehmen Risikokapital zur Verfügung stellen und somit ein Bedürfnis nach weitreichender Informationsbereitstellung haben. Konkretisierend weist IAS 1.13 darauf hin, dass eine korrekte Anwendung der IFRS/IAS ein den tatsächlichen wirtschaftlichen Verhältnissen entsprechendes Bild der wirtschaftlichen Lage des Unternehmens vermittelt, so dass ein IFRS/IAS-Abschluss den Informationsbedürfnissen der Investoren gerecht wird.

Weitere Zwecke verfolgt der IFRS/IAS-Abschluss hingegen nicht; weder gläubigerschutzorientierte Vorschriften zur Beschränkung des ausschüttbaren Gewinns noch rein steuerlich motivierte Vorschriften sind Grundlage der IFRS/IAS-Vorschriften. Ihren Ursprung findet die informationsorientierte Zielvorstellung vor allem in der angelsächsischen Rechnungslegungskonzeption, die im Wesentlichen eine periodengerechte Rechenschaft gegenüber den Investoren zum Inhalt hat, dabei den Gläubigerschutzgedanken unberücksichtigt lässt und auch Wert auf Unabhängigkeit der handelsrechtlichen von der steuerlichen Rechnungslegung legt.[266] Insofern ist von Bedeutung, dass der IASB in seiner Zielsetzung im Vorwort von der Bedienung der verschiedenen weltweiten Kapitalmärkte spricht, so dass keine Rücksicht auf spezifisch nationale Normengefüge genommen werden kann.

---

265 Vorwort zu den IFRS/IAS, Abschnitt 6.

266 Vgl. Baetge/Zülch in: HDJ, I/2 Rn. 159; Hasselmeyer/Reichertz/Dohrn, Konzernrechnungslegung, BFuP 2005, S. 443.

Des Weiteren ist zu berücksichtigen, dass die IFRS/IAS zwar grundsätzlich unabhängig von ihrer Größe und Rechtsform für alle Unternehmen gelten, im Hinblick auf ihre Informationsfunktion allerdings besonders für kapitalmarktorientierte, konzernverbundene Unternehmen von Bedeutung und entsprechend auch konzipiert sind.[267]

II. Vergleich von IFRS/IAS und Steuerrecht

Die Steuerbilanz erfüllt als Bemessungsgrundlage für Steuerzahlungen der Steuerpflichtigen eine Zahlungsbemessungsfunktion. Information der Kapitalmärkte und ihrer Investoren ist nicht Aufgabe der Steuerbilanz. Adressat der Steuerbilanz ist allein der Fiskus, so dass Zielsetzungen und Adressaten der beiden Rechnungslegungskonzeptionen fundamental voneinander abweichen. Der Steuerbilanzgewinn ist der Erfassung der wirtschaftlichen Leistungsfähigkeit des Steuerpflichtigen verpflichtet; die hierzu benötigten Informationen müssen notwendigerweise vergangenheitsorientiert sein, da nur das Ergebnis der zurückliegenden Aktivitäten des Unternehmens am Markt Grundlage der Besteuerung sein kann. Hingegen sind in einem informationsorientierten Abschluss, der als Entscheidungsgrundlage für potentielle oder bestehende Investoren dient, vor allem die Zukunftsaussichten des Unternehmens von Bedeutung. Die Perspektive des IFRS/IAS-Abschlusses ist mithin eher zukunftsausgerichtet. Eine weitere Divergenz ergibt sich bezüglich des Adressatenkreises. Während sich die IFRS/IAS-Vorschriften auf kapitalmarktorientierte, konzernverbundene Kapitalgesellschaften konzentrieren, ist das Steuerbilanzrecht als ein Masseneingriffsrecht für einen breiten Adressatenkreis verfasst.[268]

III. Zielsetzung eines eigenständigen Steuerbilanzrechts

Ein eigenständiges Bilanzsteuerrecht dient ausschließlich dem Zweck der Ermittlung einer Steuerbemessungsgrundlage. Diese ist so aufzubauen, dass sie den oben abgeleiteten fundamentalen steuerrechtlichen und ökonomischen Grundsätzen genügt, d.h. sie muss insbesondere eine gleichmäßige und objektivierbare Messung der wirtschaftlichen Leistungsfähigkeit von Unternehmen unterschiedlicher Größe und Rechtsform unter Beachtung von Praktikabilitätsgesichtspunkten gewährleisten. Adressat eines eigenständigen Steuerbilanzrechts ist einzig der Fiskus. Eine Fokussierung auf etwaige Kapitalgeber scheidet mithin aus.[269]

---

267 Vgl. Herzig, IAS/IFRS und steuerliche Gewinnermittlung, 2004, S. 36.

268 Vgl. Herzig, IAS/IFRS und steuerliche Gewinnermittlung, 2004, S. 36.

269 Vgl. Herzig, IAS/IFRS und steuerliche Gewinnermittlung, 2004, S. 37.

2. Kapitel: Zentrale Grundsätze der Rechnungslegung

Obgleich für die IFRS/IAS-Bilanz ausschließlich die einzelnen Standards maßgebend sind, finden sich im Framework auch Vorschriften, die mittelbar Einfluss auf die Rechnungslegung nehmen. Die Aufgabe des Frameworks ist dahingehend zu verstehen, dass es dem IFRS/IAS-Rechnungslegungssystem als Auslegungs- und Orientierungshilfe dient; gegen einzelne Standards kann unter Berufung auf das Framework gem. F.2 mithin nicht verstoßen werden. Das Framework dient daher lediglich der Darlegung der Rechnungslegungskonzeption, die zur Erarbeitung neuer und zur Auslegung bereits existierender Standards herangezogen wird. Ausgehend von der Zielsetzung der Rechnungslegung ist die Rechnungslegungskonzeption des Frameworks über ein hierarchisch strukturiertes Grundsatzsystem aufgebaut,[270] das sich im Wesentlichen in Basisgrundsätze (Underlying Assumptions) und Qualitätsgrundsätze (Qualitative Characteristics of Financial Statements) unterteilt. Inhaltlich bestimmt werden die Basisgrundsätze gem. F.23 durch den Grundsatz der Unternehmensfortführung (Going Concern) und gem. F. 22 durch den Grundsatz der periodengerechten Erfolgsabgrenzung (Accrual Basis). Mit den Qualitätsgrundsätzen (F.24 – F.42) werden Anforderungen an die Qualität der Bereitstellung von Abschlussinformationen formuliert, die noch durch weitere Anforderungen an die Aufbereitung relevanter und verlässlicher Informationen flankiert werden (F.43 – F.46). Trotz der Existenz des Frameworks und des Anspruchs, die IFRS/IAS-Rechnungslegungskonzeption darzulegen, finden sich dennoch weitere gewichtige Grundsätze verstreut über die einzelnen Standards. Hinzu kommt, dass im geltenden IFRS/IAS-Regelungswerk Inkonsistenzen zwischen Framework und Standards sowie innerhalb der Standards selbst vorzufinden sind.[271] So weist auch der IASB im F.3 selbst auf diese Konflikte hin und unterstreicht seine Absicht, die Zahl der Konfliktpunkte zwischen diesem Rahmenkonzept und den einzelnen Standards mit der Zeit verringern zu wollen.[272] Hinsichtlich ihres materiellen Gehalts ist der wesentliche Teil der im Framework genannten Rechnungslegungsprinzipien aus dem deutschen Bilanzrecht bekannt und stimmt dem Grunde nach mit den oben dargelegten allgemeinen Gewinnermittlungsgrundsätzen überein,[273] wobei sich teilweise allerdings Unterschiede in der Gewichtung einzelner Grundsätze ergeben. Einer genaueren Untersuchung werden daher lediglich Rechnungslegungsgrundsätze unterzogen, die von zentraler Bedeutung für das weitere Vorgehen im Rahmen der Bilanzierung von Finanzinstrumenten sind. Insbesondere soll auf das Spannungsfeld zwischen Periodisierungs- und Objektivierungsanforderungen näher eingegangen werden.

---

270 Vgl. Baetge/Zülch in: HDJ, I/2 Rn. 201.

271 Vgl. Lüdenbach/Hoffmann in: Lüdenbach/Hoffmann, IAS/IFRS, 3. Auflage 2005, § 1 Rn. 35.

272 Der IASB hat daher auch im Juli 2006 ein erstes Diskussionspapier veröffentlicht, das eine Anpassung des Frameworks an die einzelnen Standards zum Ziel hat; vgl. IASB vom Juli 2006, Preliminary Views on an improved Conceptual Framework for Financial Reporting, S. 1 ff.

273 Vgl. ausführlich zum Vergleich allgemeiner Rechnungslegungsgrundsätze nach IFRS/IAS und den GoB Herzig, IAS/IFRS und steuerliche Gewinnermittlung, 2004, S. 40.

I. Periodisierungsregeln

Gem. F. 22 liegt der IFRS/IAS-Rechnungslegung das Konzept der periodengerechten Erfolgsabgrenzung (Accrual Basis) zu Grunde,[274] das dem Bilanzleser nicht nur Informationen über vergangene Geschäftsvorfälle einschließlich geleisteter und erhaltener Zahlungen, sondern auch über künftige Zahlungsverpflichtungen oder -zuflüsse vermittelt. Auch steuerlich kann, wie oben herausgearbeitet, auf das Konzept der periodengerechten Erfolgsermittlung Bezug genommen werden, so dass in diesem Punkt grundsätzlich Übereinstimmung zwischen den Rechenwerken vorliegt. Es liegt auch dahingehend Übereinstimmung mit den IFRS/IAS vor, dass das steuerliche Gebot der Systemkonsequenz und inneren Folgerichtigkeit es erfordert,[275] dass die steuerliche Gewinnermittlung durch Betriebsvermögensvergleich nicht durch eine partielle Orientierung an den tatsächlichen Zahlungsflüssen beeinträchtig wird. Der Gewinn ist jeweils konsequent periodengerecht zu erfassen;[276] sowohl nach den IFRS/IAS als auch im Steuerrecht sind Geschäftsvorfälle und sonstige betriebliche Ereignisse grundsätzlich unabhängig von ihrer Zahlungswirksamkeit zum Zeitpunkt ihrer wirtschaftlichen Verwirklichung abzubilden und im Abschluss der Periode auszuweisen, der sie zuzurechnen sind. Konkretisiert wird das Konzept der periodengerechten Erfolgsermittlung durch die Grundprinzipien zur Gewinn- und Verlustberücksichtigung, dem Realisationsprinzip, dem Matching Principle und dem Imparitätsprinzip.[277]

1. Realisationsprinzip und Matching Principle

Realisationsprinzip und Matching Principle geben vor, zu welchem Zeitpunkt ein Gewinn als Saldo zwischen Ertrag und Aufwand als realisiert gilt und damit im Jahresabschluss auszuweisen ist. Ihnen kommt auf Grund des zeitlichen Anfalls des Gewinns aus einem Geschäftsvorfall mithin eine zentrale Stellung im Bilanzrecht zu. Mit der Festlegung des Realisationszeitpunkts als Zeitpunkt, zu dem der Gewinn erfolgswirksam auszuweisen ist, kommt ihnen insofern auch als Aktivierungs- bzw. Passivierungsnorm eine entscheidende Bedeutung zu.

1.1. Realisationsprinzip und Matching Principle nach IFRS/IAS

Ausgehend vom IFRS/IAS-Framework, das auf den Grundsatz der periodengerechten Erfolgsermittlung verweist, finden sich konkrete Vorschriften zur Realisation von Erträgen und

---

274 Auch IAS 1.25 verweist nochmal darauf, dass ein Unternehmen seinen Abschluss nach dem Konzept der Periodenabgrenzung aufzustellen hat.

275 Vgl. Schön, Grundgesetz, StuW 1995, S. 370 f. m.w.N.

276 Vgl. Hennrichs, Maßgeblichkeit, DStJG 2001, S. 313.

277 Vgl. Herzig, IAS/IFRS und steuerliche Gewinnermittlung, 2004, S. 41.

Aufwendungen lediglich in unterschiedlichen, nicht miteinander verknüpften Standards. Als Folge dieser Zergliederung weisen die IASB-Vorschriften kein übergeordnetes Realisationsprinzip in der Form einer Generalklausel, wie im deutschen Handels- und Steuerbilanzrecht verwirkicht, aus. Dennoch verzichtet das Framework nicht darauf, dem Bilanzierenden eine Ertrags- und Aufwandsdefinition mit auf den Weg zu geben; so werden gem. F. 69 ff. Ertrags- und Aufwandsposten näher umschrieben.[278]

1.1.1. Ertragserfassung

Konzeptionell stellt die IFRS/IAS-Bilanz auf einen Asset-Liability-Approach ab, wonach der IFRS/IAS-Bilanzierung die Funktion zukommt, die Vermögens- und Schuldenlage des Unternehmens auszuweisen. Es handelt sich bei den Bilanzposten mithin nicht lediglich um Abgrenzungsposten im Sinne eines Revenue-Expense-Approachs.[279] Gem. F.92 sind Erträge grundsätzlich dann zu erfassen, wenn es zu einer Zunahme des künftigen Nutzens infolge der Zunahme bei einem Asset oder der Abnahme einer Liability gekommen ist, die verlässlich ermittelt werden kann.[280] So kann eine Nutzenzunahme nicht nur durch Vermögenszuflüsse, sondern auch durch Wertveränderungen am ruhenden Vermögen eintreten.[281] F. 76 weist beispielsweise darauf hin, dass im Bereich der Bilanzierung langfristiger Vermögenswerte Erträge aus unrealisierten Vermögenszuwächsen resultieren können. Hieraus folgt, dass nicht nur durch Umsatzakt realisierte, sondern grundsätzlich auch reine Wertsteigerungen und somit auch realisierbare Gewinne Eingang in den IFRS/IAS-Jahresabschluss finden. Unter dem Gesichtspunkt der Verlässlichkeit wird hierfür jedoch gefordert, dass zumindest ein Marktwert am Bilanzstichtag vorhanden ist bzw. abgeleitet werden kann.

Wie oben bereits festgestellt, wird der konkrete Ertragserfassungszeitpunkt einzelner Geschäftsvorfälle nicht im Framework, sondern in den einzelnen Standards festgelegt. Vor allem im IAS 18 (Lieferungen, Leistungen), IAS 11 (Auftragsfertigung) sowie in IAS 39 (Finanzinstrumente) finden sich hierzu Vorschriften. Drei Zeitpunkte der Ertragserfassung lassen sich bei Betrachtung dieser Vorschriften im IFRS/IAS-Jahresabschluss identifizieren:

- Umsatzakt (Regelfall)
- dem Umsatzakt vorgelagert
- dem Umsatzakt nachgelagert

278 Vgl. Baetge/Zülch in: HDJ, I/2 Rn. 216.

279 Vgl. hierzu ausführlich Herzig, IAS/IFRS und steuerliche Gewinnermittlung, 2004, S. 42.

280 Das bedeutet, dass mit der Erfassung von Erträgen gleichzeitig die Erfassung einer Zunahme bei den Assets oder einer Abnahme bei den Liabilties verbunden ist.

281 Vgl. Heuser/Theile, IAS Handbuch, 2. Auflage 2005, S. 89 Rn. 198.

Die Ertragserfassung zum Zeitpunkt des Umsatzaktes stellt in den IFRS/IAS-Einzelstandards den Regelfall dar. Sie gilt für den Verkauf von Waren und Erzeugnissen sowie für die Erfassung von Zinserträgen. Zu einer dem Umsatzakt vorgelagerten Ertragserfassung kann es nach IFRS/IAS allerdings im Rahmen von Dienstleistungsgeschäften und Auftragsfertigung sowie bei den im Folgenden genauer zu untersuchenden Finanzinstrumenten kommen. Auch ist nach IFRS/IAS-Vorschriften eine dem Umsatzakt nachgelagerte Ertragserfassung nicht ausgeschlossen. Dies gilt beispielsweise für Einzelfälle, bei denen zum Umsatzzeitpunkt die Erlöshöhe noch nicht verlässlich bestimmbar oder der künftige Zufluss nicht hinreichend wahrscheinlich ist. Auch kann es bei Tauschgeschäften gem. IAS 16 sowie im Rahmen des Finanzierungsleasings gem. IAS 17 zu einer dem Umsatzzeitpunkt nachgelagerten Ertragswirksamkeit kommen.[282]

1.1.2. Aufwandszuordnung

Die Erfassung von Aufwendungen in einem IFRS/IAS-Abschluss basiert auf dem Grundsatz der sachlichen Abgrenzung (Matching Principle).[283] Demnach sind Aufwendungen, die in einem unmittelbaren und sachlichen Zusammenhang zu den realisierbaren Erträgen stehen, dem Zeitraum zuzuordnen, dem auch die korrespondierenden Erträge zugeordnet werden („Aufwand folgt regelmäßig dem Ertrag"). So müssen bspw. Ausgaben grundsätzlich aktiviert werden, wenn sie Nutzen erst in einer künftigen Periode erzeugen, d.h. es liegt eine enge Verknüpfung zwischen Aufwands- und Ertragsperiodisierung vor. Als Beispiel lässt sich in diesem Zusammenhang die Aktivierung von Entwicklungskosten gem. IAS 38 anführen, die das deutsche Handels- und Steuerbilanzrecht in diesem Sinne nicht kennt. Voraussetzung einer Bilanzierung ist allerdings, dass keine Posten in der Bilanz angesetzt werden dürfen, die gem. dem Asset-Liability-Approach den Ansatzkriterien eines Assets bzw. einer Liability nicht genügen.[284] Sofern Aufwendungen ihren Erträgen nur grob oder indirekt zugeordnet werden können, sind sie gem. F. 96 mit systematischen und wirtschaftlich sinnvollen Methoden den Erträgen zuzurechnen. Als Beispiel kann hier die planmäßige Abschreibung angeführt werden, die Aufwendungen den Perioden zuordnet, in denen der mit diesen Sachverhalten verbundene wirtschaftliche Nutzen verbraucht ist.

---

282 Vgl. hierzu ausführlich Herzig, IAS/IFRS und steuerliche Gewinnermittlung, 2004, S. 42 ff.

283 Vgl. Lutz in: HDJ, I/4 Rn. 147 f.

284 So sind z.B. Entwicklungskosten für den Entwurf oder die Konstruktion eines Modells oder Prototyps unter bestimmten weiteren Voraussetzungen zu aktivieren, da ihnen im Allgemeinen ein konkreter künftiger Nutzen gegenübersteht. Dagegen besteht für allgemeine Forschungsausgaben des Unternehmens eine solche konkrete Zugehörigkeit nicht, so dass diese Ausgaben sofort gewinnmindernd zu erfassen sind; vgl. Baetge/Zülch in: HDJ, I/2 Rn. 220; Herzig, IAS/IFRS und steuerliche Gewinnermittlung, 2004, S. 45.

1.2. Vergleich von IFRS/IAS und Steuerrecht

Das IFRS/IAS Realisationsprinzip ist konzeptionell vergleichbar mit dem steuerlichen Realisationsprinzip nach § 252 Abs. 1 Nr. 4 Satz 2 HGB i.V.m. § 5 Abs. 1 EStG. Neben der Ertragserfassung bestimmt sich steuerlich auch die Aufwandsabgrenzung der Sache und der Zeit nach entsprechend dem Realisationsprinzip gem. § 252 HGB. Inhaltlich sind zwischen dem IFRS/IAS-Ansatz und der Steuerbilanz sowohl Gemeinsamkeiten als auch Unterschiede festzustellen, die zu einer abweichenden zeitlichen Erfassung von Erträgen und Aufwendungen in beiden Rechenwerken führen können.

1.2.1. Zeitliche Erfassung des Ertrags

Die zeitliche Erfassung von Erträgen leitet sich steuerlich aus dem Realisationsprinzip i.S. des § 252 Abs. 1 Nr. 4 Satz 2 HGB i.V.m. § 5 Abs. 1 EStG ab. Gewinne sind demnach nur zu berücksichtigen, wenn sie am Abschlussstichtag realisiert sind. Gewinne müssen insofern bereits realisiert sein, um steuerlich erfasst werden zu dürfen; nicht realisierte Gewinne dürfen nicht ausgewiesen werden.[285] Realisation in diesem Sinne meint, dass ein Umsatzakt am Markt stattgefunden haben muss, so dass ein Ertrag als hinreichend sicher erwirtschaftet gilt.[286] Zeitpunkt des Marktumsatzes ist grundsätzlich der Zeitpunkt der Leistungsbewirkung,[287] der sich regelmäßig in dem Übergang der Preisgefahr konkretisiert,[288] so dass der Unternehmer nunmehr eine Forderung geltend machen kann.[289] Bereits der RFH hielt eine Erfolgsrealisation vor der Lieferung nicht für vertretbar.[290] Diesen Grundsatz hat der BFH entsprechend beibehalten; er bindet die Gewinnrealisation an einen so gut wie vollständigen Risikoabbau. Realisiert ist der Gewinn nach Ansicht des BFH erst dann, wenn der Gewinn dem Grunde nach *so gut wie sicher* erscheint.[291] Das Prinzip der Vorsicht gebietet es mithin, dass schwebende Geschäfte[292] als bilanzunwirksam zu behandeln sind.[293] Auch eine bloße

285 Vgl. BFH vom 27.6.2001, I R 45/97, BFH/NV 2001, S. 1334.

286 Vgl. BFH vom 14.12.1988, I R 44/83, BStBl. II 1989, S. 323.

287 Vgl. Janke, Vermögensgegenstand, StuW 1994, S. 215 f.; Knobbe-Keuk, Bilanzsteuerrecht, 8. Auflage 1991, S. 223; Leffson, GoB, 1987, S. 262 ff.; Siegel, Realisationsprinzip, BFuP 1994, S. 3. Entscheidende Bedeutung für den Ausweis in der Bilanz kommt dem Zeitpunkt der Vertragserfüllung des einen Vertragsteils in Verbindung mit der Abnahme von dessen Leistung durch den anderen Vertragsteil zu.

288 Vgl. Hense/Geißler in: Beck Bil Kom, 5. Auflage 2003, § 252 Rn. 45 ff.; Knobbe-Keuk, Bilanzsteuerrecht, 8. Auflage 1991, S. 223; Woerner, Schwebende Geschäfte, BB 1988, S. 774.

289 Vgl. Lang in: Tipke/Lang, Steuerrecht, 18. Auflage 2005, § 17 Rn. 68.

290 Vgl. RFH vom 22.10.1931, VI A 935, StuW 1932, S. 16.

291 Vgl. BFH vom 17.1.1963, IV 335/59 S, BStBl. III 1963, S. 257; BFH vom 11.12.1985, I B 49/85, BFH/NV 1986, S. 595; BFH vom 25.2.1986, VIII R 134/80, BStBl. II 1986, S. 788; BFH vom 27.6.2001, I R 45/97, BFH/NV 2001, S. 1334.

292 Bei schwebenden Geschäften handelt es sich um zweiseitige verpflichtende Verträge, bei denen die Sach- oder Dienstleistungspflicht noch nicht erfüllt wurde und somit eine Gleichwertigkeit zwischen Ansprüchen und Verpflichtungen angenommen wird. Entscheidend für die Existenz eines schwebenden Geschäftes ist insofern die Verknüpfung einer beiderseitigen Leistungspflicht der Vertragspartner. Vgl. zur Bilanzunwirksamkeit schwebender Geschäfte BFH vom 24.8.1983, I R 142/81, BStBl. II 1983, S. 369; BFH vom

Wertsteigerung am ruhenden Vermögen wird nicht erfasst, so dass sich der Steuerzugriff nur auf liquides Einkommen beschränkt.[294] Im Vergleich mit den IFRS/IAS lässt sich daher feststellen, dass der steuerliche Realisationszeitpunkt mit dem IFRS/IAS-Regelfall der Ertragserfassung übereinstimmt.

Trotz dieser Gemeinsamkeit ist auf die Zweckdivergenz zwischen den beiden Rechenwerken und den daraus resultierenden unterschiedlichen Realisationszeitpunkten hinzuweisen. Das sich aus dem handelsbilanziellen Kapitalerhaltungsgrundsatz ergebende Gebot einer vorsichtigen Gewinnermittlung verbietet den Ausweis unsicherer, nicht ausschüttungsfähiger Gewinne.[295] Um zu erreichen, dass sich Beschaffungsvorgänge erfolgsneutral auswirken,[296] ergibt sich als handels- und steuerbilanzielles Grundgerüst der periodisierten Gewinnermittlung das sog. Anschaffungswertprinzip (§ 6 Abs. 1 Nr. 1 und 2 EStG), nach dem bilanzierte Wirtschaftsgüter vor Marktrealisation höchstens zu den (fortgeführten) Anschaffungs- / Herstellungskosten zu bewerten sind. Das IFRS/IAS-Realisationsprinzip ist dagegen nicht vor dem Hintergrund eines etwaigen Vorsichtsprinzips, sondern primär aus dem Grundsatz der periodengerechten Gewinnermittlung im Sinne einer Informationsbilanz zu betrachten.[297] So ist es möglich, dass nach den IFRS/IAS anders als im Handels- und Steuerbilanzrecht auch eine dem Umsatzakt vorgelagerte Ertragserfassung zulässig ist. Deutlich wird dies bei der Bilanzierung von Finanzinstrumenten. Gem. IAS 39.9 i.V.m. IAS 39.46 kann unter bestimmten Voraussetzungen eine Wertveränderung am ruhenden Vermögen ertragswirksam erfasst werden, wenn ein Finanzinstrument zu Handelszwecken gehalten wird. Im Falle einer Neubewertung zum Fair Value liegt dann, anders als im Steuerbilanzrecht möglich, eine vorgezogene Ertragserfassung vor.

16.11.1982, VIII R 95/81, BStBl. II 1983, S. 361; BFH vom 19.7.1983, VIII R 160/79, BStBl. II 1984, S. 56; BFH vom 25.1.1984, I R 7/80, BStBl. II 1984, S. 344; ADS, 6. Auflage, § 249 HGB Rn. 135; Bertsch/Kärcher in: Handbuch Derivativer Instrumente, Derivate, 1999, S. 740; Döllerer, Bilanzierung, BB 1974, S. 1541; ders. Aktivierungswelle, BB 1980, S. 1333 ff.; Gebhardt, Finanzinstrumente, BFuP 1996, S. 565; Göttgens/Prahl, Bilanzierung, WPg 1993, S. 505; Hommel in: Baetge/Kirsch/Thiele, § 249, Rn. 107 ff.; Herzig/Köster in: HDJ, III/5, Rn. 239 ff.; Knobbe-Keuk, Bilanzsteuerrecht, 8. Auflage 1991, S. § 4 VII 1; Kuhner in: Baetge/Kirsch/Thiele, § 246, Rn. 831; Leffson, GoB, 1987, S. 260 ff.; Mayer-Wegelin in: HdR, 5. Auflage § 249, Rn. 63 ff.; Woerner, Schwebende Geschäfte, FR 1984, S. 490.

293 Der Unternehmer hat zwar mit Abschluss des Vertrags einen Abnehmer für seine Leistung oder Lieferung am Markt gefunden und auch die Höhe des Entgelts steht in der Regel bereits fest. Dennoch besteht ausgehend von den realwirtschaftlichen Sachverhalten das Risiko, dass nicht oder nicht zum vereinbarten Zeitpunkt geliefert werden kann, so dass nicht davon ausgegangen werden kann, dass ein Gewinn bereits bei Vertragsschluss als realisiert gelten kann; vgl. Knobbe-Keuk, Bilanzsteuerrecht, 8. Auflage 1991, S. 223.

294 Vgl. Lang in: Tipke/Lang, Steuerrecht, 18. Auflage 2005, § 17 Rn. 203.

295 Vgl. zum Realisationsprinzip auch die Ausführungen zum Kapitalerhaltungsgrundsatz auf S. 9 f.; vgl. auch beispielsweise BFH vom 27.6.2001, I R 45/97, BFH/NV 2001, S. 1334.

296 Vgl. zur Erfolgsneutralität des Beschaffungsvorgangs BFH vom 27.6.2001, I R 45/97, BFH/NV 2001, S. 1334.

297 Vgl. Herzig, IAS/IFRS und steuerliche Gewinnermittlung, 2004, S. 44.

1.2.2. Aufwandszuordnung

Da das steuer- und handelsbilanzielle Realisationsprinzip systematisch aus dem Vorsichtsprinzip abgeleitet wird, ist es lt. BFH-Rechtsprechung lediglich auf die Nichterfassung nicht realisierter Erträge gerichtet und begrenzt.[298] Nach Ansicht der Rechtsprechung des BFH lässt sich entgegen Stimmen in der Literatur keine zusätzliche Abgrenzungsfunktion für Aufwendungen aus dem Wortlaut des § 252 Abs. 1 Nr. 4 Satz 2 HGB entnehmen.[299] Es gibt nach Meinung des BFH keinen handelsrechtlichen Grundsatz ordnungsmäßiger Bilanzierung, der es gebietet, Einnahmen in eine spätere Zeit zu verlagern, in welcher die Ausgaben anfallen, noch einen solchen, der fordert, Ausgaben in das Jahr zu verlagern, in welchem die Einnahmen zufließen, aus denen die Ausgaben gedeckt werden sollen.[300] Diese Feststellung steht nicht im Widerspruch zur erfolgsneutralen Behandlung leistungsbezogener Ausgaben, die sich zu einem Vermögensvorteil zusammenfügen, der als realisierbarer Vermögenswert angesehen werden kann.[301] Zwar werden im Falle von abnutzbaren Wirtschaftsgütern die entsprechenden Ausgaben erst in späteren Perioden zu Aufwand, so dass leistungsbezogene Ausgaben dahingehend sachlich abgegrenzt werden, dass sie dem Grunde nach einer späteren Periode zugerechnet werden, in der entsprechend auch Erträge erwirtschaftet werden; bei nicht abnutzbaren Wirtschaftsgütern entfällt hingegen eine derartige Zuordnung. Die Erfolgsneutralisation von Ausgaben basiert vielmehr auf der Systematik des Betriebsvermögensvergleichs, der eine stichtagbezogene Vermögensübersicht zu (fortgeführten) Anschaffungskosten fordert. Die hieraus resultierende Bilanzierung von realisierbaren Vermögensvorteilen hat sich dabei am Grundsatz der Einzelbewertung zu orientieren, der objektivierungsbedingt auf der Aktivseite der Bilanz stets ein nachprüfbares Mengengerüst fordert.[302] Nach ständiger Rechtsprechung des BFH sind Ausgaben mithin nur dann zu aktivieren, wenn sie die Voraussetzungen des Wirtschaftsgutbegriffs erfüllen.[303] Das Realisationsprinzip im deutschen Handels- und Steuerbilanzrecht ist insofern vermögensorientiert zu interpretieren.[304]

---

298 Vgl. BFH vom 27.6.2001, I R 45/97, BFH/NV 2001, S. 1334 m.w.N.

299 Der BFH lehnt einen allgemeinen Rechtsgrundsatz des Inhalts, dass Aufwendungen den Erträgen zuzuordnen sind, durch die sie wirtschaftlich veranlasst sind, ausdrücklich ab; vgl. BFH vom 27.6.2001, I R 45/97, BFH/NV 2001, S. 1334; gl.A. Knobbe-Keuk, Bilanzsteuerrecht, 8. Auflage 1991, S. 41 ff.; Lutz in: HDJ, I/4 Rn. 9; Siegel, Realisationsprinzip, BFuP 1994, S. 1; a.A. Herzig, Umweltschutz, DB 1990, S. 1344; ders. IAS/IFRS und steuerliche Gewinnermittlung, 2004, S. 47; Groh, Aufwandsrückstellung, BB 1989, S. 1586; Janke, Vermögensgegenstand, StuW 1994, S. 214 ff.; Moxter in: FS Havermann, Matching Principle, 1995, S. 496; ders., Realisationsprinzip, BB 1984, S. 1784; Weber-Grellet in: Schmidt, EStG, 25. Auflage 2006, § 5 Rn. 78 ff.

300 Vgl. BFH vom 19.6.1973, I R 206/71, BStBl. II 1973, S. 774; Vgl. BFH vom 4.5.1977, I R 27/74, BStBl. II 1977, S. 802; BFH vom 12.12.1991, IV R 28/91, BStBl. II 1992, S. 715; BFH vom 27.6.2001, I R 45/97, BFH/NV 2001, S. 1334.

301 Vgl. BFH vom 9.7.1986, I R 218/82, BStBl. II 1987, S. 14; BFH vom 6.12.1990, IV R 3/89, BStBl. II 1991, S. 346.

302 Vgl. Groh, Bilanztheorie, StbJb. 1979, S. 129; Moxter in: FS Havermann, Matching Principle, 1995, S. 495; Janke, Vermögensgegenstand, StuW 1994, S. 216.

303 Vgl. beispielhaft statt vieler BFH vom 6.12.1990, IV R 3/89, BStBl. II 1991, S. 346; BFH vom 19.6.1997, IV R 16/95, BStBl. II 1997, S. 808; BFH vom 16.12.1998, GrS 2/99, BStBl. II 2000, S. 632. Schon der

Angesichts des Asset-Liability-Approachs der IFRS/IAS-Bilanzierung findet sich der Grundsatz der Vermögensorientierung der Bilanzierung sowohl im Handels- und Steuerbilanzrecht als auch in der IFRS/IAS-Bilanzierung wieder. Indes ist festzustellen, dass im geltenden Bilanzsteuerrecht im Vergleich zu den IFRS/IAS dem Gedanken der Vermögensorientierung ein höheres Gewicht beigemessen wird, da im Spannungsfeld von Periodisierung und Objektivierung das Realisationsprinzip stärker durch Objektivierungsgrundsätze geprägt wird. Die IFRS/IAS sehen mithin eine tiefere Verknüpfung von Aufwands- und Ertragserfassung vor; das Realisationsprinzip und das damit verbundene Matching Principle werden allein aus der periodengerechten Gewinnermittlung abgeleitet. Ein Kapitalerhaltungsgrundsatz, der in Form des Vorsichtsprinzips eine Aufwands- und Ertragszuordnung nicht vorsieht, findet sich dergestalt in der IFRS/IAS-Bilanz nicht.[305]

1.3. Beurteilung einer Übernahme der IFRS/IAS-Wertungen

Im geltenden Bilanzrecht ist das Realisationsprinzip als Bestandteil des Vorsichtsprinzips Ausdruck des Kapitalerhaltungsgrundsatzes im Sinne des Schutzes der Gläubiger. In einem eigenständigen Steuerbilanzrecht kommt dem Gläubigerschutzgedanken hingegen keine Bedeutung mehr zu, aus steuerlicher Sicht gilt es einen möglichst sicheren, der Höhe nach feststehenden Gewinn zu ermitteln. Dem Grunde nach bedeutet dies zwar auch, dass der Gewinn vorsichtig zu ermitteln ist, fraglich ist jedoch, ob der steuerlich vorsichtig zu ermittelnde Gewinn ähnlich vorsichtig wie unter dem Postulat des Gläubigerschutzgrundsatzes zu ermitteln ist, oder ob nicht hinsichtlich des Realisationsprinzips dahingehend Interpretationsspielraum besteht, dass Elemente der IFRS/IAS-Periodenabgrenzung über das steuerlich bisher bekannte Maß hinaus für die Steuerbilanz an Bedeutung gewinnen können.

Als sachgemäßer Realisationszeitpunkt eines eigenständigen Steuerbilanzrechts wurde bereits im Zusammenhang mit den systemtragenden Prinzipien der Zeitpunkt der Leistungserbringung identifiziert. Die Besteuerung eines Gewinns wird in einem eigenständigen Steuerbilanzrecht demnach dann als zulässig erachtet, wenn dieser durch eine am Markt durchgeführte Transaktion realisiert wurde.[306] Schwebende Geschäfte sind demnach in der Steuerbilanz weder auf der Aktiv- noch auf der Passivseite abzubilden; es wird auch weiterhin wie im geltenden Steuerbilanzrecht unterstellt, dass sich die Rechte und die Pflichten aus dem Geschäft auf Grund der Ungewissheit des wirtschaftlichen Erfolgs gegenseitig neutralisieren.[307]

RFH betonte, es solle nicht die Ausgabe als solche aktiviert werden, sondern das für sie Erlangte; vgl. RFH vom 21.9.1927, VI A 383, StuW 1927, S. 803.

304 Vgl. Herzig, IAS/IFRS und steuerliche Gewinnermittlung, 2004, S. 48 f.

305 Vgl. Herzig, IAS/IFRS und steuerliche Gewinnermittlung, 2004, S. 48.

306 Vgl. das Kapitel zu den systemtragenden Prinzipien, S. 41 ff.

307 Gl.A. gem. § 10 StGEG Stiftung Marktwirtschaft, Gesetz zur Steuerlichen Gewinnermittlung (StGEG), 2006, S. 7 u. S. 43.

Des Weiteren bleibt festzustellen, dass die Besteuerung von Gewinnen, die nicht durch tatsächlich am Markt stattgefundene Transaktionen realisiert wurden, dazu führen würde, dass der Unternehmer zur Marktrealisation gezwungen wird, um mit der dadurch erzielten Liquidität die Steuerschuld begleichen zu können. Zwar greifen die IFRS/IAS-Einzelstandards im Regelfall auch auf die Ertragserfassung zum Zeitpunkt des Umsatzaktes zurück, da die IFRS/IAS aber für bestimmte Sachverhalte auch eine vorgelagerte Ertragserfassung durch eine bloße Wertveränderung am ruhenden Vermögen als zulässig erachten, kann es auf Grund der IFRS/IAS-Kasuistik im Einzelfall zu steuerlich nicht umsetzbaren Ergebnissen kommen. Auch wenn im Weiteren auf Bewertungsfragen nicht dezidiert eingegangen wird, sei an dieser Stelle erwähnt, dass es unter Informationsaspekten sicherlich als zweckmäßig anzusehen ist, dass beispielsweise zum Handel gehaltene Wertpapiere mit ihrem Fair Value in der Bilanz ertragswirksam abgebildet werden.[308] Steuerlich wäre ein solches Vorgehen allerdings nicht zielführend, zumal eine spätere Besteuerung stiller Reserven bei Marktrealisation sichergestellt ist.[309] Zudem ist steuerlich eine Konzeption, die bezogen auf einzelne Bilanzpositionen hinsichtlich des Erfolgsausweises zwischen realisierten und realisierbaren Gewinnen unterscheidet, betreffs der Vergleichbarkeit der Gewinnermittlung abzulehnen. Eine Gleichbehandlung der Steuerpflichtigen kann nur gewährleistet werden, sofern alle Bilanzpositionen demselben Realisationsprinzip unterliegen.

Auch beim Matching Principle ist zu prüfen, ob die enge IFRS/IAS-Verbindung von Aufwands- und Ertragserfassung steuerlich tragfähig ist. Steuerlich gebietet die periodengerechte Gewinnermittlung zwar die Zuordnung leistungsbezogener Aufwendungen zu den entsprechenden Erträgen, objektivierungsbedingt sollte allerdings zur Vermeidung von Selbsteinsteuerungsmöglichkeiten des Steuerpflichtigen auch weiterhin grundsätzlich an der Vermögensorientierung der Gewinnermittlung festgehalten werden, da eine sachgerechte und verlässliche Aufwandszurechnung oft nicht eindeutig möglich ist. Den Bilanzierenden würden sich faktische Wahlmöglichkeiten eröffnen,[310] die im Hinblick auf die geforderte Objektivierbarkeit und Vergleichbarkeit der Gewinnermittlung zu vermeiden sind. In Verbindung mit dem Einzelbewertungsgrundsatz sollte aus Objektivierungsgesichtspunkten deshalb grundsätzlich an einer Vermögensorientierung des Realisationsprinzips mit dem daraus abgeleiteten Anschaffungswertprinzip festgehalten werden.[311]

---

308 Zwar ist der Geldwerdungsprozess von zu Handelszwecken gehaltenen Finanzinstrumenten bereits sehr weit vorangeschritten, so dass die notwendige Liquidität durch einen Veräußerungsvorgang problemlos beschafft werden könnte, im Unterschied zu einer Informationsbilanz hat der Ausweis einer Wertsteigerung allerdings dahingehend materielle Folgen, dass der Unternehmer gezwungen sein könnte, die Wertsteigerung auch tatsächlich zu realisieren.

309 Vgl. Herzig, IAS/IFRS und steuerliche Gewinnermittlung, 2004, S. 48 f.

310 Vgl. Groh, Bilanztheorie, StbJb. 1979, S. 129.

311 Vgl. Herzig, IAS/IFRS und steuerliche Gewinnermittlung, 2004, S. 49.

2. *Imparitätsprinzip*

Bilanziell nicht uninteressant ist zudem die Frage, ob zu antizipierende Risiken und Verluste anders zu behandeln sind als antizipierbare Chancen und Gewinne, d.h. ob sie schon vor ihrer Realisation zum Zeitpunkt ihrer Entstehung zu erfassen sind. In seiner Konsequenz würde dies zu einer ungleichen (imparitätischen) Behandlung von unrealisierten Gewinnen – die nach der hier vertretenen Auffassung noch nicht zu erfassen sind – und Verlusten führen.

2.1. *Imparitätsprinzip nach IFRS/IAS*

Die IFRS/IAS-Bilanz sieht im Rahmen ihrer Informationszwecksetzung generell keine unterschiedliche Behandlung von vorhersehbaren Gewinnen und Verlusten vor; von Bedeutung ist vielmehr, dass alle hinreichend konkretisierten Gewinne *und* Verluste Eingang in die Rechnungslegung finden. Dem Vorsichtsprinzip gem. F. 37 (Prudence) kommt vor dem Hintergrund der Informationsvermittlung keine übergeordnete Bedeutung zu.[312] Aus dem Grundsatz der Verlässlichkeit (Reliability) gem. F.31 heraus interpretiert, gebietet es, ein gewisses Maß an Sorgfalt bei der Ermessensausübung für Schätzungen unter Ungewissheit walten zu lassen, nicht jedoch eine grundsätzliche Ungleichbehandlung von Gewinnen und Verlusten. So sieht beispielsweise der IAS 39 im Bereich der Bilanzierung von Finanzinstrumenten grundsätzlich keine abweichende Behandlung von Risiken und Chancen vor.

2.2. *Vergleich von IFRS/IAS und Steuerrecht*

Im Interesse der Kapitalerhaltung werden in der Handelsbilanz gem. § 252 Abs. 1 Nr. 4 HGB künftige Rechnungsperioden von Risiken und Verlusten freigehalten, die am Bilanzstichtag zwar noch nicht realisiert, aber bereits verursacht sind. Risiken und Chancen werden somit imparitätisch behandelt, da Risiken stärker zu gewichten sind als Chancen.[313] Das aus dem Vorsichtsprinzip abgeleitete Imparitätsprinzip verlangt mithin, dass auch erwartete, noch nicht realisierte negative Erfolgsbeiträge zu antizipieren sind. Durch das steuerliche Verbot zur Bildung von Drohverlustrückstellungen gem. § 5 Abs. 4 a EStG sowie die Begrenzung der Teilwertabschreibungen auf Fälle von voraussichtlich dauernder Wertminderung gem. § 6 Abs. 1 Nr. 1 u. 2 EStG ist die Geltung des Imparitätsprinzips in der Steuerbilanz weitgehend begrenzt, so dass in der Steuerbilanz zwar anders als nach den IFRS/IAS das Imparitätsprinzip über die Maßgeblichkeit Geltung besitzt, auf Grund der Durchbrechungen es jedoch faktisch zu einer Gleichbehandlung von Risiken und Chancen kommt. Im Unterschied zu den IFRS/IAS finden im Steuerrecht allerdings nur realisierte Gewinne und Verluste Eingang in

---

312 Vgl. Heuser/Theile, IAS Handbuch, 2. Auflage 2005, S. 57 Rn. 129; Lüdenbach/Hoffmann in: Lüdenbach/Hoffmann, IAS/IFRS, 2. Auflage 2004, § 1 Rn. 26.

313 Vgl. Baetge, GoB, DB 1986, S. 13; Beisse in: FS Beusch, Gläubigerschutz, 1993, S. 85; Leffson, GoB, 1987, S. 340; Moxter, Grundsätze, 2003, S. 55.

die Bilanz, während nach den IFRS/IAS-Vorschriften hingegen ggf. auch realisierbare Gewinne und Verluste Berücksichtigung finden.

2.3. Beurteilung einer Übernahme der IFRS/IAS-Wertungen

Steuerlich ist das Imparitätsprinzip in einem eigenständigen Steuerbilanzrecht danach zu beurteilen, ob es zu einer eigentumsschonenden und objektivierbaren Messung der wirtschaftlichen Leistungsfähigkeit beiträgt. Da dem Kapitalerhaltungsgrundsatz für ein eigenständiges Steuerbilanzrecht keine Bedeutung mehr zukommt, kann das Imparitätsprinzip in diesem Sinne nicht mehr aus einem übergeordneten Vorsichtsprinzip abgeleitet werden. Der Grundsatz einer vorsichtigen Gewinnermittlung ist vielmehr vor dem Hintergrund der definierten systemtragenden und ökonomischen Prinzipien zu interpretieren. Es steht dabei insbesondere im Dienste des Vermögensschutzes; es hat dafür Sorge zu tragen, dass eine möglichst periodengerecht abgegrenzte, sichere Größe der Besteuerung unterworfen wird. In einem eigenständigen Steuerbilanzrecht kann es mithin als ein Unterprinzip des Grundsatzes einer eigentumsschonenden Besteuerung, die den Substanzwert eines Unternehmens unangetastet lässt, gesehen werden. Unsicherheiten müssten infolgedessen im Zweifel zugunsten des Steuerpflichtigen ausgelegt werden; die Gewinnermittlung ist so auszugestalten, dass möglichst sichere Größen erfasst werden, d.h. unsichere Gewinne dürften nicht berücksichtigt werden, während unsichere Verluste und Risiken mit Eintritt steuermindernd zu erfassen sind.[314] Insofern kann das Imparitätsprinzip in einem eigenständigen Steuerbilanzrecht als gerechtfertigt angesehen werden. Der Ansatz von Rückstellungen bzw. die Beachtung des Niederstwertprinzips/Höchstwertprinzips bei der Bewertung von Aktiva/Passiva sind insofern als notwendige Instrumentarien zur Sicherstellung der eigentumsschonenden Besteuerung zu beurteilen. Konzeptionell anders sieht dies hingegen in einer IFRS/IAS-Bilanz aus. Zu Informationszwecken ist eine imparitätische Behandlung von Gewinnen und Verlusten eher als unangemessen zu betrachten, Sinn und Zweck ist es vielmehr, eine möglichst umfassende Vermögensdarstellung zu gewährleisten. Dies schließt jedoch nicht aus, dass auch in der IFRS/IAS-Bilanz konkretisierte, realisierbare Verluste Berücksichtigung finden.[315]

II. Objektivierbarkeit durch Einzelbewertung und Saldierungsverbot

Das Steuerrecht als Eingriffsrecht steht ganz im Zeichen der Objektivierbarkeit. Die Ermittlung eines sicher entstandenen Gewinns gehört, wie dargelegt, zu den grundlegenden Anforderungen, die an ein Steuerbilanzrecht zu stellen sind. Ähnliches gilt für eine Informationsbilanz, die auch dem Grunde nach Objektivierungsanforderungen erfüllen muss. So müssen

---

314 Wirtschaftlich betrachtet stellen diese für das Unternehmen eine Last dar, die entsprechend in der Bilanz abzubilden ist.

315 Vgl. Herzig, IAS/IFRS und steuerliche Gewinnermittlung, 2004, S. 54 m.w.N.

Informationen des Unternehmens, die an den Kapitalmarkt gegeben werden, verlässlich und nachprüfbar sein. Daneben muss eine Informationsbilanz allerdings auch dem Anspruch genügen, im Rahmen der zielbezogenen Aussagekraft des Abschlusses dem Investor relevante Informationen zu vermitteln. Auf Grund der starken Gewichtung der Objektivierungsregeln in der Steuerbilanz wird die Beurteilung des Spannungsverhältnisses, einerseits zuverlässige und überprüfbare Informationen (Reliability) und andererseits dem Investor lediglich relevante Informationen bereitzustellen (Relevance), in einer informationsorientierten Rechnungslegung anders ausfallen, als dies in der Steuerbilanz der Fall sein kann. Materiell ist der Objektivierungsgedanke dahingehend zu hinterfragen, welche Vorgänge in der Bilanz als Aktiva und Passiva anzusetzen sind.[316]

1. Einzelbewertung und Saldierungsverbot nach IFRS/IAS

Gem. IAS 1.32 dürfen Vermögenswerte und Verbindlichkeiten sowie Erträge und Aufwendungen nicht miteinander verrechnet (saldiert) werden, soweit nicht die Saldierung durch einen anderen Standard zulässig ist. Als zulässige Saldierung wird gem. IAS 1.33 die Widerspiegelung des wirtschaftlichen Gehalts eines Geschäftsvorfalls angesehen. Sofern dies nicht vorliegt, würde eine Saldierung lediglich die Fähigkeiten der Adressaten vermindern, die wirtschaftliche Bedeutung der Geschäftsvorfälle abschätzen zu können. Nach IAS 32.42 kann ein derartiger Fall beispielsweise dann gegeben sein, wenn das Unternehmen einen Rechtsanspruch (einklagbares Recht) hat, die finanziellen Vermögenswerte und finanziellen Verbindlichkeiten gegeneinander aufzurechnen und es beabsichtigt, den Ausgleich auf Nettobasis herbeizuführen oder gleichzeitig mit der Verwertung des betreffenden Vermögenswerts die dazugehörige Verbindlichkeit ablöst.

Einen ausformulierten Einzelbewertungsgrundsatz enthält die IFRS/IAS-Rechnungslegung hingegen nicht. Ableiten lässt sich dieser Grundsatz allerdings aus dem Framework und den Bestimmungen einzelner Standards,[317] aus denen sich schlussfolgern lässt, dass Sachgesamtheiten grundsätzlich einzeln zu bilanzieren sind. So deutet beispielsweise die gem. F. 49 vorgegebene Differenzierung in Assets, Liabilities und Equity daraufhin, dass jede Bilanzierungseinheit einzeln zu erfassen ist. Da die IFRS/IAS jedoch keinen allgemeingültigen Einzelbewertungsgrundsatz bereithalten und der Grundsatz sich lediglich aus den einzelnen Standards induktiv ergibt, überrascht es dem Zweck der Bilanzierung folgend nicht, dass in den einzelnen Standards hiervon Abweichungen vorzufinden sind. So werden einerseits übergreifende Bewertungseinheiten zugelassen, die unter bestimmten Voraussetzungen zur Abbildung

---

316 Vgl. Herzig/Gellrich/Jensen-Nissen, Relevance, BFuP 2004, S. 557; Kuhner, Spannungsverhältnis, BFuP 2001, S. 532 ff.; Schreiber in: FS Fischer, Rechnungslegung, 1999, S. 893.

317 Vgl. Bohl in: Beck`sches IFRS-Handbuch, 2004, § 1 Rn. 65; Heuser/Theile, IAS Handbuch, 2. Auflage 2005, S. 74 Rn. 168; Wagenhofer, IAS/IFRS, 5. Auflage 2005, S. 124.

der tatsächlichen Verhältnisse als notwendig erachtet werden.[318] Gem. IAS 39.71 ff. sind Sicherungs- und Grundgeschäfte im Rahmen von Sicherungsbeziehungen nicht separat, sondern aufeinander abgestimmt zu bewerten. Andererseits legen die IAS 39.10 ff. fest, in welchen Fällen eingebettete Derivate von ihren Basisverträgen abzuspalten sind. Die IFRS/IAS verlassen sich insofern nicht auf einen abstrakten und interpretationsbedürftigen Einzelbewertungsgrundsatz, sondern benennen zweckorientiert die zu bilanzierenden Sachverhalte, so dass die Bilanzierung einer übergreifenden oder aufgespalteten Bilanzierungseinheit nicht als Durchbrechung des Einzelbewertungsgrundsatzes zu verstehen ist, sondern vielmehr einer informationsorientierten Darstellung wirtschaftlicher Sachverhalte geschuldet ist.

2. *Vergleich von IFRS/IAS und Steuerrecht*

Steuer- und handelsbilanziell gilt gem. § 246 Abs. 2 HGB das Saldierungsverbot für Aktiv-/Passivposten und für Aufwendungen/Erträge sowie gem. § 252 Abs. 1 Nr. 3 HGB i.V.m. § 240 Abs. 1 HGB der Grundsatz der Einzelbewertung für das Handelsrecht und gem. § 6 Abs. 1 S. 1 EStG i.V.m. § 5 Abs. 6 EStG für das Steuerrecht.[319] Der Grundsatz der Einzelbewertung ist dabei vor dem Hintergrund, dass die Ermittlung der Anschaffungs- und Herstellungskosten im Zugangszeitpunkt als auch auf die Folgebewertung nach dem Niederst- / Höchstwertprinzip zu den folgenden Bilanzstichtagen einzeln vorzunehmen ist, als Einzelbilanzierungsgrundsatz zu verstehen.[320] Dies ergibt sich insoweit auch aus § 240 Abs. 1 HGB, nach dem eine gesonderte Bilanzierung und Bewertung der einzelnen Wirtschaftsgüter und Schulden vorzunehmen ist. Ähnlich wie in der IFRS/IAS-Bilanz Assets und Liabilites einzeln zu bilanzieren sind, sind somit auch in der Steuerbilanz Wirtschaftsgüter und Schulden einzeln zu erfassen. Der Einzelbewertungsgrundsatz erstreckt sich dem Grunde nach ebenso auf schwebende Geschäfte,[321] auch wenn diese nicht bilanzierungsfähig sind. Im Gegensatz zu den IFRS/IAS-Vorschriften handelt es sich bei dem handels- und steuerbilanziellen Einzelbewertungsgrundsatz allerdings um einen abstrakt formulierten Grundsatz, der sich nicht aus einzelnen Vorschriften erschließt.

---

318 Vgl. Heuser/Theile, IAS Handbuch, 2. Auflage 2005, S. 75 Rn. 169.

319 Vgl. BFH vom 1.10.1975, I R 207/73, BStBl. II 1976, S. 202; BFH vom 24.1.1990, I R 157/85, I R 145/86, BStBl. II 1990, S. 639. Diese Vorschriften konkretisieren das Bezugselement sowohl für die Bilanzierung als auch für die Bewertung des Betriebsvermögens; vgl. BFH vom 15.10.1997, I R 16/97, BStBl. II 1998, S. 249; BFH vom 25.2.2004, I R 54/02, BStBl. II 2004, S. 654; BFH vom 25.2.2004, I R 8/03, BFH/NV 2004, S. 1234.

320 Vgl. Herzig, IAS/IFRS und steuerliche Gewinnermittlung, 2004, S. 56.

321 Trotz ihrer Bilanzunwirksamkeit sind schwebende Geschäfte dennoch einzeln zu bewerten und daraufhin zu untersuchen, ob ggf. ein Verpflichtungsüberschuss zu erwarten ist, der dann durch Bildung einer Rückstellung für drohende Verluste handelsrechtlich zu berücksichtigen wäre. Vgl. Anstett/Husmann, Bewertungseinheit, BB 1998, S. 1524; Scharpf/Luz, Finanzderivate, 2. Auflage 2000, S. 231. Das schwebende Geschäft fand bis zum steuerbilanziellen Verbot zur Bildung von Drohverlustrückstellungen Einzug in die Bilanz und ist daher unter dem Begriff der Schuld zu subsumieren; BFH vom 19.7.1983, VIII R 160/79, BStBl. II 1984, S. 58; BFH vom 15.10.1997, I R 16/97, BStBl. II 1998, S. 249.

Vergleichbar mit den Vereinfachungsregelungen nach IFRS/IAS kennt das Steuerrecht Ausnahmen von diesem Grundsatz. So können bspw. nach § 387 BGB aufrechenbare Forderungen und Verbindlichkeiten abweichend vom Saldierungsverbot ebenfalls verrechnet werden. Danach besteht ein Aufrechnungsrecht bei Gegenseitigkeit und Gleichartigkeit der zu verrechnenden Forderungen.[322] Unterschiede zwischen den IFRS/IAS und dem Steuerbilanzrecht werden sich hingegen in der Abgrenzung der einzeln zu bilanzierenden Bewertungseinheiten finden. Entscheidend ist im Einzelnen, was als einzelnes Wirtschaftsgut / Asset oder als einzelne Schuld / Liability anzusehen ist. In diesem Zusammenhang ist allerdings die Abgrenzung der einzelnen Bilanzierungseinheiten nicht ganz unproblematisch. Die Interpretation des Einzelbewertungsgrundsatzes ist beispielsweise dann schwierig, wenn sich ein Finanzinstrument aus funktional unterschiedlichen Instrumenten zusammensetzt[323] oder wenn es im Rahmen des Risikomanagements des Unternehmens zu Sicherungszwecken eingesetzt wird. Anders als nach den IFRS/IAS-Vorschriften, die entsprechende Sondervorschriften vorhalten, ist steuerbilanziell nicht abschließend geklärt, ob und wie einzelne Finanzinstrumente in Form von Bewertungseinheiten zusammengeführt werden können und ob und in welchem Maße Finanzinstrumente gegebenenfalls zu zerlegen sind. Steuerbilanziell wird daher neben der Bewertungseinheit „im engeren Sinne" über eine Bewertungseinheit „im weiteren Sinne" diskutiert. Bei der Bewertungseinheit i.e.S. werden einzelne bilanzierungsfähige Objekte zusammengefasst als einheitliche Aktiv- oder Passivposten bilanziert und dementsprechend auch als einzelne Wirtschaftsgüter oder Schuldinstrumente bewertet, d.h. der Einzelbewertungsgrundsatz kommt auf Ebene der Bewertungseinheit zum Tragen.[324] Bei der Bewertungseinheit i.w.S., auch als kompensatorische Bewertung bezeichnet,[325] werden einzelne Bilanzpositionen hingegen separat bilanziert und nachfolgend fiktiv zu einer Bewertungseinheit zusammengefasst.[326]

---

322 Vgl. Kuhn/Scharpf, Financial Instruments, 2. Auflage 2005, S. 100.

323 Beispielsweise setzt sich das Sachanlagevermögen oft als Sachgesamtheit aus mehreren Einzelaggregaten zusammen.

324 Vgl. Barckow, Sicherungsbeziehungen, 2004, S. 81; Tönnies/Schiersmann, Bewertungseinheit I, DStR 1997, S. 714.

325 Vgl. Barckow, Sicherungsbeziehungen, 2004, S. 80; Bieg, Derivate II, StB 2002, S. 472; Graf von Waldersee in: FS Weber, Finanzderivate, 2003, S. 248; Tönnies/Schiersmann, Bewertungseinheit I, DStR 1997, S. 714.

326 Des Weiteren lässt der BFH Abweichungen vom Einzelbewertungsgrundsatz zu, wenn die individuelle Ermittlung der Werte und Risiken eines einzelnen Bewertungsobjekts unmöglich, schwierig oder unzumutbar erscheint und erst mehrere zusammengefasste Wirtschaftsgüter oder Schulden ein zutreffendes Bild der Vermögensverhältnisse des Steuerpflichtigen und des Standes seiner Schulden wiedergeben. So entspricht es beispielsweise den Grundsätzen ordnungsmäßiger Buchführung, bei einem größeren Forderungsbestand eine pauschale Wertberichtigung oder bei Garantierisiken Pauschalrückstellungen vorzunehmen; vgl. BFH vom 16.7.1981, IV R 89/80, BStBl. II 1981, S. 766; BFH vom 22.11.1988, VIII R 62/85, BStBl. II 1989, S. 359; BFH vom 15.10.1997, I R 16/97, BStBl. II 1998, S. 249.

3. *Beurteilung einer Übernahme der IFRS/IAS-Wertungen*

Das Saldierungsverbot und der Grundsatz der Einzelbewertung stehen im Zeichen einer objektivierbaren, intersubjektiv nachprüfbaren steuerlichen Gewinnermittlung. Sie sind nicht nur unter Informationsgesichtspunkten von Bedeutung, sondern sie dienen auch einer objektivierbaren Messung der wirtschaftlichen Leistungsfähigkeit, da sie Bilanzierungs- und Bewertungsentscheidungen intersubjektiv nachvollziehbar und damit überprüfbar gestalten.[327] Neben ihrer Objektivierungswirkung bilden das Saldierungsverbot und der Einzelbewertungsgrundsatz auch die Basis für die Anwendung des Realisations- und Imparitätsprinzips in einem eigenständigen Steuerbilanzrecht. Die Einzelerfassung stellt sicher, dass Verluste aus einer Bilanzposition nicht mit unrealisierten Gewinnen aus einer anderen Bilanzposition verrechnet werden können. Saldierungsverbot und Einzelbewertungsgrundsatz stehen somit mit einer eigentumsschonenden Erfassung der wirtschaftlichen Leistungsfähigkeit im Einklang.[328] Der Grundsatz des Saldierungsverbots und der Einzelbewertung sind steuerbilanziell objektivierungsbedingt von hoher Relevanz, so dass Abweichungen mithin einer Rechtfertigung bedürfen. Bezüglich des Saldierungsverbots können Abweichungen gegebenenfalls als zulässig erachtet werden, da steuerlich in erster Linie der Ausweis des wirtschaftlichen Ergebnisses im Vordergrund steht und der Ergebnisausweis durch eine Saldierung nicht negativ beeinflusst wird.[329] Es ist daher im Einzelfall zu prüfen, ob und inwieweit die IFRS/IAS-Kasuistik im Hinblick auf die Objektivierbarkeit und die Vergleichbarkeit des Gewinns Bedeutung erlangen kann und ob die IFRS/IAS-Bilanzierung von zusammengesetzten oder aufgespalteten Finanzinstrumenten als steuerlich tragfähige Alternative anzusehen ist.

III. *Zusammenfassung*

Ein eigenständiges Steuerbilanzrecht, das sich im Wesentlichen an der Zielsetzung und den Rechnungslegungsgrundsätzen orientiert, die auch unter Geltung des Maßgeblichkeitsgrundsatzes zu beachten sind, kann sich auf Grund inhaltlich divergierender Zielsetzung und Rechnungslegungsgrundsätze einer Informationsbilanz nicht problemlos die einzelnen Bilanzierungsansätze der IFRS/IAS-Bilanz zu Nutze machen. Zwar ist es nicht die Aufgabe einer eigenständigen Steuerbilanz, einen möglichst vorsichtigen Gewinn zu ermitteln, aber auch eine ausschließlich auf Informationsvermittlung ausgerichtete Rechnungslegung steht im Widerspruch zu den steuerlichen Vorgaben einer eigentumschonenden und objektivierbaren Messung der wirtschaftlichen Leistungsfähigkeit. Die Divergenzen in der Zweckausrichtung und

---

327 Die einzelne Erfassung der Bilanzpositionen und Erfolgsbestandteile setzt sich von einer entscheidungstheoretisch gebotenen Unternehmensbewertung im Ganzen ab und vernachlässigt somit Synergieeffekte zwischen den Wirtschaftsgütern; der Vorteil einer objektivierbaren Messung der wirtschaftlichen Leistungsfähigkeit überwiegt allerdings.

328 Vgl. Herzig, IAS/IFRS und steuerliche Gewinnermittlung, 2004, S. 57.

329 Vgl. Förschle/ Kroner in: Beck Bil Kom, 5. Auflage 2003, § 246 Rn. 81 ff.; Tiedchen in: HHR, § 5 EStG Rn. 304.

bei den zentralen Grundsätzen haben nunmehr nicht zwangsweise zur Folge, dass auch die einzelnen IFRS/IAS-Bilanzierungsvorschriften steuerbilanziell als ungeeignet zu betrachten sind. Es soll vielmehr geprüft werden, ob die IFRS/IAS-Bilanzierung von Finanzinstrumenten nicht trotz der aufgezeigten Divergenzen Lösungsansätze aufzeigt, die einer objektiven Messung der wirtschaftlichen Leistungsfähigkeit entgegenkommen. Da gegenwärtig die steuerliche Bilanzierung von Finanzinstrumenten unter den Voraussetzungen der zentralen Bilanzierungseinheiten der Aktiv- und Passivseite vorzunehmen ist, wird zunächst untersucht, in welchem Umfang auf dieser Bilanzierungsebene zwischen den Rechenwerken Übereinstimmungspotenzial vorliegt.

3. Kapitel: Zentrale Bilanzierungseinheiten - Ansatz dem Grunde nach

Der IASB versteht gem. IAS 32.11 unter dem Begriff der Finanzinstrumente sowohl finanzielle Vermögenswerte als auch finanzielle Verbindlichkeiten und Eigenkapitalinstrumente; er spricht mithin sowohl die Aktiv- als auch die Passivseite der Bilanz an. Gemein ist dem Ansatz der aktiven und passiven Bilanzierungseinheiten in der IFRS/IAS-Bilanz und der Steuerbilanz dabei, dass beide Rechenwerke zunächst untersuchen, ob ein Ansatz dem Grunde nach der jeweiligen Bilanzierungseinheiten überhaupt gerechtfertigt ist, um dann über die Bewertung der entsprechenden Bilanzposten entscheiden zu können. Wie einleitend dargestellt, werden Überlegungen zum Ansatz der Höhe nach nicht vertieft aufgegriffen; die Untersuchung des Ansatzes dem Grunde nach der zentralen aktiven und passiven Bilanzierungseinheiten dient als Grundlage der anschließend vorzunehmenden Untersuchung der jeweils konkreten Bestimmungen zu den einzelnen Finanzinstrumenten.

I. Aktive Bilanzierungseinheiten - Abgrenzung Asset und steuerliches Wirtschaftsgut -

Sowohl die Steuerbilanz als auch die IFRS/IAS greifen, wie bereits festgestellt,[330] auf den zentralen Bilanzierungsgrundsatz der Einzelbewertung zurück, nach dem in einer IFRS/IAS-Bilanz auf der Aktivseite der Bilanz jeweils einzelne Assets und in einer Steuerbilanz einzelne Wirtschaftsgüter zu bilanzieren sind. Während in einer IFRS/IAS-Bilanz allerdings ausschließlich die Vorschriften der Einzelstandards, so beispielsweise die IAS 32 und IAS 39, über den Bilanzansatz einer Bilanzierungseinheit entscheiden, müssen in einer Steuerbilanz Aktivposten den abstrakten Anforderungen eines Wirtschaftsguts genügen. Um eine gewisse Vergleichbarkeit der aktiven Bilanzierungseinheiten der beiden Rechenwerke erzeugen zu können, werden auf dieser Ebene der Untersuchung zunächst nicht die konkreten Bilanzierungsvorschriften der IAS 32 und IAS 39 herangezogen, sondern das dem Informationszweck verpflichtete Asset des IASB-Frameworks als Synonym für eine aktive IFRS/IAS-Bilanzierungseinheit.[331]

1. Vorgehensweise nach IFRS/IAS-Framework

Definiert wird das Asset in F. 49 und F. 83. Diese Definition des Frameworks wird in den einzelnen Standards bei Bedarf durch etwaige zusätzliche Vorschriften der Einzelstandards konkretisiert. Das Asset als Baustein der Vermögensermittlung nach IFRS/IAS steht im Zei-

[330] Vgl. hierzu das Kapitel zur Objektivierbarkeit durch Einzelbewertung und Saldierungsverbot, S. 67 ff.

[331] Das Asset umfasst nach deutschem Verständnis auch die Bilanzierung von aktiven Rechnungsabgrenzungsposten. Auf eine diesbezügliche Abgrenzung wird im Folgenden verzichtet, da für die Bilanzierung von finanziellen Vermögenswerten der Wirtschaftsgutbegriff von zentraler Bedeutung ist. Vgl. zur Abgrenzung ARAP und Asset Herzig, IAS/IFRS und steuerliche Gewinnermittlung, 2004, S. 78 ff.

chen der periodengerechten Gewinnermittlung, das, wie oben erläutert,[332] neben dem Realisationsprinzip auch dem Matching Principle gem. F. 95 als sachliches Abgrenzungsmerkmal verpflichtet ist.[333] Trotz der engen Aufwands- und Ertragsverknüpfung ist es für die Abgrenzung des Asset-Begriffs von zentraler Bedeutung, dass das Framework einem Asset-Liability-Approach folgt und nicht ausschließlich die Verrechnung von Aufwendungen mit Erträgen vorsieht. Das Asset wird daher gem. F. 49 A wie folgt abgegrenzt:

Ein Asset ist eine in der Verfügungsmacht des Unternehmens stehende Ressource, die ein Ergebnis von Ereignissen der Vergangenheit darstellt, und von der erwartet wird, dass dem Unternehmen aus ihr künftiger wirtschaftlicher Nutzen zufließt.

Konkretisiert wird das Asset nach F. 83 (a) und (b) durch die weiterführenden Bedingungen, dass ein Abschlussposten nur zu erfassen ist, wenn

- wahrscheinlich ist, dass ein mit dem Sachverhalt verknüpfter künftiger wirtschaftlicher Nutzen dem Unternehmen zufließen oder von ihm abfließen wird; und
- die Anschaffungs- oder Herstellungskosten oder der Wert des Sachverhaltes verlässlich ermittelt werden können.

Nach deutschem Bilanzierungsverständnis sind die Aspekte der Verfügungsmacht[334] und der verlässlichen Wertermittlung dem Bereich der konkreten Bilanzierungsfähigkeit zuzuordnen, so dass insbesondere das Verfügungsmachtkriterium im Zusammenhang mit der konkreten Bilanzierungsfähigkeit eingehender diskutiert wird. Der abstrakten Bilanzierungsfähigkeit sind dagegen nach deutschem Bilanzierungsverständnis zunächst die nachfolgenden Kriterien des Asset-Begriffs zuzuordnen:

- Eine Ressource als Ergebnis aus vergangenen Ereignissen muss vorliegen,
- die zu einem zukünftigen wirtschaftlichen Nutzenzufluss führt,
- der wahrscheinlich sein muss.

---

332 Vgl. das Kapitel zu den Periodisierungsregeln, S. 58 ff.

333 Vgl. Lutz in: HDJ, I/4 Rn. 59. Lutz verweist darauf, dass das Asset lediglich ein Abgrenzungsposten im Sinne der dynamischen Bilanztheorie ist; demnach bestimmt die Gewinn- und Verlustrechnung und nicht die Vermögensermittlung den Inhalt der Bilanz. Das Asset besitzt insofern keine gegenständlich-vermögensrechtliche Qualität. A.A. vgl. Herzig, IAS/IFRS und steuerliche Gewinnermittlung, 2004, S. 61. Herzig stellt heraus, dass der Asset-Liability-Approach dem Asset durchaus eine vermögensrechtliche Komponente beimischt und es sich nicht ausschließlich um einen Verrechnungsposten handelt.

334 Der Themenkomplex der Verfügungsmacht entspricht nach deutschem Verständnis der Frage nach der personellen Zuordnung von Vermögensgegenständen.

Die Bestimmung des Assets als Ressource, die ein Ergebnis vergangener Ereignisse ist, bezieht sich auf vergangene wirtschaftliche Geschäftsvorfälle.[335] Nach F. 58 erlangen Unternehmen Vermögenswerte im Regelfall durch Anschaffung oder Herstellung sowie auch durch andere Geschäftsvorfälle wie beispielsweise die Entdeckung von Bodenschätzen. Geschäftsvorfälle oder Ereignisse, deren Eintritt in der Zukunft lediglich erwartet wird, erzeugen dagegen kein Asset.[336] Hinsichtlich der Bilanzierung von Finanzinstrumenten wird beispielsweise gem. IAS 39 konkret auf das Vorliegen einer vertraglichen Vereinbarung abgestellt.

Das zentrale Element der Definition ist das Kriterium des künftigen wirtschaftlichen Nutzenzuflusses. Hiermit soll nach F. 49 (a) i.V.m. F. 53 das Potenzial der Ressource zum Ausdruck gebracht werden, in der Zukunft direkt oder indirekt zum Zufluss von Zahlungsmitteln in das Unternehmen beizutragen. Sofern kein künftiger Nutzen generiert werden kann, sind die Ausgaben sofort als Aufwand zu behandeln.[337] Relevant für die Aktivierung nach IFRS/IAS ist insofern nicht die derzeitige Eigenschaft, sondern vielmehr die Fähigkeit der Ressource, künftigen Nutzen zu generieren.[338] Das Abstellen auf Zahlungsmittel wird in F. 54 mit dem Hinweis begründet, dass Zahlungsmittel das Unternehmen in die Lage versetzen, über andere Ressourcen zu verfügen. Dieses Potenzial ermöglicht die Leistungserstellung im Unternehmen und generiert damit zukünftige Zahlungsmittelzuflüsse.

Weiterhin erfordert die Bilanzierung eines Assets gem. F. 83 (a) die Wahrscheinlichkeit des künftigen Nutzenzuflusses. Neben der Wahrscheinlichkeitsbestimmung über die Ungewissheit, die sich aus der zukünftigen Entwicklung der Rahmenbedingungen sowie aus der Wirkung der eigenen Aktionen des Unternehmens ergibt, wird die Wahrscheinlichkeit auch durch die Schätzungsunsicherheit des Managements bestimmt, da es über die Wahrscheinlichkeit des Nutzenzuflusses auf der Grundlage von vernünftigen und begründeten Annahmen selbst zu urteilen hat.[339] Gem. F. 85 müssen demnach zum Zeitpunkt der Aufstellung des Abschlusses substanzielle Hinweise die Aktivierungsentscheidung begründen. Werden Ausgabengegenwerte aktiviert, bringt das Unternehmen damit zum Ausdruck, dass das Management auf der Grundlage seiner subjektiven Einschätzung künftigen Nutzenzufluss in mindestens der Höhe der getätigten Ausgaben erwartet. Die Aktivierung eines Assets basiert insofern auf

---

335 Lüdenbach/Hoffmann sprechen hinsichtlich dieses Kriteriums im Zusammenhang mit einem künftigen Nutzenzufluss von einer Tautologie, da ein künftiger Nutzenzufluss ein Kennzeichen einer jeglichen Ressource ist; vgl. Lüdenbach/Hoffmann in: Lüdenbach/Hoffmann, IAS/IFRS, 3. Auflage 2005, § 1 Rn. 111.

336 Als Beispiel kann hier der beabsichtigte Kauf von Vorräten genannt werden.

337 Andererseits ist gem. F. 59 die Tätigung einer Ausgabe nicht notwendiger Bestandteil eines Vermögenswertes, Schenkungen können beispielsweise auch zur Bilanzierung eines Assets führen, sofern hiermit ein künftiger Nutzenzufluss einhergeht.

338 Vgl. Achleitner/Wollmert/van Hulle in: Baetge/Dörner et. al., IAS-Kommentar, 2. Auflage 2003, A III Rn. 18; Herzig, IAS/IFRS und steuerliche Gewinnermittlung, 2004, S. 63; Arbeitskreis Bilanzrecht der Hochschullehrer Rechtswissenschaft, Bilanzrecht, BB 2002, S. 184.

339 Vgl. Arbeitskreis Bilanzrecht der Hochschullehrer Rechtswissenschaft, Bilanzrecht, BB 2002, S. 2374; Herzig, IAS/IFRS und steuerliche Gewinnermittlung, 2004, S. 64.

einer Einschätzung des Managements, das als berichtende Instanz auch auf der Grundlage der berichteten Ergebnisse beurteilt wird.[340] Ist ein zukünftiger Nutzen nicht wahrscheinlich, sind die angefallenen Ausgaben nach F. 90 sofort als Aufwand zu behandeln; die Aktivierung eines Assets scheidet aus.[341]

2. *Vergleich von IFRS/IAS und Steuerrecht*

Anders als das Asset mit seinem zentralen Kriterium des künftigen wirtschaftlichen Nutzenzuflusses ist das steuerliche Wirtschaftsgut stark gegenständlich und objektivierend geprägt.[342] Dennoch fasst der BFH den einkommensteuerrechtlichen Begriff des Wirtschaftsguts dahingehend weit, dass, wie auch nach den IFRS/IAS, neben zivilrechtlichen auch wirtschaftliche Gesichtspunkte maßgebend sind.[343] Als Wirtschaftsgüter kommen demnach sowohl Sachen, Tiere und nichtkörperliche Gegenstände als auch bloße vermögenswerte Vorteile einschließlich tatsächlicher Zustände und konkreter Möglichkeiten in Frage,[344] sofern sie am Bilanzstichtag als realisierbarer Vermögenswert angesehen werden können.[345] Ein Wirtschaftsgut muss mithin einen über den Bilanzstichtag hinaus vorliegenden Vermögensvorteil verkörpern, wovon auszugehen ist, wenn die erwarteten Erträge nicht etwa von abzusehenden Aufwendungen überdeckt werden.[346] Als Aktivierungskriterium ist die Feststellung einer stichtagsübergreifenden Vorteilsgewährung allerdings zu unscharf, so dass an das Vorliegen eines Wirtschaftsguts weitere objektivierende Voraussetzungen geknüpft werden, die auf ein nachprüfbares Mengengerüst abstellen.[347] Der BFH bestimmt als Voraussetzung für das Vor-

---

340 Vgl. Herzig, IAS/IFRS und steuerliche Gewinnermittlung, 2004, S. 64 f.; ähnlich Euler, Einzelabschluss, BB 2002, S. 877.

341 Für die Aktivierung sind die ursprünglichen Beweggründe nicht weiter von Bedeutung, entscheidend ist die tatsächliche Eintrittswahrscheinlichkeit eines künftigen wirtschaftlichen Nutzenzuflusses; vgl. Achleitner/Wollmert/van Hulle in: Baetge/Dörner et. al., IAS-Kommentar, 2. Auflage 2003, A III Rn. 47; Herzig, IAS-Vordnung, 2004, S. 81; Herzig, IAS/IFRS und steuerliche Gewinnermittlung, 2004, S. 64.

342 Der Begriff "Wirtschaftsgut" wurde erstmals von der Rechtsprechung des RFH entwickelt; vgl. RFH vom 27.3.1928, I A 470/27, RStBl. 1928, S. 260. Er wurde sodann 1934 ins EStG übernommen und durch die Rechtsprechung des BFH fortentwickelt. Der BFH stellt dabei heraus, dass sich die bilanzrechtliche Beurteilung der Bilanzierungseinheiten an der Zivilrechtsstruktur einer Bilanz auszurichten hat, so dass die stichtagsbezogene Vermögensübersicht eine im Rechtssinne vollständige und zutreffende Gewinnermittlung zum Zwecke der periodischen Gewinnermittlung durch Betriebsvermögensvergleich erlaubt; vgl. BFH vom 27.6.2001, I R 45/97, BFH/NV 2001, S. 1334.

343 Vgl. BFH vom 12.4.1984, IV R 112/81, BStBl. II 1984, S. 554; BFH vom 19.6.1997, IV R 16/95, BStBl. II 1997, S. 808.

344 Vgl. BFH vom 6.12.1990, IV R 3/89, BStBl. II 1991, S. 346; BFH vom 9.7.1986, I R 218/82, BStBl. II 1987, S. 977; BFH vom 9.7.2002, IX R 29/98, BFH/NV 2003, S. 21.

345 Vgl. BFH vom 9.7.1986, I R 218/82, BStBl. II 1987, S. 14.

346 Beispielsweise ist eine Maschine, die zwar gewisse Erträge, aber deutlich höhere Instandhaltungsaufwendungen erwarten lässt, kein wirtschaftlicher Vermögensvorteil und damit kein Wirtschaftsgut, da sie keinen Einnahmenüberschuss verkörpert. Dass der Bilanzierende das rechtliche Eigentum an der Maschine besitzt, reicht für deren Aktivierung nicht aus; vgl. Moxter in: FS Havermann, Matching Principle, 1995, S. 494.

347 Die Anknüpfung an ein nachprüfbares Mengengerüst soll Rechtssicherheit hinsichtlich des Bilanzinhalts und der Besteuerung von Gewinnen ermöglichen; vgl. beispielsweise BFH vom 3.2.1969, GrS 2/68, BStBl. II 1969, S. 291; Herzig, IAS/IFRS und steuerliche Gewinnermittlung, 2004, S. 66 m.w.N.

liegen eines Wirtschaftsguts daher, dass der Bilanzierende sich dessen Erlangung etwas kosten lässt, es nach der Verkehrsauffassung einer selbständigen Bewertung zugänglich ist, es in der Regel einen Nutzen für mehrere Wirtschaftsjahre erbringt und es zumindest mit dem Betrieb übertragen werden kann.[348]

2.1. *Ressource als Ergebnis vergangener Ereignisse*

Die Aussagekraft der Anforderung des IASB-Frameworks, dass eine Ressource als Ergebnis vergangener Ereignisse vorliegen muss, ist ebenso wie die Forderung des Steuerbilanzrechts, dass der Bilanzierende sich die Erlangung eines Wirtschaftsguts etwas kosten lassen muss, als eher beschränkt anzusehen,[349] da die von der Beschaffungsmarktseite abgeleiteten Kriterien nicht notwendigerweise das Tätigen tatsächlicher Ausgaben seitens des Bilanzierenden verlangen. Der BFH relativiert diese Anforderung dahingehend, dass es durchaus ausreichend ist, dass sich der Bilanzierende die Erlangung etwas kosten lassen würde.[350] Das bedeutet, dass sowohl auf die IFRS/IAS-Bilanz als auch auf die Steuerbilanz die Feststellung zutrifft, dass mithin nicht Ausgaben, sondern Ausgabengegenwerte aktiviert werden.[351] Demzufolge stellen beide Rechenwerke auf Ereignisse aus der Vergangenheit ab, die sich zwar regelmäßig, aber nicht zwingend in Form von Anschaffungs- und Herstellungsvorgängen konkretisieren,[352] und die dem Grunde nach in den jeweiligen Rechenwerken nicht als zentrale Abgrenzungsmerkmale identifiziert werden können.

2.2. *Künftiger wirtschaftlicher Nutzenzufluss*

2.2.1. *Erbringen eines mehrjährigen Nutzens*

Gleiches gilt für die Bedeutung des steuerlichen Kriteriums des Erbringens eines mehrjährigen Nutzens, da ein Wirtschaftsgut zwar häufig, aber nicht stets dem Unternehmen für einen mehrjährigen Nutzen zur Verfügung steht, wie dies beispielsweise mit den Wirtschaftsgütern

---

348 Vgl. BFH vom 28.5.1979, I R 1/76, BStBl. II 1979, S. 734; BFH vom 6.12.1990, IV R 3/89, BStBl. II 1991, S. 346; BFH vom 26.10.1987, GrS 2/86, BStBl. II 1988, S. 348; BFH vom 26.8.1992, I R 24/91, BStBl. II 1992, S. 977; BFH vom 3.8.1993, VIII R 37/92, BStBl. II 1994, S. 444; vgl. BFH vom 24.7.1996, X R 139/93, BFH/NV 1997, S. 105; vgl. auch H 13 Abs. 1 EStR.

349 Vgl. Hoffmann in: Littmann/Bitz/Pust, §§ 4,5 Rn. 601; Tiedchen in: HHR, § 5 EStG Rn. 352; vgl. zur Rechtsprechung, dass es sich um einen Vorteil handeln muss, dessen Erlangung der Steuerpflichtige sich etwas kosten lässt, insbesondere BFH vom 29.4.1965, IV 403/62, BStBl. III 1965, S. 414; BFH vom 9.7.1986, I R 218/82, BStBl. II 1987, S. 14; BFH vom 8.4.1992, XI R 34/88, BStBl. II 1992, S. 893.

350 Vgl. BFH vom 16.12.1998, GrS 2/99, BStBl. II 2000, S. 632. Das Fehlen von Ausgaben kann daher lediglich die Bewertung betreffen; so ist ein ohne Anschaffungs- oder Herstellungskosten zu bilanzierendes WG nach dem Grundsatz der Vollständigkeit anzusetzen, dies allerdings nur mit einem Erinnerungswert; vgl. Schreiber in: Blümich, § 5 EStG Rn. 305.

351 Zu den Ausgaben bemerkte bereits der RFH: „...es gehe nicht um die Aktivierung der Ausgaben als solcher, sondern des für sie Erlangten“, d.h. der Ausgabengegenwerte; vgl. RFH vom 21.9.1927, VI A 383, StuW 1927, S. 803.

352 Vgl. Herzig, IAS/IFRS und steuerliche Gewinnermittlung, 2004, S. 66.

des Umlaufvermögens der Fall ist. Auch die IFRS/IAS stellen lediglich auf einen künftigen wirtschaftlichen Nutzen ab, der zeitlich nicht weiter bestimmt wird. Beispielsweise kann ein Werbefeldzug einen mehrjährigen Nutzen für das Unternehmen generieren, gleichwohl müssen die Ausgaben auf Grund der Unbestimmtheit des Nutzenvorteils in beiden Rechenwerken als sofort abzugsfähig behandelt werden.[353] Es lässt sich somit aus der sofortigen Abziehbarkeit von Ausgaben auch umgekehrt nicht argumentieren, dass der dadurch erlangte Vorteil nicht von einem mehrjährigen Nutzen für das Unternehmen sein kann,[354] so dass sich die zeitliche Unbestimmtheit der zukünftigen Wirkung des Vermögensvorteils sowohl in der Steuer- als auch in der IFRS/IAS-Bilanz wiederfindet.

2.2.2. Selbständige Bewertbarkeit

Zentral für die Existenz aktivierungsfähiger Einzelwirtschaftsgüter ist nach der herrschenden Meinung und der neueren Rechtsprechung des BFH hingegen das Kriterium der selbständigen Bewertbarkeit.[355] Die Bedeutung des Merkmals der selbständigen Bewertbarkeit ist vergleichbar mit der Bedeutung des künftigen wirtschaftlichen Nutzenzuflusses für die IFRS/IAS-Bilanz, inhaltlich gleichgesetzt werden können diese beiden Kriterien jedoch nicht.

Nach der Rechtsprechung des BFH ist selbständige Bewertungsfähigkeit dann gegeben, wenn ein Einzelgut als Einzelheit von Bedeutung ist.[356] Maßgebend ist dabei die allgemeine Verkehrsanschauung.[357] Die zunächst am Beschaffungsmarkt orientierte selbständige Bewertbarkeit ist in diesem Zusammenhang von einer durch das Handelsrecht geprägten, ausschließlich am Absatzmarkt orientierten Einzelveräußerbarkeit abzugrenzen, nach der das deutsche Handelsrecht in Anbetracht von Gläubigerschutzerwägungen auf das restriktive Kriterium der Zerschlagung abstellt und somit dem Vorsichtsprinzip in einem strengen Maße Rechnung

---

353 Vgl. für die Steuerbilanz Moxter, Bilanzrechtsprechung, 5. Auflage 1999, S. 14. Für die IFRS/IAS verbietet der IAS 38.69 (c) explizit die Aktivierung eines immateriellen Vermögenswertes.

354 Für die Steuerbilanz vgl. Tiedchen in: HHR, § 5 EStG Rn. 353; Hoffmann in: Littmann/Bitz/Pust, §§ 4,5 Rn. 600.

355 Vgl. beispielsweise BFH vom 29.4.1965, IV 403/62, BStBl. III 1965, S. 414; in der jüngeren Vergangenheit BFH vom 10.8.1989, X R 176-177/87, BStBl. II 1990, S. 15; BFH vom 20.6.1990, I R 160/85, BStBl. II 1990, S. 913; BFH vom 8.4.1992, XI R 34/88, BStBl. II 1992, S. 893; BFH vom 4.12.1991, I R 148/90, BStBl. II 1992, S. 383; BFH vom 22.1.1992, I R 43/91, BStBl. II 1992, S. 529; BFH vom 3.8.1993, VIII R 37/92, BStBl. II 1994, S. 444; Janke, Vermögensgegenstand, StuW 1994, S. 221; Söffing, Redaktionskostenurteil, DStZ 1976, S. 156; Tiedchen in: HHR, § 5 EStG Rn. 350.

356 Vgl. BFH vom 8.2.1996, III R 126/93, BStBl. II 1996, S. 542; BFH vom 28.9.1990, III R 77/89, BStBl. II 1991, S. 361.

357 Vgl. BFH vom 29.4.1965, IV 403/62, BStBl. III 1965, S. 414; BFH vom 16.2.1990, III B 90/88, BStBl. II 1990, S. 794; BFH vom 20.6.1990, I R 160/85, BStBl. II 1990, S. 913; BFH vom 28.9.1990, III R 77/89, BStBl. II 1991, S. 361; BFH vom 22.1.1992, I R 43/91, BStBl. II 1992, S. 529; BFH vom 4.12.1991, I R 148/90, BStBl. II 1992, S. 383; BFH vom 8.4.1992, XI R 34/88, BStBl. II 1992, S. 893; BFH vom 8.2.1996, III R 126/93, BStBl. II 1996, S. 542.

trägt.[358] Der BFH weist in seiner Rechtsprechung allerdings explizit darauf hin, dass die Einzelveräußerbarkeit kein Begriffsmerkmal des Wirtschaftsguts ist.[359] Das steuerbilanzielle Wirtschaftsgut wird nicht durch den Zerschlagungsgedanken dominiert; vielmehr steht die Teilwertidee im Sinne des Unternehmensfortführungsgedankens im Vordergrund.[360] Der Teilwertidee folgend, fordert die besondere Bewertungsfähigkeit, dass ein gedachter Erwerber des Unternehmens im Ganzen im Rahmen der Gesamtkaufpreisbestimmung einen gesonderten Wert ansetzen würde. Die Übertragbarkeit im Zusammenhang mit der Gesamtveräußerung des Unternehmens verleiht dem Vermögensvorteil in Abweichung vom Beschaffungsmarkt somit Aktivierungsqualität; auf eine eigenständige Abgangsfähigkeit im Sinne einer Veräußerbarkeit oder Verwertbarkeit des Vermögensvorteils kommt es nicht weiter an.[361]

Der künftige Nutzenzufluss der IFRS/IAS-Bilanz zielt hingegen auf den konkreten Zufluss von Zahlungsmitteln ab und orientiert sich somit ausschließlich am Absatzmarkt, die neben einer eigenständigen Abgangsfähigkeit auch die laufende Verwertung mit einschließt.[362] Mit der Anknüpfung an zukünftige Zahlungszuflüsse geht eine Entobjektivierung der Bilanzierungseinheit einher, da viele Vermögenswerte nicht unmittelbar für den Absatzmarkt bestimmt sind und deswegen häufig nur sehr mittelbar dem Ziel dienen, Zahlungsmittelzuflüsse

---

358 Individuelle Schuldendeckungsfähigkeit liegt nach Auffassung von Lutz nur dann vor, wenn ein Vermögenswert im Rahmen seiner Verwertung im Zerschlagungsfall einen Beitrag zur Abdeckung bestehender Verpflichtungen leisten kann. Entscheidend ist allein, dass ein Vorteil „im Zerschlagungsfalle in Geld transformiert werden kann"; vgl. Lutz in: HDJ, I/4 Rn. 25 ff. Die handelsrechtliche Orientierung am Zerschlagungsgedanken ist allerdings nicht unumstritten; so weist Schreiber darauf hin, dass eine einseitig auf den Zerschlagungsaspekt verengte Sichtweise unvereinbar mit dem Unternehmensfortführungsgrundsatz des § 252 Abs. 1 Nr. 2 HGB ist; vgl. Schreiber in: Blümich, § 5 EStG Rn. 306.

359 Vgl. BFH vom 26.2.1975, I R 72/73, BStBl. II 1976, S. 13; BFH vom 10.8.1989, X R 176-177/87, BStBl. II 1990, S. 15; BFH vom 4.12.1991, I R 148/90, BStBl. II 1992, S. 383; BFH vom 22.1.1992, I R 43/91, BStBl. II 1992, S. 529. Der BFH stellt insbesondere fest, dass der handelsrechtliche Begriff des Vermögensgegenstands steuerbilanziell zu eng verstanden werden würde, wenn das Merkmal der selbständigen Verkehrsfähigkeit anzuwenden wäre. So können beispielsweise das Recht auf Firma und das Warenzeichenrecht nicht ohne den Betrieb veräußert werden. Es widerspräche allerdings der wirtschaftlichen Realität, wenn ihnen die Eigenschaft eines wirtschaftlichen Vorteils nicht zugesprochen würde. A.A. Tiedchen in: HHR, § 5 EStG Rn. 345; Costede, Wirtschaftsgut, StuW 1995, S. 116; Wassermeyer, Auswirkungen, DB 2001, S. 1053. Tiedchen weist darauf hin, dass § 5 Abs. 1 S. 1 EStG auf die handelsrechtlichen GoB verweist, so dass sich die Begriffsbestimmung der übereinstimmend zu definierenden Begriffe „Vermögensgegenstand" und „Wirtschaftsgut" nach dem handelsrechtlichen Verständnis zu richten hat.

360 Vgl. Plewka/Schmidt in: Lademann, § 5 EStG Rn. 678; Schildbach, Maßgeblichkeit, BB 1989, S. 1445; Schreiber in: Blümich, § 5 EStG Rn. 306.

361 BFH vom 26.2.1975, I R 72/73, BStBl. II 1976, S. 13; BFH vom 23.11.1988, II R 209/82, BStBl. II 1989, S. 82; BFH vom 22.3.1989, II R 15/86, BStBl. II 1989, S. 644; BFH vom 10.8.1989, X R 176-177/87, BStBl. II 1990, S. 15; BFH vom 26.8.1992, I R 24/91, BStBl. II 1992, S. 977; BFH vom 17.2.1998, VIII R 28/95, BStBl. II 1998, S. 505; BFH vom 5.3.1998, IV R 23/96, BStBl. II 2003, S. 56. Das Merkmal der Übertragbarkeit ist daher zunächst nicht als Abgrenzung von Wirtschaftsgütern gegenüber Nicht-Wirtschaftsgütern zu verstehen, sondern als ein „negatives Merkmal" zu verstehen, nach dem die selbständige Verkehrsfähigkeit für das Vorliegen eines Wirtschaftsguts nicht notwendig ist; vgl. BFH vom 22.7.1988, III R 175/85, BStBl. II 1988, S. 995; BFH vom 15.4.2004, IV R 51/02, BFH/NV 2004, S. 1393; Tiedchen in: HHR, § 5 EStG Rn. 354.

362 Zwar fordert auch das Wirtschaftsgut einen über die Periode hinausreichenden Nutzen, allerdings wird zur Konkretisierung dieses Nutzens nicht auf künftige Zahlungsströme abgestellt; vielmehr reicht eine Nutzung im Unternehmen aus; vgl. hierzu Herzig, IAS/IFRS und steuerliche Gewinnermittlung, 2004, S. 68 m.w.N.

zu generieren.[363] Eine Verknüpfung mit Zahlungszuflüssen kann nur auf Annahmen des Bilanzierenden beruhen, die sich möglicherweise über mehrere Wertschöpfungsstufen im Unternehmen erstrecken und sich somit einer Überprüfung durch die allgemeine Verkehrsanschauung entziehen. Es besteht die Gefahr, dass subjektive Erwägungen an die Stelle einer Nachprüfbarkeit durch Dritte und damit einer Objektivierung treten.[364] Eben dieses Merkmal der Objektivierung steht allerdings im Mittelpunkt der Abgrenzung des steuerlichen Wirtschaftsguts, auf dessen künftige Geldwerdung es für Zwecke der Bilanzierung grundsätzlich nicht ankommt.[365] Steuerbilanziell kommt es vielmehr darauf an, ob am Bilanzstichtag ein wirtschaftlich ausnutzbarer Vermögensvorteil vorliegt, der als realisierbarer Vermögenswert angesehen werden kann. Dies ist dann der Fall, wenn ein fremder Dritter bei Fortführung des Unternehmens diesen Gegenstand im Rahmen der Kaufpreisbemessung berücksichtigen würde.[366]

2.2.3. Greifbarkeit

Ferner findet sich im Zusammenhang mit der Aktivierung von Vermögensvorteilen noch das Kriterium der Greifbarkeit, das allerdings nicht als ein eigenständiges Merkmal des Wirtschaftsgutbegriffs verstanden wird, sondern vielmehr das zentrale Merkmal der selbständigen Bewertungsfähigkeit konkretisiert.[367] Der BFH stellt diesbezüglich fest, dass selbständige Bewertungsfähigkeit vorliegt, sofern ein Vermögensvorteil greifbar ist, sich also nicht ins Allgemeine verflüchtigt und daher insbesondere vom Geschäfts- oder Firmenwert abgrenzbar ist.[368] Die Greifbarkeit dient insofern der Feststellung, ob ein immaterieller Vermögensvorteil bilanzierungsfähig ist. Ein immaterieller Vermögensvorteil kann sich demnach nur dann zu einem immateriellen Wirtschaftsgut konkretisieren, wenn er als werthaltig greifbare Einzelheit gegenüber dem Geschäftswert abgegrenzt werden kann.[369] Im IASB-Framework findet sich eine derart abstrakte Konkretisierung nicht; der IASB stellt ausschließlich auf den wenig objektivierenden Zufluss von Zahlungsmitteln ab.

---

[363] Herzig spricht davon, dass es sich bei dem Asset um eine outputorientierte und bei dem Wirtschaftsgut um eine inputorientierte Größe handelt; vgl. Herzig, IAS/IFRS und steuerliche Gewinnermittlung, 2004, S. 70.

[364] Die Bilanzierung von Aufwendungen wird von der Einschätzung zukünftiger Gewinnchancen bestimmt, so dass nach deutschem Verständnis das Asset die Möglichkeit bietet, den Ausweis von Verlusten in Erwartung von Gewinnchancen zu vermeiden; vgl. Achleitner/Wollmert/van Hulle in: Baetge/Dörner et. al., IAS-Kommentar, 2. Auflage 2003, B IV Rn. 50; Herzig, Rechnungslegung, WPg 2000, S. 114; ders. IAS/IFRS und steuerliche Gewinnermittlung, 2004, S. 69; Strobl in: FS Moxter, Machting Principle, 1994, S. 418.

[365] Vgl. Herzig, IAS/IFRS und steuerliche Gewinnermittlung, 2004, S. 68 f.

[366] Vgl. BFH vom 9.7.1986, I R 218/82, BStBl. II 1987, S. 14.

[367] Vgl. Freericks, Bilanzierungspflicht, 1976, S. 319; Tiedchen in: HHR, § 5 EStG Rn. 351.

[368] Vgl. BFH vom 4.12.1991, I R 148/90, BStBl. II 1992, S. 383; BFH vom 22.1.1992, I R 43/91, BStBl. II 1992, S. 529; BFH vom 17.2.1998, VIII R 28/95, BStBl. II 1998, S. 505.

[369] Vgl. BFH vom 23.11.1988, II R 209/82, BStBl. II 1989, S. 82.

2.3. *Wahrscheinlichkeit*

Auch das IFRS/IAS-Kriterium der Wahrscheinlichkeit wird nur verständlich im Zusammenhang mit dem Zufluss von Zahlungen, wobei der Zufluss wahrscheinlich sein muss. Da die Abschätzung dieser Wahrscheinlichkeit über zukünftig ungewisse Ereignisse durch das Management des bilanzierenden Unternehmens erfolgt, findet ein weiteres subjektiv geprägtes Merkmal Eingang in die Rechnungslegung. Dem steht steuerlich die allgemeine Verkehrsanschauung entgegen. Mit dem Hinweis auf die allgemeine Verkehrsanschauung wird steuerlich ein unmittelbares Durchschlagen subjektiver Erwägungen auf die Bilanzierung dem Grunde nach vermieden. Die Einordnung eines Guts als Wirtschaftsgut hängt allerdings auch auf dieser Ebene von subjektiven Einschätzungen ab, die sich nicht gänzlich aus der Rechnungslegung entfernen lassen.[370]

3. *Beurteilung einer Übernahme der IFRS/IAS-Wertungen*

Die Einzelbilanzierung und die Vergangenheitsorientierung sind Elemente der IFRS/IAS-Bilanzierung, die einer steuerlichen Gewinnermittlung nicht entgegenstehen. Hingegen dürften die an Zahlungszuflüssen orientierte Asset-Definition sowie der Einfluss der subjektiven Einschätzung des Managements schwerlich den Anforderungen der steuerlich gebotenen Objektivierung eines eigenständigen Steuerbilanzrechts genügen. Im Zuge der Gewinnermittlung auf Basis eines Betriebsvermögensvergleichs scheint es daher auch zukünftig geboten zu sein, lediglich Vermögensvorteile zu bilanzieren, die als nutzenbringendes, nachprüfbares Mengengerüst zu verstehen sind. Es findet sich dabei schwerlich eine Alternative zu dem zentralen Kriterium der selbständigen Bewertbarkeit, das im Zusammenhang mit dem Grundsatz der Unternehmensfortführung die Übertragbarkeit von Vermögenswerten auf Basis der allgemeinen Verkehrsanschauung einschließt;[371] eine Anknüpfung an zivilrechtliche Strukturen erfordert dies nicht. Übertragbarkeit mit dem Betrieb meint dabei vor allem nicht Einzelveräußerbarkeit und auch nicht die laufende und aperiodische Verwertung von Vermögensvorteilen in Form von Zahlungsmitteln.

Das Abstellen auf den in Zahlungen gemessenen künftigen wirtschaftlichen Nutzenzufluss ist unter Informationsgesichtspunkten sicherlich als zweckmäßig zu beurteilen;[372] für eine steuerliche Gewinnermittlung, die auf Objektivierung und Nachprüfbarkeit durch den Fiskus nicht

---

370 Vgl. Herzig, IAS/IFRS und steuerliche Gewinnermittlung, 2004, S. 69 f.

371 Gleicher Auffassung ist die Stiftung Marktwirtschaft; gem. § 2 Abs. 1 StGEG umfasst die Wirtschaftsgutdefinition u.a. die Kriterien der selbständigen Bewertbarkeit und der Verkehrsauffassung; vgl. Stiftung Marktwirtschaft, Gesetz zur Steuerlichen Gewinnermittlung (StGEG), 2006, S. 5 u. S. 28.

372 Die Stiftung Marktwirtschaft bestimmt gem. § 2 StGEG zwar, dass es sich bei einem Wirtschaftsgut um einen wirtschaftlichen Vorteil handeln muss, der einen zukünftigen Nutzen zu erbringen verspricht, sie verknüpft den Nutzenzufluss allerdings nicht mit einem Zufluss an Zahlungsmitteln; vgl. Stiftung Marktwirtschaft, Gesetz zur Steuerlichen Gewinnermittlung (StGEG), 2006, S. 5 u. S. 28.

verzichten kann, wäre ein Anknüpfen an subjektive Einschätzungen des Bilanzierenden durchaus problematisch, da dies dem bilanzierenden Unternehmen unnötige, steuerlich motivierte Beurteilungsspielräume eröffnen würde.[373] Steuerbilanziell ist vielmehr Wert darauf zu legen, dass durch die Berücksichtigung der allgemeinen Verkehrsauffassung eine Objektivierung der Gewinnermittlung ermöglicht wird, so dass letztendlich der Anspruch, die Besteuerung an der Leistungsfähigkeit des Steuerpflichtigen auszurichten, erfüllt werden kann. Insofern kann ein eigenständiges Steuerbilanzrecht nicht vollständig von den bekannten Wirtschaftsgutkriterien Abstand nehmen.

II. Passive Bilanzierungseinheiten

Die gesamte Passivseite informiert darüber, in welchem Umfang die bilanzierten Vermögensvorteile der Aktivseite durch Eigenkapital oder Fremdkapital finanziert sind. Im Fokus der Diskussion steuerbilanzieller Problemfelder steht dabei selten das Bilanzierungsfeld „Eigenkapital", da vielmehr neben den Fragen zur Aktivierung von Wirtschaftsgütern Fragen zur Passivierung von Schuldposten erörtert werden, so dass sich die Eigenkapitalgröße infolgedessen als Restgröße unproblematisch ableiten lässt. Vordergründig scheint es, dass die Schnittstelle zwischen Eigen- und Fremdkapital keiner weiteren Erläuterung bedarf, da es sich dem Grunde nach beim Eigenkapital um Eigenmittel und beim Fremdkapital um Fremdmittel handelt. Bei genauerer Betrachtung ist diese Abgrenzung jedoch nicht als ganz unproblematisch zu bezeichnen, da beispielsweise die Möglichkeit besteht, Komponenten beider Finanzierungsarten zu vermengen. Voraussetzung für die bilanzielle Zuordnung von Fremd- und Eigenkapitalinstrumenten ist daher ein Verständnis des grundsätzlichen Unterschieds der bilanziellen Oberbegriffe der Passivseite sowohl für die IFRS/IAS-Bilanz als auch für die Steuerbilanz.

1. Schulden

IAS 32.11 verweist außer auf die finanzielle Vermögenswerte und die Eigenkapitalinstrumente auch auf finanzielle Verbindlichkeiten als Schuldinstrumente, die als Finanzinstrumente zu qualifizieren sind. Orientierungsgröße der Schuldinstrumente ist zunächst die „Liability"-Definition des IFRS/IAS-Frameworks.

1.1. Vorgehensweise nach IFRS/IAS

Liabilities werden nach F. 49 (b) als eine gegenwärtige Verpflichtung des Unternehmens (Present Obligation) aus Ereignissen der Vergangenheit (Past Event) definiert, von deren Erfüllung erwartet wird, dass aus dem Unternehmen Ressourcen abfließen (Outflow of Resour-

---

373 Vgl. Arbeitskreis Bilanzrecht der Hochschullehrer Rechtswissenschaft, Bilanzrecht, BB 2002, S. 2374.

ces), die wirtschaftlichen Nutzen verkörpern (Embodying Economic Benefits). Sie sind gem. F. 83 allerdings nur dann anzusetzen, wenn es wahrscheinlich (probable) ist, dass der künftige wirtschaftliche Nutzen vom Unternehmen abfließen wird und die Anschaffungskosten verlässlich ermittelt (Measured with Reliability) werden können.

Eine gegenwärtige Verpflichtung liegt gem. F. 60 vor, wenn eine Pflicht oder Verantwortung zur Leistungserbringung vorliegt, die aus einem bindenden Vertragsverhältnis oder einer gesetzlichen Vorschrift resultiert. Auch kann sich bereits auf Grund der Existenz von Geschäftspraktiken eine gegenwärtige Verpflichtung einstellen, die die Passivierung einer Schuld erfordern, ohne dass eine vertragliche Vereinbarung oder eine gesetzliche Vorschrift vorliegt.[374] Beispielsweise führt der Erhalt eines Bankdarlehens zu einer gegenwärtigen Verpflichtung, da im Rahmen der Rück- und Zinszahlungen des Darlehens Zahlungsmittel aus dem Unternehmen abfließen, die als Ressourcen anzusehen sind, die wirtschaftlichen Nutzen verkörpern. Neben dem Abfluss von Zahlungsmitteln definiert F.62 als weiteren Abfluss von Ressourcen, die wirtschaftlichen Nutzen verkörpern, die Übertragung anderer Assets, die nicht als Zahlungsmittel zu verstehen sind („Tausch"), die Einbringung von Dienstleistungen („tauschähnlich"), den Ersatz durch eine andere Verpflichtung („Umschuldung") oder die Umwandlung in Eigenkapital. Sofern diese Ressourcen nicht abgeflossen wären, könnten sie weiter im Unternehmen eingesetzt werden, so dass sie zum wirtschaftlichen Erfolg des Unternehmens beigetragen hätten.

Unabhängig von der Art des Ressourcenabflusses wird der Liability-Begriff über das Wahrscheinlichkeitskriterium in Verbindung mit dem IFRS/IAS-Bilanzgliederungsschema gem. IAS 1.68 in sichere und unsichere Schulden aufgeteilt. Während Rückstellungen auf Grund des ungewissen Entstehungszeitpunkts und der ungewissen Höhe zu den unsicheren Schulden zählen, werden Verbindlichkeiten als sichere Schuldinstrumente qualifiziert. Den Rückstellungen widmen die IFRS/IAS gem. IAS 37 (Provisions and Contingent Liabilities) einen eigenen Standard, der sich dem Grunde nach auf die Definitionskriterien des Framework stützt und in dessen Zentrum gesetzliche oder faktische Verpflichtungen stehen. Die sicheren Verbindlichkeiten erfüllen dagegen in der Regel die Definitionskriterien zu den finanziellen Vermögenswerten der IAS 32 und 39, deren Grundlage gem. IAS 32.11 vertragliche Verpflichtungen sind, die dem Grunde und der Höhe nach als sicher zu qualifizieren sind. Beiden Schuldkategorien muss allerdings eine gegenwärtige Verpflichtung zu Grunde liegen, die zu einem Abfluss von Ressourcen aus dem Unternehmen führen wird, die - positiv formuliert - dem Unternehmen ansonsten wirtschaftlichen Nutzen stiften würden.

[374] Beispielsweise Kulanz-Maßnahmen eines Unternehmens.

1.2. *Vergleich von IFRS/IAS und Steuerrecht*

1.2.1. *Verbindlichkeiten und Rückstellungen als Schuldinstrumente*

Der bilanzielle Schuldbegriff findet vornehmlich Erwähnung in den §§ 246 und 247 HGB, demnach Schulden auf der Passivseite der Bilanz zu bilanzieren sind. Der Schuldbegriff als solcher erfährt im Gegensatz zu den IFRS/IAS allerdings keine weitere konkretisierende Kodifizierung; er ist steuer- und handelsbilanziell lediglich als Oberbegriff für die sich gem. § 266 HGB aus dem Bilanzgliederungsschema ergebende Unterteilung in Verbindlichkeiten und Rückstellungen anzusehen.[375] Zwar werden die Verbindlichkeiten im Steuerbilanzrecht nicht als Finanzinstrumente qualifiziert, mit den IFRS/IAS liegt hinsichtlich des Schuldbegriffs formell jedoch dahingehend Übereinstimmung vor, dass auch im Steuerbilanzrecht eine Unterteilung in sichere und unsichere Bilanzpositionen vorgenommen wird. Sind Schulden hinsichtlich ihres Bestandes und ihrer Höhe nach sicher, sind sie steuerbilanziell als Verbindlichkeiten auszuweisen; in einer IFRS/IAS-Bilanz handelt es sich hierbei in der Regel um finanzielle Verbindlichkeiten.[376] Die Bilanzierung von Schulden, die dem Grunde und / oder der Höhe nach ungewiss sind, wird in der IFRS/IAS-Bilanz wie im Steuerbilanzrecht auch durch die Passivierung von Rückstellungen und Eventualschulden gem. IAS 37 abgedeckt.

1.2.2. *Begriffsmerkmale*

Obwohl zwischen den Verbindlichkeiten und Rückstellungen hinsichtlich der Gewissheit der Bilanzierung dem Grunde und der Höhe nach zu differenzieren ist, besitzen sie dennoch gemeinsame Ausprägungen, die als gemeinsame Merkmale des steuerbilanziellen Schuldbegriffs anzusehen sind. Eine Verbindlichkeit ist nach der Rechtsprechung des BFH zu bilanzieren, wenn der Unternehmer zu einer dem Inhalt und der Höhe nach bestimmten Leistung an einen Dritten verpflichtet ist, die vom Gläubiger erzwungen werden kann und eine wirtschaftliche Belastung darstellt.[377] Rückstellungen sind hingegen dem Grunde und / oder der Höhe nach ungewiss; allerdings ist bereits eine wirtschaftliche Belastung eingetreten, die zu einer noch zu erbringenden Leistung verpflichtet.[378] Der bilanzrechtliche Begriff der Schuld kann

---

375 Vgl. ADS, 6. Auflage, § 246 HGB Rn. 102; Breithaupt in: Baetge/Kirsch/Thiele, § 247 Rn. 261; Lutz in: HDJ, I/4 Rn. 122 f.; Matschke/Schellhorn in: FS Sieben, Verbindlichkeiten, 1998, S. 448; Schreiber in: Blümich, § 5 EStG Rn. 750.

376 Vgl. hinsichtlich der steuerbilanziellen Differenzierung Lutz in: HDJ, I/4 Rn. 126; Plewka/Schmidt in: Lademann, § 5 EStG Rn. 1113. Lutz weist darauf hin, dass dies aus dem Umkehrschluss des § 249 Abs. 1 S. 1 HGB folgt, wonach für ungewisse Verbindlichkeiten Rückstellungen zu bilden sind. Die Ungewissheit kann sich dabei entweder auf den Bestand bzw. den Grund oder auf die Höhe oder auf beide Eigenschaften beziehen.

377 Vgl. BFH vom 22.11.1988, VIII R 62/85, BStBl. II 1989, S. 359; BFH vom 17.12.1998, IV R 21/97, BStBl. II 2000, S. 116; BFH vom 11.4.1990, I R 63/86, HFR 1990, S. 547; BFH vom 12.12.1990, I R 153/86, BStBl. II 1991, S. 479; BFH vom 20.1.1993, I R 115/91, BStBl. II 1993, S. 373.

378 Vgl. Hommel in: Baetge/Kirsch/Thiele, § 249 Rn. 6; Osterloh-Konrad, Rückstellungen, DStR 2003, S. 1631 f.; Weber-Grellet in: Schmidt, EStG, 25. Auflage 2006, § 5 Rn. 361; ders. Weber-Grellet, Realisationsprinzip, DB 2002, S. 2180.

dabei nicht mit einer zivilrechtlich anzunehmenden Schuld gleichgesetzt werden, die gem. §§ 241 ff. BGB dann vorliegt, wenn eine Rechtsbeziehung zwischen mindestens zwei Personen gegeben ist, kraft derer die eine, der Gläubiger, von der anderen, dem Schuldner, eine Leistung zu fordern berechtigt ist, so dass der Schuldner verpflichtet ist, die Leistung zu bewirken.[379] Während zivilrechtlich ausschließlich auf das Vorhandensein einer schuldrechtlichen Beziehung abgestellt wird, werden bilanzrechtlich vorwiegend wirtschaftliche Gesichtspunkte zur Qualifizierung als Schuld herangezogen.[380] So liegt ausgehend von den gemeinsamen Begriffsmerkmalen der zu passivierenden Verbindlichkeiten und Rückstellungen, steuerbilanziell vielmehr dann eine zu passivierende Schuld vor, wenn eine rechtliche oder wirtschaftliche Verpflichtung zu einer Leistungserbringung vorliegt, die am Abschlussstichtag eine wirtschaftliche Belastung begründet und zudem quantifizierbar ist.[381] Die gemeinsamen Schuldkriterien des Vorliegens einer rechtlichen und wirtschaftlichen Verpflichtung sowie der Quantifizierbarkeit sind dabei mit dem IFRS/IAS-Vorgehen vergleichbar. Die Notwendigkeit des Vorliegens einer gegenwärtigen Verpflichtung unterliegt sowohl steuerbilanziell als auch nach den IFRS/IAS einer wirtschaftlichen Betrachtungsweise, da neben rechtlichen auch wirtschaftliche Verpflichtungen zur Leistungserbringung angesprochen werden.

Anders sieht dies hingegen für das steuerbilanzielle Kriterium der wirtschaftlichen (Vermögens-) Belastung aus. Verpflichtungen, die wirtschaftlich nicht vermögensbelastend wirken, stellen steuerbilanziell keine Schulden dar. Es ist daher zunächst zu differenzieren, ob einer Verpflichtung eine Gegenleistung gegenübersteht oder ob einer Verpflichtung keine Gegenleistung gegenübersteht. Bei einer Verpflichtung ohne Anspruch auf eine Gegenleistung muss das Unternehmen künftige Ausgaben leisten, ohne dass den Ausgaben entsprechende Einnahmen gegenüberstehen, so dass eine wirtschaftliche Belastung vorliegt. Diese liegt allerdings in der Regel dann noch nicht vor, wenn der Unternehmer ein Rechtsgeschäft abschließt, da in diesem Fall einer eingegangenen Verpflichtung entsprechend noch eine zu erwartende Gegenleistung gegenübersteht. Es liegt mithin in der Höhe, in der der eigenen Verpflichtung ein Anspruch auf eine Gegenleistung gegenübersteht, keine wirtschaftliche Belastung vor. Es

379 Vgl. Moxter, Bilanzrechtsprechung, 5. Auflage 1999, S. 82; a.A. Schreiber in: Blümich, § 5 EStG Rn. 755. Schulden können demnach erzwungen werden, so dass Schuldvermögen zwangsweise einer Durchsetzung von Gläubigeransprüchen unterworfen werden kann. Erfüllt der Schuldner die ihm obliegende Leistungspflicht (Schuld) nicht, kann der Gläubiger die Forderung durch Klage u. Zwangsvollstreckung erzwingen.

380 Vgl. Plewka/Schmidt in: Lademann, § 5 EStG Rn. 1105. Verdeutlichen lässt sich dieser Unterschied am sogenannten eigenkapitalersetzenden Darlehen. Aus Sicht des Gläubigers liegt zivilrechtlich Eigenkapital vor; vgl. hierzu BGH vom 16.12.1991, II ZR 58/91, ZIP 1992, S. 237. Bilanzrechtlich - d.h. aus Sicht des Betriebs - ist das kapitalersetzende Darlehen jedoch als Fremdkapital zu qualifizieren, und zwar in Form „haftenden" Fremdkapitals; vgl. hierzu BFH vom 30.5.1990, I R 97/88, BStBl. II 1990, S. 975.

381 Vgl. BFH vom 11.4.1990, I R 63/86, HFR 1990, S. 547; BFH vom 12.12.1990, I R 153/86, BStBl. II 1991, S. 479; BFH vom 12.12.1990, I R 27/88, BFH/NV 1992, S. 8; BFH vom 20.1.1993, I R 115/91, BStBl. II 1993, S. 373; BFH vom 4.2.1999, IV R 54/97, BStBl. II 2000, S. 139; BFH vom 6.4.2000, IV R 31/99, BStBl. II 2001, S. 536; BFH vom 5.6.2002, I R 23/01, BFH/NV 2002, S. 1434; BFH vom 5.6.2002, I R 96/00, BFH/NV 2002, S. 1638; BFH vom 19.11.2003, I R 77/01, BFH/NV 2004, S. 271; BFH vom 20.10.2004, I R 11/03, BFH/NV 2005, S. 428; vgl. auch ADS, 6. Auflage, § 246 HGB Rn. 103; Thiele in: Baetge/Kirsch/Thiele, § 246 Rn. 101; Hoffmann in: Littmann/Bitz/Pust, §§ 4,5 Rn. 840.

ist vielmehr von einer kompensierten Verpflichtung auszugehen, die keine bilanzielle Schuld begründet.[382] Erst mit dem wirtschaftlichen Vollzug des Vertrages seitens eines zur Leistung verpflichteten Vertragspartners tritt eine wirtschaftliche Vermögensänderung ein, die die Bilanzierung eines Schuldpostens rechtfertigt.[383] Die IFRS/IAS-Liability-Definition kennt ein vergleichbares Kriterium nicht. Aus der Anforderung, dass es zu einem Abfluss von Ressourcen kommen muss, die wirtschaftlichen Nutzen verkörpern, lässt sich nicht folgern, dass bereits einer der Geschäftspartner seiner Leistungspflicht nachgekommen sein muss. Da auch Verpflichtungen aus noch schwebenden Rechtsgeschäften zu einem Abfluss von Ressourcen führen können, können Verpflichtungen, denen noch eine Gegenleistung gegenübersteht, als Passivposten (Liability) ausgewiesen werden. Dies gilt vor allem auch deswegen, weil im IASB-Framework ein Grundsatz der Nichtbilanzierung schwebender Geschäfte nicht explizit niedergeschrieben ist. Zwar weist F. 91 darauf hin, dass in der Praxis vertragliche Verpflichtungen, die beidseitig noch nicht erfüllt sind, im Regelfall im Abschluss nicht als Schuld zu erfassen sind, dennoch kann es zur Erfassung einer Schuld kommen,[384] sofern dies durch einen Standard vorgesehen ist.[385]

Steuerbilanziell ist die wirtschaftliche Vermögensbelastung auf Grund des Belastungsmerkmals insofern als zentrales Schuldkriterium zu interpretieren. Obwohl die IFRS/IAS auf einen Ressourcenabfluss verweisen, ist der Abfluss der Ressourcen nicht mit einem Belastungsmerkmal verknüpft, sondern vielmehr an die positive Formulierung eines wirtschaftlichen Nutzens gebunden. Im Unterschied zu dem steuerlichen Belastungskriterium ist der Abfluss von Ressourcen, die einen wirtschaftlichen Nutzen verkörpern, somit nicht nur dahingehend weitergefasst, dass auch bei einer Verpflichtung mit noch ausstehender Gegenleistung von einer Liability auszugehen ist, sondern auch dahingehend, dass sich der Nutzen der Ressourcen über deren Einsatz im Unternehmen erschließt, so dass dies unabhängig davon gilt, ob der Ressourcenabfluss den wirtschaftlichen Erfolg des Unternehmens mindert oder aus ihm zu leisten ist. Steuerbilanziell macht es hingegen schon einen Unterschied, ob eine Verpflichtung abhängig oder unabhängig vom Unternehmenserfolg zu leisten ist, d.h. ob sie den Unternehmenserfolg belastet oder nicht.

---

382 Vgl. Thiele in: Baetge/Kirsch/Thiele, § 246 Rn. 114 ff. Beispiele für kompensierte Verpflichtungen sind Verpflichtungen aus schwebenden Geschäften, die dann kompensiert sind, wenn der Verpflichtung des Kaufmanns ein wirtschaftlicher Vorteil in mindestens derselben Höhe gegenübersteht. Zivilrechtlich liegt hingegen ein Schuldinstrument vor, da es sich bereits um erzwingbare Leistungsverpflichtungen handelt.

383 Vgl. Lutz in: HDJ, I/4 Rn. 130.

384 Gedeckt durch die Liabilitydefinition.

385 Vgl. auch Mellwig/Sabel, Schwebende Geschäfte, DK 2005, S. 358.

1.3. Beurteilung einer Übernahme der IFRS/IAS-Wertungen

Konsequenterweise kommt ein eigenständiger steuerlicher Betriebsvermögensvergleich nicht ohne Schuldenposten aus, so dass den Vorgaben des IFRS/IAS-Frameworks zu den Schuldposten steuerliche Beachtung geschenkt werden muss. Steuerlich unproblematisch ist die Tatsache, dass sich im IFRS/IAS-Framework eine konkrete Definition der Schulden findet, die auch als Abgrenzung zum Eigenkapital zu verstehen ist. Die Kriterien des F. 49 (b) müssen allerdings den systemtragenden Prinzipien der eigenständigen Steuerbilanz standhalten. Die Vorgabe, dass zur Bilanzierung sicherer und unsicherer Verbindlichkeiten eine gegenwärtige Verpflichtung vorliegen muss, ist als alternativlos anzusehen, obwohl sich in Bezug auf die Bilanzierung ungewisser Verbindlichkeiten Objektivierungsschwierigkeiten hinsichtlich der Wahrscheinlichkeit ihrer Entstehung und der Ermittlung ihrer Höhe einstellen. Derartige Objektivierungsschwierigkeiten sind allerdings als systemimmanent zu beurteilen, so dass die konkreten Vorschriften zur Bilanzierung von Rückstellungen genauer betrachtet werden müssten. Im Hinblick auf die Passivierung finanzieller Verbindlichkeiten sollen diese Überlegungen allerdings nicht weiter vertieft werden, da es sich hierbei grundsätzlich um sichere Schuldinstrumente handelt.[386]

Das IFRS/IAS-Kriterium des Abflusses von Ressourcen, die einen Nutzen verkörpern, bedarf hingegen einer genaueren Betrachtung. Steuerbilanziell ist die wirtschaftliche Leistungsfähigkeit danach zu beurteilen, ob durch eine bestehende Verpflichtung der Erfolg des Unternehmens wirtschaftlich belastet wird. Der positive Verweis auf den wirtschaftlichen Nutzen trägt dabei nicht zur Messung der wirtschaftlichen Leistungsfähigkeit, sondern vielmehr zur Entobjektivierung der steuerbilanziellen Rechnungslegung bei. Beispielsweise könnte jedes vertraglich eingeräumte Kündigungsrecht, das im Zusammenhang mit der Überlassung von Kapital steht, steuerbilanziell dahingehend interpretiert werden, dass eine gegenwärtige Verpflichtung zum Abfluss von Ressourcen, die wirtschaftlichen Nutzen verkörpern, besteht. Da den Gesellschaftern einer Personengesellschaft gem. § 131 Abs. 3 S. 1 Nr. 3 HGB ein gesetzliches Kündigungsrecht zusteht, müssten Personengesellschaftsanteile somit generell als Schuldinstrument eingestuft werden. Steuerbilanziell ist es insofern entscheidend, ob mit einer Verpflichtung eine wirtschaftliche Belastung einhergeht oder nicht.

[386] Es wird auf die Bilanzierung von Rückstellungen im Rahmen dieser Arbeit nicht weiter eingegangen; vgl. ausführlich zu den Rückstellungen Herzig, IAS/IFRS und steuerliche Gewinnermittlung, 2004, S. 252 ff. und 279 ff.

2. *Eigenkapital als Residualwert*

2.1. *Vorgehensweise nach IFRS/IAS*

Die IFRS/IAS bedienen sich zur Ermittlung der Vermögens- und Finanzlage neben den Vermögens- und Schuldposten notwendigerweise auch des Eigenkapitals. Unter dem Gesichtspunkt der Informationsbereitstellung und des Erfordernisses zweifelsfreier Ausweisung und Unterteilung der passiven Bilanzposten kommt einer trennscharfen Abgrenzung des Eigenkapitals von den Schulden ein hohes Maß an Bedeutung zu. Es lässt sich zunächst feststellen, dass das Eigenkapital gem. F. 49 (c) im Sinne der Logik der Reinvermögensbilanzierung einem Residualwert entspricht, der sich konsequenterweise aus der Summe der Vermögenswerte abzüglich aller Schulden ergibt und somit auch als Verlustpuffer dient. Formell wird dieses Residuum nach F. 65 und IAS 1 (Darstellung des Abschlusses) in seine einzelnen Bestandteile zerlegt. Konkrete Aussagen über den Verbleib des Kapitals im Unternehmen finden sich in den Vorschriften zwar nicht, dennoch kann es auf Grund der den einzelnen Eigenkapitalbestandteilen zugedachten Funktionen im Unternehmen grob eingeteilt werden. Demnach ist das zu bilanzierende Eigenkapital nach seiner unterschiedlichen Herkunft aufzufächern und darzustellen, so dass sich die Bilanzposten in dem Unternehmen kurz- und langfristig zur Verfügung stehende Eigenkapitalkategorien unterteilen lassen. Gem. IAS 1.68 sind das gezeichnete Kapital und etwaige Rücklagen als unentbehrliche Elemente des Residualwerts auszuweisen. Zu den Rücklagen zählen beispielsweise Gewinn- als auch Kapitalerhaltungsrücklagen. Auch wenn die Rücklagen jederzeit aufgelöst werden können, handelt es sich vornehmlich um Bestandteile des Eigenkapitals, die neben dem gezeichneten Kapital zum längerfristigen Verbleib im Unternehmen vorgesehen sind. Daneben verlangen die IAS 1.96 ff., dass im Sinne der Informationsbereitstellung die Veränderung des Eigenkapitals zwischen zwei Bilanzstichtagen angegeben wird. Zur Information des Investors wird die Zu- oder Abnahme des Reinvermögens (Net Asset) augezeigt, oder genauer die Veränderung der Vermögens-, Finanz- und Ertragslage des Unternehmens durch die Veränderung der Residualgröße insgesamt, die ihm dann als Grundlage für zukünftige Entscheidungen zu dienen hat. Demnach ist es unerlässlich, auch die kurzfristig volatilen Elemente des Eigenkapitals, die sich aus der laufenden Unternehmenstätigkeit ergeben, bilanziell darzustellen. Sie umfassen dabei die Transaktionen des Unternehmens mit den Anteilseignern und vor allem das Periodenergebnis, sprich den am Markt erwirtschafteten Gewinn oder Verlust. So verlangt IAS 1.102 explizit die Aufstellung einer Kapitalflussrechnung als Signal an den Kapitalmarkt, um die Fähigkeiten des Unternehmens zu transportieren, zukünftige Zahlungsmittel oder Zahlungsmitteläquivalente aus der laufenden unternehmerischen Tätigkeit heraus zu erwirtschaften.

Das IFRS/IAS-Eigenkapital als Residualwert umfasst somit zum einen Bestimmungen zu den Kapitalüberlassungen Dritter, die dem Unternehmen langfristig zur Verfügung zu stehen haben. Zum anderen umfasst es den Erfolg der laufenden unternehmerischen Tätigkeit, über den die Organe des Unternehmens zeitlich frei disponieren können. Da zwischen den aus der laufenden unternehmerischen Tätigkeit resultierenden Eigenkapitalbestandteilen und den Schuldposten keine Abgrenzungsprobleme bestehen, konzentrieren sich die weiteren Ausführungen zu den Finanzinstrumenten daher auf Kapitalüberlassungen, die dem Unternehmen von Dritten längerfristig zugeführt werden, und nicht auf die aus dem laufenden Geschäftsbetrieb entstehenden Bilanzpositionen.

2.2. *Vergleich von IFRS/IAS und Steuerrecht*

2.2.1. *Vollständigkeitsgebot des § 246 HGB*

Im Vergleich zu dem im Framework explizit erwähnten Residualwertbegriff resultiert das Eigenkapital in der Steuerbilanz aus Überlegungen zum Vollständigkeitsgebot.[387] Formell leiten Handels- und Steuerbilanz den Eigenkapitalposten aus dem Vollständigkeitsgebot des § 246 Abs. 1 HGB als Saldoposten aus den in der Bilanz anzusetzenden Aktiv- und Passivposten ab.[388] Das Eigenkapital ist insofern keine eigenständige Position, sondern wie auch in der IFRS/IAS-Bilanz zunächst eine Rechengröße, deren Existenz sich als logische Konsequenz aus dem Gegenüber von Aktiva und Passiva ergibt.[389]

Wie nach den IFRS/IAS-Vorschriften lassen sich zunächst auch im Steuerbilanzrecht aus der dem Eigenkapital zukommenden Funktion Angaben über den Verbleib oder die Verweildauer des Eigenkapitals im Unternehmen ableiten. Obwohl das zugeführte Eigenkapital dem Unternehmen zur Sicherung des Fortbestehens grundsätzlich auf Dauer zur Verfügung stehen sollte und Fremdkapital von Natur aus im Voraus nur für eine bestimmte Zeitdauer dem Unternehmen überlassen wird, bedeutet dies für die Steuerbilanz nicht, dass das Eigenkapital dabei als unentziehbar zu gelten hat.[390] Auch steuerlich müssen nicht alle Eigenkapitalpositionen dem Unternehmen auf Lebenszeit zur Verfügung stehen. So können beispielsweise die laufenden Gewinne als Eigenkapitalbestandteil unter Wahrung gesellschaftsrechtlicher Formvorschriften

---

[387] Dem handelsbilanziellen Begriff Eigenkapital entspricht für das Steuerrecht der in § 4 Abs. 1 EStG verwendete Begriff des Betriebsvermögens; im Folgenden wird der Einfachheit halber weiter der Begriff Eigenkapital verwendet.

[388] Als weiterer formeller Hinweis dient § 247 Abs. 1 HGB, nach dem das Eigenkapital neben den anderen Bilanzpositionen getrennt auszuweisen und hinreichend aufzugliedern ist.

[389] Vgl. ADS, 6. Auflage, § 246 HGB Rn. 79; Breithaupt in: Baetge/Kirsch/Thiele, § 247 Rn. 202; Bordt in: HDJ, III/1 Rn. 4; Müller in: FS Budde, Eigenkapitalbegriff, 1995, S. 448 u. 457; Reiß in: Kirchhof/Söhn, EStG, § 15 E 116; Wiedemann in: FS Beusch, Eigenkapital, 1993, S. 894 f.; Winnefeld, Bilanz-Handbuch, 4. Auflage 2006, S. 1248, F Rn. 606. Dem Unternehmen wird in seiner Wirkung daher auch kein Eigenkapital zugeführt, sondern es können ihm nur Wirtschaftsgüter auf der Aktivseite zugeführt oder Schulden auf der Passivseite abgezogen werden, so dass sich als Resultat eine Erhöhung des Residualwerts Eigenkapital einstellt; vgl. hierzu Reiß in: HHR, § 15 EStG E 116. Im Folgenden wird der Einfachheit halber begrifflich dahingehend argumentiert, dass dem Unternehmen Eigen- oder Fremdkapital zugeführt wird.

[390] Vgl. ADS, 6. Auflage, § 246 HGB Rn. 82; Bordt in: HDJ, III/1, Rn. 251; Küting/Kessler, Überschuldungsstatus, BB 1994, S. 2105; Müller/Reinke, Genußrechte, WPg 1995, S. 570 f.; Wengel, Genußrechtskapital, DStR 2001, S. 1319.

zeitnah an die Gesellschafter ausgeschüttet werden.[391] Kapitalinstrumente, die vermögens- und/oder mitgliedschaftsrechtliche Ansprüche begründen, werden dem Unternehmen dagegen auf unbestimmte Zeit überlassen und unterliegen nicht der freien Disposition der Gesellschafter.[392] Bei unbeschränkt haftenden Personengesellschaften können darüber hinaus die variablen Kapitalkonten zwar durch Entnahmen und Einlagen direkt geändert werden, sie stehen dem Unternehmen aber mittelbar über die persönliche Haftung des Gesellschafters noch zur Verfügung.[393] Insofern besteht nach IFRS/IAS und Steuerrecht darin Übereinstimmung, dass das Eigenkapital jeweils eine Saldogröße darstellt, die sich aus Bestandteilen zusammensetzt, die sich zum einen aus der laufenden unternehmerischen Tätigkeit ergeben und zum anderen aus Kapitalinstrumenten, die dem Unternehmen im Grundsatz auf Dauer zur Verfügung stehen. Unabhängig vom Bilanzzweck ist ihnen zudem gemeinsam, dass sie grundsätzlich vor den Kapitalüberlassungen der Fremdkapitalgeber zum Ausgleich der Verluste des Unternehmens herangezogen werden.

2.2.2. Gliederungsvorschriften der §§ 266 und 272 HGB

Hinsichtlich der bilanziellen Gliederungsvorschriften zum Eigenkapital treten dagegen zwischen den IFRS/IAS und dem Steuerbilanzrecht formale Divergenzen auf, die sich hauptsächlich auf Aspekte der Ausweisvorschriften beziehen. Neben der gem. § 247 Abs. 1 HGB allgemeinen Gliederungsvorschrift zum Eigenkapital für alle Gesellschaften liefern die §§ 266 Abs. 3 A und 272 HGB für Kapitalgesellschaften ausführliche Ausweisvorschriften,[394] die trotz fehlender Maßgeblichkeit steuerlich von allen Bilanzierenden als formale Orientierungsgröße genutzt werden und das Eigenkapital somit detailliert unterteilen, was nach den IFRS/IAS in dieser Genauigkeit nicht der Fall ist. Allerdings führt dies beim Ausweis des Eigenkapitals insgesamt nicht zu bedeutsamen Unterschieden, da die wesentlichen steuer- und handelsbilanziellen Eigenkapitalposten mit den aus den Vorschriften der IFRS/IAS sich ergebenden Eigenkapitalposten übereinstimmen; hierzu zählen beispielsweise das gezeichnete Kapital, die Kapital- und Gewinnrücklagen, der Gewinn- oder Verlustvortrag sowie der laufende Jahresüberschuss.

---

391 Vgl. ADS, 6. Auflage, § 246 HGB Rn. 82; Lutter, Genußrechte, DB 1993, S. 2444; Müller in: FS Budde, Eigenkapitalbegriff, 1995, S. 457; Müller/Reinke, Genußrechte, WPg 1995, S. 571; Wengel, Genußrechtskapital, DStR 2001, S. 1317 f.; Winnefeld, Bilanz-Handbuch, 4. Auflage 2006, S. 1248, F 607 f.

392 Vgl. Bordt in: HDJ, 2005, III/1 Rn. 252.

393 Vgl. Küting/Kessler, Überschuldungsstatus, BB 1994, S. 2105; Wiedemann in: FS Beusch, Eigenkapital, 1993, S. 894 f.

394 § 272 HGB führt sogar als Überschrift den Begriff Eigenkapital.

2.2.3. *Unterschiedliche Eigenkapitalwerte*

Obwohl die Ermittlungstechnik des jederzeit änderbaren Saldopostens nach den IFRS/IAS-Vorschriften und dem steuerbilanziellen Vorgehen identisch ist und formell die Eigenkapitalpositionen übereinstimmen, stellen sich beim Ausweis des Eigenkapitals im Ergebnis allerdings gewichtige Unterschiede ein, die im Wesentlichen von der Bilanzierung der Aktiva und Passiva determiniert werden.[395] So führt beispielsweise beim Erfolgsausweis der laufenden unternehmerischen Tätigkeit die IFRS/IAS-Tendenz zur Fair Value-Bewertung und die damit einhergehende symmetrische Behandlung von positiven und negativen Wertschwankungen zu einer anderen Eigenkapitalgröße, als dies im Steuerrecht mit dem Anschaffungskostenprinzip und der daraus resultierenden Bildung von stillen Reserven der Fall ist. Insgesamt kann dies nach den IFRS/IAS auf Grund des Fair Value-Ansatzes zu einer deutlich volatileren Größe führen, als dies im Steuerrecht der Fall ist.

Das Eigenkapital wird zudem nicht nur durch Differenzen beim Erfolgsausweis beeinflusst; auch die unterschiedliche Qualifikation von Kapitalüberlassungen als Eigen- oder Fremdkapitalinstrument nach den IFRS/IAS und Steuerrecht beeinflusst die Saldogröße. Bekanntermaßen bietet das Steuerrecht trotz der nach den §§ 266 ff. HGB vorgegebenen Strukturierung des Eigenkapitals im Gegensatz zu den IAS 32 hierzu keine konkreten Vorschriften und liefert insofern auch keine weiteren Aufschlüsse hinsichtlich der Qualifikation als Eigenkapitalinstrument. Das dem Unternehmen zugeführte Kapital hat sich daher grundsätzlich am steuerbilanziellen Zweck der Rechnungslegung zu orientieren.

2.3. *Beurteilung einer Übernahme der IFRS/IAS-Wertungen*

Die der IFRS/IAS-Bilanzierung immanente Bilanzposition des Eigenkapitals als Saldogröße aus der Differenz zwischen den Vermögenswerten und den Schulden eines Unternehmens besitzt eine zwangsläufige Eignung für eine eigenständige steuerliche Gewinnermittlung. Insbesondere der Hinweis des Frameworks auf den Residualwert steht dieser Beurteilung nicht im Wege. Hinsichtlich des Ausweises der Periodenergebnisse lässt sich keine weitere Aussage treffen, da es sich hier um das Ergebnis des Ansatzes und der Bewertung aller anderen aktiven und passiven Bilanzposten handelt, das als Saldogröße nur über diese Bilanzposten zu beeinflussen ist. Die Unterteilung in Eigenkapitalposten, die sich aus der laufenden unternehmerischen Tätigkeit und aus dem dem Unternehmen auf Dauer überlassenen Kapital ergeben, ist für die steuerliche Gewinnermittlung auch zukünftig unerlässlich, um zu gewährleisten, dass über eine objektive Abgrenzung von Eigen- und Fremdkapitalinstrumenten die steuerliche Leistungsfähigkeit sachgerecht ermittelt werden kann.

---

[395] Vgl. Thiele, Eigenkapital, 1998, S. 94.

III. Personelle Bilanzierungsfähigkeit

1. Vorgehensweise nach IFRS/IAS

Aus dem Framework leitet sich für die Aktivseite der Bilanz das Kriterium der Verfügungsmacht ab; gem. F. 49 (a) besteht ein Asset aus Ressourcen, über die das Unternehmen verfügen kann. Das Merkmal der Verfügungsmacht des Unternehmens ist Ausfluss einer wirtschaftlichen Betrachtungsweise,[396] die sich zur Bereitstellung entscheidungsrelevanter Informationen dem Prinzip Substance over Form ergibt. Nach dem Grundsatz Substance over Form gem. F. 35 ist das wirtschaftliche und nicht das formalrechtliche Eigentum an einem Vermögenswert für den Bilanzansatz maßgebend.[397] Die personelle Zurechnung nach den IFRS/IAS richtet sich insofern nach der wirtschaftlichen Beurteilung des Nutzenzuflusses in Form von Zahlungsmitteln aus einem Vermögenswert. Diese Sichtweise lässt sich auch aus der Informationsfunktion der Bilanzierung ableiten. Dem Bilanzleser soll ein Bild der im Unternehmen tatsächlich befindlichen Ressourcen vermittelt werden, aus denen zukünftige Zahlungszuflüsse generiert werden können. Auch die bilanzielle Behandlung von passiven Bilanzierungseinheiten ist im Kontext der wirtschaftlichen Betrachtungsweise zu sehen. Die Anforderung des F. 49 (b), nach dem ein Unternehmen eine gegenwärtige Verpflichtung im Zeitpunkt ihrer Entstehung als eine Schuld (Liability) zu erfassen hat,[398] ist Ausdruck des Grundsatzes Substance over Form, da dies neben rechtlichen Verpflichtungen auch wirtschaftliche Verpflichtungen meint. Des Weiteren verweist F. 38 darauf, dass sich die Verlässlichkeit der im Abschluss aufgeführten Positionen auch durch den Grundsatz der Vollständigkeit bestimmt und mithin in einer IFRS/IAS-Bilanz alle Assets und Liabilities abzubilden sind.[399]

---

396 Das Verfügungsmachtmerkmal findet auch im F. 57 Erwähnung.

397 Vgl. Achleitner/Wollmert/van Hulle in: Baetge/Dörner et. al., IAS-Kommentar, 2. Auflage 2003, A III Rn. 6; Alvarez/Wotschofsky/Miethig, Leasingverhältnisse, WPg 2001, S. 934; Ammann/Wulf, Leasingbilanzierung, StuB 2000, S. 914; Beine/Nardmann in: Wiley, 2004, Abschnitt 14 Rn. 4; Thiele in: Baetge/Kirsch/Thiele, § 246 Rn. 581; Küting/Hellen/Brakensiek, Leasinggeschäfte, DStR 1999, S. 1468; Mellwig, Leasingverträge, DB 1998, S. 2 f.; Vater, Leasing, DStR 2002, S. 2094; Herzig, IAS/IFRS und steuerliche Gewinnermittlung, 2004, S. 82.

398 Ein Ausweis hat gem. F. 49 (b) dann nicht mehr zu erfolgen, wenn die Verpflichtung erfüllt wurde, d.h. wenn es zu einem Abfluss von Ressourcen gekommen ist, mit denen wirtschaftlicher Nutzen verbunden wird. Eine Möglichkeit der Erfüllung ist gem. F. 62 (a) beispielsweise die Begleichung der Schuld mit flüssigen Mitteln oder gem. F 62 (b) die Übertragung anderer Vermögenswerte. Des Weiteren weist F. 62 darauf hin, dass eine Verpflichtung auch auf anderem Wege erlöschen kann, beispielsweise dadurch, dass ein Gläubiger auf seine Ansprüche aus einem Schuldinstrument verzichtet.

399 Der Grundsatz der Vollständigkeit schließt zwar im Sinne der Wesentlichkeit auch die richtige Bewertung der Bilanzposten mit ein, dem Grunde nach zielt er aber auch darauf ab, die Finanz- und Vermögenslage des Unternehmens vollständig abzubilden; vgl. Förschle/Kroner in: Beck Bil Kom, 5. Auflage 2003, § 246 Rn. 180; IDW, Bilanzrichtlinien, WPg 2005, S. 176.

2. *Vergleich von IFRS/IAS und Steuerrecht*

2.1. *Zivilrechtliches und wirtschaftliches Eigentum*

Im Zentrum der steuerbilanziellen Überlegungen zur personellen Zurechnung von Bilanzierungseinheiten steht die Frage nach der Zurechnung von Wirtschaftsgütern. Diesbezügliche Vorschriften finden sich im deutschen Steuer- und Handelsrecht dem Grunde nach in der Abgabenordnung und im Handelsgesetzbuch. Während der Kaufmann gem. § 246 Abs. 1 HGB im Sinne des Vollständigkeitsgrundsatzes seine sämtlichen Vermögensgegenstände zu aktivieren hat,[400] existiert steuerlich gem. § 39 AO eine eigenständige Zurechnungsvorschrift, nach der Wirtschaftsgüter gem. § 39 Abs. 1 AO grundsätzlich ihrem Eigentümer zuzurechnen sind. Als ungeklärt gilt, ob die beiden Ansätze bilanziell kongruent sind oder ob nicht in materieller Hinsicht graduelle Unterschiede auf Grund der unterschiedlichen Bilanzzwecke vorliegen.[401] Konkret geht es dabei um die Frage, ob es sich bei dem handelsbilanziellen Vorgehen gem. § 5 Abs. 1 EStG i.V.m. § 246 Abs. 1 HGB um eine steuerliche Sondervorschrift handelt oder ob § 39 AO in der Steuerbilanz vorrangig zu beachten ist.[402] Ohne diesen Meinungsstreit vertiefen zu wollen, sei angemerkt, dass beide Rechenwerke - Handels- und Steuerbilanz - übereinstimmend den Ansatz verfolgen, dass in der Bilanz grundsätzlich sämtliche Bilanzierungseinheiten zu erfassen sind, die im Eigentum des Steuerpflichtigen stehen. Übereinstimmung liegt somit mit den IFRS/IAS dahingehend vor, dass jeweils die bilanzielle Zurechnung durch eine objektive Darstellung der Finanz- und Vermögenslage im Sinne der Vollständigkeit geprägt wird.

Steuer- und handelsbilanziell wird von der Grundannahme ausgegangen, dass der rechtliche Eigentümer gleichzeitig auch der wirtschaftliche Eigentümer ist. Ihre Schranke findet diese formalrechtliche Betrachtungsweise allerdings in der Zurechnung nach wirtschaftlichen Gesichtspunkten, nach der einem Steuerpflichtigen gem. § 39 Abs. 2 Nr. 1 S. 1 AO eine Bilan-

---

400 Zudem verweisen die §§ 240, 242 HGB darauf, dass der Kaufmann „seine" Vermögensgegenstände zu aktivieren und „seine" Schulden zu passivieren hat. Da es sich hierbei allerdings nur um formelle Vorschriften zum Inventar und zur Bilanzerstellungsverpflichtung handelt, kommt insoweit ausschließlich dem Vollständigkeitsgebot i.S.d. des § 246 HGB als Ansatzvorschrift materielle Bedeutung zu.

401 Zur Annahme der Deckungsgleichheit vgl. BFH vom 3.8.1988, I R 157/84, BStBl. II 1989, S. 21; BFH vom 14.5.2002, VIII R 30/98, BStBl. II 2002, S. 741; Schreiber in: Blümich, § 5 EStG Rn. 510 m.w.N. So verweist auch das IDW in seinem Stellungnahmeentwurf zum Übergang des wirtschaftlichen Eigentums nach HGB auf die allgemeinen Grundsätze der steuerlichen Norm des § 39 AO und deren Fortentwicklung durch die Rechtsprechung, was insoweit als Hinweis zur Deckungsgleichheit dienen kann; vgl. hierzu IDW, ERS HFA 13, WPg 2004, S. 952. Kritisch zur Deckungsgleichheit auf Grund der unterschiedlichen Bilanzierungszwecke Ekkenga, Wirtschaftliches Eigentum, ZGR 1997, S. 268 f.

402 Zum Vorrang des § 39 AO vgl. BFH vom 26.1.1970, IV R 144/66, BStBl. II 1970, S. 264; BFH vom 5.5.1983, IV R 43/80, BStBl. II 1983, S. 631; BFH vom 29.7.1981, I R 62/77, BStBl. II 1982, S. 107; Mayer, Wirtschaftliches Eigentum, WPg 2003, S. 933 ff.; Stobbe, Wirtschaftliches Eigentum, BB 1990, S. 518 f.; Wacker in: Blümich, § 4 EStG Rn. 155; Weber-Grellet in: Schmidt, EStG, 25. Auflage 2006, § 5 Rn. 151. Voraussetzung für einen Vorrang des § 5 Abs. 1 S. 1 EStG wäre zunächst, dass es sich bei der Vorschrift des § 246 HGB um einen GoB handelt. Sollte es sich dabei nicht um einen GoB handeln, so liegt es aus dieser Begründung heraus bereits nahe, auf die Rechtssystematik des § 39 AO zurückzugreifen.

zierungseinheit abweichend von der zivilrechtlichen Zurechnung zuzuordnen ist, sofern er die tatsächliche Herrschaft über das Wirtschaftsgut ausübt,[403] d.h. sofern er nach dem Willen der Vertragsparteien darüber wirtschaftlich verfügen kann.[404] Zum bilanziellen Vermögen eines Steuerpflichtigen gehören die ihm zivilrechtlich und wirtschaftlich zurechenbaren Wirtschaftsgüter sowie solche, die zivilrechtlich zwar einer anderen Person gehören, die aber auf Grund vertraglicher Vereinbarungen mit dem zivilrechtlichen Rechtsinhaber und auf Grund von faktischen Gegebenheiten wirtschaftlich Bestandteil seines Vermögens sind,[405] die ihm mithin ausschließlich wirtschaftlich zuzurechnen sind.[406] Prinzipiell stimmt insofern die personelle Zurechnung von Vermögenswerten nach den Vorschriften der IFRS/IAS und dem Steuerrecht überein, da beide Rechenwerke auf eine wirtschaftliche Betrachtungsweise abstellen. Im Unterschied zu den IFRS/IAS geht die steuerbilanzielle Zurechnung allerdings zunächst davon aus, dass der juristische Eigentümer auch der wirtschaftliche Eigentümer ist. Das juristische Eigentum stellt zwar keine notwendige Voraussetzung für die Aktivierung dar, der Herausgabeanspruch auf Grund des zivilrechtlichen Eigentums besitzt jedoch eine Abgrenzungsfunktion, die die steuerbilanzielle Zurechnung von Bilanzierungseinheiten objektiviert.[407] Diese Schutzfunktion des Zivilrechts kennen die IFRS/IAS nicht; auf das rechtliche Eigentum wird kein Bezug genommen.[408]

Die Notwendigkeit einer vom Zivilrecht abweichenden wirtschaftlichen Regelzurechung ergibt sich dabei aus der funktionalen Differenz der jeweiligen Normenwerke.[409] Das Zivilrecht sichert im Sinne einer marktwirtschaftlich geprägten Rechtsordnung einem Berechtigten eine gegenüber Dritten abzugrenzende Sachherrschaft an Sachen und Rechten ab. Steuerrechtlich

---

403 Die wirtschaftliche Herrschaftsausübung wird gem. § 39 Abs. 2 Nr. 1 Satz 1 AO in der Weise vollzogen, dass der zivilrechtliche Eigentümer im Regelfall für die gewöhnliche Nutzungsdauer von der Einwirkung auf das Wirtschaftsgut wirtschaftlich ausgeschlossen wird. Aus dem Vollständigkeitsgebot des § 246 Abs. 1 HGB ergibt sich nichts anderes.

404 Vgl. BFH vom 13.10.1972, I R 213/69, BStBl. II 1973, S. 209; BFH vom 28.4.1977, IV R 163/75, BStBl. II 1977, S. 553; BFH vom 2.5.1984, VIII R 276/81, BStBl. II 1984, S. 820; BFH vom 25.9.1996, III R 112/95, BStBl. II 1998, S. 70; BFH vom 15.12.1999, I R 29/97, BStBl. II 2000, S. 701.

405 Vgl. BFH vom 26.1.1970, IV R 144/66, BStBl. II 1970, S. 264; BFH vom 3.8.1988, I R 157/84, BStBl. II 1989, S. 21 m.w.N.; BFH vom 14.5.2002, VIII R 30/98, BStBl. II 2002, S. 741.

406 So ist beispielsweise unstrittig, dass eine gekaufte Ware bereits durch die Erlangung des Besitzes dem Vermögen des Bilanzierenden wirtschaftlich zugeordnet wird, auch wenn der Eigentumserwerb noch aussteht, da der Besitz in Verbindung mit der vertraglichen Berechtigung zur Benutzung oder Weiterveräußerung der Sachen den Bilanzierenden berechtigt, über die Ware unter Ausschluss des Eigentümers zu verfügen oder sie ungestört zu nutzen; insbesondere kann er den zivilrechtlichen Eigentümer durch Erfüllung seiner Zahlungspflicht jederzeit von der Einwirkung auf das Wirtschaftsgut ausschließen; vgl. hierzu BFH vom 3.8.1988, I R 157/84, BStBl. II 1989, S. 21.

407 Vgl. Mellwig/Weinstock, Leasingobjekte, DB 1996, S. 2346 ff.

408 Vgl. Herzig, IAS/IFRS und steuerliche Gewinnermittlung, 2004, S. 85.

409 Die Institution des wirtschaftlichen Eigentums ist Ausdruck der für das Bilanzrecht maßgeblichen wirtschaftlichen Betrachtungsweise, da die zivilrechtliche Beurteilung der eindeutigen Güterzuordnung im Rechtsverkehr dient. Die wirtschaftliche Betrachtungsweise aber bedeutet, dass Aufwand dem Grunde nach dem zuzuordnen ist, der ihn wirtschaftlich auch getragen hat; vgl. hierzu Weber-Grellet, Rechtsprechung 2004, BB 2005, S. 36.

verhält es sich hingegen anders, da die steuerrechtliche Zurechnung nicht die Teilnehmer des Rechtsverkehrs zu schützen, sondern sicherzustellen hat, dass Wirtschaftsgüter, die vom Steuerpflichtigen zukünftig nutzenstiftend eingesetzt werden, diesem auch zugeordnet werden. Maßgeblich für die steuerliche Zurechnung in diesem Sinne ist daher die Beeinflussung der Leistungsfähigkeit durch die Zurechnung von Wertsteigerungen und Wertminderungen zu dem Steuerpflichtigen.[410] Ähnliches gilt für die IFRS/IAS-Bilanz; auch sie dient als Informationsbilanz nicht der Dokumentation der Absicherung einer Sachherrschaft. Das „wirtschaftliche Eigentum" begründet somit weder im Steuerbilanzrecht noch nach den IFRS/IAS-Vorschriften einen autonomen Eigentumsbegriff. Die Begrifflichkeit des wirtschaftlichen Eigentums dient lediglich der Umschreibung des Sachverhalts, dass bilanziell von der zivilrechtlich vorgegebenen Eigentumsregelzurechnung abgewichen wird.[411] Zum Ausdruck kommt dies insbesondere dadurch, dass steuerlich eben keine Sachen oder Rechte, sondern Wirtschaftsgüter zugeordnet werden. Für die Zurechnung eines in der Handelsbilanz zu bilanzierenden Vermögensgegenstandes gilt nichts anderes.[412] Gleiches gilt für die IFRS/IAS-Bilanzierung; hier steht die mit der tatsächlichen Herrschaftsausübung vergleichbare Verfügungsmacht über den zukünftigen wirtschaftlichen Nutzenzufluss im Vordergrund, so dass insoweit keine Sachen oder Rechte, sondern Assets zugeordnet werden.

Was für die Aktivseite der Steuerbilanz gilt, gilt im Rahmen der personellen Zurechnung entsprechend auch für die Passivseite. Grundsätzlich hat das Unternehmen, ausgehend von dem Vollständigkeitsgebot des § 246 HGB und der Zurechnungsvorschrift des § 39 Abs. 1 AO, sämtliche Schulden zu passivieren, die in seinem Namen begründet wurden. Sofern allerdings rechtliche und wirtschaftliche Verpflichtungen voneinander abweichen, sind Schulden in Analogie zum Vorgehen auf der Aktivseite dem wirtschaftlich Verpflichteten zuzurechnen.[413] Insofern greift auch für die Passivseite die von der Aktivseite bekannte wirtschaftliche Betrachtungsweise, die auch von den IFRS/IAS herangezogen wird.

---

[410] Vgl. BVerfG vom 16.12.1970, 1 BvR 210/68, BStBl. II 1971, S. 381. Das Moment der ausschließlichen Sachherrschaft tritt hinter einer wirtschaftlichen Konzeption der Chancen- und Risikozuweisung im Sinne einer Besteuerung nach der Leistungsfähigkeit zurück; vgl. hierzu Walz in: FS Fischer, Wirtschaftsgut, 1999, S. 469.

[411] Vgl. Ekkenga, Wirtschaftliches Eigentum, ZGR 1997, S. 265 f. m.w.N.; Fischer in: Hübschmann/Hepp/Spitaler, § 39 AO Rn. 40; Heidner, Treuhandverhältnisse, DB 1996, S. 1203; Kruse in: Tipke/Kruse, § 39 Rn. 21; Schiffbauer, Wirtschaftliches Eigentum, StuW 1956, S. 470.

[412] Vgl. BFH vom 26.1.1970, IV R 144/66, BStBl. II 1970, S. 264; BFH vom 3.8.1988, I R 157/84, BStBl. II 1989, S. 21; BFH vom 12.9.1991, III R 233/90, BStBl. II 1992, S. 182; BFH vom 14.5.2002, VIII R 30/98, BStBl. II 2002, S. 741; im Regelfall kongruente Ergebnisse vgl. Groh, BGH, BB 1996, S. 1489; Häuselmann, Repo-Geschäft, BB 2000, S. 1289; Kort, Maßgeblichkeit, FR 2001, S. 54.

[413] Vgl. Förschle/Kroner in: Beck Bil Kom, 5. Auflage 2003, § 246 Rn. 41 f. i.V.m. § 240 Rn. 3.

2.2. *Wirtschaftliches Eigentum als Ausnahmeregelung*

Die angesprochene wirtschaftliche Betrachtungsweise schränkt nicht die steuer- und handelsbilanzielle Notwendigkeit ein, dass die Vermögenszurechnung zuvorderst von zivilrechtlichen Regelungen abhängt.[414] Objektivierungsbedingt ist es unerlässlich, dass Nutzungs- und Verfügungsrechte über einen Vermögenswert zivilrechtlich abgesichert sind.[415] Ohne eine derartige Absicherung bestünde für den Bilanzierenden das faktische Wahlrecht, die Vermögensverhältnisse seines Unternehmens uneingeschränkt zu seinen Gunsten auszuweisen. Des Weiteren stellt sich aus handelsbilanzieller Sicht die Frage, ob das Konstrukt des wirtschaftlichen Eigentums überhaupt dem Gedanken der Schuldendeckungsfähigkeit gerecht werden kann, da es als solches weder gepfändet noch zwangsweise liquidiert werden kann.[416] Unter Berücksichtigung dieser Aspekte wird die Bilanzierung wirtschaftlichen Eigentums, d.h. die Bilanzierung von Wirtschaftsgütern oder Vermögensgegenständen, die zivilrechtlich einem anderen Unternehmen zuzurechnen sind, im deutschen Bilanzrecht gegenwärtig als Ausnahme vom Regelfall betrachtet.[417] Ein derartiges Regel-Ausnahmeverhältnis lässt sich aus den IFRS/IAS-Vorschriften nicht ableiten, zumal im Zusammenhang mit der Wahrscheinlichkeit des Zuflusses von Zahlungsmitteln subjektive Erwägungen des Managements eine Rolle spielen. Aus den Anforderungen der IFRS/IAS-Informationsbilanz lässt sich mithin nicht schließen, dass die Bilanzierung eines Finanzinstruments, das zivilrechtlich einem anderen Unternehmen gehört, die Ausnahme vom Regelfall bleiben soll. Diese Schlussfolgerung ergibt sich auch daraus, dass die übergeordnete IFRS/IAS-Bilanzierungseinheit des Assets und das steuerliche Wirtschaftsgut materiell unterschiedlicher Natur sind. Auf Grund der Tatsache, dass das Asset absatzmarktorientiert zu verstehen ist und der Bilanzansatz subjektiven Erwägungen des Unternehmers folgt, ist für die IFRS/IAS-Bilanzierung entscheidend, dass ein zukünftiger Nutzenzufluss in Form eines Rechts an Zahlungsmitteln dem Unternehmen zugeordnet wird. Der steuerliche Betriebsvermögensvergleich stellt hingegen auf die Zurechnung eines konkreten Ausgabengegenwertes ab, der am Bilanzstichtag noch nicht verbraucht wurde und künftig zur vorteilhaften Nutzung unternehmerischen Handelns eingesetzt werden kann, so dass im Regelfall zunächst einmal die zivilrechtliche Zurechnungsvermutung als Ausgangspunkt für die Vermögensdarstellung zu dienen hat.

---

414 Vgl. BGH vom 6.11.1995, II ZR 164/94, 1996, S. 155 m.w.N.

415 Vgl. BGH vom 6.11.1995, II ZR 164/94, 1996, S. 155; vgl. auch Crezelius, Eigentum, DB 1983, S. 2021; Ekkenga, Wirtschaftliches Eigentum, ZGR 1997, S. 264 f.; Schön, Leistungsfähigkeit, StuW 2005, S. 252.

416 Gegenstand einer etwaigen Vollstreckung im Falle des wirtschaftlichen Eigentums könnte lediglich das Nutzungsrecht sein; vgl. hierzu Ekkenga, Wirtschaftliches Eigentum, ZGR 1997, S. 268 f. m.w.N.

417 Vgl. Ekkenga, Wirtschaftliches Eigentum, ZGR 1997, S. 265 m.w.N.; Lutz in: HDJ, I/4 Rn. 87; Seeliger, Wirtschaftliches Eigentum, StuW 1963, S. 19.

3. *Beurteilung einer Übernahme der IFRS/IAS-Wertungen*

Die Zurechnung von Wirtschaftsgütern und Schuldinstrumenten bestimmt die Zurechnung von positiven und negativen Wertveränderungen; sie führt zur Zurechnung von Einkommen und beeinflusst somit die Leistungsfähigkeit des Steuerpflichtigen. Eine alleinige Zurechnung zum rechtlichen Eigentümer oder Verpflichteten würde dem Leistungsfähigkeitsgedanken widersprechen, da dies ein erhebliches Maß an Gestaltungsspielraum freisetzen würde. Steuerbilanziell ist es zur Messung der wirtschaftlichen Leistungsfähigkeit daher auch weiterhin notwendig, den wirtschaftlichen Gehalt von Zurechnungsentscheidungen zu berücksichtigen.[418] Sowohl für aktive als auch für passive Bilanzierungseinheiten würde ein alleiniges Abstellen auf rechtliche Vereinbarungen dem Steuerpflichtigen die Möglichkeit zur Selbsteinsteuerung eröffnen, so dass der vom IASB-Framework ausgesprochene Grundsatz Substance over Form einer Besteuerung nach der wirtschaftlichen Leistungsfähigkeit entgegenkommt. In welchem Maße die wirtschaftliche Betrachtungsweise auch zukünftig objektivierend auf das juristische Eigentum als Ausgangspunkt abstellen kann, ist vor dem Hintergrund der Schwierigkeit einer international tragfähigen, einheitlichen Abgrenzung des juristischen Eigentums jedoch offen. Von wesentlicher Bedeutung dürfte in diesem Zusammenhang allerdings die Forderung nach einer zivilrechtlichen Absicherung der tatsächlichen Herrschaftsausübung über einen Vermögensvorteil sein. Dass es sich bei der Ausrichtung am wirtschaftlichen Eigentum nach den IFRS/IAS-Vorschriften nicht um eine Ausnahme vom Regelfall handelt, dürfte steuerbilanziell zukünftig allerdings eher unerheblich sein.

[418] Vgl. Costede, Wirtschaftsgut, StuW 1995, S. 117.

3. Teil: Bilanzierung von Finanzinstrumenten dem Grunde nach

IAS 39 stellt Grundsätze für den Ansatz und die Bewertung (Recognition and Measurement) von finanziellen Vermögenswerten, finanziellen Verbindlichkeiten und bestimmten Verträgen bezüglich eines Kaufs oder Verkaufs nicht-finanzieller Posten auf (IAS 39.1). Neben diesen Grundsätzen finden sich im IAS 39 auch Bestimmungen, die sich mit der Bilanzierung von Sicherungsbeziehungen (Hedge Accounting) auseinandersetzen.[419] Anforderungen für den Ausweis und die Offenlegung von Informationen zu den Finanzinstrumenten enthält hingegen der IAS 32 (Disclosure and Presentation). Gem. IAS 32.1 soll dem Bilanzleser ein Verständnis für die jeweilige Bedeutung der Finanzinstrumente für die Vermögens-, Finanz- und Ertragslage eines Unternehmens vermittelt werden. IAS 32 behandelt aus der Sicht des Emittenten die Klassifizierung der einzelnen Finanzinstrumente als finanzielle Vermögenswerte, finanzielle Verbindlichkeiten und Eigenkapitalinstrumente sowie die Klassifizierung der damit verbundenen Zinsen, Dividenden, Verluste und Gewinne.[420] Finanzinstrumente, die von einem Unternehmen emittiert werden und die Definition eines Eigenkapitalinstruments gem. IAS 32 erfüllen, sind vom Anwendungsbereich des IAS 39 ausgenommen; die Abgrenzung von Eigen- und Fremdkapitalinstrumenten wird im IAS 32 abschließend geregelt.[421] Die Bilanzierung von Eigenkapitalinstrumenten beim Investor fällt unter den Anwendungsbereich des IAS 39. Des Weiteren sehen die IAS 32 und 39 keine branchenspezifischen Einschränkungen vor; die Vorschriften gelten sowohl für Unternehmen der Kredit-, Finanzdienstleistungs- und Versicherungswirtschaft als auch für Industrie-, Dienstleistungs- und Handelsunternehmen.[422]

---

419 Rechte und Verpflichtungen aus einem Versicherungsvertrag, der den Vorschriften des IFRS 4 entspricht, sind vom Anwendungsbereich des IAS 39 ausgeschlossen. Auch vertragliche Vereinbarungen und Verpflichtungen im Zusammenhang mit anteilsbasierten Vergütungen, die unter den Anwendungsbereich des IFRS 2 fallen, sind vom Anwendungsbereich des IAS 39 ausgenommen.

420 Neben den Standardtexten IAS 32.1-.100 und IAS 39.1-.110 sind die Anwendungsleitlinien (Application Guidance) verbindlicher Bestandteil des zu beachtenden Normenwerks. Auch sind die erläuternden Beispiele (Illustrative Examples) verbindlich zu beachten; zusätzliche Anforderungen formulieren sie nicht. Die ausführlichen Erläuterungen zu den Schlussfolgerungen (Basis for Conclusion) dienen lediglich der Begründung des Regelwerks, sind aber nicht Bestandteil der Standards; ihnen kommen mithin keine verbindliche Wirkung zu.

421 Die nachfolgenden Untersuchungen konzentrieren sich auf zentrale Bilanzierungsvorschriften der IAS 32 und 39, die ein Verständnis für die konzeptionellen Lösungsansätze des IASB zur Bilanzierung von Finanzinstrumenten vermitteln. Es wird mithin nicht jede Detailregelung aufgegriffen, um zu verhindern, dass sich die Untersuchung in Einzelheiten verliert und somit der Blick für das Wesentliche verloren geht.

422 Vgl. Kuhn/Scharpf, Financial Instruments, 2. Auflage 2005, S. 37.

1. Kapitel: Kategorisierung von Finanzinstrumenten

I. Vorgehensweise nach IAS 39

1. Finanzinstrumente

Ein Finanzinstrument ist gem. IAS 32.11 dann auszuweisen, wenn ein Vertrag vorliegt, der gleichzeitig bei dem einen Unternehmen zu einem finanziellen Vermögenswert und bei dem anderen zu einer finanziellen Verbindlichkeit oder einem Eigenkapitalinstrument führt. Obgleich in einem IFRS/IAS-Rechenwerk auf der Aktivseite Assets und auf der Passivseite entweder Eigenkapitalposten oder Liabilities bilanziert werden, kann ein Geschäftsvorfall mithin lediglich dann als Finanzinstrument bilanziert werden, sofern es sich um

- einen finanziellen Vermögenswert,
- eine finanzielle Verbindlichkeit,
- ein Eigenkapitalinstrument

handelt. Gemein ist den Vorschriften der Standards und den Vorgaben des Frameworks allerdings, dass keine bilanziellen Zwischenformen derart existieren, dass bilanziell zu erfassende Vorgänge nicht von den drei unterschiedlichen Bilanzierungseinheiten gedeckt sind. So werden beispielsweise Finanzinstrumente, die sich aus den unterschiedlichen Charakteristika der einzelnen Bilanzierungseinheiten zusammensetzen, nicht als eine Bilanzierungseinheit erfasst, die eigenständig zwischen den Assets, Liabilities und dem Equity steht. Das Finanzinstrument wird vielmehr einheitlich oder in Teileinheiten den jeweiligen Bilanzierungseinheiten zugeordnet.

2. Fair Value-Option

Obwohl Bewertungsfragen nicht Gegenstand der Untersuchung sind, soll, da die IFRS/IAS-Bewertungskonzeption von Finanzinstrumenten mittelbar auf die Konzeption des Ansatzes dem Grunde nach ausstrahlt, kurz auf die sog. Fair Value-Option und den daraus resultierenden Mixed-Modell-Ansatz des IAS 39 näher eingegangen werden. Erstmalig Stellung zur Fair Value-Bewertung von Finanzinstrumenten nahm der Vorgänger des IASB, der damalige IASC, im Jahr 1997. Der IASC ging seinerzeit mit dem Vorschlag an die Öffentlichkeit, dass die Bilanzierung von Finanzinstrumenten auf Grund ihrer hohen Liquidität und ihrer Marktnähe und der daraus resultierenden verlässlichen Ermittelbarkeit nicht mehr weiterhin zu fortgeführten Anschaffungskosten, sondern zum Fair Value zu erfolgen hat, um dem Bilanzleser zusätzliche Informationen über die Finanz-, Vermögens- und Ertragslage des Unternehmens zukommen lassen zu können. Da die Entwicklung der Rechnungslegung jedoch im Wesentlichen auf die Abbildung güterwirtschaftlicher Produktionsprozesse zurückzuführen ist und deren Bewertung traditionell zu (fortgeführten) Anschaffungs- und Herstellungskosten erfolgt, wurde der informationsorientierte Ansatz des IASC mit dem Hinweis auf eine mangelnde Objektivierbarkeit des Fair Values nicht kritiklos hingenommen. Auf Grund von Widerständen konnte sich der vom IASC initiierte Full Fair Value-Ansatz daher auch nicht vollständig durchsetzen, so dass im März 1999 ein Kompromissvorschlag des IAS 39 veröffentlicht wurde, der nicht für alle, sondern nur für einen Teilbereich der finanziellen Vermögenswerte und finanziellen Verbindlichkeiten eine erfolgswirksame Fair Value-Bewertung vorsah. Im Ergebnis bedeutete dies, dass einige Finanzinstrumente mit den fortgeführten Anschaffungskosten und andere zum Fair Value anzusetzen waren (Mixed-Model-Ansatz).

Im Zuge von Verbesserungsarbeiten legte der IASB seit der erstmaligen Veröffentlichung des IAS 39 zahlreiche Änderungsvorschläge zu den IAS 32 und IAS 39 vor,[423] die alle dem Ziel dienten, Inkonsistenzen innerhalb und zwischen den Standards zu beseitigen, die praktische Anwendung zu erleichtern sowie bei der Implementierung Hilfestellung zu bieten. Im Zuge der Fortentwicklung des IAS 32 und des IAS 39 verlor der IASB dabei den Full Fair Value-Ansatz nicht aus den Augen und verabschiedete daher im März 2004 als Weiterentwicklung des Mixed-Model-Ansatzes in Richtung Full Fair Value-Bilanzierung die sog. Fair Value-Option. Insbesondere sollte die Fair Value-Option eine erleichterte Abbildung bestimmter Sicherungsbeziehungen ermöglichen sowie zu einer Vereinfachung bei der Trennung von eingebetteten Derivaten führen, die nach den allgemeinen Vorschriften abspaltungspflichtig sind.[424] Zudem soll die Einführung der Fair Value-Option die Abgrenzung zwischen Handels- und Nichthandelsaktivitäten entschärfen.[425] Die Fair Value-Option ermöglicht es dem Bilanzierenden, sämtliche finanziellen Verbindlichkeiten und finanziellen Vermögenswerte wahlweise und unwiderruflich als „At Fair Value through Profit or Loss" zu bewertende Bilanzposition zu designieren, so dass jedes Finanzinstrument optional zum Fair Value bewertet werden konnte.[426] Gegen die Möglichkeit, alle Finanzinstrumente vorbehaltlos einer Fair Value-Bewertung zu unterwerfen, so dass sich Wertänderungen zwischen der Zugangs- und Folgebewertung ohne Marktrealisation unmittelbar im Ergebnis des Unternehmens niederschlagen, wurden allerdings wiederum erhebliche Bedenken geäußert.[427] Auf die Kritik an der Fair Va-

---

423 Im Juni 2002 hat der IASB zwei Exposure Drafts für Verbesserungen an IAS 32 und IAS 39 veröffentlicht (Exposure Draft of Proposed Amendments to IAS 32 Financial Instruments: Disclosure and Presentation and IAS 39 Financial Instruments: Recognition and Measurement, Juni 2002). Nach deren kontroverser Diskussion sind die Neufassungen der beiden Standards mit dem sog. Improvement-Project im Dezember 2003 veröffentlicht worden.

424 Die Option hätte es erlaubt, auf formell dokumentierte Fair Value Hedges zumindest teilweise zu verzichten, da sich durch die Option für alle Instrumente eine Art „natürlicher Hedge" ergibt, der keine weitreichenden Dokumentationspflichten nach sich zieht; vgl. Schmidt, Fair Value-Option, KoR 2005, S. 269.

425 Vgl. Kuhn/Scharpf, Financial Instruments, 2. Auflage 2005, S. 78.

426 Andererseits ermöglichte sie es allerdings auch, Finanzinstrumente nicht der Kategorie „At Fair Value through Profit or Loss" zuzuordnen, so dass eine Fair Value-Bewertung unterbleiben konnte.

427 Vgl. EZB, Fair Value, Monatsbericht 2004, S. 77 ff.; EU-Kommission mit Verordnung vom 29.9.2003, Verordnung 1725/2003 der Kommission, ABlEG 2003, L 261-1. Insbesondere wurde darauf verwiesen, dass die Option auch auf Finanzinstrumente angewendet werden könnte, für die der Fair Value nicht nach-

lue-Option hat der IASB mit einem weiteren Exposure Draft zur nachträglichen Änderung von IAS 39 (März 2004) reagiert. Nach einer 15-monatigen Entwicklungsphase verabschiedete der IASB am 16.06.2005 eine Ergänzung zu IAS 39, die die Nutzung der Fair Value-Option zwar nicht gänzlich unterbindet, aber auf solche Sachverhalte beschränkt, bei denen die Designation finanzieller Vermögenswerte oder finanzieller Verbindlichkeiten in die Fair Value-Bewertungskategorie „At Fair Value through Profit or Loss“ entweder zu einer

- Erhöhung der Relevanz der Abschlussinformationen (IAS 39.9 (b) (i) und (ii),
- Komplexitätsreduktion / Erhöhung der Zuverlässigkeit der Bewertung (IAS 39.11A - .13)

führt. Der IASB formuliert zur Konkretisierung dieser Einschränkung drei Bedingungen.[428] Eine Zuordnung zur Bewertungskategorie „At Fair Value through Profit or Loss“ darf nur vorgenommen werden, sofern

- die Nutzung der Fair Value-Option zur Vermeidung einer Ansatz- oder Bewertungsinkongruenz beiträgt,[429]
- das Risikomanagement eines Portfolios aus Finanzinstrumenten auf Fair Value Basis erfolgt[430] oder
- ein Finanzinstrument mit einem eingebetteten Derivat vorliegt, so dass eine Aufspaltung des Instruments nicht zu erfolgen braucht.[431]

Die Entwicklung des IAS 39 verdeutlicht, dass es sich bei der Bilanzierung von Finanzinstrumenten auf Grund der Komplexität um einen äußerst umstrittenen Sachverhalt handelt, bei dem eine vollständige erfolgswirksame Fair Value-Bewertung aller Finanzinstrumente nicht konsensfähig ist, ein ausschließliches Zurückgehen auf das Anschaffungskostenprinzip allerdings auch abgelehnt wird. So behält die eingeschränkte Fair Value-Option dahingehend ihre Vorteile, dass gegebenenfalls ein formales Hedge-Accounting entfallen kann und gegebenenfalls aus dem Mixed-Model-Ansatz resultierende Ergebnisverzerrungen vermieden werden können. Dennoch stehen die derzeit geltenden Lösungsansätze des IAS 39 zur Abbildung von Finanzinstrumenten im Zeichen des Nebeneinanders von fortgeführten Anschaffungskosten und einer Fair Value-Bewertung, die nach wie vor Abgrenzungsfragen bei der Bilanzierung von Finanzinstrumenten aufwerfen.

---

prüfbar ist, dass die Option die Ergebnisvolatilität steigern könnte und dass sie bei Anwendung auf Verbindlichkeiten eine Ergebnissteigerung nach sich ziehen könnte.

428 Vgl. zu den drei Kriterien auch Kuhn, Fair Value-Option, DB 2005, S. 1342 ff.

429 Vgl. IAS 39.9 (b) (i); IAS 39.BC75 - .BC75B. Ergebnisverzerrungen, die ohne Option durch den Mixed-Model-Ansatz entstehen würden.

430 Sofern das Unternehmen das Portfolio im Rahmen einer dokumentierten Risikomanagement-Strategie steuert; vgl. IAS 39.9 (b) (ii); IAS 39.BC76 - .BC76B.

431 Vgl. IAS 39.9 i.V.m. IAS 39.11A; IAS 39.BC77 - .BC78.

3. Kategorien

Der Mixed-Modell-Ansatz erfordert eine Klassifizierung der Finanzinstrumente zur Abgrenzung der unterschiedlichen bilanziellen Wertansätze. IAS 39.9 i.V.m. IAS 39.45 ff. unterscheidet hinsichtlich der Höhe des Bilanzansatzes sowie hinsichtlich der Behandlung von Gewinnen und Verlusten aus der Folgebewertung von finanziellen Vermögenswerten daher folgende vier Bewertungskategorien:

- erfolgswirksame, zum Fair Value zu bewertende finanzielle Vermögenswerte (Financial Asset at Fair Value through Profit or Loss), die zu Handelszwecken gehalten werden;[432]
- bis zur Endfälligkeit zu haltende finanzielle Vermögenswerte, die zu fortgeführten Anschaffungskosten unter Anwendung der Effektivzinsmethode[433] zu bilanzieren sind (Held-to-Maturity Investments);[434]
- Kredite und Forderungen, als nicht-derivative finanzielle Vermögenswerte mit festen oder bestimmbaren Zahlungen, die nicht auf einem aktiven Markt gehandelt werden und zu fortgeführten Anschaffungskosten zu bilanzieren sind (Loans and Receivables);[435]
- zur Veräußerung verfügbare finanzielle Vermögenswerte, die zum Fair Value zu bewerten sind, wobei die Wertänderung allerdings nicht erfolgswirksam erfasst wird (A-vailable for Sale Financial Assets).[436]

Die Abgrenzung der Bewertungskategorien hat nachweislich anhand objektiver und eindeutiger Kriterien zu erfolgen, so dass eine Dokumentation im Erwerbszeitpunkt notwendig ist, anhand derer die vorgenommene Kategorisierung nachvollzogen werden kann.[437]

Analog zu den finanziellen Vermögenswerten sind auch die finanziellen Verbindlichkeiten gem. IAS 39.9 im Zeitpunkt der erstmaligen Erfassung in Bewertungskategorien einzuteilen. Hierbei handelt es sich um:

---

[432] Eine Zuordnung zu dieser Kategorie kann jedoch nur erfolgen, sofern eine:
- Erhöhung der Relevanz der Abschlussinformationen (IAS 39.9 (b) (i) und (ii);
- Komplexitätsreduktion oder Erhöhung der Zuverlässigkeit der Bewertung (IAS 39.11A - .13)

gewährleistet werden kann; vgl. auch das vorangegangene Kapitel zur Fair Value-Option S. 100 ff. Die Bewertung erfolgt sodann zum Fair Value gem. IAS 39.46.

[433] Die Effektivzinsmethode ist gem. IAS 39.9 eine Methode zur Berechnung der fortgeführten Anschaffungskosten und der Allokation der Zinsen auf die jeweiligen Perioden. Der Effektivzinssatz ist derjenige Kalkulationszinssatz, mit dem die geschätzten künftigen Ein- und Auszahlungen über die erwartete Laufzeit des Finanzinstruments auf den Nettobuchwert abgezinst werden.

[434] Bewertung zu fortgeführten Anschaffungskosten gem. IAS 39.46 (b).

[435] Bewertung zu fortgeführten Anschaffungskosten gem. IAS 39.46 (a).

[436] Dieser Kategorie werden finanzielle Vermögenswerte zugeordnet, die zur Veräußerung zur Verfügung stehen und die nicht bereits den anderen drei Kategorien zugeordnet wurden. Es handelt sich in der Regel um gehaltene Eigenkapitalinstrumente wie z.B. Aktien oder GmbH-Anteile. Wertänderungen gem. IAS 39.46 sind erfolgsneutral direkt im Eigenkapital zu erfassen.

[437] Vgl. Kuhn/Scharpf, Financial Instruments, 2. Auflage 2005, S. 74.

- erfolgswirksame, zum Fair Value zu bewertende finanzielle Verbindlichkeiten (Financial Liability at Fair Value through Profit or Loss);
- andere finanzielle Verbindlichkeiten, die nicht als At Fair Value through Profit or Loss zu kategorisieren sind, und die zu fortgeführten Anschaffungskosten unter Anwendung der Effektivzinsmethode zu bewerten sind (other Liabilities).[438]

Als Resultat der unterschiedlichen Folgebewertung der verschiedenen Finanzinstrumente stellt sich ein ungleicher Erfolgsausweis ein. Auf der einen Seite werden bestimmte Bilanzposten zu fortgeführten Anschaffungskosten bewertet, so dass u.U. lediglich negative Wertänderungen ins Unternehmensergebnis einfließen können,[439] auf der anderen Seite werden Bilanzposten zum Fair Value bewertet, so dass in diesem Fall sowohl alle positiven als auch negativen Wertänderungen Eingang in die GuV finden.

II. Vergleich von IFRS/IAS und Steuerrecht

Die Bilanzierung von Finanzinstrumenten nimmt im deutschen Bilanz- und Steuerrecht keine Sonderstellung ein. Der Terminus des Finanzinstruments wird vom Gesetzgeber bezogen auf das Bilanzrecht zwar an verschiedenen Stellen verwendet, er wird dort aber nicht definiert.[440] Erwähnung finden Finanzinstrumente einzig im Rahmen einer Spezialvorschrift für Kreditinstitute gem. § 340 c Abs. 1 HGB, wo Finanzinstrumente gleichberechtigt neben Wertpapieren des Handelsbestands, Devisen und Edelmetallen stehen. Auch im Zusammenhang mit den Angaben im Anhang findet der Begriff Finanzinstrumente gem. § 285 S. 1 Nr. 18 u. 19 HGB Erwähnung. Hieraus lassen sich jedoch keine speziellen Rechnungslegungsvorschriften ableiten, so dass für die Bilanzierung von Finanzinstrumenten die allgemeinen Grundsätze ordnungsmäßiger Buchführung Anwendung finden.[441] In der Steuerbilanz sind auf der Aktivseite Wirtschaftsgüter und auf der Passivseite Schulden zu bilanzieren. Abweichend von IAS 39 existieren mithin keine eigenen Rechnungslegungsvorschriften für die Bilanzierung dieser Finanzinstrumente;[442] sie werden bilanziell nicht von den realwirtschaftlichen Sachverhalten abgesondert. Steuerlich besteht diesbezüglich auch kein Handlungsbedarf, da in der Folgebewertung der rechtliche Anspruch auf den Zu- oder Abfluss von Zahlungsmitteln gegebenen-

---

438 Vgl. zu dieser Kategorie Kuhn/Scharpf, Financial Instruments, 2. Auflage 2005, S. 75 u. 91; Bieg et al., Finanzinstrumente, StB 2006, S. 182. Diese Bewertungskategorie wird in IAS 39.9 nicht explizit aufgeführt, ergibt sich allerdings aus dieser Vorschrift und auch aus IAS 39.47. Hierunter fallen insbesondere Verbindlichkeiten aus Lieferung und Leistungen, Darlehensverbindlichkeiten oder Anleiheschulden.

439 Hier greifen die Vorschriften zur Wertminderung (Impairment) und Uneinbringlichkeit (Uncollectibility) von finanziellen Vermögenswerten gem. IAS 39.58 ff.

440 Außerhalb des Bilanzrechts existiert im Kreditwesengesetz gem. § 1 Abs. 11 S. 1 KWG eine Legaldefinition, wonach Wertpapiere, Geldmarktinstrumente, Devisen oder Rechnungseinheiten sowie Derivate unter den Begriff Finanzinstrumente zu subsumieren sind.

441 Vgl. Bertsch/Kärcher in: Handbuch Derivativer Instrumente, Derivate, 1999, S. 734.

442 Vgl. Bellavite-Hövermann/Barckow in: Baetge/Dörner et. al., IAS-Kommentar, 2. Auflage 2003, IAS 39, Rn. 14.

falls nicht über den Fair Value, sondern ausschließlich mit den fortgeführten Anschaffungskosten beurteilt wird, obwohl die Finanzinstrumente mit einem Rechtsanspruch auf einen mittelbaren oder unmittelbaren Zahlungsmittelzufluss oder mit einer Verpflichtung zur Zahlung verknüpft sind. Der vom IASB gewählte Mixed-Modell-Ansatz ist steuerlich unbekannt und verlangt insofern auch nicht nach einer Kategorisierung von Finanzinstrumenten.[443]

III. Beurteilung einer Übernahme der Wertungen aus IAS 39

Die IFRS/IAS-Sonderstellung der Finanzinstrumente ergibt sich insbesondere aus der Notwendigkeit, in der Folgebewertung bei Finanzinstrumenten einen Fair Value-Ansatz praktizieren zu können. Steuerlich ist bei den Finanzinstrumenten das Realisationsprinzip genauso wie bei den übrigen Vermögenswerten zu beachten, auch wenn der Geldwerdungsprozess bei den Finanzinstrumenten schon weiter vorangeschritten ist, als dies bei realwirtschaftlichen Sachverhalten der Fall ist. Der Fair Value-Ansatz zieht gegebenenfalls einen realisierbaren Erfolgsausweis nach sich, der nicht durch einen Umsatzakt am Markt bestätigt wurde, so dass eine Besteuerung nicht im Einklang mit dem Realisationsprinzip stehen würde. Eine Abkopplung finanzwirtschaftlicher von den realwirtschaftlichen Sachverhalten würde eine Ungleichbehandlung bedeuten, die aus der Sicht der Messung der steuerlichen Leistungsfähigkeit schwer zu rechtfertigen ist. Insofern sind umfangreiche Sonderregelungen, die sich als Konsequenz aus einer etwaigen Fair Value-Konzeption ergeben würden, steuerlich nicht in Erwägung zu ziehen;[444] mithin bedarf es steuerbilanziell auch nicht der vom IASB vorgenommenen Kategorisierung der Finanzinstrumente.

---

443 Vgl. Herzig, IAS/IFRS und steuerliche Gewinnermittlung, 2004, S. 119.

444 Vgl. Herzig, IAS/IFRS und steuerliche Gewinnermittlung, 2004, S. 125.

2. Kapitel: Finanzielle Vermögenswerte

I. Kassainstrumente

1. Vorgehensweise nach IAS 32 und IAS 39

Die Finanzinstrumente der Aktivseite einer IFRS/IAS-Bilanz werden gem. IAS 32.11 als finanzielle Vermögenswerte bezeichnet, sie umfassen:

(a) flüssige Mittel (Cash);

(b) ein als Aktivum gehaltenes Eigenkapitalinstrument eines anderen Unternehmens;

(c) ein vertragliches Recht:

   i. flüssige Mittel oder andere finanzielle Vermögenswerte von einem anderen Unternehmen zu erhalten; oder

   ii. finanzielle Vermögenswerte oder finanzielle Verbindlichkeiten mit einem anderen zu potenziell vorteilhaften Bedingungen auszutauschen;

(d) einen Vertrag, der in eigenen Eigenkapitalinstrumenten des Unternehmens erfüllt werden wird oder kann und bei dem es sich um Folgendes handelt:

   i. ein nicht derivatives Finanzinstrument, das eine vertragliche Verpflichtung des Unternehmens beinhaltet oder beinhalten kann, eine variable Anzahl von Eigenkapitalinstrumenten des Unternehmens zu erhalten; oder

   ii. ein derivatives Finanzinstrument, das auf andere Weise als durch den Austausch eines festen Betrags an flüssigen Mitteln oder anderen finanziellen Vermögenswerten gegen eine feste Anzahl von Eigenkapitalinstrumenten des Unternehmens erfüllt werden wird oder kann.

1.1. Unmittelbarer oder mittelbarer Zufluss flüssiger Mittel

Im Zentrum der Überlegungen des IAS 32.11 zu den finanziellen Vermögenswerten stehen flüssige Mittel (Cash), die, zunächst in Form von Zahlungsmitteln (Currency) auftretend, unmittelbar als finanzielle Vermögenswerte zu qualifizieren sind. Zur Bedeutung der Zahlungsmittel verweist IAS 32.AG3 auf den Stellenwert als Austauschmedium, auf das alle Transaktionen im Abschluss bewertet und erfasst werden. So ist eine Einlage auf einem laufenden Konto bei einer Bank als ein finanzieller Vermögenswert zu verstehen, weil sie das vertraglich eingeräumte Recht des Einlegers umfasst, flüssige Mittel von der Bank zu erhalten bzw. einen Scheck oder ein ähnliches Finanzinstrument zu Gunsten eines Gläubigers zur Bezahlung einer finanziellen Verbindlichkeit zu verwenden. Neben dem Sachverhalt, dass Zahlungsmittel als finanzielle Vermögenswerte zu qualifizieren sind, stellt IAS 32.11 zudem auch auf den Zufluss von künftigen flüssigen Mitteln ab, so dass sich die finanziellen Vermögenswerte nicht nur über den unmittelbaren, sondern auch über den mittelbaren Austausch von

Zahlungsmitteln bestimmen.[445] Der IASB nimmt mit diesen Vorschriften insofern darauf Bezug, dass finanzielle im Gegensatz zu den realwirtschaftlichen Vermögenswerten bereits einen Anspruch auf den Zufluss von Zahlungsmitteln verkörpern, dass sie sich eben durch ihren weiter fortgeschrittenen Geldwerdungsprozess von anderen materiellen und immateriellen Vermögenswerten abgrenzen.[446] IAS 32.AG10 stellt in diesem Zusammenhang klar, dass körperliche Vermögenswerte wie beispielsweise Vorräte oder Sachanlagen, geleaste Vermögenswerte und immaterielle Vermögenswerte wie Patente oder Warenrechte nicht als finanzielle Vermögenswerte gelten. Zwar ist mit der Verfügungsmacht über körperliche und immaterielle Vermögenswerte die Möglichkeit verbunden, Finanzmittelzuflüsse oder den Zufluss anderer finanzieller Vermögenswerte zu generieren, sie verkörpern aber keinen Rechtsanspruch auf den Zufluss flüssiger Mittel oder auf den Zugang anderer finanzieller Vermögenswerte. Auch geleistete Anzahlungen, für die der künftige wirtschaftliche Nutzen im Erhalt von Waren oder Dienstleistungen besteht, sind keine finanziellen Vermögenswerte, da sie kein Recht auf Erhalt von flüssigen Mitteln oder anderen finanziellen Vermögenswerten umfassen.[447]

Von der Asset-Definition des Rahmenkonzeptes unterscheidet sich die Konkretisierung der finanziellen Vermögenswerte daher dahingehend, dass zunächst nicht explizit auf einen wahrscheinlichen künftigen Nutzenzufluss, sondern konkret auf den Zufluss flüssiger Mittel Bezug genommen wird. Da der IASB für den Bereich der Finanzinstrumente vorsieht, dass Finanzinstrumente bereits dann zu bilanzieren sind, wenn das Unternehmen Vertragspartei bezüglich der Rechte aus einem Vermögenswert geworden ist, erscheint ein Verweis auf die Wahrscheinlichkeit nicht weiter notwendig, da die Pflicht zu Bilanzierung bei Vertragsabschluss keine Überprüfung der Wahrscheinlichkeit der Vertragserfüllung oder der zuverlässigen Bewertbarkeit mehr erfordert. Sie wirkt sich lediglich auf die Höhe des Bilanzansatzes aus, so dass nach Auffassung des IASB die Frage des Bilanzansatzes davon unabhängig zu betrachten ist.[448]

---

445 Vgl. Gebhardt/Naumann, Absicherungszusammenhänge, DB 1999, S. 1461; Kuhn/Scharpf, Financial Instruments, 2. Auflage 2005, S. 53; Scharpf, Financial Instrument I, FB 2000, S. 127.

446 Vgl. Gebhardt/Naumann, Absicherungszusammenhänge, DB 1999, S. 1461 f.; Herzig/Mauritz, Marktbewertungspflicht, BB 1997, S. 3 u. 9, Beilage 5.

447 Vgl. IAS 32.AG11. Gem. IAS 32.AG12 gelten auch Vermögenswerte, die nicht auf einer vertraglichen Vereinbarung basieren, wie beispielsweise Steuerrückerstattungen, nicht als finanzielle Vermögenswerte. Auf der Passivseite der Bilanz gelten gem. IAS 39.AG11 Posten wie beispielsweise passivische Abgrenzungen und die meisten Gewährleistungsverpflichtungen ebenso nicht als finanzielle Verbindlichkeiten, da die aus ihnen resultierenden Nutzenabflüsse in der Bereitstellung von Gütern oder Dienstleistungen und nicht in einer vertraglichen Verpflichtung zur Abgabe von flüssigen Mitteln oder anderen finanziellen Vermögenswerten bestehen.

448 Vgl. Bohl/Scheinpflug in: Beck`sches IFRS-Handbuch, 2004, § 3 Rn. 40; Heuser/Theile, IAS Handbuch, 2. Auflage 2005, S. 340 Rn. 930; Kuhn/Scharpf, Financial Instruments, 2. Auflage 2005, S. 145.

1.2. Gegenseitigkeit vertraglicher Vereinbarung finanzieller Sachverhalte

Notwendige Voraussetzung für den IFRS/IAS-Ausweis eines Finanzinstruments ist gem. IAS 32.11 das Vorliegen eines finanziellen Sachverhalts, der auf einer rechtsgeschäftlichen Grundlage in Form einer vertraglichen Vereinbarung Rechtskraft besitzt und der gleichzeitig bei einem Unternehmen zu einem finanziellen Vermögenswert und bei einem anderen Unternehmen zu einer finanziellen Verbindlichkeit (oder zu einem Eigenkapitalinstrument) führt. Der IASB verlangt i.V.m. IAS 39.14 somit dem Grunde nach, dass Finanzgeschäfte bereits als schwebende Vertragsverhältnisse bilanziell zu erfassen sind, so dass sich aus der Grundannahme der Bilanzierung vertraglicher Vereinbarungen die Bilanzwirksamkeit derivativer Finanzgeschäfte ableitet.[449] IAS 39.AG9 benennt in diesem Zusammenhang insbesondere Futures, Forwards, Swaps oder Optionen als zu bilanzierende derivative Finanzinstrumente. Gem. IAS 39.AG10 sind die Vorschriften zur Bilanzierung von Finanzinstrumenten zudem auf bestimmte Verträge über den Kauf oder Verkauf von nicht-finanziellen Posten anzuwenden, die durch einen Ausgleich in flüssigen Mitteln oder anderen Finanzinstrumenten erfüllt werden können. Warentermingeschäfte zählen beispielsweise zu solchen Verträgen.[450]

Auf Grund der Verknüpfung mit dem unmittelbaren oder mittelbaren Zufluss flüssiger Mittel ist der Zeitpunkt des Vertragsabschlusses allerdings nicht für alle Finanzinstrumente in gleicher Weise von Relevanz. Durch Verknüpfung der Aktiv- und Passivseite der Bilanz, d.h. durch die Anforderung, dass *gleichzeitig* bei einem anderen Unternehmen eine finanzielle Verbindlichkeit (oder ein Eigenkapitalinstrument) entstehen muss, fordert die Qualifikation bestimmter Geschäfte als Finanzinstrument zunächst, dass eine vertraglich vereinbarte Leistung auch geleistet wurde. Nicht als Finanzinstrumente zu qualifizieren sind daher Verträge, die zum Zweck des Empfangs oder der Lieferung von nicht-finanziellen Posten zum Einkaufs-, Verkaufs- oder Nutzungsbedarf des Unternehmens abgeschlossen werden.[451] Sofern die zugesagte Leistung hingegen erbracht wurde und somit ein vertragliches Recht vorliegt, flüssige Mittel zu einem zukünftigen Zeitpunkt zu erhalten, erwächst derartigen Verträgen die Qualität eines Finanzinstruments. Als typische Beispiele für finanzielle Vermögenswerte, bei denen eine zugesagte Leistung bereits erbracht wurde und die nunmehr ein vertragliches Recht einräumen, flüssige Mittel zu einem künftigen Zeitpunkt zu erhalten, nennt IAS 32.AG4 Forderungen aus Lieferungen und Leistungen, Darlehens- oder Anleiheforderungen. Bei diesen originären Finanzinstrumenten steht jeweils dem vertraglich eingeräumten Recht einer Vertragspartei, flüssige Mittel zu erhalten, korrespondierend die vertragliche Zahlungs-

---

449 Dies gilt auch für Finanzderivate der Passivseite, die als finanzielle Verbindlichkeiten oder als Eigenkapitalinstrumente zu bilanzieren sind. Die Diskussion um die Bilanzierung von Finanzderivaten wird an dieser Stelle daher stellvertretend auch für Finanzderivate der Passivseite geführt.

450 Vgl. Heuser/Theile, IAS Handbuch, 2. Auflage 2005, S. 307 Rn. 872; Kehm/Lüdenbach in: Lüdenbach/Hoffmann, IAS/IFRS, 3. Auflage 2005, § 28 Rn. 229.

451 Vgl. IAS 39.AG10.

verpflichtung einer anderen Vertragspartei gegenüber, die bei dieser Vertragspartei sodann als finanzielle Verbindlichkeit zu passivieren ist.

Derivative und originäre Finanzinstrumente werden somit zu unterschiedlichen Zeitpunkten bilanzwirksam. Während beispielsweise Forderungen aus Lieferungen und Leistungen entsprechend der herrschenden Praxis erst dann angesetzt werden dürfen, wenn die zugesagte Lieferung oder Leistung geleistet wurde, sind derivative Finanzinstrumente mit dem Tag anzusetzen, an dem die vertraglichen Verpflichtungen von beiden Vertragsparteien eingegangen wurden. Sie sind nicht erst am Schlusstag zu bilanzieren, an dem der Austausch tatsächlich vorgenommen wird.

2. *Vergleich von IFRS/IAS und Steuerrecht*

2.1. *Unmittelbarer oder mittelbarer Zufluss flüssiger Mittel*

Wie bereits einleitend zu den Finanzinstrumenten ausgeführt, findet sich im deutschen Steuerbilanzrecht keine Sonderstellung finanzieller Vermögenswerte. Steuerlich finden sich im Zusammenhang mit dem Wirtschaftsgutbegriff insoweit auch keine Vorschriften, die wie die IFRS/IAS-Vorschriften zur Bilanzierung finanzieller Vermögenswerte gezielt auf vertragliche Vereinbarungen hinsichtlich eines mittelbaren oder unmittelbaren Zuflusses von flüssigen Mitteln abstellen. Vielmehr gilt steuerlich, dass bei der stark gegenständlichen Ausrichtung des steuerbilanziellen Aktivpostens die selbständige Bewertbarkeit verbunden mit der Übertragbarkeit im Vordergrund steht. Während der finanzielle Vermögenswert einer IFRS/IAS-Bilanz über den Anspruch auf den Zufluss flüssiger Mittel informieren soll, hat die steuerliche Aktivierung eines Finanzinstruments unter Maßgabe des Realisationsprinzips zu erfolgen, nach dem dem Bilanzansatz grundsätzlich der Tatbestand der Leistungserbringung vorausgegangen sein muss. Dies gilt unabhängig davon, ob es sich um ein finanzielles oder nichtfinanzielles Geschäft handelt.

2.2. *Gegenseitigkeit vertraglicher Vereinbarung finanzieller Sachverhalte*

Steuerbilanziell ist ein schwebendes Geschäft aus Vorsichtsüberlegungen bilanzunwirksam, da angenommen wird, dass ein unrealisiertes Geschäft zunächst noch mit solchen Risiken behaftet ist, die einen Erfolg aus dem Geschäft ungewiss erscheinen lassen.[452] Die IFRS/IAS schätzen aus Informationsvermittlungserwägungen das Risiko einer ausbleibenden Leistungserfüllung auf Grund des fortgeschrittenen Geldwerdungsprozesses hingegen als äußerst gering ein, so dass der IASB es im Gegensatz zum Steuerbilanzrecht vorzieht, bestimmte finanzielle Geschäftsvorfälle in die Bilanz aufzunehmen, die steuerbilanziell auf Grund des Realisations-

[452] Vgl. hierzu das Kapitel zum Realisationsprinzip und Matching Principle S. 61 ff.

prinzips zunächst noch als bilanzunwirksam zu behandeln sind. Während in einer IFRS/IAS-Bilanz somit Finanzderivate bilanziell erfasst werden, da sie auf der Grundlage einer vertraglichen Vereinbarung bei einem anderem Unternehmen zu einer finanziellen Verbindlichkeit (oder zu einem Eigenkapitalinstrument) führen, gelten diese in der Steuerbilanz als bilanzunwirksam.

Zwischen den IFRS/IAS und dem Steuerbilanzrecht besteht dahingehend Übereinstimmung, dass beispielsweise Forderungen aus Lieferungen und Leistungen unabhängig von der rechtlichen Entstehung erst dann zu aktivieren sind, wenn die wirtschaftliche Leistungserfüllung bereits vollzogen wurde, d.h. sofern geliefert bzw. geleistet wurde.[453] Dennoch ist die Forderung steuerbilanziell, anders als nach den IFRS/IAS-Vorschriften, nicht anhand des Umstands zu aktivieren, dass der Leistungsempfänger nunmehr gleichzeitig eine Verbindlichkeit aus Lieferung und Leistung zu passivieren hat, sondern vielmehr aus dem Umstand heraus, dass mit dem Umsatzakt der steuerliche Zeitpunkt der Gewinnrealisierung eingetreten ist. Dass die Forderung in der Regel einen Barausgleich nach sich zieht, wird steuerlich durch die Anforderung aufgefangen, dass sie am Bilanzstichtag als hinreichend sicher zu gelten hat.[454] Das deutsche Bilanzrecht kennt insofern im Gegensatz zu den IFRS/IAS keinen Grundsatz der korrespondierenden Bilanzierung von finanziellen Vermögenswerten und finanziellen Verbindlichkeiten (oder Eigenkapitalinstrumenten),[455] auch wenn zwischen den Instrumenten eine vertragliche Verbindung vorliegt.[456] Die steuerbilanzielle Aktivierungsfähigkeit beim Inhaber hängt nicht, wie der IASB es vorsieht, von der Passivierungsfähigkeit beim Emittenten ab; steuerlich sind die bilanziellen Folgen eines Geschäftsvorfalls grundsätzlich für alle Beteiligten gesondert zu beurteilen. Dies schließt jedoch nicht aus, dass Geschäftsvorfälle in der Regel bei den Beteiligten zu einander entsprechenden bilanziellen Folgen führen.[457]

3. Beurteilung einer Übernahme der Wertungen aus IAS 39

Die informationsorientierten Vorschriften des IAS 39 zur Bilanzierung von Finanzderivaten bei Vertragsabschluss, die in Abgrenzung zur Asset-Definition des Frameworks und zum IFRS/IAS-Realisationsprinzip als Ausnahme vom Regelfall anzusehen sind, können steuerlich im Rahmen einer pauschalen Zulässigkeit keine Beachtung finden, insbesondere vor dem Hintergrund, dass schwebende Geschäfte auch in einem eigenständigen Steuerbilanzrecht als

453 Vgl. BFH vom 12.5.1993, XI R 1/93, BStBl. II 1993, S. 786 m.w.N.

454 Vgl. BFH vom 18.12.2002, I R 11/02, BFH/NV 2003, S. 700.

455 Vgl. BFH vom 24.5.1995, VIII B 153/94, BFH/NV 1995, S. 1078; Marx, Franchising, DStR 1998, S. 1448; Hoffmann, Dividenden, DB 1998, S. 1985; auf den Ansatz der Höhe nach beschränkt vgl. BFH vom 17.2.1998, VIII R 28/95, BStBl. II 1998, S. 505; Wallis, Einkommensbesteuerung, FR 1975, S. 340.

456 Ein Finanzterminkontrakt ist beispielsweise als schuldrechtlicher Kaufvertrag gem. § 433 BGB zu verstehen, dessen Erfüllung sowohl auf Seiten des Schuldners als auch auf Seiten des Gläubigers noch vorzunehmen ist; es liegt mithin ein gegenseitig verpflichtendes Vertragsverhältnis vor.

457 Vgl. Tiedchen in: HHR, § 5 EStG Rn. 305.

bilanzunwirksam zu behandeln sind. Dies gilt insoweit auch trotz der Tatsache, dass der Geldwerdungsprozess finanzieller Geschäfte weiter fortgeschritten ist als der Geldwerdungsprozess realwirtschaftlicher Geschäftsvorfälle, das Risiko der Leistungserfüllung mithin als geringer einzuschätzen ist. Eine Übernahme der IFRS/IAS-Vorschrift würde eine steuerliche Ungleichbehandlung gleichartiger Sachverhalte bedeuten, da bestimmte finanzielle Geschäfte bereits bei Vertragsabschluss und realwirtschaftliche Geschäftsvorfälle grundsätzlich erst im Zuge der wirtschaftlichen Leistungserbringung bilanzielle Konsequenzen nach sich ziehen würden. Das bedeutet allerdings nicht, dass es nicht unter bestimmten Umständen zur Gewährleistung einer sachgerechten Gewinnermittlung als notwendig zu erachten ist, dass Finanzgeschäfte nicht dennoch bereits bei Vertragsabschluss zu berücksichtigen sind. Dies ist beispielsweise dann erforderlich, wenn im Rahmen von Sicherungsgeschäften unterschiedliche Rechtsverhältnisse in die bilanzielle Betrachtung einzubeziehen sind, da ansonsten unter Beachtung des Einzelbewertungsgrundsatzes gegenläufig neutralisierende Wertveränderungen einzelner Finanzgeschäfte unberücksichtigt bleiben würden.[458] Des Weiteren gilt es berücksichtigen, dass etwaig zu antizpierenden Verluste, die im Zusammenhang mit einem bilanzunwirksamen Finanzderivat stehen, mittels einer Drohverlustrückstellung bilanziell zu erfassen sind. Insoweit würde hier das steuerliche Imparitätsprinzip greifen.

Auch die Voraussetzung, dass eine vertragliche Vereinbarung gleichzeitig bei einem Unternehmen zu einem finanziellen Vermögenswert und bei einem anderen zu einer finanziellen Verbindlichkeit (Eigenkapitalinstrument) führen muss, kann steuerbilanziell nicht überzeugen. Einerseits bedarf es steuerlich nicht der sich aus dieser Vorschrift ergebenden Sonderstellung finanzieller Sachverhalte mit der damit einhergehenden bilanziellen Abbildung schwebender Geschäfte, und andererseits kann die Bilanzierungsfähigkeit eines Sachverhalts nicht von der Bilanzierungsfähigkeit des Geschäftsvorfalls beim Vertragspartner abhängen. Die Bilanzierung hat sich ausschließlich an den Periodisierungs- und Objektivierungsvorschriften auszurichten, damit gewährleistet ist, dass ein dem Bilanzzweck entsprechender Gewinn ausgewiesen wird.

II. Eingebettete Derivate

Vorschriften zur bilanziellen Behandlung von Finanzinstrumenten, die sich aus unterschiedlichen finanziellen Komponenten zusammensetzen, finden in zwei unterschiedlichen Standards der IFRS/IAS ihren Niederschlag. Neben den Bestimmungen des IAS 39, die die Bilanzierung derartiger Finanzinstrumente aus dem Blickwinkel des das Finanzinstrument haltenden Unternehmens wiedergeben, beschäftigt sich der Regelungsinhalt des IAS 32 ausschließlich mit der Sichtweise des emittierenden Unternehmens. Während IAS 32 dabei die Begrifflichkeit des „zusammengesetzten Finanzinstruments" (Compound Financial Instruments) explizit

458 Vgl. auch das Kapitel zu den Sicherungsbeziehungen, S. 197 ff., insbesondere S. 216 ff.

verwendet, benutzt IAS 39 lediglich die Begrifflichkeit des „eingebetteten Derivates" (Embedded Derivative). Da IAS 32 die Abgrenzung von Eigen- zu Fremdkapitalinstrumenten in den Vordergrund stellt, nimmt die IFRS/IAS-Terminologie zu den zusammengesetzten Finanzinstrumenten somit auf Bilanzposten des Emittenten Bezug, die sich aus Eigen- und Fremdkapitalkomponenten zusammensetzen. IAS 39 befasst sich auf Grund des Mixed-Model-Approachs hingegen mit der Bilanzierung zusammengesetzter Finanzprodukte,[459] die nicht durch die Vorschriften des IAS 32 abgedeckt werden und deren einzelne Komponenten unterschiedlichen Bewertungsansätzen folgen.

1. Vorgehensweise nach IAS 39

Ein eingebettetes Derivat ist gem. IAS 39.10 ein Bestandteil eines zusammengesetzten Finanzinstruments, bei dem das Derivat vertraglich mit einem nicht derivativen Basisvertrag (Non-Derivative Host Contract) einheitlich verbunden ist. Die Einbindung des Derivates verursacht dabei Änderungen der Zahlungsströme des Basisinstruments in Abhängigkeit von bestimmten ökonomischen Größen wie beispielsweise eines bestimmten Zinssatzes oder Wechselkurses, die ohne eingebettetes Derivat anders ausgefallen wären.

Sofern das zusammengesetzte Instrument nicht als Ganzes zum Fair Value bewertet wird, ist das Derivat gem. IAS 39.11 vom Basisvertrag abzulösen. IAS 39.11 nennt für die Abspaltung des Derivates drei Voraussetzungen:

- Das zusammengesetzte Finanzinstrument wird nicht mit dem Fair Value bewertet, so dass sich Änderungen des Fair Values nicht in Gewinnen oder Verlusten bemerkbar machen; und
- ein eigenständiges Instrument mit den gleichen Bedingungen wie das eingebettete derivative Finanzinstrument würde die Definition eines derivativen Finanzinstruments erfüllen; und
- die wirtschaftlichen Merkmale und Risiken des eingebetteten derivativen Finanzinstruments sind nicht eng mit den wirtschaftlichen Merkmalen und Risiken des Basisvertrags verbunden (siehe Anmerkung IAS 39.AG30 und .AG33).

Als weitere Voraussetzung findet sich in IAS 39.12 und .13 die Notwendigkeit zur Bestimmbarkeit der Wertansätze.

Auf Grund der teilweise hohen Komplexität zusammengesetzter Finanzinstrumente nimmt der IASB im Application Guidance zur Verdeutlichung der Vorschrift des IAS 39.11 exemplarisch Stellung zu unterschiedlichen Finanzprodukten.[460] Es wird dabei auf jeweils einzelne

[459] IAS 39.10 verweist auf das eingebettete Derivat als eine Komponente eines strukturierten (zusammengesetzten) Finanzinstruments.

[460] Vgl. Gebhardt/Naumann, Absicherungszusammenhänge, DB 1999, S. 1463.

Finanzinstrumente verwiesen, die entweder gem. IAS 39.AG30 aufzuspalten oder gem. IAS 39.AG33 nicht aufzuspalten sind. So gehören beispielsweise in Geldverbindlichkeiten eingebettete Caps, Floors sowie Collars oder gewöhnliche Kündigungsrechte für Schuldner oder Gläubiger zu den nicht aufspaltungspflichtigen Produkten. Dagegen zählen aktien- oder rohstoffinduzierte Zins- oder Kapitalzahlungen zu den aufspaltungspflichtigen Produkten. Selbstverständlich steht dabei die explizit genannte bilanzielle Behandlung dieser Produkte im Einklang mit den abstrakten Separierungskriterien des IAS 39.11, so dass zunächst diese Kriterien als Basis für die Untersuchung zu den eingebetteten Derivaten herangezogen werden sollen.

1.1. Keine Fair Value-Bewertung des zusammengesetzten Instruments

Eine Aufspaltung wäre nicht vonnöten, wenn das zusammengesetzte Produkt als Ganzes zum Fair Value bilanziert werden würde und sowohl die negative als auch positive Wertentwicklung entsprechend der Intention des IAS 39 erfolgswirksam abgebildet werden könnte. Da jedoch in dem IFRS/IAS-Regelwerk der Full Fair Value-Approach nicht vollständig umgesetzt ist, kann es bei zusammengesetzten Produkten zu Verwerfungen kommen, die vom IASB aus Informationsaspekten so nicht gewollt sind. In Ermangelung einer eigenständigen Bilanzierung wäre es möglich, dass eingebettete derivative Finanzinstrumente das Schicksal ihres Basisinstruments teilen, und sie somit lediglich zu fortgeführten Anschaffungskosten bilanziert werden. Um aber zu gewährleisten, dass derivative Finanzinstrumente mit dem Fair Value bewertet werden, bestimmte Basisinstrumente jedoch weiterhin zu fortgeführten Anschaffungskosten zu bilanzieren sind, eröffnet der IASB gem. IAS 39.11 (c) die Möglichkeit, unter den genannten Voraussetzungen das eingebettete Derivat in solchen Fällen vom Basisinstrument abzutrennen.[461] Die Frage nach der Separierung eingebetteter Finanzinstrumente ist somit Ausfluss des Mixed-Modell-Approaches; sie wird mithin von Aspekten bestimmt, die mit der Bewertung von Finanzinstrumenten im Zusammenhang stehen. Auf eine Separierung des eingebetteten Derivates kann demnach verzichtet werden, wenn die Zerlegung und der einheitliche Bilanzansatz materiell die gleichen Bewertungskonsequenzen nach sich ziehen.[462]

In diesem Kontext ist daher auch die nachträglich eingefügte Vorschrift des IAS 39.11A zu verstehen. IAS 39.11A erlaubt es, zusammengesetzte Finanzinstrumente in Gänze der Fair Value-Bewertung zuzuführen, sofern ein Vertrag ein oder mehrere substanzielle eingebettete Derivate enthält,[463] sich mithin eine Reduktion der Bewertungskomplexität einstellt. Eine

---

461 Vgl. Scharpf, Financial Instrument II, FB 2000, S. 214.

462 Vgl. Eisele/Knobloch, Strukturierte Anleihen, ZfbF 2003, S. 767.

463 Vgl. Brenner/Weber, Landesbank, Kreditwesen 2004, S. 596; Löw/Blaschke, Fair Value Option, BB 2005, S. 1731.

Aufspaltung erübrigt sich sodann. Tendenziell ist die Bedeutung einer IFRS/IAS-Aufspaltung insofern zunehmend in den Hintergrund getreten, da der Bilanzierende nunmehr die Designationsmöglichkeit besitzt, Finanzinstrumente mit einem eingebetteten Derivat gem. IAS bei Zugang einheitlich dem Handelsbestand i.S.d. IAS 39.9 zuzuordnen. Dennoch dürfte es hinsichtlich des Untersuchungskontexts von Interesse sein, die IFRS/IAS-Vorschriften zur Separierung eingebetteter Derivate auf ihr Nutzenpotenzial für die steuerliche Gewinnermittlung zu untersuchen, um so, unabhängig von grundlegenden Divergenzen bezüglich der Fair Value-Bewertung, konzeptionelle Übereinstimmungen oder Unterschiede zwischen den Bilanzierungsregeln beider Rechenwerke aufzeigen zu können.

1.2. Derivative Finanzinstrumente

Derivative Finanzinstrumente sind in der Regel als vertragliche Vereinbarungen über die Leistung und den Erhalt von Zahlungen zu verstehen. Der Ausgleich der Zahlungsströme erfolgt erst in der Zukunft und die Höhe der Zahlungen hängt von der Wertentwicklung bestimmter Marktpreise ab. Kategorisieren lassen sich die Finanzderivate dabei nach bedingten und unbedingten Finanzgeschäften.[464] Kennzeichnend für unbedingte Finanzgeschäfte ist die Gleichverteilung der sich aus dem Vertrag ergebenden Risiken,[465] während bei bedingten Finanzgeschäften eine asymmetrische Verteilung der Risiken vorliegt.[466] Als Beispiel für unbedingte Finanzgeschäfte lassen sich Termingeschäfte in Form eines Devisentermingeschäfts anführen, als Beispiel für bedingte Termingeschäfte sind Optionsgeschäfte zu nennen. Der IASB knüpft seine Anforderungen an die eingebetteten Derivate gem. IAS 39.11 (b) an die Derivatedefinition des IAS 39.9; demnach müssen bilanziell zu berücksichtigende Derivate folgende Voraussetzungen erfüllen:

(a) der Wert eines Instruments ist vom Preis oder Kurs eines an Märkten gehandelten Aktivums (Underlying) abhängig; und
(b) für das Instrument ist verglichen mit anders gearteten Verträgen, die in ähnlicher Weise auf Änderungen der Marktbedingungen reagieren, keine oder nur eine geringe anfängliche Netto-Investition erforderlich; und
(c) die endgültige Ausübung des Vertrags erfolgt zu einem späteren Zeitpunkt.

---

464 Bei einem unbedingten Finanzgeschäft verpflichten sich die Parteien, ihrer vertraglich fixierten Verpflichtung ohne den Eintritt weiterer Bedingungen nachzukommen, daher der Begriff „unbedingt"; vgl. Barckow, Sicherungsbeziehungen, 2004, S. 33.

465 Dadurch, dass beide Vertragspartner zur Erfüllung unbedingt verpflichtet sind, partizipieren beide Partner gleichermaßen an den Chancen und Risiken des zugrunde liegenden Basiswerts; vgl. Barckow, Sicherungsbeziehungen, 2004, S. 33.

466 Vgl. Burkert, Finanzderivate, 1995, S. 3.

Anders als die Asset-Definition des Frameworks stellen diese Anforderungen insoweit nicht explizit auf den zukünftigen Zufluss eines wirtschaftlichen Nutzens ab;[467] vielmehr steht der Zweck der Bilanzierung von Finanzderivaten im Vordergrund. So soll der Bilanzleser zeitnah über die mit den Finanzderivaten im Zusammenhang stehenden wirtschaftlichen Gegebenheiten informiert werden, da derivative Finanzinstrumente auf Grund der starken Hebelwirkung ein nicht unbedeutendes wirtschaftliches Gewicht entfalten können. Der Hinweis auf die anfänglich nicht vorhandene oder geringe Netto-Investition nimmt Bezug auf den Sachverhalt, dass unbedingte Finanzderivate bei Vertragsabschluss unter marktgerechten Bedingungen einen Wert von Null haben und dass der Marktwert für bedingte Finanzderivate bei Vertragsabschluss ungleich Null ist, da auf Grund der asymmetrischen Risikoverteilung zwischen den Vertragsparteien eine Optionsprämie anfällt, die insoweit auch entsprechend zu bilanzieren ist.[468] Den ökonomischen Gegebenheiten folgend, weist der IASB zudem darauf hin, dass es für die Identifizierung eingebetteter Derivate von entscheidender Bedeutung ist, dass der Wert eines der zu bestimmenden Bestandteile des zusammengesetzten Finanzinstruments in Abhängigkeit zu einem Instrument des strukturierten Produkts oder einem anderen Aktivum steht. Sofern dies nicht der Fall sein sollte, laufen die Bestimmungen zu den eingebetteten Derivaten ins Leere, so dass auch eine Separierung nicht in Frage kommt. Grundsätzlich sind derivative Finanzinstrumente, sofern sie als diese identifiziert wurden, gem. IAS 39.14 im Zeitpunkt des Vertragsabschlusses zu bilanzieren und gem. IAS 39.9 (a) (iii) der Kategorie „Financial Asset or Financial Liability at Fair Value through Profit or Loss“ zuzuordnen.[469]

1.3. Verknüpfung der Risikomerkmale zwischen eingebettetem Derivat und Basisinstrument

Zwingend zur Beurteilung der Verknüpfung zwischen dem Derivat und dem Basisinstrument eines zusammengesetzten Finanzinstruments sind gem. IAS 39.11 (a) die Haupteinflussfaktoren heranzuziehen, die das wirtschaftliche Charakteristikum des jeweiligen Instruments bestimmen. Wird der wirtschaftliche Charakter der zugehörigen Instrumente durch einen identischen Risikofaktor beeinflusst, so liegt eine enge Verknüpfung zwischen beiden Instrumenten vor. Das wäre exemplarisch dann der Fall, wenn der Wert des Derivates und des Basisinstruments jeweils vom Zinsniveau geprägt werden. Auch wenn der bestimmende Faktor Zins sich aus einem festen Zinssatz und einer von unterschiedlichen Einflussfaktoren beein-

467 Vgl. Bohl/Scheinpflug in: Beck`sches IFRS-Handbuch, 2004, § 3 Rn. 41; Mellwig/Sabel, Schwebende Geschäfte, DK 2005, S. 359.

468 Im Zeitpunkt des Vertragsabschlusses von Termingeschäften wird man davon ausgehen können, dass Leistung und Gegenleistung sich ausgleichend gegenüberstehen, so dass der Marktwert bei Vertragsabschluss Null ist. Lediglich für den Fall, dass die Risiken aus dem Geschäft ungleich verteilt sind, liegt ein von Null verschiedener Marktwert vor; vgl. Gebhardt, Finanzinstrumente, BFuP 1996, S. 565; Kehm/Lüdenbach in: Lüdenbach/Hoffmann, IAS/IFRS, 3. Auflage 2005, § 28 Rn. 232.

469 Als Beispiele für derivative Finanzinstrumente führt der IAS AG39.9 Futures, Forwards, Swaps und Optionsverträge an.

flussten Risikoprämie zusammensetzt, ist von einer engen Verknüpfung der Instrumente auszugehen.[470] Beziehen sich die Bestimmungsgrößen dagegen auf unterschiedliche Risikofaktoren wie z.B. auf Zinsen, Aktien, Währungen oder Warenpreise, so liegt kein unmittelbarer Zusammenhang zwischen diesen Größen vor; die Instrumente sind zu separieren.[471] Des Weiteren weisen Beispiele im Application Guidance darauf hin, dass auch eine Trennung vorzunehmen ist, wenn das Derivat einen erheblichen Einfluss auf die Gesamtposition ausübt, ohne dass unterschiedliche Risikofaktoren vorliegen.[472] So bestimmt IAS 39.AG30 (g), dass eine in ein originäres Schuldinstrument eingebettete Rückgabe- bzw. Vorfälligkeitsoption nicht eng mit dem Basisvertrag verbunden ist, so dass es als eingebettetes Derivat von seinem Basisvertrag abzutrennen ist, wenn der Ausübungspreis am jeweiligen Ausübungsdatum nicht annähernd den fortgeführten Anschaffungskosten des Schuldinstruments entspricht.[473] Gleiches gilt gem. IAS 39.AG33 (b) für eingebettete Zinsbegrenzungsvereinbarungen, die eine Hebelwirkung aufweisen; auch sie sind trotz gemeinsamer Risikokomponenten aufzuspalten. Aus Informationsaspekten verfolgen die IFRS/IAS insofern einen risikoorientierten Ansatz, der dem Bilanzleser die ökonomische Risikostruktur eines Finanzinstruments offenlegt und dafür Sorge trägt, dass bei unterschiedlichen Risikokomponenten oder einer erheblichen Hebelwirkung des Derivats die Wertentwicklung dieses Derivats auch entsprechend separat abgebildet wird.

Ergänzend sei angemerkt, dass eingebettete Derivate nicht nur in Verbindung mit einem finanziellen Vermögenswert, sondern auch in Verbindung mit einer finanziellen Verbindlichkeit oder einem Eigenkapitalinstrument vorliegen können. Besitzt der Emittent einer Wandelanleihe beispielsweise ein vorzeitiges Kündigungsrecht (Callable Convertible Bond), ist die Wandelanleihe in die Komponenten finanzielle Verbindlichkeit (Wert der Anleihe ohne vorzeitiges Kündigungs- und Wandlungsrecht), Eigenkapital (Wandlungsrecht des Inhabers) und finanzieller Vermögenswert (vorzeitiges Kündigungsrecht des Emittenten) gem. IAS 32.28 i.V.m. IAS 32.15 und IAS 39.AG30 (g) aufzuteilen, sofern die wirtschaftlichen Merkmale und Risiken des vorzeitigen Kündigungsrechts mit den Merkmalen und Risiken des Basisvertrags (hier Anleihe mit Wandlungsrecht des Inhabers) nicht eng verbunden sind.[474]

---

[470] Beispielsweise von der Inflation, der Kreditwürdigkeit des Schuldners oder der Laufzeit der Anleihe; vgl. hierzu Bellavite-Hövermann/Barckow in: Baetge/Dörner et. al., IAS-Kommentar, 2. Auflage 2003, IAS 39, Rn. 43 m.w.N.

[471] Vgl. Barckow/Rose, Hedgestrategien, WPg 1997, S. 790; Gebhardt/Naumann, Absicherungszusammenhänge, DB 1999, S. 1463; Kehm/Lüdenbach in: Lüdenbach/Hoffmann, IAS/IFRS, 3. Auflage 2005, § 28, Rn. 144; Scharpf, Financial Instrument II, FB 2000, S. 213.

[472] Vgl. Eisele/Knobloch, Strukturierte Anleihen, ZfbF 2003, S. 767.

[473] Bei einer als Gläubiger- oder Schuldnerkündigungsrecht eingekleideten Option kommt es mithin auf die Kondition der Optionsausübung an. Bei einem klassischen Schuldner- oder Gläubigerkündigungsrecht ist von einer Aufspaltung abzusehen. Liegt hingegen beispielsweise eine Kauf- oder Verkaufsoption auf eine mit einem erheblichen Disagio oder Agio ausgegebene Anleihe vor und erfolgt im Zeitpunkt der Ausübung keine Anpassung des Disagios, so fehlt es an einem engen Zusammenhang; vgl. hierzu Kehm/Lüdenbach in: Lüdenbach/Hoffmann, IAS/IFRS, 3. Auflage 2005, § 28, Rn. 145 u. 147.

[474] Vgl. Isert/Schaber, Eigenkapital, KoR 2005, S. 303.

2. Vergleich von IFRS/IAS und Steuerrecht

In Anbetracht einer Vielzahl unterschiedlicher Finanzinnovationen beschränken sich die hier vorgenommenen Erläuterungen neben Überlegungen grundsätzlicher Art auf wenige ausgewählte Instrumente, die sich auf Grund ihrer Charakteristika zur Abgrenzung des IFRS/IAS-Vorgehens vom Steuerbilanzrecht besonders eignen. Es handelt sich dabei im Wesentlichen um Finanzprodukte, die im Gegensatz zu normalen Kapitalanlagen mit bestimmten Merkmalen bei der Laufzeit, bei der Verzinsung oder bei der Rückzahlung ausgestattet sind und sowohl rechtlich als auch wirtschaftlich als ein gemeinsames Instrument angesehen werden, ohne dass einzelne Bestandteile in der Regel separat voneinander gehandelt werden.[475] Gleichwohl lassen sie sich für Bewertungszwecke rechnerisch jederzeit in ihre Bestandteile zerlegen, was theoretisch auch für bilanzielle Zwecke Geltung besitzen kann und insofern auch für das Steuerbilanzrecht die Frage aufwirft, ob eine getrennte Bilanzierung vorzunehmen ist.[476]

2.1. Keine Fair Value-Bewertung des zusammengesetzten Instruments

Wie bereits erörtert, sieht das Steuerbilanzrecht basierend auf dem Realisationsprinzip keine generelle Fair Value-Bewertung von Bilanzposten vor. Die zwar unter Informationsgesichtspunkten wünschenswerte symmetrische Fair Value-Bewertung findet daher im Steuerbilanzrecht keine Entsprechung,[477] so dass sich hinsichtlich der Bilanzierung von eingebetteten Derivaten steuerlich ein Hinweis auf die Fair Value-Bewertung erübrigt. Während daher die Frage der steuerbilanziellen Behandlung zusammengesetzter Produkte auf Grund ihres zunehmenden Einflusses auf das unternehmerische Handeln eher an Gewicht gewinnt, ist dies dagegen in der IFRS/IAS-Bilanz auf Grund der Designationsmöglichkeit zur Fair Value-Bewertung tendenziell gerade nicht der Fall. Trotz oder gerade auf Grund dieser gegenläufigen Tendenzen ist es durchaus spannend, inwieweit eine systematische Übereinstimmung zwischen dem steuerlichen Vorgehen und dem risikoorientierten IFRS/IAS-Denken bezüglich einer etwaig vorzunehmenden Abkopplung eines eingebetteten Derivats von seinem Basisvertrag zu erkennen ist.

2.2. Derivative Finanzinstrumente

Im deutschen Handels- und Steuerbilanzrecht existieren im Gegensatz zu den IFRS/IAS keine expliziten Bestimmungen zur Bilanzierung von Finanzderivaten. Das Derivat ist dem Han-

---

475 Vgl. IDW, Strukturiertes Produkt, WPg 2001, S. 916; Scharpf, Strukturierte Produkte, FB 1999, S. 21.

476 Vgl. auch Gebhardt/Naumann, Absicherungszusammenhänge, DB 1999, S. 1463; Scharpf, Strukturierte Produkte, FB 1999, S. 24.

477 Lediglich bei einer negativen Wertentwicklung kennt das deutsche Handels- und Steuerbilanzrecht die Fair Value-Bewertung, so dass der Fair Value dem Steuerrecht nicht gänzlich unbekannt ist, jedoch nur asymmetrisch zur Anwendung kommt.

dels- und Steuerbilanzrecht jedoch aus dem Zivilrecht bekannt; es ist im § 2 Abs. 2 WpHG definiert. Gem. § 2 Abs. 2 WpHG handelt es sich bei Derivaten um bedingte oder unbedingte Termingeschäfte, deren Preis von dem Börsen- oder Markpreis eines Underlyings abhängt. Beide Definitionen, nach den IFRS/IAS und auch nach dem WpHG, nehmen mithin identischerweise Bezug auf den Sachverhalt, dass der Wert eines Derivats vom Preis oder Kurs eines am Markt gehandelten Aktivums abhängig sein muss.[478] Auch die IFRS/IAS-Anforderung, dass die endgültige Ausübung des Vertrags zu einem späteren Zeitpunkt zu erfolgen hat, wird durch den Hinweis aufgefangen, dass es sich bei Derivaten um Termingeschäfte handelt, so dass die Erfüllung des Geschäfts in der Zukunft liegt. Einzig das Merkmal einer fehlenden oder geringen Anfangsinvestition wird im § 2 Abs. 2 WpHG nicht erwähnt, was insoweit verwundert, da hierdurch die Hebelwirkung derivativer Finanzinstrumente begründet wird. Im Ergebnis führen die Definitionen nach IAS 39.9 und dem WpHG allerdings weitgehend zur gleichen Zuordnung, so dass gleichwohl angesichts der Tatsache, dass die IFRS/IAS-Merkmale den abstrakten Derivate-Begriff zutreffender charakterisieren,[479] von einem identischen Verständnis der beiden Rechtskreise bezüglich eines Finanzderivates ausgegangen werden kann. Für die bilanzielle Behandlung derivativer Finanzinstrumente kann indes eine derartige Übereinstimmung nicht festgestellt werden.

2.2.1. *Unbedingte Finanzderivate*

Bei unbedingten Finanzderivaten verpflichten sich beide Vertragsparteien zu einem zukünftigen Austausch gegenseitiger Leistungen. Beim Vertragsabschluss werden sämtliche Bedingungen der zukünftigen Geschäftserfüllung festgelegt; das schuldrechtliche Synallagma besteht insofern in der gegenseitigen Verpflichtung zur Leistung.[480] Die zu erbringende Leistung kann dabei in der Lieferung bzw. Abnahme eines festgelegten Basiswerts oder im Austausch von Geldbeträgen oder Zahlungsströmen bzw. in der Leistung eines entsprechenden Barausgleichs liegen.[481] Um die tatsächlichen Verhältnisse der Vermögens-, Finanz- und Ertragslage in Form des wirtschaftlich Gewollten bilanziell abbilden zu können, wäre es steuer- und handelsbilanziell nicht unbedeutend, wenn entsprechend risikobegründende Finanzge-

---

478 Vgl. Kuhner in: Baetge/Kirsch/Thiele, § 246, Rn. 801 ff. Zu den Derivaten im deutschen Bilanzrecht vgl. auch Maulshagen/Maulshagen, Swap, BB 2000, S. 243.

479 Vgl. Kuhner in: Baetge/Kirsch/Thiele, § 246 Rn. 803.

480 Vgl. Reiner, Finanzderivate, 2001, S. 26.

481 Vgl. Bitterlin, Finanzderivate, 2003, S. 14 f. Sofern der Handel unbedingter Finanzderivate über die Börse erfolgt, geschieht dies in standardisierter Form, so dass zwischen den Vertragsparteien lediglich der Preis des Kontrakts auszuhandeln ist. Als Sicherheit müssen die Vertragsparteien gegenüber der Clearingstelle Einschüsse leisten, deren Höhe von den jeweiligen Kontraktparametern abhängt. Die geforderte Sicherheitsleistung variiert dabei mit den Kursschwankungen des Kontrakts und wird täglich berechnet, wobei auf einem Marginkonto Gewinne gutgeschrieben bzw. Verluste belastet werden; vgl. hierzu Franken, Terminhandel, 1997, S. 26; Kuhner in: Baetge/Kirsch/Thiele, § 246 Rn. 810. Auf eine bilanzielle Betrachtung der Einschüsse soll im Folgenden nicht näher eingegangen werden, da im Zentrum der Betrachtung das Finanzderivat als solches steht.

schäfte in der Bilanz ihren Niederschlag finden würden. Auf Grund der den Derivaten immanenten Eigenschaft, dass zwischen dem Vertragsabschluss und dem Erfüllungszeitpunkt eine zeitliche Lücke klafft und es sich somit ausschließlich um schwebende Geschäfte handelt, sind bedingte (und auch unbedingte) Finanzderivate in der Steuerbilanz grundsätzlich als bilanzunwirksam zu behandeln,[482] während sie in einer IFRS/IAS-Bilanz hingegen bilanzwirksam zu erfassen sind.

Mit Blick auf die bilanzielle Behandlung eingebetteter Derivate wirft die grundsätzliche Bilanzunwirksamkeit allerdings unweigerlich die Frage auf, wie mit den Derivaten zu verfahren ist, die an einen Basisvertrag gebunden sind. Fraglich ist, ob sie somit nicht über die Hintertür einer einheitlichen Bilanzierung generell den Eingang in die Steuerbilanz finden. In einer IFRS/IAS-Bilanz wird diese Fragestellung indessen nicht aufgeworfen; Finanzderivate gelten zum Zeitpunkt des Vertragsabschlusses als bilanzwirksam und sind im Jahresabschluss entsprechend auszuweisen. Zusätzlich zu der Fair Value-Bewertung ist die Bilanzunwirksamkeit von Finanzderivaten somit ein weiteres Bilanzierungsfeld, das einen grundlegenden Unterschied zwischen den IFRS/IAS und der Steuerbilanz aufzeigt. Interessanterweise führen diese Unterschiede allerdings für beide Rechenwerke gleichermaßen dazu, dass die Problematik der Separierung eingebetteter Derivate bilanziell nicht unbedeutend ist, da die IFRS/IAS durch die Abkopplung eines Finanzderivats vom Basisvertrag die Fair Value-Bewertung desselben sicherstellen wollen und es im Steuerbilanzrecht eben fraglich ist, inwieweit Finanzderivate auf Grund ihrer grundsätzlichen Bilanzunwirksamkeit von ihrem Basisvertrag zu trennen sind.

2.2.2. Bedingte Finanzderivate und Optionsprämie

Eine Option, die dem Grunde nach ein Bezugsrecht schuldrechtlicher Natur ist,[483] ist als bedingte Vertragsvereinbarung zu qualifizieren. Laut Stellungnahme des IDW sind Optionsgeschäfte Vereinbarungen, die einem Vertragspartner (dem Optionsberechtigten) das Recht einräumen, zukünftig innerhalb einer bestimmten Frist mit einem Vertragspartner (dem Stillhalter) ein festgelegtes Vertragsverhältnis einzugehen bzw. vom Stillhalter die Zahlung eines hinsichtlich seiner Bestimmungsgrößen festgelegten Geldbetrags zu verlangen.[484] Grundsätzlich wird dabei für das Optionsrecht eine Optionsprämie fällig, welche bei einem eigenständi-

---

[482] Vgl. BFH vom 24.8.1983, I R 142/81, BStBl. II 1983, S. 369; BFH vom 16.11.1982, VIII R 95/81, BStBl. II 1983, S. 361; BFH vom 19.7.1983, VIII R 160/79, BStBl. II 1984, S. 56; BFH vom 25.1.1984, I R 7/80, BStBl. II 1984, S. 344; Döllerer, Bilanzierung 1974, S. 740; Döllerer, Bilanzierung, BB 1974, S. 1541; Gebhardt, Finanzinstrumente, BFuP 1996, S. 565; Göttgens/Prahl, Bilanzierung, WPg 1993, S. 505; Herzig/Köster in: HDJ, III/5, Rn. 239 ff.; Hommel in: Baetge/Kirsch/Thiele, § 249 Rn. 107 ff.; Kuhner in: Baetge/Kirsch/Thiele, § 246 Rn. 831; Mayer-Wegelin in: HdR, 5. Auflage § 249, Rn. 63 ff.; Woerner, Schwebende Geschäfte, FR 1984, S. 490.

[483] Vgl. Finanzgericht München vom 4.2.2004, 7 K 4666/01, EFG 2004, S. 846.

[484] Siehe hierzu IDW, Stellungnahme BFA 2/1995, WPg 1995, S. 421.

gen Recht offen und bei einem eingebetteten Instrument in der Regel verdeckt gezahlt wird.[485] Die Optionsprämie spiegelt den Marktwert der asymmetrischen Risikoverteilung aus dem Optionskontrakt wider und gleicht somit die noch zu erfüllende Leistung und Gegenleistung aus dem schwebenden Geschäft aus.[486] Laut Rechtsprechung des BFH[487] und Meinung der Finanzverwaltung[488] ist beim Optionsverkäufer eines eigenständigen Optionsrechts steuerbilanziell eine Verbindlichkeit in Höhe der offen vereinnahmten Prämie auszuweisen, die dann auch erst bei Ausübung oder Verfall der Option auszubuchen ist. Beim Käufer ist die verausgabte Optionsprämie eines Freestanding-Derivats korrespondierend als selbständiges immaterielles Wirtschaftsgut zu aktivieren,[489] da es sich um einen greifbaren und selbständig bewertbaren Vermögenswert handelt.[490]

Maßgeblich für die Bilanzierung der Optionsprämie ist eine zweistufige Betrachtung des rechtlich einheitlichen Optionsgeschäfts, nach der die Wirksamkeit des Optionsgeschäfts gem. § 158 Abs. 1 BGB aufschiebend bedingt ist und erst mit Ausübung des Optionsrechts eintritt.[491] Maßgebend für die steuerbilanziell erfolgsneutrale Behandlung der Optionsprämie ist das Realisationsprinzip, nach dem eine Realisierung erst dann eintritt, wenn der Vertrag wirtschaftlich vollständig erfüllt wurde, was voraussetzt, dass die vereinbarte Leistung erbracht ist.[492] Dies ist zum Zeitpunkt der Prämienzahlung noch nicht der Fall, da die wirtschaftliche Stellung der Prämie im Sinne eines bilanzrechtlichen Synallagmas in einem engen Zusammenhang mit der Leistungs- und Gegenleistungspflicht aus dem ausgereichten Optionsrecht steht.[493] Bei der Bestimmung des Leistungsaustauschs sind nicht nur die miteinander ver-

---

485 Vgl. Gebhardt, Optionsanleihe, ZfbF 1988, S. 896; Gebhardt/Naumann, Absicherungszusammenhänge, DB 1999, S. 1463.

486 Während der Käufer der Option das Recht auf Optionsausübung besitzt, ist der Verkäufer an die Entscheidung des Käufers gebunden. Dem Optionsberechtigten kommt damit theoretisch eine unbegrenzte Gewinnchance zu. Beim Stillhalter verhält es sich entsprechend anders: Ihm kommt theoretisch ein unbegrenztes Verlustrisiko zu. Das vom Optionsverkäufer für den Verkauf der Option bezogene Entgelt dient somit als Entschädigung für die Risiken, die der Stillhalter durch die Begebung des Optionsrechts eingeht. Die Optionsprämie wird insoweit auch durch die Optionslaufzeit bestimmt, die den Zeitwert des Optionsrechts beeinflusst. Vgl. BFH vom 18.12.2002, I R 17/02, BStBl. II 2004, S. 678; BFH vom 28.11.1990, X R 197/87, BStBl. II 1991, S. 300; Finanzgericht Münster vom 5.4.2005, 8 K 4710/01 E, EFG 2005, S. 1117; IDW, Stellungnahme BFA 2/1995, WPg 1995, S. 421; Kuhner in: Baetge/Kirsch/Thiele, § 246 Rn. 840; Scharpf in: HdR, 5. Auflage Kap. 6 Rn. 803; Windmöller/Breker, Optionsgeschäfte, WPg 1995, S. 392.

487 Vgl. BFH vom 18.12.2002, I R 17/02, BStBl. II 2004, S. 678.

488 Vgl. BMF-Schreiben vom 12.01.2004, IV A 6 - S 2133 - 17/03, BStBl.I 04, S. 192.

489 Vgl. BFH vom 18.12.2002, I R 17/02, BStBl. II 2004, S. 678; BFH vom 28.11.1990, X R 197/87, BStBl. II 1991, S. 300; Weber-Grellet in: Schmidt, EStG, 25. Auflage 2006, § 5 Rn. 144.

490 Vgl. Häuselmann, Option, DB 1987, S. 1746 m.w.N.

491 Vgl. BGH vom 22.10.1984, II ZR 262/83, WM 1984, S. 317; BGH vom 18.4.1989, XI ZR 133/88, WM 1989, S. 1403; BGH vom 16.11.1987, II ZR 24/87, WM 1988, S. 392.

492 Vgl. BFH vom 23.6.1997, GrS 2/93, BStBl. II 1997, S. 735; BFH vom 18.12.2002, I R 17/02, BStBl. II 2004, S. 678; Herzig/Briesemeister, Optionsgeschäfte, DB 2002, S. 1577; Herzig/Rieck, Saldierung, DB 1997, S. 1883; Schumacher, Realisationsprinzip, DStR 1997, S. 1236; Weber-Grellet, Apotheker-Fall, DB 1997, S. 2234.

493 Vgl. BFH vom 23.6.1997, GrS 2/93, BStBl. II 1997, S. 735; Herzig/Briesemeister, Optionsgeschäfte, DB 2002, S. 1574.

knüpften Hauptleistungspflichten aus einem gegenseitigen Vertrag, sondern alle Nebenleistungen mit zu berücksichtigen.[494] Optionsprämien sind daher bis zur Ausübung der vertraglichen Vereinbarung erfolgsneutral zu stellen; sie sind nicht als Ertrag oder Aufwand zu erfassen. Gleiches gilt für die Bilanzierung von Optionsprämien nach den IFRS/IAS. Nach den IFRS/IAS sind Optionsprämien zum Zeitpunkt der erstmaligen Erfassung erfolgsneutral zu stellen und entsprechend zu bilanzieren. Diese Übereinstimmung darf allerdings nicht darüber hinwegtäuschen, dass die Motive zur Bilanzierung von Optionsprämien unterschiedlicher Natur sind und es sich insofern lediglich um eine kleine Schnittmenge unterschiedlicher Bilanzierungspraktiken handelt. Bei den IFRS/IAS stehen die Optionsprämien im Kontext der allgemeinen Bilanzwirksamkeit von derivativen Finanzinstrumenten, die der Informationsbereitstellung von Risiken dienen und daher möglichst zum Fair Value bilanziert werden sollen. Dagegen werden im Steuerrechtbilanzrecht die Optionsprämien trotz der Bilanzunwirksamkeit schwebender Geschäfte bilanziert, was Ausdruck einer wohlverstandenen wirtschaftlichen Betrachtung des Einzelbilanzierungsgrundsatzes ist und daher lediglich zum Zeitpunkt des Vertragsabschlusses im Ergebnis zu einem Gleichlauf in der Bilanzierung führt. Darüber hinaus bilanzieren die IFRS/IAS aber zusätzlich auch noch die Option selbst, was steuerlich wiederum unzulässig ist. Während der steuerliche Ausweis am Bilanzstichtag mithin auf die Optionsprämie reduziert ist, wird in einer IFRS/IAS-Bilanz hingegen die weitere Entwicklung des Derivates vollständig erfasst.[495]

2.2.3. Zwischenergebnis

Als Zwischenergebnis kann festgehalten werden, dass Optionsprämien schon bei Vertragsabschluss zu bilanzierende Wirtschaftsgüter darstellen und dass hingegen bei unbedingten derivativen Finanzinstrumenten bei Vertragsabschluss zu marktgerechten Konditionen mangels Werthaltigkeit keine Wirtschaftsgüter vorliegen. In diesem Zusammenhang ist zu klären, inwieweit die Merkmale der Derivate-Definition gem. IAS 39.9 zur Beurteilung, ob ein Wirtschaftsgut vorliegt oder nicht, herangezogen werden können. Das Merkmal der Wertentwicklung in Abhängigkeit von Wertänderungen des Basisobjekts könnte dabei im Zusammenhang mit der geforderten selbständigen Bewertbarkeit von Wirtschaftgütern gesehen werden. Dem Merkmal der Wertentwicklung in Abhängigkeit von der Wertänderung des Basisobjekts kommt dabei allerdings nicht die gleiche Bedeutung wie dem steuerbilanziellen Kriterium der selbständigen Bewertbarkeit zu, da es steuerbilanziell unerheblich ist, ob die Wertentwicklung in Abhängigkeit oder unabhängig von der Wertentwicklung eines Basisobjekts erfolgt. Hier spiegelt sich wider, dass den Finanzinstrumenten und auch den Finanzderivaten im Steuerbilanzrecht keine Sonderstellung zukommt. Es kann daher nicht als ein der selbständigen Be-

[494] Vgl. BFH vom 18.12.2002, I R 17/02, BStBl. II 2004, S. 678.

[495] Dieser Unterschied gilt insbesondere seit dem steuerlichen Verbot für die Bildung von Drohverlustrückstellungen gem. § 5 Abs. 4a EStG.

wertbarkeit gleichgestelltes Kriterium bezeichnet werden. Das Merkmal der fehlenden oder geringen Anfangsinvestition gibt einen Hinweis auf eine vorhandene oder fehlende Werthaltigkeit bei Vertragsabschluss. Derivative Finanzinstrumente sind nach IAS 39.9 jedoch auch gerade bei fehlender Anfangsinvestition mit einem Wert von Null zu aktivieren. Zu diesem Zeitpunkt liegt nach dem steuerbilanziellen Verständnis jedoch noch keine bilanzierungsfähige Werthaltigkeit der vertraglichen Vereinbarung vor. Insoweit knüpft hieran auch das IFRS/IAS-Merkmal der zukünftigen Ausübung des Vertrags an. Die steuerbilanzielle Aktivierung eines Wirtschaftsguts knüpft hingegen an den Zeitpunkt der wirtschaftlichen Leistungserbringung an und stellt nicht auf eine Zusage ab, dass die Ausübung des Vertrags zu einem späteren Zeitpunkt erfolgt. Auf Grund der steuerlichen Bilanzunwirksamkeit schwebender Geschäfte ist somit festzustellen, dass die IFRS/IAS-Kriterien zur Bilanzierung von Finanzderivaten dem Grunde nach nicht mit den steuerbilanziellen Wirtschaftsgutkriterien vergleichbar sind.

2.3. Verknüpfung der Risikomerkmale zwischen eingebettetem Derivat und Basisinstrument

Der IDW-Rechnungslegungshinweis BFA 1.003 legt fest, dass ein strukturiertes Produkt in der Handelsbilanz grundsätzlich als einheitlicher Vermögensgegenstand zu bilanzieren ist, das jedoch unter bestimmten Voraussetzungen aufzuspalten ist.[496] Im Wesentlichen wird dabei wie nach den Vorschriften des IAS 39 auch ein risikoorientierter Ansatz verfolgt, der auf die Hauptrisikofaktoren der beteiligten Instrumente abstellt.[497] Unterliegen das eingebettete Derivat und der Basisvertrag unterschiedlichen Risikofaktoren, so sind sie aufzuspalten. Es soll damit eine Saldierung negativer und positiver Wertänderungen, die nicht auf eine identische Ursache zurückzuführen sind, vermieden werden.[498] Leistet der Risikofaktor des eingebetteten

---

496 Vgl. IDW, Strukturiertes Produkt 2001, S. 916 ff. Unter folgenden Voraussetzungen sind die Bestandteile einzeln zu bilanzieren:

- Verbindung eines Kassainstruments mit einem derivativen Finanzinstrument, das einem über das Zinsrisiko hinausgehenden Marktpreisrisiko unterliegt;
- das eingesetzte Kapital wird neben dem Bonitätsrisiko des Emittenten durch weitere Risiken gefährdet;
- es besteht die Möglichkeit einer Negativverzinsung;
- es liegen Vereinbarungen zur Verlängerung der Laufzeit vor, wobei die Verzinsung im Zeitpunkt der Verlängerung nicht an die aktuellen Marktkonditionen angepasst wird.

497 Auch Bertsch/Kärcher und Windmöller/Breker verweisen auf einen risikoorientierten Ansatz. Sofern das Unternehmen das Finanzinstrument in einzelne Risikofaktoren zerlegt, soll dies auch für die Bilanzierung maßgebend sein; vgl. Windmöller/Breker, Optionsgeschäfte, WPg 1995, S. 391; Bertsch/Kärcher in: Handbuch Derivativer Instrumente, Derivate, 1999, S. 764.

498 Vgl. Dombek, Strukturiertes Produkt, WPg 2002, S. 1070. So auch Scharpf, der eine Unterteilung in einfache und komplexe zusammengesetzte Produkte vorsieht. Einfache Produkte sind demnach einheitlich und komplexe Produkte getrennt zu bilanzieren. Scharpf definiert einfache Produkte dabei als Instrumente, die einer gleichen Risikostruktur unterliegen und komplexe Produkte als Instrumente, die unterschiedlichen Risikokategorien unterliegen. Entsprechend verweist der Autor auf Parallelen zum IFRS/IAS-Vorgehen, das auch einen risikoorientierten Ansatz verfolgt; vgl. Scharpf, Strukturierte Produkte, FB 1999, S. 29.

Derivates dagegen lediglich eine gleichgerichtete Modifizierung des Basisvertrags, so ist das Finanzinstrument nicht zu zerlegen.[499]

Auch wenn die Begrifflichkeiten des handelsrechtlichen Vermögensgegenstands und des steuerlichen Wirtschaftsguts inhaltlich grundsätzlich übereinstimmen, da sie gleichermaßen durch den Einzelbewertungsgrundsatz geprägt worden sind,[500] ist der Umfang der steuerlichen Bilanzierungseinheit jedoch über die in der Rechtsprechung entwickelten steuerlichen Wirtschaftsgutkriterien zu ermitteln.[501] Trotz des Rechnungslegungshinweises des IDW ist daher in erster Linie zur Prüfung des risikoorientierten Ansatzes die steuerliche Interpretation der selbständigen Bewertbarkeit heranzuziehen.[502] Des Weiteren ist das steuerbilanzielle Vorgehen auch anhand der Bilanzierung von Freestanding-Derivaten als Wirtschaftsgüter zu beurteilen.

2.3.1. Einheitlicher Nutzungs- und Funktionszusammenhang

Ausgehend von der bilanziellen Behandlung von Gebäuden und Gebäudebestandteilen hat die Rechtsprechung das Kriterium des „einheitlichen Nutzungs- und Funktionszusammenhangs" entwickelt.[503] Die Abgrenzung einer Bewertungseinheit nach der Art ihrer Nutzung oder ihrer Funktion dient dabei einer vereinfachenden und klarstellenden Bilanzierung. Ihre Bedeutung ist darin zu sehen, dass Einheiten von Sachgesamtheiten gegebenenfalls als selbständige Wirtschaftsgüter getrennt von der Sachgesamtheit zu bilanzieren sind; keine Bedeutung entfaltet sie hingegen dahingehend, dass mehrere getrennt voneinander zu bilanzierende Einheiten gegebenenfalls zu einem Wirtschaftsgut zusammenzufassen sind.[504] So gehören beispielsweise Gebäudeteile, die nicht der Nutzung des Gebäudes selbst, sondern einem davon verschiedenen Zweck, nämlich unmittelbar einem in dem Gebäude ausgeübten Betrieb dienen, nicht zur Bewertungseinheit Gebäude.[505]

---

499 Vgl. Gebhardt/Naumann, Absicherungszusammenhänge, DB 1999, S. 1463.

500 Vgl. BFH vom 26.10.1987, GrS 2/86, BStBl. II 1988, S. 348 m.w.N.

501 D.h. der Grundsatz der Einzelbewertung gibt den Rahmen vor, bestimmt aber nicht abschließend den Umfang der steuerlichen Bilanzierungseinheit; vgl. hierzu Finanzgericht München vom 18.4.2002, 15 K 3814/98, EFG 2002, S. 1082.

502 Vgl. im Ergebnis auch Eisele/Knobloch, Strukturierte Anleihen, ZfbF 2003, S. 759 ff.; Prahl/Naumann, Finanzinstrumente, WPg 1992, S. 710 f.

503 Grundlegend hierzu BFH vom 14.8.1958, III 382/57 U, BStBl. III 1958, S. 400; BFH vom 22.8.1966, GrS 2/66, BStBl. III 1966, S. 672; BFH vom 26.11.1973, GrS 5/71, BStBl. II 1974, S. 132. Die selbständige Bewertbarkeit bestimmt sich mithin nach dem Nutzungs- und Funktionszusammenhang; vgl. hierzu auch Weber-Grellet in: Schmidt, EStG, 25. Auflage 2006, § 5 Rn. 96.

504 Der einheitliche Nutzungs- und Funktionszusammenhang bedeutet inhaltlich etwas anderes als die sog. kompensatorische Bewertung, die mehrere eigenständige Wirtschaftsgüter zu einer sog. Bewertungseinheit zusammenfasst; vgl. hierzu Crezelius in: EStG Kompaktkommentar, Kirchhof, 2003, § 4 Rn. 71.

505 Zu einem Gebäude gehören demnach alle Gebäudeteile, die in einem einheitlichen Nutzungs- und Funktionszusammenhang des Gebäudes als solchem stehen. So ist beispielsweise eine Zentralheizung als Bestandteil eines Gebäudes zu qualifizieren. Gegenüber der Gebäudeeinheit können Gebäudebestandteile nur dann als selbständige Wirtschaftsgüter angesehen werden, wenn sie unmittelbar besonderen Zwecken die-

Auch wenn diese von der Steuerrechtsprechung entwickelte funktionale Betrachtungsweise selbständiger Wirtschaftsgüter ihren Ursprung in der bilanziellen Abbildung von Gebäuden findet, ist davon auszugehen, dass sie auch auf Finanzgeschäfte Anwendung finden muss.[506] Die von der IFRS/IAS-Bilanzierung im Vordergrund stehende Verknüpfung der Risikomerkmale zwischen dem eingebetteten Finanzderivat und dem Basisinstrument ist steuerlich somit anhand eines etwaigen Nutzungs- und Funktionszusammenhangs zu beurteilen, in den die beteiligten Finanzinstrumente gegebenenfalls eingebunden sind. Gemeinsam ist dabei die Perspektive der beiden Kriterien. So geht es nicht darum, dass eigenständige Bilanzierungseinheiten zu einer Bewertungseinheit zusammenzufassen sind, sondern es ist vielmehr unter bestimmten Umständen eine getrennte Bilanzierung aneinander gekoppelter Bilanzierungseinheiten vonnöten.

2.3.2. *Allgemeine Verkehrsanschauung*

Ob eine zusammengesetzte Einheit demzufolge gegenüber einem lediglich unselbständigen Teil eines Wirtschaftsguts oder gegenüber einem anderen Wirtschaftsgut abgegrenzt werden kann, ist steuerlich nach der allgemeinen Verkehrsanschauung zu beurteilen.[507] Dienen die Einheiten nach der allgemeinen Verkehrsanschauung einem gemeinsamen Zweck und sind sie technisch oder naturwissenschaftlich aufeinander abgestimmt,[508] d.h. liegt ein einheitlicher Nutzungs- und Funktionszusammenhang vor,[509] so sind die einzelnen Einheiten nicht selbständig bewertbar. Die zu bewertenden Einheiten sind insofern nicht zwangsläufig in ihre kleinstmöglichen Einheiten aufzuspalten,[510] sie sind erst dann aufzuspalten, wenn das Wirtschaftsgut sich wirtschaftlich verselbständigt hat. Eine lediglich physische oder finanzmathematische Abspaltbarkeit reicht hierfür nicht aus,[511] so dass erst bei Vorliegen verschiedener

nen und so in einem von der eigentlichen Gebäudenutzung verschiedenen Funktionszusammenhang stehen; vgl. BFH vom 14.8.1958, III 382/57 U, BStBl. III 1958, S. 400; BFH vom 22.8.1966, GrS 2/66, BStBl. III 1966, S. 672; BFH vom 26.11.1973, GrS 5/71, BStBl. II 1974, S. 132.

506 Vgl. auch zum beweglichen Anlagevermögen Gail, Wirtschaftsgut, BB 1977, S. 138; Körner, Einzelbewertung, WPg 2005, S. 437; Nolde in: HHR, § 7 EStG Rn. 109.

507 Vgl. BFH vom 28.9.1990, III R 178/86, BStBl. II 1991, S. 187; BFH vom 20.2.1975, IV R 79/74, BStBl. II 1975, S. 510; BFH vom 8.2.1996, III R 126/93, BStBl. II 1996, S. 542; BFH vom 28.9.1990, III R 77/89, BStBl. II 1991, S. 361.

508 Für die Annahme eines einheitlichen Wirtschaftsguts genügt es nicht, dass mehrere Gegenstände einem einheitlichen Zweck dienen. Die Zweckidentität ist lediglich ein Indiz dafür, dass eine Zusammenfassung der betreffenden Gegenstände in Betracht kommen kann; vgl. BFH vom 9.8.2001, III R 30/00, BStBl. II 2001, S. 842; BFH vom 28.9.1990, III R 178/86, BStBl. II 1991, S. 187; BFH vom 25.8.1989, III R 17/84, BStBl. II 1990, S. 79.

509 Vgl. BFH vom 26.11.1973, GrS 5/71, BStBl. II 1974, S. 132.

510 Vgl. Herzig, Dauerrechtsverhältnis, ZfB 1988, S. 215; Werndl in: Kirchhof/Söhn, EStG, § 6 Rn. A 154.

511 Vgl. BFH vom 16.12.1998, GrS 2/99, BStBl. II 2000, S. 632; BFH vom 21.7.1998, III R 110/95, BStBl. II 1998, S. 789; Finanzgericht München vom 18.4.2002, 15 K 3814/98, EFG 2002, S. 1082; BFH vom 6.12.1990, IV R 3/89, BStBl. II 1991, S. 346. Sofern der betriebliche Zweck eine einheitliche Bewertungseinheit bedingt, ist von einer Aufspaltung abzusehen, selbst wenn die Abspaltung bei Änderung des betrieblichen Zwecks möglich wäre. Auch das Ausmaß der Verbindung allein ist nicht ausschlaggebend; vgl. hierzu BFH vom 28.9.1990, III R 178/86, BStBl. II 1991, S. 187.

Nutzungs- und Funktionszusammenhänge auch erst verschiedene Wirtschaftsgüter bilanziert werden können.[512] Über die BFH-Urteile zur steuerbilanziellen Behandlung von unbeweglichen Gebäudeteilen hinaus finden sich in der Rechtsprechung auch Urteile zur Bilanzierung zusammengesetzter beweglicher Wirtschaftsgüter.[513] Nach der allgemeinen Verkehrsanschauung wird dabei neben dem wirtschaftlichen Zusammenhang auch auf die Dauer und die Festigkeit technischer oder naturwissenschaftlicher Verbindungen der Gegenstände abgestellt.[514] Erscheinen die für sich allein betrachteten verbundenen Komponenten unvollständig und erhalten sie ohne die anderen Teile ein negatives Gepräge,[515] so sind sie nicht selbständig bewertbar und können nicht als eigenständiges Wirtschaftsgut bilanziert werden.[516] Dies hat insoweit auch für die Bilanzierung zusammengesetzter Finanzinstrumente zu gelten.

Die IFRS/IAS stellen im Gegensatz zum Steuerbilanzrecht nicht explizit auf den Aspekt der allgemeinen Verkehrsanschauung ab; sie beziehen mithin eine objektivierende Nachprüfbarkeit durch Dritte in ihre Konzeption nicht mit ein. Dennoch weisen der risikoorientierte Ansatz und die Maßgabe, dass eine Trennung vorzunehmen ist, wenn das Derivat einen erheblichen Einfluss auf die Gesamtposition ausübt, ohne dass unterschiedliche Risikofaktoren vorliegen, mit dem steuerbilanziellen Vorgehen Gemeinsamkeiten auf. Der informationsorientierte IFRS/IAS-Ansatz stellt sicher, dass ins Gewicht fallende, ökonomisch eigenständige Einheiten eines Finanzinstruments separat bilanziert werden. Steuerbilanziell gilt insoweit

512 Vgl. BFH vom 28.6.1983, VIII R 179/79, BStBl. II 1984, S. 196; BFH vom 28.9.1990, III R 178/86, BStBl. II 1991, S. 187; BFH vom 20.2.1975, IV R 79/74, BStBl. II 1975, S. 510; BFH vom 26.11.1973, GrS 5/71, BStBl. II 1974, S. 132.

513 Wird beispielsweise eine bewegliche Sache mit einer oder mehreren anderen beweglichen Sachen verbunden oder zu einer Anlage zusammengestellt, so ist zu entscheiden, ob es sich bei den einzelnen Gegenständen jeweils noch um selbständige Wirtschaftsgüter handelt oder nur um unselbständige Teile des anderen Wirtschaftsguts.

514 Demnach können lediglich auf längere Dauer und fest zusammengefügte Gegenstände in ihrer technischen oder naturwissenschaftlichen Verbundenheit ihren bestimmungsgemäßen Zweck erfüllen; vgl. BFH vom 8.2.1996, III R 126/93, BStBl. II 1996, S. 542; BFH vom 28.9.1990, III R 178/86, BStBl. II 1991, S. 187; BFH vom 25.8.1989, III R 17/84, BStBl. II 1990, S. 79; BFH vom 9.8.2001, III R 30/00, BStBl. II 2001, S. 842; BFH vom 25.5.2000, III R 20/97, BStBl. II 2001, S. 365; BFH vom 28.9.1990, III R 77/89, BStBl. II 1991, S. 361.

515 Vgl. BFH vom 25.5.2000, III R 20/97, BStBl. II 2001, S. 365. Beispielsweise macht es der Empfang von Fernseh- und Rundfunkprogrammen über eine Satellitenempfangsantenne und eine entsprechende Verstärkeranlage notwendig, die Satelliten- und Verstärkeranlage als einheitliches Wirtschaftsgut zu betrachten. Zum negativen Gepräge vgl. auch BFH vom 8.2.1996, III R 126/93, BStBl. II 1996, S. 542; BFH vom 28.9.1990, III R 178/86, BStBl. II 1991, S. 187; BFH vom 25.8.1989, III R 17/84, BStBl. II 1990, S. 79; BFH vom 9.8.2001, III R 30/00, BStBl. II 2001, S. 842; BFH vom 25.5.2000, III R 20/97, BStBl. II 2001, S. 365; BFH vom 28.9.1990, III R 77/89, BStBl. II 1991, S. 361.

516 In diesem Kontext ist daher die steuerbilanzielle Behandlung eines gehäuften Aktienbesitzes als Beteiligungsbesitz i.S.d. § 271 Abs. 1 S. 1 HGB zu sehen. Grundsätzlich sind Aktien zwar einzeln zu bewertende Wirtschaftsgüter, die Möglichkeit der Einzelbewertung von Aktien endet allerdings in der Regel dann, wenn nicht der Anteilsbesitz allein, sondern in seiner Häufung als wirtschaftliche Einheit, d.h. als Beteiligung, entscheidende Bedeutung gewinnt. Dies gilt jedoch nur solange und soweit die einzelnen Aktien dazu bestimmt sind, dem eigenen Geschäftsbetrieb durch Herstellung einer dauernden Verbindung zu jenem Unternehmen zu dienen. Sie endet, sobald einzelne Aktien anderen Zwecken gewidmet werden, d.h. sofern Aktien aus einer Beteiligung veräußert werden sollen oder wenn sie aus anderen Gründen aus einer Beteiligung herausgelöst werden sollen; vgl. BFH vom 10.8.2005, VIII R 26/03, BFH/NV 2005, S. 2283.

Ähnliches, als auch hier Bilanzierungseinheiten nach der allgemeinen Verkehrsauffassung zu separieren sind, sofern sie einer selbständigen Bewertung zugänglich sind und ihre Abtrennung nicht dazu führt, dass das Gesamtgebilde eine negative Prägung erfährt. Steuerbilanziell wird mithin davon ausgegangen, dass dann ein selbständig bewertbares Gut vorliegt, wenn eine Komponente in ihrer Einzelheit von Bedeutung und bei einer Veräußerung greifbar ist.[517] Das bedeutet auch, dass die selbständige Bewertbarkeit sich nicht über die selbständige Verkehrsfähigkeit einer Einheit definiert.[518] Es genügt vielmehr, dass das Wirtschaftsgut zusammen mit dem Betrieb übertragen werden kann.[519] So hat der BFH beispielsweise zu Milchanlieferungsrechten entschieden, dass sie einer selbständigen Bewertung zugänglich sind und somit ein eigenständiges vom Grund und Boden abgespaltenes immaterielles Wirtschaftsgut darstellen, obwohl sie seinerzeit grundsätzlich nur mit dem Grund und Boden gemeinsam übertragen werden konnten.[520] Gleiches gilt für die IFRS/IAS-Bilanzierung, da es für die Abspaltung nicht weiter von Bedeutung ist, ob das abzutrennende Finanzderivat selbständig verkehrsfähig ist oder nicht.

2.3.3. Ökonomische Kriterien

Da es sich bei den Finanzinstrumenten nicht um realwirtschaftlich bewegliche oder unbewegliche Wirtschaftsgüter handelt,[521] können mithin auch keine technischen oder naturwissenschaftlichen Kriterien zur Beurteilung der Bilanzierung herangezogen werden. Es lässt sich aus der Konzeption des Nutzungs- und Funktionszusammenhangs allerdings ableiten, dass anstelle der technischen oder naturwissenschaftlichen nach der allgemeinen Verkehrsan-

---

517 Vgl. BFH vom 28.9.1990, III R 178/86, BStBl. II 1991, S. 187; BFH vom 20.2.1975, IV R 79/74, BStBl. II 1975, S. 510; BFH vom 28.9.1990, III R 77/89, BStBl. II 1991, S. 361.

518 Die selbständige Verkehrsfähigkeit ist ein Kriterium des handelsrechtlichen Vermögensgegenstandes. Vgl. Ellrott/Krämer in: Beck Bil Kom, 5. Auflage 2003, § 247 Rn. 13. So stellen Eisele und Knobloch für das handelsbilanzielle Vorgehen in einem eigenen Vorschlag auf das Kriterium der Einzelverwertbarkeit ab. Sie leiten daraus ab, dass eine Separierung anhand der Gestaltung der originären Zahlungen beurteilt werden muss. Wenn beispielsweise die Zahlungsreihe der inhärenten Anleihe von der Ausübung oder Nicht-Ausübung der Optionskomponente unbeeinflusst bleibt, kann eine getrennte Bilanzierung vorgenommen werden, da in diesem Fall davon auszugehen ist, dass zwischen dem Optionsteil und dem übrigen Zahlungsbündel (Anleihe) keine hinreichend feste Verbindung besteht, die einen gemeinsamen Bilanzansatz als notwendig erscheinen lässt. Diesem Ansatz folgend müsste eine Optionsanleihe aufgespalten werden, da bei Ausübung der Option die originäre Zahlungsreihe der Anleihe unbeeinflusst bleibt. Eine Wandelanleihe müsste einheitlich bilanziert werden, da im Falle der Optionsausübung die Anleihe in Aktien gewandelt werden kann und sich die originäre Zahlungsreihe der Anleihe somit ändert; vgl. hierzu Eisele/Knobloch, Strukturierte Anleihen, ZfbF 2003, S. 761 ff.

519 Vgl. BFH vom 15.4.2004, IV R 51/02, BFH/NV 2004, S. 1393; BFH vom 5.3.1998, IV R 23/96, BStBl. II 2003, S. 56.

520 Vgl. BFH vom 5.3.1998, IV R 23/96, BStBl. II 2003, S. 56 m.w.N. Gleiches gilt für betriebsgebundene Zuckerlieferungsrechte; vgl. hierzu BFH vom 24.6.1999, IV R 33/98, BStBl. II 2003, S. 58; BFH vom 15.4.2004, IV R 51/02, BFH/NV 2004, S. 1393. Auch Bodenschätze wie Salz, Kies, Stein und Sandvorkommen werden danach, sobald sie zur nachhaltigen Nutzung in den Verkehr gebracht werden, als selbständige, neben dem Grund und Boden bestehende WG bewertet; vgl. hierzu BFH vom 20.3.2003, IV R 27/01, BStBl. II 2003, S. 878; BFH vom 6.12.1990, IV R 3/89, BStBl. II 1991, S. 346; BFH vom 4.9.1997, IV R 88/96, BStBl. II 1998, S. 657; BFH vom 20.4.2001, IV B 53/00, BFH/NV 2001, S. 1256.

521 Vgl. Häuselmann, Option, DB 1987, S. 1746.

schauung ökonomische Kriterien treten können. Anknüpfend an das handelsrechtliche Vorgehen bietet sich eine risikoorientierte Betrachtungsweise an, die nicht lediglich eine finanzmathematische Abgrenzbarkeit begründet. In Verbindung mit dem gemeinsamen Zweck der kombinierten Instrumente müssen die ökonomischen Kriterien das Erscheinungsbild des zusammengesetzten Finanzinstruments prägen. Insbesondere ist dabei zu berücksichtigen, ob bei Abspaltung eines Teils dem Gesamtgebilde eine negative Eigenart zukommt und somit eine selbständige Bewertbarkeit nicht sichergestellt werden kann. Der Steuerbilanz kommt zwar nicht die Funktion zu, einen Abschlussleser hinsichtlich der Risikoposition des Unternehmens aus derivativen Finanzgeschäften zu informieren, dennoch gehört zur objektiven Ermittlung der wirtschaftlichen Leistungsfähigkeit des Steuerpflichtigen, dass im Sinne des Einzelbewertungsgrundsatzes jedes selbständig bewertbare Wirtschaftsgut auf der Aktivseite der Bilanz einzeln bilanziert wird, unabhängig von etwaigen technischen, naturwissenschaftlichen oder ökonomischen Besonderheiten.

Hinsichtlich der ökonomischen Kriterien helfen steuerbilanzielle Überlegungen zur kompensatorischen Bewertung weiter, die nicht die Aufspaltung, sondern den umgekehrten Fall der Zusammenführung von eigenständigen Bilanzierungseinheiten zum Inhalt hat.[522] So ist der Zweck der kompensatorischen Bewertung darin zu sehen,[523] dass eine systematische Absicherung von einer einem Instrument innewohnenden negativen Wertänderung durch eine gegenläufige positive Wertänderung eines weiteren Instruments durch die Bildung einer Bewertungseinheit bilanziell sachgerecht berücksichtig wird. Der dabei vorgenommene Rückgriff auf eine homogene Beeinflussung von Gewinnchancen und Verlustrisiko ist in diesem Zusammenhang konsequenterweise auch zur Begründung der Abspaltung oder Nicht-Abspaltung zusammengesetzter Finanzinstrumente heranzuziehen. Demzufolge ist bei Vorliegen einer homogenen Wertbeeinflussung die Separierung des eingebetteten Finanzderivats zu unterlassen, auch wenn bei dem zusammengesetzten Finanzprodukt die Möglichkeit einer finanzmathematischen Abspaltbarkeit besteht. Sofern positive und negative Wertänderungen auf übereinstimmende Risikofaktoren reagieren, die auf eine gleiche Entstehungsursache zurückzuführen sind, würde eine Aufspaltung dazu führen, dass dem Finanzprodukt als solches ein negatives Gepräge zukommt, da dadurch eine gegebenenfalls vorliegende gegenseitige Wertbeeinflussung aufgehoben werden würde.[524] Liegen hingegen keine übereinstimmenden

---

[522] Die ökonomischen Kriterien gewinnen insbesondere dann an Bedeutung, wenn das zusammengesetzte Finanzinstrument nicht nur aus aktiven, sondern aus kombinierten aktiven und passiven Bilanzierungseinheiten besteht, so dass im Rahmen des Einzelbewertungsgrundsatzes nicht ausschließlich auf die Wirtschaftsgutdefinition zurückgegriffen werden kann.

[523] Die kompensatorische Bewertung wird insbesondere im Zusammenhang mit der Bilanzierung von Sicherungsgeschäften herangezogen; vgl. zur kompensatorischen Bewertung das Kapitel zum Hedge-Accounting, S. 216 ff.

[524] Vgl. auch Dombek, Strukturiertes Produkt, WPg 2002, S. 1070; Scharpf, Strukturierte Produkte, FB 1999, S. 28. Die Autoren weisen für die Handelsbilanz drauf hin, dass ein Ausgleich von Chancen und Risiken unterschiedlicher Risikoarten über bspw. Zinsrisiken und Währungsrisiken als nicht zulässig zu erachten ist.

Risikofaktoren vor, so ist das Finanzprodukt aufzuspalten, da sie auf Grund ihrer Risikoausrichtung in unterschiedliche Nutzungs- und Funktionszusammenhänge eingebettet sind.[525] Außer einer Übereinstimmung mit dem handelsrechtlichen Vorgehen liegt somit auch eine mit dem IFRS/IAS-Vorgehen vor. Auch die IFRS/IAS stellen hinsichtlich der gemeinsamen Bilanzierung auf eine enge ökonomische Verknüpfung der beteiligten Instrumente ab, die mithin identische Risikofaktoren aufweisen müssen. Der risikoorientierte IFRS/IAS-Ansatz findet sich somit entsprechend auch im deutschen Steuerbilanzrecht wieder. Darüber hinaus weisen die IFRS/IAS allerdings aus Informationsaspekten auch auf abzutrennende eingebettete Derivate hin, die zwar der gleichen Risikokategorie wie der des Basisvertrags zugehören, aber erheblichen Einfluss auf die Gesamtposition ausüben. Für diese Fälle kann keine Übereinstimmung mit dem steuerbilanziellen Vorgehen festgestellt werden; ein Finanzderivat, das zwar eine hohe Hebelwirkung aufweist, ökonomisch allerdings an das Basisobjekt gebunden ist, ist steuerbilanziell nicht abzutrennen, da nicht ersichtlich ist, dass sich aus der Hebelwirkung selbst kein anderweitiger Nutzungs- und Funktionszusammenhang ergibt.

2.4. Ausgewählte zusammengesetzte Finanzinstrumente

2.4.1. Wandel- und Optionsanleihen aus Sicht des Investors[526]

Eine Wandelanleihe gewährt dem Investor das Recht, seinen Anspruch auf Rückzahlung des Nennbetrags gegen eine bestimmte Anzahl von Aktien einzutauschen: Eine Optionsanleihe gewährt dem Investor hingegen nicht das Recht auf Wandlung, sondern neben der verbrieften Geldforderung lediglich die Möglichkeit, innerhalb eines bestimmten Zeitraums zu einem festgelegten Entgelt eine bestimmte Anzahl von Aktien des emittierenden Unternehmens zu erwerben.[527] Aufgrund des bei der Wandlung zu vollziehenden Umtauschs der Schuldverschreibung gegen Aktien sind bei einer Wandelanleihe das Optionsrecht und die Schuldverschreibung fest und untrennbar miteinander verbunden; sie begründen somit ein einheitliches Rechtsgeschäft.[528] Die Optionsrechte bei einer Optionsanleihe sind dagegen als selbständige von der Schuldverschreibung abtrennbare Optionsscheine verbrieft und begründen insofern neben der Schuldverschreibung ein weiteres Rechtsverhältnis. Bei Inanspruchnahme des Op-

---

525 Sofern nicht aufgespalten wird, ist das Finanzinstrument ökonomisch betrachtet als eine Bewertungseinheit mit der Folge anzusehen, dass eine Risikokompensation auf Basis unterschiedlicher Risikofaktoren erfolgt; vgl. Barckow, Sicherungsbeziehungen, 2004, S. 86; Scharpf, Strukturierte Produkte, FB 1999, S. 28.

526 Die bilanzielle Behandlung von Wandel- und Optionsanleihen beim Emittenten wird im Kapitel zu den strukturierten Finanzinstrumenten behandelt und soll an dieser Stelle nicht aufgegriffen werden; vgl. S. 188 ff.

527 Vgl. BFH vom 23.6.2005, VI R 124/99, BFH/NV 2005, S. 1702; Häuselmann/Wagner, Optionsrechte, BB 2002, S. 2431; Hüffer in: Aktiengesetz, 7. Auflage 2006, § 221 Rn. 4, 56 m.w.N.; Karollus in: Geßler/Hefermehl/Eckhardt/Kropff, Aktiengesetz, 1994, § 221 Rn. 145, 146 m.w.N.; Wiese/Dammer, Finanzinstrumente, DStR 1999, S. 867.

528 Vgl. BFH vom 21.2.1973, I R 106/71, BStBl. II 1973, S. 460; BFH vom 26.7.1989, I R 56/84, BStBl. II 1989, S. 1027; BFH vom 23.6.2005, VI R 124/99, BFH/NV 2005, S. 1702; Holzheimer, Optionsanleihe, WM 1986, S. 1169.

tionsrechts bleibt in diesem Fall das originäre Schuldverhältnis bestehen.[529] Wandelanleihen und Optionsanleihen sind insofern echte Schuldverschreibungen und gewähren als solche zunächst ausschließlich Gläubigerrechte.[530]

Die bei einer Optionsanleihe zusätzlich mit einem Optionsrecht auf junge Aktien ausgestattete Anleihe ist in der Steuerbilanz des Investors laut einhelliger Meinung der Literatur getrennt von dem Optionsrecht zu bilanzieren.[531] Es wird argumentiert, dass insbesondere eine offen ausgewiesene Optionsprämie auf Grund ihrer selbständigen Verkehrsfähigkeit eigenständig zu aktivieren ist.[532] Da allerdings nicht die selbständige Verkehrsfähigkeit, sondern die selbständige Bewertbarkeit als Kriterium einer eigenständigen Aktivierung ausschlaggebend ist, ist vielmehr von Bedeutung, welcher Nutzungs- und Funktionszusammenhang gegeben ist. Es ist insofern zu fragen, ob die Einheiten einem gemeinsamen Zweck dienen und ob sie ökonomisch aufeinander abgestimmt sind. Dass sich die Instrumente einer Optionsanleihe auf ein und dasselbe Unternehmen beziehen, ist zwar kein Zufall, bedeutet aber nicht gleichzeitig, dass sie nach der Verkehrsanschauung einem gemeinsamen Zweck dienen. Die Kombination der beiden Instrumente reduziert zwar Transaktionskosten, ökonomisch sind die beiden Instrumente jedoch nicht aufeinander angewiesen; so dient die Option insbesondere nicht der Risikoabsicherung der Anleihe. Während es sich bei der Anleihe um eine erfolgsunabhängig zu entgeltende, zeitlich befristete Kapitalüberlassung handelt, bezieht sich die Option auf den Erwerb einer erfolgsabhängig zu entlohnenden Unternehmensbeteiligung, die dem Emittenten das überlassene Kapital unbefristet zur Verfügung stellt. Die beiden Instrumente verfolgen

---

529 Vgl. BFH vom 23.6.2005, VI R 124/99, BFH/NV 2005, S. 1702; OLG Stuttgart vom 1.3.1995, 9 U 175/94, DB 1995, S. 818; Häuselmann, Wandelanleihe, BB 2000, S. 141; Holzheimer, Optionsanleihe, WM 1986, S. 1169; Koch/Vogel, Optionsanleihe, BB 1986, S. 3.

530 Auch das zusätzliche Wandlungs- oder Optionsrecht auf den künftigen Erwerb einer Mitgliedschaft ist zivilrechtlich zunächst rein schuldrechtlicher Natur; vgl. Karollus in: Geßler/Hefermehl/Eckhardt/Kropff, Aktiengesetz, 1994, § 221 Rn. 8, 11 m.w.N.

531 Vgl. Arndt/Muhler, Optionsanleihe, DB 1988, S. 2170; Döllerer, Optionsanleihe, AG 1986, S. 237 ff.; Glanegger in: Schmidt, EStG, 25. Auflage 2006, § 6, Rn. 140; Groh, Optionsanleihe, DB 2002, S. 861; Häuselmann/Wagner, Optionsrechte, BB 2002, S. 2432; Holzheimer, Optionsanleihe, WM 1986, S. 1175; Koch/Vogel, Optionsanleihe, BB 1986, S. 11 ff.; Niemeyer, Optionsgeschäft, BB 1990, S. 1022; Pöllath/Rodin, Optionsanleihe, DB 1986, S. 2094; Scharpf, Strukturierte Produkte, FB 1999, S. 30; Schreiber in: Blümich, § 5 EStG Rn. 740; Weber-Grellet in: Schmidt, EStG, 25. Auflage 2006, § 5 Rn. 270; Winkeljohann in: HHR, § 6 EStG Rn. 306.

532 Das Optionsrecht und die Anleihe können nach dem Erwerb auf Entscheidung des Gläubigers getrennt und unabhängig voneinander veräußert werden. Bei einer versteckt ausgewiesenen Optionsprämie wird dagegen von Teilen der Literatur erwogen, in Höhe des Unterschiedbetrags zwischen dem Nennwert und dem Emissionskurs der Anleihe einen passiven Rechnungsabgrenzungsposten zu bilden, der über die Laufzeit der Anleihe gewinnerhöhend aufzulösen ist. Vgl. Häuselmann, Wertpapierhandel, 1997, S. 77; Häuselmann/Wagner, Optionsrechte, BB 2002, S. 2432; Holzheimer, Optionsanleihe, WM 1986, S. 1175; OFD Düsseldorf vom 23.3.2001, S 2136 A - St 11, DB 01, S. 1337; Döllerer, Optionsanleihe, AG 1986, S. 242; a. A. vgl. Arndt/Muhler, Optionsanleihe, DB 1988, S. 2170; Schreiber in: Blümich, § 5 EStG, Rn. 740. Nach Auffassung des BFH hängt bei einer minderverzinslichen Optionsanleihe die Entscheidung darüber, ob der Ausgabepreis für die mindestverzinsliche Anleihe und das Optionsrecht (Doppelerwerbstheorie) oder ausschließlich für die mindestverzinsliche Schuldverschreibung (Alleinerwerbstheorie) aufgewendet worden ist, von den zugrundeliegenden Anleihebedingungen der Emittentin ab. Vgl. hierzu BFH vom 16.5.2001, I R 102/00, BStBl. II 2001, S. 710; BFH vom 1.7.2003, VIII R 9/02, BStBl. II 2003, S. 883.

somit unterschiedliche Ziele und besitzen auch keine gemeinsame Zweckausrichtung; auf sie wirken unterschiedliche Risikofaktoren. Weder die Anleihe noch die Option erscheinen für sich alleine betrachtet unvollständig; auch erhalten sie nicht ohne den anderen Teil ein negatives Gepräge, so dass jedes Instrument selbständig bewertbar und somit eigenständig zu bilanzieren ist.[533] Das Optionsrecht ist dabei entsprechend der steuerbilanziellen Behandlung von Freestanding-Derivaten in Höhe der Optionsprämie bilanziell zu erfassen. Gleiches gilt für die IFRS/IAS-Bilanzierung. Da das Optionsrecht und die Anleihe unterschiedlichen Risikofaktoren ausgesetzt sind, ist die Optionsanleihe im Ergebnis auch nach IFRS/IAS getrennt zu bilanzieren.[534]

Gleiches gilt für die einzelnen Instrumente einer Wandelanleihe, obwohl die Bilanzierung von Wandelanleihen nach Ansicht von Teilen der Literatur einheitlich zu erfolgen hat.[535] Insbesondere Häuselmann verweist auf die fehlende selbständige Verwertbarkeit des Optionsrechts,[536] demnach das Optionsrecht im Gegensatz zu dem Optionsrecht bei der Optionsanleihe nicht eigenständig handelbar ist. Häuselmann verweist zwar noch auf das Wirtschaftsgutkriterium der selbständigen Bewertbarkeit, betont aber ohne weitere Begründung, dass die selbständige Bewertbarkeit nicht als Rechtfertigung für eine gegenteilige Auffassung herangezogen werden kann. Dem ist entgegen zu halten, dass gerade der Aspekt der selbständigen Bewertbarkeit hinsichtlich der eigenständigen Aktivierung eines Wirtschaftsguts ausschlaggebend ist, so dass auch die Option einer Wandelanleihe mit derselben Begründung wie bei der Optionsanleihe als eigenständiges Wirtschaftsgut zu bilanzieren ist. Auch bei der Wandelanleihe liegt gem. IAS AG 39.30 (f) mit den IFRS/IAS Übereinstimmung vor, da sie auf Grund ihrer Risikostruktur in ihre einzelnen Komponenten aufzuspalten ist.[537]

2.4.2. Aktienanleihe

Bei einer Aktienanleihe (Reverse Convertibles) liegt das Optionsrecht zum Tausch einer Anleihe in Aktien beim Emittenten. Für den Investor handelt es sich um eine normale Anleihe,

---

533 Das bedeutet, dass die offen ausgewiesene Optionsprämie von der Anleihe zu separieren und als eigenständiges Wirtschaftsgut zu bilanzieren ist.

534 Vgl. auch Bellavite-Hövermann/Barckow in: Baetge/Dörner et. al., IAS-Kommentar, 2. Auflage 2003, IAS 39, Rn. 45. Anzumerken bleibt, dass - sofern die Option tatsächlich separat zu handeln ist - gem. IAS 39.10 ein Freestanding-Derivat und kein eingebettetes Derivat vorliegt. Das Freestanding-Derivat fällt gar nicht erst unter die Regelungen zu den eingebetteten Derivaten; es wird ohnehin getrennt erfasst. Ist die Option dagegen nicht separat zu handeln, so greifen die Vorschriften des IAS 39.11 und die Optionsanleihe muss sich dem risikoorientierten Ansatz unterziehen; vgl. Kehm/Lüdenbach in: Lüdenbach/Hoffmann, IAS/IFRS, 3. Auflage 2005, § 28, Rn. 148.

535 Vgl. Häuselmann/Wagner, Optionsrechte, BB 2002, S. 2432; oder auch Häuselmann, Wertpapierhandel, 1997, S. 77; Wiese/Dammer, Finanzinstrumente, DStR 1999, S. 870; Scherrer, Schuldverschreibung, DStR 1999, S. 1205.

536 Vgl. Häuselmann, Wertpapierhandel, 1997, S. 77.

537 Vgl. auch Bellavite-Hövermann/Barckow in: Baetge/Dörner et. al., IAS-Kommentar, 2. Auflage 2003, IAS 39, Rn. 45.

bei der er Stillhalter einer Aktienverkaufsoption ist, so dass die Aktienanleihe sowohl die Aktiv- als auch die Passivseite der Bilanz berührt. Das Stillhalterrisiko wird dabei im Regelfall durch eine höhere Verzinsung der Anleihe ausgeglichen.[538] Die Beurteilung der bilanziellen Behandlung beim Investor fällt in der Literatur unterschiedlich aus.[539] So finden sich in der Literatur Stimmen, die sich dafür aussprechen, die Aktienanleihe auf Grund des Bestehens eines einheitlichen Schuldverhältnisses als ein einheitliches Wirtschaftsgut zu aktivieren.[540] Es finden sich dagegen aber auch Stimmen, die auf eine separate Bilanzierung hinweisen, demzufolge die Anleihe beim Investor als Forderung zu aktivieren und die Stillhalterverpflichtung in Höhe der Optionsprämie zu passivieren ist.[541] Die Abtrennung des Derivates vom Basisvertrag resultiert aus den unterschiedlichen Risikofaktoren: Während die Anleihe einem Zinsrisiko unterliegt, existiert für die Option ein Aktienkursrisiko.[542] Anknüpfend an die Argumentation zu den Options- und Wandelanleihen ist die letztere Auffassung als sachgerecht anzusehen. Der später erzielte Mehrzins als Vergütung für das Stillhalterrisiko müsste dann entsprechend des Zuflusses in Form einer ratierlichen Ansammlung als Optionsprämie passiviert werden. Auch die IFRS/IAS sehen eine Aufspaltung der Reverse Convertibles vor; dem risikoorientierten Ansatz folgend unterliegen die beiden Instrumente unterschiedlichen Risikofaktoren und sind somit nicht eng miteinander verknüpft.[543] Unerheblich ist nach den IFRS/IAS allerdings der Zeitpunkt des Zuflusses der Optionsprämie, da Derivate generell bilanzwirksam sind, und das Optionsrecht insofern mit dem Fair Value anzusetzen ist.[544]

---

538 Vgl. Bertsch, Aktienanleihe, StuB 1999, S. 685; Häuselmann/Wagner, Optionsrechte, BB 2002, S. 2434; Scharpf, Strukturierte Produkte, FB 1999, S. 24; Schumacher, Compound Instruments, DStR 2000, S. 417; Wilkens/Scholz/Völker, Aktienanleihe, Die Bank 1999, S. 322 ff. Für die rechnerische Aufspaltung in die Anleihe und das Optionsrecht existieren zwei Möglichkeiten. Zum einem könnte angenommen werden, dass der über dem Marktzins liegende Teil der Verzinsung als sukzessiv über die Laufzeit gezahlte Stillhalterprämie angesehen wird. Zum anderen könnte aber auch bereits im Zeitpunkt der Ausgabe über einen Abschlag die Stillhalterprämie in voller Höhe entrichtet werden, so dass der Unterschied der Ansätze insbesondere im Zeitpunkt des Zuflusses der Optionsprämie liegt; vgl. hierzu Schumacher, Compound Instruments, DStR 2000, S. 417.

539 Vgl. Herzig, Hybride Finanzinstrumente, IStR 2000, S. 484 m.w.N.

540 Vgl. Häuselmann/Wagner, Optionsrechte, BB 2002, S. 2435; Wiese/Dammer, Finanzinstrumente, DStR 1999, S. 867.

541 Vgl. Scherrer, Schuldverschreibung, DStR 1999, S. 1207; Dombek, Strukturiertes Produkt, WPg 2002, S. 1072; darstellend Bertsch, Aktienanleihe, StuB 1999, S. 686 ff.; ders., Strukturierte Produkte, KoR 2003, S. 557 ff.; Rau, Aktienanleihe, DStR 2006, S. 628. Bertsch stellt sowohl die Einheitstheorie als auch die Trennungstheorie dar und erachtet handelsbilanziell beide Vorgehensweisen als zulässig. Korrespondierend ist die Aktienanleihe beim Emittenten auch getrennt zu bilanzieren. Die Schuldverschreibung ist als Verbindlichkeit zu passivieren und die vereinnahmte Optionsprämie ist zu aktivieren.

542 Vgl. auch Rau, Aktienanleihe, DStR 2006, S. 628.

543 Vgl. auch Bellavite-Hövermann/Barckow in: Baetge/Dörner et. al., IAS-Kommentar, 2. Auflage 2003, IAS 39, Rn. 45; Dombek, Strukturiertes Produkt, WPg 2002, S. 1066.

544 Vgl. Dombek, Strukturiertes Produkt, WPg 2002, S. 1072.

2.4.3. *Zinsbegrenzungsvereinbarungen*

Auch die sogenannten Caps, Floors und Collars finden sich oft als ein eingebettetes Derivat bei einem zusammengesetzten Finanzinstrument wieder. Zinsbegrenzungsvereinbarungen sind Verträge, in denen sich einer der Vertragspartner dazu verpflichtet, für einen vereinbarten Zeitraum an einen Vertragspartner Zahlungen zu leisten, wenn ein bestimmter Zinssatz ein bestimmtes Niveau über- oder unterschreitet.[545] Für diese Verpflichtung wird entsprechend eine offene oder verdeckte Prämie gezahlt, die dem Wert des Risikos des Stillhalters entspricht.[546] Wirtschaftlich betrachtet setzt sich die Zinsbegrenzungsvereinbarung aus einer Reihe von Zinsoptionen zu jedem Stichtag zusammen.[547] Zinsbegrenzungsvereinbarungen zählen insofern auch zu den bedingten Verträgen, da die Leistungsverpflichtung des Stillhalters von dem Über- oder Unterschreiten des festgesetzten Zinsniveaus abhängt.[548] Im Gegensatz zu den oben genannten Optionen handelt es sich jedoch nicht um ein Bezugsrecht bezüglich eines Gegenstandes oder junger Aktien.[549] Trotz der eindeutigen zivilrechtlichen Bestimmbarkeit von Zinsbegrenzungsvereinbarungen ist die Bilanzierung derselben strittig. So sprechen sich Autoren dafür aus, dass zum einen die Prämie beim Käufer als Wirtschaftsgut zu aktivieren und beim Verkäufer als Verbindlichkeit zu passivieren ist.[550] Zum anderen wird auch die Möglichkeit diskutiert, die Prämie beim Verkäufer als Rechnungsabgrenzungsposten auszuweisen.[551] Unabhängig davon, ob die Prämie als Rechnungsabgrenzungsposten oder als positives und negatives Wirtschaftsgut bilanziert wird, besteht insoweit Übereinstimmung mit der IFRS/IAS-Bilanzierung, als die Prämien auch in einer IFRS/IAS-Bilanz als Derivat bilanziert und somit erfolgsneutral gestellt werden.

Sind Zinsbegrenzungsvereinbarungen dagegen direkt an eine Schuldverschreibung gekoppelt, so stellt sich die Frage, wie dieses aus der Zinsbegrenzungsvereinbarung und dem Schuldin-

---

545 Vgl. Rau, Zinsbegrenzung, DStR 2003, S. 1769; Scharpf in: HdR, 5. Auflage Kap. 6 Rn. 819; Winter, Zinsbegrenzungsvereinbarung, DB 1997, S. 1985.

546 Vgl. Scharpf in: HdR, 5. Auflage Kap. 6 Rn. 819; Winter, Zinsbegrenzungsvereinbarung, DB 1997, S. 1989.

547 Vgl. Finanzgericht München vom 25.3.2003, 6 K 2641/01, EFG 2003, S. 1072; Förschle in: Beck Bil Kom, 5. Auflage 2003, § 246, Rn. 120; Rau, Zinsbegrenzung, DStR 2003, S. 1771; Scharpf in: HdR, 5. Auflage Kap. 6 Rn. 825.

548 So ist beispielsweise Gegenstand eines Cap die Vereinbarung einer Zinsobergrenze. Der Verkäufer verpflichtet sich am Ende einer vereinbarten Zinsperiode, dem Käufer die Differenz zwischen der Zinsobergrenze und dem Referenzzinssatz zu erstatten. Bleibt der Referenzzinssatz unter der Obergrenze, werden keine Ausgleichszahlungen fällig. Vgl. Förschle in: Beck Bil Kom, 5. Auflage 2003, § 246 Rn. 120; Häuselmann, Zinsbegrenzungsverträge, BB 1990, S. 2149; Kuhner in: Baetge/Kirsch/Thiele, § 246 Rn. 845; Rau, Zinsbegrenzung, DStR 2003, S. 1770; Scharpf, Strukturierte Produkte, FB 1999, S. 22; Winter, Zinsbegrenzungsvereinbarung, DB 1997, S. 1986.

549 Vgl. Häuselmann, Zinsbegrenzungsverträge, BB 1990, S. 2151.

550 Vgl. Förschle in: Beck Bil Kom, 5. Auflage 2003, § 246 Rn. 121; Scharpf in: HdR, 5. Auflage Kap. 6 Rn. 821 f.; Kuhner in: Baetge/Kirsch/Thiele, § 246 Rn. 845.

551 Vgl. Glanegger in: Schmidt, EStG, 25. Auflage 2006, § 6, Rn. 250; Häuselmann, Zinsbegrenzungsverträge, BB 1990, S. 2153; Rau, Zinsbegrenzung, DStR 2003, S. 1773; Winter, Zinsbegrenzungsvereinbarung, DB 1997, S. 1990.

strument zusammengesetzte Finanzinstrument bilanziell zu behandeln ist.[552] Da die Risikofaktoren identisch sind und somit eine enge Verknüpfung vorliegt, spalten die IFRS/IAS diese Instrumente grundsätzlich weder beim Emittenten noch beim Investor auf.[553] Das gleiche Ergebnis stellt sich für die Steuerbilanz ein: Auch steuerlich sind Zinsbegrenzungsvereinbarungen auf Grund der auf den Basisvertrag abgestimmten Risikoorientierung nicht vom Basisvertrag loszulösen. So würde dem Schuldinstrument ohne Zinsbegrenzungsvereinbarung ein anderes, ein negatives Gepräge zukommen. Hinsichtlich des IFRS/IAS-Hinweises, dass keine enge Verknüpfung vorliegt, sofern die Zinsbegrenzungsvereinbarung eine Hebelwirkung aufweist,[554] ist hingegen eine Übereinstimmung mit dem steuerbilanziellen Vorgehen nicht ersichtlich.

2.4.4. *Kündigungsrechte*

Kündigungsrechte sind wirtschaftlich betrachtet auch als Option zu beurteilen und bilden mit dem Basisvertrag, beispielsweise einer Anleihe, ein zusammengesetztes Finanzinstrument. Auch das Kündigungsrecht orientiert sich an einem bestimmten Risikofaktor, der entsprechend für die Ausübung des Rechts maßgeblich ist. Somit wird für das Kündigungsrecht eine Prämie fällig, die im Regelfall verdeckt über den Zinssatz bezahlt wird.[555] Zu unterscheiden ist dabei zwischen Schuldner- und Gläubigerkündigungsrechten. Beim Schuldnerkündigungsrecht erwirbt der Emittent eine Kaufoption, aufgrund der er die Anleihe vom Gläubiger zurückkaufen kann. Beim Gläubigerkündigungsrecht erwirbt der Investor eine Verkaufsoption, die ihn berechtigt, die Anleihe an den Emittenten zurückzugeben.[556] Da beide Optionen wirtschaftlich fest mit dem Basisvertrag über einen identischen Risikofaktor verbunden sind, ist steuerbilanziell von einem einheitlich zu bilanzierenden Finanzinstrument auszugehen. Dies gilt entsprechend auch für die IFRS/IAS-Bilanzierung, da die wirtschaftlichen Merkmale des Darlehens und des Kündigungsrechts auf Grund ihrer Orientierung am Marktzins eng miteinander verbunden sind.[557] Allerdings liegt bei Gläubiger- und Schuldnerkündigungsrechten, bei denen der Ausübungspreis nicht den fortgeführten Anschaffungskosten entspricht, so dass nach den IFRS/IAS-Vorschriften keine enge Verknüpfung vorliegt, mit dem steuerbilanziellen Vorgehen keine Übereinstimmung vor. Nach den IFRS/IAS-Vorschriften kommt es mit-

---

552 Bei diesen zusammengesetzten Instrumenten handelt es sich um Capped-, Floor-, Collard-Floating Rate Notes. Scharpf, Strukturierte Produkte, FB 1999, S. 22.

553 Vgl. auch Bellavite-Hövermann/Barckow in: Baetge/Dörner et. al., IAS-Kommentar, 2. Auflage 2003, IAS 39, Rn. 43; Dombek, Strukturiertes Produkt, WPg 2002, S. 1073; Eckes/Weigel, Fair Value-Option, KoR 2006, S. 420.

554 Vgl. IAS 39.AG33 (b).

555 Vgl. Dombek, Strukturiertes Produkt, WPg 2002, S. 1071.

556 Vgl. Gebhardt/Naumann, Absicherungszusammenhänge, DB 1999, S. 1463; Naumann, Bewertungseinheiten, 1995, S. 198; Scharpf, Strukturierte Produkte, FB 1999, S. 21 f.

557 Vgl. Dombek, Strukturiertes Produkt, WPg 2002, S. 1072; Eckes/Weigel, Fair Value-Option, KoR 2006, S. 420.

hin auf die Konditionen der Optionsausübung an. Liegt beispielsweise eine Kauf- oder Verkaufsoption auf eine mit einem erheblichen Disagio oder Agio ausgegebene Anleihe vor und erfolgt im Zeitpunkt der Ausübung keine Anpassung des Disagios, so fehlt es an einem engen Zusammenhang, während bei einem klassischen Schuldner- oder Gläubigerkündigungsrecht von einem engen Zusammenhang auszugehen ist. [558]

3. *Beurteilung einer Übernahme der Wertungen aus IAS 39*

Eine lückenlose Übernahme der im IAS 39.11 genannten Voraussetzungen zur Abspaltung eines Derivates in ein eigenständiges Steuerbilanzrecht ist auszuschließen, da weder eine Fair Value-Bewertung bestimmter Finanzinstrumente noch eine generelle Bilanzwirksamkeit derivativer Finanzgeschäfte absehbar ist. Insoweit erübrigen sich für ein eigenständiges Steuerbilanzrecht auch separate Bilanzierungskriterien, die die Bestimmung eines Finanzderivats vornehmen. Dennoch lohnt es, einen weiterführenden Blick auf den IFRS/IAS-Ansatz zur Aufspaltung zusammengesetzter Finanzinstrumente zu werfen. Insbesondere ist von Interesse, inwieweit die von den IFRS/IAS aufgegriffene Verknüpfung der Risikomerkmale zwischen dem eingebetteten Derivat und dem Basisinstrument steuerbilanzielle Wirkung entfalten kann. Ein grundsätzlicher Rückgriff auf die Begrifflichkeiten „enge" und „nicht enge Verbindung" scheidet zwar aus, da sie im Zusammenhang mit den Beispielen des Application Guidance (IAS 39.AG30 und .AG33) keine Kriterien darstellen, die den steuerlichen Objektivierungsanforderungen genügen.[559] So stellt das Ausmaß, mit dem das Derivat Einfluss auf die Gesamtposition nimmt, steuerlich kein trennscharfes Abgrenzungskriterium dar, das eine objektiv nachprüfbare Grenze zieht, die einer Atomisierung des strukturierten Produkts bis in die kleinsten Einzelteile entgegenwirken würde.

Anders sieht dies hingegen für den sich aus der „engen" oder „nicht engen Verbindung" abgeleiteten risikoorientierten Ansatz aus. Das aus Informationsgesichtspunkten überzeugende Kriterium ist steuerlich im Kontext der Bilanzierung selbständig bewertbarer Bilanzierungseinheiten und dem daraus auch weiterhin abzuleitenden Nutzungs- und Funktionszusammenhang zu sehen. Sofern auf Grund unterschiedlicher Risikoprofile des Basiskontrakts und des eingebetteten Derivats von einer homogenen Wertbeeinflussung des zusammengesetzten Finanzinstruments nicht mehr auszugehen ist, ist ökonomisch begründet davon auszugehen, dass sie jeweils in unterschiedliche Nutzungs- und Funktionszusammenhänge eingebettet sind. Das zusammengesetzte Instrument ist demzufolge aufzuspalten, da jede selbständig bewertbare Bilanzierungseinheit einzeln zu bilanzieren ist. Steuerbilanziell spricht insofern nichts dagegen, dass der von den IFRS/IAS verwendete risikoorientierte Ansatz als ökonomi-

[558] Vgl. hierzu Kehm/Lüdenbach in: Lüdenbach/Hoffmann, IAS/IFRS, 3. Auflage 2005, § 28, Rn. 145 u. 147.

[559] Insbesondere ist fraglich, ob vor der Vielfalt strukturierter Produkte ein Beispielkatalog überhaupt ausreichend sein kann.

sches Kriterium zur Beurteilung der Bilanzierung eingebetteter Derivate herangezogen wird. Im Ergebnis bleibt daher festzuhalten, dass das IFRS/IAS-Vorgehen für den Fall einer risikoorientierten Abspaltung grundsätzlich mit dem steuerbilanziellen Anspruch einer objektivierten Gewinnermittlung vereinbar ist und somit auch eine an der wirtschaftlichen Leistungsfähigkeit ausgerichtete Gewinnermittlung ermöglicht.

Nicht unerwähnt bleiben darf allerdings, dass notwendigerweise für die Verwirklichung dieses Ansatzes eine Objektivierbarkeit der Zerlegung, d.h. eine eindeutige Bestimmung der einzelnen Instrumente gegeben sein muss. Inwieweit sich diese Voraussetzung als Schwachstelle erweist, ist offen. Unterschiedliche Alternativen der Zerlegung bergen subjektive Steuerungsmöglichkeiten in sich, die das steuerbilanzielle Ergebnis in nicht unerheblichem Maße beeinflussen können.[560] Auch sind bei der Folgebewertung einzeln zu bilanzierender Komponenten nicht immer sichere Ergebnisse zu ermitteln. [561] Andererseits gilt es zu berücksichtigen, dass ein grundsätzlicher Verzicht auf eine Zerlegung entobjektivierend wirkt, da insoweit der Einzelbewertungsgrundsatz ausgehebelt wird. In diesem Zusammenhang kommt insofern der Dokumentation des Risikomanagements des Unternehmens ein Stellenwert zu, der trotz der administrativen Anforderungen eine Möglichkeit der Objektivierung bietet.

560 Bei der für die Umsetzung des risikoorientierten Ansatzes erforderlichen Zerlegung eines strukturierten Produkts stellt sich schon im Ansatz das Problem, dass dem Bilanzierenden die hierfür notwendigen Informationen über die Ausgestaltung des (komplexen) strukturierten Produkts zumeist nicht vollständig vorliegen. Die einzelnen Komponenten sind nicht immer eindeutig bestimmbar bzw. identifizierbar, so dass sie auf ihre ökonomischen Charakteristika hin geprüft werden könnten; vgl. auch Dombek, Strukturiertes Produkt, WPg 2002, S. 1065; Flintrop in: Beck`sches IFRS-Handbuch, 2004, § 18 Rn. 23; Bellavite-Hövermann/Brackow in: Baetge/Dörner et. al., IAS-Kommentar, 2. Auflage 2003, IAS 39 Rn. 39.

561 Vgl. Prahl/Naumann, Finanzinstrumente, WPg 1992, S. 715.

3. Kapitel: Eigen- und Fremdkapitalinstrumente

I. Grundlagen

1. Finanzierungsfreiheit

Die Betrachtung von Eigen- und Fremdkapitalinstrumenten muss auf Grund der Vielfältigkeit betriebswirtschaftlicher Möglichkeiten zur Finanzierung unternehmerischer Aktivitäten aus unterschiedlichen Blickwinkeln erfolgen, zumal auf Grund der Vertragsfreiheit die unterschiedlichsten Finanzierungsformen zivilrechtlich unproblematisch in ein Rechtskleid gegossen werden können. Als wesentliche Unterschiede der Kapitalformen lassen sich dabei die klassischen Rechte (und Pflichten) der Kapitalgeber identifizieren. Während Eigenkapitalgeber sowohl im betriebswirtschaftlichen als auch im zivilrechtlichen Sinne grundsätzlich mit verschiedenartig gestalteten Herrschafts- bzw. Informationsrechten sowie einem Anspruch auf Teilhabe am Gewinn und Liquidationserlös ausgestattet sind, wird dem klassischem Fremdkapitalgeber i.d.R. lediglich ein Anspruch auf Rückzahlung des Nominalbetrags und Zahlung vereinbarter Zinsen verliehen. Im Insolvenzfall ist die Geltendmachung klassischen Eigenkapitals ausgeschlossen;[562] klassisches Fremdkapital kann in der Insolvenz hingegen von den Gläubigern zurückgefordert werden.

Finanzinstrumente, die nunmehr sowohl Merkmale klassischen Eigen- als auch klassischen Fremdkapitals aufzeigen, werden mit der Bezeichnung Mezzanine-Kapital belegt.[563] Die am Bilanzzweck ausgerichtete Bilanzierung von Finanzinstrumenten orientiert sich dabei zunächst an der ökonomischen / zivilrechtlichen Beurteilung der Finanzierungsform, die vornehmlich als Abgrenzungskriterium mit Indizfunktion hinsichtlich der Abbildung materieller Eigen- und Fremdkapitalposten in der Bilanz dient.[564] Während sich die bilanzielle Qualifikation klassischen Eigen- und Fremdkapitals als unproblematisch erweist und in weiten Teilen Übereinstimmung mit der ökonomischen / zivilrechtlichen Beurteilung vorliegt, verhält es sich bei dem Mezzanine-Kapital nicht in jedem Fall so eindeutig. Die ökonomische Beurteilung seitens der Kreditinstitute oder des Kapitalmarkts, nach der Mezzanine-Kapital in einem Ratingverfahren beispielsweise zu 100% oder auch nur partiell als „wirtschaftliches Eigenkapital" eingestuft werden kann, muss nicht zwingend mit der bilanziellen Beurteilung des Fi-

---

562 Vgl. BFH vom 22.8.1990, I R 119/86, BStBl. II 1991, S. 415 m.w.N. zur BGH-Rechtsprechung.

563 Entliehen ist der Begriff „Mezzanine" aus dem Sprachgebrauch der Architektur, das im Italienischen ein Zwischengeschoss inmitten zweier Hauptstockwerke bezeichnet; Mezzanine-Kapital ist insofern ein Sammelbegriff für alle kombinierten Finanzierungsformen, die auf Eigen- und Fremdkapitalkomponenten zurückgreifen; vgl. statt vieler Werner, Mezzanine-Kapital, 2004, S. 13.

564 Vgl. Küting/Kessler, Überschuldungsstatus, BB 1994, S. 2103; Küting/Dürr, Mezzanine-Kapital, DB 2005, S. 1529.

nanzinstruments übereinstimmen, da ökonomisches Eigenkapital bilanziell gleichwohl als Fremdkapitalinstrument qualifiziert werden kann.[565]

2. *Mezzanine-Kapital*

In der Unternehmensfinanzierung kommt dem Mezzanine-Kapital insbesondere hinsichtlich der Ausschöpfung von Wachstumspotenzialen von Unternehmen eine hohe Bedeutung zu. Wachstumsorientierter Kapitalbedarf von Unternehmen, der aufgrund einer geringen Eigenkapitalquote häufig nicht durch klassisches Fremdkapital gedeckt und aufgrund fehlender Eigenmittel nicht durch die Gesellschafter aufgebracht werden kann, wird durch Kreditinstitute oder über den Kapitalmarkt mit Hilfe einer Kapital-Kombination aus Eigen- und Fremdkapitalelementen gedeckt. Eine derartige Kapitalerhöhung ist insofern nicht mit einer Kapitalerhöhung durch Bereitstellung von zusätzlichem Eigenkapital durch Dritte vergleichbar, als einerseits die Ansprüche der Altgesellschafter nicht verwässert und dem Investor andererseits nicht die umfassenden Rechte eines Gesellschafters eingeräumt werden.[566] Anknüpfend an die individuellen Bedürfnisse des Kapitalnehmers weisen Mezzanine-Finanzierungen in der Spannweite zwischen klassischem Eigen- und Fremdkapital eine große Flexibilität hinsichtlich ihrer Ausgestaltung auf; sie können dabei sowohl überwiegend eigenkapitalnah (Equity Mezzanine) als auch fremdkapitalnah (Debt Mezzanine) konzipiert sein. Neben der zeitlichen Befristung der Kapitalüberlassung ist dabei als ökonomisch gewichtiges gemeinsames Merkmal aller Mezzanine-Finanzierungen eine vereinbarte Nachrangigkeit der Forderung im Verhältnis zu anderen Forderungen anderer Fremdkapitalgeber hervorzuheben. Im Falle der Insolvenz wären ob der Nachrangigkeit zunächst alle vorrangigen Forderungen zu bedienen, bevor dann in einem nächsten Schritt die Mezzanine-Gläubiger und zuletzt die Eigentümer zum Zuge kommen. Ökonomisch bedeutet die Nachrangigkeit aus der Sicht eines vorrangigen Fremdkapitalgebers nichts anderes als die Bereitstellung zusätzlichen Haftungskapitals, das eigenkapitalcharakteristisch deren Risikoposition nicht verschlechtert und die Bonität des Unternehmens am Kapitalmarkt und bei den Kreditinstituten entsprechend erweitert. Aus der Sicht der Eigenkapitalgeber und des Unternehmens handelt es sich ökonomisch hingegen eindeutig um Fremdkapital,[567] da mit der Überlassung von Eigenkapital insbesondere auch die Gewährung von Eigentümerrechten verbunden ist, die sich typischerweise durch Mitspracherechte bei der Verwendung des Kapitals, durch einen Anspruch auf Gewinnteilnahme und einer Pflicht zur Verlustteilnahme sowie durch den Anspruch auf anteilige Teilhabe am Li-

565 Vgl. Suhlrie, Mezzanine-Finanzierung, Stbg 2005, S. 256.

566 Vgl. Dörscher/Hinz, Mezzanine-Capital, FB 2003, S. 608; Golland, Mezzanine-Capital, FB 2000, S. 34; Leitinger in: Bischoff/Eberhartinger, Mezzanine-Kapital, 2005, S. 50 f.; Leopold/Reichling, Mezzanine-Finanzierung, DStR 2004, S. 1360 f.

567 Vgl. Dörscher/Hinz, Mezzanine-Capital, FB 2003, S. 608 f.; Einem/Schmid/Pütz, Privat Debt, BB 2005, S. 9; Fischer, Mezzanine-Kapital, DSWR 2004, S. 111; Küting/Dürr, Mezzanine-Kapital, DB 2005, S. 1531; Rudolph, Mezzanine-Kapital, Kreditwesen 2004, S. 14; Werner, Mezzanine-Kapital, 2004, S. 23 ff.

quidationserlös auszeichnen.[568] Da die Überlassung von Fremdkapital in der Regel weder Mitspracherechte noch eine Gewinn- und/oder Liquidationsbeteiligung vorsieht, geht aus der Sicht des Unternehmens mit einer ausschließlichen Nachrangverabredung zunächst noch keine Wandlung von Gläubiger- in Eigentümerrechte einher.

Da Mezzanine-Kapital in der Regel nicht über dingliche Rechte abgesichert wird, sondern seine Rückzahlung vielmehr vom künftig zu erwartenden Cashflow abhängt,[569] werden über die Nachrangabrede hinaus Vereinbarungen zwischen Kapitalnehmer und -geber dahingehend getroffen, dass dem Mezzanine-Geber eine risikoorientierte Rendite gewährt wird, die sich vornehmlich an der erwarteten Eigenkapital- und weniger an einer abgesicherten Fremdkapitalrendite ausrichtet.[570] Mezzanine-Kapital wird im engeren Sinne daher auch als ein unbesichertes, nachrangiges Darlehen (Subordinated Debt oder Junior Debt) definiert, das mit einer erfolgsabhängigen Komponente, dem sog. Equity-Kicker, ausgestattet ist.[571] Je höher der Anteil des Equity-Kickers an der erwarteten Rendite ist, umso stärker gewinnt Mezzanine-Kapital ökonomisch betrachtet Eigenkapitalcharakter. Insbesondere kann die Cashflow-Belastung aus dem Mezzanine-Kapital unternehmensindividuell an die Cashflow-Planung der Gesellschaft angepasst werden, indem zusätzlich zur entsprechenden Gewichtung des Equity-Kickers ein Teil der periodisch anfallenden Verzinsung nicht ausgezahlt, sondern bis zum Laufzeitende aufgezinst wird.[572] Die endfällige Verzinsung (Kicker) kann von der Höhe einer Unternehmenserfolgsgröße zum Vergütungszeitpunkt abhängig gemacht werden. Wird der Kicker unternehmenswertbezogen ausgezahlt, dann wird von einem virtuellen Equity-Kicker gesprochen. Stellt der Kicker dagegen das Recht auf den Bezug von Gesellschaftsanteilen des Unternehmens dar, so wird diese Form als echter Equity-Kicker bezeichnet.[573] Im Folgenden wird die Untersuchung der Eigen- und Fremdkapitalinstrumente daher dahingehend vorgenommen, dass einerseits Finanzinstrumente, die auf Grund bestimmter Mezzanine-Merkmale bilanziell entweder als Eigen- oder als Fremdkapitalinstrument zu qualifizieren sind, betrachtet werden, und dass andererseits Finanzinstrumente Eingang in die Untersuchung finden, die sowohl aus Eigen- als auch aus Fremdkapitalinstrumenten bestehen.

---

568 Vgl. Volk, Mezzanine-Capital, BB 2003, S. 1224.

569 Vgl. Leitinger in: Bischoff/Eberhartinger, Mezzanine-Kapital, 2005, S. 46; Link/Reichling, Mezzanine-Kapital, Die Bank 2000, S. 266; Suhlrie, Mezzanine-Finanzierung, Stbg 2005, S. 255.

570 Vgl. Bock, Mezzanines-Darlehen, DStR 2005, S. 1067 f.; Dörscher/Hinz, Mezzanine-Capital, FB 2003, S. 607; Knaier, Mezzanine-Kapital, Kreditwesen 2004, S. 33.

571 Vgl. Bock, Mezzanines-Darlehen, DStR 2005, S. 1067 f.; Dörscher/Hinz, Mezzanine-Capital, FB 2003, S. 607.

572 Vgl. Dörscher/Hinz, Mezzanine-Capital, FB 2003, S. 608; Knaier, Mezzanine-Kapital, Kreditwesen 2004, S. 33; Leitinger in: Bischoff/Eberhartinger, Mezzanine-Kapital, 2005, S. 46 f.; Raupach, Mezzanine-Kapital, Kreditwesen 2004, S. 20. Äußerst Cashflow-schonend über die Laufzeit der Kapitalüberlassung wäre beispielsweise eine Zero-Bond-Wandelanleihe-Konstruktion.

573 Vgl. Bock, Mezzanines-Darlehen, DStR 2005, S. 1068; Golland, Mezzanine-Capital, FB 2000, S. 36; Suhlrie, Mezzanine-Finanzierung, Stbg 2005, S. 256.

II. *Kassainstrumente*

1. *Vorgehensweise nach IAS 32*

IAS 32 befasst sich inhaltlich mit Eigen- und Fremdkapitalpositionen, die aus einem Vertragsverhältnis zwischen dem Unternehmen und einem Kapitalgeber herrühren. Gem. IAS 32.11 ist ein Eigenkapitalinstrument ein Vertrag, der einen Residualanspruch an den Vermögenswerten eines Unternehmens nach Abzug aller Verbindlichkeiten begründet. Diese Vorschrift steht dabei im Einklang mit der aus dem Framework genannten Residualwertbestimmung; sie weist allerdings einschränkend darauf hin, dass es sich bei einem Eigenkapitalinstrument um eine Bilanzposition handelt, die im Gegenzug für die Überlassung von Kapital lediglich einen vertraglich vereinbarten Anspruch auf den Residualwert des Unternehmens begründet. Wie der Anspruch auf den Residualwert genau ausgestaltet sein muss, ist aus der Definition des IAS 32.11 zunächst nicht abschließend ersichtlich; es lassen sich jedoch zwei Merkmale herausarbeiten.

Zum einen wird die inhaltliche Abgrenzung des Residualwertanspruchs hinsichtlich der Verweildauer des überlassenen Kapitals im Unternehmen durch den Informationscharakter der IFRS/IAS-Bilanz und die Bedeutung eines Residuums konkretisiert. Demnach kann es sich bei den Eigenkapitalinstrumenten nur um solche Mittel handeln, mit denen der Kapitalgeber sich über die Totalperiode und nicht lediglich über eine oder mehrere Teilperioden an der Unternehmensentwicklung beteiligt, d.h. es muss neben einer eventuell laufenden Erfolgsbeteiligung auch eine Vermögensbeteiligung bei Liquidation gewährleistet sein.[574] Die Anteilseigner müssen faktisch in vollem Umfang an den Gewinnchancen und Verlustrisiken des Unternehmens beteiligt werden; ihre einzige Exit-Option kann dabei in der Veräußerung ihrer Anteile an einen Dritten und nicht in einer möglichen Durchsetzung von Gläubigerrechten gegenüber dem Unternehmen liegen. Das zugeführte Eigenkapital muss dem Unternehmen insofern nachhaltig zur Verfügung stehen.[575]

Hieran anknüpfend erfährt das Eigenkapitalinstrument zum anderen eine indirekte Konkretisierung auf Grund der im IAS 32.11 aufgeführten Bestimmungen zu den finanziellen Verbindlichkeiten in Verbindung mit der dichotomen Kapitalgliederung. Finanzielle Verbindlichkeiten begründen sich demnach durch eine Verpflichtung des Unternehmens, die Überlassung von Kapital an konkrete Zahlungsansprüche zu knüpfen. Anders als im Framework verzichtet die Vorschrift des IAS 32.11 hierbei auf das Wahrscheinlichkeitskriterium. Gem. IAS 39.11 liegt eine finanzielle Verbindlichkeit erst dann vor, wenn das Unternehmen eine ver-

---

574 Eine Untergliederung des Eigenkapitals steht dieser Residualbetrachtung nicht entgegen, Eigenkapital liegt somit auch dann vor, wenn innerhalb der Residualgröße eine Rangfolge der Bedienung mit Dividenden oder / und Liquidationserlösen vereinbart ist; vgl. IDW, RS HFA 9, WPg 2006, S. 539 Rn. 6.

575 Vgl. Isert/Schaber, Eigenkapital, KoR 2005, S. 357; Lüdenbach/Hoffmann, Eigenkapital, BB 2004, S. 1044.

tragliche Verpflichtung eingegangen ist. Das Framework verweist dagegen auf eine gegenwärtige Verpflichtung, deren Eintritt gem. F. 83 lediglich wahrscheinlich sein muss. Die Vorschrift des IAS 32.11 ist somit strenger, aber auch trennschärfer, da sie weniger Interpretationsspielraum belässt als ein Wahrscheinlichkeitskriterium. Negativ abgegrenzt bedeutet dies hinsichtlich der Koexistenz von Eigen- und Fremdkapitalpositionen, dass eine derartige Zahlungsverpflichtung bei einem Eigenkapitalinstrument nicht existieren darf. Im Zusammenhang mit dem Residualwertanspruch betrachtet der IASB Auszahlungsmöglichkeiten aus bilanziellem Eigenkapital somit als nachrangig im Verhältnis zu Zahlungsansprüchen aus bilanziellem Fremdkapital. Spezifiziert werden diese Vorschriften in den IAS 32.11 ff.; Eigenkapitalinstrumente und finanzielle Verbindlichkeiten sind danach folgendermaßen bestimmt:

IAS 32.11	**IAS 32.16**
Eine **finanzielle Verbindlichkeit** ist	Ein **Eigenkapitalinstrument** liegt vor,
jede vertragliche Verpflichtung, - flüssige Mittel oder einen anderen finanziellen Vermögenswert an ein anderes Unternehmen abzugeben; - Finanzinstrumente mit einem anderen Unternehmen unter potenziell nachteiligen Bedingungen austauschen zu müssen.	wenn ein Finanzinstrument keine vertragliche Verpflichtung beinhaltet, - flüssige Mittel oder einen anderen finanziellen Vermögenswert an ein anderes Unternehmen abzugeben; - Finanzinstrumente mit einem anderen Unternehmen unter potenziell nachteiligen Bedingungen austauschen zu müssen.

Tabelle 1: Finanzielle Verbindlichkeiten und Eigenkapitalinstrumente gem. IAS 32

Die Klassifizierung erfolgt dabei nicht allein auf der Grundlage zivilrechtlicher Vertragsvereinbarungen, sondern vorwiegend auf der Grundlage des wirtschaftlichen Gehalts der Durchführung. So bestimmt IAS 32.15 explizit, dass die wirtschaftliche Substanz der vertraglichen Vereinbarung für die Qualifizierung ausschlaggebend ist. Zwar führt der Empfang von Kapital dem Grunde nach zu keinem Erfolgsausweis des Unternehmens, da insoweit der erfolgsneutrale Finanzierungsvorgang im Vordergrund steht,[576] allerdings kann sich im Rahmen der Bewertung des überlassenen Kapitals eine Auswirkung auf die Ertragssituation des Unternehmens einstellen. Insofern besitzt die Qualifizierung als Eigen- oder Fremdkapitalinstrument dahingehend Bedeutung, dass sich aus der Zuordnung der Finanzinstrumente zu den Eigen- oder Fremdkapitalinstrumenten Folgen für die Zugangs- und Folgebewertung ergeben. Während die finanziellen Vermögenswerte unter den Anwendungsbereich des IAS 39 fallen und somit ggf. der Fair Value sowohl für den erstmaligen Ansatz als auch für die Folgebewertung heranzuziehen ist, ist bei Eigenkapitalinstrumenten lediglich zum Zeitpunkt der Emission eine Bewertung vorzunehmen.[577] Des Weiteren werden auf Eigenkapitalinstrumente entfallende Ausschüttungen erfolgsneutral vom Eigenkapital abgezogen, auf finanzielle Verbindlichkeiten entfallende Auszahlungen gehen erfolgswirksam in die GuV ein.

576 Vgl. Knobbe-Keuk, Bilanzsteuerrecht, 8. Auflage 1991, S. 100.

577 Vgl. IDW, RS HFA 9, WPg 2006, S. 539 Rn. 7.

1.1. Entziehbarkeit des Kapitals

Die konkrete Abgrenzung zwischen Eigen- und Fremdkapital zieht der IASB im Wesentlichen entlang der Differenzierung zwischen der Unternehmens- (Emittent) und der Investorenebene, nach der die Perspektive des Investors hinter die des Unternehmens zurücktritt. Nach Auffassung des IASB liegt lediglich dann Eigenkapital vor, wenn ein etwaiger Kapitalabfluss, der im Zusammenhang mit einer Kapitalüberlassung steht, ausschließlich im freien Ermessen der Organe des Emittenten liegt. Sofern auch der Investor Einfluss auf den Abfluss von Kapital genommen hat oder nehmen kann, d.h. sofern Entscheidungskompetenzen an den Investor abgetreten werden, wird einer Eigenkapitalqualifikation die Grundlage entzogen.[578]

1.1.1. Zahlungsverpflichtung

Gem. IAS 32.16 (a) u. IAS 32.17 führt eine aus dem überlassenen Kapital resultierende Zahlungsverpflichtung seitens des Emittenten dazu, dass die Kapitalüberlassung nicht als Eigenkapitalinstrument ausgewiesen werden kann.[579] Bei vertraglichen Verpflichtungen, die an die Ausgabe von Finanzinstrumenten gebunden sind und dem Emittenten auferlegen, flüssige Mittel oder andere finanzielle Vermögenswerte zu liefern oder Finanzinstrumente zu möglicherweise nachteiligen Konditionen zu tauschen, sind Finanzinstrumente entweder als Ganzes oder als etwaige Komponenten als Fremdkapitalposten zu passivieren.[580] Dies gilt gem. IAS 32.25 unabhängig davon, ob die Pflicht zur Erfüllung der vertraglich eingeräumten Zahlung unbedingt oder in Abhängigkeit vom Eintreten eines künftigen Ereignisses zu erfolgen hat. So ist z.B. eine Bürgschaft eine vertraglich eingeräumte Verpflichtung seitens des Bürgen zur Zahlung an den Kreditgeber, wenn der Kreditnehmer seinen Verpflichtungen nicht nachkommt.[581] Einzig Auszahlungsmöglichkeiten, die in der freien Entscheidung der Organe des Unternehmens stehen, wie beispielsweise Kündigungsrechte des Emittenten oder auch die Möglichkeit einer Gewinnausschüttung, stehen einer Eigenkapitalqualifikation nicht entgegen. Keine Auswirkung auf die Qualifikation als Eigenkapitalinstrument hat gem. IAS 32.25 (b) zudem eine Verpflichtung zur Rückzahlung des Kapitals im Falle der Liquidation.[582] Dies

---

578 Vgl. Breker/Harrison/Schmidt, Eigenkapital, KoR 2005, S. 473; Dettmeier/Pöschke, GmbH-Gesellschafter, GmbHR 2006, S. 297; Isert/Schaber, Eigenkapital, KoR 2005, S. 301; Lüdenbach/Hoffmann, Eigenkapital, BB 2004, S. 1044.

579 Vgl. IDW, Anwendung, WPg 1999, S. 595; IDW, RS HFA 9, WPg 2006, S. 539 Rn. 8.

580 Der IASB stellt hierbei nicht allein auf explizite vertragliche Rückgabepflichten ab; auch faktische Verpflichtungen, die sich indirekt aus vertraglichen Vereinbarungen ableiten lassen, führen gem. IAS 32.20 zu einer Fremdkapitalqualifizierung.

581 Vom Eintreten bestimmter Ereignisse abhängige Rechte und Verpflichtungen erfüllen gem. IAS 32.AG8 die Definition der finanziellen Verbindlichkeiten, selbst wenn solche Posten nicht immer im Abschluss bilanziert werden, da sie die Ansatzkriterien nicht erfüllen.

582 Breker, Harrison und Schmidt leiten aus dem IAS 32.25 (b) ab, dass für die Klassifizierung eines Finanzinstruments das Kriterium der Nachrangigkeit nicht anzunehmen ist, da diese Vorschrift eine Rückzahlung des gesamten Kapitals für den Fall der Liquidation des Unternehmens vorsieht; Breker/Harrison/Schmidt, Eigenkapital, KoR 2005, S. 477. Dem kann nicht zugestimmt werden, da IAS 32.11 bestimmt, dass es sich

gilt jedoch nur für den Fall, dass die Zahlungsverpflichtung durch ein unsicheres künftiges Ereignis ausgelöst wird, dessen Eintreten sowohl der Emittent als auch der Inhaber nicht beeinflussen können.[583] Weder das Kriterium Laufzeit noch die Bezeichnung der Kapitaleinlage spielen daher für die Frage der bilanziellen Eigenkapitalzuordnung eine Rolle;[584] zudem reicht auch eine zeitweilige Übernahme von Haftungsrisiken zur Qualifizierung als Eigenkapitalinstrument nicht aus.[585]

1.1.2. Inhaberkündigungsrechte

Finanzinstrumente mit Inhaberkündigungsrechten (puttable Instruments) können gem. IAS 32.18 (b) nicht als Eigenkapitalinstrumente ausgewiesen werden.[586] Vereinbarungen, die die Rückgabe des Instruments vom Inhaber an den Emittenten ermöglichen, führen zur Fremdkapitalqualifikation des Finanzinstruments. Dies gilt unabhängig davon, ob der Rückzahlungsbetrag feststeht oder ob der Inhaber einen Residualanspruch an den Vermögenswerten des Emittenten hat. Auch die Länge der Kündigungsfrist ist hinsichtlich der Qualifikation als finanzieller Vermögenswert unbeachtlich.[587] Sofern der Kapitalgeber also die Möglichkeit besitzt, sich der Beteiligung am Residualwert zu entziehen oder Gläubigerrechte geltend zu machen,[588] oder wenn das Unternehmen nicht das direkte oder indirekte Recht zur Vermeidung der Lieferung finanzieller Mittel besitzt,[589] ist beim Emittenten die Zuordnung des Instru-

---

bei einem Eigenkapitalinstrument um einen Vertrag handelt, der einen Residualanspruch an den Vermögenswerten eines Unternehmens nach Abzug aller dazugehörigen Schulden begründet.

583 Vgl. IDW, RS HFA 9, WPg 2006, S. 540 Rn. 13.

584 So auch IAS 32.BC7. Vgl. zu Genussrechten Schaber/Kuhn/Eichhorn, Genussrecht, BB 2004, S. 318.

585 Vgl. Lüdenbach in: Lüdenbach/Hoffmann, IAS/IFRS, 3. Auflage 2005, § 20, Rn. 6.

586 Der IASB hat am 22.06.2006 einen Entwurf zur Änderung des IAS 32 veröffentlicht, der die Einführung einer Ausnahmeregelung für kündbare Anteile (Instrument Puttable at Fair Value) vorsieht, die sodann unter bestimmten Voraussetzungen nicht mehr als Fremdkapitalinstrument, sondern als Eigenkapitalinstrument auszuweisen sind; vgl. IASB vom 22.06.2006, Exposure Draft: Financial Instruments Puttable at Fair Value and Obligations Arising on Liquidation, S. 1 ff. ED IAS 32.11; IASB, Update September 2005, S. 1; IASB, Update December 2005, S. 3; vgl. auch Dettmeier/Pöschke, GmbH-Gesellschafter, GmbHR 2006, S. 300; Breker/Harrison/Schmidt, Eigenkapital, KoR 2005, S. 474; Schmidt, Eigenkapital, BB 2006, S. 1565. Als wesentliche Voraussetzungen benennt der IASB:

- Die Anteile müssen zum Fair Value ausgegeben worden und gegen Zahlung des Fair Values kündbar sein.
- Die Anteile müssen die nachrangigste Kapitalklasse darstellen.

587 Vgl. IDW, RS HFA 9, WPg 2006, S. 540 Rn. 17.

588 Beispielsweise Rückforderung (durch ordentliche Kündigung) oder eine festgelegte Mindestverzinsung des Kapitals.

589 Vgl. IAS 32.19 und .20. Gem. IAS 10.11 dürfen nach dem Bilanzstichtag beschlossene Dividenden zum Bilanzstichtag nicht als Schuld erfasst werden. Die noch nicht beschlossene Gewinnverwendung ist im Rahmen des Geschäftsjahresergebnisses noch als Eigenkapital auszuweisen.

ments zum Eigenkapital ausgeschlossen.[590] Die Wahrscheinlichkeit einer Kündigung seitens des Investors ist dabei unbeachtlich.[591]

1.2. *Instrumente*

1.2.1. *Finanzielle Verbindlichkeiten*

Fremdkapitalinstrumente resultieren wie dargestellt aus einer lediglich vorhandenen Möglichkeit des Inhabers, das Finanzinstrument dem Unternehmen zu entziehen. Dies gilt gem. IAS 32.18 (b) insbesondere für den Inhaber *kündbarer* Finanzinstrumente. Hierunter fallen neben gewöhnlichen Darlehensverträgen sowohl kündbare oder zeitlich befristete Genussscheine oder stille Beteiligungen als auch Gesellschaftereinlagen bei Personengesellschaften (Partner-Ships) oder Anteile an Genossenschaften (Co-Operative Entities).[592] So haben beispielsweise Gesellschafter von Personengesellschaften gem. §§ 131 f. HGB ein ordentliches gesetzliches Kündigungsrecht, das durch den Gesellschaftsvertrag grundsätzlich nicht ausgeschlossen werden kann.[593] Mit der Kündigung fällt den Gesellschaftern ein Abfindungsanspruch zu, die Qualifikation als Fremdkapitalinstrument lässt sich nicht durch ein Andienungsrecht an die Mitgesellschafter aushebeln.[594]

Auch wenn für den Inhaber eines Anteilspapiers aus einem Mitgliedsrecht ein Gläubigerrecht wird, d.h. wenn seitens des Unternehmens die Teilhabe am Erfolg formell festgestellt wurde, ist für die Gewinnausschüttung eine Verbindlichkeit auszuweisen.[595] Gleiches gilt für bestimmte Aktiengattungen. Hierbei ist von Bedeutung, dass im Sinne des Grundsatzes Substance over Form der wirtschaftlichen Substanz des Instruments mehr Gewicht als der zivilrechtlichen Form beigemessen wird. Da beispielsweise Vorzugsaktien (Preference Shares) mit höchst unterschiedlichen Rechten ausgestattet werden können, können sie nach den IFRS/IAS auch als ein Fremdkapitalinstrument qualifiziert werden, obwohl sie grundsätzlich die Qualität eines Anteilsscheins besitzen. IAS 32.18 (a) stellt für Vorzugsaktien klar, dass für den Fall, dass der Emittent das Papier zu einem fälligen Rückzahlungszeitpunkt zurückzunehmen hat oder der Inhaber das Recht besitzt, zu einem bestimmten Datum das Papier zurückzugeben, die Kriterien eines Eigenkapitalinstruments nicht erfüllt sind und es somit als Verbindlichkeit

---

590 Vgl. Brüggemann/Lühn/Siegel, Finanzinstrumente, KoR 2004, S. 392; Breker/Harrison/Schmidt, Eigenkapital, KoR 2005, S. 470; IDW, Einzelfragen, WPg 1998, S. 26; IDW, Anwendung, WPg 1999, S. 595; Leuschner/Weller, Eigenkapital, WPg 2005, S. 265; Scheffler, Eigenkapital, 2006, S. 35 f.

591 Vgl. Dettmeier/Pöschke, GmbH-Gesellschafter, GmbHR 2006, S. 297; Isert/Schaber, Eigenkapital, KoR 2005, S. 357; Leuschner/Weller, Eigenkapital, WPg 2005, S. 265.

592 Vgl. Küting/Dürr, Mezzanine-Kapital, DB 2005, S. 1530; Schaber/Kuhn/Eichhorn, Genussrecht, BB 2004, S. 318.

593 Ein gesetzliches Kündigungsrecht ist gem. IAS 32.18 (b) i.V.m. IAS 32.13 wie ein vertragliches Kündigungsrecht zu behandeln; vgl. IDW, RS HFA 9, WPg 2006, S. 543 Rn. 49.

594 Vgl. IDW, RS HFA 9, WPg 2006, S. 543 Rn. 50.

595 Vgl. IAS 32.AG13.

auszuweisen ist. Entscheidend ist hierbei, dass durch die Rücknahme oder Rückgabe des Anteilsscheins dem Unternehmen Zahlungsmittel entzogen werden könnten und dies nicht im Sinne des Eigenkapitalausweises in einer Informationsbilanz ist.

Differenzierter betrachtet der IASB derartige Instrumente, sofern eine Vereinbarung zur Rückzahlung der Kapitalüberlassung vorliegt, aber gleichzeitig die Ausschüttungsentscheidung im Sinne einer Dividende vor Rückzahlung allein im Ermessen des emittierenden Unternehmens steht.[596] In diesem Fall stellt das Finanzinstrument gem. IAS 32.28 eine Kombination aus Eigen- und Fremdkapitalkomponenten dar, die getrennt voneinander zu bilanzieren sind. Der Barwert der Rückzahlungsverpflichtung ist zum Emissionszeitpunkt als finanzielle Verbindlichkeit zu erfassen und unterliegt mithin dem IAS 39, die Differenz zwischen Emissionserlös und dem Barwert des Rückzahlungsbetrags stellt gem. IAS 32.AG37 hingegen die im Eigenkapital auszuweisende Komponente dar. Konsequenterweise sind die Ausschüttungen dem Eigenkapitalinstrument zuzuordnen; sie gelten mithin als Ergebnisverwendung und sind nicht als Zinsaufwand zu qualifizieren. Als Beispiel führt IAS 32.AG37 eine Vorzugsaktie an, die in fünf Jahren gegen flüssige Mittel rückgabepflichtig ist, bei der die Zahlung von Dividenden vor dem Rückkauftermin jedoch im Ermessen des Unternehmens liegt. Gleiches kann selbstverständlich auch für andere Finanzinstrumente gelten, so beispielsweise für Genussrechte oder stille Einlagen.[597]

1.2.2. Eigenkapitalinstrumente

Bei Anteilspapieren verweist IAS 32.17 darauf, dass trotz einer grundsätzlichen Berechtigung des Inhabers zur Teilhabe am Erfolg in Form des Zuflusses flüssiger Mittel oder anderer finanzieller Vermögenswerte im Gegensatz zu den oben genannten vertraglichen Verpflichtungen für den Emittenten keine Verpflichtung zur Bedienung des Kapitals in dem Sinne besteht, dass ein Ausweis als Fremdkapitalinstrument vorzunehmen wäre.[598] Da sich die Entscheidung über die Ausschüttungen und gegebenenfalls auch die Rückzahlung des Kapitals im freien Ermessen der Organe des Emittenten befinden, ist die Ausgabe von Anteilen am Gesellschafterkapital nicht als finanzielle Verbindlichkeit, sondern im Ganzen als Eigenkapitalinstrument zu qualifizieren.[599] So sind Aktien oder GmbH-Anteile auf Grund ihrer Strukturmerkmale grundsätzlich, im Einklang mit den IFRS/IAS-Vorschriften, als Eigenkapitalinstrumente an-

596 Werden im Rückkaufbetrag nicht gezahlte Dividenden vereinbart, ist das gesamte Finanzinstrument gem. IAS 32.AG37 als finanzielle Verbindlichkeit auszuweisen.

597 Vgl. IDW, RS HFA 9, WPg 2006, S. 541 Rn. 30; Isert/Schaber, Eigenkapital, KoR 2005, S. 359.

598 Vgl. Kopatschek, Genossenschaften, WPg 2004, S. 1125.

599 Ein Emittent nicht kündbarer Stammaktien geht gem. IAS 39.AG13 dann eine Verbindlichkeit ein, wenn er formell eine Gewinnausschüttung vornimmt oder den Anteilseignern gegenüber gesetzlich dazu verpflichtet wird. Dies kann nach einer Dividendenerklärung der Fall sein oder wenn das Unternehmen liquidiert wird und alle nach Begleichung der Schulden verbleibenden Vermögenswerte auf die Aktionäre zu verteilen sind; vgl. hierzu auch Kuhn/Scharpf, Financial Instruments, 2. Auflage 2005, S. 56.

zuerkennen.[600] Aktionäre haben beispielsweise gem. § 58 Abs. 4 AktG zwar als Gegenleistung für die Überlassung von Kapital einen mitgliedschaftlichen Gewinnanspruch, sie besitzen aber keinen konkreten Zahlungsanspruch gegenüber der Gesellschaft.[601] Stammaktien oder GmbH-Anteile verpflichten insofern nicht zur laufenden Gewinnausschüttung und gewähren Rückzahlungsansprüche erst bei Liquidation der Gesellschaft, während zur Zeit des Fortbestehens der Unternehmung die Gesellschafter in der Regel keinen Anspruch auf Kündigung oder Rückzahlung haben, sie dem Unternehmen mithin zeitlich unbegrenzt zur Verfügung gestellt werden.[602] Ferner richtet sich die Rückzahlung nicht an den eingezahlten Beträgen, sondern an der Unternehmenswertentwicklung aus, so dass im Zuge der Residualwertermittlung neben evtl. auftretenden Verlusten auch die stillen Reserven berücksichtigt werden. Sofern den Gesellschaftern einer GmbH allerdings ein vertragliches Kündigungsrecht zusteht und die Gesellschafter in Höhe ihres Abfindungsanspruchs der Gesellschaft Kapital entziehen können, liegt gegebenenfalls die Notwendigkeit einer Fremdkapitalbilanzierung bei auszukehrenden Vermögensbestandteilen vor.[603]

2. Vergleich von IFRS/IAS und Steuerrecht

Steuerlich gilt es, die Eigenkapitalveränderung der abgelaufenen Berichtsperiode zu ermitteln, um für diesen Zeitraum eine Aussage über die wirtschaftliche Leistungsfähigkeit des Unternehmens treffen zu können. Daher stellt sich auch für das Steuerrecht auf der Passivseite der Bilanz die Frage nach der Abgrenzung zwischen Eigen- und Fremdkapital. Insbesondere ist diese Abgrenzung hinsichtlich der Folgen der steuerlichen Behandlung aus der laufenden Bedienung der Kapitalüberlassung materiell nicht unbedeutend. Während Zahlungen an die Kapitalgeber im Zusammenhang mit dem Eigenkapital der Gewinnverwendung zugeordnet werden, tangiert die laufende Fremdkapitalbedienung die Gewinnermittlung und mindert somit die steuerliche Bemessungsgrundlage des Unternehmens. Die Relevanz der bilanziellen Eigen- und Fremdkapitalzuordnung wird im Steuerrecht daher im Wesentlichen über die Frage formuliert, ob in dem Bestreben der Besteuerung der wirtschaftlichen Leistungsfähigkeit des Unternehmens die laufende Vergütung des überlassenen Kapitals der Gewinnverwendung oder der Gewinnermittlung zuzuordnen ist. Weniger im Vordergrund steht dagegen die für die IFRS/IAS-Gewinnermittlung wichtige Signal- und Informationswirkung des Eigenkapitals; so sind Unternehmenskennzahlen oder der zukünftige Zufluss an Zahlungsmitteln für die steuer-

---

600 Vgl. IDW, RS HFA 9, WPg 2006, S. 544 Rn. 58.

601 Vgl. Hüffer in: Aktiengesetz, 7. Auflage 2006, § 58, Rn. 26. Der mitgliedschaftliche Gewinnanspruch beinhaltet die Teilhabe am Bilanzgewinn nach Maßgabe des Gewinnverwendungsbeschlusses. Ein Zahlungsanspruch liegt noch nicht vor, da vor Beschlussfassung der Hauptversammlung das Ausschüttungsvolumen noch nicht feststeht.

602 Vgl. Bordt in: HDJ, 2005, III/1 Rn. 4; Hüffer in: Aktiengesetz, 7. Auflage 2006, § 58, Rn. 26.

603 Vgl. IDW, RS HFA 9, WPg 2006, S. 544 Rn. 59; hierzu kritisch Breker/Harrison/Schmidt, Eigenkapital, KoR 2005, S. 472; Dettmeier/Pöschke, GmbH-Gesellschafter, GmbHR 2006, S. 297 ff.; dies., Minderheitsanteile, KoR 2006, S. 76.

liche Gewinnermittlung kaum von Bedeutung. Auch ergibt sich aus der Differenzierung zwischen Gewinnverwendung und Gewinnentstehung keine unmittelbare Differenzierung zwischen der Perspektive des Unternehmens und des Kapitalgebers.

2.1. Materieller Kapitalbegriff

IAS 32.11 verweist darauf, dass ein Eigenkapitalinstrument mit einem Anspruch auf den Residualwert verbunden sein muss und gemäß dem Prinzip Substance over Form materiellen Aspekten den Vorrang gibt. Auch die aus dem Handels- und Steuerbilanzzweck abgeleitete Qualifikation eines Kapitalinstruments ergibt sich aus einem solchen materiellen Verständnis des Kapitalbegriffs, d.h. die Eigen- oder Fremdkapitalinstrumente richten sich nicht alleine an zivilrechtlichen Strukturen aus,[604] sondern sie werden der ihnen im Unternehmen zukommenden Funktion entsprechend beurteilt.[605] Während zivilrechtlich die Grundlage für das Eigenkapital in gesellschaftsrechtlichen Vertragsverhältnissen und für das Fremdkapital in schuldrechtlichen Vertragsverhältnissen gesehen wird,[606] ist beispielsweise für die steuerbilanzielle Qualifikation des überlassenen Kapitals die alleinige Gewährung oder der Ausschluss von Mitgliedschaftsrechten von eher geringerem Einfluss. Entscheidend ist vielmehr, dass die Klassifizierung als Eigen- oder Fremdkapitalinstrument der notwendigen Ermittlung der wirtschaftlichen Leistungsfähigkeit des Unternehmens dient.[607] Obwohl die IFRS/IAS Wert darauf legen, dass ein Kapitalinstrument nur dann zum Eigenkapital gezählt werden darf, wenn es unentziehbar ist und es letztendlich die Fremdkapitalüberlassung vor etwaig in der Vergangenheit erwirtschafteten Verlusten des Unternehmens schützt, steht nach den IFRS/IAS die hauptsächlich für den Kapitalmarkt ausschlaggebende Signalfunktion für das dem Unternehmen innewohnende wirtschaftliche Potenzial im Vordergrund. Demnach richtet sich die Funktion des IFRS/IAS-Eigenkapitalinstruments im Unterschied zur Funktion eines Eigenkapitalinstruments in der Steuerbilanz insbesondere an der zukünftigen Entwicklung des Unternehmens aus und stellt das dem Unternehmen zugeführte Kapital nicht in den Kontext vergangener Unternehmensdaten, wie dies für die steuerliche Gewinnermittlung zur Messung der wirtschaftlichen Leistungsfähigkeit zwingend erforderlich ist.

---

604 Vgl. BGH vom 9.2.1981, II ZR 38/80, DB 1981, S. 1717; BGH vom 21.3.1988, II ZR 238/87, DB 1988, S. 1262; BFH vom 22.8.1990, I R 119/86, BStBl. II 1991, S. 415; BFH vom 31.7.1991, I R 34/89, BFH/NV 1992, S. 486; Emmerich/Naumann, Genußrechte, WPg 1994, S. 678; Kampmann, Kapitalstruktur, 2001, S. 137; Lutter/Hommelhoff, Haftkapital, ZGR 1979, S. 42; Lutter, Genußrechte, DB 1993, S. 2441; Priester, Gesellschafterdarlehen, DB 1991, S. 1918; Schmidt in: FS Goerdeler, Quasi-Eigenkapital, 1987, S. 489; Thiele, Eigenkapital, 1998, S. 93.

605 Vgl. Leuschner/Weller, Eigenkapital, WPg 2005, S. 263; Plewka/Schmidt in: Lademann, § 5 EStG Rn. 1105; Priester, Gesellschafterdarlehen, DB 1991, S. 1918.

606 Vgl. Kampmann, Kapitalstruktur, 2001, S. 123.

607 Vgl. Kampmann, Kapitalstruktur, 2001, S. 773; BFH vom 28.6.1960, I 85/60, HFR 1961, S. 13; BMF-Schreiben vom 08.12.1986, IV B 7 - S 2742 - 26/86, BB 87, S. 667; Wrede in: HHR, § 8 KStG Rn. 50; Sontheimer, Genußrechte, BB 1984, S. 5. Der RFH benutzt statt des Begriffs Leistungsfähigkeit den Begriff Steuerkraft.

Da klassisches Eigenkapital nachrangig zu klassischem Fremdkapital zu bedienen ist, würde die Perspektive eines Fremdkapitalgebers, wie einleitend bereits dargelegt,[608] es nahelegen, dass eine auf ein Schuldinstrument bezogene Nachrangabrede wirtschaftlich als Eigenkapitalinstrument zu verstehen ist. Diese Sichtweise wird vom Steuerbilanzrecht nicht übernommen, da ein Rangrücktritt nicht mit einem Forderungsverzicht gleichgesetzt werden kann.[609] Rangrücktrittsvereinbarungen sind schuldändernde Verträge, die die Erfüllungsmodalitäten eines Fremdkapitalinstruments im Sinne einer Rangfolgeänderung ändern. Der im Rang zurücktretende Gläubiger kann demnach noch nach Befriedigung aller anderen Gläubiger grundsätzlich nach wie vor in Höhe seiner Forderung auf die die Verbindlichkeiten des Schuldners übersteigenden Vermögenswerte zurückgreifen,[610] so dass im Gegensatz zum klassischen Eigenkapital trotz Nachrangabrede weiterhin eine fortdauernde (Zahlungs-) Verpflichtung gegeben ist.[611] Steuerbilanziell kann mithin nicht unmittelbar von einer Qualifikation als Eigenkapitalinstrument ausgegangen werden, da weiterhin eine wirtschaftliche Belastung des Unternehmens fortbesteht.[612] Ausgehend von dem im IAS 32.11 festgeschriebenen Residualanspruch eines Eigenkapitalinstruments sind auch die IFRS/IAS dahingehend zu verstehen, dass die Qualifikation als Eigen- oder Fremdkapitalinstrument davon abhängt, dass Zahlungen aus überlassenem Eigenkapital nachrangig im Verhältnis zu Zahlungsansprüchen aus überlassenem Fremdkapital zu leisten sind. In Übereinstimmung mit dem steuerbilanziellen Vorgehen ist dabei schuldrechtlich überlassenes Kapital in Kombination mit einer Nachrangabrede auch weiterhin als Fremdkapitalüberlassung zu werten, da die Nachrangabrede nicht die Entziehbarkeit des Kapitals beeinflusst.[613] Obwohl eine Nachrangabrede das schuldrechtliche Rückforderungsrecht des Gläubigers nicht aufhebt und somit sowohl die steuerrechtliche als auch die IFRS/IAS-Fremdkapitalqualität nicht unmittelbar verlorengeht, ist eine Nachrangverabre-

---

608 Vgl. Ausführungen zum Mezzanine-Kapital S. 138 f.

609 Vgl. BFH vom 10.11.2005, IV R 13/04, BFH/NV 2006, S. 308. So ist ein vollständiger Verzicht des Gläubigers auf seine Forderungen nicht gewollt, da ein Verzicht auf die Forderung die nicht verzichtenden Mitgesellschafter im Wesentlichen begünstigen würde, aber nicht dem Schutz der Gläubiger dient; vgl. BGH vom 8.1.2001, II ZR 88/99, DStR 2001, S. 175. I.d.R. sind es Gesellschafter, die hinsichtlich eines Gesellschafterdarlehens mit der Gesellschaft einen Rangrücktritt vereinbaren, so dass vorher gleichrangigen Gläubigern ein weiteres Maß an Sicherheit gewährt wird, da die Forderung des Gesellschafters erst nach der vollständigen Tilgung der anderen Forderung bedient wird; vgl. Schildknecht, Rangrücktrittsvereinbarung, DStR 2005, S. 181.

610 Vgl. Heerma, Rangrücktritt, BB 2005, S. 537; Plewka/Schmidt in: Lademann, § 5 EStG Rn. 1132.

611 Mit dem Rangrücktritt wird kein Verzicht auf die Geltendmachung der Forderung durch den Gläubiger erklärt, so dass die Verpflichtung zur Zahlung fortbesteht; vgl. Heerma, Rangrücktritt, BB 2005, S. 543; Klein, Rangrücktritt, GmbHR 2006, S. 249.

612 Ein Ausschluss der Passivierung mangels Quantifizierbarkeit ist lt. Auffassung des BFH zudem auch nicht gegeben, da eine Prognose, dass die Voraussetzung für eine spätere Geltendmachung der Forderung mit an Sicherheit grenzender Wahrscheinlichkeit nicht eintreten wird, dem Grunde nach nicht möglich ist. Die Möglichkeit einer späteren Geltendmachung der Forderung kann somit nicht mit an Sicherheit grenzender Wahrscheinlichkeit ausgeschlossen werden; vgl. BFH vom 30.3.1993, IV R 57/91, BStBl. II 1993, S. 502; BFH vom 20.10.2004, I R 11/03, BFH/NV 2005, S. 428.

613 Eine Rangabrede hinsichtlich der Bedienung mit Dividenden und/oder Liquidationserlös führt nicht zur Qualifikation als IFRS/IAS-Fremdkapitalinstrument, sofern sie innerhalb der Residualgröße getroffen wird; vgl. IDW, RS HFA 9, WPg 2006, S. 539 Rn. 6.

dung dennoch als notwendiges Abgrenzungskriterium zwischen Eigen- und Fremdkapital anzusehen, da der Gläubiger mit ihr zu verstehen gibt, dass es sich bei der Kapitalüberlassung nicht um klassisches Fremdkapital, sondern aus seiner Sicht vielmehr um wirtschaftliches Eigenkapital handelt.

Konkrete gesetzliche Normen wie zu den vertraglichen Rückzahlungsverpflichtungen des Emittenten oder Rückforderungsmöglichkeiten des Kapitalgebers als Fremdkapitalqualifizierungsvorschrift kennt das deutsche Steuerbilanzrecht nicht. Neben dem Kriterium der wirtschaftlichen Belastung wird ein zu passivierendes Fremdkapitalinstrument wie oben dargestellt nach Auffassung der Rechtsprechung allerdings durch eine Verpflichtung zur Erbringung einer Leistung gekennzeichnet.[614] Bezogen auf das IFRS/IAS-Kriterium einer Rückzahlungsverpflichtung lässt sich daher eindimensional betrachtet eine Übereinstimmung feststellen, da eine Rückzahlungsverpflichtung als Verpflichtung zur Erbringung einer Leistung zu verstehen ist. Ein lediglich existierendes Kündigungsrecht seitens des Investors begründet hingegen nicht zwangsläufig eine Verpflichtung zur Leistungserbringung, so dass steuerbilanziell nicht notwendigerweise von einem Fremdkapitalinstrument auszugehen ist. In diesem Zusammenhang ist daher von Bedeutung, ob eine wirtschaftliche Belastung vorliegt oder nicht, um feststellen zu können, inwieweit die wirtschaftliche Leistungsfähigkeit des Steuerpflichtigen beeinträchtigt wird. Steuerbilanziell kann mithin auch eine Kapitalüberlassung, die auf einer schuldrechtlichen Vereinbarung basiert, unter bestimmten Voraussetzungen als Eigenkapitalinstrument qualifiziert werden. Es ist daher zu klären, welche steuerlichen Abgrenzungskriterien existieren und inwieweit die steuerliche Qualifikation als Eigen- oder Fremdkapitalinstrument mit dem IFRS/IAS-Vorgehen zu vergleichen ist. Ausgehend vom Leitbild des Einzelunternehmers wird im Folgenden anhand von Überlegungen zu Kapital- und Personengesellschaften untersucht, nach welchen Charakteristika überlassenes Kapital steuerlich als Eigenkapital und nicht als Fremdkapital zu qualifizieren ist. Im Zentrum der Überlegung steht dabei, inwieweit die bei einem Einzelunternehmer als Eigentümer des Unternehmensvermögens vereinigte Erfolgs- und Vermögensbeteiligung[615] auch ihren Niederschlag bei Kapital- und Personengesellschaften findet und inwieweit dies den IFRS/IAS-Normen zur Entziehbarkeit des Kapitals im Sinne der Einschränkung des Ermessenspielraums des Unternehmens entspricht.

614 Vgl. zu den Begriffsmerkmalen eines Fremdkapitalinstruments das Kapitel zu den passiven Bilanzierungseinheiten, S. 84 ff.

615 Auf der Grundlage der Verantwortung für die Unternehmensinitiative und das Unternehmensrisiko.

2.1.1. *Kapitalgesellschaft*

2.1.1.1. *Wirtschaftliche Leistungsfähigkeit*

Bei der Kapitalgesellschaft haben die Gesellschafter kein direktes Eigentum am Gesellschaftsvermögen, sondern die Kapitalgesellschaft selbst ist Eigentümerin des Vermögens. Die Gesellschafter sind auf der Grundlage von gesellschaftsrechtlichen Vereinbarungen Eigentümer von Anteilen, die beim Unternehmen entsprechend als Eigenkapitalinstrumente zu qualifizieren sind.[616] Steuerbilanziell liegt allerdings nicht nur dann Eigenkapital vor, wenn es sich um eine Kapitalüberlassung handelt, die gesellschaftsrechtlichen Ursprungs ist, sondern auch dann, wenn schuldrechtlich überlassenes Kapital das Unternehmen nicht stärker belastet als eben dieses klassische Eigenkapital. Als Maßgabe für diese wirtschaftliche Betrachtungsweise dient der Grundsatz der Besteuerung nach der wirtschaftlichen Leistungsfähigkeit. Die wirtschaftliche Leistungsfähigkeit orientiert sich dabei an der dem Unternehmen auferlegten Belastungswirkung der Kapitalbedienung des dem Unternehmen überlassenen Kapitals. Im Vergleich mit den IFRS/IAS trifft das Belastungswirkungskriterium auf das IFRS/IAS-Entziehbarkeitskriterium. Übereinstimmend mit der Liability-Definition des Frameworks stellen die IFRS/IAS dabei ganz allgemein auf den Abfluss von Ressourcen ab, was durch die Bestimmungen des IAS 39 zu den finanziellen Vermögenswerten durch den Entzug von Kapital konkretisiert wird. Sofern an die Überlassung von Kapital Zahlungsansprüche gekoppelt sind, begründet die daraus resultierende Verpflichtung gem. IAS 39 eine finanzielle Verbindlichkeit. Während die IFRS/IAS hierin eine Minderung ihres in die Zukunft gerichteten wirtschaftlichen Potenzials sehen und sie daher nicht unterscheiden, ob sie den wirtschaftlichen Erfolg des Unternehmens mindern oder aus ihm zu leisten sind, ist steuerlich hingegen von Bedeutung, ob eine Minderung der Fähigkeit zur Leistung von Steuerzahlungen aus dem in der Vergangenheit erwirtschafteten Erfolg vorliegt. Steuerbilanziell wird darauf abgestellt, ob die wirtschaftliche Leistungsfähigkeit dadurch gemindert wird, dass eine Verpflichtung zur Zahlung flüssiger Mittel vorliegt, die unabhängig von der wirtschaftlichen Tätigkeit des Unternehmens bedient werden müssen und somit den Erfolg der Gesellschaft belasten.[617] So wird die Bedienung klassischer Eigenkapitalinstrumente aus dem erzielten Erfolg vorgenommen, der wiederum von der wirtschaftlichen Entwicklung des Unternehmens abhängt. In diesem Fall liegt somit trotz der Möglichkeit des Entzugs von Kapital keine Belastung, sondern eine Verwendung des Erfolgs vor, die die wirtschaftliche Leistungsfähigkeit nicht mindert. Während die Aufwendungen für die Bedienung des Eigenkapitals somit Bestandteil des steuerpflichtigen Gewinns sind, müssen Aufwendungen für das im Unternehmen eingesetzte Fremdkapital als Betriebsausgabe steuerlich abgezogen werden.[618] Die Grundlage für dieses

---

616 Die Kapitalgesellschaft als Eigentümerin des Vermögens haftet mit diesem für die Verbindlichkeiten der Gesellschaft, nicht die Gesellschafter; vgl. hierzu Kampmann, Kapitalstruktur, 2001, S. 128.

617 Vgl. Grieger, Genußrechte, WM 1958, S. 917.

618 Vgl. RFH vom 17.4.1934, I A 316/32, RStBl. 1934, S. 773; BFH vom 19.1.1994, I R 67/92, BStBl. II 1996, S. 77; Ruppe in: Ruppe/Swoboda/Nitsche, Eigenkapital, 1985, S. 29 f.

Verständnis von Eigenkapitalinstrumenten liefert der RFH mit seinem Urteil vom 17.04.1934 zum Genussrechtskapital, in dem es heißt:[619]

„Die Körperschaftsteuer soll die den körperschaftsteuerpflichtigen Gebilden innewohnende Steuerkraft erfassen. Nach dem Maße ihrer Leistungsfähigkeit soll jede Gesellschaft ihren Anteil an den allgemeinen Lasten tragen. Die Steuerkraft wird durch Ausgabe von Genussscheinen der Art, wie sie von der Beschwerdeführerin ausgegeben sind, nicht anders beeinflusst als durch Ausgabe einer entsprechenden Menge junger Aktien. Denn die Genussscheine sind nur aus dem Reingewinn zu verzinsen und aus dem Liquidationsüberschuss zu tilgen. Sie belasten wirtschaftlich also nur den Reingewinn und das Reinvermögen [...]. Ganz anders ist die Steuerkraft von Gesellschaften zu beurteilen, die ihren Kapitalbedarf durch Schuldverschreibungen oder Darlehen gedeckt haben. Derartige Gesellschaften müssen im Gewinn- und Verlustjahr die Zinsen zahlen, müssen ihr Kapital angreifen, um ihren Verpflichtungen gegen die Darlehensgläubiger nachzukommen, und müssen infolgedessen bei der Liquidation zunächst die Gläubiger befriedigen."

2.1.1.2. Beteiligung am Gewinn und am Liquidationserlös

Mit der Vorschrift des § 8 Abs. 3 S. 2 KStG hat der Gesetzgeber den vom RFH geprägten Analogieschluss zum in Aktien zerlegten Grundkapital hinsichtlich der steuerlichen Charakterisierung überlassenen Genussrechtskapitals übernommen.[620] Gemäß der Vorschrift des § 8 Abs. 3 S. 2 KStG ist bei einer Kapitalgesellschaft Genussrechtskapital als Eigenkapitalinstrument zu bilanzieren,[621] wenn an die Genussrechte kumulativ das Recht auf Beteiligung am Gewinn und am Liquidationserlös gebunden ist.[622] In diesem Fall darf die Bedienung der ur-

619 RFH vom 17.4.1934, I A 316/32, RStBl. 1934, S. 773. Die Grundaussage ist unverändert in die nachfolgende Rechtsprechung des BFH übernommen worden; vgl. BFH vom 28.6.1960, I 85/60, HFR 1961, S. 13; BFH vom 19.1.1994, I R 67/92, BB 1994, S. 1275; Linscheidt, Genußrechtskapital, DB 1992, S. 1853; Sontheimer, Genußrechte, BB 1984, S. 5; Vollmer, Genußschein, ZGR 1983, S. 451.

620 Vgl. RFH vom 17.4.1934, I A 316/32, RStBl. 1934, S. 773. Obwohl sich § 8 Abs. 3 S. 2 KStG lediglich mit Genussrechtskapital befasst, ist davon auszugehen - sofern keine anderweitige Bestimmung dagegen spricht -, dass die sich daraus ableitenden Grundsätze auch auf andere Finanzierungskonstellationen anzuwenden sind.

621 Dem Wortlaut des § 8 Abs. 3 S. 2 KStG ist zwar nicht explizit zu entnehmen, dass das Genussrechtskapital bilanziell auch in Eigenkapital umzuqualifizieren ist, vielmehr wird nur bestimmt, dass Ausschüttungen jeder Art auf Genussrechte, mit denen das Recht auf Beteiligung am Gewinn und am Liquidationserlös der Kapitalgesellschaft verbunden ist, das Einkommen der Gesellschaft nicht mindern darf. Es besteht jedoch darüber Einigkeit, dass die Tragweite der Vorschrift bis zur bilanziellen Eigenkapitalqualifikation des Genussrechtskapitals reicht; vgl. BMF-Schreiben vom 08.12.1986, IV B 7 - S 2742 - 26/86, BB 87, S. 667; Emde, Genußrechte, BB 1988, S. 1215; Uelner, Unternehmensbesteuerung I, JbFSt 1986, S. 22; Winter, Genußrechte, GmbHR 1993, S. 33.

622 Vgl. auch BFH vom 14.6.2005, VIII R 73/03, BStBl. II 2005, S. 1847. Der BFH weist in seinem Urteil darauf hin, dass zwischen einfachen Genussrechten mit Obligationscharakter, welche lediglich einen schuldrechtlichen Anspruch des Inhabers in Höhe des Genussrechtskapitals, nicht jedoch eine Beteiligung am Liquidationserlös gewähren, und qualifizierten Genussrechten mit Beteiligungscharakter zu unterscheiden ist, die neben einer Beteiligung am Gewinn auch eine Beteiligung am Liquidationserlös einräumen.

sprünglich schuldrechtlichen Ansprüche das Einkommen des Unternehmens somit nicht mindern.[623] Abgeleitet aus der RFH-Rechtsprechung ist für die Charakterisierung als Eigenkapital demnach eine das Unternehmensvermögen nicht belastende Beteiligung am Reingewinn und am Reinvermögen des Unternehmens entscheidend, so dass die Bedienung und die Rückzahlung des eingezahlten Kapitals sich am laufenden Erfolg *und* an der Vermögensentwicklung des Unternehmens zu orientieren hat.[624]

Wie auch in der IFRS/IAS-Bilanz bedeutet dies, dass sowohl positive als auch negative Wertänderungen des Unternehmens auf den Kapitalgeber durchschlagen. Es ist folglich nicht ausreichend, dass lediglich eine laufende Erfolgsbeteiligung vorliegt; auch einer Vermögensbeteiligung kommt wie nach den IFRS/IAS-Vorschriften bei der Qualifizierung als Eigenkapital eine wesentliche Bedeutung zu. Zudem ist mangels vermögensrechtlicher Auswirkung sowohl steuerlich als auch nach den IFRS/IAS von nachrangiger Bedeutung, ob die mitgliedschaftlichen Rechte des Genussrechtsinhabers denen der Gesellschafter gleichgestellt sind oder hinter ihnen zurückbleiben.[625] Steuerlich zeichnet sich das Eigenkapitalinstrument einer Kapitalgesellschaft somit wie bei einem Einzelunternehmer dadurch aus, dass sich die Verzinsung am Erfolg und die Tilgung am Liquiditätsvermögen aus der wirtschaftlichen Tätigkeit ausrichten.[626] Insoweit wird das Eigenkapitalinstrument einer Kapitalgesellschaft im Steuerrecht und nach den IFRS/IAS-Vorschriften weitgehend identisch interpretiert. In welcher Form sich die aus der RFH-Rechtsprechung abgeleitete Vermögensbeteiligung in der gesetzlich kodifizierten Begrifflichkeit des Liquidationserlöses wiederfindet, wird im Folgenden untersucht.

2.1.1.2.1. Rückzahlung bei Liquidation

Gesellschaftsrechtlich wird gem. § 733 BGB und § 271 Abs. 1 AktG unter dem Liquidationserlös das nach Begleichung der Verbindlichkeiten verbleibende Netto-Schlussvermögen der liquidierenden Unternehmung verstanden.[627] Auch der Grundgedanke des RFH-Urteils vom

---

Nur die Genussrechte mit Beteiligung am Liquidationserlös räumen dem Inhaber eine dem Gesellschafter der Kapitalgesellschaft wirtschaftlich vergleichbare Stellung ein.

623 Grundsätzlich werden schuldrechtliche Verpflichtungen bei der Gewinnermittlung steuerlich anerkannt; das gilt für Genussrechte ebenso wie für partiarische Darlehen wie auch für stille Gesellschaften oder ganz normale Darlehen. Vgl. BMF-Schreiben vom 17.11.1994, IV B 7 - S 2742 a - 63/94, BStBl.I 95, S. 31, Rn. 44; Schwedhelm/Ehnert, Mittelstand, FR 2004, S. 252; Vollmer, Genußschein, ZGR 1983, S. 454.

624 Vgl. BFH vom 19.1.1994, I R 67/92, BStBl. II 1996, S. 77; Linscheidt, Genußrechtskapital, DB 1992, S. 1854; Ruppe in: Ruppe/Swoboda/Nitsche, Eigenkapital, 1985, S. 30.

625 Vgl. zum Steuerrecht Ruppe in: Ruppe/Swoboda/Nitsche, Eigenkapital, 1985, S. 33; Sontheimer, Genußrechte, BB 1984, S. 2; Vollmer, Genußschein, ZGR 1983, S. 451.

626 Vgl. Ruppe in: Ruppe/Swoboda/Nitsche, Eigenkapital, 1985, S. 33.

627 Das BMF-Schreiben vom 08.12.1986 weist insbesondere darauf hin, dass der Begriff Liquidationserlös vom Begriff Liquidationsüberschuss zu unterscheiden ist; vgl. BMF-Schreiben vom 08.12.1986, IV B 7 - S 2742 - 26/86, BB 87, S. 667. Im Gegensatz zum Liquidationsüberschuss schließt der Liquidationserlös noch nicht zurückerstattete Einlagen der Anteilseigner mit ein; der Liquidationsüberschuss bringt gem. 734

17.04.1934 sieht in dem Liquidationserlös das Abwicklungsendvermögen, d.h. das nach Befriedigung der Gläubiger verbliebene, zur Verteilung kommende Vermögen,[628] das zum Zeitpunkt der Liquidation neben den Gesellschaftereinlagen auch die stillen Reserven umfasst.[629] Gleiches gilt für die IFRS/IAS-Bilanz; gem. IAS 32.11 ist ein Finanzinstrument als Eigenkapitalinstrument zu qualifizieren, wenn ein Residualanspruch an den Vermögenswerten des Unternehmens nach Abzug aller Schulden gegeben ist. IAS 32 bestimmt mithin, dass im Falle der Liquidation die Rückzahlung des Kapitals an eine Beteiligung an den stillen Reserven gekoppelt sein muss.

Obwohl die Finanzverwaltung dem Grunde nach diesen Grundsätzen folgt, nimmt sie hingegen bereits dann eine Beteiligung am Liquidationserlös an, wenn keine Beteiligung an den stillen Reserven vorliegt, der Genussscheininhaber allerdings eine Rückzahlung vor Liquidation der Gesellschaft nicht verlangen kann, d.h. weder ein Kündigungsrecht noch eine Befristung der Kapitalüberlassung vereinbart sind.[630] Sofern die Rückzahlung nicht vor der Liquidation des Unternehmens verlangt werden kann und das Kapital nachrangig zu bedienen ist, belasten Genussrechte nach Auffassung der Finanzverwaltung die Steuerkraft des Unternehmens demnach in gleicher Weise wie Stammkapital, da der Anspruch auf Rückzahlung des Genussrechtskapitals aus dem Liquidationserlös die Steuerkraft des Unternehmens unabhängig von einer Beteiligung an den stillen Reserven nicht negativ beeinflusst. Da weder der Genussrechtsinhaber noch der Aktionär einen Anspruch auf Rückzahlung vor Liquidation haben, ist es unerheblich, ob die Genussrechtsinhaber hinsichtlich des Rückzahlungsbetrags wie die Aktionäre aus dem Reinvermögen bedient werden oder lediglich den Gläubigern gleichgestellt sind. Da die gesamte Liquidationsmasse der Gesellschaft keine Veränderung durch die Genussrechtsrückzahlungen erfährt und die zu verteilende Summe gleich bleibt, soll das Verhältnis der Rückzahlung an die Aktionäre und die Genussrechtsinhaber nicht ausschlaggebend sein,[631] auch wenn dadurch die Analogie von Genussrechts- und Grundkapital verloren geht. Abgeleitet aus der Anforderung, dass ein Eigenkapitalinstrument einen Anspruch an dem Re-

---

BGB und § 271 Abs. 3 AktG somit die Differenz zwischen den Gesellschaftseinlagen und dem Netto-Schlussvermögen zum Ausdruck; vgl. hierzu Frantzen, Genußscheine, 1992, S. 131 ff.

628 Vgl. RFH vom 17.4.1934, I A 316/32, RStBl. 1934, S. 773; vgl. auch Groh, Eigenkapital, BB 1993, S. 1882; Knobbe-Keuk, Bilanzsteuerrecht, 8. Auflage 1991, S. 591; Wrede in: HHR, § 8 KStG Rn. 50. Als Vergleichsmaßstab wird auf die Belastung einer Kapitalgesellschaft durch das Aktien- bzw. Stammkapital zurückgegriffen, wonach ein Unternehmen durch die Ausgabe von Genussrechten im Liquidationsfall nicht anders belastet werden darf als durch die Ausgabe von Aktien.

629 Vgl. BFH vom 28.6.1960, I 85/60, HFR 1961, S. 13; BFH vom 14.6.2005, VIII R 73/03, BStBl. II 2005, S. 1847; Eberhartinger in: Bischof/Eberhartinger, Finanzierungsinstrumente, 2005, S. 125; Emde, Genußrechte, BB 1988, S. 1215 f.; Frotscher in: Frotscher/Maas, KStG/UmwStG, § 8 KStG Rn. 125; Knobbe-Keuk, Genußrechte, BB 1987, S. 341; Schulte in: Erle/Sauter, KStG, 2003, § 8 Rn. 244; Ruppe in: Ruppe/Swoboda/Nitsche, Eigenkapital, 1985, S. 30; Sontheimer, Genußrechte, BB 1984, S. 5; Wrede in: HHR, § 8 KStG Rn. 50; Ziebe, Genußscheine, BB 1988, S. 227.

630 Vgl. BMF-Schreiben vom 08.12.1986, IV B 7 - S 2742 - 26/86, BB 87, S. 667; vgl. zur Auffassung der Finanzverwaltung Stegemann, Genussrechtskapital, GStB 2004, S. 213; Wrede in: HHR, § 8 KStG Rn. 50.

631 Vgl. Grieger, Genußrechte, WM 1958, S. 918; Linscheidt, Genußrechtskapital, DB 1992, S. 1855; Vollmer, Genußschein, ZGR 1983, S. 454 f.; Winter, Genußrechte, GmbHR 1993, S. 32.

sidualwert des Unternehmens begründen muss, kann eine Rückzahlung des Kapitals im Liquidationsfall unter Ausschluss der stillen Reserven in einer IFRS/IAS-Bilanz kein Eigenkapitalinstrument begründen.

Selbst wenn eine Beteiligung an den stillen Reserven nach Auffassung der Finanzverwaltung nicht zwingend erforderlich ist, liegt eine Beteiligung am Liquidationserlös steuerbilanziell dann nicht vor, sofern es sich um einen unbedingten Rückzahlungsanspruch seitens des Genussrechtsinhabers handelt, da dann eine schuldrechtliche Verpflichtung vorliegt. Übereinstimmend mit den IFRS/IAS-Vorschriften bedeutet eine Rückzahlung, die nicht aus dem Liquidationserlös bestritten wird, dass die Ansprüche vorrangig vor denen der anderen Gesellschafter zu bedienen sind und insofern ein Fremdkapitalinstrument vorliegt. Steuerbilanziell wird das für die Steuerzahlungen zur Verfügung stehende Vermögen gemindert, so dass die Steuerkraft des Unternehmens belastet wird.[632]

2.1.1.2.2. Rückzahlung vor Liquidation

Nach Auffassung der Finanzverwaltung kann auch dann eine Beteiligung am Liquidationserlös gegeben sein, wenn die Möglichkeit einer Rückzahlung des Genussrechtskapitals vor Liquidation besteht und der Genussscheininhaber an den stillen Reserven beteiligt ist.[633] Es handelt sich insofern um einen fiktiv vorgezogenen Liquidationsgewinn.[634] Zu Fragen ist, ob diese Interpretation nicht über den Wortlaut des § 8 Abs. 3 S. 2 KStG hinausgeht,[635] da das Gesetz eindeutig eine Beteiligung am Liquidationserlös erfordert. Zudem wird dem entgegengehalten, dass durch den vorzeitigen Entzug des Kapitals die Belastungsähnlichkeit mit Aktien verloren geht,[636] da ein Entzug des in Aktien zerlegten Grundkapitals während der Lebensdauer des Unternehmens grundsätzlich nicht möglich ist.[637] Dementsprechend handelt es sich

632 Vgl. Frotscher in: Frotscher/Maas, KStG/UmwStG, § 8 KStG Rn. 125; Schulte in: Erle/Sauter, KStG, § 8 KStG Rn. 244; Wrede in: HHR, § 8 KStG Rn. 50. Wird die Rückzahlung zum Nennwert allerdings mit einer Verlustbeteiligung verbunden, liegt lt. Sarrazin und Winter dennoch eine Beteiligung am Liquidationserlös vor; vgl. Sarrazin, Genußscheine, StbJb. 1985, S. 147; Winter, Genußrechte, GmbHR 1993, S. 32.

633 Vgl. BMF-Schreiben vom 08.12.1986, IV B 7 - S 2742 - 26/86, BB 87, S. 667; vgl. zur Auffassung der Finanzverwaltung auch Eilers/Schmidt in: HHR, § 17 EStG Rn. 146; Rengers in: Blümich, § 8 KStG Rn. 203; Wrede in: HHR, § 8 KStG Rn. 50. Anders als für den Fall der Rückzahlung bei Liquidation wird von der Finanzverwaltung für den Fall der Rückzahlung vor Liquidation eine Beteiligung an den stillen Reserven gefordert.

634 Vgl. Birk, Steuerrecht, 2004, S. 845; Eberhartinger in: Bischof/Eberhartinger, Finanzierungsinstrumente, 2005, S. 126.

635 Vgl. BFH vom 19.1.1994, I R 67/92, BStBl. II 1996, S. 77; Linscheidt, Genußrechtskapital, DB 1992, S. 1855; Sontheimer, Genußrechte, BB 1984, S. 5.

636 Vgl. Grieger, Genußrechte, WM 1958, S. 918; Groh, Eigenkapital, BB 1993, S. 1889; Linscheidt, Genußrechtskapital, DB 1992, S. 1855; Schwarze/Heuermann, Genußrechte, Die steuerliche Betriebsprüfung 1983, S. 204.

637 Wrede weist darauf hin, dass, sofern die Kapitalgesellschaft sich das Recht vorbehält, die Genussrechte unter bestimmten Voraussetzungen einzuziehen, eine Beteiligung am Liquidationserlös gegeben ist, da die Steuerkraft wie durch eine zwangsweise Einziehung von Aktien gem. § 237 AktG oder GmbH-Anteilen gem. § 34 GmbHG belastet wird; vgl. Wrede in: HHR, § 8 KStG Rn. 50.

bei befristeten Genussrechten um Verpflichtungen, die von der Gesellschaft einzulösen sind und somit eine wirtschaftliche Belastung darstellen. Als weiterer Aspekt wird dabei das bei Unternehmensliquidation vorliegende Vermögen herangezogen: Demnach wird erst bei Liquidation das gesamte Unternehmensvermögen verwertet; alle Vermögenswerte werden entsprechend ihrer Verkehrswerte veräußert. Folglich kann der Genussrechtsinhaber durch die begrenzte Laufzeit und die damit verbundene vorzeitige Rückzahlung nicht an der Endabwicklung und somit nicht am Liquidationserlös teilhaben, da die Rechte an der Gesellschaft im Zeitpunkt der Rückforderung des überlassenen Kapitals erlöschen.[638] Eine Beteiligung am Liquidationserlös soll sich demzufolge ausschließlich auf das nach Befriedigung aller Gläubiger verbleibende Reinvermögen beziehen. Sofern dem Genussrechtsinhaber ein Kündigungsrecht und die Rückzahlung des Kapitals zustehen, ist die Kapitalüberlassung steuerlich nicht als Eigenkapitalinstrument zu qualifizieren.[639] Das würde fürs Steuerrecht und die IFRS/IAS übereinstimmend bedeuten, dass das überlassene Kapital der Kapitalgesellschaft grundsätzlich nicht entzogen werden darf, damit es als Eigenkapitalinstrument qualifiziert werden kann.

Von der Finanzverwaltung wird auch angeführt, dass von einer Beteiligung am Liquidationserlös auszugehen ist, sofern die Laufzeit des Genussrechts mehr als 30 Jahre beträgt, da in diesem Fall der Anspruch auf Rückzahlung wirtschaftlich bedeutungslos sein soll.[640] Auch hiergegen wird eingewendet, dass durch die 30-Jahresfrist der Grundgedanke des RFH-Urteils nicht mehr erfüllt wird.[641] Genussrechte mit unbedingtem Rückzahlungsanspruch in Höhe des Nennwerts bzw. Ausgabekurses, die von Beginn an eine kürzere Laufzeit als die eigentliche Lebensdauer der emittierenden Gesellschaft haben, schließen eine Beteiligung am Liquidationserlös aus, da der rein schuldrechtliche Charakter der Verpflichtungen bestehen bleibt.[642] Die Beteiligung am Liquidationserlös muss sich wie in einer IFRS/IAS-Bilanz somit grundsätzlich auf den Zeitpunkt der Liquidation beziehen.[643]

---

638 Daher ergibt sich ein Vergütungsanspruch unabhängig von der Höhe des Gesellschaftsvermögens, das nach der Befriedigung aller Gläubiger noch vorhanden ist, weshalb eine Beteiligung am Liquidationserlös zu verneinen ist; vgl. Linscheidt, Genußrechtskapital, DB 1992, S. 1855 f.; Sontheimer, Genußrechte, BB 1984, S. 5 Beilage 19.

639 Vgl. Grieger, Genußrechte, WM 1958, S. 918; Linscheidt, Genußrechtskapital, DB 1992, S. 1855; Wrede in: HHR, § 8 KStG Rn. 50. Die vorzeitige Rückzahlung des Kapitals stellt eine wirtschaftliche Belastung des Unternehmens dar und mindert somit die Steuerkraft der Gesellschaft.

640 Vgl. BMF-Schreiben vom 08.12.1986, IV B 7 - S 2742 - 26/86, BB 87, S. 667; so auch Winter, Genußrechte, GmbHR 1993, S. 32.

641 Vgl. RFH vom 17.4.1934, I A 316/32, RStBl. 1934, S. 773.

642 Da die Rückzahlung nicht aus dem Liquidationserlös bestritten wird, sondern die Ansprüche vorrangig vor denen der Gesellschafter bedient werden, findet eine Vermögensminderung statt. Folglich verringert sich das für Steuerzahlungen zur Verfügung stehende Vermögen und die Steuerkraft des Unternehmens wird stärker belastet als im Falle einer Kapitalrückzahlung an die Unternehmensinhaber.

643 Vgl. Frotscher in: Frotscher/Maas, KStG/UmwStG, § 8 KStG Rn. 125; Schulte in: Erle/Sauter, KStG, § 8 KStG Rn. 244; Wrede in: HHR, § 8 KStG Rn. 50.

2.1.1.2.3. *Verlustbeteiligung*

Da die gesetzliche Norm des § 8 Abs. 3 S. 2 KStG nur die Gewinnsituation und den Liquidationserlös anspricht und im Verlustfall mangels Kapitalbedienung die Leistungsfähigkeit des Unternehmens nicht berührt wird, wird in der Literatur der Schluss gezogen, dass eine Beteiligung am laufenden oder am Liquidationsverlust für die Eigenkapitalqualifikation keine Voraussetzung ist.[644] Dagegen wird eingewendet, dass das überlassene Kapital das Risiko eventuell auftretender Verluste vor dem Fremdkapital abzudecken hat, da auch stets das Aktienkapital als Verlustpuffer dient.[645] Faktisch wird eine Beteiligung am laufenden Jahresfehlbetrag spätestens dann erreicht, wenn das Genussrechtskapital im Zeitpunkt seiner Rückzahlung, d.h. im Rahmen der Beteiligung am Liquidationserlös, an den aufgelaufenen Verlusten teilnimmt.[646] Von entscheidender Bedeutung ist vielmehr, dass eine Kapitalbedienung seitens des Genussrechtsinhabers im Verlustfall nicht erzwungen werden kann. Dies wird insoweit auch von den IFRS/IAS so gesehen; neben dem Aspekt der Unentziehbarkeit flüssiger Mittel hat der Hinweis auf den Residualwert zur Folge, dass sich das überlassene Kapital neben den Gewinnen auch an den Verlusten des Unternehmens zu beteiligen hat.

2.1.2. *Personengesellschaft*

Auch bei einem Blick auf die Personengesellschaften, deren Vermögen sich im gesamthänderischen Miteigentum der Gesellschafter befindet, macht sich die Trennlinie zwischen einem Eigenkapital- und einem Fremdkapitalinstrument nicht ausschließlich an formalen zivilrechtlichen Vorgaben fest, sondern orientiert sich wie auch bei den Kapitalgesellschaften an den wirtschaftlichen Gegebenheiten.[647] Steuerlich tritt dabei neben dem zivilrechtlichen Tatbestand des Gesellschafters der Tatbestand des Mitunternehmers in Erscheinung. Auch hier dient der Grundsatz der Besteuerung nach der wirtschaftlichen Leistungsfähigkeit als Maßgabe, die sich dabei an der Belastungswirkung der Kapitalbedienung ausrichtet. Der Ausweis des Eigenkapitals erfolgt durch die separate Bilanzierung von Kapitalposten für jeden Gesellschafter, dem entsprechend Einlagen und der anteilige Gewinn zugerechnet oder von dem Verlustanteile und Entnahmen abgezogen werden.[648]

---

644 Vgl. Häger/Elkmann-Reusch, Mezzanine, 2004, S. 283; Wrede in: HHR, § 8 KStG Rn. 50. Gleiches gilt für eine fehlende Beteiligung am laufenden Verlust.

645 Vgl. für die handelsbilanzielle Gewinnermittlung Vollmer, Genußschein, ZGR 1983, S. 451; für die Steuerbilanz vgl. Groh, Eigenkapital, BB 1993, S. 1890.

646 Vgl. Groh, Eigenkapital 1993, S. 147; ders. Genussrechtskapital, GStB 2004, S. 210; ders. Genussrechte, INF 2005, S. 148; Winter, Genußrechte, GmbHR 1993, S. 32.

647 Vgl. BFH vom 25.6.1984, GrS 4/82, BStBl. II 1984, S. 751.

648 Regelmäßig werden dabei für jeden Gesellschafter zwei Kapitalpositionen geführt: Eine feste, auf der die im Gesellschaftsvertrag festgelegte Einlage ausgewiesen wird und eine variable, auf der Gewinn- und Verlustanteile sowie Privatentnahmen und -einlagen veranschlagt werden; vgl. Knobbe-Keuk, Bilanzsteuerrecht, 8. Auflage 1991, S. 90 f.

2.1.2.1. Mitunternehmer

2.1.2.1.1. Mitunternehmer als Unternehmer des Betriebs

Von Bedeutung für die Beurteilung, ob bei einer Kapitalüberlassung Eigenkapital oder Fremdkapital vorliegt, ist der Sinn und Zweck des gem. § 15 Abs. 1 S. 1 Nr. 2 EStG gesetzlich kodifizierten Mitunternehmerbegriffs als materielle Zuordnungsvorschrift von Gewinnanteilen und als Einkünftequalifikationsnorm. Der Mitunternehmerbegriff klärt, ob der aus einer wirtschaftlichen Tätigkeit erzielte Gewinn einer Person oder direkt mehreren Personen zuzuordnen ist.[649] Er leitet sich aus dem Erfordernis des gemeinsamen Handelns zu einem gemeinsamen Zweck einander gleichgeordneter Personen ab; er geht insofern über den Austausch gegenseitiger Leistungsverpflichtungen hinaus, wie dies beispielsweise bei einem Arbeitsverhältnis oder einem Darlehensverhältnis der Fall ist.[650] Die Gleichrangigkeit zum Unternehmerbegriff als steuerrechtliches Wesensmerkmal des Mitunternehmerbegriffs setzt mithin den Abschluss eines Vertrags voraus, der auf die Erreichung eines gemeinsamen Zwecks gerichtet ist und bei dem die Beteiligten sich gegenseitig zur Förderung des gemeinsamen Zwecks verpflichten.[651] Als dessen Folge hat der Gesellschafter aus steuerlicher Sicht wie ein Einzelunternehmer typischerweise unternehmerisches Risiko zu tragen und unternehmerische Initiative zu zeigen,[652] so dass das überlassene Kapital als Eigenkapital der Personengesellschaft zu charakterisieren ist. Das Mitunternehmerrisiko und die Mitunternehmerinitiative können im Einzelfall zwar mehr oder weniger ausgeprägt sein, vorliegen müssen sie dem Grunde nach jedoch beide.[653] Die sich aus der Besteuerung der Personengesellschaften ergebende Mitunternehmerkonzeption und die daraus resultierende Eigenkapitalqualifikation des Kapitaleinsatzes ist den IFRS/IAS hingegen vollkommen unbekannt; Voraussetzungen, die die Gesellschafterstellung und die sowohl das Unternehmensrisiko als auch die Unternehmensinitiative

---

649 Vgl. beispielsweise BFH vom 5.11.1973, GrS 3/72, BStBl. II 1974, S. 414; BFH vom 24.1.1980, IV R 156-157/78, BStBl. II 1980, S. 271; BFH vom 25.6.1984, GrS 4/82, BStBl. II 1984, S. 751; Ruppe in: Ruppe/Swoboda/Nitsche, Eigenkapital, 1985, S. 18; Wacker in: Schmidt, EStG, 25. Auflage 2006, § 15 Rn. 164 f.

650 Vgl. BFH vom 16.12.1997, VIII R 32/90, BStBl. II 1998, S. 480; BFH vom 5.6.1986, IV R 272/84, BStBl. II 1986, S. 802; BFH vom 1.7.2003, VIII R 2/03, BFH/NV 2003, S. 1564. So begründet grundsätzlich die alleinige vertragliche Weiterleitung von Risiken noch keine Mitunternehmerposition eines Vertragspartners; vgl. hierzu BFH vom 13.7.1993, VIII R 50/92, BStBl. II 1994, S. 282; BFH vom 16.12.1997, VIII R 32/90, BStBl. II 1998, S. 480.

651 Vgl. BFH vom 25.6.1984, GrS 4/82, BStBl. II 1984, S. 751; BFH vom 15.7.1986, VIII R 154/85, BStBl. II 1986, S. 896. Beispielsweise begründet eine vertragliche Vereinbarung gem. § 705 BG zur Erreichung eines gemeinsamen Zwecks eine Personengesellschaft; vgl. Sprau in: Palandt, 65. Auflage 2006, § 705 Rn. 1.

652 Vgl. BFH vom 3.5.1993, GrS 3/92, BStBl. II 1993, S. 616. Die Beteiligten müssen den Rechtsbindungswillen besitzen, das Unternehmen auf der Grundlage einer partnerschaftlichen Gleichordnung für gemeinsame Rechnung zu führen; vgl. hierzu BFH vom 1.8.1996, VIII R 12/94, BStBl. II 1997, S. 272; BFH vom 1.7.2003, VIII R 2/03, BFH/NV 2003, S. 1564.

653 Vgl. BFH vom 25.6.1984, GrS 4/82, BStBl. II 1984, S. 751; BFH vom 15.7.1986, VIII R 154/85, BStBl. II 1986, S. 896; BFH vom 22.8.2002, IV R 6/01, BFH/NV 2003, S. 36; BFH vom 9.12.2002, VIII R 20/01, BFH/NV 2003, S. 201; Haep in: HHR, § 15 EStG Rn. 304. Dies gilt auch für Gesellschafter von Publikums-Personengesellschaften; trägt ein Gesellschafter nichts zum Mitunternehmerrisiko oder zur Mitunternehmerinitiative bei, wird er steuerlich nicht als Mitunternehmer anerkannt.

betreffen, sind ihnen fremd. Während die Mitunternehmerkonzeption die Qualifikation des Kapitals aus der Perspektive des Kapitalüberlassers beurteilt, nimmt die IFRS/IAS-Bilanzierung vielmehr eine ausschließlich aus Unternehmenssicht geprägte Perspektive ein, die die Motive der Gesellschafter in ihre Beurteilung nicht weiter miteinbezieht. Ob die Gesellschafter nunmehr einen gemeinsamen Zweck verfolgen oder ob es zu einem regen Wechsel der Gesellschafter kommt, ist aus Sicht des Unternehmens hinsichtlich der Qualifikation als Eigenkapitalinstrument solange unerheblich, solange das zur Verfügung gestellte Kapital dem Unternehmen nicht entzogen werden kann.

2.1.2.1.2. Maßgabe des Gesamtbilds der Verhältnisse

Die Mitunternehmerschaft leitet sich nicht wie die IFRS/IAS-Eigenkapitalqualifikation aus bestimmbaren Kriterien ab, sondern sie ergibt sich als Typusbegriff über eine unbestimmte Anzahl von Merkmalen bezüglich des Risikos und der Initiative.[654] Sind die zivilrechtlichen Anforderungen des § 15 Abs. 1 S. 1 Nr. 2 EStG an die Gesellschafter als Gesellschafter einer OHG (§§ 105 ff. HGB) oder als Gesellschafter einer KG (§§ 161 ff. HGB) erfüllt, ist jedoch nicht auch jeder OHG- oder KG-Gesellschafter auch gleich Mitunternehmer, da nach dem Gesamtbild der Verhältnisse die Mitunternehmerkriterien insgesamt erfüllt sein müssen.[655] Ähnliches gilt für eine nach außen nicht sichtbare und nicht über Gesamthandsvermögen verfügende Innengesellschaft, bei der auf Grund des Gesamtbilds der Verhältnisse zwischen einem stillen Gesellschafter und dem Inhaber des Handelsgewerbes eine Mitunternehmerschaft vorliegen kann,[656] obwohl eine stille Beteiligung steuerbilanziell zunächst einmal als Fremdkapitalinstrument zu werten ist. Für den Fall einer atypisch stillen Gesellschaft als Mitunternehmerschaft rückt ein gem. § 705 BGB zivilrechtliches Gesellschaftsverhältnis in den Vordergrund, bei dem sich die beteiligten Personen zur Erreichung eines gemeinsamen Zwecks zusammenschließen und gegenseitig verpflichten, diesen gem. § 706 BGB durch ihren Beitrag zu fördern.[657] Derartige Abwägungsprozesse ergeben sich dagegen aus dem eindeutig be-

[654] Vgl. BFH vom 21.2.1974, IV B 28/73, BStBl. II 1974, S. 404; BFH vom 25.6.1984, GrS 4/82, BStBl. II 1984, S. 751; BFH vom 1.8.1996, VIII R 12/94, BStBl. II 1997, S. 272; Wacker in: Schmidt, EStG, 25. Auflage 2006, § 15 Rn. 261.

[655] Vgl. BFH vom 3.5.1993, GrS 3/92, BStBl. II 1993, S. 616 m.w.N.; Haep in: HHR, § 15 EStG Rn. 304.

[656] Vgl. BFH vom 25.6.1984, GrS 4/82, BStBl. II 1984, S. 751; BFH vom 16.12.1997, VIII R 32/90, BStBl. II 1998, S. 480 m.w.N.; BFH vom 1.8.1996, VIII R 12/94, BStBl. II 1997, S. 272; BFH vom 22.8.2002, IV R 6/01, BFH/NV 2003, S. 36.

[657] Vgl. BFH vom 25.6.1984, GrS 4/82, BStBl. II 1984, S. 751; BFH vom 16.12.1997, VIII R 32/90, BStBl. II 1998, S. 480 m.w.N.; BFH vom 1.8.1996, VIII R 12/94, BStBl. II 1997, S. 272; BFH vom 1.7.2003, VIII R 2/03, BFH/NV 2003, S. 1564. Darüber hinaus kann in Ausnahmefällen gleichwohl auch Mitunternehmer sein, wer zwar nicht Gesellschafter einer Personengesellschaft ist, allerdings eine diesem wirtschaftlich vergleichbare Stellung innehat. Dies gilt beispielsweise für bestimmte Dienst- oder Pachtverhältnisse; vgl. hierzu BFH vom 25.6.1984, GrS 4/82, BStBl. II 1984, S. 751; BFH vom 25.2.1991, GrS 7/89, BStBl. II 1991, S. 691; BFH vom 13.7.1993, VIII R 50/92, BStBl. II 1994, S. 282; BFH vom 1.8.1996, VIII R 12/94, BStBl. II 1997, S. 272; BFH vom 1.7.2003, VIII R 2/03, BFH/NV 2003, S. 1564 m.w.N.; Wacker in: Schmidt, EStG, 25. Auflage 2006, § 15 Rn. 262. Die Annahme einer faktischen Mitunternehmerschaft, also ohne zugrundeliegendes, ggf. verdecktes Gesellschaftsverhältnis oder ein wirtschaftlich vergleichbares

stimmbaren IFRS/IAS-Entziehbarkeitskriterium nicht, da es sich nicht um einen auslegbaren Typusbegriff, sondern um ein klar festgelegtes Abgrenzungskriterium handelt.

2.1.2.2. Mitunternehmerinitiative und Mitunternehmerrisiko

Konkret bedeutet Mitunternehmerinitiative zuvorderst Teilhabe an unternehmerischen Entscheidungen.[658] Neben Entscheidungen, wie sie typischerweise Geschäftsführern und leitenden Angestellten obliegen, reduziert die BFH-Rechtsprechung und die Finanzverwaltung die notwendigen Mitspracherechte auf die Möglichkeit zur Ausübung von Gesellschaftsrechten, die wenigstens die Stimm-, Kontroll- und Widerspruchsrechte eines Kommanditisten gem. §§ 164, 166 HGB erfüllen, die den gesellschaftsrechtlichen Kontrollrechten eines durch den Gesellschaftsvertrag von der Geschäftsführung ausgeschlossenen GbR-Gesellschafters nach § 716 Abs. 1 BGB entsprechen,[659] oder die den Kontrollrechten eines stillen Gesellschafters gem. § 233 HGB gleichkommen.[660] Sofern sich die Initiativrechte des Gesellschafters also auf Widerspruchs- und/oder Kontrollrechte beschränken, ist er von der operativen und weitestgehend von der strategischen Geschäftsführung ausgeschlossen und kann somit keine wesentlichen unternehmerischen Entscheidungen fällen. Der Unternehmensinitiative kommt in diesem Fall eine sekundäre Bedeutung zu; sie tritt deutlich hinter dem Merkmal des Mitunternehmerrisikos zurück.[661] Trotz einer gegebenenfalls nachrangigen Bedeutung der Mitunternehmerinitiative ist die unternehmerische Initiative dennoch als wesentlicher Baustein der steuerlichen Mitunternehmerkonzeption anzusehen, dokumentiert sie doch die Intention des gemeinsamen Handelns zur Erreichung eines gemeinsamen Zwecks. Die IFRS/IAS nehmen hingegen in keiner Weise auf eine unternehmerische Initiative des Kapitalgebers Bezug; vielmehr erfolgt

---

Verhältnis scheidet somit aus. Ob ein verdecktes Gesellschaftsverhältnis vorliegt, bestimmt sich nach dem Gesamtbild der Verhältnisse und ist unabhängig von der formalen Bezeichnung, so kann auch ein Rechtsverhältnis, das von den Vertragspartnern als Dienst- oder Pachtverhältnis bezeichnet wird, zivilrechtlich ein Gesellschaftsverhältnis sein; vgl. hierzu BFH vom 16.12.1997, VIII R 32/90, BStBl. II 1998, S. 480 m.w.N.

658 Teilhabe an unternehmerischen Entscheidungen meint Entscheidungsbefugnisse, wie sie z.B. Gesellschaftern oder diesen vergleichbaren Personen als Geschäftsführer, Prokurist oder anderen leitenden Angestellten zustehen.

659 Vgl. R 138 Abs. 1 EStR; sowie vgl. BFH vom 25.6.1984, GrS 4/82, BStBl. II 1984, S. 751 m.w.N.; BFH vom 1.8.1996, VIII R 12/94, BStBl. II 1997, S. 272; BFH vom 4.11.1997, VIII R 18/95, BStBl. II 1999, S. 384; BFH vom 22.8.2002, IV R 6/01, BFH/NV 2003, S. 36; Haep in: HHR, § 15 EStG Rn. 308 ff.; Wacker in: Schmidt, EStG, 25. Auflage 2006, § 15 Rn. 263 m.w.N. Nach § 164 HGB können Kommanditisten Handlungen des persönlich haftenden Gesellschafters widersprechen, wenn diese über den gewöhnlichen Betrieb des Handelsgewerbes hinausgehen. Gem. § 166 HGB kann der Kommanditist eine Abschrift des Jahresabschlusses verlangen und dessen Richtigkeit unter Einsicht der Bücher und Papiere prüfen. Gem. § 716 BGB ist der von der Geschäftsführung ausgeschlossene Gesellschafter berechtigt, sich persönlich über die Angelegenheiten der Gesellschaft zu informieren, die Geschäftsbücher und Papiere einzusehen. Dieses Kontrollrecht gewährt kein Widerspruchsrecht; insofern ist es schwächer als die gesetzlichen Mitwirkungsrechte des Kommanditisten.

660 Alle diese gesetzlichen Vorschriften sind dispositiver Natur, d.h. es können abweichende vertragliche Vereinbarungen getroffen werden, die die Rechte und Pflichten der Gesellschafter ausweiten oder einschränken.

661 Vgl. Ruppe in Ruppe/Swoboda/Nitsche, Eigenkapital, 1985, S. 18.

die IFRS/IAS-Qualifikation überlassenen Kapitals als Eigenkapital unabhängig von dem Verhalten des Investors. Der IASB stellt ausschließlich auf die Kapitalkomponente ab, die insoweit eher mit dem steuerbilanziellen Kriterium des Mitunternehmerrisikos vergleichbar ist. Das Mitunternehmerrisiko wird nach Auffassung der Rechtsprechung grundsätzlich durch die objektive Möglichkeit zur Teilhabe an einer Betriebsvermögensmehrung ausgefüllt. Mitunternehmerrisiko bedeutet demnach gesellschaftsrechtliche Teilhabe[662] am Erfolg oder Misserfolg eines Gewerbetriebs durch Beteiligung am Gewinn und Verlust sowie an den stillen Reserven einschließlich eines Geschäftswerts.[663] So fehlt das Mitunternehmerrisiko, wenn beispielsweise ein beschränkt haftender Gesellschafter rechtlich oder tatsächlich nicht in der Lage ist, während seiner Zugehörigkeit zur Gesellschaft an einer Betriebsvermögensmehrung teilzuhaben, sei es durch fehlende Teilhabe am entnahmefähigen laufenden Gewinn oder durch das Fehlen einer die Einlage übersteigenden Abfindung beim Ausscheiden.[664] Auch die IFRS/IAS stellen, ausgehend von der Residualwertbestimmung des IAS 32.11, auf eine Teilhabe an einer Betriebsvermögensmehrung ab, was insoweit als partielle Übereinstimmung mit dem steuerlichen Kriterium des Mitunternehmerrisikos zu verstehen ist.

2.1.2.2.1. Ausprägungen der Mitunternehmerkonzeption

Der Mitunternehmer kann sich wie der Einzelunternehmer der Unternehmensinitiative weitestgehend durch Übertragung von Unternehmensentscheidungen entziehen. Im Gegensatz hierzu kann sich ein Einzelunternehmer jedoch in keiner Weise dem Unternehmensrisiko in Form einer Beteiligung an den Gewinnen und Verlusten sowie an den stillen Reserven einschließlich eines etwaigen Geschäftswerts entziehen.[665] Bei einer Mitunternehmerschaft müssen zwar die beiden Mitunternehmerkriterien erfüllt sein; da es jedoch genügt, wenn eines der Kriterien mehr oder weniger stark ausgeprägt ist,[666] besteht für den Mitunternehmer anders als beim Einzelunternehmer zunächst vordergründig die Möglichkeit, das Unternehmensrisiko durch vermehrte Unternehmensinitiative einzuschränken. Wird das Beispiel einer stillen Gesellschaft betrachtet, so ist zwar im Regelfall davon auszugehen, dass bei dieser Konstellation

---

662 ... oder eine wirtschaftlich vergleichbare Teilhabe ...

663 Vgl. BFH vom 25.6.1984, GrS 4/82, BStBl. II 1984, S. 751; BFH vom 1.8.1996, VIII R 12/94, BStBl. II 1997, S. 272; BFH vom 28.10.1999, VIII R 66-70/97, BStBl. II 2000, S. 183; BFH vom 18.4.2000, VIII R 68/98, BStBl. II 2001, S. 359; BFH vom 22.8.2002, IV R 6/01, BFH/NV 2003, S. 36; BFH vom 9.12.2002, VIII R 20/01, BFH/NV 2003, S. 601; Haep in: HHR, § 15 EStG Rn. 321 ff. m.w.N.; Wacker in: Schmidt, EStG, 25. Auflage 2006, § 15 Rn. 264 m.w.N.

664 Vgl. BFH vom 25.6.1984, GrS 4/82, BStBl. II 1984, S. 751 m.w.N.; BFH vom 1.8.1996, VIII R 12/94, BStBl. II 1997, S. 272.

665 Vgl. Ruppe in Ruppe/Swoboda/Nitsche, Eigenkapital, 1985, S. 18; ähnlich Kampmann, Kapitalstruktur, 2001, S. 127. Gleiches gilt auch für Kapitalgesellschaften, die als Steuersubjekte qualifiziert werden, obwohl die Geschäftsführung durch einen Nichtgesellschafter ausgeübt werden kann.

666 Vgl. BFH vom 25.6.1984, GrS 4/82, BStBl. II 1984, S. 751; BFH vom 15.7.1986, VIII R 154/85, BStBl. II 1986, S. 896; BFH vom 22.8.2002, IV R 6/01, BFH/NV 2003, S. 36; BFH vom 9.12.2002, VIII R 20/01, BFH/NV 2003, S. 201; Haep in: HHR, § 15 EStG Rn. 304. Dies gilt auch für Gesellschafter von Publikums-Personengesellschaften.

das Mitunternehmerrisiko im Vordergrund steht, da der stille Gesellschafter gem. §§ 230 ff. HGB grundsätzlich nicht an der Unternehmensführung beteiligt ist[667] und sich seine Tätigkeiten gem. § 233 HGB im Wesentlichen auf Kontrollrechte beschränken.[668] So ist nach ständiger Rechtsprechung der stille Gesellschafter dann als Mitunternehmer zu qualifizieren, wenn er einen vertraglichen Anspruch auf Beteiligung am tatsächlichen Zuwachs des Gesellschaftsvermögens unter Einschluss der stillen Reserven und eines Geschäftswerts hat, ihm mithin die Vermögensrechte eingeräumt werden, die einem Kommanditisten gesetzlich zustehen.[669] Bleibt der stille Gesellschafter allerdings hinter dieser Rechtsstellung zurück, so kann dennoch eine Mitunternehmerschaft vorliegen, sofern seine Möglichkeit zur Entfaltung von Mitunternehmerinitiative besonders stark ausgeprägt ist. Hierfür genügt es jedoch nicht, dass die Kontrollbefugnisse im Sinne der Rechte nach § 233 HGB vorliegen. In diesem Fall ist es vielmehr erforderlich, dass dem stillen Gesellschafter Aufgaben der Geschäftsführung zukommen, mit denen Einfluss auf grundsätzliche Fragen der Geschäftsleitung verbunden sind; er muss wie ein Unternehmer auf das Schicksal des Unternehmens Einfluss nehmen können.[670] Steuerlich ist mithin entscheidend, dass sichergestellt ist, dass der Mitunternehmer am Erfolg des Unternehmens beteiligt ist, so dass das Mitunternehmerrisiko zwar vertraglich mehr oder weniger ausgeprägt sein kann, faktisch aber nur unwesentlich eingeschränkt wird. Gleiches gilt für den Fall einer besonders stark ausgeprägten Mitunternehmerinitiative[671] in Kombination mit einer erheblichen Kapitalausstattung mit hoher Gewinnbeteiligung,[672] so dass sichergestellt ist, dass der Betroffene am Erfolg des Unternehmens dennoch zu wesentli-

667 Vgl. BFH vom 25.6.1981, IV R 61/78, BStBl. II 1982, S. 59; BFH vom 9.12.2002, VIII R 20/01, BFH/NV 2003, S. 601.

668 § 233 HGB gewährt ein Kontrollrecht, nach dem der stille Gesellschafter berechtigt ist, Einsicht in den Jahresabschluss zu verlangen und dessen Richtigkeit unter Zuhilfenahme der Bücher und Papiere zu prüfen. Die Anforderungen hinsichtlich der Mitunternehmerinitiative bleiben somit hinter denen eines Kommanditisten zurück, da ihm zur Qualifizierung als Mitunternehmer keine Widerspruchsrechte zustehen müssen. Anders sieht dies hingegen bei dem Mitunternehmerrisiko aus; hier müssen die Vermögensrechte des stillen Gesellschafters denen eines Kommanditisten entsprechen (s.u.).

669 Vgl. RFH vom 17.7.1930, III A 203/29, RStBl. 1931, S. 42; BFH vom 3.5.1979, IV R 153/78, BStBl. II 1979, S. 515; BFH vom 25.6.1981, IV R 61/78, BStBl. II 1982, S. 59. Der RFH und der BFH sprechen davon, dass als wesentliches Merkmal der Mitunternehmerstellung die Beteiligung am Betrieb auf *Gedeih* und *Verderb* gegeben sein muss; vgl. hierzu RFH vom 13.7.1933, III A 259/33, RStBl. 1933, S. 895; BFH vom 9.9.1954, IV 574/53 U, BStBl. III 1954, S. 317.

670 Vgl. BFH vom 9.12.2002, VIII R 20/01, BFH/NV 2003, S. 601 m.w.N. Dies kann auch bei Einräumung umfassender Weisungsrechte der Fall sein.

671 Vgl. BFH vom 28.1.1982, IV R 197/79, BStBl. II 1982, S. 389 m.w.N.; BFH vom 16.12.1997, VIII R 32/90, BStBl. II 1998, S. 480 m.w.N.; BFH vom 18.4.2000, VIII R 68/98, BStBl. II 2001, S. 359; BFH vom 22.8.2002, IV R 6/01, BFH/NV 2003, S. 36; BFH vom 9.12.2002, VIII R 20/01, BFH/NV 2003, S. 601; BFH vom 28.3.2003, VIII B 194/01, BFH/NV 2003, S. 1308; BFH vom 14.10.2003, VIII B 281/02, BFH/NV 2004, S. 188; Haep in: HHR, § 15 EStG Rn. 324; Wacker in: Schmidt, EStG, 25. Auflage 2006, § 15 Rn. 341. Die Mitunternehmerinitiative kann entweder durch die Geschäftsführung des Unternehmens oder auch schon durch die Möglichkeit interner Mitspracherechte begründet werden.

672 Vgl. BFH vom 28.1.1982, IV R 197/79, BStBl. II 1982, S. 389; BFH vom 16.12.1997, VIII R 32/90, BStBl. II 1998, S. 480; BFH vom 28.3.2003, VIII B 194/01, BFH/NV 2003, S. 1308 m.w.N.; BFH vom 14.10.2003, VIII B 281/02, BFH/NV 2004, S. 188. So benennt der Beschluss vom 14.10.2003 die Höhe einer Einlage, die bei einer Kapitalgesellschaft höher als das Stammkapital ist und deren Gewinnbeteiligung bei mehr als 50 v.H. liegt.

chen Teilen beteiligt ist, da der Gesellschafter wie ein Unternehmer Einfluss auf das Schicksal des Unternehmens und damit auch auf seine eigene Erfolgsbeteiligung nehmen kann.[673]

Trotz der möglichen Kompensation eines vermeintlich weniger stark ausgeprägten Mitunternehmerrisikos durch eine ausgeprägte Mitunternehmerinitiative ist es steuerbilanziell somit von wesentlicher Bedeutung, in wessen Vermögen sich der positive oder negative unternehmerische Erfolg niederschlägt. Die steuerliche Mitunternehmerkonzeption wird insofern von dem Residuumscharakter bestimmt, bei der die Unternehmensinitiative vor allem als dessen Instrumentarium zu verstehen ist.[674] Für Personengesellschaften kommt es für die Qualifikation des überlassenen Kapitals als Eigenkapital entscheidend darauf an, ob sowohl eine positive als auch negative vermögensmäßige Betroffenheit durch gemeinsames unternehmerisches Handeln hervorgerufen wird. Dies entspricht dann auch dem Bild des Einzelunternehmers, der sich nicht der Vermögenskomponente, aber der Unternehmensinitiative entziehen kann. Es entspricht auch dem Verständnis der Kapitalgesellschaften von Eigenkapital.[675] Insoweit kann auch eine Parallele hinsichtlich des Charakters des Eigenkapitals zum IFRS/IAS-Vorgehen gezogen werden. Sowohl das IFRS/IAS-Eigenkapital als auch das steuerliche Eigenkapital von Personengesellschaften sehen zwingend eine vermögensmäßige Betroffenheit der beteiligten Gesellschafter vor. Dennoch ist darauf hinzuweisen, dass für die IFRS/IAS-Bilanzierung Aspekte der unternehmerischen Initiative des Kapitalüberlassers unerheblich sind; jede Einschränkung hinsichtlich der Beteiligung am Residualwert bedeutet, dass ein Eigenkapitalinstrument nicht vorliegen kann. Sofern also eine unmittelbare Beteiligung an der Unternehmenswertentwicklung nicht vorliegt, versteht der IASB eine Kompensation durch eine etwaige unternehmerische Initiative nicht als vertraglichen Residualanspruch an den Vermögenswerten nach Abzug aller Verbindlichkeiten.

2.1.2.2.2. Gewinn- und Verlustbeteiligung

Steuerlich liegt eine wesentliche Einschränkung des Mitunternehmerrisikos dann vor, wenn ein Gesellschafter nicht am Gewinn beteiligt wird. Ein Gesellschafter, der weder am laufenden Gewinn noch am Gesamtgewinn der Gesellschaft beteiligt ist, kann lt. Rechtsprechung

[673] Die Beteiligung an den stillen Reserven wird durch eine entsprechende laufende Gewinnbeteiligung weitgehend ersetzt, so dass eine Beteiligung an den stillen Reserven nicht mehr ausschlaggebend ist; vgl. BFH vom 5.6.1986, IV R 272/84, BStBl. II 1986, S. 802.

[674] Der Residuumscharakter ist als Kapitalkomponente zu verstehen, wonach eine Beteiligung an dem nach der Bedienung der Schulden übrig gebliebenen Vermögen als zentrales Kriterium der Eigenkapitalüberlassung gilt.

[675] Vgl. Ruppe in: Ruppe/Swoboda/Nitsche, Eigenkapital, 1985, S. 19; so auch in Kampmann für das handelsbilanzielle Eigenkapital, Kampmann, Kapitalstruktur, 2001, S. 159; vgl. auch Thiele, der die Eigenkapitalqualifizierung mit ausschließlich materiellen Merkmalen in Verbindung bringt, Thiele, Eigenkapital, 1998, S. 161.

mangels vermögensmäßiger Beteiligung grundsätzlich nicht Mitunternehmer sein.[676] Im Rahmen der IFRS/IAS-Eigenkapitalbilanzierung ist hinsichtlich einer etwaigen Gewinnbeteiligung ausschlaggebend, dass ausschließlich die Organe des Unternehmens über den Abfluss von Zahlungsmitteln befinden dürfen; eine feste Zahlungsvereinbarung schließt dies nicht ein. Da gem. IAS 32.11 jedoch ein Anspruch auf den Residualwert besteht, wird der Investor spätestens bei Liquidation am Unternehmensgewinn beteiligt. Dies schließt nicht aus, dass der Investor in der Regel bereits zuvor aus dem laufenden Gewinn bedient wird.

Eine fehlende unmittelbare Verlustbeteiligung steht der Mitunternehmerschaft zwar in Ausnahmefällen nicht entgegen,[677] sie schränkt das Mitunternehmerrisiko in der Regel jedoch dahingehend ein, dass nach Auffassung der Rechtsprechung im Rahmen der Betrachtung des Gesamtbilds der Verhältnisse eine Mitunternehmerschaft nicht gegeben ist.[678] Eine Beschränkung der Verlustbeteiligung auf die Höhe der Einlage steht dem Mitunternehmerrisiko dabei nicht im Wege, da eben dies der gesetzlichen Intention eines beschränkt haftenden Gesellschafters entspricht.[679] Trotz beschränkter Haftung ist ein Verlustanteil als laufende Verlustbeteiligung in der Regel auch dann noch vom Kapitalkonto des beschränkt haftenden Gesellschafters abzuziehen, wenn das Kapitalkonto dadurch negativ wird, so dass künftige Gewinnanteile zunächst zum Ausgleich früherer Verluste herangezogen werden,[680] was spätestens im Rahmen einer Beteiligung am Liquidationsverlust zum Ausdruck kommen muss. Von entscheidender Bedeutung ist im Verlustfall vor allem, dass eine Verpflichtung zur Bedienung des Kapitals nicht vorliegt, so dass sich eine Belastung der wirtschaftlichen Leistungsfähigkeit des Bilanzierenden nicht einstellt. Ähnliches gilt für die IFRS/IAS-Bilanzierung. Das IFRS/IAS-Kriterium der Residualwertbeteiligung schließt eine Verlustbeteiligung unbedingt mit ein, unabhängig davon, ob sie als laufende Verlustbeteiligung oder als Liquidationsverlust deklariert ist und ob sich die Verlustbeteiligung auf die Höhe der Einlage beschränkt oder unbeschränkt gilt.

---

676 Vgl. BFH vom 28.10.1999, VIII R 66-70/97, BStBl. II 2000, S. 183; BFH vom 7.7.1998, IV B 62/97, BFH/NV 1999, S. 167; BFH vom 18.6.1998, IV R 94/96, BFH/NV 1999, S. 295; Haep in: HHR, § 15 EStG Rn. 322; Wacker in: Schmidt, EStG, 25. Auflage 2006, § 15 Rn. 346. Das Tragen eines Unternehmensrisikos setzt zwingend voraus, dass eine allseitige Gewinnbeteiligung vorliegt. Lediglich für den Fall eines persönlich haftenden Gesellschafters kann eine Mitunternehmerschaft angenommen werden, ohne dass eine Beteiligung am laufenden Gewinn vorliegt; vgl. hierzu Haep in: HHR, § 15 EStG Rn. 322 u. 325 m.w.N.

677 Vgl. BFH vom 16.12.1997, VIII R 32/90, BStBl. II 1998, S. 480. So argumentiert der BFH, dass ein atypisch stiller Gesellschafter gem. § 231 Abs. 2 HGB nicht notwendigerweise am Verlust des Unternehmens teilhaben muss, ein Ausschluss vom Gewinn dagegen gem. § 231 Abs. 1 HGB nicht möglich ist.

678 Vgl. BFH vom 9.9.1954, IV 574/53 U, BStBl. III 1954, S. 317; BFH vom 25.6.1981, IV R 61/78, BStBl. II 1982, S. 59; Haep in: HHR, § 15 EStG Rn. 323.

679 Vgl. BFH vom 22.8.2002, IV R 6/01, BFH/NV 2003, S. 36 m.w.N.; Haep in: HHR, § 15 EStG Rn. 323. So die Verlustbeteiligung des Kommanditisten gem. §§ 167, 169 HGB.

680 Vgl. BFH vom 23.7.2002, VIII R 36/01, BStBl. II 2002, S. 858; Groh, Stille Gesellschaft, DB 2004, S. 670; Wacker in: Schmidt, EStG, 25. Auflage 2006, § 15 a Rn. 198.

2.1.3. Gemeinsame Eigenkapitalcharakteristika von Kapital- und Personengesellschaften

Die Abgrenzung des steuerlichen Eigenkapitalbegriffs erfolgt trotz der unterschiedlichen zivilrechtlichen Prägung von Personen- und Kapitalgesellschaften weitestgehend deckungsgleich. Als gemeinsame Klammer dient die Ermittlung der wirtschaftlichen Leistungsfähigkeit, so dass ausgehend vom Leitbild des Einzelunternehmers grundsätzlich davon ausgegangen werden kann, dass ein Eigenkapitalinstrument immer dann vorliegt, wenn das Kapital an der Entwicklung des Unternehmensvermögens unter Einschluss der stillen Reserven teilhat,[681] d.h. wenn das Kapital bis zur Liquidation am Erfolg teilnimmt und bis dahin nicht zurückgefordert werden kann. Darüber hinaus lassen sich noch weitere Merkmale feststellen, die für beide Gesellschaftsformen gleichermaßen ihre Geltung besitzen.

2.1.3.1. Laufende Gewinn- und Verlustbeteiligung

Wie bei den Kapital- und Personengesellschaften festgestellt, hat die Bedienung des überlassenen Kapitals gewinnabhängig zu erfolgen, da ansonsten die Voraussetzung dafür fehlt, dass das überlassene Kapital sich am Risiko des Unternehmens beteiligt und gegebenenfalls in Verlustsituationen zu bedienen ist und somit die wirtschaftliche Leistungsfähigkeit des Unternehmens belastet.[682] So ist bei Kapitalgesellschaften eine Mindestverzinsung des zugeführten Kapitals generell nicht vorgesehen; das Aktiengesetz verbietet gem. § 57 Abs. 2 AktG sogar explizit Vereinbarungen über eine Mindestverzinsung.[683] Bei Genussrechtskapital wird zwar ein niedriger Festzins für zulässig erachtet, allerdings muss er unter dem verteilungsfähigen, erzielbaren Gewinn des Unternehmens liegen, so dass nach wie vor von einer vom Erfolg des Unternehmens unabhängigen Gewinnausschüttung auszugehen ist.[684] Auch wenn der Blick auf die dispositiven gesetzlichen Bestimmungen zu den Gesellschaftern einer OHG oder KG fällt, ist festzustellen, dass die Gesellschafter gem. § 122 Abs. 1 HGB zwar befugt sind, einen Betrag bis zu 4 % ihres für das letzte Geschäftsjahr festgestellten Kapitalanteils zu entnehmen, und das unabhängig davon, ob ein Gewinn erzielt wurde oder nicht.[685] Das HGB weist

---

681 Auch wenn die Finanzverwaltung im Zusammenhang mit dem Liquidationserlös nicht zwingend davon ausgeht, dass eine Beteiligung an den stillen Reserven vorliegen muss, besteht jedoch dahingehend Übereinstimmung, dass, sofern eine Beteiligung an den stillen Reserven vereinbart ist, es sich auf jeden Fall um ein Eigenkapitalinstrument handelt; vgl. BMF-Schreiben vom 08.12.1986, IV B 7 - S 2742 - 26/86, BB 87, S. 667.

682 Vgl. Thiele, Eigenkapital, 1998, S. 142 f.

683 Vgl. Thiele, Eigenkapital, 1998, S. 143. Eine Kapitalgesellschaft haftet im Gegensatz zu einer Personengesellschaft lediglich mit dem Unternehmensvermögen; eine persönliche Haftung des Gesellschafters ist damit nicht gegeben.

684 Vgl. BFH vom 28.6.1960, I 85/60, HFR 1961, S. 13; Grieger, Genußrechte, WM 1958, S. 917; Linscheidt, Genußrechtskapital, DB 1992, S. 1854; Sontheimer, Genußrechte, BB 1984, S. 4 f.; Ziebe, Genußscheine, BB 1988, S. 227. Ein geringer Festzins stellt für das Unternehmen keine schwerwiegende Belastung dar, so dass die Vereinbarung eines Zinses keinen Betriebsausgabenautomatismus auslöst.

685 Gleiches gilt gem. § 161 Abs. 2 HGB i.V.m. § 122 Abs. 2 HGB für den Komplementär einer KG. Die Mindestverzinsung soll in ihrer Zielsetzung den Lebensunterhalt des in der Gesellschaft tätigen Gesellschafters,

allerdings darauf hin, dass die Entnahme nur dann zulässig ist, wenn sie dem Unternehmen keinen Vermögensschaden zufügt; auch durch die persönliche Haftung der unbeschränkt haftenden Gesellschafter wird eine Vermögenssicherung des Unternehmens gewährleistet, die nicht zu einer Belastung der wirtschaftlichen Leistungsfähigkeit des Unternehmens erwächst. Abgesehen von den genannten, nicht ins Gewicht fallenden verzinslichen Vereinbarungen ist somit die Gewinnabhängigkeit der Vergütung als wesentliches steuerliches Eigenkapitalkriterium anzusehen.[686] Gleiches gilt für das IFRS/IAS-Eigenkapital. Vertragliche Verpflichtungen, die dem Unternehmen auferlegen, flüssige Mittel oder andere finanzielle Vermögenswerte zu liefern, qualifizieren die Kapitalüberlassung als Fremdkapital, so dass Eigenkapitalvergütungen lediglich gewinnabhängig ausgezahlt werden dürfen.

Sowohl bei Kapital- als auch bei Personengesellschaften ist der Gesellschafter jeweils dem Grunde nach unmittelbar über seine Beteiligung an den laufenden Verlusten beteiligt. Während der Anteilseigner einer Kapitalgesellschaft sich dieser unmittelbaren Verlustbeteiligung jedoch nicht entziehen kann, muss eine unmittelbare Verlustbeteiligung im Rahmen der Mitunternehmerschaft nicht zwingend vorliegen; dennoch handelt es sich auch hier um ein typisches Merkmal der Mitunternehmerschaft. Von Bedeutung ist in diesem Zusammenhang, dass sich eine erfolgsabhängige Kapitalbedienung im Verlustfall nicht ins Negative verkehren kann, so dass unabhängig davon, ob eine unmittelbare Verlustbeteiligung vereinbart wurde oder nicht, die wirtschaftliche Leistungsfähigkeit des Unternehmens nicht belastet wird. Steuerlich kommt einer Verlustbeteiligung vielmehr im Hinblick auf eine Beteiligung an einem etwaigen Liquidationsverlust, wie nachfolgend dargestellt,[687] Bedeutung zu. Selbiges gilt für die IFRS/IAS-Bilanzierung: Weder eine Beteiligung am laufenden Verlust noch ein Ausschluss von der Beteiligung am laufenden Verlust bedingt einen Abfluss von Zahlungsmitteln an den Anteilseigner, so dass über das Kriterium der unmittelbaren Verlustbeteiligung die Eigenkapitalqualifikation nicht beeinflusst wird.

2.1.3.2. Nachhaltig- und Nachrangigkeit des überlassenen Kapitals

Die für Kapital- und Personengesellschaften hergeleitete Vermögenskomponente kann auf Grund bestehender Kündigungsmöglichkeiten nicht dadurch charakterisiert werden, dass sich für das Unternehmen vor der Liquidation keine Auszahlungsverpflichtung des eingezahlten Kapitals ergeben darf.[688] So besteht bei den Personengesellschaften die rechtliche Handhabe, dass der Gesellschafter aus der vertraglichen Vereinbarung durch Kündigung ausscheiden

der keine weiteren Einkommensquellen hat, gewährleisten. Der Kommanditist einer KG hat gem. § 169 HGB keine Entnahmebefugnis.

686 Vgl. auch Brüggemann/Lühn/Siegel, Finanzinstrumente, KoR 2004, S. 348; Hoffmann in: Littmann/Bitz/Pust, §§ 4,5 Rn. 844.

687 Vgl. nachfolgendes Kapitel zur Nachhaltig- und Nachrangigkeit des überlassenen Kapitals, S. 165 ff.

688 Vgl. Thiele, Eigenkapital, 1998, S. 133.

kann,[689] obwohl die Gesellschaft mit den übrigen Gesellschaftern fortgesetzt wird; selbiges gilt für die Genossen einer Genossenschaft.[690] Der Kündigung durch einen Gesellschafter kann sich das Unternehmen nicht entziehen, so dass die daran anschließende Auszahlungsverpflichtung zu einem Abzug von Vermögen vor Liquidation des Unternehmens führt. Gleiches gilt auch für die Kapitalgesellschaften. Obwohl die Rückzahlung des Grund- oder Stammkapitals bei den Kapitalgesellschaften im Regelfall ausgeschlossen ist, d.h. gesetzlich ein Kündigungsrecht eines Gesellschafters nicht vorgesehen ist, wird bei der GmbH die Kündigung eines Gesellschafters bei Vorliegen eines wichtigen Grundes von der Rechtsprechung zugelassen.[691] Es stellt sich somit steuerlich nicht die Frage nach der Unentziehbarkeit des Kapitals, sondern vielmehr nach der Nachhaltigkeit des überlassenen Kapitals.[692] Wesentlich ist demnach, dass auf Grundlage einer gemeinsamen Zielerreichung überlassenes Kapital dem Unternehmen auf unbestimmte Zeit zur Verfügung stehen muss. Das Kapital muss dem Grunde nach zum langfristigen Verbleib im Unternehmen bestimmt sein, bei dem auf Basis gleichläufiger Interessen neben einer Erfolgs- auch notwendigerweise eine Vermögensbeteiligung sichergestellt ist. Auch die IFRS/IAS fordern, dass das überlassene Kapital dem Unternehmen nachhaltig zur Verfügung stehen muss, so dass ein grundsätzlich übereinstimmendes Eigenkapitalverständnis vorliegt. Die IFRS/IAS gestalten die Anforderungen an die Nachhaltigkeit des Kapitals unter Informationsaspekten allerdings restriktiver aus, da die Möglichkeit zur Kündigung und Rückforderung des Kapitals zur Folge hat, dass das Kapital nicht als Eigenkapital qualifiziert werden kann. Nach den Vorschriften der IFRS/IAS sind Gesellschaftereinlagen, die nur mit einer zeitlichen Befristung eingegangen werden oder deren Anteilseignern ein Kündigungsrecht zusteht, unabhängig von ihren unternehmerischen Eigenschaften als Fremdkapital auszuweisen.[693]

[689] Sofern vertraglich nichts Gegenteiliges vereinbart wurde, besitzen OHG- oder KG-Gesellschafter gem. §§ 131, 132 HGB ein gesetzliches Kündigungsrecht. Gleiches gilt gem. § 234 HGB für die stille Gesellschaft. Wird allerdings in Betracht gezogen, dass die Kündigung der Kapitalüberlassung nicht die einzige Exit-Option des Mitunternehmers ist, sondern dass im Regelfall über die Veräußerung des Mitunternehmeranteils die Loslösung von der Mitunternehmerschaft erfolgt, kommt es bei einer Gesellschafterbewegung im Regelfall auch nicht zu einer Rückzahlung des überlassenen Kapitals.

[690] Gem. §§ 65 ff. GenG besitzen die Genossen ein Kündigungsrecht, das allerdings verhandelbar ist und daher vertraglich eingeschränkt werden kann.

[691] Vgl. BGH vom 16.12.1991, II ZR 58/91, ZIP 1992, S. 237; Hueck/Fastrich in: Baumbach/Hueck, 18. Auflage 2006, Anh § 34 Rn. 18 ff. m.w.N.; Lutter/Hommelhoff in: Lutter/Hommelhoff, GmbH-Gesetz, 16. Auflage 2004, § 34 Rn. 43 ff. m.w.N.

[692] Vgl. zur Nachhaltigkeit in der Handelsbilanz Brüggemann/Lühn/Siegel, Finanzinstrumente, KoR 2004, S. 349; Baetge/Brüggemann, Genussrechte, DB 2005, S. 2147 f.; Heymann in: Beck`sches HdR, B 231 Rn. 3; Weber-Grellet in: Schmidt, EStG, 25. Auflage 2006, § 5, Rn. 550 m.w.N.; und auch Thiele, Eigenkapital, 1998, S. 125 ff.; IDW, Stellungnahme HFA 1/1994, WPg 1994, S. 420.

[693] Vgl. IDW, Stellungnahme Exposure Draft of Proposed Amendments to IAS 32, WPg 2004, S. 86; Schaber/Kuhn/Eichhorn, Genussrecht, BB 2004, S. 318.

Der Aspekt der Nachhaltigkeit steht steuerlich zwangsläufig mit dem notwendigen Kriterium der Nachrangigkeit des überlassenen Kapitals in Verbindung.[694] Entscheidend ist, dass der Eigenkapitalgeber bereit sein muss, mit seinem Kapital für die wirtschaftliche Tätigkeit des Unternehmens einzustehen, so dass seine Rückzahlungsansprüche stärker gefährdet sind als die des Fremdkapitalüberlassers.[695] Nachrangigkeit bedeutet, dass nicht nur im Liquiditätsfall, sondern jederzeit ein Rückzahlungsanspruch lediglich nach Erfüllung aller Gläubigeransprüche vollzogen werden kann,[696] so dass die Rückzahlung des Kapitals den wirtschaftlichen Erfolg des Unternehmens nicht belastet, sondern aus ihm geleistet wird. Dies hat zur Folge, dass Eigenkapitalgeber trotz Kündigungsmöglichkeiten in der Verfügung über ihr Kapital beschränkter sind als Fremdkapitalgeber.[697] So ist auch eine Teilnahme am Liquidationsverlust eine Notwendigkeit des Kriteriums der Nachrangigkeit, da dem Kapitalgeber bei Liquidation droht, nicht sein gesamtes, überlassenes Kapital, sondern sein um die aufgelaufenen Verluste reduziertes Kapital zurückzuerhalten.[698] Auch für das IFRS/IAS-Eigenkapital ist das Kriterium der Nachrangigkeit maßgebend, da es sich beim Eigenkapital um einen Residualwert handelt, der im Liquidationsfall erst nach dem Fremdkapital zu bedienen ist. Insoweit besteht neben dem Aspekt der Nachhaltigkeit auch bei dem Aspekt der Nachrangigkeit Übereinstimmung zwischen IFRS/IAS und Steuerrecht. Aus dem Grundgedanken des Residuums resultierend, weisen die Eigenkapitalinstrumente in beiden Rechenwerken somit auf Basis der Überlegungen zur Nachrangig- und Nachhaltigkeit eine gleichartige Qualität auf. Während zwischen den IFRS/IAS und dem Steuerbilanzrecht diesbezüglich Deckungsgleichheit vorliegt, fällt die Qualifikation auf Grund der unterschiedlichen Zweckorientierung und somit auf Grund der in die Bilanzierung hineingetragenen unterschiedlichen Perspektiven im Ergebnis allerdings unterschiedlich aus. Da in einer IFRS/IAS-Bilanz anders als im Steuerbilanzrecht nicht die Perspektive des Kapitalgebers, sondern die des Unternehmens im Vordergrund steht, verleiht das in diesem Zusammenhang stehende formale Kriterium der Entziehbarkeit des Kapitals der Eigenkapitalqualifikation eine eigene Abgrenzungseigenschaft, die steuerbilanziell im Sinne der Ermittlung der Leistungsfähigkeit keine Bedeutung besitzt.

---

[694] Vgl. zur Nachrangigkeit in der Handelsbilanz Brüggemann/Lühn/Siegel, Finanzinstrumente, KoR 2004, S. 348; Heymann in: Beck`sches HdR, B 231 Rn. 3; IDW, Stellungnahme HFA 1/1994, WPg 1994, S. 420; Weber-Grellet in: Schmidt, EStG, 25. Auflage 2006, § 5, Rn. 550 m.w.N.; und auch Thiele, Eigenkapital, 1998, S. 119 ff.

[695] Vgl. Thiele, Eigenkapital, 1998, S. 133 m.w.N.

[696] Dieser Gedanke steht nicht im Gegensatz zu einer möglichen fehlenden unmittelbaren Verlustbeteiligung. Entscheidend ist vielmehr, dass sowohl eine positive als auch negative vermögensmäßige Betroffenheit spätestens beim Ausscheiden oder bei einer Liquidation gewährleistet ist.

[697] Vgl. für das handelsbilanzielle Eigenkapital vor dem Hintergrund der Kapitalerhaltung Thiele, Eigenkapital, 1998, S. 118.

[698] Vgl. Thiele, Eigenkapital, 1998, S. 155.

2.2. *Ausgewählte Finanzinstrumente*

Um die sich aus den formellen Unterschieden ergebenden Konsequenzen zwischen den IFRS/IAS und dem Steuerrecht aufzeigen zu können, wird im Folgenden der Bilanzansatz unterschiedlicher Finanzinstrumente aufgegriffen. Aus Gründen der Übersicht werden auch noch einmal Instrumente behandelt, die in den vorherigen Ausführungen bereits Erwähnung fanden.

2.2.1. *Darlehen und Anleihen*

Die materiellen Unterschiede zwischen den IFRS/IAS-Vorschriften und den steuerlichen Bestimmungen zu den Eigen- und Fremdkapitalposten wirken sich entsprechend auf die Bilanzierung der finanziellen Vermögenswerte und Eigenkapitalinstrumente aus. Auf Grund der aufgezeigten Unterschiede ist davon auszugehen, dass im Steuerrecht überlassenes Kapital häufiger als Eigenkapitalinstrument ausgewiesen wird, als dies nach den IFRS/IAS der Fall sein wird, so dass die IFRS/IAS entsprechend häufiger Kapitalüberlassungen als Fremdkapital qualifizieren werden. Hinsichtlich der klassischen Fremdkapitalinstrumente wie Darlehen oder Anleihen besteht zwischen den beiden Rechenwerken trotz der genannten Unterschiede jedoch grundsätzlich Übereinstimmung, da sie sowohl nach IFRS/IAS als auch im Steuerrecht als Fremdkapitalinstrument zu passivieren sind. Die steuerbilanzielle Einordnung als Fremdkapitalinstrument orientiert sich dabei an den schuldrechtlichen Ansprüchen Dritter.[699] So liegt der Sinn klassischen Fremdkapitals nicht darin, das Vermögen des Empfängers dauernd um das überlassene Kapital zu vermehren; es wird dem Unternehmen vielmehr ausschließlich zur vorübergehenden Nutzung zugewendet. Das Unternehmen ist somit verpflichtet, das Kapital nach Ablauf der Darlehenszeit zurückzuzahlen, wobei als selbständige Nebenschuld eine Zinsverpflichtung hinzutritt.[700] Sowohl die Rückzahlung als auch die Zinszahlungen begründen eine gegenwärtige Verpflichtung, die eine wirtschaftliche Belastung nach sich zieht und quantifizierbar ist. Das Verpflichtungskriterium weist in diesem Zusammenhang eine Deckungsgleichheit zum IFRS/IAS-Ansatz auf, da auch hier die Rückzahlungsverpflichtung zu einem Fremdkapitalausweis führt.

---

699 Vgl. Breuninger/Frey in: Habersack/Mülbert/Schlitt, Anleiheemission, 2005, S. 459; Knobbe-Keuk, Bilanzsteuerrecht, 8. Auflage 1991, S. 95.

700 Vgl. Böcking, Zero-Bonds, ZfbF 1986, S. 933 m.w.N.; Hutter in: Habersack/Mülbert/Schlitt, Anleihen, 2005, S. 423 ff.; Putzo in: Palandt, 65. Auflage 2006, § 607 Rn. 1 ff. Bei einem normalverzinslichen Darlehen entspricht der finanzmathematische Barwert dem Nennwert / Rückzahlungsbetrag und somit der Kapitalschuld im Zugangszeitpunkt. Die Abzinsungsmethode und eine erfolgsneutrale Behandlung des Darlehens im Sinne des Realisationsprinzips führen in diesem Fall zu demselben Ergebnis. Die Abzinsungsmethode würde allerdings dann gegen das Realisationsprinzip verstoßen, wenn beispielsweise ein zinsloses Darlehen gewährt wird, das mit 100%iger Auszahlung zugeht. Auch hier ist der Nennwert des Darlehens zu bilanzieren, obwohl der Barwert niedriger ist. Die Bilanzierung zum Barwert würde den Anschaffungsvorgang nicht erfolgsneutral stellen, was insoweit gegen das Anschaffungswertprinzip verstößt; vgl. hierzu Böcking, Zero-Bonds, ZfbF 1986, S. 936.

Mit den gleichen Begründungen wird neben einem klassischen auch ein partiarisches Darlehen sowohl in der Steuerbilanz als auch nach der IFRS/IAS-Bilanz als Fremdkapitalinstrument passiviert. Ein partiarisches Darlehen i.S. von §§ 488 ff. BGB zeichnet sich im Gegensatz zu einem klassischen Darlehen durch eine erfolgsabhängige Vergütung aus,[701] die jedoch eine Teilnahme am Verlust nicht mit einschließt.[702] Auch wenn die erfolgsabhängige Verzinsung des Kapitals nicht als wirtschaftliche Belastung zu verstehen ist, so ist die Rückzahlung des Kapitals doch als Zahlungsverpflichtung zu verstehen, die eine wirtschaftliche Belastung des Unternehmens darstellt, insbesondere da die Vertragspartner trotz der erfolgsabhängigen Verzinsung ausschließlich unterschiedliche eigene und nicht wie bei einer Personengesellschaft gemeinsame Interessen verfolgen. Ausschlaggebend für die IFRS/IAS-Qualifizierung als Fremdkapitalinstrument ist wiederum die Entziehbarkeit des Kapitals.

2.2.1.1. *Aufschiebend bedingte Verbindlichkeiten*

Für aufschiebend bedingte Verbindlichkeiten, die nur aus künftigen Gewinnen zu tilgen sind, besteht handelsrechtlich ein Passivierungswahlrecht;[703] steuerrechtlich dürfen sie nicht passiviert werden. So hat der BFH festgestellt, dass Leistungen, die erst nach längerer Zeit und dann ausschließlich nach Maßgabe der späteren Ertragslage zu zahlen sind, keine wirtschaftliche Belastung begründen und zudem keine gegenwärtige Verpflichtung gegenüber einem Gläubiger zum Ausdruck bringen, so dass der Ansatz eines Passivpostens in der Steuerbilanz ausscheidet.[704] Dieses Prinzip der wirtschaftlichen Verursachung hat zudem gem. § 5 Abs. 2 a EStG Eingang in die steuerrechtliche Gesetzgebung gefunden. § 5 Abs. 2 a EStG bestimmt, dass Verbindlichkeiten, die nur aus künftigen Einnahmen oder Gewinnen zurückzuzahlen sind, weder als Verbindlichkeit noch als Rückstellung passiviert werden dürfen, wenn die entsprechenden Einnahmen oder Gewinne nicht angefallen sind. Der Steuerpflichtige darf einnahmen- oder gewinnabhängige Verbindlichkeiten demnach erst bilanzieren, sofern die künftige Vermögenszuführung unter Beachtung des Realisationsprinzips erfolgt ist.[705] Nach

---

701 Die Vergütung für die Leistung des einen ist erfolgsbezogen ausgestaltet; sie besteht z.B. ganz oder z.T. in einem Anteil am Gewinn des anderen. Die Erzielung dieses Gewinns durch den anderen ist aber nur dessen Angelegenheit und nicht gemeinschaftsvertraglicher Zweck; vgl. Sprau Böcking, Zero-Bonds 1986, S. § 705 Rn. 9.

702 Vgl. Küting/Dürr, Mezzanine-Kapital, DB 2005, S. 1533; Schulze zur Wiesch in: FS Budde, Stille Beteiligung, 1995, S. 583; Wagner, Hybride Finanzierung, DK 2005, S. 501.

703 Vgl. Berger/Ring in: Beck Bil Kom, 5. Auflage 2003, § 249 Rn. 100; Plewka/Schmidt in: Lademann, § 5 EStG Rn. 1131.

704 Belastet eine Verbindlichkeit nur künftige Gewinne, muss sie nicht aus dem am Stichtag des Jahresabschlusses vorhandenen Vermögen bedient werden; die Ertragslage des laufenden Geschäftsjahres wird mithin nicht belastet. Vgl. BFH vom 3.2.1969, GrS 2/68, BStBl. II 1969, S. 291; BFH vom 19.2.1981, IV R 112/78, BStBl. II 1981, S. 655; BFH vom 10.11.1980, GrS 1/79, BStBl. II 1981, S. 164; BFH vom 10.10.1985, IV B 30/85, BStBl. II 1986, S. 68. Da keine Passivierung als Verbindlichkeit vorzunehmen ist, stellen die vereinnahmten liquiden Mittel Einnahmen dar. Die laufenden Zinszahlungen stellen Aufwand dar; vgl. Wagner, Hybride Finanzierung, DK 2005, S. 503.

705 Vgl. Tiedchen in: HHR, § 5 EStG Rn. 485; Richter in: HHR, § 5 EStG Rn. 1761 ff. Wird in diesem Zusammenhang Bezug auf einen künftigen Liquidationsgewinn genommen, so ist zu beachten, dass sich ein

den IFRS/IAS-Vorschriften sind Verbindlichkeiten, die in Abhängigkeit von künftigen Einnahmen oder Gewinnen zurückzuzahlen sind, hingegen ohne Differenzierung unmittelbar als finanzielle Vermögenswerte auszuweisen. Gem. IAS 39.14 ist eine finanzielle Verbindlichkeit dann anzusetzen, wenn das Unternehmen Vertragspartei geworden ist. Obwohl dieser Grundsatz faktisch auf Finanzderivate beschränkt bleibt, greift bei einem Darlehensgeschäft der Umstand, dass eine Vertragspartei die vertraglich zugesagte Leistung bereits erbracht hat, insoweit etwaige flüssige finanzielle Mittel bereitgestellt wurden. Hinsichtlich des Ausweises als finanzielle Verbindlichkeit dürfte es dabei keine Rolle spielen, ob die Rückzahlung abhängig oder unabhängig von der wirtschaftlichen Situation des Unternehmens zu erfolgen hat, entscheidend ist vielmehr, dass eine Rückzahlung vorgesehen ist und das Kapital dem Unternehmen somit wieder entzogen werden wird.

2.2.1.2. Rangrücktrittsvereinbarungen und Forderungsverzicht

Der Rangrücktritt als Nachrangabrede ist gesellschaftsrechtlich in einen einfachen und einen qualifizierten Rangrücktritt zu unterteilen. Die Bedeutung der Unterteilung ist dabei auf den insolvenzrechtlichen Überschuldungsstatus zurückzuführen. Der Zweck einer Rangrücktrittsvereinbarung ist im Regelfall darin zu sehen, den Ausweis einer Überschuldung im insolvenzrechtlichen Sinne zu vermeiden.[706] Als einen qualifizierten Rangrücktritt bezeichnet der BGH einen Rangrücktritt, bei dem ein Gleichrang mit den Einlagerückgewährungsansprüchen der Gesellschafter entsteht.[707] Ein einfacher Rangrücktritt stellt die Verbindlichkeit hingegen nicht mit den Einlagerückgewährungsansprüchen der Gesellschafter gleich; vielmehr werden die Forderungsansprüche des Gläubigers lediglich der Forderungsbefriedigung aller weiteren Gläubiger nachgeordnet. Er tritt dabei zwar hinter die anderen Gläubiger zurück, die Gläubigerstellung bleibt hiervon jedoch unbeeinflusst.[708] Lt. Rechtsprechung des BGH kann jedoch erst dann auf den Ausweis der Forderung im Schuldenstatus der Gesellschaft verzichtet werden, wenn sich der Gläubiger auf dieselbe Stufe der Gesellschafter hinsichtlich ihrer Einlage

---

Liquidationsgewinn sowohl aus in der Liquidation erwirtschafteten Erträgen als auch aus der Auflösung offener Rücklagen ergeben kann. Es ist daher zu differenzieren, ob die Verbindlichkeit ausschließlich aus den Erträgen, die während der Liquidation erwirtschaftet wurden, bedient werden oder ob auch die offenen Rücklagen für die Bedienung der Verbindlichkeit herangezogen werden sollen. In letzterem Fall belastet die Verbindlichkeit das Vermögen, so dass eine Passivierung als notwendig anzusehen ist; vgl. hierzu Bock, Mezzanines-Darlehen, DStR 2005, S. 1069; Schulze-Osterloh, Rangrücktritt, WPg 1996, S. 100.

706 Vgl. BFH vom 30.3.1993, IV R 57/91, BStBl. II 1993, S. 502; BFH vom 20.10.2004, I R 11/03, BFH/NV 2005, S. 428; Bordt in: HDJ, III/1 Rn. 229; Groh, Eigenkapital, BB 1993, S. 1883; Priester, Gesellschafterdarlehen, DB 1991, S. 1920; Schulze-Osterloh, Rangrücktritt, WPg 1996, S. 97; Watermeyer, Qualifizierter Rangrücktritt, GmbHR 2006, S. 240 f.; Westerburg/Schwenn, Rangrücktritt, BB 2006, S. 501 ff.

707 Vgl. BGH vom 2.7.2001, II ZR 264/99, GmbHR 2001, S. 725.

708 Die einfache Rangrücktrittsvereinbarung ist aus der Sicht des Schuldners daher im Wesentlichen eine Rangordnungsregelung, da der im Rang zurücktretende Gläubiger nach Befriedigung aller anderen Gläubiger nach wie vor in Höhe seiner Forderung auf die die Verbindlichkeiten des Schuldners übersteigenden Vermögenswerte zurückgreifen kann; vgl. Heerma, Rangrücktritt, BB 2005, S. 537; Plewka/Schmidt in: Lademann, § 5 EStG Rn. 1132.

stellt,[709] so dass ausschließlich ein qualifizierter Rangrücktritt die Passivierung einer Verbindlichkeit in der Überschuldungsbilanz verhindern kann. Ein einfacher Rangrücktritt soll hierfür nicht ausreichen; sofern der Gläubiger seine Ansprüche nicht mit den Rückgewährungsansprüchen der Gesellschafter gleichstellt, ist die Verbindlichkeit daher auch weiterhin im Überschuldungsstatus auszuweisen.[710]

Anders verhält es sich in der Steuer- und Handelsbilanz und auch in der IFRS/IAS-Bilanz. Der IV. Senat des BFH hat mit seinem Urteil vom 10.11.2005 jüngst entschieden,[711] dass es sich bei einer Rangrücktrittsvereinbarung nicht um einen Forderungsverzicht handelt,[712] so dass sowohl bei einem einfachen als auch bei einem qualifizierten Rangrücktritt eine fortdauernde Zahlungsverpflichtung besteht,[713] die als eine wirtschaftliche Belastung des Unternehmens anzusehen ist.[714] Die im Rang zurückgetretene Verbindlichkeit ist daher unabhängig davon, ob es sich um einen einfachen oder qualifizierten Rangrücktritt handelt, in der Handels- und Steuerbilanz weiterhin als Fremdkapitalinstrument zu passivieren.[715] Gleiches gilt

---

709 Vgl. BGH vom 8.1.2001, II ZR 88/99, DStR 2001, S. 176.

710 Vgl. Hölzle, Rangrücktritt, GmbHR 2005, S. 853; Janssen, Rangrücktritt, BB 2005, S. 1896; Schildknecht, Rangrücktrittsvereinbarung, DStR 2005, S. 175; Suchanek/Hagedorn, Passivierung, FR 2004, S. 451; Suchanek, Rangrücktritt, FR 2004, S. 1129; a.A. Heerma, Rangrücktritt, BB 2005, S. 539 ff. Heerma ist der Auffassung, dass der BGH hinsichtlich der Vermeidung des Ausweises der Gesellschafterleistung als Verbindlichkeit in einer Überschuldungsbilanz nicht auf den Gleichrang mit Eigenkapital abstellt, sondern dass vielmehr die Forderung lediglich im Rang hinter die Forderungen von Drittgläubigern zu treten hat. Diese Diskussion soll an dieser Stelle nicht weiter vertieft werden, da für die steuerbilanzielle Abgrenzung zwischen Eigen- und Fremdkapital insbesondere die in der Literatur geführte Diskussion bezüglich des qualifizierten Rangrücktritts von Bedeutung ist.

711 Vgl. BFH vom 10.11.2005, IV R 13/04, BFH/NV 2006, S. 308.

712 Es bedarf nicht eines Forderungsverzichts, um den Ausweis in der Überschuldungsbilanz zu verhindern. Vor allem erscheint ein vollständiger Verzicht des Gläubigers auf seine Forderungen nicht sachgerecht, da ein Verzicht auf die Forderung die nicht verzichtenden Mitgesellschafter im Wesentlichen begünstigen würde, aber nicht dem Schutz der Gläubiger dient; vgl. BGH vom 8.1.2001, II ZR 88/99, DStR 2001, S. 175.

713 Mit dem Rangrücktritt wird kein Verzicht auf die Geltendmachung der Forderung durch den Gläubiger erklärt, so dass die Verpflichtung zur Zahlung fortbesteht; vgl. Heerma, Rangrücktritt, BB 2005, S. 543.

714 Ein Ausschluss der Passivierung mangels Quantifizierbarkeit ist lt. Auffassung des BFH zudem auch nicht gegeben, da eine Prognose, dass die Voraussetzung für eine spätere Geltendmachung der Forderung mit an Sicherheit grenzender Wahrscheinlichkeit nicht eintreten wird, dem Grunde nach nicht möglich ist. Die Möglichkeit einer späteren Geltendmachung der Forderung kann somit nicht mit an Sicherheit grenzender Wahrscheinlichkeit ausgeschlossen werden; vgl. BFH vom 30.3.1993, IV R 57/91, BStBl. II 1993, S. 502; BFH vom 20.10.2004, I R 11/03, BFH/NV 2005, S. 428.

715 Vgl. BFH vom 10.11.2005, IV R 13/04, BFH/NV 2006, S. 308; BFH vom 30.3.1993, IV R 57/91, BStBl. II 1993, S. 502; BFH vom 6.11.2003, IV R 10/01, BStBl. II 2004, S. 416; Bordt in: HDJ, III/1 Rn. 274 ff. m.w.N.; Eppler, Quasi-Eigenkapital, DB 1991, S. 198; Fleck in: FS Döllerer, Gesellschafterdarlehen, 1988, S. 120 f.; Groh, Eigenkapital, BB 1993, S. 1884; ders., Rangrücktritt, DB 2006, S. 1289; Häuselmann, Rangrücktritt, BB 1993, S. 1556; Heerma, Rangrücktritt, BB 2005, S. 543; Hölzle, Unternehmenssanierung, FR 2004, S. 1196; ders., Rangrücktritt, GmbHR 2005, S. 854; Huntemann/Richthammer, Unternehmenssanierung, StuB 2004, S. 448; Plewka/Schmidt in: Lademann, § 5 EStG Rn. 1132; Schildknecht, Rangrücktrittsvereinbarung, DStR 2005, S. 181; Suchanek/Hagedorn, Passivierung, FR 2004, S. 456; Thiel, Grenzbereich, GmbHR 1992, S. 26; Weber-Grellet in: Schmidt, EStG, 25. Auflage 2006, § 5, Rn. 550 m.w.N.; Tiedchen in: HHR, § 5 EStG Rn. 485 m.w.N.; Uhländer, Eigenkapitalersetzende Darlehen, BB 2005, S. 73.

für die IFRS/IAS-Bilanz; da das Rückforderungsrecht der Kapitaleinlage mit einem Rangrücktritt nicht erlischt, besteht kein Anlass nunmehr eine Eigenkapitalposition auszuweisen.[716]

Hinsichtlich der Steuerbilanz findet sich in der Literatur allerdings auch eine gegenteilige Auffassung. So ist Lang der Meinung, dass der qualifizierte Rangrücktritt wie ein Forderungsverzicht zu behandeln sei, so dass eine Passivierung als Schuldinstrument nicht weiter in Frage kommt.[717] Auch sorgt das BMF-Schreiben vom 18.08.2004 bezüglich der Anwendung der Sondervorschrift des § 5 Abs. 2 a EStG für leichte Zweifel,[718] ob in der Steuerbilanz bei einem qualifizierten Rangrücktritt auch weiterhin eine Passivierung der Verbindlichkeit zu erfolgen hat, da die Finanzverwaltung in ihrem Schreiben ausschließlich auf den Rücktritt hinter alle anderen Gläubiger verweist.[719] Obwohl das BMF-Schreiben sich dem Grunde nach auf die Vorschrift des § 5 Abs. 2 a EStG bezieht und der Wortlaut dieser Vorschrift auf eine derartige Unterscheidung nicht abstellt, wird hieraus nunmehr im Umkehrschluss gefolgert, dass der qualifizierte Rangrücktritt handels- und steuerbilanziell mit einem Passivierungsverbot unterlegt wird.[720] Die Forderung wäre somit gleich einem Forderungsverzicht auszubuchen, so dass es zu einer Vermögensmehrung bei der Gesellschaft in Höhe des Nennwerts der Verbindlichkeit kommt, wobei der werthaltige Teil der Forderung als eine verdeckte Einlage zu qualifizieren und der nicht werthaltige Teil erfolgswirksam zu vereinnahmen ist.[721] Auch wenn der IV. Senat des BFH diese Sichtweise in seinem Urteil vom 10.11.2005 verwirft und explizit hervorhebt,[722] dass ein Rangrücktritt nicht dahingehend auszulegen ist, dass der Gläu-

---

716 Vgl. Bertl in: Bischof/Eberhartinger, Finanzierungsinstrumente, 2005, S. 107.

717 Für Lang scheidet dann eine weitere Passivierung in der Steuerbilanz der Gesellschaft als Fremdkapital aus, wenn ein Gläubiger erklärt, er wolle so behandelt werden, als handle es sich bei seiner Leistung um statuiertes Kapital; vgl. Lang in: D/E/J/W, KStG, § 8 Rn. 1126; mit Verweis auf BFH vom 16.4.1991, VIII R 100/87, BStBl. II 1992, S. 234.

718 Vgl. BMF-Schreiben vom 18.08.2004, IV A 6 - S 2133 - 2/04, BStBl.I 04, S. 850.

719 § 5 Abs. 2 a EStG bezieht sich, wie oben dargestellt, vor allem auf die (Nicht-)Passivierung von nur aus künftigen Einnahmen oder Gewinnen zurückzuzahlenden Verbindlichkeiten. Lt. BMF-Schreiben vom 18.08.2004 soll § 5 Abs. 2 a EStG in Verbindung mit einem Rangrücktritt dann anzuwenden sein, wenn nicht ausdrücklich auf die Möglichkeit der Tilgung auch aus sonstigem freien Vermögen Bezug genommen wird. Lt. BFH-Rechtsprechung führt eine Rangrücktrittsvereinbarung, nach der eine Verbindlichkeit nur zu Lasten von Gewinnen, aus einem Liquidationsüberschuss oder aus einem die sonstigen Verbindlichkeiten des Darlehensnehmers übersteigenden Vermögen bedient zu werden braucht, dem Grunde nach nicht zu einer den Gewinn erhöhenden Auflösung der Verbindlichkeit in der Handels- und Steuerbilanz, da ein Nichtausweis so gegen den Vollständigkeits- und den Vorsichtsgrundsatz verstoßen und die Ausschüttung wie die Besteuerung nicht realisierter Gewinne nach sich ziehen würde; vgl. BFH vom 30.3.1993, IV R 57/91, BStBl. II 1993, S. 502; BFH vom 6.11.2003, IV R 10/01, BStBl. II 2004, S. 416; BFH vom 20.10.2004, I R 11/03, BFH/NV 2005, S. 428.

720 Vgl. Halbig, Rangrücktritt, StuB 2006, S. 180 f.; Heerma, Rangrücktritt, BB 2005, S. 537 u. 543; Hölzle, Rangrücktritt, GmbHR 2005, S. 854 f.; Huntemann/Richthammer, Unternehmenssanierung, StuB 2004, S. 447; Janssen, Rangrücktritt, BB 2005, S. 1896; Suchanek/Hagedorn, Passivierung, FR 2004, S. 451.

721 Sofern der Rangrücktritt seine Ursache im Gesellschaftsverhältnis hat, gelten mithin die Grundsätze des GrS zum Forderungsverzicht; vgl. BFH vom 9.6.1997, GrS 1/94, BStBl. II 1998, S. 307; vgl. auch Förster/Wendland, Gesellschafterdarlehen, GmbHR 2006, S. 173 f.

722 Diese Auffassung vertritt der BFH insbesondere vor dem Hintergrund, dass eine ausdrückliche Bezugnahme der Rangrücktrittsvereinbarung auf die Möglichkeit der Tilgung aus einem Liquidationsüberschuss oder aus sonstigem freien Vermögen fehlt; vgl. BFH vom 10.11.2005, IV R 13/04, BFH/NV 2006, S. 308. Die

biger für den Fall der Besserung auf die Rückzahlung des Darlehens aus einem Liquidationsüberschuss oder aus dem die sonstigen Verbindlichkeiten übersteigenden Vermögen des Schuldners verzichtet,[723] ist für einen Forderungsverzicht festzuhalten, dass für diesen Fall in der Steuerbilanz in Übereinstimmung mit den IFRS/IAS-Vorschriften keine Grundlage mehr gegeben ist, eine finanzielle Verbindlichkeit auszuweisen.[724] Wesentlich für die bilanzielle Beurteilung einer Kapitalüberlassung ist daher die Frage nach der Existenz von Gläubigerrechten, die eine wirtschaftliche Belastung des Unternehmens bedeuten.[725] Während sowohl bei einem einfachen als auch bei einem qualifizierten Rangrücktritt die Verbindlichkeit nicht in ein Eigenkapitalinstrument umqualifiziert werden muss, ist einer Passivierung der Kapitalüberlassung in der Steuer- und IFRS/IAS-Bilanz beim Forderungsverzicht der Boden entzogen.

2.2.1.3. Eigenkapitalersetzende Darlehen

Sog. eigenkapitalersetzende Darlehen werden in der Steuer- und Handelsbilanz nicht als Eigenkapitalposten ausgewiesen. Zwar kann ein Gesellschafter einer GmbH gem. § 32 a GmbHG den Anspruch auf Rückgewähr eines Darlehens im Insolvenzverfahren über das Vermögen der Gesellschaft nur als nachrangiger Insolvenzgläubiger geltend machen, wenn er der Gesellschaft zu einem Zeitpunkt ein Darlehen gewährt, in dem ihr die Gesellschafter als ordentliche Kaufleute Eigenkapital zugeführt hätten[726] - um einen Forderungsverzicht handelt es sich jedoch nicht.[727] Das Darlehen unterliegt indes den Ausschüttungsbegrenzungen der §§ 30 u. 31 GmbHG,[728] es wird allerdings nicht generell dem Eigenkapital gleichgestellt.[729] Ei-

---

Finanzverwaltung hat dieses Urteil entsprechend aufgenommen und mit BMF-Schreiben vom 08.09.2006 klargestellt, dass auch sie bei einem qualifizierten Rangrücktritt die Voraussetzungen des § 5 Abs. 2 a EStG als nicht erfüllt ansieht, vgl. BMF-Schreiben vom 08.09.2006, IV B 2 S 2133 – 10/06, Rn. 7.

723 Vgl. hierzu auch Förster/Wendland, Gesellschafterdarlehen, GmbHR 2006, S. 176 f.; Klein, Rangrücktritt, GmbHR 2006, S. 250; Watermeyer, Qualifizierter Rangrücktritt, GmbHR 2006, S. 242; Westerburg/Schwenn, Rangrücktritt, BB 2006, S. 505.

724 Vgl. Bertl in: Bischof/Eberhartinger, Finanzierungsinstrumente, 2005, S. 107 f.

725 Vgl. Taraschka, Rangrücktritt, DStR 2006, S. 111. Taraschka verweist in diesem Zusammenhang darauf, dass es nicht entscheidend ist, ob es sich um einen einfachen oder qualifizierten Rangrücktritt handelt, sondern dass es vielmehr darauf ankommt, dass das aktivierte Vermögen belastet ist, d.h. ob eine wirtschaftliche Belastung des Unternehmens vorliegt.

726 Gem. § 32 a GmbHG gilt dies auch für ein stehengelassenes Darlehen, d.h. sofern ein Gesellschafter sein als Fremdkapital gewährtes und so auch rechtlich akzeptiertes Darlehen der Gesellschaft in der Krise belässt. Entscheidend für die Umqualifizierung von Gesellschafter-Fremdkapital in ein eigenkapitalersetzendes Darlehen ist der Sachverhalt, dass die Gesellschaft als kreditunwürdig anzusehen ist, so dass ein wirtschaftlich vernünftig handelnder Gesellschafter den Kredit nicht gewährt hätte; vgl. BFH vom 7.7.1992, VIII R 24/90, BStBl. II 1993, S. 333; BFH vom 6.7.1999, VIII R 9/98, BStBl. II 1999, S. 817; BFH vom 10.11.2005, IV R 13/04, BFH/NV 2006, S. 308; Lutter/Hommelhoff in: Lutter/Hommelhoff, GmbH-Gesetz, 16. Auflage 2004, §§ 32 a/b Rn. 18 u. 45.

727 Vgl. Hueck/Fastrich in: Baumbach/Hueck, 18. Auflage 2006, § 32 a Rn. 63 ff.; Thiel, Grenzbereich, GmbHR 1992, S. 22.

728 Vgl. beispielsweise BGH vom 11.5.1987, II ZR 226/86, DB 1987, S. 1781; BGH vom 16.12.1991, II ZR 58/91, ZIP 1992, S. 237; vgl. auch BGH vom 8.1.2001, II ZR 88/99, DStR 2001, S. 175; BFH vom 10.11.2005, IV R 13/04, BFH/NV 2006, S. 308. Einen Überblick über weitere BGH-Rechtsprechung lie-

genkapitalersetzende Darlehen sind zivilrechtlich mithin als Eigenkapital-Ersatz anzusehen; sie sind in der Krise der Gesellschaft lediglich im Rang den Forderungen anderer Gläubiger nachgeordnet.[730] Das Darlehen ist daher nach gefestigter Rechtsprechung des BFH[731] und nach Auffassung der Finanzverwaltung[732] in der Handels- und Steuerbilanz weiterhin als Fremdkapital zu passivieren, da das schuldrechtliche Rückforderungsrecht des Gesellschafters nicht aufgehoben wird und somit die Fremdkapitalqualität nicht verloren geht. Eine Rückzahlung darf zwar bei einer konkursreifen Gesellschaft gem. §§ 30 ff. GmbHG nicht erfolgen, sie ist allerdings nicht mehr ausgeschlossen, sofern die Gesellschaft wieder in der Lage sein sollte, die Mittel dafür aufzubringen.[733] Somit besteht in einer IFRS/IAS-Bilanz auch kein Anlass, ein eigenkapitalersetzendes Darlehen dem Eigenkapital zuzuordnen; auf Grund der fortbestehenden Rückzahlungsverpflichtung handelt es sich auch weiterhin um ein Fremdkapitalinstrument.

2.2.1.4. Ewige Anleihe

Bei einer ewigen Anleihe (Perpetual) handelt es sich um ein Schuldinstrument ohne Laufzeitbegrenzung. Die Vergütung erfolgt in der Regel über eine feste Verzinsung; zudem ist sie regelmäßig als eine Nachranganleihe ausgestattet. Steuerbilanziell ist sie jedoch als Fremdka-

---

fern Buciek, Darlehen, Stbg 2000, S. 110 ff.; Goette, Eigenkapitalersetzende Leistungen, DStR 1997, S. 2027 ff. Entsprechende Grundsätze zum Kapitalersatzrecht wurden von der Rechtsprechung und Literatur zunächst auf Grundlage der §§ 30, 31 GmbHG entwickelt, die nach wie vor Anwendung finden. Mit der nunmehr vorliegenden Vorschrift des § 32 a GmbHG ist keine vollständige Übereinstimmung gegeben; so erfasst § 32 a GmbHG beispielsweise eigenkapitalersetzende Darlehen in ganzer Höhe, während sich die §§ 30, 31 GmbHG am Betrag des Stammkapitals orientieren. Eigenkapitalersetzende Darlehen sind somit rechtlich nach den Grundsätzen zweier ergänzender Regelungssysteme zu beurteilen; vgl. Hueck/Fastrich in: Baumbach/Hueck, 18. Auflage 2006, § 32 a Rn. 1 ff. u. 89 ff.

729 Faktisches Eigenkapital, das der Gesellschaft im Gewande von Fremdkapital bereitgestellt wird, wird so in Eigenkapitalersatz umqualifiziert und zivilrechtlich dadurch besonderen Rechtsregeln unterworfen; vgl. Lutter/Hommelhoff in: Lutter/Hommelhoff, GmbH-Gesetz, 16. Auflage 2004, §§ 32 a/b Rn. 2.

730 Vgl. BGH vom 27.11.1989, II ZR 43/89, DB 1990, S. 266; BFH vom 6.7.1999, VIII R 9/98, BStBl. II 1999, S. 817; BFH vom 10.11.2005, IV R 13/04, BFH/NV 2006, S. 308; Lang in: D/E/J/W, KStG, § 8 Rn. 1122 f.

731 Vgl. BFH vom 5.2.1992, I R 127/90, BStBl. II 1992, S. 532; BFH vom 5.2.1992, I R 79/89, BFH/NV 1992, S. 629. Der BFH verweist darauf, dass die Beurteilung eines Gesellschaftsdarlehens als eigenkapitalersetzendes weder die Umwandlung des Darlehens in haftendes Kapital noch dessen interne Gleichstellung mit Eigenkapital bedeutet. Es werden die Ansprüche des Gesellschafters gegen die Gesellschaft im Verhältnis zu den Ansprüchen anderer Gläubiger zurückgestuft. Für das Innenrecht der GmbH bleibt das eigenkapitalersetzende Darlehen entsprechend Fremdkapital.

732 Vgl. BMF-Schreiben vom 16.09.1992, IV B 7 - S 2742 - 61/92, BStBl.I 92, S. 653 f.

733 Vgl. ADS, 6. Auflage, § 246 HGB Rn. 93 m.w.N.; Bordt in: HDJ, III/1 Rn. 294 m.w.N.; Groh, Eigenkapital, BB 1993, S. 1888 m.w.N.; Ellrott/M. Ring in: Beck Bil Kom, 5. Auflage 2003, § 247 Rn. 231 u. § 266 Rn. 255; Fleck, Gesellschafterdarlehen, GmbHR 1989, S. 314; Lang in: D/E/J/W, KStG, § 8 Rn. 1122 f.; Schulze-Osterloh in: Baumbach/Hueck, 18. Auflage 2006, § 42 Rn. 294; ders. Rangrücktritt, WPg 1996, S. 105; Weber-Grellet in: Schmidt, EStG, 25. Auflage 2006, § 5 Rn. 550 m.w.N.; Plewka/Schmidt in: Lademann, § 5 EStG Rn. 1105. Aus Sicht des Gesellschafter-Gläubigers kommt dem eigenkapitalersetzenden Darlehen auf Grund der Haftungsfunktion zwar (temporär) Eigenkapitalcharakter zu, aus Sicht des Betriebs und somit bilanzrechtlich ist das eigenkapitalersetzende Darlehen gleichwohl als Fremdkapital zu passivieren.

pitalinstrument einzustufen.[734] Obwohl eine rechtliche Rückzahlungspflicht nicht vorliegt, die laufenden Zinszahlungen jedoch als Verpflichtung anzusehen sind, die eine Rückzahlung des Kapitals mit einschließt, ist in diesem Fall mithin auch nach IAS 32.AG6 eine Qualifikation als Eigenkapitalinstrument ausgeschlossen. Lediglich für den Fall, dass die Anleihe anteilig aus dem Jahresüberschuss zu verzinsen ist, d.h. dass die Zinszahlung an den Dividendenbeschluss der Gesellschaft gebunden ist, erfüllt die ewige Anleihe ggf. die Eigenkapitaldefinition des IAS 32.[735] Steuerbilanziell handelt es sich hingegen weiterhin vollständig um ein Fremdkapitalinstrument, da der Inhaber im Liquidationsfall die Rückzahlung seines eingebrachten Kapitals verlangen kann.

2.2.2. Stammaktien und GmbH-Anteile

Die Kapitalüberlassung von Anteilseignern als Gegenleistung für die Zuteilung von Stammaktien oder GmbH-Anteilen ist steuerlich generell als Eigenkapital auszuweisen, da das Kapital nachhaltig und nachrangig an das Vermögen gebunden ist und daher sowohl am Verlust als auch am Gewinn der Unternehmensentwicklung vollständig teilnimmt.[736] Für Kapitalgesellschaften ergibt sich die Zuordnung zum Eigenkapital zudem ausdrücklich aus der Gliederungsvorschrift des § 272 Abs. 1 HGB, nach der das gezeichnete Kapital als Eigenkapital zu bilanzieren ist. Bei Aktiengesellschaften handelt es sich dabei um das gem. § 1 Abs. 2 AktG in Aktien zerlegte Grundkapital und bei einer GmbH um das gem. § 5 Abs. 1 u. 3 GmbHG in die Stammeinlagen zerlegte Stammkapital. Nach IFRS/IAS-Vorschriften handelt es sich beim gezeichneten Kapital von Kapitalgesellschaften in der Rechtsform einer Aktiengesellschaft unstrittig um ein Eigenkapitalinstrument, so dass im Ergebnis eine Übereinstimmung mit dem steuerbilanziellen Vorgehen besteht.

Nicht ganz so eindeutig verhält es sich hingegen bei den GmbH-Anteilen, sofern den Gesellschaftern ein vertragliches Kündigungsrecht zugestanden wird. Es besteht die Möglichkeit, dass es zu einem Ausscheiden eines kündigenden Gesellschafters unter Abzug von Kapital bei Fortführung der Gesellschaft kommt,[737] so dass die auskehrbaren Vermögensbestandteile nach der Logik der IFRS/IAS-Vorschriften einerseits als Fremdkapitalinstrument und die nicht auskehrbaren Vermögensbestandteile andererseits als Eigenkapitalinstrument zu bilan-

---

[734] Vgl. Wagner, Hybride Finanzierung, DK 2005, S. 504.

[735] Vgl. Freiberg, Perpetual Bond, PiR 2006, S. 28 f. Dies hängt u.a. davon ab, inwieweit die Anleihe an einen Anspruch auf den Residualwert gebunden ist.

[736] Eine Rückgewähr der Einlage wird dabei für Aktiengesellschaften gem. § 57 Abs. 1 AktG explizit ausgeschlossen.

[737] Strittig ist, ob die Ausübung des Kündigungsrechts gem. § 60 GmbHG zur Auflösung der Gesellschaft führt; vgl. bejahend Schulze-Osterloh in: Baumbach/Hueck, 18. Auflage 2006, § 60 Rn. 51; verneinend Lutter/Kleindiek in: Lutter/Hommelhoff, GmbH-Gesetz, 16. Auflage 2004, § 60 Rn. 27 u. 34.

zieren wären,[738] was steuerbilanziell so nicht vorgesehen ist. Dettmeier und Pöschke vertreten in diesem Zusammenhang allerdings die Auffassung, dass der ordentliche Austritt aus der GmbH nicht notwendigerweise in der IFRS/IAS-Bilanz einen Ausweis des Kapitals als Fremdkapital nach sich zieht, da der Austritt des Gesellschafters nicht zwingend zum Ausscheiden aus der Gesellschaft führt, sofern die Gesellschaft den Kapitalanteil weder einzieht noch eine Abtretung an sich oder einen Dritten verlangt.[739] Im Gegensatz zur eindeutigen steuerbilanziellen Behandlung von GmbH-Anteilen ist das IFRS/IAS-Vorgehen mithin weniger eindeutig. GmbH-Anteile sind steuerbilanziell unabhängig von der Ausgestaltung des Gesellschaftsvertrags und der Existenz etwaiger Kündigungsrechte als Eigenkapitalinstrumente zu klassifizieren, während die IFRS/IAS-Vorschriften u.U. eine Aufteilung in Eigen- und Fremdkapitalinstrumente vorsehen.

2.2.3. Genussrechte

Genussrechte können sowohl von Kapitalgesellschaften als auch von Personengesellschaften ausgegeben werden.[740] Als Grundlage von Genussrechten dient ein schuldrechtlicher Vertrag, der dem Genussrechtsinhaber für die Überlassung von Kapital vom Emittenten Vermögensrechte einräumt, wie sie sonst nur im Verhältnis zu Gesellschaftern existieren. Genussrechte verlieren dabei weder ihren schuldrechtlichen Charakter noch begründen sie ihrer Natur nach Mitgliedschaftsrechte, die denen von Anteilseignern gleichen.[741] Die vertragliche Ausgestaltung von Genussrechten kann auf unterschiedlichste Art und Weise geschehen, da sie keinen konkreten Beschränkungen unterliegt.[742] Hierbei ist sowohl steuerbilanziell als auch nach

---

[738] Eine Auszahlung des Stammkapitals kann auf Grund der Kapitalerhaltungsvorschrift des § 30 Abs. 1 GmbHG nicht vorgenommen werden. Vermögensbestandteile, die zur Erhaltung des Stammkapitals notwendig sind, dürfen der Gesellschaft nicht entzogen werden, so dass eine Auszahlung des Stammkapitals bei Kündigung in der Regel nicht in Betracht kommt; vgl. hierzu IDW, RS HFA 9, WPg 2006, S. 544 Rn. 59; Breker/Harrison/Schmidt, Eigenkapital, KoR 2005, S. 472.

[739] Dettmeier/Pöschke, GmbH-Gesellschafter, GmbHR 2006, S. 297 ff. Sofern der Austretende die Abnahme nicht prozessual durchsetzen kann, verbleibt ihm nur eine Auflösungsklage gem. § 61 GmbHG. Die Gesellschaft kann sich dem Abfluss von Zahlungsmitteln somit gegebenenfalls dadurch entziehen, dass sie den Anteil des austretenden Gesellschafters weder einzieht noch dass sie eine Abtretung verlangt. Bei einer Auflösungsklage käme es zwar zu einem Abfluss von flüssigen Mitteln, dies ist gem. IAS 32.25 (b) für den Fall der Liquidation hinsichtlich der Qualifikation als Eigenkapitalinstrument allerdings nicht schädlich.

[740] Vgl. Angerer, Genussrechte, DStR 1994, S. 41; Hedrich/Stedler, Genußrechte, Kreditwesen 1987, S. 194; Lutter in: FS Döllerer, Genussrechte, 1988, S. 384 m.w.N.; Stegemann, Genussrechtskapital, GStB 2004, S. 209. Die Begebung ist vor allem nicht auf die Rechtsform der Aktiengesellschaft beschränkt, gleichwohl gem. § 221 Abs. 3 AktG sich ausschließlich im AktG eine Vorschrift befindet, die den Begriff Genussrecht verwendet.

[741] Vgl. BGH vom 5.10.1992, II ZR 172/91, BB 1993, S. 451; Berghaus/Bardelmeier in: Habersack/Mülbert/Schlitt, Genussscheine, 2005, S. 339; Groh, Eigenkapital, BB 1993, S. 1889; Hedrich/Stedler, Genußrechte, Kreditwesen 1987, S. 194; Hüffer in: Aktiengesetz, 7. Auflage 2006, § 221 Rn. 23 ff. m.w.N.; IDW, Stellungnahme HFA 1/1994, WPg 1994, S. 419; Lutter, Genußrechte, DB 1993, S. 2441 m.w.N.; Pougin in: FS Oppenhoff, Genußrechte, 1985, S. 1; Schaber/Kuhn/Eichhorn, Genussrecht, BB 2004, S. 315.

[742] Vielfältige Rechte, so beispielsweise Rechte auf einen Anteil am Gewinn und / oder am Liquidationserlös oder ein Recht auf Forderung eines festen Betrags bzw. sonstige Rechte, können mit einem Genussrecht

IFRS/IAS zwischen einer vollständig am Unternehmensergebnis orientierten und einer festen, nicht am Unternehmensergebnis orientierten Verzinsung zu unterscheiden. Hinsichtlich der vom Unternehmensergebnis unabhängigen Verzinsung besteht im Steuerrecht dahingehend Klarheit, dass es sich um ein Fremdkapitalinstrument handelt, da das überlassene Kapital den Unternehmenserfolg belastet und sich nicht an der Unternehmensentwicklung beteiligt. Anders sieht dies hingegen bei einer gewinnabhängigen Verzinsung aus, da hier das Kapital aus dem Unternehmenserfolg zu bedienen ist.[743]

Zwischen den IFRS/IAS und dem Steuerrecht besteht dahingehend Übereinstimmung, dass eine temporäre und somit nicht auf Dauer ausgelegte Überlassung von Genussrechtskapital grundsätzlich nicht für die Qualifikation als Eigenkapitalinstrument herhalten kann. Gem. § 8 Abs. 3 S. 2 KStG liegt bei Genussrechten lediglich dann Eigenkapital vor, wenn an die Genussrechte das Recht auf Beteiligung am Gewinn und am Liquidationserlös gebunden ist, so dass dem Genussrechtsinhaber eine vermögensrechtlich vergleichbare Aktionärsposition zukommt und Ausschüttungen den Unternehmenserfolg nicht belasten.[744] Steuerlich ist allerdings fraglich, ob die Norm des § 8 Abs. 3 S. 2 KStG auch auf Personengesellschaften anwendbar ist, d.h. ob sich diese Grundsätze auf das Einkommensteuerrecht übertragen lassen, da durch den Abschluss eines Genussrechtsvertrags kein Vertrag zur Erreichung eines gemeinsamen Zwecks abgeschlossen wird und somit eine einkommensteuerrechtliche Mitunternehmerstellung mangels Existenz eines zivilrechtlichen Gesellschaftsverhältnisses ausgeschlossen ist.[745] Festzuhalten bleibt, dass Genussrechtskapital sowohl bei Kapital- als auch bei Personengesellschaften solange als Fremdkapital zu qualifizieren ist, wie entweder das Kriterium der Gewinnbeteiligung oder der Beteiligung am Liquidationserlös nicht erfüllt ist. Genussrechtskapital, das als Eigenkapital zu qualifizieren ist, hat dem Unternehmen insofern nachhaltig und nachrangig zur Verfügung zu stehen. Gleiches gilt für die Eigenkapitalinstrumente nach IFRS/IAS. Auch die IFRS/IAS verlangen, abgeleitet aus der Bestimmung eines

---

verbunden sein; vgl. Küting/Dürr, Mezzanine-Kapital, DB 2005, S. 1531 m.w.N.; Pougin in: FS Oppenhoff, Genußrechte, 1985, S. 1.

743 Abweichend von der steuerlichen Beurteilung stellt das HGB insbesondere auf die Haftungsfunktion des überlassenen Kapitals ab, so dass sich zum steuerlichen Vorgehen handelsbilanzielle Abweichungen ergeben, die im Folgenden nicht weiter diskutiert werden. Die handelsbilanzielle Beurteilung von Genussrechtskapital findet ihre Konkretisierung in der HFA Stellungnahme 1/1994 des IDW; vgl. hierzu IDW, Stellungnahme HFA 1/1994, WPg 1994, S. 419 ff. Zur Durchbrechung der Maßgeblichkeit bei Genussrechtskapital vgl. Wrede in: HHR, § 8 KStG Rn. 51. Vgl. zur IFRS/IAS-Behandlung von Genussrechten, die die Verzinsung in das Ermessen der Organe des Unternehmens stellen, das nachfolgende Kapitel zu den Vorzugsaktien, S. 178 f.

744 Vgl. hierzu die Ausführungen zu den Kapitalgesellschaften S. 147.

745 Vgl. Angerer, Genussrechte, DStR 1994, S. 43 f. Neben den Kriterien der Mitunternehmerinitiative und des Mitunternehmerrisikos, die durch vertragliche Vereinbarungen durchaus erfüllt sein können, ist es gem. H 138 Abs. 1 EStR erforderlich, dass ein zivilrechtlicher Gesellschafter einer Personengesellschaft das Kapital überlassen hat. Bei einem Genussrecht fehlt es allerdings an einem gemeinsamen Zweck und damit prinzipiell an einem Gesellschaftsverhältnis; vgl. zur Anforderung, dass es sich um einen Gesellschafter einer Personengesellschaft handeln muss BFH vom 25.6.1984, GrS 4/82, BStBl. II 1984, S. 751; BFH vom 15.7.1986, VIII R 154/85, BStBl. II 1986, S. 896.

Anspruchs auf den Residualwert, eine Gewinn- und Liquidationserlösbeteiligung, so dass die IFRS/IAS-Normen grundsätzlich mit der steuerlichen Beurteilung der vermögensrechtlichen Beteiligung von Genussrechtskapital am Unternehmen übereinstimmen. Nach Auffassung der Finanzverwaltung ist Genussrechtskapital im Unterschied zu den IFRS/IAS auch dann als ein Eigenkapitalinstrument zu qualifizieren, wenn es dem Unternehmen vor Liquidation unter Berücksichtigung einer Beteiligung an den stillen Reserven entzogen werden kann.[746] Diese Auffassung wird im Schrifttum nicht durchgängig geteilt,[747] so dass im Gegensatz zu den IFRS/IAS steuerbilanziell dahingehend keine abschließende Rechtssicherheit bei der Frage vorliegt, ob das Genussrechtskapital bis zur Liquidation im Unternehmen verbleiben muss. In diesem Zusammenhang wird allerdings wiederum die unternehmensbezogene Betrachtungsweise der IFRS/IAS deutlich, da ein Kündigungsrecht des Emittenten für den IFRS/IAS-Eigenkapitalausweis nicht schädlich ist,[748] während es steuerbilanziell unerheblich ist, ob ein gegebenenfalls zulässiges Kündigungsrecht seitens des Emittenten oder seitens des Investors ausgeübt werden kann.

2.2.4. *Vorzugsaktien*

Vorzugsaktien sollen dem Unternehmen die Finanzierung mit Eigenkapital erleichtern und gleichzeitig einem Anteilseigner entgegenkommen, der zwar am laufenden Erfolg und Vermögenszuwachs, aber nicht an Mitspracherechten interessiert ist. Grundsätzlich werden Vorzugsaktien dabei durch das Unternehmen nur aus dem laufenden Unternehmensergebnis bedient und belasten somit nicht über feste Zinszahlungen den Unternehmenserfolg.[749] Die Vorzugsaktie besitzt insofern eine starke Ähnlichkeit mit schuldrechtlichen Vereinbarungen, die mit am Unternehmenserfolg orientierten Vermögensrechten ausgestattet sind, jedoch keine Mitgliedschaftsrechte vorsehen. Es handelt sich nach dem Aktiengesetz bei den Vorzugsaktien im Gegensatz zu den schuldrechtlichen Vereinbarungen um eine Aktiengattung, die sich über ihre rechtliche Ausgestaltung von der Stammaktie abhebt, gesellschaftsrechtlich dennoch als Eigenkapitalinstrument angesehen wird.[750] Der Inhaber von Vorzugsaktien verzichtet gem. § 139 Abs. 1 AktG auf Stimmrechte,[751] bekommt dafür aber im Gegenzug ein Vorzugsrecht bei der Verteilung des Bilanzgewinns und ein Recht auf Nachzahlung der in Vorjahren ausge-

---

746 Vgl. BMF-Schreiben vom 08.12.1986, IV B 7 - S 2742 - 26/86, BB 87, S. 667. Der Finanzverwaltung ist vor allem daran gelegen, Genussrechtskapital, das ähnliche Charakteristika wie Aktienkapital aufweist, als Eigenkapitalinstrument auszuweisen, so dass sich die Bedienung des überlassenen Kapitals auf Ebene der Gesellschaft steuerlich nicht auswirkt.

747 Vgl. Grieger, Genußrechte, WM 1958, S. 918; Groh, Eigenkapital, BB 1993, S. 1889; Linscheidt, Genußrechtskapital, DB 1992, S. 1855; Schwarze/Heuermann, Genußrechte, Die steuerliche Betriebsprüfung 1983, S. 204.

748 Vgl. Isert/Schaber, Mezzanine-Kapital, DStR 2005, S. 2099.

749 Vgl. Hüffer in: Aktiengesetz, 7. Auflage 2006, § 139 Rn. 2.

750 Vgl. Wagner, Hybride Finanzierung, DK 2005, S. 506 f.

751 Sonstige Verwaltungsrechte werden nicht eingeschränkt, so zum Beispiel die Teilnahme an der Hauptversammlung.

fallenen Vorzugsdividende eingeräumt.[752] Gemessen an den Kriterien der unmittelbaren Gewinnbeteiligung, der Nachhaltigkeit und der Nachrangigkeit ist für die steuerliche Einordnung der Vorzugsaktie als Eigen- oder Fremdkapital insofern auf die individuellen vertraglichen Vereinbarungen einzugehen, da für Vorzugsaktien die gleichen Grundsätze gelten müssen, wie sie für die Überlassung von Genussrechtskapital gem. § 8 Abs. 3 S. 2 KStG kodifiziert wurden, d.h. es muss neben einer Beteiligung am Gewinn ebenso eine Beteiligung am Liquidationserlös gewährleistet sein. Obwohl Vorzugsaktien zivilrechtlich der Aktiengattung zuzuordnen sind, sind sie daher von Natur aus steuerlich nicht auch gleich als Eigenkapital zu qualifizieren. Selbiges gilt für die IFRS/IAS; Vorzugsaktien gehören auch nach den IFRS/IAS nicht zwangsläufig zum Eigenkapital. So sind gem. IAS 32.18 (a) rückzahlbare Vorzugsaktien, bei denen der Inhaber zu einem festgelegten oder frei bestimmbaren Zeitpunkt von dem Emittenten die Herausgabe von finanziellen Vermögenswerten fordern kann, dem Fremdkapital zuzuordnen.[753] Steuerlich würde bei einem Kündigungsrecht insbesondere das Nachhaltigkeitskriterium verletzt werden, so dass in diesem Fall auch steuerlich die Vorzugsaktie als Fremdkapitalinstrument zu qualifizieren wäre.[754] Ist die Vorzugsaktie dagegen nicht mit einem Kündigungsrecht ausgestattet, so würde steuerlich die geforderte Nachhaltigkeit gewährleistet sein.[755] Außerdem wird das Kriterium der Nachrangigkeit trotz der Vorzugsbehandlung bei der Gewinnausschüttung steuerlich nicht verletzt, da die Kapitalbedienung im Regelfall aus dem erzielten Erfolg zu leisten ist und den Erfolg somit nicht wie die Bedienung von Fremdkapital belastet, was insoweit ebenso für den Liquidationsfall gilt. Da bei den Vorzugsaktien grundsätzlich erst mit dem Gewinnverwendungsbeschluss ein Zahlungsanspruch ver-

[752] Vgl. BFH vom 9.3.1994, II R 39/90, BStBl. II 1994, S. 394; Hefermehl in: Geßler/Hefermehl/Eckhardt/Kropff, Aktiengesetz, 1994, § 139 Rn. 5 ff.; Hüffer in: Aktiengesetz, 7. Auflage 2006, § 139, Rn. 4; Wagner, Hybride Finanzierung, DK 2005, S. 506 f. Es muss insofern gewährleistet sein, dass der Vorzugsaktionär die ihm zugesagte Dividende vor dem Stammrechtsaktionär erhält. Der Vorzug muss sich objektiv bestimmen lassen, so beispielsweise über einen festen Hundertsatz (4 % des Vorzugsaktienkapitals). Unzulässig ist es aber, den Vorzug von dem erzielten Gewinn in einem einzelnen Geschäftsjahr abhängig zu machen. So kann beispielsweise nicht vereinbart werden, dass er das Doppelte des auf die stimmberechtigten Aktien auszuschüttenden Gewinns erhalten soll; auch darf der Vorzug nicht mit der Höhe des Bilanzgewinns verknüpft werden. Zudem muss der Vorzug nachzahlbar sein, um zu gewährleisten, dass die stimmrechtslosen Aktionäre auch tatsächlich in den Genuss des Vorzugs kommen. Es ist daher zuerst eine eventuell nachzuzahlende Dividende zu zahlen, bevor eine Dividende an die Stammaktionäre geleistet wird. Der Vorzug begründet allerdings noch keinen Zahlungsanspruch; dieser kommt in der Regel erst durch den Gewinnverwendungsbeschluss zustande.

[753] Vgl. Förschle/Kroner in: Beck Bil Kom, 5. Auflage 2003, § 272, Rn. 247 f.

[754] Für die handelsbilanzielle Behandlung kommen zum gleichen Ergebnis Brüggemann/Lühn/Siegel, Finanzinstrumente, KoR 2004, S. 352.

[755] International werden Vorzugsaktien zwar mit höchst unterschiedlichen Rechten ausgestattet, gem. § 57 Abs. 1 AktG ist in Deutschland ein Kündigungsrecht zivilrechtlich allerdings nicht zulässig. Insofern dürften Vorzugsaktien in Deutschland steuerbilanziell grundsätzlich dem Eigenkapital zuzurechnen sein. Dies entspricht auch implizit der Auffassung der Finanzverwaltung, die mit dem BMF-Schreiben vom 25.10.2004 zu Zweifelsfragen bei der Besteuerung privater Veräußerungsgeschäfte bei einer Umwandlung von Vorzugs- in Stammaktien lediglich von einer Modifikation der bestehenden Mitgliedschaftsrechte ausgeht und die Umwandlung nicht als gewinnrealisierenden Tausch begreift; vgl. hierzu BMF-Schreiben vom 25.10.2004, IV C 3 - S 2256 - 238/04, BStBl.I 04, S. 1040 Rn. 37 f.; vgl. auch Brüggemann/Lühn/Siegel, Finanzinstrumente, KoR 2004, S. 395 m.w.N.

brieft wird, entspricht dies auch den IFRS/IAS-Anforderungen an das Eigenkapital.[756] Steuerbilanziell nicht notwendig ist hingegen das IFRS/IAS-Vorgehen in Bezug auf Vorzugsaktien, die zwar zu einem bestimmten Zeitpunkt zurückzuzahlen sind, deren Ausschüttung aber allein im Ermessen des emittierenden Unternehmens steht. Während nach den IFRS/IAS-Vorschriften eine Abkopplung der auf das Ausschüttungsverhalten bezogenen Eigenkapitalkomponente von der Fremdkapitalkomponente vorzunehmen ist, ist steuerbilanziell keine Aufspaltung der Komponenten vorzunehmen, da die Entscheidungsrelevanz des Unternehmens über den Abfluss von finanziellen Mitteln kein steuerbilanzielles Kriterium ist.

2.2.5. Genossenschaftsanteile

Nicht anders sieht dies bei Genossenschaftsanteilen aus. Gem. § 337 Abs. 1 HGB gehört das Geschäftsguthaben der Genossen zum auf unbestimmte Zeit überlassenen, gezeichneten Kapital, das zum langfristigen Verbleib im Unternehmen gedacht ist. Dem überlassenen Genossenschaftskapital kommt eine nachhaltige und nachrangige Bedeutung zu, so dass es steuerlich zum Eigenkapital gezählt wird. Dies gilt insbesondere auch, sofern der Genosse das Recht auf Kündigung seines Geschäftsguthabens gem. §§ 65 Abs. 1 GenG besitzt und somit ein vertraglich vereinbartes Rückforderungsrecht seines überlassenen Kapitals besitzt. Die IFRS/IAS verweigern für diesen Fall einen Eigenkapitalausweis.[757] Die erfolgs- und vermögensrechtlichen Überlegungen treten hinter die mögliche Entziehbarkeit des Kapitals zurück, so dass in einer IFRS/IAS-Bilanz derartige Genossenschaftsanteile als Fremdkapital auszuweisen sind. Gem. der Interpretation zur Bilanzierung der Geschäftsguthaben der Genossenschaften (IFRIC 2) existieren allerdings zwei Situationen, die den Genossenschaften keine Verpflichtung zur Einlösung der Geschäftsguthaben auferlegen, so dass die Genossenschaftseinlage auch nach den IFRS/IAS als Eigenkapital zu bilanzieren ist. Zum einen ist dies ein unabdingbares Recht zur Ablehnung der Rückzahlung des Geschäftsguthabens, zum anderen ein satzungsgemäßes Verbot, die Geschäftsguthaben zurückzuzahlen, sofern dadurch die Genossenschaftsanteile unter eine bestimmte Grenze fallen würden.[758]

---

756 Sofern dem Inhaber allerdings eine Gewinnbeteiligung in Höhe eines festen Prozentsatzes auf das gezahlte Kapital eingeräumt wird oder sich alternativ an einem variablen Geldmarktsatz ausrichtet, wird die Steuerkraft des Unternehmens gemindert, so dass steuerbilanziell von Fremdkapital auszugehen ist. Gleiches gilt auf Grund des Entzugs von Zahlungsmitteln für die IFRS/IAS-Bilanzierung.

757 Vgl. entsprechend Brüggemann/Lühn/Siegel, Finanzinstrumente, KoR 2004, S. 394; Eckes/Sittmann-Haury/Weigel, Finanzinstrumente, Die Bank 2004, S. 119; IDW, Stellungnahme Exposure Draft of Proposed Amendments to IAS 32, WPg 2004, S. 86.

758 Vgl. hierzu auch Kopatschek, Genossenschaften, WPg 2004, S. 1125 f.

2.2.6. *Mitunternehmerschaft*

Auch die Mitunternehmerkonzeption wird, wie bereits ausführlich dargelegt,[759] von der vermögensrechtlichen Komponente beherrscht, so dass, sofern das überlassene Kapital dem Unternehmen nachhaltig zur Verfügung steht und nachrangig zu bedienen ist, es steuerbilanziell als Eigenkapital auszuweisen ist.[760] Nach den Vorschriften der IFRS/IAS sind Gesellschaftereinlagen bei Personengesellschaften unabhängig von ihren unternehmerischen Eigenschaften dagegen als Fremdkapital auszuweisen. Dies gilt sowohl für Gesellschaften, die gem. § 131 Abs. 1 Nr. 1 HGB nur mit einer zeitlichen Befristung eingegangen werden, als auch für unbefristete Gesellschaften,[761] da deren Anteilseignern ein gesetzliches Kündigungsrecht gem. § 131 Abs. 3 Nr. 3 HGB zusteht, das mittels Gesellschaftsvertrag zwar ausgestaltet, aber nicht ausgeschlossen werden kann.[762] Die vornehmlich für Kapitalgesellschaften konzipierte IFRS/IAS-Bilanzierung würde daher auf Grund der Entziehbarkeitsnorm bei dem traditionell personengesellschaftsgeprägten deutschen Unternehmensumfeld zu erheblichen Konsequenzen hinsichtlich der Eigenkapitalbilanzierung und des Erfolgsausweises führen. Zweifel an dieser Auslegung der IFRS/IAS-Norm haben Lüdenbach/Hoffmann, die ausgehend von dem Wortlaut des IAS 32.18 (b) und einem wirtschaftlichen Rechtsformvergleich mit Kapitalgesellschaften (Auslegungskriterium Substance over Form) eine Fremdkapitalqualifizierung von Personengesellschaftsanteilen für nicht geboten erachten.[763] Ob sich diese Sichtweise durchsetzt, ist jedoch offen, da IAS 32.18 (b) explizit die Gesellschaftereinlagen bei Personengesellschaften als Beispiel für ein Finanzinstrument aufzählt, das eine Rückzahlung des überlassenen Kapitals grundsätzlich zulässt. Fraglich ist allerdings, ob dieses IFRS/IAS-Vorgehen generell als sachgerecht anzusehen ist, da sich auf Grund der Fair Value-Bewertung von Fremdkapitalinstrumenten ein abnormaler Bilanzausweis einstellen kann. Bei einer ertragsstarken Personengesellschaft kann das zum Fair Value anzusetzende Fremdkapital eine bilan-

---

759 Vgl. hierzu auch das Kapitel zu den Personengesellschaften S. 156 ff.

760 Beide Merkmale können im Einzelfall mehr oder weniger ausgeprägt sein. Vgl. BFH vom 25.6.1984, GrS 4/82, BStBl. II 1984, S. 751; BFH vom 15.7.1986, VIII R 154/85, BStBl. II 1986, S. 896.

761 Vgl. Balz/Ilina, Kommanditkapital, BB 2006, S. 2761 ff.; Breker/Harrison/Schmidt, Eigenkapital, KoR 2005, S. 471; Hennrichs, Kapitalerhaltung, StuW 2005, S. 261; IDW, Stellungnahme Exposure Draft of Proposed Amendments to IAS 32, WPg 2004, S. 86; Schaber/Kuhn/Eichhorn, Genussrecht, BB 2004, S. 318; Schmidt, Eigenkapital, BB 2006, S. 1563 f. In der Literatur wird beispielsweise diskutiert, dass die Kündigung eines Gesellschafters nicht notwendigerweise zu dessen Ausscheiden aus der Gesellschaft, sondern auch zur Auflösung der Gesellschaft führen kann, so dass in diesem Fall IAS 32.25 (b) greifen könnte, wonach die Rückzahlung des Kapitals bei Liquidation einer Klassifizierung als Eigenkapital nicht im Wege steht. Die Autoren merken in diesem Zusammenhang jedoch auch richtigerweise an, dass es einerseits fraglich ist, ob IAS 32.25 (b) tatsächlich Anwendung findet und andererseits ob diese Gestaltungsmöglichkeit im Hinblick auf die Auflösung der Gesellschaft praxistauglich ist.

762 Vgl. Küting/Wirth/Dürr, Personenhandelsgesellschaften, WPg 2006, S. 71 m.w.N. Schuldner der Abfindung sind laut Gesetz zwar die Gesellschafter, gem. § 738 Abs. 1 S. 2 BGB i.V.m. §§ 105 Abs. 3, 161 Abs. 2 HGB, haftet laut Rechtsprechung des BGH allerdings die Gesellschaft für die Abfindungszahlung; vgl. BGH vom 15.5.1972, II ZR 144/69, WM 1972, S. 1399; vgl. hierzu auch Balz/Ilina, Kommanditkapital, BB 2006, S. 2760.

763 Vgl. Lüdenbach/Hoffmann, Eigenkapital, BB 2004, S. 1046 ff.; so auch Lüdenbach in: Lüdenbach/Hoffmann, IAS/IFRS, 3. Auflage 2005, § 20 Rn. 14a ff.

zielle Überschuldung verursachen, obwohl genau das Gegenteil der Fall sein dürfte.[764] Zudem ist es nach den IFRS/IAS-Regeln erforderlich, für diesen Bilanzansatz eine Unternehmensbewertung vorzunehmen,[765] die weder als praktikabel, einfach und transparent noch als manipulationsfrei bezeichnet werden kann. Steuerlich steht indes fest, dass Kapital, dessen Bedienung die wirtschaftliche Leistungsfähigkeit des Unternehmens nicht belastet, auf Grund eines Kündigungsrechts objektivierungsbedingt nicht gleich als Fremdkapitalinstrument auszuweisen ist.

2.2.6.1. Typisch stille Gesellschaft

Als Grundlage der stillen Gesellschaft dient, wie auch bei anderen Personengesellschaften, der Gedanke der gemeinsamen Zielerreichung. Eine stille Gesellschaft ist eine gesellschaftsrechtliche Vereinbarung im Sinne der Erreichung eines gemeinsamen Zwecks,[766] die im Gegensatz zu den handelsrechtlichen Personengesellschaften jedoch nach außen nicht in Erscheinung tritt, da es sich um eine reine Innengesellschaft ohne gesamthänderische Beteiligung handelt.[767] Gem. § 230 Abs. 1 HGB geht die Vermögenseinlage des stillen Gesellschafters in das Vermögen des Inhabers des Handelsgeschäfts über. Trotz einer gem. §§ 231 und 232 HGB grundsätzlich vorgesehenen Gewinn- und Verlustbeteiligung wird die Vermögenseinlage des stillen Gesellschafters mangels Beteiligung am Mitunternehmerrisiko und an der Mitunternehmerinitiative steuerbilanziell allerdings als Fremdkapitalinstrument qualifiziert. Insbesondere tritt die vermögensrechtliche Stellung des stillen Gesellschafters hinter die eines Mitunternehmers zurück, da in der Regel keine Beteiligung am tatsächlichen Zuwachs des Gesellschaftsvermögens unter Einschluss der stillen Reserven vereinbart wird.[768] Die Qualifikation der Einlage des stillen Gesellschafters als Fremdkapitalinstrument findet sich so auch in der IFRS/IAS-Bilanz. Da es sich um eine kündbare Vermögenseinlage handelt und das Kapital dem Unternehmen somit wieder entzogen werden kann, erfüllt die Einlage auf Grund der Rückforderungsmöglichkeit seitens des Kapitalgebers nicht die Voraussetzungen eines Eigenkapitalinstruments.[769]

---

764 Vgl. Balz/Ilina, Kommanditkapital, BB 2006, S. 2759 f.; Isert/Schaber, Eigenkapital, KoR 2005, S. 364; Küting/Wirth/Dürr, Personenhandelsgesellschaften, WPg 2006, S. 73 f.

765 Vgl. Hoffmann/Lüdenbach, Personengesellschaften, DB 2005, S. 405.

766 Die stille Gesellschaft nach § 230 HGB zeichnet sich durch das Streben nach einem Ziel anstelle der Abstimmung gegenläufiger Interessen aus, wie dies beispielsweise bei einem Darlehensverhältnis der Fall wäre; vgl. Hopt in: Baumbach/Hopt, 32. Auflage 2006, § 230 Rn. 4.

767 Vgl. statt vieler Bordt in: HDJ, III/1 Rn. 280; Groh, Eigenkapital, BB 1993, S. 1891; Schulze zur Wiesch in: FS Budde, Stille Beteiligung, 1995, S. 579.

768 Vgl. ADS, 6. Auflage, § 246 HGB Rn. 90; Bordt in: HDJ, III/1 Rn. 280; Ellrott/M. Ring in: Beck Bil Kom, 5. Auflage 2003, § 247, Rn. 233; Groh, Eigenkapital, BB 1993, S. 1891; Groh, Stille Gesellschaft, DB 2004, S. 668; Haase, Stille Beteiligung, StuB 2004, S. 357 f.; Hüttemann in: HDJ, III/8 Rn. 61 f.; Schulze zur Wiesch in: FS Budde, Stille Beteiligung, 1995, S. 587; Weber-Grellet in: Schmidt, EStG, 25. Auflage 2006, § 5, Rn. 550.

769 Vgl. Brüggemann/Lühn/Siegel, Finanzinstrumente, KoR 2004, S. 395.

2.2.6.2. *Atypisch stille Gesellschaft*

Die Zuordnung der Vermögenseinlage des stillen Gesellschafters zum Eigen- oder Fremdkapital gestaltet sich schwieriger, wenn vertraglich von den gesetzlich vorgegebenen Bestimmungen der §§ 230 ff. HGB zur stillen Gesellschaft abgewichen wird. Werden die Rechte des stillen Gesellschafters im Innenverhältnis auf eine Beteiligung am Gesellschaftsvermögen oder / und auf eine Beteiligung an der Geschäftsführung ausgedehnt, so dass im Innenverhältnis eine Beteiligung am Mitunternehmerrisiko und an der Mitunternehmerinitiative vorliegt, ist der atypisch stille Gesellschafter steuerlich entsprechend als Mitunternehmer zu qualifizieren[770] das überlassene Kapital stellt steuerbilanziell mithin Eigenkapital dar. Insofern besteht bei der bilanziellen Behandlung atypisch stiller Gesellschafter mit den IFRS/IAS-Normen keine Übereinstimmung, da es sich wie bei den typisch stillen Gesellschaften um rückforderbare Vermögenseinlagen handelt, die nach den IFRS/IAS-Vorschriften entsprechend eine finanzielle Verbindlichkeit begründen.

3. *Beurteilung einer Übernahme der Wertungen aus IAS 32*

Eine allgemeine Eignung der IFRS/IAS-Regeln zur Abgrenzung von Eigen- und Fremdkapitalpositionen lässt sich für ein eigenständiges Steuerbilanzrecht aus den im Vergleich herausgearbeiteten Übereinstimmungen und Differenzen nicht ableiten. Teilaspekte können zwar als positiv geeignet angesehen werden, andere hingegen nicht. So kann beispielsweise die klare und eindeutige Begriffsdefinition für Eigen- und Fremdkapital der für ein Steuerbilanzrecht geforderten Rechtssicherheit auf geeignetere Weise gerecht werden als die bisherige Einzelfallbetrachtung und die dazugehörige umfangreiche Rechtsprechung. Das Erfordernis einer Unternehmensbewertung zum Bilanzansatz von Anteilen an Personengesellschaften erweist sich hingegen als nicht tragbar. Auch der Ansatz, dass es sich um eine vertragliche Verpflichtung handeln muss, die einen Anspruch auf den Residualwert einräumt, kann für das Steuerrecht keine Relevanz besitzen, da dies der objektiven Messung der steuerlichen Leistungsfähigkeit entgegensteht. Wie bereits aufgezeigt, besteht bei bestimmten Finanzinstrumenten zwischen den IFRS/IAS und dem Steuerrecht Übereinstimmung, bei anderen Finanzinstrumenten hingegen nicht. So wäre die IFRS/IAS-Bilanzierung von Aktien- Anteilen als Eigenkapitalinstrumente steuerlich sachgerecht. Problematisch wäre hingegen das IFRS/IAS-

[770] Vgl. bspw. BFH vom 27.5.1993, IV R 1/92, BStBl. II 1994, S. 700; BFH vom 20.11.1990, VIII R 10/87, BFHE 1991, S. 336; BFH vom 11.12.1990, VIII R 122/86, BFHE 1991, S. 346; Bordt in: HDJ, III/1 Rn. 281; Groh, Stille Gesellschaft, DB 2004, S. 668; Gschwendtner, Steuerrechtssubjekt, DStZ 1998, S. 341; Jakob, Mitunternehmerschaft, BB 1986, S. 1619; Wacker in: Schmidt, EStG, 25. Auflage 2006, § 15, Rn. 340. Die Gesellschaft verfügt im Steuerrecht demgemäß über eigenes Vermögen, eine eigene Steuerbilanz und auch über Kapitalkonten der Gesellschafter. Vgl. hierzu BFH vom 26.11.1996, VIII R 42/94, BStBl. II 1998, S. 328; Wacker in: Schmidt, EStG, 25. Auflage 2006, § 15, Rn. 347. Sie ist selbständiges Subjekt der Gewinnerzielung, Gewinnverwendung und Einkünftequalifikation. Vgl. hierzu BFH vom 26.11.1996, VIII R 42/94, BStBl. II 1998, S. 328; BFH vom 5.10.1998, IV R 18/98, BStBl. II 1999, S. 286; Kessler/Teufel, Gesellschafterfremdfinanzierung, DB 2001, S. 1957; Wacker in: Schmidt, EStG, 25. Auflage 2006, § 15, Rn. 347.

Vorgehen bei der Beurteilung von GmbH-Anteilen und Personengesellschaftsanteilen. Sofern das Kapital durch ein Kündigungsrecht oder durch eine zeitliche Befristung dem Unternehmen wieder entzogen werden kann, entspräche eine Fremdkapitalqualifikation nicht der Anforderung einer Besteuerung nach der wirtschaftlichen Leistungsfähigkeit. Die Vergütung des Kapitals wäre als Betriebsausgabe bei der Gewinnermittlung zu berücksichtigen, obwohl das Kapital zum Zweck einer Beteiligung am Unternehmen dem Unternehmen auf unbestimmte Zeit überlassen wurde und die Vergütung für das überlassene Kapital den Unternehmenserfolg nicht belastet, sondern aus ihm zu leisten ist. Zudem würde eine Fremdkapitalqualifikation von Anteilen an Personengesellschaften bedeuten, dass der Zusammenschluss gleichgeordneter Personen, die zur Erreichung eines gemeinsamen Zwecks gemeinsam handeln, steuerlich anders behandelt werden als Einzelunternehmer, da diese ihr Kapital weiterhin als Eigenkapital auszuweisen haben. Es käme bei einer Übernahme der Regelungen aus IAS 32 zu einer unterschiedlichen steuerlichen Behandlung der Kapitalvergütungen, obwohl identische Sachverhalte vorliegen.[771] Ähnlich sieht es beim Vergleich zwischen Personen- und Kapitalgesellschaften oder beim Vergleich zwischen Aktien- und GmbH-Anteilen aus. Bei Anwendung der IFRS/IAS-Regeln werden diese wirtschaftlich identischen Sachverhalte wiederum unterschiedlich behandelt, da insbesondere die Kapitaleinlagen von Aktionären als Eigenkapitalinstrumente qualifiziert werden. Dieses Ergebnis kann nicht befriedigen, so dass von den Abgrenzungsvorschriften des IAS 32 für steuerliche Zwecke Abstand gehalten werden sollte, obwohl die IFRS/IAS bei der Eigenkapitalqualifikation wie auch im Steuerrecht notwendig auf den Residuumscharakter überlassenen Kapitals abstellen.

Deutlich wird die Ablehnung der IFRS/IAS-Vorschriften auch bei der Betrachtung schuldrechtlicher Vereinbarungen, die auf Grund vertraglicher Modifikationen und somit auf Grund ihres Charakters als Eigenkapitalinstrumente auszuweisen sind. Hier wäre es ein Leichtes, vertragliche Rückgabepflichten oder Rückforderungsmöglichkeiten zu gewähren, so dass eine Qualifikation als Eigenkapitalinstrument trotz ihres Charakters ausgeschlossen wäre. Das vordergründig objektivierend erscheinende Kriterium, dass keine vertragliche Verpflichtung zum Abzug von Barmitteln oder anderer finanzieller Vermögenswerte vorliegen darf, könnte faktisch durch eine bewusste Herbeiführung der Tatbestandsmerkmale einer Selbsteinsteuerung des Steuerpflichtigen Vorschub leisten. Insofern ist steuerlich von Bedeutung, dass das überlassene Kapital sich am laufenden Gewinn und Verlust beteiligt. Das überlassene Kapital muss dem Unternehmen dabei nachhaltig zur Verfügung stehen und darf nur nachrangig bedient werden, um zu gewährleisten, dass der Unternehmenserfolg nicht belastet wird. Auch wenn das IFRS/IAS-Eigenkapital auf Grund seines Charakters diese Kriterien umfasst, ermöglicht die IFRS/IAS-Unternehmensperspektive keine Besteuerung nach der wirtschaftlichen Leistungsfähigkeit, da sie keine Unterscheidung zwischen der Belastung des Unternehmenserfolgs und der Bedienung aus dem Unternehmenserfolg vornimmt, die steuerlich jedoch

[771] Vgl. Hoffmann/Lüdenbach, Personengesellschaften, DB 2005, S. 407.

als notwendige Schnittstelle hinsichtlich der Abgrenzung zwischen Eigen- und Fremdkapital anzusehen ist. Zudem vernachlässigt die auf die Unternehmenssichtweise abgestellte IFRS/IAS-Perspektive die Motive des Kapitalgebers; insbesondere berücksichtigt sie nicht, ob es sich um einen Zusammenschluss von gleichgerichteten Personen handelt, die einen gemeinsamen Zweck verfolgen, was steuerlich hingegen von Bedeutung ist.

III. Hybridkapital

Hybridkapital wird als zusammengesetztes Finanzinstrument (Compound Financial Instrument) verstanden, das sowohl aus Eigen- als auch aus Fremdkapitalinstrumenten besteht.[772] Die Vorschriften des IAS 32 betrachten dabei Finanzinstrumente, die sowohl mit einem virtuellen Equity-Kicker als auch mit einem echten Equity-Kicker ausgestattet sind.

1. Vorgehensweise nach IAS 32

1.1. Erfüllung mit unternehmenseigenen Eigenkapitalinstrumenten

IAS 32.11 und .16 nehmen konkret Stellung zur Qualifizierung von Finanzinstrumenten, die eine Erfüllung mit unternehmenseigenen Eigenkapitalinstrumenten vorsehen. Nach den IFRS/IAS-Vorschriften ist dabei zu beurteilen, ob es sich um ein Eigenkapital- oder Fremdkapitalinstrument handelt. IAS 32 bezieht hierzu folgendermaßen Stellung:

IAS 32.11	**IAS 32.16**
Eine **finanzielle Verbindlichkeit** ist:	Ein **Eigenkapitalinstrument** ist dann gegeben, wenn:
Ein Vertrag, der in eigenen Eigenkapitalinstrumenten des Unternehmens erfüllt werden wird oder kann und bei dem es sich um Folgendes handelt: - ein nicht derivatives Finanzinstrument, das eine vertragliche Verpflichtung des Unternehmens beinhaltet oder beinhalten kann, eine variable Anzahl von Eigenkapitalinstrumenten des Unternehmens abzugeben; oder - ein derivatives Finanzinstrument, das auf andere Weise als durch den Austausch eines festen Betrags an flüssigen Mitteln oder anderen finanziellen Vermögenswerten gegen eine feste Anzahl von Eigenkapitalinstrumenten des Unternehmens erfüllt werden wird oder kann.	das Finanzinstrument in den Eigenkapitalinstrumenten des Emittenten erfüllt werden kann, und es sich um: - ein nicht derivatives Finanzinstrument, das keine vertragliche Verpflichtung seitens des Emittenten beinhaltet, eine variable Anzahl eigener Eigenkapitalinstrumente abzugeben; oder - ein Derivat, das vom Emittenten nur durch den Austausch eines festen Betrags an flüssigen Mitteln oder anderen finanziellen Vermögenswerten gegen eine feste Anzahl eigener Eigenkapitalinstrumente erfüllt wird, handelt.

Tabelle 2: Bilanzielle Qualifikation von Finanzinstrumenten, die eine Erfüllung mit unternehmenseigenen Eigenkapitalinstrumenten vorsehen

So ist ein Vertrag nicht allein deswegen ein Eigenkapitalinstrument, weil es zum Erhalt oder zur Lieferung von unternehmenseigenen Eigenkapitalinstrumenten beiträgt. IAS 32.16 (b) und

[772] Vgl. zur Begrifflichkeit des Hybridkapitals auch IDW, RS HFA 9, WPg 2006, S. 541 Kapitel 2.5.

konkreter IAS 32.21 ff. unterscheiden zwischen den beiden Möglichkeiten, eine variable Anzahl oder eine feststehende Anzahl an unternehmenseigenen Eigenkapitalinstrumenten als Vertragsgegenstand zu benennen. Bei einer vertraglichen Vereinbarung, eine feste Anzahl unternehmenseigener Eigenkapitalinstrumente gegen eine festgesetzte Menge an Barmitteln oder anderen finanziellen Vermögenswerten zu liefern, handelt es sich unstrittig um ein Eigenkapitalinstrument.[773] Da die Ausgabe junger Aktien nicht zu einem Verlust, sondern nur zu einer Erhöhung des Eigenkapitals führen kann und dem Unternehmen keine Verpflichtung zur Lieferung von flüssigen Mitteln oder von anderen finanziellen Vermögensgegenständen entsteht, spricht zudem nichts dagegen, dass derartige Optionsrechte als ein Eigenkapitalinstrument qualifiziert werden.[774] Anders sieht dies hingegen bei Verträgen aus, die zu einer festgelegten Vertragssumme eine variierende Anzahl eigener Anteile (in Abhängigkeit von ihrem beizulegenden Zeitwert oder von anderen variablen Bezugsgrößen) zum Ausgleich eines schwankenden Zeitwerts des Eigenkapitalinstruments vorsehen; diese Verträge sind als finanzielle Verbindlichkeiten zu erfassen.[775] Als Begründung wird gem. IAS 32.21 angeführt, dass in diesem Fall eine Beteiligung an dem Residualwert des Unternehmens nicht Gegenstand des Vertrages ist und das Marktrisiko der Unternehmensentwicklung, d.h. das Gewinn- oder Verlustrisiko, somit beim Emittenten verbleibt. In diesem Zusammenhang verweist IAS 32.BC10 (b) darauf, dass die eigenen Eigenkapitalinstrumente vom Emittenten in erster Linie als Zahlungsmittel benutzt werden, da die Kursentwicklung der eigenen Eigenkapitalinstrumente im Zeitpunkt des Vertragsabschlusses ungewiss und es somit offen ist, wieviele Eigenkapitalinstrumente zu liefern sind. Aus diesem Grund sind Zahlungsverpflichtungen, die mit einer variablen Anzahl von eigenen Aktien beglichen werden, bilanziell analog zu Zahlungsverpflichtungen zu behandeln, die mit flüssigen Mitteln abgegolten werden.[776]

Bei einer vertraglich fixierten Anzahl von eigenen Eigenkapitalinstrumenten kann dagegen eine Beteiligung am Residualwert angenommen werden, da in diesem Fall das Risiko der Unternehmenswertentwicklung bereits mit Vertragsabschluss auf den Vertragspartner übergeht. Dementsprechend werden im Rahmen eines solchen Vertrags erhaltene oder entrichtete Entgelte direkt dem Eigenkapital zugeschrieben oder vom Eigenkapital abgezogen. Gem. IAS 32.22 gilt dies beispielsweise für ein Optionsrecht, welches einem Dritten das Recht gibt, eine festgesetzte Anzahl eigener Aktien zu einem festgelegten Preis zu kaufen oder gegen eine Anleihe einzutauschen. Die erhaltene Optionsprämie wird dem Eigenkapital direkt zugerech-

---

773 Ein fester Geldbetrag in Fremdwährung erfüllt die Bedingung nicht, da das Wechselkursrisiko als variable Komponente zu betrachten ist; vgl. IDW, RS HFA 9, WPg 2006, S. 542 Rn. 37.

774 Vgl. Bellavite-Hövermann/Menn/Viethen in: Baetge/Dörner et. al., IAS-Kommentar, 2. Auflage 2003, Teil B, IAS 32, Rn. 28 f.

775 IAS 32.21 führt hierfür beispielsweise einen Vertrag zur Abgabe von Eigenkapitalinstrumenten eines Unternehmens im Wert von 100 GE an.

776 Vgl. Isert/Schaber, Eigenkapital, KoR 2005, S. 303 f.

net.[777] Gleiches gilt auch für gezahlte Optionsprämien, die gem. IAS 32.AG27 (a) entsprechend direkt vom Eigenkapital abzuziehen sind.[778]

1.2. Zusammengesetzte Finanzinstrumente

IAS 32.28 bestimmt, dass der Emittent eines nicht derivativen Finanzinstruments die Bestandteile des Instruments dahingehend zu beurteilen hat, ob es neben einer Fremd- auch eine Eigenkapitalkomponente enthält. Ist dies der Fall, so hat der Emittent die unterschiedlichen Komponenten getrennt voneinander zu bilanzieren. Gem. IAS 32.BC22 hat sich die Bilanzierung dabei am wirtschaftlichen Gehalt der Kapitalüberlassung und nicht an formalen Kriterien auszurichten, die lediglich zufällig Eigen- und Fremdkapitalelemente in einem einzigen Finanzinstrument bündeln, so dass der Investor über die tatsächlichen Eigen- und Fremdkapitalverhältnisse des Unternehmens informiert wird. Sind Optionsrechte, die als Eigenkapitalinstrumente zu qualifizieren sind, beispielsweise an eine Anleihe gekoppelt, so wird durch eine Separierung sichergestellt, dass dieses Eigenkapitalinstrument nicht als Fremdkapitalinstrument untergeht.[779] Als vergleichendes Beispiel führt IAS 32.29 ein vorzeitig kündbares Schuldinstrument an und ein getrennt hiervon ausgegebenes Bezugsrecht auf Stammaktien, bei denen keine Veranlassung besteht, die entsprechenden Fremd- und Eigenkapitalinstrumente als ein gemeinsames Instrument zu bilanzieren. Diese Instrumente weisen ökonomisch keinen Unterschied zu zusammengesetzten Produkten auf, die diese Eigenschaften in einem Instrument vereinen, so dass bei den zusammengesetzten Produkten ein getrennter Ausweis von Fremd- und Eigenkapitalkomponenten geboten ist.[780] Sollte es sodann nicht zur Ausübung des Optionsrechts kommen, bleibt die Eigenkapitalkomponente unverändert stehen, während die Anleihe zum Nominalbetrag zurückgezahlt wird.[781] Als klassische Beispiele für zusammengesetzte Finanzinstrumente sind vor allem Wandel- oder die Optionsanleihen zu

---

777 Grundlage hierfür ist ein Optionskontrakt, der das Recht einräumt, eine *bestimmte* Menge von Basisobjekten (beispielsweise eigene Aktien) gegen ein *bestimmtes* Entgelt bis zu einem oder an einem *bestimmten* Zeitpunkt zu handeln.

778 Gem. IAS 32.22 sind Änderungen des Fair Values des Eigenkapitalinstruments nicht im Abschluss auszuweisen.

779 Zur Separierung vgl. Scharpf, Financial Instrument II, FB 2000, S. 213 m.w.N.; oder Brüggemann/Lühn/Siegel, Finanzinstrumente, KoR 2004, S. 395.

780 Ob eine Separierung bei einer Option vorzunehmen ist, die als Fremdkapitalinstrument zu bilanzieren ist, da sie zu einer festgelegten Vertragssumme eine variierende Anzahl eigener Anteile zum Ausgleich eines schwankenden Zeitwerts vorsieht, bleibt jedoch offen.

781 Vgl. IDW, RS HFA 9, WPg 2006, S. 542 Rn. 39. Isert/Schaber weisen in Anlehnung an die abweichende Stellungnahme (Dissenting Opinion) von Leisenring gem. IAS 32.DO1 darauf hin, dass zum Hybridkapital auch sog. Eigenkapitalinstrumente mit einer „synthetischen Verbindlichkeit" zählen. Die Autoren haben dabei eine Umqualifizierung von Eigenkapitalinstrumenten in eine finanzielle Verbindlichkeit im Blick, die auf Grund einer mit einem eigenen Eigenkapitalinstrument im Zusammenhang stehenden Zahlungsverpflichtung entstehen kann; vgl. Isert/Schaber, Eigenkapital, KoR 2005, S. 301 f. Hinsichtlich der weiteren Untersuchung wird allerdings ausschließlich auf die zusammengesetzten Finanzinstrumente Bezug genommen, da eine gegebenenfalls notwendig zu erachtende Trennung der Bilanzierungskomponenten im Vordergrund der Untersuchung steht.

nennen;[782] aber auch Vorzugsaktien sind, wie bereits im Rahmen der Behandlung der Kassainstrumenten diskutiert,[783] in Eigen- und Fremdkapitalkomponenten aufzuspalten, sofern das überlassene Kapital einerseits zurückzuzahlen ist, andererseits die Dividendenzahlung im Ermessen der Organe des Emittenten liegt. Ferner ist zu berücksichtigen, dass aus Sicht des Emittenten auch Bestandteile des nicht derivativen Finanzinstrumentes in der Form finanzieller Vermögenswerte vorliegen können. Besitzt der Emittent beispielsweise ein vorzeitiges Kündigungsrecht bei einer Wandelanleihe und ist die Risikokomponente des vorzeitigen Kündigungsrechts mit der Risikokomponente der Anleihe nach den Vorschriften des IAS 39.10 ff. zur Bilanzierung eingebetteter Derivate nicht eng verbunden, ist die Wandelanleihe in eine finanzielle Verbindlichkeit (Anleihe), ein Eigenkapitalinstrument (Wandlungsrecht des Inhabers) und einen finanziellen Vermögenswert (vorzeitiges Kündigungsrecht des Emittenten) aufzuspalten.[784]

2. *Vergleich von IFRS/IAS und Steuerrecht*

2.1. *Erfüllung mit unternehmenseigenen Eigenkapitalinstrumenten*

Im deutschen Steuer- und Handelsbilanzrecht findet sich keine vergleichbare Norm, die auf die von den IFRS/IAS vorgenommene Unterscheidung zwischen festen und variablen Vertragsbindungen Bezug nimmt. Obwohl die IFRS/IAS und das Steuerbilanzrecht übereinstimmend die Qualifikation eines Eigenkapitalinstruments von einer Beteiligung am Residualwert des Unternehmens abhängig machen, liegt steuerbilanziell mithin keine auf den Residualwert fixierte, vergleichbare Vorschrift vor. Inwieweit Zahlungen, die ein Recht auf Erfüllung mit unternehmenseigenen Anteilen beinhalten, folglich als Eigenkapitalinstrument zu qualifizieren sind, wird im Folgenden anhand ausgewählter zusammengesetzter Finanzinstrumente näher erläutert, deren derivativer Bestandteil die Möglichkeit eröffnet, zu einem festgelegten Betrag eine bestimmte Anzahl von unternehmenseigenen Anteilen zu erwerben. Steuerlich von Bedeutung ist dabei, ob eine Kapitalüberlassung eines (Noch-) Nichtgesellschafters steuerbilanziell bereits als Eigenkapitalüberlassung qualifiziert werden kann.

2.2. *Ausgewählte zusammengesetzte Finanzinstrumente*

Maßgebend für die steuerbilanzielle Beurteilung zusammengesetzter Finanzinstrumente beim Emittenten ist der Aspekt, inwieweit die Komponenten des zusammengesetzten Instruments steuerlich überhaupt als Eigen- und Fremdkapitalkomponenten zu qualifizieren sind. Sofern die zusammengesetzten Komponenten dabei als Eigen- oder Fremdkapitalinstrumente identi-

---

[782] Vgl. zur Wandelanleihe Dettmeier/Pöschke, Minderheitsanteile, KoR 2006, S. 77.

[783] Vgl. IDW, RS HFA 9, WPg 2006, S. 541 Rn. 30. Vgl. auch das Kapitel zu den finanziellen Verbindlichkeiten nach IFRS/IAS S. 144 f. und zur Bilanzierung von Vorzugsaktien S. 178 f.

[784] Vgl. hierzu auch das Kapitel zur Bilanzierung eingebetteter Derivate S. 112 ff.

fiziert werden können, sind sie, wie auch nach den IFRS/IAS-Vorschriften, nach Auffassung der Rechtsprechung entsprechend aufzuspalten.[785] Exemplarisch wird im Folgenden daher auf die Bilanzierung zusammengesetzter Finanzinstrumente abgestellt, die einem Gläubiger einer Schuldverschreibung ein Umtausch- oder Bezugsrecht auf Aktien der emittierenden Kapitalgesellschaft gewähren. Der Emittent verharrt dabei in einer Stillhalterposition, für die er in den Genuss einer zu bilanzierenden Prämie kommt. Wie in den IAS 32.22 u. .29 angedeutet und ausgehend von der Vorschrift des § 221 Abs. 1 S. 1 AktG stehen dem Emittenten hierfür im Wesentlichen die Wandel- und die Optionsanleihe zur Verfügung.[786]

2.2.1. *Wandel- und Optionsanleihen in der Handelsbilanz*

Handelsbilanziell ist beim Emittenten die Prämie, die in Verbindung mit dem Erwerb eigener Anteile vom Optionsberechtigten an den Emittenten bezahlt wird, bei einer Kapitalgesellschaft gem. § 272 Abs. 2 Nr. 2 HGB als Eigenkapitalposten zu verbuchen und damit gegebenenfalls von einem Fremdkapitalinstrument abzukoppeln.[787] § 272 Abs. 2 Nr. 2 HGB schreibt vor, dass *„der Betrag, der bei der Ausgabe von Schuldverschreibungen für Wandlungsrechte und Optionsrechte zum Erwerb von Anteilen erzielt wird“*, als Kapitalrücklage beim Emittenten auszuweisen und gesellschaftsrechtlich somit als Einlage zu werten ist. Ihren Ursprung findet die Vorschrift des § 272 Abs. 2 Nr. 2 HGB in dem § 150 Abs. 2 Nr. 3 AktG a.F., nach der der Betrag, der bei der Ausgabe von Wandelschuldverschreibungen über den Rückzahlungsbetrag hinaus erzielt wird, in die gesetzliche Rücklage einzustellen ist.[788] Es soll dadurch sichergestellt werden, dass der Eigenkapitalcharakter der Optionsprämie bilanziell gewürdigt wird, da es sich letztendlich um ein auf Eigenkapitalbeschaffung ausgerichtetes Finanzinstrument handelt, dem kein Fremdkapitalcharakter anhaftet.[789] Es handelt sich mithin nicht um einen echten betrieblichen Gewinn, sondern vielmehr um eine Kapitalzufuhr.[790] Obwohl zum Zeitpunkt der Erteilung des Optionsrechts noch keine eigenen Anteile ausgegeben werden, ist es entscheidend, dass das Aufgeld nur auf Grund des Rechts auf den mittelbaren Bezug von

---

785 Vgl. BFH vom 30.11.2005, I R 3/04, BFH/NV 2006, S. 426; BFH vom 30.11.2005, I R 26/04, BFH/NV 2006, S. 616.

786 Vgl. zur rechtlichen Ausgestaltung von Wandel- und Optionsanleihen die Ausführung zur steuerbilanziellen Behandlung beim Investor, S. 129 ff. Eine Übersicht zu den möglichen Gestaltungsformen von Wandelanleihen und Optionsanleihen findet sich beispielsweise bei Küting/Kessler/Hayn in: HdR, 5. Auflage § 272 Rn. 76. U. A. stellt sich die Frage, ob eine offene oder verdeckte Optionsprämie gezahlt wird. Die folgenden Ausführungen beschränken sich aus Vereinfachungsgründen auf Schuldverschreibungen, die mit einem offenen Aufgeld für das Optionsrecht emittiert werden.

787 Vgl. Clemm/Erle in: Beck Bil Kom, 5. Auflage 2003, § 253, Rn. 93; Dombek, Strukturiertes Produkt, WPg 2002, S. 1066; Gebhardt/Naumann, Absicherungszusammenhänge, DB 1999, S. 1463; Glanegger in: Schmidt, EStG, 25. Auflage 2006, § 6, Rn. 140; IDW, Anwendung, WPg 1999, S. 595 f.; Scharpf, Financial Instrument II, FB 2000, S. 213; Wittenbrink/Höltkemeyer, Finanzinstrumente, Die Bank 2000, S. 774 f.

788 Vgl. Küting/Kessler/Hayn in: HdR, 5. Auflage § 272 Rn. 74.

789 Vgl. Häuselmann, Wandelanleihe, BB 2000, S. 139.

790 Vgl. Hahne, Optionsanleihe, StuB 2006, S. 297 f.; Knobbe-Keuk, Bilanzsteuerrecht, 8. Auflage 1991, S. 91.

Aktien vom Emittenten vereinnahmt werden kann. Handelsbilanziell macht es mithin keinen Unterschied, ob unternehmenseigene Anteile mittelbar oder unmittelbar an einen Investor abgegeben werden und das dafür vereinnahmte Entgelt dem Unternehmen als Haftungsmasse in Form einer Kapitalzuführung zur Verfügung steht.[791] Das HGB als auch die IFRS/IAS gewährleisten somit übereinstimmend, dass die Fremd- und Eigenkapitalelemente derart klassisch strukturierter Finanzinstrumente bilanziell separiert und voneinander getrennt ausgewiesen werden.

Die eigenständige bilanzielle Würdigung als Eigenkapitalinstrument ist dabei unabhängig von der späteren Ausübung der Wandlungs- oder Optionsrechte vorzunehmen; auf die tatsächliche Inanspruchnahme kommt es bei der Einstellung in die Kapitalrücklage nicht an. Auch darf eine einmal vorgenommene Bildung einer Kapitalrücklage nicht aufgelöst werden, wenn auf das Optionsrecht nicht zurückgegriffen wird, so dass eine erfolgswirksame Vereinnahmung des Aufgelds sowohl nach den IFRS/IAS-Vorschriften als auch handelsbilanziell nicht zulässig ist.[792]

2.2.2. Wandel- und Optionsanleihen in der Steuerbilanz

2.2.2.1. Keine Maßgeblichkeit des handelsbilanziellen Vorgehens

Lange Zeit war es strittig, ob die im Handelsrecht eindeutig kodifizierte Aufspaltung der Wandel- und Optionsanleihe in Eigen- und Fremdkapitalkomponenten über die Maßgeblichkeit auch ins Steuerbilanzrecht wirkt.[793] Es war demnach offen, ob die Vorschrift des § 272 Abs. 2 Nr. 2 HGB für die Steuerbilanz maßgebend und die Optionsprämie dem handelsbilanziellen Vorgehen folgend steuerlich als Einlage ins Unternehmen zu qualifizieren ist.[794] Der

---

791 Die Einstellung in die Kapitalrücklage gewährleistet, dass das zugeführte Kapital von der laufenden Gewinnermittlung abgegrenzt wird. Vgl. hierzu Kropff, Optionsanleihen, ZGR 1987, S. 293. Vgl. zum § 150 AktG a.F. Küting/Kessler/Hayn in: HdR, 5. Auflage § 272 Rn. 74.

792 Vgl. IAS 32.30 und vgl. für die Handelsbilanz ADS, 6. Auflage, § 272 HGB Rn. 108 ff.; Döllerer, Optionsanleihe, AG 1986, S. 237; Holzheimer, Optionsanleihe, WM 1986, S. 1173; Knobbe-Keuk, Bilanzsteuerrecht, 8. Auflage 1991, S. 91; Kropff, Optionsanleihen, ZGR 1987, S. 289 ff.; Loos, Aufgeld, BB 1988, S. 369 f.; Lutter, Optionsanleihe, DB 1986, S. 1609; Martens in: FS Stimpel, Optionsanleihe, 1985, S. 632; Pöllath/Rodin, Optionsanleihe, DB 1986, S. 2094; OLG Stuttgart vom 1.3.1995, 9 U 175/94, DB 1995, S. 818.

793 Vgl. ADS, 6. Auflage, § 272 HGB Rn. 112; Berger/Klotz, Optionsanleihe I, DB 1993, S. 953 f.; Herzig/Lochmann, Betriebsausgabenabzug, WPg 2001, S. 327; Hüffer in: Aktiengesetz, 7. Auflage 2006, § 221, Rn. 77; Frotscher in: Frotscher/Maas, KStG/UmwStG, § 8 KStG Rn. 89; Häuselmann, Wandelanleihe, BB 2000, S. 142; Lochmann, Vergütungsinstrument, 2004, S. 318; Uelner, Unternehmensbesteuerung I, JbFSt 1986, S. 16 ff.

794 Es finden sich teilweise Stimmen in der Literatur, die der Meinung sind, dass der Optionsprämie auf Grund des Maßgeblichkeitsgrundsatzes steuerbilanziell auch Eigenkapitalcharakter zukommen muss. Vgl. Döllerer, Einlage, BB 1986, S. 1857; Hein, Optionsanleihe, FR 1986, S. 421; Knobbe-Keuk, Optionsanleihe, ZGR 1987, S. 313; Koch/Vogel, Optionsanleihe, BB 1986, S. 1 ff.; Loos, Aufgeld, BB 1988, S. 374; Pöllath/Rodin, Optionsanleihe, DB 1986, S. 2094.

BFH hat hierzu nunmehr eindeutig Stellung bezogen.[795] In seiner Urteilsbegründung verweist er auf das handelsbilanzielle Vorgehen, nach dem ein bei einer Optionsanleihe erzieltes Aufgeld in die Kapitalrücklage einzustellen ist und bei späterer Nichtausübung der Option die Zugehörigkeit zur Kapitalrücklage nicht verloren geht, so dass auch die Gewinn- und Verlustrechnung durch die Vereinnahmung des Aufgelds zu keinem Zeitpunkt angesprochen wird.[796] Seiner Auffassung nach kann für die steuerliche Gewinnermittlung im Ergebnis nichts Abweichendes gelten, obwohl steuerbilanziell gem. § 5 Abs. 6 EStG die gesonderten steuerlichen Bestimmungen über die Einlage zu befolgen sind, so dass die Vorschrift des § 272 Abs. 2 Nr. 2 HGB keine maßgebende Wirkung für die steuerbilanzielle Gewinnermittlung entfaltet.[797]

2.2.2.2. Steuerrechtliche Einlage

Unabhängig von zivilrechtlichen Vorgaben findet sich die Bedeutung des steuerlichen Einlagebegriffs für die Gewinnermittlung in der Vorschrift des § 4 Abs. 1 S. 1 u. 5 EStG wieder. Demnach wird der Gewinn als Unterschiedsbetrag zwischen dem Betriebsvermögen am Schluss des Wirtschaftsjahres und dem Betriebsvermögen am Schluss des vorangegangenen Wirtschaftsjahres ermittelt, korrigiert um den Wert der Einlagen und der Entnahmen eines Wirtschaftsjahres. Durch die Korrekturen wird erreicht, dass der Gewinn des Unternehmens nur betriebliche Geschäftsvorfälle erfasst und nicht Vermögensänderungen mit einbezieht, die gerade nicht durch die betriebliche Teilnahme am Marktgeschehen, sondern durch das Gesellschaftsverhältnis veranlasst sind und somit auch die Leistungsfähigkeit des Unternehmens insgesamt nicht beeinflussen.[798] Einlagen sind insofern als Korrektur des Betriebsvermögensvergleichs um betriebsfremde Vorgänge zu verstehen; sie stellen mithin sicher, dass im Rahmen der Gewinnermittlung lediglich betrieblich bedingte Geschäftsvorfälle erfasst werden.[799]

Da die Kapitalzufuhr eine Vermehrung der Aktiva zur Folge hat, handelt es sich bei der gezahlten Optionsprämie, wie auch nach den IFRS/IAS, zunächst unstrittig um einen bilanzierungsfähigen Vermögensvorteil, der grundsätzlich als Eigenkapitalbestandteil einlagefähig ist.[800] Als schwierig für die Beurteilung, ob eine steuerliche Einlage vorliegt oder nicht, er-

---

795 Vgl. BFH vom 30.11.2005, I R 3/04, BFH/NV 2006, S. 426.

796 Vgl. ADS, 6. Auflage, § 272 Rn. 113, 129; Kropff, Optionsanleihen, ZGR 1987, S. 285, 287 ff.; Berger/Ring in: Beck Bil Kom, 5. Auflage 2003, § 253 Rn. 92 f.

797 Vgl. BFH vom 30.11.2005, I R 3/04, BFH/NV 2006, S. 426.

798 Vgl. Frotscher in: Frotscher, EStG, § 4 Rn. 162; Gocke, Nutzungsüberlassung, FR 1984, S. 609; Heinicke in: Schmidt, EStG, 25. Auflage 2006, § 4 Rn. 301; Wissenschaftlicher Beirat Fachbereich Steuer Ernst & Young, Teilwert, BB 2004, S. 5.

799 Vgl. Arndt/Muhler, Optionsanleihe, DB 1988, S. 2168; Hein, Optionsanleihe, FR 1986, S. 422; Heinicke in: Schmidt, EStG, 25. Auflage 2006, § 4 Rn. 300; Plückebaum in: Kirchhof/Söhn, EStG, § 4 Rn. B 220; Wacker in: Blümich, § 4 EStG Rn. 201.

800 Einlagefähig sind nur Bilanzposten, die als Wirtschaftsgut nach den handelsrechtlichen Grundsätzen ordnungsmäßiger Bilanzierung aktiviert werden dürfen; insofern ist die Zuführung von Geld steuerlich einla-

weist sich allerdings, dass das Aufgeld lediglich die abstrakte Möglichkeit einräumt, zu einem späteren Zeitpunkt Gesellschaftsrechte zu erwerben oder auf ihren Erwerb zu verzichten. Offen ist daher, ob das für die abstrakte Möglichkeit gezahlte Entgelt, Gesellschaftsrechte zu erwerben, gesellschaftsrechtlich verursacht ist oder als ein lediglich am Markt getätigter Geschäftsvorfall gilt. Für die IFRS/IAS stellt sich diese Frage hingegen nicht. Wesentlich für die IFRS/IAS ist, dass das Instrument unabhängig von der gesellschaftsrechtlichen Beurteilung der Beschaffung von Eigenkapital dient, das dem Risiko der künftigen Unternehmensentwicklung ausgesetzt ist, d.h. sich bereits bei Vertragsabschluss am Residualwert des Unternehmens beteiligt.

Der BFH stellt in diesem Zusammenhang nunmehr fest, dass das erzielte Aufgeld, wie auch handelsbilanziell, als eine Zuführung zum Eigenkapital und somit als eine Einlage i.S. des § 4 Abs. 1 EStG zu verstehen ist.[801] Die Zuwendung der Prämie ist als Mehrung des Betriebsvermögens zu behandeln, die der Gesellschaft nicht aus betrieblichen, sondern gesellschaftsrechtlichen Gründen gewährt worden ist,[802] da den Inhabern neben der Anleihe jeweils das Recht zukommt, Anteile des Unternehmens zu erwerben. Diese Rechtsposition ist vergleichbar mit der Rechtsposition eines Gesellschafters, dem gem. § 186 Abs. 1 AktG grundsätzlich ein Bezugsrecht für neue Anteile an der Gesellschaft zusteht. Die Gesellschafter spalten durch die Ausgabe der Bezugsrechte einen Bestandteil ihrer eigenen Mitgliedschaftsrechte ab,[803] um sie auf die Inhaber des Optionsrechts zu übertragen, denen damit eine eigene, unentziehbare mitgliedschaftsrechtliche Position zukommt.[804] Eine Einlage setzt mithin nicht zwingend eine Kapitalüberlassung durch einen Gesellschafter voraus, also durch eine Person, die bereits Anteile an der Gesellschaft hält.[805] Einlagen können somit auch Kapitalüberlassungen sein, die von einem (Noch-)Nichtgesellschafter zur Erlangung einer unentziehbaren Rechtsposition auf eine Gesellschafterstellung vorgenommen werden. Die Zuführung von Kapital ist somit als

---

gefähig. Vgl. BFH vom 22.1.1980, VIII R 74/77, BStBl. II 1980, S. 244; BFH vom 26.10.1987, GrS 2/86, BStBl. II 1988, S. 348; BFH vom 9.6.1997, GrS 1/94, BStBl. II 1998, S. 307; Heinicke in: Schmidt, EStG, 25. Auflage 2006, § 4 Rn. 301; Wassermeyer, Einlage, StbJb. 1985, S. 221. So auch § 4 Abs. 1 S. 5 EStG.

801 Unerheblich ist seines Erachtens somit, ob das Steuerrecht eine Definition der Einlage enthält, die bereits systematisch über den handelsrechtlichen Einlagebegriff hinausreicht; Vgl. BFH vom 30.11.2005, I R 3/04, BFH/NV 2006, S. 426; vgl. zur Diskussion um steuerlichen und handelsrechtlichen Einlagebegriff BFH vom 29.5.1996, I R 118/93, BStBl. II 1997, S. 92; Döllerer, Optionsanleihe, AG 1986, S. 242; Knobbe-Keuk, Optionsanleihe, ZGR 1987, S. 313; Wassermeyer, Einlage, StbJb. 1985, S. 221.

802 Vgl. auch Übereinstimmung in der Literatur BFH vom 30.11.2005, I R 3/04, BFH/NV 2006, S. 426; BFH vom 9.6.1997, GrS 1/94, BStBl. II 1998, S. 307; Arndt/Muhler, Optionsanleihe, DB 1988, S. 2167; Berger/Klotz, Optionsanleihe I, DB 1993, S. 955; Berger/Ring in: Beck Bil Kom, 5. Auflage 2003, § 253 Rn. 92 f.; Döllerer, Einlage, BB 1986, S. 237 u. 241; Hein, Optionsanleihe, FR 1986, S. 423; Herzig/Lochmann, Betriebsausgabenabzug, WPg 2001, S. 328; Holzheimer, Optionsanleihe, WM 1986, S. 1173; Knobbe-Keuk, Optionsanleihe, ZGR 1987, S. 312; Koch/Vogel, Optionsanleihe, BB 1986, S. 7 f.; Lochmann, Vergütungsinstrument, 2004, S. 319.

803 Vgl. BFH vom 21.1.1999, IV R 27/97, BStBl. II 1999, S. 638; BFH vom 22.5.2003, IX R 9/00, BStBl. II 2003, S. 712; Döllerer, Optionsanleihe, AG 1986, S. 237.

804 Vgl. BFH vom 30.11.2005, I R 3/04, BFH/NV 2006, S. 426; Kropff, Optionsanleihen, ZGR 1987, S. 296 f.

805 A.A. OFD Düsseldorf vom 23.3.2001, S 2136 A - St 11, DB 01, S. 1337; Uelner, Unternehmensbesteuerung I, JbFSt 1986, S. 17 ff.

mittelbare Einlage der Altgesellschafter zu verstehen, da diese das von ihren Gesellschaftsrechten abgespaltene Bezugsrecht bereitstellen. Die Bereitstellung kann zwar als Veräußerungsvorgang verstanden werden, da das Aufgeld jedoch nicht den Gesellschaftern, sondern unmittelbar der Gesellschaft zugeht, ist eine durch das Gesellschaftsverhältnis bedingte Vermögensmehrung bei der Gesellschaft anzunehmen.[806]

Unstrittig ist somit zunächst einmal, dass die Optionsprämie beim Emittenten von dem Schuldinstrument abzutrennen ist, unabhängig davon, ob eine Wandel- oder eine Optionsanleihe vorliegt. Die vorzunehmende Abkopplung eines Eigen- von einem Fremdkapitalinstruments ist somit sowohl nach den IFRS/IAS-Vorschriften als auch im Steuerbilanzrecht vorzunehmen; zudem ist das Aufgeld zum Erwerb einer Optionsanleihe in beiden Rechenwerken bereits mit seiner Erzielung, nicht hingegen erst bei einer späteren positiven Ausübung der Option, als Einlage und somit als Eigenkapitalinstrument zu qualifizieren, so dass in der Zwischenzeit kein Schwebezustand vorliegt, der bis zur Verfügung über die Option gegebenenfalls erfolgsneutral zu überbrücken wäre, um im Falle der Nichtausübung zur Erfassung einer betrieblichen Einnahme zu führen.[807] Auch wird in Übereinstimmung mit den IFRS/IAS die Qualifikation als Einlage nicht nachträglich rückgängig gemacht, sofern die erworbene Option nicht ausgeübt wird.[808]

Im Gegensatz zur steuerbilanziellen Rechtfertigung stellen die IFRS/IAS allerdings im Rahmen der Beurteilung von Bezugsrechten nicht auf gesellschaftsrechtliche Aspekte zur Begründung für die Qualifikation als Eigenkapitalinstrument ab. Die IFRS/IAS stellen vielmehr ökonomische Aspekte in den Vordergrund, die - wie aufgezeigt - auf den Übergang von

---

806 Altgesellschafter nehmen durch die Ausgabe von Optionen und die damit verbundene bedingte Kapitalerhöhung bezogen auf ihre bisherigen Gesellschafterrechte einen „Verwässerungseffekt" hin, der insofern als „Last" des „Alt-Gesellschafter" zu verstehen ist, wobei die Gesellschaft faktisch das Recht der „Alt-Gesellschafter" für die Ausgabe der Option nutzt; vgl. BFH vom 30.11.2005, I R 3/04, BFH/NV 2006, S. 426; Hahne, Optionsanleihe, StuB 2006, S. 298; Küting in: HdR, 5. Auflage § 272 Rn. 77; Loos, Aufgeld, BB 1988, S. 369; Lutter, Optionsanleihe, DB 1986, S. 1609; vgl. ebenfalls Kropff, Optionsanleihen, ZGR 1987, S. 299; Wagner, Optionsanleihe, DK 2006, S. 264; vgl. auch in diesem Sinne Arndt/Muhler, Optionsanleihe, DB 1988, S. 2168; Esterer/Härteis, Stock Options, DB 1999, S. 2074; Griemla, Optionsanleihe, FR 2005, S. 568; Groh, Optionsanleihe, DB 2002, S. 861.

807 A.A. OFD Düsseldorf vom 23.3.2001, S 2136 A - St 11, DB 01, S. 1337; OFD München/Nürnberg vom 22.08.2000, OFD-M: S 2136 - 1 St 41/42 / OFD-N: S 2136 - 1/ST 31, BB 00, S. 2628; vgl. auch Dötsch in: D/E/J/W, KStG, § 30, Rn. 77; Häuselmann, Wandelanleihe, BB 2000, S. 144; Uelner, Unternehmensbesteuerung I, JbFSt 1986, S. 20 f.; Rose, Wandelanleihe, DB 1966, S. 751. So ist die Finanzverwaltung der Meinung, dass das Aufgeld bei einer Optionsanleihe lediglich bei tatsächlicher Optionsausübung eine steuerrechtliche Einlage begründet, bei Nichtausübung dagegen steuerpflichtig zu vereinnahmen ist. Vor Ausübung oder Verfall des Optionsrechts ist die Prämie daher als Anzahlung zu neutralisieren und bei Ausübung oder Verfall entsprechend umzugruppieren. Dies hat gegenüber einer Qualifizierung als Einlage aus der Sicht der Finanzverwaltung den fiskalischen Vorteil, dass die Optionsprämie ggf. ertragswirksam zu vereinnahmen ist, was bei einer Einlage nicht möglich ist. Dem Ansatz einer Anzahlung steht allerdings entgegen, dass das Aufgeld bei Nichtausübung nicht zurückzugewähren ist.

808 Vgl. BFH vom 30.11.2005, I R 3/04, BFH/NV 2006, S. 426; Berger/Klotz, Optionsanleihe I, DB 1993, S. 956; Arndt/Muhler, Optionsanleihe, DB 1988, S. 2167; Berger/Klotz, Optionsanleihe I, DB 1993, S. 957; Knobbe-Keuk, Optionsanleihe, ZGR 1987, S. 312; Loos, Aufgeld, BB 1988, S. 369.

Marktpreisrisiken abzielen und gesellschaftsrechtliche Erwägungen außer Acht lassen. Steuerbilanziell ist mithin entscheidend, dass der Anlass der Kapitalzuführung nicht im betrieblichen Bereich der Gesellschaft zu sehen ist, d.h. es sich nicht um ein am Markt getätigtes geschäftliches Austauschverhältnis handelt. Ein Austauschverhältnis liegt demnach für den Fall der Optionsprämie nicht vor, da der Gesellschaft das Optionsentgelt zwar zufließt, sie jedoch im Gegenzuge eine Leistung zu Lasten ihres eigenen Betriebsvermögens nicht erbringt,[809] so dass das Optionsentgelt dem Unternehmen aus einem „außerbetrieblichen Bereich" zufließt.

3. Beurteilung einer Übernahme der Wertungen aus IAS 39

Die steuerbilanzielle Beurteilung eines Optionsentgelts, das auf den Erwerb unternehmenseigener Anteile abstellt, hat sich wie im geltenden Steuerbilanzrecht auch an der Ursächlichkeit der Kapitalüberlassung zu orientieren, da es hinsichtlich der Messung der steuerlichen Leistungsfähigkeit entscheidend ist, ob die Kapitalüberlassung betrieblich oder gesellschaftsrechtlich veranlasst ist. In einem eigenständigen Steuerbilanzrecht besteht daher keine Veranlassung, von der geltenden Regelung abzuweichen, nach der das Optionsentgelt als eine Einlage zu qualifizieren ist, die grundsätzlich nicht Teil des Marktgeschehens ist. Das IFRS/IAS-Vorgehen, das sich am Marktgeschehen orientiert, sollte daher keine Vorbildfunktion für ein eigenständiges Steuerbilanzrecht entfalten.

Hingegen stellt das IFRS/IAS-Vorgehen ein eigenständiges Steuerbilanzrecht in Bezug auf die Abkopplung einer Eigen- von einer Fremdkapitalkomponente nicht vor Probleme. Steuerbilanziell ist eine Abspaltung des Optionsrechts vom Basisvertrag dann vorzunehmen, wenn es sich materiellrechtlich um zwei Bilanzposten handelt, deren Charakteristika sich grundsätzlich unterscheiden, so dass im Sinne der Ermittlung der wirtschaftlichen Leistungsfähigkeit gewährleistet wird, dass das gesamte Spektrum der wirtschaftlichen Bedeutung einer vertraglichen Vereinbarung steuerbilanziell auch abgebildet wird. Steuerbilanziell ist bei einer Wandel- oder Optionsanleihe eine Abkopplung des Optionsrechts vom Fremdkapitalinstrument vorzunehmen, da das Optionsentgelt auch in einem eigenständigen Steuerbilanzrecht als Einlage und somit als Eigenkapitalinstrument zu qualifizieren ist. Die Eigenkapitalqualität des hier diskutierten Optionsrechts ergibt sich auch aus den Umständen, dass es dem Unternehmen nachrangig und nachhaltig zur Verfügung steht und nur entfällt, wenn die Gesellschaft aufgelöst oder über ihr Vermögen das Insolvenzverfahren eröffnet wird.[810] Während die Anleihenkomponente keinen Anspruch auf den Residualwert des Unternehmens verkörpert, ist die Optionsprämie insofern als Bestandteil einer bilanziellen Residualgröße zu betrachten.

---

809 Vgl. BFH vom 30.11.2005, I R 3/04, BFH/NV 2006, S. 426; Griemla, Optionsanleihe, FR 2005, S. 568 u. 575.

810 Vgl. Landgericht Stuttgart vom 1.7.1994, 2 KfH O 43/94, DB 1994, S. 1970.

Keinen Nachteil kann dabei die Tatsache erzeugen, dass es sich bei dem Aufgeld um einen bedingten und nicht um einen unbedingten Residualwert handelt.[811]

---

[811] Vgl. Breker, Optionsrechte, 1993, S. 138.

4. Kapitel: Sicherungsbeziehungen

I. Grundlagen

1. Absicherung von Marktpreisrisiken

Finanzielle Kapitalanlagen, Finanzierungsmaßnahmen oder der Handel mit Finanzinstrumenten sind entsprechend ihrer Risikokategorie unterschiedlichsten Marktpreisrisiken ausgesetzt,[812] die, sofern sie ungesichert sind, über den Kapitalmarkt in Form des Hedging wirksam an Dritte verkauft werden können.[813] Einzelne Marktpreisrisiken werden dem Grunde nach derart abgesichert, dass ein Grundgeschäft (Hedge Item) temporär an ein gegenläufiges Sicherungsgeschäft (Hedging Instrument) gekoppelt wird, so dass sich Verluste und Gewinne bzw. die Cashflows aus beiden Geschäften bei Marktpreisänderungen im Idealfall vollständig kompensieren.[814] Sicherungsbeziehungen sind somit als ökonomische Einheiten zu verstehen, die weder auf einer vertraglichen noch auf einer gesetzlichen Grundlage beruhen und jederzeit begründet und aufgelöst werden können.[815] Sofern sich die Absicherung von Risiken indes nicht ausschließlich auf einzelne ausgesuchte Finanzgeschäfte beschränkt, bedarf es zur Organisation des Hedging eines funktionsfähigen Risikomanagement- und Risikokontrollsystems,[816] das in der Lage ist, Risiken zu identifizieren und zu quantifizieren, sie zu steuern und den Prozess des Risikomanagements entsprechend zu kontrollieren.[817]Risikomanagement wird in diesem Zusammenhang als unternehmensbezogenes Management von Markt-

---

812 Ein Währungsrisiko ergibt sich beispielsweise daraus, dass der Wechselkurs einer Fremdwährungsforderung im Zeitpunkt der Zahlung unterhalb des ursprünglichen Kurses liegt. Auch Zinsänderungen verursachen ein Marktpreisrisiko. Bei festverzinslichen Aktiva/Passiva schwankt der Marktwert, da aus schwankenden Marktzinsen unrealisierte Marktwertverluste und -gewinne resultieren. Sind die Aktiva/Passiva hingegen variabel verzinslich, resultiert das Marktrisiko aus der Veränderung der variablen Cashflows; vgl. beispielsweise Förschle in: Beck Bil Kom, 5. Auflage 2003, § 246 Rn. 160.

813 Aus allokativen Gesichtspunkten ist es von Bedeutung, dass über den Kapitalmarkt die Risiken verteilt werden können. Die verschiedenen Marktrisiken können demnach entsprechend auf diejenigen Marktteilnehmer übertragen werden, die durch Diversifizierung am besten in der Lage sind, die Risiken zu minimieren und somit dafür den geringsten Preis berechnen; vgl. Dufey in: FS Eisele, Finanzinnovationen, 2003, S. 15 f.; Gebhardt/Naumann, Absicherungszusammenhänge, DB 1999, S. 1461.

814 Vgl. Eckes et al., Hedge Accounting, Die Bank 2004, S. 416; Elkart/Schaber in: FS Eisele, Hedge-Accounting, 2003, S. 403; Gebhardt, Finanzinstrumente, BFuP 1996, S. 558; Grünewald, Finanzterminkontrakte, 1993, S. 12; Heuser/Theile, IAS Handbuch, 2. Auflage 2005, S. 383 Rn. 1020; Kehm/Lüdenbach in: Lüdenbach/Hoffmann, IAS/IFRS, 3. Auflage 2005, § 28 Rn. 241; Kuhn/Scharpf, Financial Instruments, 2. Auflage 2005, S. 249; Scharpf/Epperlein, Risikomanagement, BFuP 1995, S. 220.

815 Vgl. Barckow, Sicherungsbeziehungen, 2004, S. 25 m.w.N.

816 Vgl. Arbeitskreis "Externe Unternehmensrechnung" der Schmalenbach-Gesellschaft, Finanzinstrumente, DB 1997, S. 638; Bieg, Derivate II, StB 2002, S. 475; Brackert/Prahl/Naumann, Risikosteuerung, WPg 1995, S. 553; Buschmann, Risiko-Controlling, WPg 1992, S. 723; Elkart/Schaber in: FS Eisele, Hedge-Accounting, 2003, S. 406; Herzig in: FS Baetge, Derivatebilanzierung, 1997, S. 43; Naumann, Bewertungseinheiten, 1995, S. 174 f.; Prahl/Naumann, Bewertungseinheit, ZBB 1994, S. 6; Scharpf/Luz, Finanzderivate, 2. Auflage 2000, S. 311; Scharpf/Epperlein, Risikomanagement, BFuP 1995, S. 210; Tönnis/Schiersmann, Bewertungseinheit II, DStR 1997, S. 759; Zielke in: FS Moxter, Jahresabschluß, 1994, S. 517.

817 Vgl. Buschmann, Risiko-Controlling, WPg 1992, S. 723.

preisrisiken verstanden, das optimale ökonomische Beziehungen zwischen einer Vielzahl von Sicherungs- und Grundgeschäften herstellt. Organisatorisch werden daher einzelne Verantwortungsbereiche für einzelne Risikoarten gebildet, die auf Basis einer einheitlichen Sicherungsstrategie eine Risikoreduktion des gesamten Unternehmensrisikos mittels gegenseitiger Abstimmung erwirken.[818] Die Effektivität der Sicherungsmaßnahmen ist dabei laufend und zeitnah zu überprüfen, so dass sichergestellt wird, dass mit entsprechenden Maßnahmen auf eine sich abzeichnende unterschiedliche Entwicklung der Marktwerte der in die Verantwortungsbereiche einbezogenen Geschäfte reagiert werden kann.[819]

Neben der Verpflichtung, ein angemessenes und nachvollziehbares Risikomanagement einzurichten, das Kapitalgesellschaften insbesondere durch das Gesetz zur Kontrolle und Transparenz im Unternehmensbereich (KonTrag) gesetzlich auferlegt wird,[820] wird den Kreditinstituten zudem von der Bundesanstalt für Finanzdienstleistungsaufsicht (BaFin) auf der Grundlage des § 25 a KWG ein verbindlicher Rahmen für die Ausgestaltung eines Risikomanagements mit der Verlautbarung über die "Mindestanforderungen an das Risikomanagement" (MaRisk) vorgegeben.[821] Abgesehen von wesentlichen Anforderungen zur Verantwortung der Geschäftsleitung[822] oder die notwendige Festsetzung der geschäftspolitischen Ziele[823] verweist die BaFin ausdrücklich auch auf eine sachgerechte Dokumentation der Aufbau- und Ablauforganisation des Risikomanagements. Geschäfts-, Kontroll- und Überwachungsunterlagen sind demnach systematisch und für sachkundige Dritte nachvollziehbar abzufassen. Im Rahmen des Risikomanagements müssen daher alle Geschäftsabschlüsse originärer und derivativer Finanzinstrumente des Unternehmens sorgfältig und vollständig erfasst und dokumentiert

---

818 Vgl. Tönnis/Schiersmann, Bewertungseinheit II, DStR 1997, S. 757.

819 Die Risikosteuerung eines Unternehmens mittels aufeinander abgestimmter Grund- und Sicherungsgeschäfte kann dabei auf Micro-, Macro- oder Portfolioebene erfolgen; vgl. Arbeitskreis "Externe Unternehmensrechnung" der Schmalenbach-Gesellschaft, Finanzinstrumente, DB 1997, S. 638; Dufey in: FS Eisele, Finanzinnovationen, 2003, S. 16; Peemöller in: FS Eisele, Risikocontrolling, 2003, S. 55; Scharpf/Epperlein, Risikomanagement, BFuP 1995, S. 209 f. m.w.N.; Siefert, Risikomanagement, DStR 1994, S. 1821; Steiner/Wallmeier in: FS Coenenberg, Absicherungszusammenhänge, 1998, S. 305.

820 KonTraG KonTrag vom 27.4.1998, BStBl. I 1998, S. 786.

821 Die „Mindestanforderung an das Risikomanagement" (MaRisk) stellt eine Zusammenfassung und Fortentwicklung der bisher veröffentlichten Verlautbarungen „Mindestanforderung an das Kreditgeschäft der Kreditinstitute" (MaK), „Mindestanforderung an das Betreiben von Handelsgeschäften der Kreditinstitute" (MaH) und „Mindestanforderungen an die Ausgestaltung der Internen Revision der Kreditinstitute" (MaIR) dar; vgl. BaFin vom 20.12.2005, Rundschreiben 18/2005: Mindestanforderungen an das Risikomanagement (MaRisk), S. 1 ff. Die hier festgeschriebenen Grundsätze müssen dabei nicht zwingend auf das Kreditwesen beschränkt bleiben, obwohl sie hierfür konzipiert sind; sie können in entsprechender Weise auch auf Industrie- und Versicherungsunternehmen übertragen werden; vgl. hierzu Scharpf/Luz, Finanzderivate, 2. Auflage 2000, S. 67.

822 Es sind alle Geschäftsleiter für die ordnungsgemäße Organisation und Überwachung der Handelsgeschäfte verantwortlich. Gerecht werden sie dieser Verantwortung, wenn sie den Risikogehalt dieser Geschäftstätigkeit beurteilen können sowie die erforderlichen organisatorischen Maßnahmen zur Begrenzung der Geschäftsrisiken treffen (Limitierung, Überwachung).

823 Die Geschäftsleitung muss die geschäftspolitische Zielsetzung für die Aktivitäten mit derivativen Finanzinstrumenten eindeutig definieren und in die Strategie des Finanzbereichs sowie in die Gesamtstrategie des Unternehmens einbinden.

werden, so dass eine möglichst genaue Identifikation und Klassifizierung der Risiken gewährleistet wird.[824] Das Unternehmen muss eine klar festgelegte Sicherungsstrategie verfolgen, deren Durchführung mittels eines adäquaten internen Kontrollsystems sicherzustellen ist.

2. *Portfoliohedging*

Als ein durchaus häufig vorzufindendes Motiv für das Eingehen finanzieller Geschäfte ist der Eigenhandel mit Finanzinstrumenten zu nennen.[825] Da dem Eigenhandel eine fortlaufende Umschichtung von Handelsbeständen immanent ist, ist das Risikomanagement und Risikocontrolling als dynamisch zu organisierendes Hedging zu verstehen, das die einem Handelsbuch zugeordneten Geschäfte fortlaufend in einen gewollten wirtschaftlichen Zusammenhang stellt.[826] Das Portfolio wird jeweils in sich umgeschichtet. Mittels organisatorischer und risikobegrenzender Maßnahmen erwirkt der entsprechende Verantwortungsbereich, dass es entsprechend risikomäßig geschlossen ist; es wird mithin nicht ständig aufgelöst und neu begründet.[827] Marktpreisrisiken werden dabei dergestalt zusammengeführt, dass sie sich auf Basis einer übergreifenden Betrachtung von einer unbestimmten Anzahl gleichartiger Geschäfte und Gegengeschäfte gegenseitig absichern.[828] Eine genaue Zuordnung der Geschäfte zueinander und damit eine genaue Bestimmung als Grund- und Sicherungsgeschäft ist nicht mehr möglich; eine objektive Nachvollziehbarkeit des Hedging auf Basis konkreter Zuord-

---

824 Vgl. Bea in: FS Eisele, Risikomanagement, 2003, S. 37 ff.; Locarek-Junge in: Gerke/Steiner, Hedging, 2001, S. 1022; Peemöller in: FS Eisele, Risikocontrolling, 2003, S. 65; Scharpf/Epperlein, Risikomanagement, BFuP 1995, S. 211; Scharpf, Bewertungseinheit, BFuP 1995, S. 166.

825 Vgl. Brackert/Prahl/Naumann, Risikosteuerung, WPg 1995, S. 550; Elkart/Schaber in: FS Eisele, Hedge-Accounting, 2003, S. 405; Prahl/Naumann, Bewertungseinheit, ZBB 1994, S. 3 f.; Scharpf/Luz, Finanzderivate, 2. Auflage 2000, S. 300; Scheffler, Hedge Accounting, 1994, S. 224; Tönnis/Schiersmann, Bewertungseinheit II, DStR 1997, S. 757. Dies muss nicht nur für Kreditinstitute gelten, sondern kann auch für Industrieunternehmen Bedeutung besitzen. Beim Eigenhandel geht es in erster Linie nicht um das Vorhalten von Beständen, sondern um die Weiterleitung von Risiken im Sinne einer Wertkompensation. Beispielsweise wird beim Handel von Zinstiteln nicht darauf abgestellt, durch Sicherungsmaßnahmen ein laufzeitbezogenes Zinsänderungsrisiko zu beseitigen, sondern vielmehr Bewertungsergebnisse innerhalb eines Handelsbuchs aufgrund von Zinsänderungen wertmäßig auszugleichen.

826 Es ist erforderlich, dass ein wirtschaftlicher Zusammenhang zwischen Grund- und Sicherungsgeschäft gegeben ist, da das Risikomanagement nicht gegen, sondern nur mit ökonomischen Gesetzmäßigkeiten operieren kann. Auf existierende Verlustrisiken und Gewinnchancen müssen identische Einflussfaktoren wirken, so dass Finanzgeschäfte das Risiko des Unternehmens nicht nur zufällig reduzieren; vgl. Elkart/Schaber in: FS Eisele, Hedge-Accounting, 2003, S. 405; Krumnow/Sprißler et al. (Hrsg.) in: Rechnungslegung der Kreditinstitute, 2. Auflage 2004, § 340 e Rn. 314; Prahl/Naumann, Portfolio-Hedge, WPg 1991, S. 735; Scharpf/Luz, Finanzderivate, 2. Auflage 2000, S. 313 ff.; Steiner/Tebroke/Wallmeier, Finanzderivat, WPg 1995, S. 538; Windmöller/Breker, Optionsgeschäfte, WPg 1995, S. 401.

827 Kennzeichen komplexer Hedge-Strategien ist im Gegensatz zum Mikro-Hedging die ständige Veränderung innerhalb der Hedges. Ein komplexer Hedge behält über einen längeren Zeitraum nicht dieselbe Zusammensetzung; es werden vielmehr ständig Werte ge- und verkauft; vgl. Scharpf/Luz, Finanzderivate, 2. Auflage 2000, S. 317 f.; Scheffler, Hedge Accounting, 1994, S. 227 ff.; Wiedmann in: FS Moxter, Bewertungseinheit, 1994, S. 481.

828 Vgl. Steiner/Tebroke/Wallmeier, Finanzderivat, WPg 1995, S. 538; Tönnis/Schiersmann, Bewertungseinheit II, DStR 1997, S. 756.

nungen von Sicherungs- und Grundgeschäft ist ausgeschlossen.[829] Im Rahmen des Risikomanagements wird insofern nicht die Wertentwicklung einzelner, konkret zugeordneter Finanzgeschäfte, sondern die Wertentwicklung des Portfolios als Ganzes über den Ausgleich potentieller Marktwertänderungen aller dem Portfolio zugeordneten Finanzgeschäfte betrachtet. Obwohl es nach den Vorschriften des Allgemeinen Teils (AT) 6 MaRisk unerlässlich ist, die beteiligten Finanzinstrumente entsprechend zu dokumentieren, ist es aus bilanzieller Sicht auf Grund der mangelnden Identifizierbarkeit einzelner Sicherungsbeziehungen innerhalb des Portfolios durchaus als Herausforderung anzusehen, globale Risikostrategien bilanziell objektiv nachzuzeichnen.

Die Portfoliobildung erfolgt in der Regel produkt- oder risikobezogen. Produktbezogene Portfolios enthalten Handelspositionen einer Gattung mit gleichem Basiswert; bei risikobezogenen Portfolios werden hingegen verschiedenartige Produkte innerhalb der gleichen Risikoklasse erfasst.[830] Gemein ist beiden Portfolios indes, dass jeweils gleichartige Marktpreisrisiken zusammengefasst werden. Für die Absicherung von Fremdwährungspositionen bedeutet eine Absicherung auf Portfolioebene beispielsweise, dass nicht eine einzelne Währungsposition, sondern die Nettoposition aus Forderungen und Verbindlichkeiten pro Währung als Bewertungseinheit zu betrachten ist.[831] Die Absicherung potenzieller Zinsänderungen einer nicht näher bestimmten Anzahl eingegangener Zinsgeschäfte kann über den Abschluss einer gegenläufigen Terminkontraktposition erwirkt werden, die die aus den Zinsbindungslaufzeiten resultierende Zinslücke schließt. Des Weiteren kann beispielsweise die Absicherung von Aktien-Portfolios durch den Abschluss von Aktienindex-Terminkontrakten vorgenommen werden.[832] Auf Grund der unterschiedlichen Natur der Portfoliobildung ist jedoch zu beachten, dass eine gleichartige Risiko- oder Produktkategorie nicht zwingend auch eine gleichartige Risikobeeinflussung nach sich zieht. So ist es bei Währungsgeschäften beispielsweise möglich, die Risikokomponente weitestgehend konsistent abzugrenzen, während dies bei Aktiengeschäften im Wesentlichen als ausgeschlossen erscheint. Der Währungsbereich ermöglicht auf Grund der Existenz eindeutig abgrenzbarer Basiswerte eine gleichartige Risikobeeinflussung. Für den Aktienindexbereich ist dies hingegen nicht der Fall, da auf Grund einer beliebi-

---

829 Vgl. Scheffler, Hedge Accounting, 1994, S. 224; Tönnis/Schiersmann, Bewertungseinheit II, DStR 1997, S. 757.

830 Vgl. Anstett/Husmann, Bewertungseinheit, BB 1998, S. 1530; Steiner/Tebroke/Wallmeier, Finanzderivat, WPg 1995, S. 538.

831 Beispielsweise eröffnet § 340 h HGB die Möglichkeit, globale Kurssicherungen im Fremdwährungsbereich für Kreditinstitute bilanziell abzubilden, auch wenn sich dies nicht explizit aus seinem Wortlaut ergibt. Gem. § 340 h Abs. 2 HGB besteht für den Fall einer nicht vorliegenden gesonderten Deckung ein Wahlrecht, unrealisierte Gewinne durch die Bildung einer Bewertungseinheit erfolgswirksam zu verrechnen oder die einzelnen Positionen imparitätisch zu bewerten, sofern eine Deckung in derselben Währung vorliegt; vgl. Glaum/Förschle, Risikomanagement, DB 2000, S. 1525 ff.; Krumnow/Sprißler et al. (Hrsg) in: Rechnungslegung der Kreditinstitute, 2. Auflage 2004, § 340 h Rn. 36 ff.; Tönnis/Schiersmann, Bewertungseinheit II, DStR 1997, S. 756.

832 Vgl. Anstett/Husmann, Bewertungseinheit, BB 1998, S. 1529.

gen Zusammensetzung eines Indexes eine gleichartige Risikobeeinflussung nicht anzunehmen ist.[833]

II. Vorgehensweise nach IAS 39

Obgleich der IASB im Rahmen der Bilanzierung von Finanzinstrumenten auf den Grundsatz der Fair Value-Bewertung zurückgreift, sind in den IAS 39.71 ff. spezielle Rechnungslegungsvorschriften verankert, die sich auf Basis der Bilanzwirksamkeit derivativer Finanzinstrumente mit dem Aspekt der bilanziellen Abbildung des unternehmerischen Risikomanagements auseinandersetzen. Zwar besteht für den Fall, dass neben dem Sicherungsgeschäft auch grundsätzlich das abgesicherte Grundgeschäft zum Fair Value bewertet wird, so dass sich die beiden Positionen infolgedessen im Rahmen des Hedging gegeneinander aufrechnen, keine Notwendigkeit zur bilanziellen Abbildung einer Sicherungsbeziehung - da die IFRS/IAS-Vorschriften jedoch nicht auf einen Full Fair Value-Approach, sondern auf den Mixed-Model-Approach abstellen,[834] werden nicht alle Finanzinstrumente im Rahmen der Folgebewertung zum Fair Value bilanziert, so dass erst über das Hedge-Accounting eine systematische Erfassung der Wertänderungen von Grund- und Sicherungsgeschäften in der Bilanz ermöglicht wird.[835] Das Hedge-Accounting setzt insofern die ansonsten geltenden Bewertungsvorschriften außer Kraft; es erfasst nunmehr alle am Sicherungsverbund beteiligten Finanzinstrumente zum Fair Value.[836] Nicht unbedeutend ist dabei die Designation des Sicherungszusammenhangs, da sich aus der bloßen Existenz eines Sicherungszusammenhangs in der Regel noch keine bilanziellen Konsequenzen ableiten lassen. Gem. IAS 39.AG110 kann sich die bilanzielle Abbildung eines Sicherungsgeschäfts dabei nicht auf ein allgemeines Geschäftsrisiko beziehen; bilanziell muss es sich um ein benennbares Sicherungsgeschäft handeln.[837] Es

---

833 Vgl. Anstett/Husmann, Bewertungseinheit, BB 1998, S. 1529; Elkart/Schaber in: FS Eisele, Hedge-Accounting, 2003, S. 406.

834 Vgl. Eckes et al., Hedge Accounting, Die Bank 2004, S. 416; Göttgens, Hedge Accounting, BFuP 1995, S. 151; Herzig in: FS Baetge, Derivatebilanzierung, 1997, S. 44; Herzig/Mauritz, Marktbewertungspflicht, BB 1997, S. 5; Jamin/Krankowsky, Hedge-Accounting, KoR 2003, S. 503; Steiner/Tebroke/Wallmeier, Finanzderivat, WPg 1995, S. 535.

835 Vgl. Barckow, Sicherungsbeziehungen, 2004, S. 30; Coenenberg, Jahresabschlussanalyse, 20. Auflage 2005, S. 273 f.; Eckes et al., Hedge Accounting, Die Bank 2004, S. 417; Heuser/Theile, IAS Handbuch, 2. Auflage 2005, S. 384 Rn. 1022; Jamin/Krankowsky, Hedge-Accounting, KoR 2003, S. 503; Kehm/Lüdenbach in: Lüdenbach/Hoffmann, IAS/IFRS, 3. Auflage 2005, § 28 Rn. 242; Kropp/Klotzbach, Financial Instruments, WPg 2002, S. 1010; Krumnow/Sprißler et al. (Hrsg.) in: Rechnungslegung der Kreditinstitute, 2. Auflage 2004, IAS 39 Rn. 259; Kuhn/Scharpf, Financial Instruments, 2. Auflage 2005, S. 251.

836 Vgl. Bellavite-Hövermann/Barckow in: Baetge/Dörner et. al., IAS-Kommentar, 2. Auflage 2003, IAS 39 Rn. 152; Gebhardt/Naumann, Absicherungszusammenhänge, DB 1999, S. 1467; Herzig, IAS/IFRS und steuerliche Gewinnermittlung, 2004, S. 120 f.; Heuser/Theile, IAS Handbuch, 2. Auflage 2005, S. 384 Rn. 1022; Kehm/Lüdenbach in: Lüdenbach/Hoffmann, IAS/IFRS, 3. Auflage 2005, § 28 Rn. 4; Scharpf, Financial Instrument IV, FB 2000, S. 372 u. 376.

837 Als Beispiel für ein allgemeines Geschäftsrisiko wird gem. IAS 39.AG110 das Veralten von physischen Vermögenswerten oder das Risiko einer staatlichen Enteignung genannt, da die damit verbundenen Risiken nicht wirksam geschätzt werden können.

ist mithin erforderlich, dass sowohl die Bilanzposten der zum Hedge-Accounting heranzuziehenden Grundgeschäfte als auch die möglichen Sicherungsinstrumente identifiziert, genau definiert und auch dokumentiert werden. Ohne ein gesondertes Hedge-Accounting würden die Gewinne und Verluste aus dem gesicherten Instrument und dem zur Sicherung eingesetzten Instrument ansonsten unabhängig voneinander und unterschiedlichen Bewertungskonzeptionen nachgehend in der Bilanz ausgewiesen werden.

1. Instrumente

1.1. Sicherungsinstrumente

Ein Sicherungsinstrument ist gem. IAS 39.9 entweder ein designierter derivativer oder ein nicht derivativer finanzieller Vermögenswert bzw. finanzielle Verbindlichkeit, von deren Fair Value oder Cashflow erwartet wird, dass sie Änderungen des Fair Values oder des Cashflows eines designierten Grundgeschäfts kompensieren. In der Regel, d.h. der Praxis folgend, kommen als Sicherungsinstrumente jedoch nur derivative Finanzinstrumente in Betracht.[838] Die Bestimmung eines Derivates als Sicherungsinstrument kann gem. IAS 39.IG F.3.9 zum Zeitpunkt des Vertragsabschlusses oder jederzeit während der Vertragslaufzeit vorgenommen werden; eine rückwirkende Bestimmung als Sicherungsinstrument ist allerdings ausgeschlossen. Ein Finanzderivat muss insofern nicht ausdrücklich zu Sicherungszwecken beschafft worden sein, es kann auch erst während der Vertragslaufzeit zu diesem bestimmt werden. Es ist dann auch erst ab dem Zeitpunkt der Bestimmung als Sicherungsinstrument nach den Regeln des Hedge-Accountings zu bewerten und abzubilden.[839] Gem. IAS 39.76 kann ein einzelnes Sicherungsinstrument dabei unter folgenden Bedingungen zur Absicherung verschiedener Risiken eingesetzt werden:

(a) Die abzusichernden Risiken können eindeutig ermittelt werden;
(b) Die Wirksamkeit der Sicherungsbeziehung kann nachgewiesen werden;
(c) Es ist möglich, eine exakte Zuordnung des Sicherungsinstruments zu den Risikopositionen zu gewährleisten.

Normalerweise wird ein Finanzderivat gem. IAS 39.74 in seiner Gesamtheit als Sicherungsinstrument zur Absicherung eines Grundgeschäfts herangezogen; es können gem. IAS 39.77 allerdings auch zwei oder mehrere Derivate zusammen eingesetzt werden oder gem. IAS 39.75 hinsichtlich des Volumens auch anteilig als Sicherungsinstrument designiert werden. Zur Verbesserung der Effektivität können auch Teileinheiten von ausgewählten Finanzderiva-

---

[838] Vgl. Eckes et al., Hedge Accounting, Die Bank 2004, S. 418; Jamin/Krankowsky, Hedge-Accounting, KoR 2003, S. 504; Kehm/Lüdenbach in: Lüdenbach/Hoffmann, IAS/IFRS, 3. Auflage 2005, § 28 Rn. 243; Zimmermann in: Gerke/Steiner, Optionsgeschäfte, 2001, S. 1616; dem Grunde nach auch Peemöller in: FS Eisele, Risikocontrolling, 2003, S. 60 ff.

[839] Vgl. Eckes et al., Hedge Accounting, Die Bank 2004, S. 418; Kuhn/Scharpf, Financial Instruments, 2. Auflage 2005, S. 255.

ten zu Sicherungszwecken herangezogen werden;[840] so kann gem. IAS 39.74 (a) beispielsweise bei einer Option der innere Wert als Sicherungsinstrument bestimmt werden, während der Zeitwert der Option von der Designation als Sicherungsinstrument ausgeklammert und somit lediglich dem Handelsbestand zugeordnet wird.[841] Des Weiteren besteht gem. IAS 39.IG F.1.12 die Möglichkeit, ein Derivat in seine Risikokomponenten zu zerlegen und diese entsprechend unterschiedlichen Sicherungsbeziehungen zuzuordnen. Beispielsweise kann ein Zins-/ Währungsswap eine variabel verzinsliche Fremdwährungsverbindlichkeit sowohl gegen das Zins- als auch gegen das Währungsrisiko absichern.[842] Des Weiteren können auch Finanzderivate als Sicherungsinstrumente herangezogen werden, die nach IAS 39.11 als eingebettetes Derivat vom Basisvertrag zuvor abgespalten worden sind.[843] Hingegen dürfen gem. IAS 39.AG97 eigene Eigenkapitalinstrumente nicht als Sicherungsinstrumente designiert werden, da es sich aus Sicht des Unternehmens weder um finanzielle Vermögenswerte noch um finanzielle Verbindlichkeiten handelt. Auch darf eine geschriebene Option gem. IAS 39.72 i.V.m. IAS 39.AG94 nicht als Sicherungsinstrument designiert werden,[844] da das Gewinnpotenzial beim Stillhalter auf die erhaltene Prämie begrenzt, das Verlustpotenzial hingegen unbegrenzt ist. Das Eingehen einer Stillhalterposition ist somit im Gegensatz zu einer erworbenen Option nicht dazu geeignet, das Verlustrisiko eines Grundgeschäfts einzuschränken.[845]

1.2. Grundgeschäfte

Bei einem Grundgeschäft handelt es sich gem. IAS 39.78 (a) um einen einzelnen Vermögenswert, eine einzelne Verbindlichkeit,[846] eine feste Verpflichtung / einen schwebenden Ver-

840 Die Bestimmung nur des inneren Werts einer Option bedeutet, dass ausschließlich dieser Risikofaktor der Effektivitätsmessung zugeführt wird, was die Übereinstimmung mit dem Risikofaktor des Grundgeschäfts erleichtert; vgl. Heuser/Theile, IAS Handbuch, 2. Auflage 2005, S. 387 Rn. 1027; Kehm/Lüdenbach in: Lüdenbach/Hoffmann, IAS/IFRS, 3. Auflage 2005, § 28 Rn. 244.

841 Gleiches gilt gem. IAS 39.74 (b) für die Trennung von Zinskomponente und Kassakurs eines Terminkontrakts. Eine Designation als gesamtes Instrument wird durch die Vorschrift des IAS 39.74 allerdings nicht ausgeschlossen.

842 Vgl. Eckes et al., Hedge Accounting, Die Bank 2004, S. 418; Kuhn/Scharpf, Financial Instruments, 2. Auflage 2005, S. 294.

843 Vgl. Heuser/Theile, IAS Handbuch, 2. Auflage 2005, S. 387 Rn. 1026; Kuhn/Scharpf, Financial Instruments, 2. Auflage 2005, S. 260.

844 Es sei denn, sie wird zur Glattstellung einer erworbenen Option eingesetzt.

845 Vgl. Kuhn/Scharpf, Financial Instruments, 2. Auflage 2005, S. 264 f. Sofern eine Optionskombination aus einer geschriebenen und einer erworbenen Option, wie beispielsweise bei einem Collar, mit einem Vertragspartner abgeschlossen wurde und somit als einheitliches Instrument zu betrachten ist, darf die geschriebene Option nicht von der erworbenen Option getrennt und als Sicherungsinstrument eingesetzt werden. Dies ergibt sich aus dem IAS 39.74, nach dem einer Sicherungsbeziehung ein Sicherungsinstrument in seiner Gesamtheit zuzuschreiben ist.

846 IAS 39.86 (a) begrenzt das Hedge-Accounting dabei nicht ausschließlich auf Finanzinstrumente. Da sich die Sicherungsbeziehungen neutral auf Vermögenswerte oder Verbindlichkeiten beziehen, können daher auch nicht-finanzielle Vermögenswerte oder Verbindlichkeiten Gegenstand des Hedge-Accountings sein.

trag (Firm Commitment),[847] eine erwartete und mit hoher Wahrscheinlichkeit eintretende künftige Transaktion (highly probable Forecast Transaktion)[848] oder eine Nettoinvestition in einen ausländischen Geschäftebetrieb (Net Investment in a Foreing Operation), durch die das Unternehmen jeweils dem Risiko einer Änderung des Fair Values oder des künftigen Cashflows ausgesetzt ist und die als gesichert bestimmt werden. Da die Vorschrift des IAS 39.78 (a) sich jeweils auf genau ein Grundgeschäft bezieht, ist die einzelgeschäftsbezogene Risikosteuerung insoweit als Micro-Hedging zu verstehen.[849] In diesem Zusammenhang ist es gem. 39.81 auch zulässig, sofern Risiken eines Grundgeschäfts sich lediglich auf einen Teil seiner Cashflows oder seines Fair Values beziehen, nur einen proportionalen Teil oder lediglich eine bestimmte Risikokomponente über das Hedge-Accounting zu erfassen.[850]

Bezug nehmend auf die Absicherung eines Risikos einer Änderung des Fair Values oder eines künftigen Cashflows bestimmt IAS 39.79, dass ein bis zur Endfälligkeit gehaltenes Finanzinstrument (Held-to-Maturity) nicht als Grundgeschäft im Rahmen des Hedge-Accountings herangezogen werden kann. Ein derart klassifiziertes Instrument setzt voraus, dass es ohne Rücksicht auf Änderungen des Fair Values oder des Cashflows bis zur Endfälligkeit im Unternehmen verbleibt, so dass bilanziell mithin keine abzusichernden Risiken vorliegen. Ähnliches gilt für Finanzinstrumente, die im Rahmen des Eigenhandels der Kategorie Held for Trading zugeordnet wurden, da in diesem Zusammenhang bereits auf die Fair Value-Bewertung zurückgegriffen wird, so dass keine weitere Notwendigkeit besteht, sie als Grundgeschäfte im Sinne des Hedge-Accountings zu berücksichtigen. Hierunter fallen insbesondere Finanzderivate, so dass Derivate im Rahmen des Hedge-Accountings grundsätzlich nicht als Grundgeschäfte anzutreffen sind.[851]

---

847 Hierbei handelt es sich um schwebende Geschäfte, die abgesichert werden. Sofern Ansprüche und Verpflichtungen aus Verträgen (insbesondere Liefer- / Kaufverpflichtungen zu einem festgelegtem Preis), die noch von keiner Vertragsseite erfüllt und somit auch noch nicht bilanziert wurden, abgesichert werden, kommt eine Bilanzierung im Rahmen des Hedge-Accounting in Betracht; vgl. hierzu Kehm/Lüdenbach in: Lüdenbach/Hoffmann, IAS/IFRS, 3. Auflage 2005, § 28 Rn. 245.

848 Bei den sog. Forecasted Transactions handelt es sich um antizipative Hedges. Hierzu zählt beispielsweise die Absicherung von Kursrisiken eines erwarteten Kaufs oder Verkaufs in Fremdwährung, für die eine feste Verpflichtung noch nicht besteht; vgl. Scharpf, Financial Instrument IV, FB 2000, S. 378. Der Zufluss eines künftigen Zahlungsstroms muss dabei mit einer hohen Wahrscheinlichkeit auch eintreten; zwar wird der Grad der Wahrscheinlichkeit nicht ausdrücklich definiert, es ist jedoch davon auszugehen, dass eine erheblich höhere Wahrscheinlichkeit als „more likely than not" vorliegen muss; vgl. hierzu Kuhn/Scharpf, Financial Instruments, 2. Auflage 2005, S. 288.

849 Vgl. Sprißler in: Gerke/Steiner, Finanzderivate, 2001, S. 832.

850 Dies gilt nur für finanzielle Vermögenswerte oder finanzielle Verbindlichkeiten als Grundgeschäfte, deren Effektivität der Sicherungsbeziehung ermittelt werden kann. Als Resultat einer lediglich teilweise vorgenommenen Absicherung des Grundgeschäfts stellt sich ein, dass der Bilanzposten weder zu seinen fortgeführten Anschaffungskosten noch zu seinem Fair Value ausgewiesen wird, da lediglich die Wertänderung übernommen wird, die auch abgesichert ist; vgl. hierzu Löw, Financial Instruments, WPg 2005, S. 1339.

851 Vgl. Kuhn/Scharpf, Financial Instruments, 2. Auflage 2005, S. 272.

Neben der Absicherung einzelner Vermögenswerte bestimmt IAS 39.78 (b) zudem, dass auch dann von einem bilanziellen Grundgeschäft gesprochen werden kann, wenn nicht ein einzelner sondern eine Gruppe von Vermögenswerten mit vergleichbarem Risikoprofil abgesichert wird, d.h. wenn sich die Anzahl der zu sichernden Grundgeschäfte erhöht. Die in der Gruppe zusammengefassten Grundgeschäfte können dabei jeweils ausschließlich aus (finanziellen) Vermögenswerten oder ausschließlich aus (finanziellen) Verbindlichkeiten zusammengesetzt sein.[852] IAS 39.84 schließt explizit die Absicherung einer Nettoposition aus einer Kombination von Assets und Liabilities aus. IAS 39.AG101 merkt in diesem Zusammenhang an, dass zwar die Absicherung einer gesamten Nettoposition nicht die Kriterien der Absicherung einer Gruppe erfüllt,[853] die Absicherung einer Nettoposition bilanziell allerdings auf dem Wege der Absicherung einzelner,[854] disaggregierter Assets oder Liabilities mit einem Sicherungsinstrument erreicht werden kann.[855] Die gleichartigen Vermögenswerte oder Verbindlichkeiten können gem. IAS 39.83 dabei bilanziell nur dann als Gruppe zusammengefasst und gegen Risiken abgesichert werden, wenn die einzelnen Vermögenswerte oder Verbindlichkeiten der Gruppe demselben Risikofaktor unterliegen, der als Sicherungsgegenstand festgelegt wurde. Die Änderung des gesamten Fair Values des Portfolios muss sich dabei gem. IAS 39.83 *in etwa* proportional zur Änderung des Fair Values jedes einzelnen Postens in der Gruppe verhalten.[856] Es muss sich dementsprechend um eine Gruppe von Finanzinstrumenten handeln, deren einzelne Grundgeschäfte sich bezüglich der Änderung ihrer gesicherten Risikoparameter homogen geben.[857] Die bilanzielle Abbildung dieses Sicherungszusammenhangs basiert

852 Vgl. Kehm/Lüdenbach in: Lüdenbach/Hoffmann, IAS/IFRS, 3. Auflage 2005, § 28 Rn. 248.

853 Beispielsweise der Saldo aller festverzinslichen Vermögenswerte und Verbindlichkeiten mit ähnlicher Laufzeit. Der IASB verweist gem. IAS 39.AG101 in diesem Zusammenhang allerdings darauf, dass bei einem solchem Sicherungszusammenhang annähernd die gleiche Wirkung auf das Periodenergebnis erzielt werden kann wie bei einer Bilanzierung von Sicherungsbeziehungen, wenn nur ein Teil der zugrundeliegenden Posten (finanziellen Vermögenswerte / finanziellen Verbindlichkeiten) als Grundgeschäft bestimmt wird.

854 Kropp/Klotzbach weisen sicherlich zu Recht darauf hin, dass auf Grund von Änderungen der Nettoposition im Zeitablauf eine stetige Dedesignation und Neudesignation der Sicherungsbeziehungen erforderlich wird und dass der damit verbundene Dokumentationsaufwand als äußerst intensiv anzusehen ist, so dass diese Vorgehensweise im Widerspruch zur bestehenden Praxis steht; vgl. Kropp/Klotzbach, Makro-Hedge-Accounting, WPg 2003, S. 1181; Krumnow/Sprißler et al. (Hrsg.) in: Rechnungslegung der Kreditinstitute, 2. Auflage 2004, IAS 39 Rn. 292.

855 Vgl. auch zur Disaggregation IDW, IAS 39, WPg 2001, S. 1186; IDW, Hedge-Accounting, WPg 2002, S. 820.

856 Gem. IAS 39.IG F.2.20 kann beispielsweise ein Aktienportfolio, das sich an einem Aktienindex orientiert und dessen Wertentwicklung mit Hilfe eines Finanzderivats abgesichert ist, bilanziell nicht im Rahmen des Hedge-Accountings behandelt werden, da die Wertentwicklung des Portfolios aufgrund der unterschiedlichen, gegebenenfalls gegenläufigen Risikoprofile der einzelnen Aktien sich nicht in etwa proportional zu den Wertentwicklungen der jeweils einzelnen Posten verhält; vgl. hierzu kritisch Kropp/Klotzbach, Financial Instruments, WPg 2002, S. 1030.

857 Beispielsweise kann damit die Absicherung eines Forderungsbestands mit in etwa gleicher Laufzeit gegenüber unterschiedlichen Lieferanten im selben Währungsraum gegen Wechselkursrisiken gemeint sein; Bellavite-Hövermann/Barckow in: Baetge/Dörner et. al., IAS-Kommentar, 2. Auflage 2003, IAS 39 Rn. 160; Heuser/Theile, IAS Handbuch, 2. Auflage 2005, S. 386 Rn. 1025; IDW, IAS 39, WPg 2001, S. 1186; IDW, Hedge-Accounting, WPg 2002, S. 820; Krumnow/Sprißler et al. (Hrsg.) in: Rechnungslegung der Kreditinstitute, 2. Auflage 2004, IAS 39 Rn. 289.

insofern nicht auf der klassischen Einheit eines Micro-Hedge; sie kann als erweiterter Micro-Hedge verstanden werden.[858] Dieses Vorgehen muss sich dann auch entsprechend im Risikomanagement der Unternehmen wiederfinden.[859] Beispielsweise werden im Rahmen einer Kreditportfolio-Bildung zwar Forderungen gleicher Bonität zusammengeführt, allerdings reagieren sie auf Grund ihrer unterschiedlichen Laufzeiten nicht proportional auf Änderungen des Zinsrisikos, so dass hinsichtlich der Anforderungen der IFRS/IAS-Rechnungslegung für die Unternehmen die Notwendigkeit besteht, ihren Kreditbestand für Zwecke der Bilanzierung in gleichgerichtete Laufzeitbänder einzuordnen.[860]

2. *Arten des Hedge-Accountings*

2.1. *Klassifizierung*

Die IFRS/IAS kennen drei Arten des Hedge-Accountings, die jeweils unterschiedliche Absicherungssachverhalte bilanziell widerspiegeln. Gem. IAS 39.86 hat das Unternehmen den Sicherungszusammenhang mit Hilfe eines

(a) Fair Value Hedge (Absicherung des Fair Values);
(b) Cashflow Hedge (Absicherung von Zahlungsströmen); oder
(c) Hedge of a Net Investment in a Foreign Operation (Absicherung einer Nettoinvestition in einen ausländischem Geschäftsbetrieb)[861]

abzubilden. Die Klassifizierung einer Sicherungsbeziehung hängt von der Art des gesicherten Risikos ab. Unter einem Fair Value Hedge werden alle Sicherungszusammenhänge subsumiert, die bilanzierte Vermögensgegenstände (Assets), bilanzierte Verbindlichkeiten (Liabilities) oder bilanzunwirksame feste Verpflichtungen / schwebende Verträge (Firm Commitment) gegen Marktwertänderungen absichern. Ein Cashflow Hedge sichert dagegen das Risiko der Schwankung von Zahlungsströmen ab, die auf ein bestimmtes mit einem bilanzierten Vermögenswert oder einer bilanzierten Verbindlichkeit oder einer geplanten Transaktion ver-

---

858 Es handelt sich hierbei nach ökonomischer Lesart weder um einen Portfolio- noch um einen Macro-Hedge, da beiden gemein ist, dass jeweils eine Nettoposition abgesichert wird, so dass eine Zuordnung von Sicherungsinstrumenten zu Grundgeschäften ausgeschlossen ist. Während ein Portfolio-Hedge allerdings gleichartige Risiken absichert, werden im Rahmen eines Macro-Hedges hingegen verschiedenartige Risiken abgesichert; vgl. Barckow, Sicherungsbeziehungen, 2004, S. 27; Herzig/Mauritz, Micro-Hedge, WPg 1997, S. 151; Locarek-Junge in: Gerke/Steiner, Hedging, 2001, S. 1018; Scharpf/Luz, Finanzderivate, 2. Auflage 2000, S. 297.

859 Vgl. Kropp/Klotzbach, Makro-Hedge-Accounting, WPg 2003, S. 1181.

860 Vgl. Krumnow/Sprißler et al. (Hrsg.) in: Rechnungslegung der Kreditinstitute, 2. Auflage 2004, IAS 39 Rn. 289; Kuhn/Scharpf, Financial Instruments, 2. Auflage 2005, S. 278.

861 Die Absicherung einer Nettoinvestition in einen ausländischen Geschäftsbetrieb wird im Folgenden nicht weiter aufgegriffen. Im Folgenden wird entsprechend ihrer konzeptionellen und praktischen Bedeutung ausschließlich auf den Fair Value Hedge und den Cashflow Hedge Bezug genommen, zumal es sich dem Grunde nach nicht um eine eigenständige dritte Sicherungsbeziehung, sondern faktisch auch um einen Cashflow Hedge handelt; vgl. auch hierzu Kehm/Lüdenbach in: Lüdenbach/Hoffmann, IAS/IFRS, 3. Auflage 2005, § 28 Rn. 252.

bundenes Risiko zurückzuführen sind und Auswirkungen auf das Periodenergebnis haben.[862] Während die Absicherung bilanzierter und schwebender Geschäfte in Abhängigkeit vom abzusichernden Risiko somit sowohl mittels eines Fair Value Hedges als auch mittels eines Cashflow Hedges vorgenommen werden kann, kann eine erwartete Transaktion hingegen ausschließlich mittels eines Cashflow Hedges abgesichert werden.[863] IAS 39.AG102 führt in diesem Zusammenhang die Absicherung des Fair Values eines festverzinslichen Schuldinstruments bezüglich des Risikos einer Änderung des Marktzinssatzes an.[864] Dagegen nennt IAS 39.AG103 als Beispiel für eine Absicherung von Cashflows den Einsatz eines Swaps,[865] mit dem variabel verzinsliche Verbindlichkeiten gegen festverzinsliche Verbindlichkeiten getauscht werden.[866] Gem. IAS 39.91 (a) und IAS 39.101 (a) hat ein Unternehmen die Bilanzierung von Sicherungsbeziehungen einzustellen, wenn das Sicherungsinstrument ausläuft, veräußert, beendet oder ausgeübt wird.[867]

2.2. *Erfolgswirksamkeit des Hedge-Accountings*

Gem. IAS 39.85 ist es die Aufgabe des Hedge-Accountings, die kompensierende Wirkung des Grund- und Sicherungsgeschäfts in der GuV zu berücksichtigen. Um gewährleisten zu können, dass die erfolgswirksame Erfassung des Grund- und Sicherungsgeschäfts in der gleichen Periode vorgenommen wird, bedient sich der IASB unterschiedlicher Mechanismen. Bei einem Fair Value Hedge wird gem. IAS 39.89 neben der Änderung des Fair Values des Sicherungsgeschäfts auch die Änderung des Fair Values des gesicherten Grundgeschäfts unmittelbar in der GuV erfasst,[868] so dass die Erfolgswirksamkeit der beteiligten Instrumente in der laufenden Abrechnungsperiode zum Ausdruck kommt.[869] Auf Grund der erfolgswirksamen

---

862 Gem. IAS 39.88 (c) muss die zukünftige Transaktion mit einer hohen Wahrscheinlichkeit eintreten; es ist nicht ausreichend, dass der Eintritt der Transaktion wahrscheinlicher ist als der Nichteintritt (more likely than not); vgl. hierzu Kuhn/Scharpf, Financial Instruments, 2. Auflage 2005, S. 288.

863 Vgl. Kehm/Lüdenbach in: Lüdenbach/Hoffmann, IAS/IFRS, 3. Auflage 2005, § 28 Rn. 253.

864 Einzelne mit dem IAS 39 im Zusammenhang stehende Vorschriften führen weitere Beispiele an, die im Rahmen des Fair Value Hedgings abgesichert werden können. Gem. IAS 39.IG F.3.6. gilt dies für Vorräte, IAS 39.AG104 nimmt Bezug auf die Absicherung einer festen Verpflichtung zur Lieferung von Kraftstoff oder IAS 39.IG. F.3.3 nimmt Stellung zur Absicherung eines Währungsrisikos.

865 Es handelt sich hierbei um die Absicherung gegen Risiken aus einer künftigen Transaktion, bei der die künftigen Zinszahlungen als die abgesicherten Cashflows zu bezeichnen sind.

866 Einzelne mit dem IAS 39 im Zusammenhang stehende Vorschriften führen weitere Beispiele an, die im Rahmen des Cashflow Hedgings abgesichert werden können. Gem. IAS 39.IG F.2.2 gilt dies für die Absicherung einer geplanten Emission einer festverzinslichen Anleihe oder gem. IAS 39.IG F.3.4 für die Absicherung des Währungsrisikos einer Verbindlichkeit oder einer Forderung aus Lieferung und Leistung in fremder Währung (Alternativ ist gem. IAS 39.IG F.3.3 ein Fair Value Hedge erlaubt).

867 Im Falle eines Cashflow Hedges verbleibt gem. IAS 39.101 (a) der kumulierte Gewinn oder Verlust aus dem Sicherungsinstrument als gesonderter Posten im Eigenkapital stehen, bis die vorgesehene Transaktion eingetreten ist.

868 Vgl. Kuhn/Scharpf, Financial Instruments, 2. Auflage 2005, S. 331.

869 Hierbei handelt es sich um das sog. Mark to Market Hedge-Accounting, d.h. der bilanziellen Abbildung liegt die Marktbewertungsmethode zu Grunde; vgl. Barckow, Sicherungsbeziehungen, 2004, S. 30 f.

Erfassung des Grund- und des Sicherungsgeschäfts schlägt sich jede Ineffektivität der Absicherung unmittelbar in der GuV nieder.[870]

Bei einem Cashflow Hedge werden hingegen die Fair Value-Änderungen des Sicherungsderivats, entgegen den normalen Bewertungsvorschriften für Derivate, zunächst erfolgsneutral im Eigenkapital berücksichtigt.[871] Dies gilt gem. IAS 39.95 (a) allerdings nur für den effektiven Teil der Absicherung; der ineffektive Teil des Gewinns oder Verlusts aus dem Sicherungsinstrument ist gem. IAS 39.95 (b) direkt dem Periodenergebnis zuzurechnen. Den zukünftigen Zahlungsströmen angepasst, kommt es somit zu einer Verlagerung der Erfolgswirkung des effektiven Teils der Absicherung in die Zukunft,[872] da der zunächst im Eigenkapital erfolgsneutral erfasste Teil des Sicherungsgeschäfts erst in der Periode der Durchführung der erwarteten Transaktion erfolgswirksam berücksichtigt wird. Führt die gesicherte Transaktion unmittelbar zu einem Aufwand oder Ertrag, ist das Sicherungsinstrument gem. IAS 39.100 in derselben Periode auch ergebniswirksam zu erfassen. Handelt es sich bei dem gesicherten Gegenstand indes um einen finanziellen Vermögensgegenstand oder um eine finanzielle Verbindlichkeit, so wird der im Eigenkapital erfasste Betrag gem. IAS 39.97 erst dann ausgebucht, wenn der gesicherte Gegenstand sich in der GuV niederschlägt.[873]

Während bei einem Fair Value Hedge somit regelmäßig von den allgemeinen Bewertungsvorschriften des Grundgeschäfts abgewichen wird, wird bei einem Cashflow Hedge regelmäßig von den allgemeinen Bewertungsvorschriften des Sicherungsderivates abgewichen.[874] Konsequenterweise bedeutet dies, dass sich die Erfolgswirksamkeit beim Fair Value Hedge unmittelbar im Periodenergebnis niederschlägt, während diese beim Cashflow Hedge in zukünftige Perioden verschoben wird.

---

870 Gem. IAS 39.93 erfolgt zudem eine Anpassung der Werte in der Bilanz, was bei einem schwebenden Geschäft als abgesichertes Grundgeschäft zur Folge hat, dass entgegen der grundsätzlichen Bilanzunwirksamkeit schwebender Geschäfte nunmehr ein Asset oder eine Liability begründet wird, die in den Folgeperioden um den abgesicherten Risikofaktor zuzurechnenden Wertschwankungen zu korrigieren ist. Der zu bilanzierende Posten entspricht somit den aufgelaufenen Wertveränderungen des abgesicherten Risikos und nicht dem Wert der Verpflichtung als solchen; vgl. auch Barckow, Sicherungsbeziehungen, 2004, S. 215; Heuser/Theile, IAS Handbuch, 2. Auflage 2005, S. 393 Rn. 1042; Kropp/Klotzbach, Financial Instruments, WPg 2002, S. 1028.

871 Vgl. Kehm/Lüdenbach in: Lüdenbach/Hoffmann, IAS/IFRS, 3. Auflage 2005, § 28 Rn. 253a; Kuhn/Scharpf, Financial Instruments, 2. Auflage 2005, S. 287.

872 Hierbei handelt es sich um das sog. Deferral Hedge-Accounting, d.h. der bilanziellen Abbildung liegt die Abgrenzungsmethode zu Grunde. Erfolgsbeiträge des Sicherungsgeschäfts werden solange erfolgsneutral gestellt, bis das Grundgeschäft entweder zu bilanzieren ist oder erfolgswirksam in die GuV eingeht (Basis Adjustment); vgl. Barckow, Sicherungsbeziehungen, 2004, S. 30 f.

873 Beispielsweise in der Periode, in der Zinserträge oder Zinsaufwendungen einer Anleihe erfasst werden.

874 Vgl. Jamin/Krankowsky, Hedge-Accounting, KoR 2003, S. 506; Kehm/Lüdenbach in: Lüdenbach/Hoffmann, IAS/IFRS, 3. Auflage 2005, § 28 Rn. 253a.

3. *Bilanziell zulässiges Hedge-Accounting*

Nach IAS 39.88 ist eine Sicherungsbeziehung in einer IFRS/IAS-Bilanz abzubilden, wenn

(a) die Sicherungsbeziehung formal festgelegt und dokumentiert wird;

(b) die Absicherung in hohem Maße wirksam ist;

(c) eine abzusichernde künftige Transaktion eine hohe Eintrittswahrscheinlichkeit aufweist;

(d) die Wirksamkeit der Sicherungsbeziehung verlässlich bestimmbar ist; und wenn

(e) die Sicherungswirkung fortlaufend beurteilt wird.

Die Anforderungen des IAS 39.88 stellen somit im Wesentlichen auf den Nachweis der Wirksamkeit und auf eine sachgerechte Dokumentation der Sicherungsbeziehung ab. Insbesondere dem Sicherungswillen des Unternehmens hinsichtlich der bilanziellen Abbildung einer Sicherungsbeziehung kommt herausragende Bedeutung zu.

3.1. *Wirksamkeit der Sicherungsbeziehung*

Kern der Anforderungen des IAS 39.88 (b) an die Wirksamkeit der Sicherungsbeziehung ist die Intensität der Beziehung zwischen den Sicherungs- und Grundgeschäften. Nur wenn über die ganze Laufzeit der Sicherungsbeziehung von einer hohen Wirksamkeit auszugehen ist, erfüllen das Sicherungs- und das Grundgeschäft gemeinsam die Anforderungen für das Hedge-Accounting. Gem. IAS 39.9 ist die Wirksamkeit dabei als Grad definiert, mit dem die einem gesicherten Risiko zurechenbaren Änderungen des Fair Values oder des Cashflows des Grundgeschäfts durch eine Änderung des Fair Values oder des Cashflows des Sicherungsinstruments kompensiert werden. Um den Grad der Wirksamkeit ermitteln zu können, setzt IAS 39.88 (d) in diesem Zusammenhang zunächst eine verlässliche Bestimmbarkeit der Werte des Grund- und des Sicherungsgeschäfts voraus. Sind die Werte verlässlich bestimmbar, fordert der IASB gem. IAS 39.AG105, dass der Grad der Wirksamkeit der Sicherungsbeziehung kumulativ von dem Unternehmen im Vorfeld (prospektiv) einzuschätzen und im weiteren Verlauf anhand der tatsächlichen Ergebnisse (retrospektiv) nachzuweisen ist.[875] Die im Vorfeld vorzunehmende Einschätzung muss dabei mit Hilfe von Daten aus der Vergangenheit untermauert werden; hinsichtlich des Einbezugs aktueller Daten wird seitens des IASB eine Wirksamkeitsbandbreite von 80 % - 125 % zu Grunde gelegt. Gem. IAS 39.AG100 kann für diese Zwecke der Wert des Sicherungsinstruments größer oder kleiner als der des Grundgeschäfts sein, wenn dadurch die Wirksamkeit der Sicherungsbeziehung verbessert wird. Die Sicherungsbeziehung kann gem. IAS 39.75 allerdings nicht für einen Teil der Zeit, über den das

[875] Da sich das Hedge-Accounting mit der Wertänderung im Zeitablauf beschäftigt, schreibt der IASB vor, dass die Messung der Wirksamkeit am Beginn und am Ende der Periode durchgeführt werden muss, d.h. sowohl die prospektive als auch die retrospektive Sichtweise müssen erfüllt sein. Sollte eine der Wirksamkeitsmessungen die Sicherungsbeziehung als ineffektiv qualifizieren, liegen die Voraussetzungen für das Hedge-Accounting nicht vor; vgl. Arnoldi/Leopold, Hedge Accounting, KoR 2005, S. 23; Kuhn/Scharpf, Financial Instruments, 2. Auflage 2005, S. 306.

Sicherungsinstrument noch läuft, bestimmt werden. Anders verhält es sich hingegen mit der Laufzeit des Grundgeschäfts. Gem. IAS 39.IG F.2.17 ist es zulässig, dass eine Absicherung für nur einen Teil der Laufzeit des Grundgeschäfts als wirksame Sicherungsbeziehung anerkannt wird, sofern die Wirksamkeit gemessen werden kann und auch alle anderen Kriterien für die Bilanzierung von Sicherungsbeziehungen erfüllt sind.

Eine Methode zur Ermittlung der Effektivität gibt der IASB nicht vor. Gem. IAS 39.AG107 hat sich die gewählte Methode allerdings an der Risikomanagementstrategie des Unternehmens zu orientieren, die dann zur Durchführung der Effektivitätstests während der gesamten Sicherungsbeziehung stetig anzuwenden ist.[876] Ob die Messung der Wirksamkeit periodenbezogen oder über die Laufzeit kumuliert zu erfolgen hat, wird in den Vorschriften des IAS 39 nicht explizit ausgeführt; gem. IAS 39.IG F.4.2 kann dies unter Beachtung der Stetigkeit allerdings wahlweise auf periodenbezogener oder kumulierter Basis erfolgen.[877] Als wesentlicher Unterschied der beiden Ermittlungsmethoden lässt sich feststellen, dass bei der Ermittlung der Wirksamkeit auf kumulierter Basis eine temporäre Ineffektivität hinsichtlich der Beendigung des Hedge-Accountings nicht derart ins Gewicht fällt, wie dies bei der periodenbezogenen Effektivitätsmessung der Fall ist. Ist der Sicherungszusammenhang in seiner Gesamtheit nicht mehr als effektiv zu beurteilen, so ist die Bilanzierung des Sicherungszusammenhangs gem. IAS 39.91 (b) einzustellen. Im Falle der periodenbezogenen Ermittlung der Effektivität besteht insofern die Möglichkeit, dass das Hedge-Accounting der laufenden Periode unabhängig von der vorangegangenen Periode zu beurteilen ist.

3.2. Dokumentation der Sicherungsbeziehung

Gem. IAS 32.56 ff. hat das Unternehmen die Zielsetzung und die Methoden des Finanzrisikomanagements zu beschreiben, was insoweit auch für die Dokumentation von Sicherungsbeziehungen gilt.[878] Da sich das Hedging sowohl bei einem Fair Value Hedge als auch bei ei-

---

876 Vgl. zur stetigen Anwendung Kuhn/Scharpf, Financial Instruments, 2. Auflage 2005, S. 297. Die prospektive und retrospektive Messung der Effektivität können dabei mit unterschiedlichen Verfahren vorgenommen werden; vgl. hierzu Jamin/Krankowsky, Hedge-Accounting, KoR 2003, S. 505 m.w.N.

877 Während die periodenbezogene Messung die Änderungen der einzelnen, vergangenen Perioden betrachtet, wird bei der kumulierten Messung Bezug auf die Änderung seit Sicherungsbeginn genommen.

878 Das Unternehmen hat gem. IAS 32.58
(a) eine Beschreibung der Sicherungsbeziehung;
(b) eine Beschreibung der Finanzinstrumente, die als Sicherungsinstrumente eingesetzt werden, sowie Angaben über ihre Fair Values;
(c) die Art der abgesicherten Risiken; und
(d) im Falle einer Absicherung von Cashflows Angaben zu den Perioden, in denen die Cashflows erwartungsgemäß eintreten werden,

vorzunehmen. Zudem konkretisiert IFRS 7.22 (a) und (c), dass die Sicherungsbeziehung und die gesicherten Risiken zu erläutern sind. Auch wird darauf hingewiesen, dass die als Sicherungsinstrumente eingesetzten Finanzinstrumente zu benennen sind.

nem Cashflow Hedge nicht auf eine Nettoposition beziehen darf, ist jeweils darauf zu achten, dass sich die Zuordnung zum Fair Value oder zum Cashflow entsprechend auf eine Einzelposition oder auf eine Gruppe von Instrumenten bezieht,[879] was gem. IAS 39.88 (a) entsprechend zu dokumentieren ist. Die bilanzielle Erfassung des Sicherungszusammenhangs darf erst ab Beginn der Dokumentation des Sicherungszusammenhangs vorgenommen werden; eine rückwirkende Designation ist gem. IAS 39.IG F.3.8 unzulässig. So muss zu Beginn sowohl die Sicherungsbeziehung als auch die Risikomanagementzielsetzung und -strategie des Unternehmens formal festgelegt und dokumentiert werden. Es ist dabei das Sicherungsinstrument, das Grundgeschäft oder die abgesicherte Transaktion zu benennen; zudem ist eine Beschreibung der Art der Bestimmung der Wirksamkeit der Sicherungsbeziehung vonnöten. Im Falle eines Cashflow Hedges muss sichergestellt werden, dass eine Veränderung des Cashflows des Sicherungsinstruments einer Veränderung des abzusichernden Cashflows zugeordnet werden kann. Bei einem Fair Value Hedge ist diesbezüglich auf eine eindeutige Beziehung zum Fair Value des Grundgeschäfts abzustellen.

Auf Grund der Tatsache, dass Dokumentationen auch unabhängig von den bilanziellen Vorschriften Gegenstand des Risikomanagements eines Unternehmens sind, kann das Unternehmen insofern auf bereits aufbereitete Daten zur Identifizierung der bilanziellen Sicherungsbeziehungen zurückgreifen. Unproblematisch ist dies vor allem bei der Absicherung von Einzelpositionen, bei denen die Hedge-Beziehung ohne weiteres aus dem Sicherungszweck abgelesen werden kann. Schwieriger wird dies hingegen bei der Absicherung einer Nettoposition. So wird gem. IAS 39.IG F.6.2. (a) darauf aufmerksam gemacht, dass ein auf einer Forderung oder einer Verbindlichkeit lastendes Zinsänderungsrisiko sowohl mittels eines Fair Value Hedges als auch mittels eines Cashflow Hedges gleichermaßen abgesichert werden kann und es somit entscheidend von der Dokumentation und Designation des Unternehmers abhängt, welche bilanziellen Konsequenzen eintreten.[880] Während eine Festzinsvereinbarung eines Schuldinstruments durch einen Swap in eine variabel verzinsliche Schuldposition übergeleitet werden kann, so dass der Fair Value des Schuldinstruments unverändert bleibt (Fair Value Hedge), kann eine variable Zinsvereinbarung einer Forderung mittels desselben Swaps in eine Vermögensposition mit konstantem Cashflow transformiert werden (Cashflow Hedge).[881] Sofern nunmehr eine Kombination aus fest und variabel verzinslichen Finanzinstrumenten vorliegt und das Unternehmen bei der Absicherung mehrerer Positionen sein Risikomanagement auf Nettobasis organisiert, ist es allein abhängig von der Dokumentation der Hedge-

879 Vgl. Bundesverband deutscher Banken, Hedge Accounting, WPg 2001, S. 349.

880 Neben der Tatsache, dass der Erfolgsausweis eines Fair Value Hedges von dem eines Cashflow Hedges abweicht, differieren beispielsweise auch die Qualifikationsanforderungen sowie die Möglichkeit des Nachweises einer effektiven Hedge-Beziehung voneinander.

881 Fair Value Hedges und Cashflow Hedges unterscheiden sich insofern hinsichtlich der Richtung ihrer Zahlungsstromänderungen, die einerseits durch variabel in fix und andererseits durch fix in variabel zum Ausdruck kommen; vgl. hierzu Bundesverband deutscher Banken, Hedge Accounting, WPg 2001, S. 346; vgl. zu den Zahlungsströmen eines Swaps Fischer in: Gerke/Steiner, Swap, 2001, S. 2038 ff.

Beziehung, ob die Absicherung des Zinsänderungsrisikos bilanziell mittels eines Fair Value Hedges oder eines Cashflow Hedges abgebildet wird.

3.3. Absicherung eines Portfolios gegen Zinsänderungsrisiken

Als Entgegenkommen des IASB an die Kreditwirtschaft besteht gem. IAS 39.78 (c) und IAS 39.89A des Weiteren die Möglichkeit,[882] bilanziell auch die Absicherung eines Portfolios gegen Zinsänderungsrisiken abzubilden. Da zinstragende Finanzinstrumente in der Regel nicht der Kategorie „Held for Trading" zugeordnet werden und somit eine generelle Fair Value-Bewertung ausgeschlossen ist, sollen die genannten Vorschriften die Handhabe eröffnen, Sicherungsgeschäfte des Zinsänderungsbereichs bilanziell adäquat zu berücksichtigen.

Gem. IAS 39.89A besteht daher einerseits die Möglichkeit, die Fair Value-Änderung des derivativen Sicherungsinstruments, das ein entsprechendes Portfolio gegen Zinsänderungsrisiken absichert, unmittelbar in der GuV zu erfassen. Andererseits basiert die Erfassung der Fair Value-Änderung der abgesicherten Zinspositionen nunmehr nicht auf der Absicherung einzelner Geschäfte, sondern geschieht durch eine gebündelte Erfassung aller abgesicherten Zinspositionen in einem einzelnen gesonderten Posten. Die Bündelung der abgesicherten Zinspositionen kann kombiniert sowohl finanzielle Verbindlichkeiten als auch finanzielle Vermögenswerte umfassen. Sie muss nicht wie die zulässige Gruppenbildung der IAS 39.78 (b) und .83 ausschließlich auf die Aktiv- oder Passivseite der Bilanz beschränkt bleiben.[883] Das Portfolio ist zunächst gem. IAS 39.AG114 (a) zu identifizieren, um es dann gem. IAS 39.AG114 (b) in unterschiedliche Laufzeitbänder zu unterteilen, für die gem. IAS 39.AG114 (c) und (d) entsprechend die offenen Zinsrisikopositionen zu ermitteln sind.[884] Gem. IAS 39.AG114 (e) sind dann pro Zinsanpassungsperiode ein oder mehrere derivative Finanzinstrumente als Sicherungsinstrumente zu bestimmen, deren Absicherung gem. IAS 39.AG114 (f) zu Beginn (prospektiv) und nach Ablauf jeder Sicherungsperiode in einem hohem Maße wirksam sein muss. Die Änderung des Fair Values des Grundgeschäfts wird gem. IAS 39.AG114 (g) bei Wirksamkeit des Sicherungsgeschäfts wie das Sicherungsinstrument auch erfolgswirksam im Peri-

---

882 Vgl. zur Aussage, dass es sich um ein Entgegenkommen an die Kreditwirtschaft handelt IAS 39.BC173 ff. Kreditinstitute müssen somit ihre Risikosteuerung im Zinsbereich nicht an den restriktiven Micro-Hedge-Vorschriften zum Fair Value oder Cashflow Hedging ausrichten, so dass in diesem Bereich von einer Harmonisierung der bilanziellen Darstellung und des Risikocontrollings gesprochen werden kann; vgl. Barckow, Sicherungsbeziehungen, 2004, S. 218 f.; Kropp/Klotzbach, Makro-Hedge-Accounting, WPg 2003, S. 1181; Prahl/Naumann in: HDJ, Abt. II/10 Rn. 342.

883 Ermöglicht wird damit insbesondere, dass eine, sich im Zeitablauf ändernde Risikoposition durch Justierung der Sicherungsgeschäfte nachhaltig abgesichert werden kann, ohne dass auf Grund bilanzieller Anforderungen erhebliche De- und Neudesignationen notwendig werden; vgl. Kropp/Klotzbach, Makro-Hedge-Accounting, WPg 2003, S. 1181 u. 1183.

884 Einerseits können die Cashflows der Geschäfte Laufzeitbändern entsprechend ihren erwarteten Zahlungsterminen zugeordnet werden, andererseits kann die Zuordnung der Geschäfte auch über die Einstellung von Nominalbeträgen in alle Laufzeitbänder in Anlehnung an den erwarteten Zinsanpassungstermin erfolgen; vgl. Arnoldi/Leopold, Hedge Accounting, KoR 2005, S. 24.

odenergebnis ausgewiesen; die Änderung des Fair Values muss dabei allerdings nicht den einzelnen Positionen des Portfolios individuell zugeordnet werden. Gem. IAS 39.BC181 ist es zudem auch nicht notwendig, dass sich die Änderung eines Fair Values eines der im Portfolio abgesicherten Risikos in etwa proportional zur gesamten Fair Value-Änderung des Portfolios verhält.

III. Vergleich von IAS 39 und Steuerrecht

Der steuer- und handelsbilanzielle Risikobegriff orientiert sich, ausgehend vom Grundgedanken des Gläubigerschutzes, am Vorsichtsprinzip. Der steuer- und handelsbilanzielle Risikobegriff ist stichtagsbezogen auf den Schutz des Kapitals des abgelaufenen Wirtschaftsjahres zu verstehen; ihm kommt mithin ein hauptsächlich vergangenheitsbezogener Blickwinkel zu. Wirtschaftliche Risiken werden hingegen mit Blick auf die zukünftige Entwicklung des Marktumfeldes abgesichert, d.h. Absicherungsgeschäfte wirken insbesondere auf zukünftige Sachverhalte risikoreduzierend.[885] In Abgrenzung zur vergangenheitsorientierten Kapitalerhaltungsbilanz ist die Bedeutung der Abbildung risikoreduzierender Geschäfte für eine zukunftsorientierte Informationsbilanz daher von erheblich höherer Bedeutung, was als Erklärung dafür dienen könnte, dass der IASB im Gegensatz zum deutschen Steuergesetzgeber bis dato äußerst detaillierte Vorschriften zur Abbildung finanzieller Sicherungsgeschäfte erlassen hat. Dennoch finden sich auch handels- und steuerbilanzielle Überlegungen, die ein formales Verständnis des Einzelbewertungsprinzips im Hinblick auf die bilanzielle Abbildung von Sicherungsbeziehungen als wenig sachgerecht empfinden. Demnach wird eine adäquate bilanzielle Berücksichtigung von bestimmbaren Sicherungszusammenhängen als notwendig erachtet, auch wenn keine gesonderten gesetzlichen Vorschriften vorliegen, abgesehen vom § 340 h HGB als Spezialvorschrift für Kreditinstitute.

Während die IFRS/IAS-Rechnungslegung gegenläufige Wertänderungen von in einem Absicherungszusammenhang stehenden Positionen auf der Grundlage der Vorschriften zur Fair Value-Option und zum Hedge-Accounting entsprechend berücksichtigt, ermöglicht die imparitätische Einzelbewertung in Verbindung mit dem Anschaffungskostenprinzip eine derartige steuer- und handelsbilanzielle Abbildung grundsätzlich nicht. Im Rahmen der imparitätischen Einzelbewertung finden zwar negative Wertänderungen einzelner Positionen Eingang in die GuV, unberücksichtigt bleiben hingegen positive Wertänderungen gegenläufiger Positionen, die systematisch mit diesen Bilanzpositionen verbunden sind.[886] Steuer- und handelsbilanziell

---

[885] Vgl. Scharpf/Luz, Finanzderivate, 2. Auflage 2000, S. 226.

[886] Unter der Annahme, dass etwaige steuerliche Sondervorschriften wie § 5 Abs. 1 a EStG i.V.m. § 5 Abs. 4 a S. 2 EStG oder § 6 Abs. 1 Nr. 2 S. 2 EStG unberücksichtigt bleiben, würde jede Marktbewegung vor der Realisierung stets und ausschließlich zum Ausweis eines (unrealisierten) Verlusts führen, da ein entgegenstehender (unrealisierter) Gewinn imparitätisch unberücksichtigt bleibt; vgl. Anstett/Husmann, Bewertungseinheit, BB 1998, S. 1525; Benne, Einzelbewertung, DB 1991, S. 2602 ff.; Berger/Ring in: Beck Bil Kom, 5. Auflage 2003, § 253 Rn. 77; Bertsch/Kärcher in: Handbuch Derivativer Instrumente, Derivate,

wird daher eine ökonomische Interpretation des Einzelbewertungsgrundsatzes diskutiert, um unsinnige, der wirtschaftlichen Realität widersprechende Verwerfungen der GuV zu vermeiden. Für den idealtypischen Fall eines Eins-zu-Eins-Zusammenhangs (Micro-Hedge) von Grund- und Sicherungsgeschäft wird im Schrifttum eine adäquate bilanzielle Abbildung dieses Zusammenhangs für notwendig erachtet.[887] Die Abbildung der Absicherung von Grundgeschäften im Rahmen einer Risikomanagementstrategie auf Portfoliobasis ist indessen weitestgehend ungeklärt.[888] Das IFRS/IAS-Hedge-Accounting lässt hingegen unstrittigerweise auch die Abbildung von Sicherungsbeziehungen zu, bei denen eine Gruppe von Grundgeschäften mit vergleichbarem Risikoprofil abgesichert wird; es lässt sogar die Absicherung von Zinsänderungsrisiken auf Portfoliobasis zu.

1. Instrumente

Die Ausführungen im steuer- und handelsbilanziellen Schrifttum zum Hedge-Accounting sind vornehmlich dadurch geprägt, dass die sog. kompensatorische Bewertung als bilanzieller Lösungsansatz zur Abbildung von Sicherungsbeziehungen zugelassen wird.[889] Anders als nach den Vorschriften des IAS 39 stehen dabei weniger Überlegungen zur Konkretisierung der beteiligten Finanzinstrumente im Fokus der Betrachtung, so dass steuerbilanziell die beteiligten Finanzinstrumente anhand der Vorgaben zu den einzelnen Bilanzierungseinheiten zu beurteilen sind. Abweichend von der generellen Bilanzunwirksamkeit von Finanzderivaten entfalten Finanzderivate, die als Sicherungsinstrumente eingesetzt werden, steuerbilanziell allerdings Wirkung,[890] was zunächst einmal als Übereinstimmung mit den IFRS/IAS-Vorschriften zu werten ist, da auch nach den IFRS/IAS-Vorschriften Finanzderivate als Sicherungsinstrumente bilanziell zu berücksichtigen sind. Während die IFRS/IAS allerdings gem. IAS 39.76 explizit auf diesen Umstand hinweisen und zudem fordern, dass das Finanzderivat als solches

---

1999, S. 737 f.; Burkert, Finanzderivate, 1995, S. 13; Burkhardt, Fremdwährungsgeschäft, 1988, S. 174; Christiansen, Einzelbewertung, DStZ 1995, S. 386; Göttgens/Prahl, Bilanzierung, WPg 1993, S. 507 f.; Herzig/Mauritz, Bewertungseinheiten, ZfbF 1998, S. 100 ff.; Hüttemann in: HDJ, Abt. III/8 S. 300; Kuhner in: Baetge/Kirsch/Thiele, § 246 Rn. 876; Moxter, Grundsätze, 2003, S. 29 m.w.N.; Prahl/Naumann, Finanzinstrumente, WPg 1992, S. 715; Sprißler in: Gerke/Steiner, Finanzderivate, 2001, S. 832; Windmöller/Breker, Optionsgeschäfte, WPg 1995, S. 398.

887 Vgl. Prahl/Naumann in: HDJ, Abt. II/10 Rn. 223; Schreiber in: Blümich, § 5 EStG Rn. 231; Glanegger in: Schmidt, EStG, 25. Auflage 2006, § 6 Rn. 38; Tibo, Termingeschäft, DB 2001, S. 2371.

888 Vgl. Anstett/Husmann, Bewertungseinheit, BB 1998, S. 406; Arbeitskreis "Externe Unternehmensrechnung" der Schmalenbach-Gesellschaft, Finanzinstrumente, DB 1997, S. 638; Elkart/Schaber in: FS Eisele, Hedge-Accounting, 2003, S. 406; Scharpf/Luz, Finanzderivate, 2. Auflage 2000, S. 311; Steiner/Wallmeier in: FS Coenenberg, Absicherungszusammenhänge, 1998, S. 314.

889 Vgl. statt vieler Anstett/Husmann, Bewertungseinheit, BB 1998, S. 1523 f.; Glanegger in: Schmidt, EStG, 25. Auflage 2006, § 6 Rn. 38; Göttgens, Hedge Accounting, BFuP 1995, S. 159 f.

890 Schwebende Kurssicherungsgeschäfte sind entsprechend in eine geschlossene Position zur Bildung einer Bewertungseinheit mit einzubeziehen; vgl. ADS, 6. Auflage, § 253 HGB Rn. 110; Benne, Einzelbewertung, DB 1991, S. 2606; Christiansen, Einzelbewertung, DStZ 1995, S. 388; Kleineindam in: HHR, § 6 EStG Rn. 23; Kupsch in: FS Forster, Imparitätsprinzip, 1992, S. 349; Tubbesing, Fremdwährungsposten, ZfbF 1981, S. 814.

auch als Sicherungsinstrument zu identifizieren ist, ergibt sich eine solche Anforderung steuerbilanziell ausschließlich aus dem Einzelbewertungsgrundsatz. Im Gegensatz zu den IFRS/IAS-Vorschriften kann das Heranziehen von Teileinheiten einer Risikoeinheit im Sinne des Heranziehens des inneren Werts einer Option als Sicherungsinstrument steuerbilanziell zudem nicht als zulässig erachtet werden, da dies einer Atomisierung einer einheitlichen Risikoeinheit gleichkommt und somit nicht mit dem Einzelbewertungsgrundsatz zu vereinbaren ist. Anders dürfte der Fall hingegen gelagert sein, wenn es sich um ein Finanzinstrument handelt, das unterschiedliche Risikokomponenten in sich vereinigt wie beispielsweise ein Zins- / Währungsswap. Da es sich um unterschiedliche Risikokomponenten handelt, die jeweils zu unterschiedlichen Sicherungszwecken eingesetzt werden können, ist der jeweilige Nutzungs- und Funktionszusammenhang für die steuerbilanzielle Zuordnung ausschlaggebend. Wie auch nach den IFRS/IAS-Vorschriften müsste es steuerbilanziell somit möglich sein, das Finanzderivat in seine Risikokomponenten zu zerlegen und diese den entsprechenden Sicherungsbeziehungen zuzuordnen, ohne dass eine entobjektivierende Atomisierung einer Bilanzierungseinheit anzunehmen ist.

Bei den Grundgeschäften besteht zwischen den IFRS/IAS-Vorschriften und den steuerbilanziellen Anforderungen sowohl hinsichtlich bilanzwirksamer aktiver und passiver Bilanzierungseinheiten als auch hinsichtlich schwebender Verträge Übereinstimmung; sie können jeweils zulässigerweise als Grundgeschäfte designiert werden. Keine Übereinstimmung liegt hingegen bei der bilanziellen Abbildung einer Absicherung von Grundgeschäften vor, die künftige Transaktionen (antizipatives Hedging) umfassen. Nach deutschem Handels- und Steuerbilanzrecht dürfen erwartete Transaktionen nicht Gegenstand eines Sicherungsgeschäfts sein, da die hier fehlende vertragliche Konkretisierung entobjektivierend wirkt. Während beispielsweise die bilanzielle Abbildung eines etwaig drohenden Verlustes aus einem Terminverkauf zum Stichtag mit Gewinnen aus einem Terminkauf unter bestimmten Voraussetzungen kompensatorisch vorgenommen werden kann, kann dies bei erwarteten zukünftigen Grundgeschäften nicht geschehen. Ist beispielsweise ein Fremdwährungsterminverkauf abgeschlossen worden, um im Folgejahr erwartete (antizipierte) Zahlungseingänge aus in der Fremdwährung fakturierten Umsätzen abzusichern, kann dies keine Berücksichtigung finden.[891] Steuer- und handelsbilanziell ist es erforderlich, dass beide Geschäfte, sowohl das Grund- als auch das Sicherungsgeschäft, bis zum Bilanzstichtag rechtsverbindlich abgeschlossen sind. Da die Finanzinstrumente steuerbilanziell zudem nicht unterschiedlichen Kategorien zugeteilt werden, besteht keine Notwendigkeit, bestimmte Finanzgeschäfte von der

---

891 Vgl. Förschle in: Beck Bil Kom, 5. Auflage 2003, § 246 Rn. 134; Glaum/Förschle, Risikomanagement, DB 2000, S. 1533 ff.; Kehm/Lüdenbach in: Lüdenbach/Hoffmann, IAS/IFRS, 3. Auflage 2005, § 28 Rn. 241; Kuhner in: Baetge/Kirsch/Thiele, § 246 Rn. 873; Scharpf, Financial Instrument IV, FB 2000, S. 378; Staudt/Weinberger, Cross-Hedging, WPg 1997, S. 50; Steiner/Tebroke/Wallmeier, Finanzderivat, WPg 1995, S. 533 u. 540; a.A. Arbeitskreis "Externe Unternehmensrechnung" der Schmalenbach-Gesellschaft, Finanzinstrumente, DB 1997, S. 641.

Designation als Grundgeschäft auszunehmen. Sofern beispielsweise Finanzderivate, die nach den IFRS/IAS-Vorschriften zum Fair Value zu bewerten sind, mittels eines geeigneten Sicherungsgeschäfts abgesichert werden, erübrigt sich auf Grund der bereits vorzunehmenden Fair Value-Bewertung eine Designation als Sicherungs- und Grundgeschäft. Steuerbilanziell sind die Finanzderivate hingegen durchaus als Sicherungs- und Grundgeschäfte im Rahmen der kompensatorischen Bewertung zu qualifizieren.[892].

2. *Arten des Hedge-Accountings*

Eine explizite Differenzierung zwischen der Absicherung von Vermögenswerten gegen Marktwertänderungen (Fair Value Hedge) und der Absicherung von zukünftigen Zahlungsstromschwankungen (Cashflow Hedge) wird im deutschen Bilanzrecht nicht vorgenommen. Sofern es sich um einen Sicherungszusammenhang handelt, der nicht eine Absicherung einer künftigen Transaktion zum Inhalt hat, finden sich daher beide Absicherungsarten vor allem in der handels- und steuerbilanziellen Diskussion um die kompensatorische Bewertung wieder.

2.1. *Normative Grundlagen der kompensatorischen Bewertung*

2.1.1. *Spezielle Maßgeblichkeit*

Mit der Verabschiedung des Gesetzes zur Eindämmung missbräuchlicher Steuergestaltungen vom 28.04.2006 hat der Gesetzgeber neben der allgemeinen Maßgeblichkeit neuerdings noch eine spezielle Maßgeblichkeit ins Steuerrecht eingefügt.[893] Ab dem Veranlagungszeitraum 2006 konkretisiert § 5 Abs. 1 a EStG,[894] dass die Ergebnisse der in der handelsrechtlichen Rechnungslegung zur Absicherung finanzwirtschaftlicher Risiken gebildeten Bewertungseinheiten auch für die steuerliche Gewinnermittlung maßgeblich sind.[895] Nach Auffassung des Gesetzgebers besitzt die Gesetzesänderung lediglich klarstellenden Charakter, so dass die handelsrechtliche Praxis zur Bildung von Bewertungseinheiten auch weiterhin als Grundlage für die steuerliche Gewinnermittlung anzusehen ist.[896] Anders als der allgemeine Maßgeb-

---

892 Auf den Aspekt, dass auch eine Gruppe von Finanzinstrumenten mit vergleichbarem Risikoprofil als Grundgeschäft abgesichert werden kann, wird im Folgenden näher Bezug genommen.

893 Gesetz zur Eindämmung missbräuchlicher Steuergestaltungen vom 28.4.2006, BGBl. I 2006, S. 1095 ff. Mit der Einfügung des § 5 Abs. 1 a EStG zusammenhängend wurde der § 5 Abs. 4 a EStG noch um einen Satz 2 ergänzt, nach dem das Verbot des steuerbilanziellen Ansatzes einer Drohverlustrückstellung nicht für die Ergebnisse des § 5 Abs. 1 a EStG gilt.

894 Das Gesetz zur Eindämmung missbräuchlicher Steuergestaltungen sagt nichts über den erstmaligen Zeitpunkt der Anwendung dieser Regelung aus, so dass die Änderung gem. § 52 Abs. 1 S. 1 EStG erstmalig für den Veranlagungszeitraum 2006 Geltung besitzt.

895 Was unter „Absicherung finanzwirtschaftlicher Risiken“ zu verstehen ist, wird vom Gesetz nicht weiter erläutert. Es dürfte sich dabei allerdings im Wesentlichen um Risiken aus Währungskursen, Zinssätzen und Aktienkursen handeln; vgl. Schiffers, Bewertungseinheiten, DStZ 2006, S. 403.

896 Vgl. Entwurf eines Gesetzes zur Eindämmung missbräuchlicher Steuergestaltung vom 13.02.2006, BT-Drucksache 16/634, S. 10.

lichkeitsgrundsatz des § 5 Abs. 1 S. 1 EStG verweist die Vorschrift des § 5 Abs. 1 a EStG mithin nicht ausschließlich auf die handelsrechtlichen GoB,[897] sondern auf die Ergebnisse der handelsrechtlichen Rechnungslegung, was für den speziellen Bilanzierungssachverhalt der Absicherung finanzwirtschaftlicher Risiken neben den allgemeingültigen GoB nunmehr auch Sondervorschriften des HGB, die nicht GoB sind, mit einschließen soll.[898] Der § 340 h HGB als Sondervorschrift für Kreditinstitute steht somit zunehmend im Fokus der steuerbilanziellen Betrachtung.

Ob dem § 5 Abs. 1 a HGB allerdings tatsächlich ein klarstellender Charakter zukommt, wird in der Literatur bestritten.[899] So ist beispielsweise bezogen auf die Sondervorschrift des § 340 h HGB fraglich, ob die branchenspezifische Beschränkung auf Kreditinstitute auch in die Steuerbilanz hineingetragen wird[900] oder ob sie als „handelsrechtliche Praxis zur Bildung von Bewertungseinheiten" auch branchenübergreifende steuerliche Wirkung entfaltet.[901] Dies dürfte insbesondere dann der Fall sein, wenn sie trotz ihres Status als Sondervorschrift für Kreditinstitute als GoB von anderen Branchen übernommen wird.[902] Auch hinsichtlich der

---

[897] § 5 Abs. 1 S. 1 EStG bestimmt, dass steuerbilanziell ein Gewinn auszuweisen ist, der sich an den handelsrechtlichen Grundsätzen ordnungsmäßiger Buchführung auszurichten hat. Fraglich ist dabei, ob Sondervorschriften des HGB dem GoB-System zuzurechnen sind, so dass sie entsprechend Einfluss auf die steuerliche Gewinnermittlung nehmen können; vgl. Leffson, GoB, 1987, S. 109. Bezogen auf die Spezialvorschrift des § 340 h HGB, die sich mit Kurssicherungsgeschäften im Rahmen der Bilanzierung von Kreditinstituten befasst, stellte sich in der Vergangenheit somit die Frage, ob sie im Sinne eines allgemeingültigen GoB zur Rechtfertigung der kompensatorischen Bewertung herangezogen werden konnte.

[898] Ob derartige Sondervorschriften tatsächlich steuerbilanziell heranzuziehen sind, ist allerdings fraglich, da auch dem § 5 Abs. 6 EStG Beachtung geschenkt werden muss. § 5 Abs. 6 EStG stellt auf einen Vorbehalt „der Vorschriften über die Bewertung" des EStG für die Steuerbilanz ab, und da § 6 Abs. 1 S. 1 EStG den Grundsatz der Einzelbewertung für die Steuerbilanz nochmals ausdrücklich festschreibt, muss durchaus in Erwägung gezogen werden, dass § 5 Abs. 1 a EStG keine Wirkung entfaltet. In der Vergangenheit wurde in diesem Zusammenhang insbesondere auf Sondervorschriften des HGB verwiesen, die gegebenenfalls als GoB anzusehen sind. Die herrschende Meinung war dennoch der Auffassung, dass die Spezialvorschrift des § 340 h HGB für die Steuerbilanz keine Wirkung entfalten konnte, da dem insoweit immer § 6 Abs. 1 S. 1 EStG vorgeht. Vgl. zu diesem Problemkomplex BFH vom 21.10.1993, IV R 87/92, BStBl. II 1994, S. 176; Berger/Ring in: Beck Bil Kom, 5. Auflage 2003, § 249 Rn. 100; Christiansen, Einzelbewertung, DStR 2003, S. 268; Gebhardt/Breker, Fremdwährungstransaktionen, DB 1991, S. 1529 f.; dies., Replik, DB 1992, S. 339; Günkel, Hedge-Accounting, StbJb. 2003, S. 280; Krumnow/Sprißler et al. (Hrsg.) in: Rechnungslegung der Kreditinstitute, 2. Auflage 2004, § 340 h Rn. 1 f. Bezogen auf die gesetzliche Neuregelung ist daher offen, ob die einkommensteuerlichen Bewertungsvorschriften durch die Ansatzvorschrift des § 5 Abs. 1 a EStG durchbrochen werden. Lediglich für den Fall, dass § 5 Abs. 1 a EStG auch als Bewertungsvorschrift zu verstehen ist, kann in Erwägung gezogen werden, dass sie als „lex specialis" den allgemeinen Bewertungsvorschriften des § 6 EStG vorgeht; vgl. zur Annahme, dass es sich um eine Ansatzvorschrift handelt, die durch § 6 Abs. 1 S. 1 EStG ausgehebelt wird Schick/Indenkämpen, Bewertungseinheiten, BB 2006, S. 655; vgl. zur Annahme, dass es sich um eine Bewertungsvorschrift handelt Schiffers, Bewertungseinheiten, DStZ 2006, S. 401; Herzig/Breckheimer nennen die Vorschrift zwar Ansatzvorschrift, verstehen sie aber als Bewertungsvorschrift; vgl. Herzig/Breckheimer, Bewertungseinheiten, DB 2006, S. 1452.

[899] Vgl. Herzig/Breckheimer, Bewertungseinheiten, DB 2006, S. 1451 ff.; Prinz/Hick, Bewertungseinheiten, DStR 2006, S. 772 ff.; Schick/Indenkämpen, Bewertungseinheiten, BB 2006, S. 654.

[900] Vgl. Schiffers, Bewertungseinheiten, DStZ 2006, S. 401.

[901] Herzig/Breckheimer werfen beispielsweise die Frage auf, warum die Vorschrift des § 340 h HGB als Sondervorschrift weitergeführt wird; vgl. Herzig/Breckheimer, Bewertungseinheiten, DB 2006, S. 1452 f.

[902] Vgl. Krumnow/Sprißler et al. in: Rechnungslegung der Kreditinstitute, 2. Auflage 2004, § 340 h HGB Rn. 1. Vgl. auch ähnliche Diskussion um die Qualifizierung des § 340 b HGB als GoB, S. 262 f.

Anwendung der GoB kann von einer Klarstellung schwerlich die Rede sein. So wird beispielsweise im WP-Handbuch 2006 zur handelsbilanziellen Behandlung von Sicherungszusammenhängen deutlich darauf verwiesen, dass sich in der handelsrechtlichen Rechnungslegung diesbezüglich noch keine allgemein akzeptierten Grundsätze herausgebildet haben.[903] So werden beispielsweise der Begriff der Bewertungseinheit und die Bedingungen für die kompensatorische Bewertung im HGB nicht definiert, so dass auch die handelsrechtliche Rechnungslegung, was die bilanzielle Abbildung von Sicherungsgeschäften anbelangt, von Rechtsunsicherheit dominiert wird.[904] Mangels kodifizierter Normen basiert das handelsbilanzielle Vorgehen somit vorwiegend auf Stellungnahmen von Fachgremien und Schrifttumsmeinungen,[905] was insoweit einer nicht willkürfreien steuerbilanziellen Bildung bzw. Nichtbildungen von Bewertungseinheiten Vorschub leistet.[906] Ungeklärt ist dabei insbesondere, ob der gem. § 252 Abs. 1 Nr. 3 HGB für alle Kaufleute geltende Einzelbewertungsgrundsatz und / oder ob die ausschließlich für Kapitalgesellschaften kodifizierten Sondervorschriften der §§ 264 ff. HGB Einfluss auf die bilanzielle Abbildung von Sicherungsgeschäften nehmen und inwieweit die kompensatorische Bewertung als zweckadäquate Anwendung der Allgemeinen Bewertungsgrundsätze des § 252 Abs. 1 HGB verstanden werden kann.

2.1.2. Einzelbewertungsgrundsatz

Die Grundsätze zur kompensatorischen Bewertung leiten sich originär aus den Grundsätzen zur Bilanzierung schwebender Geschäfte ab. Demnach resultiert die Bilanzierung eines Verpflichtungsüberhangs aus der Kompensation zwischen Anspruch und Verpflichtung eines schwebenden Vertrags.[907] In diesem Zusammenhang erteilt der BFH mit seinem Urteilsspruch zum sog. Apothekerfall erstmals einem ausschließlich formalen Verständnis des Einzelbewertungsgrundsatzes eine Absage, da nicht nur im Rahmen der Beurteilung des Anspruchs und der Verpflichtung eines schwebenden Geschäfts eine kompensatorische Bewertung vorzunehmen ist, sondern auch dann, wenn wechselseitige Leistungen, zu denen sich Vertragsparteien verpflichten, um die Gegenleistung des anderen Vertragspartners zu erhalten, unter wirt-

---

903 Vgl. Gelhausen in: WP-Handbuch, 13. Auflage 2006, Abschnitt E Rn. 54.

904 Vgl. Prinz/Hick, Bewertungseinheiten, DStR 2006, S. 772; Schick/Indenkämpen, Bewertungseinheiten, BB 2006, S. 654.

905 Der Bankfachausschuss (BFA) des IDW hat sich bisher in drei Stellungnahmen mit der bilanziellen Behandlung von finanziellen Sicherungsgeschäften auseinandergesetzt; vgl. hierzu IDW, Stellungnahme BFA 2/1993, WPg 1993, S. 517 f.; IDW, Stellungnahme BFA 2/1995, WPg 1995, S. 421; IDW, Stellungnahme BFA 3/1995, WPg 1995, S. 735.

906 Vgl. Herzig/Breckheimer, Bewertungseinheiten, DB 2006, S. 1453.

907 Der Abschluss eines gegenseitigen Vertrags begründet gleichzeitig Ansprüche und Verpflichtungen eines Unternehmens, die solange nicht bilanziert werden, bis der noch schwebende Vertrag als ausgeglichen anzusehen ist; vgl. Elkart/Schaber in: FS Eisele, Hedge-Accounting, 2003, S. 412. Der Grundsatz der Kompensation hat nach wie vor seine Geltung, auch wenn gem. § 5 Abs. 4 a EStG die Bildung einer Drohverlustrückstellung nicht mehr zulässig ist.

schaftlichen Gesichtspunkten einen Saldierungsbereich bilden.[908] Einer Überdehnung des Einzelbewertungsgrundsatzes mochte der BFH in jüngster Zeit jedoch keinen Vorschub leisten. Er begründet die Zulässigkeit der kompensatorischen Bewertung nunmehr über die Vorschrift des § 252 Abs. 2 HGB, nach der von den Grundsätzen des Absatzes 1, somit auch vom Einzelbewertungsgrundsatz, in begründeten Ausnahmefällen abzuweichen ist.[909] Zunächst hatte der BFH sich diese Argumentation in einem nicht rechtskräftigen Gerichtsbescheid vom 19.03.2002 zu eigen gemacht.[910] Folglich dürfte es auch unter Beachtung der GoB nicht zu einem erkennbar unzutreffenden Bild der Vermögens-, Finanz-, und Ertragslage gem. § 264 Abs. 2 S. 1 HGB des Unternehmens kommen. Obwohl § 264 Abs. 2 S. 1 HGB kein gültiger GoB ist, er aber unter Beachtung der GoB zu erfüllen ist, kann die Vorschrift demnach auch als Maßgabe für eine Auslegung und Anwendung der GoB gewertet werden.[911] Eine isolierte Einzelbewertung bzw. eine isolierte Berücksichtigung einzelner GoB darf insofern nicht dazu führen, dass die Vermögens-, Finanz- und Ertragslage des Unternehmens unzutreffend dargestellt wird,[912] so dass eine unzutreffende Darstellung den Ausnahmefall des §

---

[908] Vgl. BFH vom 23.6.1997, GrS 2/93, BStBl. II 1997, S. 735. Der Entscheidung liegt der Sachverhalt zu Grunde, dass ein Apotheker in einem seiner Apotheke gegenüberliegenden Wohn- und Geschäftshaus Räume angemietet hat, die er in erster Linie an Ärzte vermietet. Die Räume wurden entsprechend an Ärzte zum „Zweck des Betriebs einer Arztpraxis" unter dem vom Apotheker angemieteten Mietzins weitervermietet. Der Große Senat hat sich bezüglich der Beurteilung, ob für die Differenz aus dem Mietzins eine Drohverlustrückstellung zu bilden sei, für die Einbeziehung des durch die Vermietung an Arztpraxen geschaffenen Standortvorteils ausgesprochen. Zuvor beharrte der BFH jedoch noch auf einem rein formalen Verständnis des Einzelbewertungsgrundsatzes. Der BFH fordert in seinem Hopfenurteil, dass Waren (hier: eingekaufter Hopfen) mit rückläufigem Marktpreis auch dann mit dem niedrigeren Teilwert (hier: Marktwert) zu bewerten seien, wenn der zu bewertende Vorrat am Bilanzstichtag bereits zu einem höheren Preis fest verkauft sei, die Vertragspartner jedoch bis dahin erfüllt haben. Dies folgt nach Auffassung des BFH aus dem Einzelbewertungsgrundsatz, nach dem die Bewertung von Vorräten nichts mit der Bewertung und Bilanzierung schwebender Geschäfte, die diese Vorräte absichern, zu tun hat; vgl. BFH vom 29.7.1965, IV 164/63 U, BStBl. III 1965, S. 648.

[909] Gleiches gilt auch für den sich aus § 6 Abs. 1 S. 1 EStG ergebenden Einzelbewertungsgrundsatz; auch hiervon darf nur in begründeten Ausnahmefällen abgewichen werden; vgl. Christiansen, Einzelbewertung, DStR 2003, S. 265.

[910] Vgl. BFH vom 19.3.2002, I R 87/00 n. rkr., DStR 2003, S. 264 Fn. 3; inhaltlich wiedergegeben von Christiansen, Einzelbewertung, DStR 2003, S. 264 ff.; Revisionsverfahren Vorinstanz Schleswig-Holsteinisches Finanzgericht vom 15.3.2000, I 714/91, EFG 2000, S. 1057. Christiansen gehörte seinerzeit dem I. Senat des BFH als Richter an. Er verweist in seiner Publikation darauf, dass das beklagte Finanzamt dem Klagebegehren stattgegeben hatte, so dass der Rechtsstreit in der Hauptsache erledigt war und der BFH somit keine Gelegenheit hatte, ein zu veröffentlichendes Urteil zu erlassen. Im Streitfall ging es um die Zulässigkeit der kompensatorischen Bewertung von Fremdwährungsforderungen und -verbindlichkeiten eines Kreditinstituts im Jahr 1981. Im handelsrechtlichen Jahresabschluss hat die Klägerin auf Grund der IDW-Stellungnahme BFA 1/75 (vgl. IDW, Stellungnahme BFA 1/75, WPg 1975, S. 664.) Bewertungseinheiten für gegenläufige Fremdwährungspositionen gebildet, die eine Fälligkeit innerhalb eines Geschäftsjahres aufweisen. Steuerbilanziell unternahm die Klägerin hingegen eine isolierte Bewertung der zugrundeliegenden Positionen. Während das Finanzgericht Schleswig-Holstein die Klage abwies, hat sich der BFH den im Revisionsverfahren vorgebrachten Erwägungen der Klägerin in dem genannten Gerichtsbescheid angeschlossen.

[911] A.A. in diesem Zusammenhang Hahne, Kompensatorische Bewertung, BB 2003, S. 1945; vgl. allerdings zur Bedeutung des True and Fair View für die deutsche Steuerbilanz EuGH vom 7.1.2003, C-306/99, BStBl. II 2004, S. 144.

[912] Vgl. BFH vom 16.12.1998, GrS 2/99, BStBl. II 2000, S. 632; Christiansen, Einzelbewertung, DStR 2003, S. 265; Günkel, Hedge-Accounting, StbJb. 2003, S. 279; Hahne, Kompensatorische Bewertung, BB 2003, S. 1944; Wagner, Bewertungseinheit I, INF 2003, S. 784.

252 Abs. 2 HGB rechtfertigt. Dieser Begründungsansatz wurde vom BFH sodann in weiteren Urteilen bestätigt.[913] Im BFH-Urteil vom 15.09.2004 verweist der I. Senat darauf, dass es ausnahmsweise erforderlich sein kann, verschiedene Rechtsverhältnisse als sogenannte Bewertungseinheit in die bilanzielle Betrachtung einzubeziehen, wenn im Zuge der Einzelbewertung einzelner Bilanzpositionen Wertveränderungen berücksichtigt würden, die sich gegenläufig neutralisieren.[914]

Der BFH versteht die kompensatorische Bewertung für die Steuerbilanz unter bestimmten Voraussetzungen insofern als bilanzielle Institution eines Ausnahmefalls. Fraglich ist allerdings, inwieweit der Verweis auf § 252 Abs. 2 HGB eine ausreichende Grundlage für die Bildung von Bewertungseinheiten im GoB-System bietet, da es sich bei der Abbildung risikokompensierender Geschäftsvorfälle um eine sich ständig wiederholende Problemstellung handelt und es nicht gerade als gelungen zu bezeichnen ist, dass die bilanzielle Abbildung eines Regelfalls mit einer Ausnahmevorschrift begründet wird.[915] Vor diesem Hintergrund ist durchaus offen, welche neuen Impulse die neu eingefügte Vorschrift des § 5 Abs. 1 a EStG setzt, da das GoB-System unter handelsbilanziellen Gesichtspunkten nicht anders zu interpretieren ist. Dies gilt insbesondere für die bilanzielle Abbildung eines über den Eins-zu-Eins-Zusammenhang hinausgehende Absicherung. Da trotz der neu eingefügten speziellen Maßgeblichkeit des § 5 Abs. 1 a EStG keine neuen handelsrechtlichen Erkenntnisse vorliegen,[916] muss daher für den Vergleich mit den IFRS/IAS auf die bisherigen Erkenntnisse zurückgegriffen werden, die in der Vergangenheit von der Rechtsprechung, dem Schrifttum und den Fachgremien zur kompensatorischen Bewertung herausgearbeitet wurden. Begleitet wird der Vergleich mit den IFRS/IAS dabei von der Sondervorschrift des § 340 h Abs. 2 HGB zur bilanziellen Abbildung von Fremdwährungsgeschäften, die zu Sicherungszwecken eingesetzt werden. Der Bankfachausschuss (BFA) des IDW und auch die Vorschrift des § 340 h Abs. 2 HGB sehen dabei für den Fall, dass eine Sicherungsbeziehung nachgewiesen werden kann, eine Pflicht zur bilanziellen Abbildung vor.[917]

---

913 Vgl. BFH vom 15.9.2004, I R 5/04, BFH/NV 2005, S. 425; BFH vom 25.2.2004, I R 54/02, BStBl. II 2004, S. 654; BFH vom 25.2.2004, I R 8/03, BFH/NV 2004, S. 1234.

914 S. BFH vom 15.9.2004, I R 5/04, BFH/NV 2005, S. 421. Der BFH spricht in diesem Zusammenhang von Kompensationsgeschäften. So auch BFH vom 25.2.2004, I R 54/02, BStBl. II 2004, S. 654; BFH vom 25.2.2004, I R 8/03, BFH/NV 2004, S. 1234. Er verweist in diesem Urteil darauf, dass der Verzicht auf die kompensatorische Bewertung trotz der Beachtung der GoB zu einem den tatsächlichen Verhältnissen nicht entsprechenden Bild der Ertrags- und Vermögenslage der Gesellschaft führen würde.

915 In diesem Zusammenhang wird darauf verwiesen, dass mit der Vorschrift des § 252 Abs. 2 HGB vielmehr Fälle gemeint sind, die sich zwar wiederholen können, deren Wiederholung jedoch in solchen Abständen erfolgt, dass das Abweichen von den GoB als ein Durchbrechen der Regel und insofern als eine Besonderheit anzusehen ist; vgl. Anstett/Husmann, Bewertungseinheit, BB 1998, S. 1526; Finne, Kurssicherung, BB 1991, S. 1297; Hahne, Kompensatorische Bewertung, BB 2003, S. 1945; Selchert in: HdR, 5. Auflage § 252 Rn. 21; Möhler, Absicherung, 1992, S. 88; Staudt/Weinberger, Cross-Hedging, WPg 1997, S. 46.

916 Vgl. Prinz/Hick, Bewertungseinheiten, DStR 2006, S. 772.

917 Vgl. IDW, Stellungnahme BFA 2/1995, WPg 1995, S. 422.

Im Gegensatz zum deutschen Steuer- und Handelsbilanzrecht findet sich im IAS 39 ein umfassendes und alle Risikoarten übergreifendes Regelwerk zur bilanziellen Abbildung von finanziellen Sicherungsgeschäften. Hierbei handelt es sich vor allem nicht um eine Ausnahmeregelung oder eine Sondervorschrift. Sofern es sich um eine designierte Sicherungsbeziehung handelt, liegt insoweit eine Pflicht zur bilanziellen Abbildung vor. Während der IASB dabei vorwiegend um eine adäquate Umsetzung von Risikomanagementansätzen in ein bilanzielles Konzept bemüht ist, konzentriert sich die Diskussion in Deutschland vornehmlich auf die systematische Auslegung des bestehenden GoB-Systems, ohne dass auf die Besonderheiten des Hedge-Accountings gesondert eingegangen wird. So steht steuerbilanziell die Betrachtung eines statischen Eins-zu-Eins-Sicherungszusammenhangs im Fokus der Überlegungen, während der IASB vielmehr die sachgerechte Erfassung dynamischer Sicherungsstrategien, die von Unternehmen im Rahmen ihres unternehmerischen Risikomanagements initiiert werden, offen aufgreift.

2.2. *Funktionsweise bilanzieller Sicherungsbeziehungen*

Der kompensatorischen Bewertung des GoB-Systems liegt eine gedankliche Verschmelzung von Grund- und Sicherungsgeschäft zu einer Risikoeinheit zu Grunde. Kompensation wird als Ausschaltung der von der imparitätischen Behandlung der Veränderungen eines Bewertungsfaktors ausgehenden Erfolgsauswirkungen verstanden, soweit sich diese selbst zwangsläufig neutralisieren.[918] Kompensatorische Bewertung meint nicht, dass Ansprüche und Verpflichtungen aus Sicherungs- und Grundgeschäften ein einheitliches Bilanzierungsobjekt bilden. Bei der Frage der Abbildung des Sicherungszusammenhangs ist vielmehr zunächst zu prüfen, ob die zu betrachtenden Geschäfte dem Grunde nach bilanzierungsfähig sind. Grund- und Sicherungsgeschäft stellen gegebenenfalls gesondert anzusetzende Bilanzierungseinheiten dar, die im Sicherungszusammenhang ihre selbständige Bewertbarkeit nicht verlieren.[919] Auf einer weiteren Ebene wird sodann geprüft, ob und inwieweit Zusammenhänge zwischen den Ansprüchen und Verpflichtungen der selbständig zu bilanzierenden Objekte im Rahmen des Ansatzes der Höhe nach Berücksichtigung finden können.[920] Das Realisations- und Imparitätsprinzip wird nicht lediglich auf das Grundgeschäft, sondern vielmehr auf die Gesamtposi-

---

918 Vgl. Finne, Kurssicherung, BB 1991, S. 1295; Tubbesing, Fremdwährungsposten, ZfbF 1981, S. 816.

919 Die Bildung derartiger Bewertungseinheiten führt nicht zu einem neuen, durch sie zum Ausdruck gebrachten Wirtschaftsgut; vielmehr bleibt es beim Ansatz der unterschiedlichen Wirtschaftsgüter als Bestandteile der Bewertungseinheit, die lediglich hinsichtlich der Bewertung gedanklich zusammengefasst werden; vgl. Barckow, Sicherungsbeziehungen, 2004, S. 80; Benne, Schwebende Geschäfte, BB 1979, S. 1654; ders., Einzelbewertung, DB 1991, S. 2601; Christiansen, Einzelbewertung, DStR 2003, S. 265; Wiedmann in: FS Moxter, Bewertungseinheit, 1994, S. 455.

920 Vgl. Anstett/Husmann, Bewertungseinheit, BB 1998, S. 1524 f.; Benne, Einzelbewertung, DB 1991, S. 2603; Staudt/Weinberger, Cross-Hedging, WPg 1997, S. 45. Die Bildung von Bewertungseinheiten verstößt dabei nicht gegen das Bruttoprinzip des § 246 Abs. 2 HGB. Das Saldierungsverbot bezieht sich lediglich auf die Ansatzebene der Bilanzierung dem Grunde nach; Bewertungsfragen wie bei der kompensatorischen Bewertung werden hiervon nicht tangiert.

tion angewendet; eine Abwertung (Teilwertabschreibung) oder Rückstellungsbildung (Rückstellung für drohende Verluste) würde daher erst dann notwendig werden, wenn der Wert der Gesamtposition die Anschaffungskosten unterschreitet.[921] Steuerbilanziell ist ein derartiger Verlustsaldo ausschließlich in Form einer „technischen" Rückstellung zu berücksichtigen, was durch § 5 Abs. 4 a S. 2 EStG dokumentiert wird.[922] Auch das IFRS/IAS-Vorgehen setzt an dieser Zweistufigkeit der bilanziellen Abbildung von Sicherungsgeschäften an. In einem ersten Schritt werden die Sicherungs- und Grundgeschäfte identifiziert und dem Grunde nach isoliert voneinander bilanzwirksam betrachtet, um dann in einem zweiten Schritt die Bewertung der separat voneinander zu betrachtenden Bilanzierungseinheit aufeinander abzustimmen. Es kommt, wie im Steuerbilanzrecht auch, nicht zu einer Saldierung von Sicherungs- und Grundgeschäft, mithin nicht zu einem gemeinsamen Bilanzierungsobjekt. Hinsichtlich der Berücksichtigung anderer Marktrisiken besteht insofern auch Übereinstimmung zwischen dem Steuerbilanzrecht und den IFRS/IAS, da die anderen Marktrisiken nicht von dem Absicherungsgeschäft abgedeckt werden und somit die herkömmlichen Bilanzierungsgrundsätze entsprechend unverändert fortgelten.[923]

Anders als das GoB-System greift die Vorschrift des § 340 h HGB nicht auf die Technik der kompensatorischen Bewertung zurück, sondern lässt im Falle des Vorliegens einer Sicherungsbeziehung im Bereich der Fremdwährungsgeschäfte die Erträge und Aufwendungen aus der Währungsumrechnung unmittelbar in die GuV einfließen. Die Bewertung wird mithin nicht auf eine Gesamtposition, sondern auf jedes einzelne Instrument vorgenommen; allerdings besteht insoweit Übereinstimmung mit dem GoB-System und den IFRS/IAS, als es auch hier nicht zu einer Saldierung von Sicherungs- und Grundgeschäft kommt.

2.3. *Methodische Einordnung und Erfolgswirksamkeit*

Die kompensatorische Bewertung des GoB-Systems ist methodisch als Festbilanzierung einzuordnen. Dem Grunde nach behalten Grund- und Sicherungsgeschäft ab dem Schließen der Position unabhängig von Marktpreisschwankungen bei perfekter negativer Korrelation weiterhin mit unveränderten Werten ihre bilanzwirksame oder bilanzunwirksame Qualifikati-

---

921 Vgl. Anstett/Husmann, Bewertungseinheit, BB 1998, S. 1523 f.; Coenenberg, Jahresabschlussanalyse, 20. Auflage 2005, S. 255 f.; Groh, Fremdwährungsgeschäft, DB 1986, S. 873; Herzig in: FS Baetge, Derivatebilanzierung, 1997, S. 43; Franke/Menichetti, Terminkontrakt, DBW 1994, S. 193 ff.; Kuhner in: Baetge/Kirsch/Thiele, § 246 Rn. 875.

922 Der Satz 2 soll klarstellen, dass ein aus der kompensatorischen Bewertung resultierender negativer Saldo aus zusammengefassten Erträgen und Aufwendungen mittels einer Drohverlustrückstellung in die Bilanz einzustellen ist und dass diese nicht dem Passivierungsverbot nach Abs. 4 a S. 1 EStG unterliegt; vgl. Entwurf eines Gesetzes zur Eindämmung missbräuchlicher Steuergestaltung vom 13.02.2006, BT-Drucksache 16/634, S. 10.

923 Bei der Absicherung von Währungsrisiken wären dies beispielsweise die Bonitäts- oder etwaige Zinsrisiken; vgl. Benne, Einzelbewertung, DB 1991, S. 2601; Christiansen, Einzelbewertung, DStR 2003, S. 265; ders. Einzelbewertung, DStZ 1995, S. 388; Hüttemann in: HDJ, Abt. III/8 Rn. 303.

on.[924] Erst bei Auflösung der Sicherungsbeziehung im Zuge eines Realisationstatbestands kommt es zu einer erfolgswirksamen Erfassung der Gewinne und Verluste aus beiden Geschäften.[925] Lediglich für den Fall, dass der laufende Absicherungszusammenhang nicht perfekt negativ korreliert und die Gesamtposition eine negative Wertentwicklung nimmt, kommt es während des laufenden Absicherungszusammenhangs am Bilanzstichtag mittels technischer Drohverlustrückstellung gem. § 5 Abs. 4 a S. 2 EStG zu einer Erfolgsauswirkung, die sich in der Gewinn- und Verlustrechnung niederschlägt. Sofern der Wertausgleich hingegen einen positiven Verlauf der Wertentwicklung der Gesamtposition nimmt, kommt es in Anbetracht der Vermeidung eines Konflikts mit dem Anschaffungskostenprinzip nicht zu einer Wertkorrektur des bilanzierten Grundgeschäfts und somit auch nicht zu einem erfolgswirksamen Eingang in die GuV.

Im Gegensatz zum IFRS/IAS-Hedge-Accounting erfolgt somit keine separate, aber aufeinander abgestimmte gemeinsame Bewertung rechtlich selbständiger und bilanzwirksamer Bilanzpositionen, sondern es wird lediglich ein gegenläufiges Risikoelement, das in der Regel in Form eines bilanzunwirksamen Finanzderivats in Erscheinung tritt, bei der Bewertung eines Grundgeschäfts berücksichtigt. IAS 39 bedient sich bei der Darstellung von Sicherungsbeziehungen dagegen Abbildungsmethoden, die im Gegensatz zu dem vorsichtsbedingten, stichtagsbezogenen deutschen Konzept einer informationsorientierten Darstellung des Sicherungsgeschäfts entgegenkommen.[926] Methodisch greifen die IFRS/IAS nicht auf eine Art Festbilanzierung zurück, sondern einerseits auf einen Mark-to-Market-Ansatz und andererseits auf die Deferral-Methode. Während der Mark-to-Market-Ansatz sich dadurch auszeichnet, dass Grund- und Sicherungsgeschäft zu Marktwerten (Fair Value) bewertet werden und sich die Wertänderungen unmittelbar erfolgswirksam in der GuV niederschlagen, wird bei der Deferral-Methode dem Grunde nach eine Bewertung zu Anschaffungskosten weiterhin beibehalten;[927] allerdings werden die Wertänderungen des Sicherungsderivats erfolgsneutral im Eigenkapital abgebildet. Die IFRS/IAS-Vorschriften zum Hedge-Accounting sind demnach so aufeinander abgestimmt, dass sich die separate Erfolgswirksamkeit der beteiligten Geschäfte entweder unmittelbar im Periodenergebnis niederschlägt (Fair Value Hedge) oder mittels Einbuchung ins Eigenkapital in zukünftige Perioden verschoben wird (Cashflow Hedge). Was die Erfolgsauswirkung der einzelnen beteiligten Finanzinstrumente anbelangt, ist die kompensatorische Bewertung bezogen auf den effektiven Teil des Absicherungsgeschäfts weitgehend

---

924 Sofern sich die auf den Marktpreis wirkenden Risiken gegenseitig kompensieren, d.h. Wertschwankungen des Grundgeschäfts werden durch das Sicherungsgeschäft vor einem Absinken bewahrt und umgekehrt; vgl. zur Festbilanzierung Scharpf, Bewertungseinheit, BFuP 1995, S. 200; Scharpf/Luz, Finanzderivate, 2. Auflage 2000, S. 308; Tönnies/Schiersmann, Bewertungseinheit I, DStR 1997, S. 716.

925 Vgl. Elkart/Schaber in: FS Eisele, Hedge-Accounting, 2003, S. 404.

926 Vgl. Göttgens, Hedge Accounting, BFuP 1995, S. 147.

927 Vgl. Göttgens, Hedge Accounting, BFuP 1995, S. 151; Steiner/Tebroke/Wallmeier, Finanzderivat, WPg 1995, S. 535; Scheffler, Hedge Accounting, 1994, S. 128; Tönnies/Schiersmann, Bewertungseinheit I, DStR 1997, S. 716.

mit dem Vorgehen des Cashflow Hedges vergleichbar, da die Erfolgswirkung der einzelnen Instrumente jeweils in die Zukunft verlagert wird. Allerdings gewährt das IFRS/IAS-Hedge-Accounting dem Bilanzleser auf Grund der Bilanzwirksamkeit der Sicherungsderivate im Gegensatz zum Bilanzsteuerrecht einen sehr weitreichenden Einblick in das Risikomanagement des Unternehmens. In beiden Fällen werden die Wertänderungen der beteiligten Geschäfte für den Bilanzleser sichtbar gemacht, was in einer Steuerbilanz auf Basis der Festbilanzierung nicht geschieht. Nach den IFRS/IAS-Vorschriften werden die aus den zu bilanzierenden Sicherungszusammenhängen resultierenden Gewinne und Verluste jeweils im Einzelnen am Bilanzstichtag aufgezeigt,[928] sei es erfolgswirksam oder nicht erfolgswirksam. Derartige Informationen lassen sich der Steuerbilanz nicht entnehmen.[929]

Sofern das Sicherungs- und Grundgeschäft perfekt korrelieren, lassen sich sowohl beim Mark-to-Market-Ansatz als auch bei der Defferal-Methode in einer Gesamtbetrachtung von Sicherungs- und Grundgeschäft keine Erfolgswirkungen verzeichnen, was im Rahmen der Festbewertung steuerbilanziell auch der Fall ist. Korrelieren die Wertentwicklungen von Sicherungs- und Grundgeschäft allerdings nicht perfekt negativ, gewährleisten die IFRS/IAS-Vorschriften, dass die aus der ineffektiven Sicherungsbeziehung resultierenden Gewinne oder Verluste entsprechend bilanziell aufgedeckt werden.[930] Steuerbilanziell ist dies hingegen nur bei negativer Wertänderung der Gesamtposition der Fall; eine positive Wertänderung der Gesamtposition ist anders als in der IFRS/IAS-Bilanz nicht erfolgswirksam zu erfassen.

Nicht so weit voneinander entfernt sind hingegen das bilanzielle Vorgehen des § 340 h Abs. 2 HGB und das des IASB, da auch gem. § 340 h Abs. 2 HGB Erträge und Aufwendungen aus der Währungsumrechnung der einzelnen Instrumente unmittelbar in der GuV zu berücksichtigen sind,[931] was der Mark-to-Market-Methode entspricht.[932]

---

928 Sofern sie nicht erfolgsneutral im Eigenkapital auszuweisen sind.

929 Vgl. ähnlich Graf von Waldersee in: FS Weber, Finanzderivate, 2003, S. 255.

930 Der ineffektive Teil des Gewinns oder Verlusts aus dem Sicherungsinstrument eines Cashflow Hedges ist gem. IAS 39.95 (b) direkt dem Periodenergebnis zuzurechnen.

931 Nach § 340 h Abs. 2 S. 1 HGB sind negative Umrechnungsdifferenzen stets als Aufwendungen in der GuV des Geschäftsjahres zu berücksichtigen. Im Gegensatz zu den negativen Umrechnungskursen dürfen jedoch nicht alle positiven Unterschiedsbeträge aus der Umrechnung von Fremdwährungsbeständen in die GuV des Geschäftsjahres übernommen werden. Lediglich im Falle der besonderen Deckung fordert das Gesetz gem. § 340 h Abs. 2 S. 2 HGB die volle ertragswirksame Vereinnahmung positiver Umrechnungsdifferenzen. Liegt hingegen keine besondere Deckung vor, aber eine Deckung in derselben Währung, so dürfen gem. § 340 h Abs. 2 S. 3 HGB Erträge in der GuV des Geschäftsjahres herangezogen werden, um vorübergehend wirksame Aufwendungen aus den zur bloßen Deckung dienenden Geschäften auszugleichen; vgl. hierzu auch Krumnow/Sprißler et al. in: Rechnungslegung der Kreditinstitute, 2. Auflage 2004, § 340 h HGB Rn. 24 ff.

932 Die Erfüllung der Geschäfte in einem späteren Wirtschaftsjahr erfolgt erfolgsneutral; vgl. Wagener in: WP-Handbuch, 13. Auflage 2006, J Rn. 327.

3. *Bilanziell zulässiges Hedge-Accounting*

In einer Stellungnahme zur Bilanzierung und Prüfung von Financial Futures aus dem Jahre 1993 bestimmt der Bankenfachausschuss des IDW, dass zwingend eine zusammengefasste Bewertung vorzunehmen ist, wenn Futures und Forward Rate Agreements nachweislich der Absicherung von Finanzposten dienen. Er verweist darauf, dass dies auch gilt, wenn die Finanzinstrumente zur Absicherung von nicht bilanzwirksamen Geschäften abgeschlossen werden.[933] Des Weiteren bestimmt der Bankenfachausschuss auch in seiner Stellungnahme zur Bilanzierung von Optionsgeschäften aus dem Jahre 1995, dass bei nachweislicher Absicherung bestimmter Bilanzpositionen oder schwebender Geschäfte die Sicherungsbeziehung bilanziell zu berücksichtigen ist.[934]

Das zu sichernde Geschäft muss nach Auffassung des BFA eindeutig bestimmbar sein und einem dem Sicherungsgeschäft entsprechenden Risiko unterliegen. Der BFH wird in diesem Zusammenhang konkreter und hat objektivierend bestimmte, aus dem GoB-System abgeleitete Voraussetzungen benannt.[935] Demnach sind im Ausnahmefall unter Berücksichtigung der Einzelbewertung einzelner Bilanzpositionen Wertveränderungen zu berücksichtigen, die systematisch im Sinne einer gegenläufigen Korrelation mit Wertänderungen anderer Bilanzpositionen verbunden sind, bei denen es sich also um objektübergreifend identisch wertbildende Faktoren handelt, die sich gegenseitig neutralisieren. Die kompensatorische Bewertung als Ausnahme vom Regelfall der Einzelbewertung wird vom BFH somit nur unter strikten Voraussetzungen zugelassen. Er fordert in seinen Urteilen neben einer systematischen, negativ korrelierten wirtschaftlichen Verknüpfung mithin eine Risiko-, Betrags- sowie Fristenkongruenz. Seines Erachtens gewährleistet lediglich eine derart geschlossene Position einen vollständigen Risikoausschluss. Die IFRS/IAS-Vorschriften wählen hingegen einen weniger formalen Ansatz. Kern des IFRS/IAS-Ansatzes ist ein schlüssiger Nachweis, dass eine Sicherungsbeziehung vorliegt. Im Mittelpunkt stehen dabei keine objektiven Kriterien wie beispielsweise eine Fristenkongruenz, sondern vielmehr der Sicherungswille des Unternehmens, der durch eine tatsächliche Wirksamkeit und eine nachvollziehbare Dokumentation zum Ausdruck kommt. Der BFH betrachtet den Einbezug des Sicherungswillens jedoch als subjektives

---

933 Vgl. IDW, Stellungnahme BFA 2/1993, WPg 1993, S. 517.

934 Vgl. IDW, Stellungnahme BFA 2/1995, WPg 1995, S. 421 f.

935 Vgl. BFH vom 19.3.2002, I R 87/00 n. rkr., DStR 2003, S. 264 Fn. 3; inhaltlich wiedergegeben von Christiansen, Einzelbewertung, DStR 2003, S. 265 f.; BFH vom 15.9.2004, I R 5/04, BFH/NV 2005, S. 421; BFH vom 25.2.2004, I R 54/02, BStBl. II 2004, S. 654; BFH vom 25.2.2004, I R 8/03, BFH/NV 2004, S. 1234. Die zuletzt genannten Urteile beziehen sich zwar nicht auf finanzielle Absicherungsgeschäfte, sondern vielmehr auf Fragen der Rückstellungsbildung, dennoch geht der BFH explizit auf den Einbezug gegenläufiger Korrelation von Wertänderungen anderer Bilanzposten zur Beurteilung der Wertveränderung einzelner Bilanzposten ein.

Vorgehen, das eine bloße Vermutung darstellt und eine Sicherungsbeziehung nicht hinreichend konkretisiert.[936]

3.1. *Wirksamkeit der Sicherungsbeziehung*

3.1.1. *Wirtschaftlicher Zusammenhang zwischen Grund- und Sicherungsgeschäft*

Marktpreisrisiken werden durch die Existenz von wirtschaftlich miteinander verbundenen Finanzgeschäften reduziert; es bedarf, wie eingangs erwähnt, keiner gemeinsamen rechtlichen Basis, so dass die Sicherungsgeschäfte trotz eines bestehenden Sicherungszusammenhangs rechtlich voneinander unabhängig aufgelöst bzw. abgewickelt werden können. Auch wenn die grundlegenden steuerbilanziellen Überlegungen zur kompensatorischen Bewertung auf die Bilanzierung von schwebenden Geschäften zurückgehen, die eine gemeinsame rechtliche Basis haben und somit in einem schuldrechtlichen synallagmatischen Verhältnis stehen,[937] gibt sich der BFH bei der Bilanzierung von Sicherungsbeziehungen mit einer ausschließlich wirtschaftlichen Verbindung der beteiligten Finanzgeschäfte zufrieden.[938] Nichts Gegensätzliches lässt sich auch aus den BFA-Stellungnahmen schließen.[939] Bei Abbildung von Sicherungsgeschäften, die einen gewollten inneren Zusammenhang herstellen, bedarf es im Unterschied zur Erfassung eines Verpflichtungsüberhangs keines schuldrechtlichen Synallagmas. Auch die IFRS/IAS-Vorschriften stellen ausschließlich auf die wirtschaftliche Verbindung zwischen Grund- und Sicherungsgeschäft ab, wonach lediglich die Wirksamkeit der Sicherungsbeziehung nachgewiesen werden muss, unabhängig davon, ob zwischen den beteiligten Geschäften ein zivilrechtliches Verhältnis vorliegt oder nicht. Beide Rechenwerke nehmen mithin die

---

936 Vgl. zur Auffassung des BFH Hahne, Kompensatorische Bewertung, BB 2003, S. 844; vgl. auch schon Benne, Einzelbewertung, DB 1991, S. 2605 f.; Christiansen, Einzelbewertung, DStZ 1995, S. 388.

937 Auch die Fortentwicklung dieses Gedankens hat zunächst nur den Einbezug von verschiedenen Geschäften in einen Saldierungsbereich als zulässig erachtet, sofern es sich um vertragliche Leistungen handelt, die in einem wirtschaftlichen (bilanziellen) synallagmatischen Verhältnis zueinander stehen (Apotheker-Entscheidung). Demnach sind nicht nur final miteinander verknüpfte Hauptleistungspflichten im Rahmen eines schuldrechtlichen Synallagmas, sondern auch alle Nebenleistungen und sonstige wirtschaftliche Vorteile in den Kompensationsbereich mit einzubeziehen; vgl. BFH vom 23.6.1997, GrS 2/93, BStBl. II 1997, S. 735; Herzig/Mauritz, Micro-Hedge, WPg 1997, S. 147 ff.; Herzig/Rieck, Saldierung, DB 1997, S. 1884.

938 Vgl. BFH vom 19.3.2002, I R 87/00 n. rkr., DStR 2003, S. 264 Fn. 3; inhaltlich wiedergegeben von Christiansen, Einzelbewertung, DStR 2003, S. 265 f.; BFH vom 15.9.2004, I R 5/04, BFH/NV 2005, S. 421; BFH vom 25.2.2004, I R 54/02, BStBl. II 2004, S. 654; BFH vom 25.2.2004, I R 8/03, BFH/NV 2004, S. 1234. Als weitere Beispiele lassen sich die Bewertung von Forderungen heranziehen, die durch Bürgschaften, Pfandrechte oder sonstige Sicherungsrechte gesichert sind, da es sich bei den Sicherungsgeschäften um selbständige Rechtsgeschäfte handelt. Indes ist aber ein wirtschaftlicher Zusammenhang derart gegeben, dass eine wirtschaftliche Wertminderung nahezu ausgeschlossen ist, da eventuelle Wertminderungen bei den Forderungen durch positive Effekte aus den Sicherungsgeschäften kompensiert werden; vgl. BFH vom 8.11.2000, I R 10/98, BStBl. II 2001, S. 349; zu den Zinsmargen vgl. auch BFH vom 24.1.1990, I R 157/85, I R 145/86, BStBl. II 1990, S. 639; Baetge/Ziesemer in: Baetge/Kirsch/Thiele, § 252 Rn. 129; vgl. zur Absicherung von Wechselkursrisiken oder der Unterverzinslichkeit von Forderungen im Zusammenhang mit Margengeschäften auch Finne, Kurssicherung, BB 1991, S. 1299 f.; Benne, Einzelbewertung, DB 1991, S. 2603; Hohenleitner, Forderungen, DStZ 1988, S. 428; Stobbe in: HHR, § 5 EStG Rn. 90.

939 Vgl. IDW, Stellungnahme BFA 2/1993, WPg 1993, S. 517 f.; IDW, Stellungnahme BFA 2/1995, WPg 1995, S. 421; IDW, Stellungnahme BFA 3/1995, WPg 1995, S. 735.

wirtschaftlichen Gegebenheiten an, fordern allerdings einen Nachweis, dass eine Sicherungsbeziehung vorliegt.

3.1.2. Fristenkongruenz

Nach Auffassung des BFH kann ein Risikoausschluss lediglich dann objektiv sichergestellt werden,[940] wenn die Restlaufzeiten von Grund- und Sicherungsgeschäft identisch sind, es ist demnach nicht ausreichend, dem Sicherungswillen über die bloße Möglichkeit des Abschlusses von Anschlussgeschäften Ausdruck zu verleihen. Es muss die Absicht, den bestehenden Sicherungszusammenhang über den Bilanzstichtag hinaus bis zur Fälligkeit aufrechtzuerhalten, entsprechend nachgewiesen werden, so dass die bilanzielle Abbildung eines Sicherungsgeschäfts am Bilanzstichtag nicht auf einem lediglich zufällig zu vermutenden zukünftigen Ausgleich aufbauen kann.[941] So können nach Auffassung des BFH Erachtens Wertverluste aus Devisenpositionen auf Grund möglicher Kursveränderungen systematisch nur dann ausgeschlossen werden, wenn die Vereinnahmung von Beträgen einer Fremdwährung aus einer Forderung mit der Verausgabung währungsgleicher Beträge zur Erfüllung einer Verbindlichkeit tagesgleich zusammenfallen.[942] Ist eine Position hingegen früher fällig, fehlt eine derartige Übereinstimmung mit der zwangsläufigen Folge von Kursrisiken.[943] Anders sieht dies der BFA im Zusammenhang mit der Absicherung von Währungsrisiken in Kreditinstituten. Seines Erachtens bedarf es keiner Fristenkongruenz zum Nachweis eines Sicherungsgeschäfts, da unterstellt wird, dass es dem Kreditinstitut möglich ist, zeitliche Inkongruenzen durch entsprechende Anschlussgeschäfte zu beseitigen und dass es auch von dieser Möglichkeit Gebrauch machen wird. [944]

---

940 Vgl. Burkhardt, Fremdwährungsgeschäft, 1988, S. 188; Christiansen, Einzelbewertung, DStR 2003, S. 267; Hahne, Kompensatorische Bewertung, BB 2003, S. 1946.

941 Dem diskutierten Streitfall vorausgegangen war eine gegenteilige Auffassung der Finanzverwaltung und des Schleswig-Holsteinischen Finanzgerichts, derzufolge eine nicht bestehende Fristenkongruenz global abgesicherter Positionen durch die bloße Möglichkeit des Abschlusses von Anschlussgeschäften aufgefangen werden kann; vgl. Schleswig-Holsteinisches Finanzgericht vom 15.3.2000, I 714/91, EFG 2000, S. 1057.

942 Vgl. Christiansen, Einzelbewertung, DStR 2003, S. 266; Wiedergabe durch Hahne, Kompensatorische Bewertung, BB 2003, S. 1944; Günkel, Hedge-Accounting, StbJb. 2003, S. 279 f.; Staudt/Weinberger, Cross-Hedging, WPg 1997, S. 46 f.

943 Fälligkeitsdifferenzen können zwar durch Anschlussgeschäfte gegen weitere Wechselkursänderungen abgesichert werden. Eine vollständige Absicherung in dem Sinne, dass der eingehende Betrag am Bilanzstichtag feststeht, liegt jedoch nicht vor, da die Konditionen für das Anschlussgeschäft noch unsicher sind. Wenn die Fälligkeiten übereinstimmen, kann am Bilanzstichtag von einer vollständigen Absicherung gegen jegliches Währungsrisiko ausgegangen werden. Da im verhandelten Fall die Fälligkeitszeitpunkte der gesicherten Positionen allerdings bis zu zwölf Monate auseinander lagen, wäre gegebenenfalls die Identität der Fälligkeitszeitpunkte lediglich zufällig möglich gewesen, so dass der BFH die bilanzielle Abbildung des globalen Sicherungszusammenhangs verneinte; vgl. Christiansen, Einzelbewertung, DStR 2003, S. 266; Wiedergabe durch Hahne, Kompensatorische Bewertung, BB 2003, S. 1944.

944 Vgl. IDW, Stellungnahme BFA 3/1995, WPg 1995, S. 736; vgl. auch Wagener in: WP-Handbuch, 13. Auflage 2006, J Rn. 297.

Die IFRS/IAS fordern wie auch der BFA keine auf die Restlaufzeit bezogene Laufzeitkongruenz. Zwar kann eine Sicherungsbeziehung nicht nur für einen Teil der Zeit, über den das Sicherungsinstrument noch läuft, bestimmt werden, es ist allerdings nicht erforderlich, dass das Grundgeschäft bis zum Ende seiner Laufzeit abgesichert ist. Die Sicherungsbeziehung kann in diesem Fall zwar ausschließlich für den abgesicherten Zeitraum bilanziell erfasst werden, für die Beurteilung am Bilanzstichtag ist jedoch nicht von Bedeutung, ob für die verbleibende, nicht abgesicherte Zeit Anschlussgeschäfte getätigt werden oder nicht. Wesentlich ist vielmehr die Wirksamkeit der Absicherung über die designierte Laufzeit, d.h. dass sich über die ganze Laufzeit des Sicherungsgeschäfts die entsprechenden Wertänderungen wirksam ausgleichen.

Die vom BFH reduzierte Wirksamkeit der Absicherung auf eine tagesgleiche Restlaufzeit ist sicherlich nicht ganz unproblematisch, zumal sie in aller Deutlichkeit das Spannungsfeld zwischen Ermessens- und Gestaltungsspielräumen hervortreten lässt. Zwar eröffnet eine absolute Fristenkongruenz dem Bilanzierenden keinen Ermessensspielraum, Gestaltungsspielraum aber durchaus. So kann der Bilanzierende die Verpflichtung zur kompensatorischen Bewertung dadurch umgehen, dass er ein Sicherungsgeschäft abschließt, das genau einen Tag vor oder nach dem Grundgeschäft fällig ist, während er durch Abschluss eines fristenkongruenten Sicherungsgeschäfts gezielt die bilanzielle Abbildung des Sicherungszusammenhangs erwirken kann.[945] Fraglich ist zudem, ob ein derart striktes Kriterium den ökonomischen Realitäten eines Risikomanagements gerecht wird, da hier im Wesentlichen rollierende Sicherungsstrategien verfolgt werden, die eine taggleiche Fristenkongruenz eben nicht beabsichtigen. Die bilanzielle Bildung von Bewertungseinheiten wäre allenfalls dann möglich, wenn Geschäfte über illiquide Märkte abgewickelt werden, die gegebenenfalls laufzeitkongruente Sicherungsgeschäfte gestatten. Auf liquiden Märkten werden Fristenunterschiede hingegen durch ständig neue Anschlusssicherungsgeschäfte überbrückt. Obwohl steuerbilanziell der subjektive Sicherungswille des Bilanzierenden unberücksichtigt bleibt, kommt ihm im Rahmen der Reduktion von Marktpreisrisiken dennoch eine tragende Rolle zu, was entsprechend auch in den IFRS/IAS-Vorschriften und sicherlich auch in der Auffassung des BFA seinen Niederschlag findet. Die IFRS/IAS ermöglichen somit im Gegensatz zum Steuerbilanzrecht in einem höheren Maße, dass am Markt durchführbare Sicherungsstrategien bilanziell ihre Berücksichtigung finden.

Unstrittig ist hingegen, dass Grund- und Sicherungsgeschäft nach den IFRS/IAS-Vorschriften und auch steuerbilanziell nicht gleichzeitig abgeschlossen worden sein müssen. Sowohl das Heranziehen eines Sicherungsgeschäfts aus einem bestehenden Bestand als auch ein Abschluss eines Sicherungsgeschäfts eine bestimmte Zeit nach dem Grundgeschäft sind kein Ausschlussgrund für die bilanzielle Abbildung des Sicherungsgeschäfts. Steuerbilanziell kann

945 Vgl. Staudt/Weinberger, Cross-Hedging, WPg 1997, S. 50.

somit vor allem unter Einbezug von Vorlaufzeiten keine Kongruenz der Gesamtlaufzeit gefordert werden.[946]

3.1.3. Kausaler Zusammenhang zwischen Gewinnchance und Verlustrisiko

In seinen Urteilen nimmt der BFH den Grundgedanken auf,[947] dass sich eine systematisch gegenläufige Entwicklung lediglich aus einer wirtschaftlich-funktionalen Verknüpfung zwischen der zu bewertenden bilanziellen Bezugsposition und dem zu berücksichtigenden wertbildenden Faktor ergeben kann. Nicht jegliche wirtschaftliche oder kausale Verknüpfung von Wirtschaftsgütern und / oder Schuldposten, wie dies beispielsweise bei Rückdeckungsansprüchen und Pensionsverpflichtungen der Fall ist, ist nach seiner Auffassung in einen Saldierungsbereich einzubeziehen und / oder nach gleichen Grundsätzen oder in gleicher Höhe zu bewerten.[948] Objektivierungsbedingt ist ein unmittelbarer sachlich-wirtschaftlicher Zusammenhang erforderlich, eine Kausalität dergestalt,[949] dass der Grund zum Abschluss des Gegengeschäfts sich ausschließlich aus der Risikoposition des Grundgeschäfts ableitet,[950] um einen objektübergreifenden Risikoausgleich gewährleisten zu können.[951] So fehlt es zwischen Pensionsverpflichtungen einerseits und Rückdeckungsansprüchen andererseits an gegenläufigen wertbeeinflussenden Faktoren; es besteht zwischen den beiden keine systematisch wertmäßige Abhängigkeit.[952] Steuerbilanziell muss vielmehr eine wechselseitig kausale Beziehung zwischen den Bilanzposten bestehen,[953] die den Saldierungsbereich der kompensatorischen Bewertung klar eingrenzt.[954] Dies bedingt für die steuerbilanzielle Abbildung von Sicherungsgeschäften, dass beide Bewertungskomponenten auf eine gemeinsame Entstehungsursache zurückzuführen sind; sowohl die Gewinnchance als auch das Verlustrisiko müssen durch die Änderung desselben Marktrisikos begründet werden. Nur eine homogene Beeinflussung mittels identischer Einflussfaktoren, wie dies beispielsweise bei ein und derselben Wäh-

---

946 Vgl. Christiansen, Einzelbewertung, DStR 2003, S. 266.

947 Vgl. BFH vom 19.3.2002, I R 87/00 n. rkr., DStR 2003, S. 264 Fn. 3; inhaltlich wiedergegeben von Christiansen, Einzelbewertung, DStR 2003, S. 265 f.; BFH vom 15.9.2004, I R 5/04, BFH/NV 2005, S. 421; BFH vom 25.2.2004, I R 54/02, BStBl. II 2004, S. 654; BFH vom 25.2.2004, I R 8/03, BFH/NV 2004, S. 1234.

948 Vgl. BFH vom 1.2.1966, I 90/63, BStBl. III 1966, S. 251; BFH vom 25.2.2004, I R 8/03, BFH/NV 2004, S. 1234.

949 Vgl. Kupsch, Bewertungseinheit, StbJb. 1995, S. 349; Pößel, Saldierung, DStR 1984, S. 433 f.

950 Vgl. Benne, Einzelbewertung, DB 1991, S. 2602; Christiansen, Einzelbewertung, DStZ 1995, S. 386; Tönnies/Schiersmann, Bewertungseinheit I, DStR 1997, S. 717.

951 Vgl. Kupsch in: FS Forster, Imparitätsprinzip, 1992, S. 347; Tönnies/Schiersmann, Bewertungseinheit I, DStR 1997, S. 714.

952 Diese Aussage bezieht sich auf die Kauslität von Rückdeckungsvereinbarungen und Pensionsverpflichtungen, hiervon abweichend zu beurteilen ist eine etwaige Anwendung der Bewertungsvorschrift des § 6 Abs. 1 Nr. 3 a lit. c EStG.

953 Vgl. Jacobs, Rückstellungen, DStR 1988, S. 241; Pößel, Saldierung, DStR 1984, S. 434.

954 Vgl. Kupsch, Bewertungseinheit, StbJb. 1995, S. 135 f.

rung der Fall ist, objektiviert demnach die Existenz von Bewertungseinheiten.[955] Eben diese Sicherheit existiert bei einer Gesamtbetrachtung von Pensionsverpflichtung und Rückdeckungsanspruch nicht von vornherein.[956] So sieht es auch der BFA: Er weist in seiner Stellungnahme 2/1993 daraufhin,[957] dass das zu sichernde Geschäft einem dem Sicherungsgeschäft entsprechenden Risiko unterliegen muss. Zudem bestimmt er in seiner Stellungnahme 2/1995,[958] dass Sicherungsbeziehungen anzuerkennen sind, sofern sich Sicherungsinstrumente auf dasselbe Basisobjekt wie der Sicherungsgegenstand beziehen. Die Anforderung an die Kausalität zwischen Sicherungs- und Grundgeschäften findet sich in dieser Deutlichkeit hingegen nicht in den IFRS/IAS-Vorschriften. Die von den IFRS/IAS geforderte hohe Wirksamkeit der Sicherungsbeziehung über die gesamte Laufzeit bedingt zwar, dass das Sicherungs- und Grundgeschäft aufeinander abgestimmt sein müssen, was beispielsweise auch aus den Vorschriften zur Absicherung einer Gruppe von Grundgeschäften abzuleiten ist, da deren Finanzinstrumente lediglich ein vergleichbares Risikoprofil aufweisen müssen.[959] Im Gegensatz zur steuerbilanziellen Behandlung von Sicherungsgeschäften findet sich in den IFRS/IAS-Vorschriften keine Voraussetzung, die fordert, dass es sich um identische Einflussfaktoren handeln muss. Während steuerbilanziell mithin auf ein objektives Kriterium abgestellt wird, kommt es für den IASB im Wesentlichen auf den subjektiven Sicherungswillen des Bilanzierenden an, der entsprechend durch die tatsächliche Wirksamkeit nachgewiesen werden muss.[960] Übereinstimmung zwischen den IFRS/IAS und dem steuerbilanziellen Vorgehen besteht allerdings dahingehend, dass die Absicherung globaler Risiken, die sich beispielsweise im Firmen- und Geschäftswert niederschlagen, nicht zu berücksichtigen sind, da sie nicht in einem isolierbaren, nachweisbaren Ursache-Wirkungs-Zusammenhang eingebunden sind.[961]

---

955 Vgl. Anstett/Husmann, Bewertungseinheit, BB 1998, S. 1527; Arbeitskreis "Externe Unternehmensrechnung" der Schmalenbach-Gesellschaft, Finanzinstrumente, DB 1997, S. 639; Jacobs, Rückstellungen, DStR 1988, S. 241; Krumnow/Sprißler et al. (Hrsg.) in: Rechnungslegung der Kreditinstitute, 2. Auflage 2004, § 340e Rn. 106; Kupsch, Bewertungseinheit, StbJb. 1995, S. 136; Möhler, Absicherung, 1992, S. 90 f.; Pößel, Saldierung, DStR 1984, S. 434; Scharpf/Luz, Finanzderivate, 2. Auflage 2000, S. 285. In der Literatur wird auch von einer wenn-dann-Beziehung gesprochen, d.h. wenn einerseits ein Verlust generiert wird, wird andererseits ein Gewinn generiert und umgekehrt; vgl. Christiansen, Einzelbewertung, DStR 2003, S. 265; Finne, Kurssicherung, BB 1991, S. 1299.

956 Vgl. Benne, Schwebende Geschäfte, BB 1979, S. 1656; ders., Einzelbewertung, DB 1991, S. 2602 f. Ähnlich ist der Fall gelagert, wenn für drohende Ersatzansprüche eine Rückstellung zu bilden ist, obwohl hierfür eine Haftpflichtversicherung besteht. Für den Fall der Produkthaftung wird beispielsweise argumentiert, dass ein Anspruch aus der Produkthaftpflichtversicherung nicht von sich aus, sondern erst nach Prüfung und Anerkennung durch den Versicherer entsteht; vgl. hierzu Herzig/Hötzel, Produkthaftung, BB 1991, S. 103 f.

957 Vgl. IDW, Stellungnahme BFA 2/1993, WPg 1993, S. 517.

958 Vgl. IDW, Stellungnahme BFA 2/1995, WPg 1995, S. 422.

959 Auch die Vorschrift des IAS 39.89A zur Absicherung eines Portfolios gegen Zinsänderungsrisiken widmet sich dem Sachverhalt, dass gleichartige Risikoprofile Grundlage des IFRS/IAS-Hedge-Accountings sind, da in diesem Fall zinstragende Finanzinstrumente Gegenstand der Betrachtung sind.

960 So ermöglicht der IASB insbesondere auch eine Orientierung der Bilanzierung an der Risikomanagementstrategie des Unternehmens.

961 Vgl. Kupsch, Bewertungseinheit, StbJb. 1995, S. 136.

3.1.4. Objektübergreifende identische wertbildende Faktoren

Die steuerbilanzielle Voraussetzung, dass es sich um objektübergreifend identisch wertbildende Faktoren handeln muss, muss sich im Rahmen der Absicherung von Marktpreisrisiken mit unterschiedlichen Risikokategorien auseinandersetzen. In diesem Zusammenhang kommt dem Ausmaß der Identität des Basiswerts, d.h. im welchem Umfang die Risikoelemente gleichartig zu sein haben, ausschlaggebende Bedeutung zu. Für den Währungsbereich fordert der BFH entsprechend eine strikte Währungsidentität.[962] Gleiches ergibt sich auch aus der Sondervorschrift des § 340 h Abs. 2 S. 2 u. 3 HGB, die von einer Deckung in „derselben" Währung spricht.[963] Während es steuerbilanziell somit ausgeschlossen ist, dass im Währungsbereich ein gegebenenfalls notwendiges Cross-Hedging bilanziell nachgezeichnet werden kann,[964] hängt dies nach den IFRS/IAS-Vorschriften von der Wirksamkeit der Sicherungsbeziehung ab. Cross-Hedging im Währungsbereich kommt beispielsweise dann zur Anwendung, wenn für Grundgeschäfte in einer bestimmten Währung keine Sicherungsgeschäfte in der gleichen Währung angeboten werden oder die Märkte für solche Instrumente nicht liquide genug sind, so dass ein gewünschter Fälligkeitstermin oder die Betragshöhe des Grundgeschäfts am Markt nicht verfügbar sind.[965] Sofern allerdings die Wirksamkeit der Sicherungsbeziehung nachgewiesen werden kann und den entsprechenden Dokumentationsvorschriften nachgekommen wird, kann die Sicherungsbeziehung in die IFRS/IAS-Bilanz aufgenommen werden, auch wenn es sich nicht um ein und dieselbe Währung handelt.

Das für Währungstermingeschäfte geltende Kriterium der Währungsidentität kann für Zins- und Aktientermingeschäfte für die Steuerbilanz demnach nur durch die Gleichheit von Zinsinstrument oder Aktie ersetzt werden. Stimmen das Underlying des Termingeschäfts und das Kassainstrument überein, so wird dem Grunde nach gewährleistet, dass der Basiswert den gleichen Werteinflüssen ausgesetzt ist wie der jeweilige Finanzterminkontrakt.[966] Für diese Finanzbereiche bedeutet dies jedoch, dass, sofern die Anforderung an die identischen wertbildenden Faktoren streng interpretiert wird, nahezu jedes Absicherungsgeschäft bilanziell unbe-

---

962 Vgl. zur Auffassung der oben genannten BFH-Urteile Christiansen, Einzelbewertung, DStR 2003, S. 266; Hahne, Kompensatorische Bewertung, BB 2003, S. 844; gl.A. Tubbesing, Fremdwährungsposten, ZfbF 1981, S. 816; so auch schon Gmelin, Währungsumrechnung, WPg 1987, S. 600; Lührmann, Fremdwährungsgeschäfte, DStR 1998, S. 389; vgl. auch Schreiber in: Blümich, § 5 EStG Rn. 231; Staudt/Weinberger, Cross-Hedging, WPg 1997, S. 44; Tönnies/Schiersmann, Bewertungseinheit I, DStR 1997, S. 718.

963 Vgl. auch Krumnow/Sprißler et al. (Hrsg.) in: Rechnungslegung der Kreditinstitute, 2. Auflage 2004, § 340 h HGB Rn. 44.

964 Gleiches gilt auch für die Absicherung von Fremdwährungsgeschäften in einer Bankbilanz gem. § 340 h HGB. Auch hier sind unterschiedliche Währungsrisiken nicht kompensationsfähig. Cross-Country-Hedges scheiden auch dann aus, wenn zwischen den Währungen in der Vergangenheit empirisch hohe Korrelationen festgestellt wurden. Echte Cross-Country-Hedges dürfen nicht berücksichtigt werden; die Vorschrift fordert eine perfekte negative Korrelation, wie sie nur bei gegenläufigen Geschäften derselben Währung erreicht wird; vgl. Krumnow/Sprißler et al. (Hrsg.) in: Rechnungslegung der Kreditinstitute, 2. Auflage 2004, § 340 h Rn. 44.

965 Vgl. Scheffler, Hedge Accounting, 1994, S. 170.

966 Vgl. Anstett/Husmann, Bewertungseinheit, BB 1998, S. 1527.

rücksichtigt bleiben muss.[967] Während für den Zinsbereich gilt, dass auf Grund unterschiedlicher Ausstattungsmerkmale verzinslicher Wertpapiere die Absicherung von Zinsrisiken mittels desselben Basiswerts in der Regel ausgeschlossen sein dürfte,[968] gilt dies für den Aktienbereich auf Grund der unterschiedlichen Ausstattungsmerkmale der einzelnen Unternehmensanteile genauso.[969] Hiervon abweichend erachtet der BFA im Rahmen von Handelsaktivitäten der Kreditinstitute allerdings eine Verrechnung von Bewertungsergebnissen auch dann für zulässig, wenn die Finanzinstrumente zwar auf dasselbe Basisobjekt Bezug nehmen, die sonstigen Ausstattungsmerkmale aber voneinander abweichen.[970] Derartige Divergenzen oder Probleme lassen sich beim IFRS/IAS-Hedge-Accounting nicht feststellen. Im Zinsbereich ist es zwar notwendig, dass die Zinsinstrumente in gleichgerichtete Laufzeitbänder einzuordnen sind, eine Bezugnahme auf denselben Basiswert ist jedoch nicht erforderlich. Gleiches gilt für den Aktienbereich, sofern die Wirksamkeit der Sicherungsbeziehung nachgewiesen werden kann.

3.1.5. Betragsidentität

Die vom BFH angesprochene gegenläufige Korrelation von Sicherungs- und Grundgeschäft bedingt,[971] dass Grund- und Sicherungsgeschäft so aufeinander abgestimmt sein müssen, dass sich auf Grund einer Veränderung des Risikofaktors eine Wertkompensation durch das gegenläufige Geschäft einstellt.[972] Wie gezeigt, ist dies für den Devisenbereich, sofern eine Basiswertidentität gegeben ist, unproblematisch, da in der Regel von einer perfekten Korrelation zwischen Sicherungs- und Grundgeschäft ausgegangen werden kann. Der Basiswertidentität schließt sich insofern unmittelbar als quantitative Komponente eine Betragsidentität an, da die

---

967 Vgl. Oestreicher, Zinsterminkontrakte, 1992, S. 274 f.; Staudt/Weinberger, Cross-Hedging, WPg 1997, S. 50; Zielke in: FS Moxter, Jahresabschluß, 1994, S. 519.

968 Vgl. Grünewald, Finanzterminkontrakte, 1993, S. 219 f.; Oestreicher, Zinsterminkontrakte, 1992, S. 119 f. u. 128. Begründet wird dies damit, dass z.B. im Zinsbereich die Zahl der gehandelten Zinstitel erheblich größer ist als die der möglichen Sicherungsinstrumente, die sich zusätzlich dazu z.T. auch nur auf synthetische Zinsgeschäfte beziehen.

969 Während die kompensatorische Bewertung im Aktienindexbereich dann abgelehnt werden muss, wenn eine Absicherung durch ein mehr oder weniger wahllos zusammengesetztes Aktien-Portfolio erfolgt, es mithin an einer gleichartigen Risikobeeinflussung fehlt, ist es fraglich, inwieweit dies bei einem im wesentlichen identischen Aktienkorb der Fall ist, bei dem von einer homogenen Beeinflussung von Verlustrisiko und Gewinnchance ausgegangen werden kann, wenn dieser von Termingeschäften desselben Aktienkorbs abgesichert wird. Dies ist z.B. dann gegeben, wenn ein Bestand an Aktien, der der Zusammensetzung des DAX entspricht, mit DAX-Futures abgesichert wird.

970 Vgl. IDW, Stellungnahme BFA 2/1995, WPg 1995, S. 422.

971 Vgl. BFH vom 19.3.2002, I R 87/00 n. rkr., DStR 2003, S. 264.

972 Vgl. zur negativen Korrelation auch Steiner/Tebroke/Wallmeier, Finanzderivat, WPg 1995, S. 536; Gebhardt, Finanzinstrumente, BFuP 1996, S. 573. In der Regel wird gefordert, dass die Absicherung hochwirksam sein muss, was insoweit einer wirksamen negativen Korrelation gleichkommt; vgl. hierzu Arbeitskreis "Externe Unternehmensrechnung" der Schmalenbach-Gesellschaft, Finanzinstrumente, DB 1997, S. 638 f.; Bertsch/Kärcher in: Handbuch Derivativer Instrumente, Derivate, 1999, S. 741; Gebhardt, Finanzinstrumente, BFuP 1996, S. 572; Herzig/Mauritz, Micro-Hedge, WPg 1997, S. 146; Kuhner in: Baetge/Kirsch/Thiele, § 246 Rn. 867 ff.

Berechnung mittels des Nominalbetrags der Währungen erfolgt und eine Währung als solche nicht teilbar ist.[973] Sollten die Nominalbeträge der Grund- und Sicherungsgeschäfte voneinander abweichen, liegt eine Abweichung von der Betragsidentität lediglich in dem Sinne vor, dass nunmehr nur eine anteilige Einbeziehung eines Geschäfts in die Bewertungseinheit vorgenommen werden kann. Auch die Vorschrift des § 340 h HGB ist im Sinne einer Betragsidentität zu verstehen, den sie mit der Begrifflichkeit der Deckung einführt. Auch wenn der Deckungsbegriff gesetzlich nicht definiert ist, ist davon auszugehen, dass eine Deckung dann vorliegt, wenn das Wechselkursänderungsrisiko ausgeschaltet ist. Dies ist der Fall, wenn sich alle Ansprüche und Verpflichtungen derselben Währung betraglich ausgleichen, so dass kein Wechselkursrisiko mehr besteht; alle Posten sind mithin gedeckt.[974] Während hinsichtlich des betragsidentischen Teilbetrags die gegenläufigen Wertänderungen miteinander zu verrechnen sind, gelten für die überschießende Einheit die allgemeinen Bewertungsvorschriften,[975] was auch nach den IFRS/IAS-Regeln ebenso gilt. Die Wirksamkeit einer Sicherungsbeziehung ist für beide Rechenwerke insofern gleichermaßen in einem quantitativen Sinne zu verstehen; allerdings ist der Nachweis der Wirksamkeit nach den IFRS/IAS-Vorschriften sowohl prospektiv als auch retrospektiv mittels vergangenheitsbezogener Daten und des tatsächlichen Ergebnisses zu führen, während sich dies steuerbilanziell zunächst ausschließlich aus den oben angeführten objektiven Kriterien ableiten lässt.

Die quantitative Komponente der IFRS/IAS-Wirksamkeitsanforderung gewinnt vor allem dann an Bedeutung, wenn innerhalb einer Risikokategorie eine Basiswertidentität nicht gewährleistet werden kann, d.h. wenn Sicherungsgeschäfte lediglich auf der Grundlage gleichartiger Risikoprofile abgeschlossen werden, mithin auch keine Betragsidentität vorliegen kann. So hängt im Zins- und Aktienbereich die optimale Sicherungsstrategie mangels fehlender absoluter Basiswertidentität neben der Stärke des Kurszusammenhangs zwischen den Geschäf-

---

973 Vgl. Anstett/Husmann, Bewertungseinheit, BB 1998, S. 1527; Finne, Kurssicherung, BB 1991, S. 1295; Langenbucher in: HdR, 5. Auflage I Rn. 748; Scharpf, Bewertungseinheit, BFuP 1995, S. 195; Stobbe in: HHR, § 6 EStG Rn. 90. Bei Währungsidentität besteht die Möglichkeit einer vollständig entgegengesetzten Wertentwicklung.

974 Vgl. Wagener in: WP-Handbuch, 13. Auflage 2006, J Rn. 297.

975 Die kompensatorische Bewertung für den gesamten Geschäftsvorfall ist steuerbilanziell abzulehnen, da der überschießende Teil ungesicherten Wertänderungen unterliegt. Es würde insoweit fraglich erscheinen, nur eine vollständige Risikokompensation zu berücksichtigen, hingegen eine teilweise erfolgende Kompensation zu vernachlässigen, obwohl auch in diesem Fall bei der getrennten Bewertung von Grund- und Sicherungsgeschäft Verluste antizipiert werden, die voraussichtlich nicht auftreten. Gegen eine solche partielle Einbeziehung der Fremdwährungsposition mit dem kleineren Nominalbetrag in eine Bewertungseinheit ist allerdings einzuwenden, dass dieses Geschäft für Zwecke der Bewertung in zwei Teile zerlegt werden müsste, auf die dann jeweils unterschiedliche Bewertungsmethoden angewandt würden; vgl. Arbeitskreis "Externe Unternehmensrechnung" der Schmalenbach-Gesellschaft, Finanzinstrumente, DB 1997, S. 639; Benne, Einzelbewertung, DB 1991, S. 2605; Gmelin, Währungsumrechnung, WPg 1987, S. 600; Hahne, Kompensatorische Bewertung, BB 2003, S. 1946; Meinhardt, Bewertungseinheit, DB 2004, S. 2651; Scharpf/Luz, Finanzderivate, 2. Auflage 2000, S. 293; Staudt/Weinberger, Cross-Hedging, WPg 1997, S. 50.

ten zusätzlich vom Volumen der getätigten Geschäfte ab,[976] was insoweit auch durch die von den IFRS/IAS geforderten Wirksamkeitsbandbreite von 80 % - 125 % zum Ausdruck kommt. Handelsbilanziell wird in diesem Zusammenhang anstelle der für Währungstermingeschäfte geforderten Betragsidentität das Heranziehen des sog. Hedge-Ratios diskutiert.[977] Ohne eine Auskunft über die Kausalität des Sicherungszusammenhangs zu geben, bezieht sich das Hedge-Ratio dabei ausschließlich auf den Umfang der Absicherung. Sofern die Korrelation niedriger -1 ist, besteht mittels Abschluss überschießender Sicherungsgeschäfte die Möglichkeit, fast perfekte Hedges nachzubilden, wenn der Umfang der Sicherungsgeschäfte sich der Korrelation zwischen Grund- und Sicherungsgeschäft anpasst. Sofern also keine perfekte negative Korrelation zwischen Grund- und Sicherungsgeschäft vorliegt, muss sich die Hedge-Ratio bei jeder Wertänderung des Grundgeschäfts ebenfalls ändern. Um eine wirkungsvolle Absicherung aufrechtzuerhalten, ist daher der Umfang des Sicherungsgeschäfts im Rahmen eines dynamischen Hedgings laufend den Wertänderungen von Grund- und Sicherungsgeschäft anzupassen.[978] Ob dabei die von den IFRS/IAS vorgegebene Wirksamkeitsbandbreite handels- und steuerbilanziell auch als akzeptables Maß zu verstehen ist, ist derzeit offen. Trotz des § 5 Abs. 1 a EStG ist zudem offen, ob überhaupt die bilanzielle Abbildung einer Sicherungsbeziehung für zulässig erachtet wird, bei der nicht auf Grund eines kausalen Zusammenhangs sondern auf Grund einer effektiven Sicherungsstrategie ein Risikoausgleich herbeigeführt wird.

Aussagen zur Methode der Ermittlung der Effektivität finden sich im deutschen Steuer- und Handelsbilanzrecht nicht. Die IFRS/IAS geben zwar auch keine Methoden vor; sie verweisen allerdings darauf, dass eine verlässliche Bestimmbarkeit der heranzuziehenden Werte gewährleistet sein muss und dass auf Grund der Dynamik des Hedgings auf das Risikomanagement des Unternehmens zurückzugreifen ist. Sollte eine absolute Fristenkongruenz steuerbilanziell als notwendig erachtet werden, so muss die steuerbilanzielle Messung der Effektivität über die Laufzeit kumuliert erfolgen; eine periodenbezogene Messung wäre demnach ausgeschlossen. Die IFRS/IAS ermöglichen hingegen unter dem Postulat der Stetigkeit wahlweise eine periodenbezogene oder eine über die Laufzeit kumulierte Messung der Effektivität, die temporär unterschiedliche bilanzielle Konsequenzen nach sich ziehen.

---

976 Vgl. Schwarze, Finanzierungsinstrumente, 1989, S. 108.

977 Im Schrifttum wird gefordert, dass auch effektive Absicherungsstrategien bei nicht perfekt negativ korrelierten Sicherungsgeschäften bilanziell zu berücksichtigen sind; vgl. Anstett/Husmann, Bewertungseinheit, BB 1998, S. 1527; Arbeitskreis "Externe Unternehmensrechnung" der Schmalenbach-Gesellschaft, Finanzinstrumente, DB 1997, S. 638 f.; Bertsch/Kärcher in: Handbuch Derivativer Instrumente, Derivate, 1999, S. 741; Gebhardt, Finanzinstrumente, BFuP 1996, S. 572; Herzig/Mauritz, Micro-Hedge, WPg 1997, S. 146; Kuhner in: Baetge/Kirsch/Thiele, § 246 Rn. 867 ff.; Menninger, Zins-Future, RIW 1994, S. 305; Oestreicher, Zinsterminkontrakte, 1992, S. 274 f.; Prahl/Naumann, Bewertungseinheit, ZBB 1994, S. 4; Staudt/Weinberger, Cross-Hedging, WPg 1997, S. 50; Zielke in: FS Moxter, Jahresabschluß, 1994, S. 519; dies ergibt sich insoweit auch aus der Stellungnahme des BFA; vgl. hierzu IDW, Stellungnahme BFA 2/1995, WPg 1995, S. 422.

978 Vgl. Anstett/Husmann, Bewertungseinheit, BB 1998, S. 1527; Brackert/Prahl/Naumann, Risikosteuerung, WPg 1995, S. 550; Prahl/Naumann, Bewertungseinheit, ZBB 1994, S. 3; Scheffler, Hedge Accounting, 1994, S. 62 f.

3.2. *Dokumentation der Sicherungsbeziehung*

Auch wenn der BFH Dokumentationspflichten als ein subjektives Kriterium ansieht, das den Nachweis einer Sicherungsbeziehung nicht hinreichend konkretisiert,[979] werden in der Literatur hingegen teilweise detaillierte Dokumentationspflichten für die Anwendung der kompensatorischen Bewertung mit der Begründung gefordert, dass gerade durch die Aufzeichnungen eine willkürliche Verrechnung unrealisierter Gewinne und Verluste durch den Steuerpflichtigen verhindert werden kann.[980] Auch der BFA fordert eine Dokumentation der Sicherungsbeziehung.[981] Einheitliche Grundsätze, wie sie in den IFRS/IAS-Vorschriften zu finden sind, haben sich jedoch im Schrifttum nicht herausbilden können und werden auch nicht vom BFA vorgegeben. Von nicht untergeordneter Bedeutung dürften dabei allerdings in Übereinstimmung mit den IFRS/IAS-Vorschriften die Dokumentation des Sicherungsinstruments und des Grundgeschäfts sein; auch die Art der Bestimmung der Wirksamkeit dürfte sich als den Sicherungszusammenhang objektivierende Dokumentation erweisen. Keine Übereinstimmung kann hingegen bei dem von den IFRS/IAS geforderten Verbot einer rückwirkenden Designation des Sicherungszusammenhangs vorliegen, da es steuerbilanziell keinen Unterschied machen kann, ob die Sicherungsbeziehung davor, während oder danach dokumentiert wird. Nicht von der Hand zu weisen ist allerdings, dass durch die Formulierung geeigneter Voraussetzungen faktische Wahlmöglichkeiten geschaffen werden, die dazu führen, dass der Bilanzierende über die Abbildung der Sicherungsbeziehung in der Steuerbilanz entscheidet.[982] Insofern kann die Dokumentation einer Sicherungsbeziehung, wie dies nach den IFRS/IAS-Vorschriften der Fall ist, steuerbilanziell zwar nicht als notwendige Voraussetzung betrachtet werden, sachdienlich wäre es jedoch, Dokumentationen zu verlangen, die die bilanzielle Abbildung konkretisieren, deren Nichtbeachtung jedoch nicht zu einer bilanziellen Verwerfung der Sicherungsbeziehung führt.[983] Neben der Dokumentation des Sicherungs- und Grundgeschäfts wäre es beispielsweise sinnvoll, Angaben über den Abschlusstag und die Fälligkeit sowie über die

---

979 Vgl. zur Auffassung des BFH Hahne, Kompensatorische Bewertung, BB 2003, S. 844; vgl. auch schon Benne, Einzelbewertung, DB 1991, S. 2605 f.; Christiansen, Einzelbewertung, DStZ 1995, S. 388.

980 Vgl. Bertsch/Kärcher in: Handbuch Derivativer Instrumente, Derivate, 1999, S. 741; Göttgens/Prahl, Bilanzierung, WPg 1993, S. 508; Kuhner in: Baetge/Kirsch/Thiele, § 246 Rn. 868; Menninger, Financial Futures, 1993, S. 123 f.; Oestreicher, Zinsterminkontrakte, 1992, S. 163.

981 Vgl. IDW, Stellungnahme BFA 2/1993, WPg 1993, S. 517; IDW, Stellungnahme BFA 2/1995, WPg 1995, S. 422.

982 Vgl. Burkert, Finanzderivate, 1995, S. 15; Elkart/Schaber in: FS Eisele, Hedge-Accounting, 2003, S. 405; Vgl. Gebhardt, Finanzinstrumente, BFuP 1996, S. 571; Gebhardt/Breker, Fremdwährungstransaktionen, DB 1991, S. 1535; Herzig/Mauritz, Bewertungseinheiten, ZfbF 1998, S. 99 ff.; Schildbach in: FS Moxter, Internationale Rechnungslegung, 1994, S. 716; Staudt/Weinberger, Cross-Hedging, WPg 1997, S. 46; Steiner/Wallmeier in: FS Coenenberg, Absicherungszusammenhänge, 1998, S. 311; Schumacher, Kompensatorische Bewertung, DB 1995, S. 1474.

983 Dies dürfte vergleichbar mit den Dokumentations- und Aufzeichnungspflichten gem. § 90 Abs. 3 AO zu den Verrechnungspreisen sein. Eine Nichtbefolgung der Dokumentationspflichten hat nicht automatisch zur Konsequenz, dass die Verrechnungspreise vom Steuerpflichtigen willkürlich festgesetzt werden können; die Nichtbeachtung der Dokumentationsvorschriften hat vielmehr gem. § 162 Abs. 3 AO Sanktionen zur Folge, wonach die Verrechnungspreise seitens der Finanzverwaltung festgelegt werden dürfen.

Sicherungsstrategie aufzunehmen.[984] Unbedeutend für die Steuerbilanz sind hingegen die für die IFRS/IAS von der Dokumentation abhängende bilanzielle Erfassung einer Sicherungsbeziehung in Form eines Fair Value oder Cashflow Hedges und die daraus folgenden unterschiedlichen bilanziellen Konsequenzen, da steuerbilanziell das Konzept der kompensatorischen Bewertung greift.

3.3. Anzahl der beteiligten Finanzinstrumente

Obgleich die Unterscheidung nach der Zahl der Grundgeschäfte ein formell trennscharfes Abgrenzungskriterium liefert, das bilanziell objektivierend wirkt, führt aus finanzierungstheoretischer Sicht eine an der Anzahl orientierte unterschiedliche bilanzielle Behandlung von Sicherungsgeschäften jedoch zu unausgereiften Abbildungsergebnissen, da die Wirkungsweise der Absicherung des Mikro-Hedges sich dem Grunde nach nicht von der Wirkungsweise der Absicherung eines Portfolio-Hedges unterscheidet.[985] Dies gilt insbesondere vor dem Hintergrund, dass Unternehmen zur Absicherung von Marktpreisrisiken organisatorisch auf Risikomanagement- und Risikocontrollingstrukturen zurückgreifen, in deren Fokus das Portfoliohedging steht.

Nach Auffassung des Schleswig-Holsteinischen Finanzgerichts ist im Steuerbilanzrecht die kompensatorische Bewertung sowohl für Mikro-Hedges als auch für Forderungen und Verbindlichkeiten (in Fremdwährungen), die der Bilanzierende nicht einzeln, sondern global abgesichert hat, vorzunehmen.[986] Nach Ansicht von Christiansen ist dies im diskutierten Streitfall jedoch abzulehnen,[987] da mangels Fristenkongruenz die Voraussetzungen für die Bildung von Bewertungseinheiten nicht gegeben sind. Ob die in der Urteilsbegründung angeführte mangelnde Fälligkeitsübereinstimmung nunmehr dahingehend zu interpretieren ist, dass die Bildung von Bewertungseinheiten steuerbilanziell ausschließlich auf den sog. Eins-zu-Eins-Zusammenhang beschränkt bleiben muss oder ob es nicht auch zulässig ist, gegebenenfalls globale Absicherungseinheiten im Rahmen der kompensatorischen Bewertung zuzulassen, ist weitgehend offen. Wesentliche Bedeutung kommt in diesem Zusammenhang wieder der Interpretation des Einzelbewertungsgrundsatzes zu, insbesondere dem Aspekt, ob der Einzelbe-

---

984 Vgl. Häuselmann/Wiesenbart, Deutsche Terminbörse, DB 1990, S. 644; Scheffler, Hedge Accounting, 1994, S. 172.

985 Mit Blick auf die mit den einzelnen Geschäften verbundenen Zahlungsströme lässt sich eine unterschiedliche bilanzielle Beurteilung unterschiedlicher Hedges nicht begründen, da die mit einem Finanztitel verbundenen Zahlungsströme durch die Kombination mehrerer Finanztitel rekonstruiert werden können; vgl. Elkart/Schaber in: FS Eisele, Hedge-Accounting, 2003, S. 415.

986 Vgl. Schleswig-Holsteinisches Finanzgericht vom 15.3.2000, I 714/91, EFG 2000, S. 1057. Das Finanzgericht führt aus, dass es seines Erachtens unerheblich ist, ob für jedes Hauptgeschäft ein eigenes Sicherungsgeschäft abgeschlossen wurde.

987 Urteilsbesprechung des nicht rechtskräftig ergangenen Urteils des BFH vom 19.3.2002, I R 87/00 n. rkr., DStR 2003, S. 264 Fn. 3; inhaltlich wiedergegeben von Christiansen, Einzelbewertung, DStR 2003, S. 264 ff.

wertungsgrundsatz eine konkrete Zuordnung von Grund- und Sicherungsgeschäft fordert, was beim Portfoliohedging eben nicht zu gewährleisten ist. Der BFA geht in diesem Fall von einem Kompensationswahlrecht aus. Sofern Sicherungsgeschäfte zusammen mit anderen Finanzinstrumenten derselben Risikokategorie im Rahmen von Handelsaktivitäten und Risikosteuerung eingesetzt werden, kann der Sicherungszusammenhang bilanziell berücksichtigt werden.[988] Auch der § 340 h Abs. 2 S. 3 HGB enthält ein Wahlrecht, das es den Kreditinstituten ermöglicht, bestehende globale Kurssicherungen bei der Gewinnermittlung zu berücksichtigen oder aber freiwillig weiterhin streng einzeln zu bewerten.[989] Sofern also dennoch ein über den Eins-zu-Eins-Zusammenhang hinausgehender Umfang einer Bewertungseinheit steuerbilanziell als zulässig erachtet wird, ist es objektivierungsbedingt allerdings zwingend notwendig, dass eine entsprechende Grenze zu spekulativen Geschäften bestimmt werden kann.[990] Es kann mithin nicht von einem Verbot der bilanziellen Abbildung globaler Hedges ausgegangen werden; die Operationalisierung eines Portfolio-Hedgings ohne konkrete Voraussetzungen für Zwecke der Bilanzierung erscheint jedoch durchaus als problematisch.[991] Hinzu kommt, dass beim Portfoliohedging nicht die Risikokompensation im eigentlichen Sinne, sondern eine Wertkompensation durch die Bündelung gleichartiger Marktpreisrisiken im Vordergrund steht, so dass einer sachgerechten Interpretation des Kausalitätskriteriums mittels abgrenzbarer wertbildender Faktoren eine nicht unbedeutende Rolle zukommt.

Für die IFRS/IAS stellt sich das Problemfeld zu den spekulativen Geschäften auf diese Weise nicht, da Finanzderivate grundsätzlich zum Fair Value zu bilanzieren sind und spekulative Geschäfte somit unabhängig davon, ob ein Sicherungsgeschäft vorliegt oder nicht, Eingang in die Bilanz finden. Auch gilt, dass, sofern es sich bei den Sicherungsgeschäften um Portfoliobildung im Rahmen des Eigenhandels handelt, Finanzinstrumente des Eigenhandels der Kategorie „Held for Trading" zugeordnet werden und die hier involvierten Finanzinstrumente ausschließlich zum Fair Value bewertet werden, so dass die speziellen Vorschriften zum Hedge-Accounting nicht heranzuziehen sind. Sofern sich auf Grund des Mixed-Modell-Approaches allerdings die Notwendigkeit der Abbildung eines Sicherungsgeschäfts ergibt, tragen die unterschiedlichen Kriterien des IAS 39 dafür Sorge, dass Sicherungs- von Spekulationsgeschäften abgegrenzt werden. Gem. IAS 39 wird als Abgrenzungskriterium jedoch nicht auf die Anzahl der abzusichernden Grundgeschäfte abgestellt; auch eine Vielzahl von Grundgeschäften,

988 Vgl. IDW, Stellungnahme BFA 2/1995, WPg 1995, S. 422.

989 Vgl. Krumnow/Sprißler et al. in: Rechnungslegung der Kreditinstitute, 2. Auflage 2004, § 340 h HGB Rn. 38 m.w.N.

990 Im Extremfall handelt es sich um eine in sich sehr heterogene offene Risikoposition auf globaler Ebene wie beispielsweise die Absicherung der gesamten Geschäftsstruktur eines Unternehmens; vgl. Steiner/Wallmeier in: FS Coenenberg, Absicherungszusammenhänge, 1998, S. 313.

991 Die Überzeugung zur Zulässigkeit der bilanziellen Abbildung beruht auf einer deutlich zum Ausdruck zu bringenden Sicherungsabsicht, deren Vorliegen allerdings dann bezweifelt wird, wenn bei den Finanzgeschäften eindeutig Spekulationsabsichten im Vordergrund stehen; vgl. Menninger, Zins-Future, RIW 1994, S. 301; Rübel, Zinstermingeschäfte, 1990, S. 58; Schmekel, Zinstermingeschäfte, DB 1983, S. 895; Steiner/Tebroke/Wallmeier, Finanzderivat, WPg 1995, S. 538.

zu einer Gruppe zusammengefasst, kann Gegenstand eines Absicherungsgeschäfts sein. Es ist demnach nicht notwendig, dass eine konkrete Zuordnung von Grund- und Sicherungsgeschäft erkennbar ist. Von entscheidender Bedeutung ist vielmehr, dass die Grundgeschäfte ein gleichgerichtetes Risikoprofil aufweisen. Zwar schließen die IFRS/IAS-Vorschriften die bilanzielle Abbildung einer Absicherung auf Nettobasis entgegen dem im Risikomanagement vorzufindenden Vorgehen aus, mit den gesonderten Vorschriften zur Abbildung eines Portfolios gegen Zinsänderungsrisiken und der Fair Value-Option wird es dem Bilanzierenden im Gegensatz zum Steuerbilanzrecht dennoch in einem weiterreichenden Umfang ermöglicht, eine dem Informationscharakter der IFRS/IAS-Bilanz entsprechende Portfolio-Sicherungsstrategie nachzubilden.[992]

IV. Beurteilung einer Übernahme der Wertungen aus IAS 39

Das geltende Steuerbilanzrecht mit seiner herkömmlichen Interpretation des Einzelbewertungsgrundsatzes steht, wie aufgezeigt, vor dem Problem, dynamische Hedgingstrukturen, die Gegenstand eines modernen Risikomanagements sind, nicht adäquat berücksichtigen zu können. Während einerseits eine ökonomische Interpretation des Einzelbewertungsgrundsatzes vorgenommen wird, behilft sich der BFH andererseits unter der Vorgabe streng formaler Kriterien mit einer Außerkraftsetzung des Einzelbewertungsgrundsatzes gem. § 252 Abs. 2 HGB. Da der Einzelbewertungsgrundsatz allerdings auch ein zentrales Merkmal der oben angestellten Überlegungen zu einem eigenständigen Steuerbilanzrecht ist, der Zweck der steuerlichen Bilanzierungsvorschriften in der Ermittlung eines Gewinns im Sinne der steuerlichen Leistungsfähigkeit zu sehen ist, liegt es nahe, im Rahmen einer Neugestaltung der Gewinnermittlung über Sondervorschriften für das Hedge-Accounting nachzudenken, um zu vermeiden, dass eine sachgerechte Abbildung von Sicherungsbeziehungen auf Basis des Einzelbewertungsgrundsatzes ausgeschlossen wird. Zwar hätte eine steuerliche Begrenzung auf den Eins-zu-Eins-Zusammenhang den Vorteil der eindeutigen Nachprüfbarkeit, aber gleichzeitig den Nachteil der weitgehenden wirtschaftlichen Irrelevanz, so dass buchmäßige Verluste steuerlich geltend gemacht werden könnten, obgleich diese Verluste auf Grund der Absicherung effektiv nicht eintreten.[993]

1. Instrumente

Steuerbilanziell muss es zulässig sein, dass, wie bisher auch, sowohl bilanzwirksame Finanzinstrumente und dem Grunde nach bilanzunwirksame Finanzderivate als Sicherungs- und

---

992 Dennoch wird an den IFRS/IAS-Vorschriften Kritik geübt, da die Vorschriften zur Absicherung von Nettorisikopositionen als zu restriktiv empfunden werden; vgl. hierzu Kuhn/Scharpf, Financial Instruments, 2. Auflage 2005, S. 277 f.

993 Vgl. Herzig/Mauritz, Marktbewertungspflicht, ZfB 1998, S. 105; Herzig, IAS/IFRS und steuerliche Gewinnermittlung, 2004, S. 133.

Grundgeschäfte anerkannt werden, da ansonsten eine bilanzielle Berücksichtigung von Sicherungsbeziehungen nicht möglich ist. Insoweit ergibt sich kein Konflikt mit den IFRS/IAS-Vorschriften; anders sieht dies hingegen aus für die Absicherung von Grundgeschäften, die künftige Transaktionen umfassen. Auf Grund eines fehlenden rechtsverbindlichen Vertragsabschlusses am Bilanzstichtag bedarf es mangels einer Konkretisierung eines Verlustrisikos am Bilanzstichtag keiner bilanziellen Abbildung.

Sofern für die Absicherung von Marktpreisrisiken Teile eines Finanzinstruments als Sicherungsinstrument herangezogen werden, sollte dies steuerbilanziell auch entsprechend Berücksichtigung finden. Auch wenn damit eine Separation einer Bilanzierungseinheit einhergeht, handelt es sich dennoch auf Grund der Einbettung in eine Sicherungsbeziehung um eine begründete Atomisierung, die als sachgerecht zu beurteilen ist. Eine entsprechende Sondervorschrift, wie die IFRS/IAS vorgeben, wäre somit steuerbilanziell nicht abzulehnen.

2. Arten des Hedge-Accountings

Es stellt sich zunächst die Frage, ob an der kompensatorischen Bewertung festgehalten werden kann oder ob nicht die von den IFRS/IAS instrumentalisierte Mark-to-Market-Bewertung und die Defferal-Methode aufgenommen werden sollten. Sofern die Portfoliobilanzierung steuerbilanziell als zulässig erachtet wird, muss entsprechend bestimmt werden, in welchem Maße die Wertentwicklung des Portfolios zu berücksichtigen ist, d.h. ob ggf. auch eine positive Wertentwicklung des Portfolios auf Basis einer im Rahmen des Risikomanagements vorgenommenen Fair Value-Bewertung bilanziell nachzuzeichnen ist. Neben der Aussetzung des Einzelbewertungsgrundsatzes würde dies allerdings auch die Aussetzung des Realisationsprinzips zur Folge haben. Da der Gewinn vorsichtig zu ermitteln ist und die Überlegungen zu einem gesonderten Hedge-Accounting eine übervorsichtige Gewinnermittlung vermeiden sollen, lässt sich hieraus nunmehr nicht ableiten, dass auch nicht realisierte Gewinne auszuweisen sind. Entscheidend ist vielmehr, dass ein sicherer, der Leistungsfähigkeit entsprechender Gewinn ermittelt werden kann. Um sicherzustellen, dass lediglich negative Wertentwicklungen einer ineffektiven Sicherungsbeziehung erfolgswirksam ausgewiesen werden, sollte in einem neu gestalteten Steuerbilanzrecht daher auch weiterhin an dem Konzept der kompensatorischen Bewertung festgehalten werden, da das IASB-Vorgehen dem Grunde nach darauf abzielt, auch positive Wertentwicklungen von Bewertungseinheiten erfolgswirksam zu berücksichtigen.

3. Bilanziell zulässiges Hedge-Accounting

3.1. Subjektiver Sicherungswille

Die IFRS/IAS-Vorschriften können im Hinblick auf die Abgrenzung eines Portfolios steuerbilanziell von hohem Interesse sein. Steuerbilanziell bedarf es zwar eines objektiven Nachweises der Sicherungsbeziehung, um faktische Wahlmöglichkeiten des Bilanzierenden möglichst einzugrenzen. Der subjektive Sicherungswille des Bilanzierenden kann in diesem Zusammenhang allerdings nicht vollständig ausgeblendet werden, damit vermieden wird, dass sachlich gerechtfertigte Sicherungsbeziehungen unberücksichtig bleiben und ein unzutreffender Gewinnausweis erfolgt. Der Sicherungswille muss vornehmlich als Durchhalteabsicht verstanden werden und gegen die Gestaltungskonsequenzen einer taggleichen Fristenkongruenz von Sicherungs- und Grundgeschäft abgegrenzt werden. Das IFRS/IAS-Vorgehen, demzufolge zwar das Sicherungsinstrument nicht nur für einen Teil seiner Laufzeit designiert werden kann, dies aber beim Grundgeschäft möglich ist, kann steuerbilanziell als sachgerechtes Kriterium betrachtet werden. Entscheidend ist, dass eine Durchhaltewahrscheinlichkeit nachgewiesen wird, den Sicherungszusammenhang über eine wirtschaftlich sinnvolle Zeitspanne aufrechtzuerhalten.[994] In diesem Zusammenhang ist es durchaus sinnvoll, auf das Kriterium der Wirksamkeit einer Sicherungsbeziehung Bezug zu nehmen, was wiederum die Existenz und Dokumentation entsprechender Risikoinformationssysteme zur Steuerung und Kontrolle der gesamten Risikopositionen des Unternehmens erfordert. Durch ein entsprechend institutionalisiertes und dokumentiertes Risikomanagement muss sichergestellt werden, dass einerseits nicht ein fiktiver Absicherungszusammenhang geltend gemacht und andererseits nicht auf die Designation von Sicherungsbeziehungen verzichtet wird. Der von den IFRS/IAS herangezogene Sicherungswille des Steuerpflichtigen ist steuerbilanziell nicht von vornherein abzulehnen, auch wenn es sich dem Grunde nach um ein subjektives Sicherungskriterium handelt.

3.2. Objektiver Absicherungsbedarf

Abweichende Vorschriften vom Grundsatz der Einzelbewertung müssen insbesondere eine Besteuerung nach der Leistungsfähigkeit ermöglichen; jeder Einzelfall ist dabei in Verbindung mit dem Sicherungswillen zu betrachten. Aufbauend auf dem bisher bereits unproblematischen Aspekt, dass die am Hedging beteiligten Geschäfte rechtlich nicht aneinander gekoppelt sind, sondern ausschließlich wirtschaftlich aufeinander abgestimmt, muss es steuerbilanziell hinreichend sein, wenn die beteiligten Geschäfte lediglich ein gleichartiges Risikoprofil aufweisen und die Sicherungsbeziehung als wirksam einzustufen ist. Es gilt zu berücksichtigen, dass es nicht den richtigen Grad der Homogenität gibt, dass eben nicht ausschließlich

[994] Vgl. Tönnies/Schiersmann, Bewertungseinheit I, DStR 1997, S. 717 f.

eine negative Korrelation von 1 vorzufinden ist.[995] Es ist daher auch schwierig, eindeutige Kriterien zu bestimmen, bei denen eine homogene Beeinflussung von Marktrisiken bzw. bei denen eine negative Korrelation gerade noch erfüllt ist; sie entziehen sich einer Konkretisierung durch objektive Kriterien. Es ist mithin notwendig, sachgerechte Kriterien heranzuziehen, die im Sinne eine Bandbreite einen Rahmen für den Bilanzierenden abstecken. Grund- und Sicherungsgeschäft müssten daher keine absolute Basiswertidentität aufweisen. Vielmehr sind im Kern gleichartige Instrumente heranzuziehen, die eine wirksame Sicherungsbeziehung ermöglichen; es muss sich nicht zwingend um ein mit dem zu sichernden Geschäft identisches Finanzinstrument handeln.[996] Eine objektive Eignung des Sicherungsgeschäfts muss darstellbar sein, was insoweit mit den IFRS/IAS-Vorschriften, die den Nachweis einer hohen Wahrscheinlichkeit der Verlustkompensation fordern, kompatibel ist.[997] Wesentlich hierbei ist vor allem, dass die Wertkompensation innerhalb derartiger Bewertungseinheiten nicht als Spekulationsgeschäft anzusehen ist, da es sich organisatorisch um fest umrissene Einheiten handelt, die sicherstellen, dass die notwendigen Sicherungsmaßnahmen vorgenommen werden.[998] Dieser Argumentation folgend, kommt es somit zwar zu einer Lockerung des Kausalzusammenhangs, da nunmehr lediglich noch eine Immunisierung des Marktwertes der in einer Bewertungseinheit einbezogenen Grund- und Sicherungsgeschäfte auf Basis gleichartiger Marktpreisrisiken vorgenommen wird und eine Risikokompensation mittels identisch wertbildender Faktoren in den Hintergrund rückt. Eine Auflösung des Kausalzusammenhangs geht hiermit jedoch nicht einher.

Das von den IFRS/IAS geforderte Kriterium der Wirksamkeit einer Sicherungsbeziehung ist mithin auch steuerbilanziell von Bedeutung. Entscheidend ist somit nicht nur die Stärke des Kausalzusammenhangs, sondern zudem auch noch das Volumen der getätigten Geschäfte. Sofern dabei die Wirksamkeit einer Sicherungsbeziehung festgestellt werden kann, ist diese bilanziell zu berücksichtigen. Die von den IFRS/IAS genannte Bandbreite von 80 % – 125 % stellt in diesem Zusammenhang ein akzeptables Maß dar, das steuerbilanziell nicht zu beanstanden ist. Die IFRS/IAS fordern zudem, dass einerseits eine Dokumentation der Sicherungsbeziehung erfolgt und andererseits die Wirksamkeit sowohl prospektiv als auch retrospektiv nachgewiesen wird. Fraglich ist, ob steuerbilanziell auch in dieser Weise vorzugehen ist, ohne dass dem Steuerpflichtigen durch Nichtbeachtung der Vorschriften ein faktisches

---

[995] Vgl. Prahl/Naumann, Bewertungseinheit, ZBB 1994, S. 3; Scharpf/Luz, Finanzderivate, 2. Auflage 2000, S. 299 f.

[996] Vgl. auch Göttgens/Prahl, Bilanzierung, WPg 1993, S. 508; Scharpf, Bewertungseinheit, BFuP 1995, S. 193 f.

[997] Vgl. Anstett/Husmann, Bewertungseinheit, BB 1998, S. 1527; Göttgens/Prahl, Bilanzierung, WPg 1993, S. 508; Scharpf, Bewertungseinheit, BFuP 1995, S. 194; Tönnies/Schiersmann, Bewertungseinheit I, DStR 1997, S. 718.

[998] Vgl. Brackert/Prahl/Naumann, Risikosteuerung, WPg 1995, S. 553; Scharpf/Luz, Finanzderivate, 2. Auflage 2000, S. 302; Tönnis/Schiersmann, Bewertungseinheit II, DStR 1997, S. 757.

Wahlrecht eingeräumt wird.[999] Ein weiterer Aspekt des Abweichens vom Einzelbewertungsgrundsatz ist die bilanzielle Erfassung von Sicherungsbeziehungen auf Portfolioebene, mithin die steuerliche Zulässigkeit einer über den Eins-zu-Eins-Zusammenhang hinausgehenden Sicherungsstrategie gleichartiger Risiken, bei der eine konkrete Zuordnung von Grund- und Sicherungsgeschäft nicht möglich ist.[1000] Während das IFRS/IAS-Vorgehen bezüglich der Absicherung einer Gruppe von Grundgeschäften mit vergleichbarem Risikoprofil steuerbilanziell durchaus als zulässig erachtet werden kann, können die IFRS/IAS-Vorschriften bezüglich des Portfoliohedgings nur bedingt als Vorbild dienen. Obwohl sie zwar die Absicherung von Portfolios gegen Zinsänderungsrisiken explizit in ihrem Maßnahmenkatalog aufführen, greifen sie allerdings bei anderen Finanzinstrumenten im Rahmen des Eigenhandels auf die Fair Value-Option zurück, was insoweit steuerbilanziell nicht umsetzbar ist.

---

999 Die Stiftung Marktwirtschaft möchte aus diesem Grund die bilanzielle Abbildung von Sicherungszusammenhängen nicht von Dokumentationsvorschriften abhängig machen; vgl. Stiftung Marktwirtschaft, Gesetz zur Steuerlichen Gewinnermittlung (StGEG), 2006, S. 34.

1000 Gem. § 6 Abs. 1 Nr. 2 StGEG erachtet auch die Stiftung Marktwirtschaft Portfolio-Hedges als bilanziell abzubildende Bewertungseinheiten; vgl. Stiftung Marktwirtschaft, Gesetz zur Steuerlichen Gewinnermittlung (StGEG), 2006, S. 6.

5. Kapitel: Personelle Zurechnung von Finanzinstrumenten

I. Vorgehensweise nach IAS 39

Ausgehend vom IASB-Framework müssen gem. F 38 die Informationen des Abschlusses unter Berücksichtigung des Wesentlichkeitsgrundsatzes vollständig ausgewiesen werden, um eine getreue Darstellung der Vermögens- und Finanzlage des Unternehmens gewährleisten zu können. Wie bereits dargestellt,[1001] greift das Framework für die Bilanzierung von Assets gem. F. 49 (a) und F. 57 dabei nicht auf das zivilrechtliche Eigentumsrecht zurück, sondern bezieht sich vielmehr auf die Verfügungsmacht über den zukünftigen wirtschaftlichen Nutzen des Assets, was insoweit im Einklang mit dem Grundsatz Substance over Form des F. 35 steht. Die Bilanzierung steht demnach unter dem Vorbehalt der wirtschaftlichen Betrachtungsweise, so dass die wirtschaftliche Beurteilung eines Sachverhalts nicht immer mit den rechtlichen Verhältnissen übereinstimmt. Liegen sowohl das Eigentumsrecht als auch die Verfügungsmacht in der Hand des Unternehmens, so ist ein Asset unstrittig in der Bilanz dieses Unternehmens auszuweisen. Eine derartige Eindeutigkeit liegt hingegen nicht vor, wenn der rechtliche Eigentümer keine oder nur eine bedingte Verfügungsmacht über den Nutzen des Assets ausübt, d.h. die Verfügungsmacht über das Asset auf ein anderes Unternehmen übertragen wurde. In diesen Fällen ist es notwendig zu bestimmen, welche Verfügungsrechte dazu führen, dass die Bilanzierungseinheit vom rechtlichen Eigentümer bilanziell abgetrennt und auf einen anderen Bilanzierenden übertragen wird. Im Zuge des Improvement Projects hat der IASB neben vielen anderen Aspekten zur Verbesserung einer konsistenten Bilanzierung von Finanzinstrumenten auch die Ein- und Ausbuchung von Finanzinstrumenten mit der Intention aufgegriffen, ihre bilanzielle Zurechnung anhand von speziellen Vorschriften widerspruchsfrei auszugestalten. So finden sich nunmehr im IAS 39 detaillierte Vorschriften zur Einbuchung (Recognition) und zur Ausbuchung (Derecognition) von Finanzinstrumenten, die eine eindeutige bilanzielle Zurechnung ermöglichen.

1. Recognition (Einbuchung)

Gem. IAS 39.14 hat ein Unternehmen einen finanziellen Vermögenswert oder eine finanzielle Verbindlichkeit dann anzusetzen, wenn es Vertragspartei entsprechend der Regelungen des Finanzinstruments wird. IAS 39.AG35 führt für den erstmaligen Ansatz folgende Beispiele an:

(a) Unbedingte Forderungen, wenn das Unternehmen Vertragspartei wird und infolgedessen das Recht auf Empfang von flüssigen Mitteln hat.

[1001] Vgl. das Kapitel zur personellen Bilanzierungsfähigkeit, S. 92 f.

(b) Vermögenswerte, die infolge einer festen Verpflichtung zum Kauf oder Verkauf von Gütern oder Dienstleistungen erworben wurden bzw. eingegangen sind, sind dann anzusetzen, wenn mindestens eine Vertragspartei den Vertrag erfüllt hat.
(c) Ein Forward-Geschäft ist mit dem Tag anzusetzen, an dem die vertragliche Verpflichtung eingegangen wurde, und nicht erst am Erfüllungstag.
(d) Optionsverträge werden als Vermögenswert angesetzt, wenn der Inhaber Vertragspartei wird.
(e) Demgegenüber werden geplante künftige Geschäftsvorfälle unabhängig von ihrer Eintrittswahrscheinlichkeit nicht angesetzt, da das Unternehmen nicht Vertragspartei geworden ist.

Somit ist für den Zeitpunkt der erstmaligen Einbuchung eines finanziellen Vermögenswerts oder einer finanziellen Verbindlichkeit grundsätzlich der Zeitpunkt des Vertragsabschlusses ausschlaggebend. Unerheblich ist demgegenüber der Zeitpunkt der Vertragserfüllung, so dass gewährleistet wird, dass der Bilanzleser zeitnah über objektivierte Geschäftsvorfälle informiert wird.

2. Derecognition (Ausbuchung)

Anders als bei der Einbuchung sind die Vorschriften zur Ausbuchung (Derecognition) von Finanzinstrumenten ein wenig umfangreicher. Auf Grund ursprünglich bestehender Inkonsistenzen, Unklarheiten und Regelungslücken der IAS-Vorschriften (IAS 39.BC41) konzentrierte sich der IASB bei der Fortentwicklung der Ausbuchungsvorschriften zunächst allein auf das Konzept des sog. Continuing Involvements, das dann jedoch im Laufe der Beratungen wiederum erheblich an Bedeutung verloren hat (IAS 39.BC48). Im Ergebnis basieren die Vorschriften zur Ausbuchung nunmehr auf dem Grundgedanken des Risk and Reward-Approachs und auf dem sogenannten Control-Konzept, die bereits ursprünglich schon die Vorschriften zur Ausbuchung von Finanzinstrumenten bestimmt hatten (IAS 39.BC48). Im Unterschied zu dem bisherigen Vorgehen konkretisieren und strukturieren die neuen Vorschriften diese Konzepte allerdings und leisten somit einen Beitrag zur einfacheren praktischen Handhabung der Ausbuchung von Finanzinstrumenten.

2.1. Konzept der Ausbuchung

Eine finanzielle Verbindlichkeit ist gem. IAS 39.39 dann auszubuchen, wenn diese getilgt ist, d.h. wenn die im Vertrag genannten Verpflichtungen beglichen oder aufgehoben sind oder die Verbindlichkeit ausläuft. Die Entscheidung über die Ausbuchung von finanziellen Vermögenswerten unterliegt gem. IAS 39.15 ff. hingegen einer eindeutig vorgegebenen hierarchischen Prüfungsfolge. Es ist zunächst nach dem sog. Risk and Reward-Approach zu entscheiden, ob das Finanzinstrument auszubuchen ist. Führt dieser Ansatz nicht zu einer Zurechnungsentscheidung, kommt das sog. Control-Konzept (Verfügungsmacht) zur Anwendung. Konkretisiert wird diese Prüfungsfolge durch zahlreiche Beispiele, die im Application Guidance aufgeführt sind. IAS 39.16 fordert in diesem Zusammenhang vorab eine Festlegung, auf welchen Teil des Finanzinstruments die Ausbuchungsvorschriften anzuwenden sind. Es wird dadurch ermöglicht, dass auf Grund unterschiedlicher personeller Zugehörigkeit separat verbriefbare Elemente eines Finanzprodukts auch entsprechend voneinander getrennt werden können. Eine derart partielle Bezugnahme der Ausbuchungsvorschriften ist nach IAS 39.16 (a) beispielsweise dann angezeigt, wenn sich genau bestimmbare Cashflows als potenziell auszubuchende Bestandteile identifizieren lassen.[1002] Auch ermöglichen die IFRS/IAS gem. IAS 39.16 (b) die Anwendung der Ausbuchungsvorschriften auf eine Gruppe oder auf einen Teil einer Gruppe ähnlicher finanzieller Vermögenswerte. Sofern der auszubuchende finanzielle Vermögenswert (Gruppe) sodann identifiziert werden konnte, ist zu überprüfen, ob diese(r) auch tatsächlich ausgebucht werden muss.

2.1.1. Risk-and-Reward-Approach

Bei dem Risk and Reward-Approach handelt es sich um eine sog. „Alles-oder-Nichts"-Regel, da die Ausbuchung des auszubuchenden Finanzinstruments ohne Einschränkungen vorzunehmen ist.[1003] So ist ein Finanzinstrument gem. IAS 39.17 (a) zweifelsfrei und vollständig auszubuchen, wenn die vertraglich fixierten Ansprüche auf den Erhalt von Cashflows aus dem betreffenden Instrument enden. Eine Beendigung der Ansprüche liegt vor, wenn das Finanzinstrument ohne einschränkende vertragliche Vereinbarungen verkauft wird oder wenn die Rechte aus dem Finanzinstrument fällig sind oder ausgeübt werden.[1004] Nicht so zweifelsfrei gestaltet sich der Sachverhalt hingegen, wenn die vertraglichen Rechte nicht auslaufen, sondern es gem. IAS 39.17 (b) zu einer Übertragung (Transfer) des finanziellen Vermögenswerts kommt. Der Begriff der Übertragung wird in IAS 39.18 konkretisiert. Demnach überträgt ein Unternehmen einen finanziellen Vermögenswert, wenn

- gem. IAS 39.18 (a) die vertraglichen Ansprüche auf den Erhalt der Cashflows aus dem betreffenden Finanzinstrument übertragen werden;

1002 Folgende Cashflows müssen sich gem. IAS 39.16 (a) identifizieren lassen:
- ausschließlich genau bestimmte Cashflows aus einem finanziellen Vermögenswert, so beispielsweise die Abtrennung eines Zinskupons vom Mantel einer Anleihe (Bondstripping);
- ausschließlich ein genau abgrenzbarer Teil der gesamten Cashflows eines finanziellen Vermögenswerts, so beispielsweise 90 % aller Cashflows eines Schuldinstruments;
- ausschließlich ein genau abgrenzbarer Teil genau bestimmter Cashflows, so beispielsweise 90 % des Cashflows aus einem vom Mantel abgetrennten Zinskupon einer Anleihe.

1003 Vgl. Beine/Meyer in: Wiley, 2004, Abschnitt 5 Rn. 92.

1004 Vgl. Barckow/Glaum, Full Fair Value Model, KoR 2004, S. 188; Bieker/Hackenberger, Finanzinstrumente, DB 2004, S. 1626.

- gem. IAS 39.18 (b) die vertraglichen Ansprüche auf den Erhalt der Cashflows im Unternehmen verbleiben, das Unternehmen sich aber verpflichtet, die erhaltenen Zahlungsströme an Vertragspartner weiterzuleiten (Pass-Through-Arrangement).[1005]

Kann festgestellt werden, dass die Rechte auf den Bezug von Cashflows übertragen wurden, ist gem. IAS 39.20 im Weiteren zu prüfen, bei wem die Risiken und Chancen aus dem finanziellen Vermögenswert zu sehen sind. Wenn das Unternehmen im Wesentlichen alle mit dem Eigentum des finanziellen Vermögenswertes verbundenen Risiken und Chancen überträgt, so hat es gem. IAS 39.20 (a) den finanziellen Vermögenswert auszubuchen. Behält es hingegen alle wesentlichen Risiken und Chancen, ist das Finanzinstrument gem. IAS 39.20 (b) weiterhin beim Veräußerer zu erfassen. Beurteilt wird die Übertragung der wesentlichen Risiken und Chancen gem. IAS 39.21 anhand der Risikoposition der Schwankungen des Barwertes der künftigen Netto-Cashflows. Ändert sich die Risikoposition im Hinblick auf die Schwankungen nicht wesentlich, wird angenommen, dass das Unternehmen alle wesentlichen Risiken und Chancen behalten hat.[1006] Übertragen werden dagegen alle wesentlichen Risiken und Chancen, wenn die Risikoposition im Vergleich zur gesamten Bandbreite der Schwankungen nicht mehr signifikant ist. [1007]

Gem. IAS 39.29 gilt für übertragene finanzielle Vermögenswerte, die nicht auszubuchen sind, dass das Unternehmen diese Vermögenswerte in seiner Gesamtheit weiter in seiner Bilanz zu erfassen hat und dass gleichzeitig eine finanzielle Verbindlichkeit für die erhaltene Gegenleis-

---

1005 Diese Konstellation ergibt sich gem. IAS 39.AG37 beispielsweise dann, wenn das Unternehmen eine Zweckgesellschaft (Spezial Purpose Entity) ist, die dem Investor einen positiven Beitrag aus dem benannten finanziellen Vermögenswert zukommen lässt und Dienste aus diesen Instrumenten anbietet.

1006 IAS 39.AG40 liefert folgende Beispiele dafür, dass das Unternehmen im Wesentlichen alle Risiken und Chancen behält:

- Verkauf und Rückkauf zu einem festen Rückkaufswert (Security Repurchase Agreement = Pensionsgeschäft);
- Security Lending Agreement (Wertpapierleihgeschäft);
- Verkauf eines finanziellen Vermögenswerts zusammen mit einem Total Return Swap, bei dem das Marktpreisrisiko auf das Unternehmen zurückübertragen wird;
- Verkauf eines finanziellen Vermögenswerts zusammen mit einer Verkauf- oder Kaufoption, die „Deep in the Money“ ist (d.h. die Inanspruchnahme der Option scheint höchstwahrscheinlich);
- Verkauf kurzfristiger Forderungen, bei denen das Unternehmen dem Erwerber garantiert, dass es zu erwartende Verluste aus dieser Forderung übernehmen wird.

1007 IAS 39.AG39 liefert folgende Beispiele dafür, dass das Unternehmen im Wesentlichen alle Risiken und Chancen übertragen hat:

- ein unbedingter Verkauf eines finanziellen Vermögenswerts;
- der Verkauf eines finanziellen Vermögenswerts verbunden mit einer Option, den Vermögenswert zum Fair Value zurückzuerwerben;
- der Verkauf eines finanziellen Vermögenswerts verbunden mit einer Kauf- oder Verkaufsoption, die „Deep out of the Money“ ist (so dass es unwahrscheinlich ist, dass die Option „In the Money“ ausgeübt wird).

tung einzubuchen ist.[1008] Gem. IAS 39.AG50 sind diese finanziellen Vermögenswerte korrespondierend beim Erwerber nicht als Vermögenswerte anzusetzen. Der Erwerber hat die Zahlung auszubuchen und eine Forderung gegenüber dem Übertragenden anzusetzen.

2.1.2. Control-Konzept

Kann nicht festgestellt werden, ob die Risiken und Chancen übertragen worden oder noch beim Unternehmen verblieben sind, ist gem. IAS 39.20 (c) zu prüfen, ob das Unternehmen die Verfügungsmacht / Kontrolle (Control) über den finanziellen Vermögenswert behalten hat. Gem. IAS 39.23 definiert sich die Verfügungsmacht / Kontrolle über die Fähigkeit der Veräußerbarkeit des finanziellen Vermögenswerts. Wenn der Empfänger den Vermögenswert faktisch veräußern kann, hat das Unternehmen die Verfügungsmacht über den Vermögenswert nicht behalten;[1009] er ist auszubuchen. Wenn der Empfänger nicht die tatsächliche Fähigkeit zur Veräußerung besitzt, behält das übertragende Unternehmen nach Auffassung des IASB die Verfügungsmacht über den finanziellen Vermögenswert, so dass der finanzielle Vermögenswert gem. IAS 39.30 in dem Umfang seines anhaltenden Engagements weiter zu erfassen ist (Continuing Involvement).[1010] Anders als die Prüfungsebene des Risk and Reward-Approachs ist die Prüfungsebene des Control-Konzepts insofern nicht als eine „Alles-oder-Nichts“-Regel zu verstehen. Die Höhe des Continuing Involvement in Bezug auf den übertragenen Vermögenswert bestimmt sich gem. IAS 39.AG48 dabei nach dem Umfang, in dem das Unternehmen weiterhin das Risiko von Wertänderungen des übertragenden Vermögenswerts trägt. Das Unternehmen hat gem. IAS 39.31 zudem die damit verbundenen Verbindlichkeiten auf der Grundlage der von dem Unternehmen zurückbehaltenen Rechte und Verpflichtungen zu erfassen; eine Saldierung ist gem. IAS 39.36 nicht zulässig.

1008 In den Folgeperioden hat das Unternehmen gem. IAS 39.29 auch alle Erträge aus dem übertragenen Vermögenswert und alle Aufwendungen für die finanzielle Verbindlichkeit zu berücksichtigen.

1009 IAS 39.AG42 bestimmt, dass der Empfänger über die faktische Möglichkeit zur Veräußerung verfügt, wenn das Asset an einem aktiven Markt gehandelt wird, da der Erwerber es bei Bedarf am Markt wieder zurückerwerben könnte, falls er das Finanzinstrument zurückgeben muss. Entscheidend sind die faktischen Möglichkeiten und nicht etwaige vertragliche Verfügungsmöglichkeiten (IAS 39.AG43). Dass der Erwerber den übertragenen Vermögenswert höchstwahrscheinlich nicht veräußern wird, bedeutet gem. IAS 39.AG44 nicht automatisch, dass der Überträger die Verfügungsmacht über den Vermögenswert behalten hat. Sofern allerdings eine Verkaufsoption den Erwerber einschränkt, das Asset weiter zu verkaufen, behält der Überträger die Kontrolle über das Asset, da die Verkaufsoption den Empfänger daran hindert, den übertragenen Vermögenswert zu veräußern.

1010 Dies gilt zudem nur unter der Voraussetzung, dass im Wesentlichen alle Risiken und Chancen aus dem finanziellen Vermögenswert weder übertragen wurden noch beim Unternehmen verblieben sind. Ein Fall des Continuing Involvement kann gem. IAS 39.30 (b) beispielsweise bei einer der Form nach geschriebenen oder erworbenen Option auf den übertragenen Vermögenswert vorliegen. Bei einer geschriebenen Option auf einen mit dem Fair Value bewerteten Vermögenswert beschränkt sich der Umfang des Continuing Involvement auf den niedrigeren Betrag aus dem Fair Value des Vermögenswerts und dem Ausübungspreis der Option.

2.2. *Ausgewählte Wertpapiergeschäfte*

Als ausgewählte Wertpapiergeschäfte sollen hier unterschiedliche Pensionsgeschäfte (Repo-Geschäfte) und Wertpapierleihgeschäfte betrachtet werden, da diese Wertpapiergeschäfte auf Grund ihrer Struktur alle wesentlichen Aspekte der IFRS/IAS-Ausbuchungskonzeption abdecken. Unter Pensionsgeschäften und Wertpapierleihgeschäften werden Rechtsgeschäfte verstanden, bei denen das rechtliche Eigentum an einem Vermögensgegenstand für gewisse Zeit auf einen anderen übertragen wird, wobei der Übergang der Wertpapiere an eine bedingte oder unbedingte Rückübertragung gekoppelt ist. Auf Grund der Rückübertragungsvereinbarungen stellt sich bilanziell die Frage, ob das übertragene Wertpapier beim Übertragenen gegebenenfalls weiterhin zu erfassen ist.[1011]

Bei einem Wertpapierpensionsgeschäft wird die Übertragung eines Wertpapiers an eine Verpflichtung oder Berechtigung des Pensionsgebers oder Pensionsnehmers gebunden, den Pensionsgegenstand nach einem bestimmten oder unbestimmten Zeitraum zu einem vereinbarten Preis zurückzukaufen oder -zugeben.[1012] Zivilrechtlich bedeutet ein Pensionsgeschäft zunächst, dass der Pensionsgeber den Pensionsgegenstand gegen eine Geldleistung verkauft und das Eigentum am Pensionsgegenstand auf den Pensionsnehmer übergeht. Infolgedessen handelt es sich hinsichtlich der Rückübertragung grundsätzlich um ein doppeltes Kaufgeschäft,[1013] bei dem die vertragliche Vereinbarung zur Rückübertragung vorerst als ein schwebender Vertrag zu qualifizieren ist, dessen Erfüllungszeitpunkt entweder zum vorgesehenen Zeitpunkt oder durch Ausübung des Rechts zur Rückübertragung eintritt.[1014] Fraglich ist bei einem Pensionsgeschäft daher, in welchen Fällen das Wertpapier beim Pensionsgeber und in welchen Fällen es beim Pensionsnehmer zu bilanzieren ist. Dies ist insbesondere vor dem Hintergrund spannend, dass es sich bei einem Pensionsgeschäft gegebenenfalls ökonomisch um eine Kreditgewährung unter sicherungsweiser Übertragung des Pensionsguts handelt und dass weniger ein tatsächlicher Veräußerungswille unterstellt werden kann.[1015]

1011 Die Erscheinungsformen der Pensionsgeschäfte sind vielfältig, wobei die Übergänge fließend sein können; vgl. Förschle/Kroner in: Beck Bil Kom, 5. Auflage 2003, § 246 Rn. 20; Meyer-Sievers, Wertpapierpensionsgeschäft, WPg 1988, S. 292.

1012 Der Rücknahmepreis eines Pensionsgeschäfts wird bereits im Zeitpunkt des Vertragsabschlusses von den Vertragspartnern bestimmt, so auch § 340 b Abs. 1 HGB. Vgl. BFH vom 29.11.1982, GrS 1/81, BStBl. II 1983, S. 272; Krumnow/Sprißler et al. (Hrsg.) in: Rechnungslegung der Kreditinstitute, 2. Auflage 2004, § 340 b Rn. 10; Matena, Vermögenszurechnung, 2004, S. 161; Oldenburger, Pensionsgeschäft, 2000, S. 105.

1013 Vgl. BFH vom 6.12.1972, I R 198/70, BStBl. II 1973, S. 759; BFH vom 29.11.1982, GrS 1/81, BStBl. II 1983, S. 272; Bennat, Wertpapierpensionsgeschäfte, WM 1969, S. 1437; Häuselmann/Wiesenbart, Wertpapier-Leihgeschäft, DB 1990, S. 2130; Heuer in: HHR, § 5 EStG Rn. 1320; Ebenroth/Bader, Wertpapierpensionsgeschäft, ZBB 1990, S. 76; Gesell, Wertpapierleihe, 1995, S. 159 m.w.N.; Hinz, Pensionsgeschäft, BB 1991, S. 1153; Kropff, Pensionsgeschäft, ZGR 1993, S. 51 m.w.N.; Ringling, Pensionsgeschäft, StBP 1966, S. 210; Treuberg/Scharpf, Pensionsgeschäfte, DB 1991, S. 1235; Waschbusch, Pensionsgeschäft, BB 1993, S. 172. Es handelt sich insofern um eine Kombination aus einem Kassa- und einem Termingeschäft.

1014 Vgl. Fischer in: Hübschmann/Hepp/Spitaler, § 39 Rn. 109; Krumnow/Sprißler et al. (Hrsg.) in: Rechnungslegung der Kreditinstitute, 2. Auflage 2004, § 340 b Rn. 5; Matena, Vermögenszurechnung, 2004, S. 161 f.

1015 Vgl. zur sicherungsweisen Übertragung Treuberg/Scharpf, Pensionsgeschäfte, DB 1991, S. 1233.

In seiner wirtschaftlichen Wirkungsweise ist die Wertpapierleihe den Wertpapierpensionsgeschäften ähnlich, basiert im Gegensatz zu den Wertpapierpensionsgeschäften allerdings auf einer anderen Rechtskonstruktion. Obwohl der Begriff „Wertpapier*leihe*" vermuten lässt, dass es sich um ein Leihgeschäft gem. § 598 BGB handelt, liegt die zivilrechtliche Grundlage der Wertpapierleihe vielmehr in einem Sachdarlehen gem. § 607 BGB begründet, bei dem es wie beim Pensionsgeschäft zwar auch zu einem Übergang des zivilrechtlichen Eigentums vom Verleiher auf den Entleiher kommt, aber als Rechtsgrundlage kein doppeltes Kaufgeschäft vorliegt.[1016] Gemein ist beiden Rechtsgeschäften, dass der Entleiher (Pensionsnehmer) lediglich zur Rückübertragung von Wertpapieren gleicher Art und Menge verpflichtet ist, da es sich bei den klassischen Wertpapieren als verbrieftes Recht in der Regel um gattungsgleiche Sachen handelt.[1017]

2.2.1. Echtes Pensionsgeschäft und Wertpapierleihgeschäft

Bei einem echten Pensionsgeschäft ist der Pensionsnehmer verpflichtet, den Pensionsgegenstand zu einem späteren Zeitpunkt an den Pensionsgeber zurückzugeben, der ebenfalls verpflichtet ist, den Pensionsgegenstand zu einem vereinbarten Rückkaufspreis zurückzunehmen.[1018] Ähnliches gilt für ein Wertpapierleihgeschäft;[1019] Hier übereignet der Verleiher dem

[1016] Der Wertpapierleihvertrag umfasst als Darlehensvertrag gem. § 607 BGB sowohl die Verpflichtung des Verleihers zur Hingabe der Wertpapiere an den Entleiher als auch die Verpflichtung des Entleihers zur Rückgewähr der Wertpapiere nach Ablauf des Vertrags. Des Weiteren umfasst er in der Regel die Verpflichtung des Darlehensnehmers zur Zahlung eines ratierlichen Nutzungsentgelts.

[1017] Vgl. BGH vom 31.1.1963, VII ZR 266/61, BGHZ 1963, S. 315; BMF-Schreiben vom 03.04.1990, IV B 2 - S 2134 - 2/90, DB 90, S. 863; Fischer in: Hübschmann/Hepp/Spitaler, § 39 AO Rn. 109; Gesell, Wertpapierleihe, 1995, S. 21 f.; Haase, Wertpapierpensionsgeschäfte, INF 2006, S. 458; Häuselmann, Repo-Geschäft, BB 2000, S. 1287; Kümpel, Wertpapierleihe, WM 1990, S. 910; Prahl/Naumann, Wertpapierleihe, WM 1992, S. 1174; Oho/Hülst, Wertpapierleihe, DB 1992, S. 2584; Schmid/Mühlhäuser, Wertpapierleihe, BB 2001, S. 2611 m.w.N.; Schmid/Stoll, Dividendenstripping, DStR 2001, S. 2140. Die Rückgabe identischer Wertpapiere ist nicht praxistauglich; der Entleiher ist befugt, mit den Wertpapieren zu disponieren, er kann sie weiterverleihen, verpfänden, verkaufen oder in seinem Bestand halten; vgl. hierzu Edelmann/Eller, Wertpapierpensionsgeschäft, 1995, S. 9.

[1018] Die Wertpapiere gehören dem Pensionsnehmer und er kann, da sie sich zudem noch in seinem Besitz befinden, uneingeschränkt darüber verfügen. Der Pensionsgeber hat insoweit keinerlei Verfügungsgewalt; er kann ihre Erträge nicht einziehen, verpfänden oder abtreten, er ist von einer Einwirkung auf Pensionsgut ausgeschlossen. Der Pensionsnehmer ist hingegen während der Pensionszeit nicht von einer Einwirkung auf das Pensionsgut ausgeschlossen: Er kann das Pensionsgut veräußern, verpfänden oder auch in Pension geben. Auch können Gläubiger des Pensionsnehmers während der Zeit seiner zivilrechtlichen Inhaberschaft auf das Pensionsgut zugreifen. Dagegen liegt das Kursrisiko nicht bei ihm; dieses trägt ausschließlich der Pensionsgeber. Neben diesen Verfügungsrechten trägt der Pensionsnehmer des Weiteren ein Bonitätsrisiko, da nicht gesichert ist, dass der Pensionsgeber im Zeitpunkt der Rückübertragung in der Lage ist, den vereinbarten Kaufpreis zu zahlen. Auch trägt der Pensionsnehmer das Substanzrisiko des zufälligen Untergangs des Pensionsguts, da er, selbst wenn die Wertpapiere ohne sein Verschulden verloren gehen, nicht von seiner Rücklieferungspflicht befreit wird. Aber auch der Pensionsgeber trägt ein Bonitätsrisiko, da die Rückgabe infolge eines Konkurses seitens des Pensionsnehmers nicht gewährleistet ist; vgl. RFH vom 17.9.1931, III A 1016/30, RStBl. 1931, S. 868; BFH vom 29.11.1982, GrS 1/81, BStBl. II 1983, S. 272 m.w.N.

[1019] Die gleichen Rechte und Pflichten sowie die gleiche Risikoverteilung wie bei einem echten Pensionsgeschäft treffen auf die Beteiligten eines Wertpapierleihgeschäfts zu. Der Entleiher wird zivilrechtlicher Eigentümer und kann wie der Pensionsnehmer über die Wertpapiere verfügen. Da der Entleiher zudem ledig-

Entleiher gegen Entrichtung eines Nutzungsentgelts Wertpapiere, die nach einer bestimmten oder unbestimmten Zeitspanne definitiv zurückzuübertragen sind.[1020] Hinsichtlich der IFRS/IAS-Ausbuchungskonzeption ist es unerheblich, dass durch den Verkauf (das Leihgeschäft) das zivilrechtliche Eigentum an dem Wertpapier beim Pensionsnehmer (Entleiher) liegt; vielmehr ist von Bedeutung, ob im Wesentlichen alle Risiken und Chancen aus dem Wertpapier beim Pensionsgeber verbleiben oder auf den Pensionsnehmer übergehen. Da bei einem echten Pensionsgeschäft das Wertpapier zu einem fest vereinbarten Rückkaufpreis zurückgenommen werden muss, geht IAS 39.AG40 (a) davon aus, dass alle wesentlichen Risiken und Chancen aus dem Wertpapier beim Pensionsgeber verbleiben und der Pensionsgegenstand gem. IAS 39.20 (b) somit auch weiterhin bei ihm zu bilanzieren ist.[1021] Dieselbe Argumentation greift bei einem Wertpapierleihgeschäft, bei dem gem. IAS 39.AG40 (b) im Wesentlichen auch alle mit dem Eigentum verbundenen Risiken und Chancen beim Verleiher verbleiben. Bei einem Wertpapierleihgeschäft gehen die Wert- und Kursschwankungen der verliehenen Wertpapiere zu Lasten des Verleihers, da immer nur Wertpapiere gleicher Art und Menge, jedoch nicht gleichen Wertes zurückzuliefern sind.[1022] Weitere Überlegungen hinsichtlich des Control-Konzepts erübrigen sich daher.

2.2.2. *Einseitiges Rücknahmerecht des Pensionsgebers*

Bei einem Pensionsgeschäft mit einem einseitigen Rücknahmerecht seitens des Pensionsgebers ist lediglich der Pensionsgeber berechtigt und nicht verpflichtet, den Pensionsgegenstand zurückzufordern.[1023] Der Pensionsnehmer ist für den Fall der Rückforderung verpflichtet, den Pensionsgegenstand zurückzugeben; ein Recht, den Pensionsgegenstand ohne Einwilligung des Pensionsgebers zurückzugeben, besitzt er hingegen nicht. Unabhängig vom Übergang des

---

lich ein Nutzungsentgelt für die Überlassung der Wertpapiere zu entrichten hat und beim Wertpapierleihgeschäft keine Kaufpreise oder Rückkaufpreise anfallen, verbleiben die Kursrisiken aus dem Wertpapier vollständig beim Verleiher.

1020 Vgl. Gesell, Wertpapierleihe, 1995, S. 27; Häuselmann, Repo-Geschäft, BB 2000, S. 1288; Schmid/Mühlhäuser, Wertpapierleihe, BB 2001, S. 2609 m.w.N. Eine vorübergehende „Geld-Überlassung" gegen eine vorübergehende „Sachen-Überlassung" ist das wesentliche Merkmal von Pensionsgeschäften; hingegen definiert sich das Wertpapierleihgeschäft über eine einseitige, entgeltliche Nutzungsüberlassung von Wertpapieren.

1021 Der Pensionsgeber muss gem. IAS 39.31 zusätzlich eine finanzielle Verbindlichkeit für den erhaltenen Kaufpreis passivieren.

1022 Gilt gem. IAS 39.AG51 (b) auch für im Wesentlichen gleiche oder gem. IAS 39.AG51 (c) für ähnliche Vermögenswerte. Erwirbt der Empfänger bei einem echten Pensionsgeschäft oder bei der Wertpapierleihe das Recht, den Vermögenswert zu verkaufen oder zu verpfänden, dann hat der Übertragende gem. IAS 39.AG51 (a) diesen Vermögenswert in der Bilanz umzugliedern, z.B. als ausgeliehenen Vermögenswert oder ausstehenden Rückkauf.

1023 Dem Pensionsnehmer kommt unzweifelhaft das zivilrechtliche Eigentum an dem Pensionsgut zu; sie gehören ihm und er kann darüber verfügen. Insoweit liegen daher auch dieselben Verfügungsrechte sowie Bonitäts- und Substanzrisiken wie bei einem echten Pensionsgeschäft vor. Anders sieht dies hingegen beim Kursrisiko aus, das sich im Fall des einseitigen Rücknahmerechts des Pensionsgebers auf den Pensionsnehmer und den Pensionsgeber verteilt und somit die Zurechnungsentscheidung des Pensionsguts anders als bei einem echten Pensionsgeschäft ausfallen lässt.

zivilrechtlichen Eigentums auf den Pensionsnehmer ist zunächst festzustellen, ob alle wesentlichen Risiken und Chancen aus dem Wertpapier beim Pensionsgeber verbleiben. Die IFRS/IAS machen in diesem Fall den Übergang der Risiken und Chancen davon abhängig, ob der Rückkauf zum Fair Value oder zu einem vereinbarten Preis vorgenommen werden kann. Ist der Pensionsgeber berechtigt, das Wertpapier zum Fair Value zurückzukaufen, so kommt ihm lediglich die Chance einer Wertsteigerung zu; das Risiko eines Wertverlustes trägt er nicht. Er trägt im Wesentlichen nicht mehr alle Risiken und Chancen; der Pensionsgegenstand ist bei ihm gem. IAS 39.AG39 (b) auszubuchen.

Bei einem vereinbarten Rückkaufspreis sind drei unterschiedliche Konstellationen möglich, die unterschiedliche Zurechnungsfolgen nach sich ziehen:

- Wird ein Rückkaufpreis vereinbart, der zum Zeitpunkt der Übertragung weit unter dem Fair Value des Wertpapiers liegt (Deep in the Money), unterstellt IAS 39.AG51 (f), dass der Pensionsgeber das Wertpapier zurückkaufen wird. Er behält somit im Wesentlichen alle Risiken und Chancen zurück. Das Wertpapier ist beim Pensionsgeber nicht auszubuchen.
- Wird ein Rückkaufpreis vereinbart, der zum Zeitpunkt der Übertragung weit über dem Fair Value des Wertpapiers liegt (Deep out of the Money), unterstellt IAS 39.AG51 (g), dass der Pensionsgeber das Wertpapier nicht zurückkaufen wird. Er überträgt im Wesentlichen alle Risiken und Chancen. Das Wertpapier ist auszubuchen.
- Ist der Rückkaufpreis weder "Deep in the Money" noch "Deep out of the Money", so kann nicht bestimmt werden, ob im Wesentlichen alle Risiken und Chancen zurückbehalten oder übertragen wurden, der Risk and Reward-Approach greift nicht. Es ist daher gem. IAS 39.20 (c) in einem weiteren Schritt das Control-Konzept heranzuziehen, d.h. es ist zu entscheiden, ob der Pensionsgeber noch über das Wertpapier verfügen kann:
  - Wenn das Wertpapier jederzeit am Markt gehandelt werden kann, liegt die Verfügungsmacht über das Wertpapier beim Pensionsnehmer, da er es jederzeit verkaufen und gleichartige Wertpapiere zurückerwerben kann. Der Pensionsgeber hat gem. IAS 39.AG51 (h) das Wertpapier auszubuchen.
  - Wenn das Wertpapier dagegen nicht jederzeit am Markt gehandelt werden kann, liegt die Verfügungsmacht nach wie vor beim Pensionsgeber, da der Pensionsnehmer das Wertpapier nicht veräußern kann. Der Pensionsgeber hat auch weiterhin gem. IAS 39.51 (h) den Pensionsgegenstand in dem Umfang bei sich zu bilanzieren, in dem er beabsichtigt, es zurückzukaufen (Continuing Involvement).[1024]

[1024] Gem. IAS 39.31 hat der Pensionsgeber eine Verbindlichkeit einzubuchen, die sich aus den Pflichten des Pensionsgegenstandes ergeben.

2.2.3. *Unechtes Pensionsgeschäft*

Bei einem unechten Pensionsgeschäft ist der Pensionsnehmer berechtigt und nicht verpflichtet, den Pensionsgegenstand an den Pensionsgeber zurückzugeben.[1025] Der Pensionsgeber ist demzufolge für den Fall der Rückgabe verpflichtet, den Pensionsgegenstand zurückzunehmen. Auch für das unechte Pensionsgeschäft unterscheiden die IFRS/IAS, ob der Rückgabepreis zum Fair Value oder zu einem festen Betrag vereinbart ist. Ist die Rückveräußerung zum Fair Value vorgesehen, so ist das Wertpapier gem. IAS 39.AG51 (j) beim Pensionsgeber auszubuchen,[1026] da im Wesentlichen alle Risiken und Chancen auf den Pensionsnehmer übergegangen sind. Ist ein fester Rückgabepreis „Deep out of the Money" vereinbart,[1027] so ist davon auszugehen, dass im Wesentlichen alle Risiken und Chancen übertragen wurden, da anzunehmen ist, dass der Pensionsnehmer nicht von seiner Verkaufsoption Gebrauch machen wird. Das Wertpapier ist beim Pensionsgeber auszubuchen. Bei einem festen Rückgabepreis „Deep in the Money" ist hingegen anzunehmen,[1028] dass der Pensionsnehmer seine Verkaufsoption in Anspruch nimmt. Im Wesentlichen verbleiben also alle Risiken und Chancen beim Pensionsgeber; das Wertpapier ist gem. IAS 39.AG51 (f) auch weiterhin beim Pensionsgeber zu bilanzieren. Wenn der Rückgabepreis weder „Deep out of the Money" noch „Deep in the Money" ist, so ist entsprechend das Control-Konzept mit den oben beschriebenen bilanziellen Zurechnungskonsequenzen anzuwenden.[1029]

II. *Vergleich von IFRS/IAS und Steuerrecht*

Für den Vergleich der IFRS/IAS mit dem Steuerbilanzrecht ist zunächst zu beachten, dass die IFRS/IAS-Bilanzierungseinheiten materiell weiter gefasst sind als die steuer- und handelsbilanziellen Bilanzierungseinheiten, da u.a. Finanzderivate nach den IFRS/IAS bilanzwirksam, jedoch steuer- und handelsbilanziell nicht zu berücksichtigen sind. Des Weiteren findet sich im Steuerbilanzrecht, anders als in der IFRS/IAS-Bilanzierung, auch keine eigenständige Konzeption, die speziell auf die Ein- und Ausbuchung von Finanzinstrumenten zugeschnitten

---

1025 Dem Pensionsnehmer kommt unzweifelhaft das zivilrechtliche Eigentum an dem Pensionsgut zu; sie gehören ihm und er kann darüber verfügen. Insoweit liegen daher auch dieselben Verfügungsrechte sowie Bonitäts- und Substanzrisiken wie bei einem echten Pensionsgeschäft vor. Anders sieht dies hingegen wieder bei dem Kursrisiko aus, das sich in Abhängigkeit von der Vereinbarung über den Rückkaufpreis auf Pensionsnehmer und Pensionsgeber verteilt.

1026 Vgl. auch Kehm/Lüdenbach in: Lüdenbach/Hoffmann, IAS/IFRS, 3. Auflage 2005, § 28 Rn. 78 f.

1027 Der Rückkaufspreis liegt weit unter dem Fair Value.

1028 Der Rückkaufspreis liegt weit über dem Fair Value.

1029 Gem. IAS 39.AG51 (h) führt ein jederzeit verfügbares Wertpapier zur Ausbuchung beim Pensionsgeber. Bei einem nicht jederzeit verfügbaren Wertpapier übt das Unternehmen gem. IAS 39.AG5 (i) weiterhin die Verfügungsmacht über den Vermögenswert aus, wenn der Wert der Verkaufsoption so hoch ist, dass der Empfänger vom Verkauf des Vermögenswerts abgehalten wird. Das Wertpapier ist im Umfang des anhaltenden Engagements des Übertragenden weiterhin zu erfassen. Vgl. auch das Kapitel zum einseitigen Rücknahmerecht des Pensionsgebers, S. 250 f.

ist. Insbesondere finden sich keine voneinander getrennten Vorschriften, die zwischen der Ein- und Ausbuchung unterscheiden.

Da steuer- und handelsbilanziell keine konkreten Vorschriften zur Ein- oder Ausbuchung von Finanzinstrumenten vorliegen, werden zunächst die allgemeinen Grundsätze des wirtschaftlichen Eigentums im Steuer- und Handelsrecht, die sich aus § 246 Abs. 1 HGB und / oder aus § 39 AO ableiten, mit den speziellen Vorschriften des IAS 39 verglichen. Die Ausführungen konzentrieren sich dabei lediglich auf Finanzinstrumente der Aktivseite, da die Ausbuchung finanzieller Verbindlichkeiten in beiden Rechenwerken übereinstimmend als unproblematisch bezeichnet werden kann, da sie sowohl in einer Steuerbilanz als auch in einer IFRS/IAS-Bilanz dann auszubuchen sind, wenn sie getilgt wurden.

Ungeachtet des Aspekts, dass zwischen dem handels- und steuerbilanziellen Vorgehen Unterschiede im Detail vorhanden sein könnten, ist der Ausgangspunkt beider Vorschriften identisch. Wie bereits festgestellt, orientiert sich sowohl das Handelsrecht als auch das Steuerrecht an der zivilrechtlichen Zurechnung, d.h. grundsätzlich wird dem zivilrechtlichen Eigentümer auch die bilanzielle Zurechnung zuteil.[1030] Des Weiteren bestimmt § 39 Abs. 2 Nr. 1 S. 1 AO, dass abweichend vom zivilrechtlichem Eigentum einem anderem das Wirtschaftsgut zuzurechnen ist, sofern dieser die tatsächliche Herrschaft über das Wirtschaftsgut ausübt.

1. Tatsächliche Herrschaftsausübung

1.1. Dauerhafter Ausschluss des zivilrechtlichen Eigentümers

1.1.1. Risk and Reward-Approach

Tatsächliche Herrschaftsausübung bedeutet gem. dem durch Seeliger geprägten § 39 Abs. 2 Nr. 1 S. 1 AO,[1031] dass der zivilrechtliche Eigentümer von einer Einwirkung auf das Wirtschaftsgut *auf Dauer* (für die gewöhnliche Nutzungsdauer) ausgeschlossen sein muss,[1032] so dass einem Herausgabeanspruch seitens des zivilrechtlichen Eigentümers keine wirtschaftliche Bedeutung mehr zukommen darf.[1033] Ob der zivilrechtlich Berechtigte dauerhaft von der

---

1030 Vgl. hierzu das Kapitel zur personellen Bilanzierungsfähigkeit, S. 92 f.

1031 Seeliger, Eigentum, 1962, S. 21 ff.

1032 Der Wortlaut des § 39 Abs. 2 Nr. 1 S. 1 lautet nicht „auf Dauer“, sondern „für die gewöhnliche Nutzungsdauer“. Unter „gewöhnlicher Nutzungsdauer“ ist die betriebsgewöhnliche Nutzungsdauer zu verstehen, nach deren Ablauf der Herausgabeanspruch des Eigentümers wirtschaftlich verbraucht und damit wertlos ist, was von der Rechtsprechung insoweit als dauerhaft verstanden wird; vgl. BFH vom 2.6.1978, III R 4/76, BStBl. II 1978, S. 507; BFH vom 18.12.1986, I R 52/83, BStBl. II 1988, S. 521; zur betriebsgewöhnlichen Nutzungsdauer vgl. BFH vom 19.11.1997, X R 78/94, BStBl. II 1998, S. 59.

1033 Vgl. auch gefestigte Rechtsprechung BFH vom 2.11.1965, I 51/61 S, BStBl. III 1966, S. 61; BFH vom 26.1.1970, IV R 144/66, BStBl. II 1970, S. 264; BFH vom 18.11.1970, I 133/64, BStBl. II 1971, S. 133; BFH vom 13.10.1972, III R 110/71, BStBl. II 1973, S. 285; BFH vom 29.7.1981, I R 62/77, BStBl. II 1982, S. 107; BFH vom 5.5.1983, IV R 43/80, BStBl. II 1983, S. 631; BFH vom 26.3.1987, IV R 20/84, BStBl. II

Einwirkung auf das Wirtschaftsgut ausgeschlossen ist, bestimmt sich nach dem Gesamtbild der Verhältnisse und ist dem jeweiligen Einzelfall nach zu entscheiden.[1034] Von einem Ausschluss der Einwirkung des Berechtigten ist nicht auszugehen, wenn dem Besitzer gewisse positive Möglichkeiten wie das Gebrauchen, Nutzen, Zerstören gewährt werden oder er die Möglichkeit besitzt, Dritte von einer Einwirkung auf das Wirtschaftsgut auszuschließen.[1035] Lediglich der Fall, dass das bilanzierende Unternehmen gegenüber dem zivilrechtlichen Eigentümer eine rechtlich abgesicherte Stellung innehat, die diesen dauerhaft von der Einwirkung auf das Objekt ausschließt, rechtfertigt eine bilanziell abweichende Zurechnung vom zivilrechtlichen Eigentum. Letztendlich bedeutet dies, dass der zivilrechtliche Eigentümer wirtschaftlich nicht mehr verfügungsberechtigt sein darf,[1036] was insoweit einem Veräußerungsvorgang sehr nahe kommt.

Zwar knüpfen die IFRS/IAS die Ausbuchung eines finanziellen Vermögenswerts in einem ersten Schritt an die Übertragung der mit den Vermögenswert verbundenen Rechte auf den Bezug zukünftiger Cashflows, anhand derer das Ausmaß beurteilt wird, in dem die Risiken und Chancen des finanziellen Vermögenswerts beim Unternehmen verbleiben oder auf einen Dritten übergehen. Allerdings bedeutet dieses IFRS/IAS-Vorgehen ähnlich wie im Steuerbilanzrecht auch, dass im Falle einer zivilrechtlich abweichenden Zurechnung der zivilrechtliche Eigentümer von seiner Einwirkung auf das Finanzinstrument dauerhaft ausgeschlossen sein muss, da diesem ansonsten weiterhin Risiken und Chancen des finanziellen Vermögenswerts zukommen würden. Die positiv formulierte IFRS/IAS-Vorschrift des Übergangs der Risiken und Chancen trifft somit auf eine negativ formulierte steuerliche Bestimmung, dass der zivilrechtliche Eigentümer von der Einwirkung auf das Wirtschaftsgut ausgeschlossen sein muss. Beide Rechenwerke lehnen ihre Ausbuchungsvorschriften dabei gedanklich an einem Veräußerungsvorgang an. Inhaltlich unterscheiden sich die beiden Vorschriften lediglich dahingehend, dass die IFRS/IAS auf einen zukünftigen Nutzenzufluss in Form von Cashflows verweisen, während das Steuerrecht vielmehr auf die Nutzungsfähigkeit abstellt, was

---

1987, S. 561; BFH vom 28.7.1993, I R 88/92, BStBl. II 1994, S. 20; BFH vom 11.6.1997, XI R 77/96, BStBl. II 1997, S. 774; BFH vom 14.5.2002, VIII R 30/98, BStBl. II 2002, S. 741; BFH vom 15.12.1999, I R 29/97, BStBl. II 2000, S. 701.

1034 Vgl. BFH vom 21.12.1978, III R 20/77, BStBl. II 1979, S. 466; BFH vom 2.5.1984, VIII R 276/81, BStBl. II 1984, S. 820; BFH vom 2.3.1990, III R 70/87, BStBl. II 1990, S. 733; BFH vom 8.8.1990, X R 149/88, BStBl. II 1991, S. 70; BFH vom 12.9.1991, III R 233/90, BStBl. II 1992, S. 182; BFH vom 27.11.1996, X R 92/92, BStBl. II 1998, S. 97; BFH vom 15.12.1999, I R 29/97, BStBl. II 2000, S. 701; BFH vom 26.8.2004, II B 117/03, BFH/NV 2004, S. 1625; Kruse in: Tipke/Kruse, § 39 Rn. 24 m.w.N. Bei der Beurteilung kommt es nicht nur auf den Wortlaut sowie auf den Sinn und Zweck getroffener Vereinbarungen an, sondern auch auf den tatsächlichen Vollzug. Der Übergang des wirtschaftlichen Eigentums kann auch dann angenommen werden, wenn die Voraussetzungen nicht in vollem Umfang gegeben sind.

1035 Vgl. BFH vom 26.1.1970, IV R 144/66, BStBl. II 1970, S. 264; BFH vom 18.11.1970, I 133/64, BStBl. II 1971, S. 133; Seeliger, Eigentum, 1962, S. 46 ff. u. S. 87 ff.; ders., Wirtschaftliches Eigentum, DStR 1963, S. 646. Mieter und Pächter können daher in der Regel nicht die tatsächliche Herrschaft über ein gemietetes oder gepachtetes Wirtschaftsgut ausüben.

1036 Vgl. BFH vom 15.12.1999, I R 29/97, BStBl. II 2000, S. 701; Kruse in: Tipke/Kruse, § 39 Rn. 24 m.w.N.

insoweit dem Umstand geschuldet ist, dass das Asset absatzmarktorientiert angelegt ist, das Wirtschaftsgut hingegen als solches beschaffungsmarktorientiert zu verstehen ist.

Ansonsten kann zwischen den beiden Vorschriften durchaus ein hohes Maß an Übereinstimmung festgestellt werden, was sich insbesondere auch darin zeigt, dass der IFRS/IAS-Ansatz des Übergangs der wesentlichen Risiken und Chancen weitgehend vergleichbar ist mit der nach Döllerer geprägten positiven Formulierung des wirtschaftlichen Eigentums,[1037] die auch Gegenstand der steuerbilanziellen Rechtsprechung im Zusammenhang mit der tatsächlichen Herrschaftsausübung ist. Demnach kommt wirtschaftliches Eigentum demjenigen zu, dem Substanz und Ertrag des Wirtschaftsguts vollständig und auf Dauer zustehen.[1038] Als wirtschaftlicher Eigentümer ist folglich derjenige anzusehen, der berechtigt ist, das Wirtschaftsgut zu verwerten und nicht bloß zu gebrauchen,[1039] was auch wieder darauf hinausläuft, dass einem formalen Herausgabeanspruch seitens des zivilrechtlichen Eigentümers keine wirtschaftliche Bedeutung mehr zukommt. Döllerer umschreibt diesen Sachverhalt damit, dass zum Haben der Substanz die Chance der Wertsteigerung sowie das Risiko einer Wertminderung gehört,[1040] was sich inhaltlich wiederum mit dem IFRS/IAS-Vorgehen deckt.

Im Unterschied zu den IFRS/IAS wird im Steuerbilanzrecht allerdings kein weiterer Prüfungsschritt vorgenommen, sofern nicht eindeutig darüber befunden werden kann, ob im Wesentlichen alle Risiken und Chancen übergegangen sind oder nicht. Das Steuerbilanzrecht orientiert sich in diesen Fällen vielmehr am zivilrechtlichen Eigentum, d.h. sofern nicht alle Risiken und Chancen übergegangen sind und das zivilrechtliche Eigentum daher nicht gänzlich ausgehöhlt ist, ist ein Wirtschaftsgut auch weiterhin beim zivilrechtlichen Eigentümer zu bilanzieren. Ein weiterer Unterschied ist zwischen den steuerlichen Merkmalen „auf Dauer" und „vollständig" sowie der IFRS/IAS-Bestimmung „im Wesentlichen" zu erkennen. Das steuerliche Kriterium bestimmt sich nach dem Gesamtbild der Verhältnisse und ist eine wertmäßig nicht weiter bestimmte Größe. Es handelt sich dabei hauptsächlich um eine zeitliche

---

1037 Döllerer, Leasing, BB 1971, S. 536. Döllerer verweist darauf, dass der wirtschaftliche Gehalt des Eigentums aus Substanz und Ertrag besteht, so dass wirtschaftlicher Eigentümer daher ist, wer die Substanz und den Ertrag einer Sache tatsächlich hat.

1038 Vgl. BGH vom 6.11.1995, II ZR 164/94, 1996, S. 155; BFH vom 26.1.1978, V R 137/75, BStBl. II 1978, S. 280; BFH vom 30.5.1984, I R 146/81, BStBl. II 1984, S. 825; BFH vom 30.5.1984, I R 146/81, BStBl. II 1984, S. 825; BFH vom 28.9.1995, IV R 34/93, BFH/NV 1996, S. 314; BFH vom 18.5.1995, IV R 125/92, BStBl. II 1996, S. 5; BFH vom 27.11.1996, X R 92/92, BStBl. II 1998, S. 97; BFH vom 27.11.1996, X R 92/92, BStBl. II 1998, S. 97; BFH vom 7.10.1997, VIII R 63/95, BFH/NV 1998, S. 1202; BFH vom 18.7.2001, X R 15/01, BStBl. II 2002, S. 278; BFH vom 18.7.2001, X R 111/96, BFH/NV 2002, S. 173; Fischer in: Hübschmann/Hepp/Spitaler, § 39 AO Rn. 44 f.; Fischer, Eigentum, NWB 1991, S. 5623; Prahl/Naumann, Wertpapierleihe, WM 1992, S. 1177. Insbesondere in der handelsrechtlichen Literatur werden überwiegend diese positiven Machtbefugnisse des wirtschaftlichen Eigentums hervorgehoben; vgl. ADS, 6. Auflage, § 246 Rn. 263 m.w.N.; Ekkenga, Wirtschaftliches Eigentum, ZGR 1997, S. 264; Häuselmann, Repo-Geschäft, BB 2000, S. 1289; Lutz in: HDJ, I/4 Rn. 87.

1039 Vgl. zum Vermögensgegenstand nach HGB Häuselmann, Repo-Geschäft, BB 2000, S. 1289.

1040 Vgl. Döllerer, Leasing, BB 1971, S. 536.

Komponente, die mit dem Hinweis auf Vollständigkeit nicht eingeschränkt werden darf. Bei dem IFRS/IAS-Kriterium handelt es sich hingegen um ein Kriterium, das mit einem Wert unterlegt wird und bei nicht eindeutigen Ergebnissen weitere Prüfungsschritte erforderlich macht. Ein Wert meint in diesem Zusammenhang, dass zur Beurteilung des Übergangs die Schwankung des Barwerts der künftigen Netto-Cashflows herangezogen wird. Während das steuerliche Kriterium bei abnutzbaren Wirtschaftsgütern durch den Zeitraum der „gewöhnlichen Nutzungsdauer" objektiviert wird, unterliegt das IFRS/IAS-Kriterium subjektiven Erwägungen des Unternehmens hinsichtlich der Bestimmung eines Netto-Cashflows und eines relevanten Zinssatzes.

1.1.2. Control-Konzept

Nach den Vorschriften der IFRS/IAS hat das Unternehmen, sofern die Bestimmung der Schwankung des Barwerts des Netto-Cashflows nicht zu einem eindeutigen Ergebnis führt, in einem weiteren Schritt zu überprüfen, ob es die Verfügungsmacht / Kontrolle (Control) i.S.d. IAS 39.20 (c) über das Finanzinstrument behalten hat. Wie bereits angemerkt,[1041] findet steuerbilanziell hingegen eine Orientierung am zivilrechtlichen Eigentum statt. Zwar definiert sich die steuerbilanzielle Beurteilung des wirtschaftlichen Eigentums auch über das Kriterium der Verfügungsmacht respektive der tatsächlichen Herrschaftsausübung, es handelt sich jedoch nicht um einen zusätzlichen Prüfungsschritt, sondern um das Zurechnungskriterium, das materiell mit dem Risk and Reward-Approach zu vergleichen ist. Ein Unterschied ist insofern darin zu sehen, dass das IFRS/IAS Kriterium der Verfügungsmacht / Kontrolle sich über die Veräußerbarkeit des finanziellen Vermögenswerts und nicht über den Herausgabeanspruch des zivilrechtlichen Eigentümers definiert. Steuerlich ist es nicht weiter von Bedeutung, ob der wirtschaftliche Eigentümer eine rechtliche Verfügungsbefugnis zur Veräußerung des Wirtschaftsguts hat; so kann wirtschaftliches Eigentum auch dann vorliegen, wenn dem wirtschaftlichen Eigentümer eine Weiterveräußerung untersagt ist.[1042] Unter Informationsaspekten ist es den IFRS/IAS hingegen wichtig, ob das Finanzinstrument marktgängig ist.[1043] Die IFRS/IAS beziehen auf der zweiten Prüfungsebene insofern einen „fremden Dritten",[1044] d.h. den Absatzmarkt, in ihre Beurteilung mit ein, während steuerlich eine zweite Prüfungsebene in diesem Sinne nicht existiert und auch keine Orientierung am Absatzmarkt vorliegt, sondern einzig auf das Verhältnis zwischen dem zivilrechtlichen Eigentümer und dem wirtschaftlichen Eigentümer abgestellt wird. Für den Fall, dass das Finanzinstrument nicht an einem aktiven

---

1041 Vgl. vorheriges Kapitel zum Risk and Reward-Approach, S. 253 ff.

1042 Vgl. BFH vom 18.11.1970, I 133/64, BStBl. II 1971, S. 133; BFH vom 30.5.1984, I R 146/81, BStBl. II 1984, S. 825; BFH vom 18.7.2001, X R 15/01, BStBl. II 2002, S. 278; BFH vom 18.7.2001, X R 111/96, BFH/NV 2002, S. 173; Fischer in: Hübschmann/Hepp/Spitaler, § 39 AO Rn. 45.

1043 In diesem Fall könnte er den übertragenen Vermögenswert bei Bedarf wieder zurückerwerben, falls er ihn an das Unternehmen zurückgeben muss.

1044 Zum „fremden Dritten" vgl. Beine/Mayer in: Wiley, 2004, Abschnitt 5 Rn. 104.

Markt gehandelt wird, verliert der Überträger auch nicht die Verfügungsmacht und hat das Finanzinstrument weiter in dem Umfang seines anhaltenden Engagements zu erfassen. Da steuerbilanziell nicht auf die Marktgängigkeit des Finanzinstruments abgestellt wird, ist insofern der Ansatz des Continuing Involvement, d.h. einer Bilanzierung im Umfang des weiteren Engagements mit Hinweis auf die Bedeutung des zivilrechtlichen Eigentümers im Unterschied zu den IFRS/IAS nicht Gegenstand der bilanziellen Zurechnung.

1.2. Optionsrechte

Von Interesse für die Interpretation der tatsächlichen Herrschaftsausübung ist der Umgang mit Optionsrechten. Beispielsweise besteht bei einer Kaufoption vor Ausübung des Optionsrechts nur für den Verkäufer eine vertragliche Verpflichtung, den Vertragsgegenstand für den Fall der Optionsausübung zu liefern. Der Käufer unterliegt hingegen keiner Verpflichtung zum Kauf; er besitzt lediglich das Recht, den Gegenstand zu erwerben. Daher befindet sich der Verkäufer nicht in einer Rechtsposition, die ihn grundsätzlich dauerhaft von der Einwirkung auf den Optionsgegenstand ausschließt, da der Käufer nicht verpflichtet ist, die Option auszuüben. Insofern liegt noch kein abschließendes Veräußerungsgeschäft vor. Der Käufer wird sein Recht auf Optionswahrnehmung lediglich dann wahrnehmen, wenn der Geschehensablauf sich für ihn günstig entwickelt, so dass ein Optionsrecht zur Rechtfertigung wirtschaftlichen Eigentums nicht ausreicht.[1045] Gleiches gilt steuerlich auch für eine Rückkaufoption zum beizulegenden Wert, die den Umstand, dass das Wirtschaftsgut veräußert wurde, nicht ersetzen kann, da sie den zwischenzeitlichen Erwerber von der tatsächlichen Einwirkung auf das Wirtschaftsgut nicht ausschließt.[1046] Nicht anders fällt die IFRS/IAS-Beurteilung einer Kaufoption aus. Eine Kaufoption führt nicht dazu, dass das Underlying beim Stillhalter auszubuchen ist, da das Finanzinstrument und somit auch die Risiken und Chancen noch nicht übertragen wurden. Bei dem Verkauf eines finanziellen Vermögenswerts verbunden mit einer Rückkaufoption zum Fair Value verhält es sich gem. IAS 39.AG39 (b) nicht abweichend, so dass das Finanzinstrument bei dem zwischenzeitlichen Erwerber zu bilanzieren ist, da auf ihn im Wesentlichen alle mit dem Eigentum verbundenen Risiken und Chancen übertragen werden.

Ist allerdings nach dem typischen und für die wirtschaftliche Beurteilung maßgeblichen Geschehensablauf tatsächlich mit einer Ausübung der Option zu rechnen, ist die Sachlage anders zu beurteilen. Steuerbilanziell wird in diesem Fall auf Grund eines wirtschaftlichen Zwangs zur Ausübung ein verdecktes Veräußerungsgeschäft angenommen; das Wirtschaftsgut ist

---

[1045] Vgl. BFH vom 26.1.1970, IV R 144/66, BStBl. II 1970, S. 264; BFH vom 27.9.1979, IV R 149/72, BFHE 1979, S. 439; BFH vom 10.6.1988, III R 18/85, BFH/NV 1989, S. 348.

[1046] Vgl. BFH vom 25.8.1993, XI R 6/93, BStBl. II 1994, S. 23; BFH vom 18.5.2005, VIII R 34/01, GmbHR 2005, S. 1633 m.w.N.

beim Optionsberechtigten zu bilanzieren. Der BFH stellt diesbezüglich auf den Wahrscheinlichkeitsgrad der Optionsausübung ab;[1047] sofern auf Grund vertraglicher Bestimmungen davon auszugehen ist, dass die Option ausgeübt wird, nimmt der BFH an, dass der Eigentümer auf Dauer von der Einwirkung auf das Wirtschaftsgut ausgeschlossen ist. Das Wirtschaftsgut ist beim Optionsberechtigten zu bilanzieren, da er die tatsächliche Herrschaft über das Wirtschaftsgut dauerhaft ausübt. Konkret entschieden wurde dieser Sachverhalt zur Optionsausübung im Zusammenhang mit einem Leasingobjekt, das sich bereits im Besitz des Optionsberechtigten befand.[1048] Bezogen auf die Betrachtung von Finanzinstrumenten gilt Ähnliches für die IFRS/IAS-Bilanzierung. Wird im Zusammenhang mit dem Verkauf eines finanziellen Vermögenswerts eine Verkauf- oder Kaufoption „Deep in the Money" begeben, so dass die Inanspruchnahme als höchstwahrscheinlich erscheint, kommt es gem. IAS 39.AG40 (d) nicht zu einer Übertragung der Risiken und Chancen. Obwohl das Finanzinstrument zunächst verkauft wurde und sich nicht mehr im Besitz des Überträgers befindet, ist es beim Übertragenden auf Grund der Option und der hohen Wahrscheinlichkeit der Rückübertragung nicht auszubuchen. Obgleich in den angeführten Beispielsfällen unterschiedliche Besitzverhältnisse gegeben sind, sind zwischen beiden Rechenwerken dahingehend Parallelen zu erkennen, dass trotz der Tatsache, dass kein Kaufvertrag, sondern lediglich ein Optionsrecht vorliegt, vom Zivilrecht abweichendes wirtschaftliches Eigentum angenommen wird. Beide Rechenwerke stellen dabei entsprechend auf den Wahrscheinlichkeitsgrad der Optionsausübung ab.

1.3. Besitzloses wirtschaftliches Eigentum

Neben der Möglichkeit, dass der wirtschaftliche Eigentümer bereits im Besitz des Wirtschaftsguts ist, kann steuerbilanziell auch dann wirtschaftliches Eigentum gegeben sein, wenn der wirtschaftliche Eigentümer nicht im Besitz des Wirtschaftsguts ist. Besitzloses wirtschaftliches Eigentum liegt dann vor, wenn der zivilrechtliche Eigentümer bezüglich des Wirtschaftsguts den Weisungen des anderen Folge zu leisten hat und der wirtschaftliche Eigentümer eine rechtlich abgesicherte, jederzeitige Herausgabe des Wirtschaftsguts verlangen kann, da sich unter diesen Voraussetzungen die zivilrechtliche Eigentümerstellung in der Weise als ausgehöhlt erweist, dass ihr nicht die gewöhnliche Herrschaftsmacht zukommt.[1049] Dies gilt beispielsweise für Gesellschaftsanteile, die ein Ehemann seiner Ehefrau zwar schenkt, aber

[1047] Vgl. BFH vom 26.1.1970, IV R 144/66, BStBl. II 1970, S. 264; BFH vom 10.6.1988, III R 18/85, BFH/NV 1989, S. 348.

[1048] Das Wirtschaftsgut befindet sich somit bereits im Besitz des potenziellen Erwerbers, dem ein Optionsrecht auf den Kauf des Wirtschaftsguts eingeräumt wurde. Kann demnach davon ausgegangen werden, dass der Leasing-Nehmer durch Ausübung eines ihm gewährten Optionsrechts den Leasing-Geber auf Dauer von jeglicher Einwirkung ausschließen kann, ist der Leasinggegenstand beim Optionsberechtigten zu bilanzieren; vgl. BFH vom 26.1.1970, IV R 144/66, BStBl. II 1970, S. 264.

[1049] Vgl. BFH vom 29.10.1986, II R 229/81, BFH/NV 1986, S. 20.

ohne Angabe von Gründen zurückfordern kann,[1050] oder wenn im Gesellschaftsvertrag eine Scheidungsklausel existiert, nach der die Ehefrau im Falle einer Scheidung als Gesellschafterin ausgeschlossen werden kann und der Ehemann an ihre Stelle tritt.[1051] Auch bei der Verpfändung von Wertpapieren spielt das wirtschaftliche Eigentum eine Rolle, da der Schuldner in einer den rechtlichen Eigentümer ausschließenden Weise nach wie vor über das Pfandgut verfügen kann.[1052] Wirtschaftliches Eigentum liegt auch dann vor, wenn der Erwerber von Rechten, beispielsweise der Erwerber von Anteilen an Kapitalgesellschaften, eine rechtlich geschützte Position erwirbt, die bereits die mit den Anteil verbundenen wesentlichen Rechte sowie Chancen und Risiken einer Wertveränderung auf ihn überträgt, ohne dass das bürgerlich-rechtliche Eigentum bereits abschließend auf ihn übergegangen ist.[1053] Zwar besitzt der Erwerber gegenüber dem Veräußerer in diesem Fall keine rechtlich abgesicherte Position, die es ihm erlaubt, eine vorzeitige Herausgabe des Wirtschaftsguts zu verlangen, da aber die Herausgebe der Anteile erfolgen wird und die wesentlichen Risiken und Chancen bereits auf ihn übergangen sind, wird der Veräußerer ab dem Zeitpunkt des Vertragsabschlusses dauerhaft von der Einwirkung auf das Wirtschaftsgut ausgeschlossen. Auch die Vorschriften der IFRS/IAS erachten es nicht als notwendig, dass der wirtschaftliche Eigentümer zwingend im Besitz des finanziellen Vermögenswertes ist, was sich insoweit bereits aus der ersten Prüfungsstufe der Ausbuchungskonzeption ergibt, nach der es entscheidend auf die Zurechnung der Risiken und Chancen aus dem finanziellen Vermögenswert ankommt. Konkret werden im IAS 39.AG40 Finanzinstrumente aufgeführt, bei denen besitzloses wirtschaftliches Eigentum vorliegt. Als Beispiel seien nur das echte Wertpapierpensionsgeschäft und das Wertpapierleihgeschäft genannt. Es verbleiben im Wesentlichen alle Risiken und Chancen beim Übertragenden, so dass die Finanzinstrumente nicht auszubuchen sind, obwohl sie sich vorübergehend im Besitz des Pensionsnehmers oder des Entleihers befinden.

1050 Vgl. BFH vom 16.5.1989, VIII R 196/84, BStBl. II 1989, S. 877; BFH vom 28.9.1995, IV R 34/93, BFH/NV 1996, S. 314.

1051 Vgl. BFH vom 26.6.1990, VIII R 81/85, BStBl. I 1994, S. 645.

1052 Vgl. BFH vom 18.12.1986, I R 52/83, BStBl. II 1988, S. 521; vgl. auch Weber-Grellet in: Schmidt, EStG, 25. Auflage 2006, § 5 Rn. 154. Sei es auf Grund der Rückzahlung des zugrundeliegenden Kredites oder durch Stellung einer anderen Sicherheit.

1053 Vgl. BFH vom 10.3.1988, IV R 226/85, BStBl. II 1988, S. 832; BFH vom 15.12.1999, I R 29/97, BStBl. II 2000, S. 701; BFH vom 18.12.2001, VIII R 5/00, BFH/NV 2002, S. 640; BFH vom 18.5.2005, VIII R 34/01, GmbHR 2005, S. 1633; BFH vom 17.2.2004, VIII R 28/02, BStBl. II 2005, S. 46. Dies gilt beispielsweise für den Fall einer Veräußerung von GmbH-Anteilen, die mit einer Befristung versehen sind, wonach die Anteile bürgerlich-rechtlich nicht schon mit Abschluss des Übertragungsvertrags, sondern erst nach Ablauf der Befristung übergehen sollen. Sofern der Veräußerer nach Abschluss des Vertrags auf Grund einer seitens des Erwerbers rechtlich geschützten Position nicht mehr in der Lage ist, anderweitig über die Anteile zu verfügen, ist das wirtschaftliche Eigentum bereits beim Erwerber anzunehmen. In diesem Zusammenhang ist auch von Bedeutung, dass beim wirtschaftlichen Eigentümer nicht nur die Teilhabe an den Risiken und Chancen gegeben ist, sondern dass gleichfalls auch die sich aus der Beteiligung ergebenden Verwaltungsrechte übergehen, insbesondere die Stimmrechte.

1.4. Zeitpunkt des Übergangs

Der Zeitpunkt der Verlagerung des zivilrechtlichen zum wirtschaftlichen Eigentum richtet sich steuerrechtlich nicht nach dem zivilrechtlichen Eigentumsübergang, sondern hängt von dem erklärten Willen bezüglich der tatsächlichen Herrschaftsausübung der Vertragsparteien ab. Demnach erlangt der Erwerber eines Wirtschaftsguts ab dem Zeitpunkt wirtschaftliches Eigentum, ab dem er nach dem Willen der Vertragsparteien wirtschaftlich über das Wirtschaftsgut verfügen kann. Das ist in der Regel dann der Fall,[1054] sobald Nutzung und Lasten und die Gefahr des zufälligen Untergangs auf ihn übergegangen sind.[1055] Die IFRS/IAS bestimmen den Zeitpunkt der Ausbuchung gem. IAS 39.18 (a) grundsätzlich anhand des Zeitpunkts der Übertragung der vertraglichen Rechte auf den Bezug von Cashflows aus dem finanziellen Vermögenswert.[1056] Nicht notwendig ist, dass zivilrechtliches Eigentum an dem finanziellen Vermögenswert bereits übergegangen ist. Eine Ausbuchung kommt gem. IAS 39.18 (b) beispielsweise in Betracht, wenn das Unternehmen die vertraglichen Rechte auf den Bezug von Cashflows zwar zurückbehält, jedoch gleichzeitig eine Verpflichtung zur Zahlung der Cashflows an einen oder mehrere Empfänger eingeht.[1057] Beide Rechenwerke stellen, einer wirtschaftlichen Betrachtungsweise folgend, somit auf den Zeitpunkt des Übergangs des wirtschaftlichen Nutzens ab.

1.5. Einzelnes Wirtschaftsgut als Gegenstand der Zurechnung

Die IFRS/IAS beschränken sich im Rahmen ihrer Ausbuchungskonzeption von Finanzinstrumenten nicht ausschließlich auf die Ausbuchung eines einzelnen Finanzinstruments, sondern ermöglichen auch die Ausbuchung von Komponenten oder einer Gruppe ähnlicher Finanzinstrumente. Sie reduzieren ihre Betrachtungsweise mithin nicht isoliert auf einzelne Finanzinstrumente, sondern fassen durchaus ähnliche oder gleichartige Finanzinstrumente zusammen. Des Weiteren verweisen sie auch darauf, dass eine Ausbuchung nicht zu erfolgen hat, sofern sich Wertpapiergeschäfte mit Rückübertragungsvereinbarungen gem. IAS 39.AG51 (b) in der Gesamtbetrachtung auf im Wesentlichen gleiche oder gem. IAS 39.AG51 (c) auf ähnliche

---

1054 Im Regelfall meint den für die gewählte Gestaltung typischen Verlauf; vgl. BFH vom 18.11.1970, I 133/64, BStBl. II 1971, S. 133-136.

1055 Vgl. BFH vom 13.10.1972, I R 213/69, BStBl. II 1973, S. 209; BFH vom 28.4.1977, IV R 163/75, BStBl. II 1977, S. 553; BFH vom 2.5.1984, VIII R 276/81, BStBl. II 1984, S. 820; BFH vom 25.9.1996, III R 112/95, BStBl. II 1998, S. 70; BFH vom 15.12.1999, I R 29/97, BStBl. II 2000, S. 701. Wirtschaftliches Eigentum kommt in der Regel dort vor, wo der rechtliche Eigentumsübergang nachfolgen soll. Dies ist insbesondere beim Grundstückserwerb der Fall; vgl. Fischer, Eigentum, NWB 1991, S. 5628 m.w.N. Es muss allerdings nicht zwingend der Fall sein, dass das zivilrechtliche dem wirtschaftlichen Eigentumserwerb nachfolgt; es ist durchaus auch möglich, dass es sich andersherum verhält, d.h. dass das wirtschaftliche dem zivilrechtlichen Eigentum folgt. Das hat zur Folge, dass auch die Gewinnrealisierung erst durch Übertragung des wirtschaftlichen Eigentums erfolgt; vgl. BFH vom 18.12.2001, VIII R 5/00, BFH/NV 2002, S. 640 m.w.N.

1056 Sofern das Unternehmen die Voraussetzungen des IAS 39.20 erfüllt.

1057 Sofern das Unternehmen die Voraussetzungen des IAS 39.19 erfüllt.

Vermögenswerte beziehen. Im Gegensatz hierzu wird für die Steuerbilanz darauf verwiesen, dass wirtschaftliches Eigentum nur an einzelnen Wirtschaftsgütern und nicht an wert- oder mengenmäßig bezeichneten Teilen von Sach- oder Rechtsgesamtheiten vorliegen kann.[1058] Eine Gesamtbetrachtung gleichartiger Gegenstände, wie nach den IFRS/IAS möglich, erfüllt laut Rechtsprechung grundsätzlich nicht die Objektivierungsanforderungen der Steuerbilanz.[1059] So weist bereits der RFH darauf hin, dass an Gattungssachen in ihrer Gesamtheit sowohl wirtschaftliches als auch juristisches Eigentum nicht denkbar ist. Der Gattung nach bestimmte Sachen können zwar Gegenstand eines Schuldverhältnisses sein, zivilrechtliches und wirtschaftliches Eigentum kann hingegen nur an einzelnen bestimmten Dingen vorliegen, so z.B. an einem nach Serie und Nummer bezeichnetem Wertpapier.[1060] Werden im Geschäftsverkehr gleichartige Sachen unter einem Gesamtbegriff zusammengefasst, sind es daher immer die einzelnen Sachen, auf die sich das wirtschaftliche Eigentum bezieht.[1061] Auf Grund dieser Überlegungen verweist der BFH darauf, dass es zu einer Verlagerung von rechtlichem zu wirtschaftlichem Eigentum immer nur im Hinblick auf ein und dasselbe Wirtschaftsgut kommen kann.[1062] Das schließt nicht aus, dass Wirtschaftsgüter, die vertretbar sind und einer Gattung angehören, nicht auch Gegenstand der Verlagerung von rechtlichem zu wirtschaftlichem Eigentum sein können; es muss lediglich gewährleistet sein, dass es sich um ein und dasselbe Wirtschaftsgut handelt, wie beispielsweise das nach Serie und Nummer bezeichnete Wertpapier. Die IFRS/IAS-Vorschriften sehen eine derart formale Betrachtungsweise hingegen nicht vor, da sie auf die Risikoposition eines Netto-Cashflows eines Finanzinstruments oder einer Gruppe ähnlicher Finanzinstrumente und nicht auf das nach Serie und Nummer bezeichnete Finanzinstrument abstellen.

1058 Vgl. BFH vom 15.12.1999, I R 29/97, BStBl. II 2000, S. 701.

1059 Vgl. BFH vom 15.12.1999, I R 29/97, BStBl. II 2000, S. 701; Schmid/Stoll, Dividendenstripping, DStR 2001, S. 704; Haarmann/Dörfler, Dividenden-Stripping, IStR 2000, S. 182. In dem genannten BFH-Urteil bezieht sich die Begrifflichkeit der gleichartigen Gegenstände auf Wertpapiere ein und desselben Unternehmens, so dass dadurch der Aspekt vertretbarer Sachen gem. § 91 BGB in Verbindung mit einem Gattungsschuldverhältnis gem. § 243 BGB angesprochen wird. Eine Gattung bilden alle Gegenstände, die durch gemeinschaftliche Merkmale (Typ, Sorte) gekennzeichnet sind und sich dadurch von Gegenständen anderer Art abheben. Über deren Abgrenzung entscheidet ein subjektiver Parteiwille, der eigenständig bestimmte Merkmale der Gattung festlegt. In der Regel bezieht sich die Gattungsschuld dabei auf die Leistungen von vertretbaren Sachen gem. § 91 BGB, was jedoch nicht notwendigerweise der Fall sein muss. Der Begriff der vertretbaren Sache ist objektiv, d.h. nach der allgemeinen Verkehrsanschauung zu verstehen. Im Unterschied zur Gattungssache hat der subjektive Parteiwille bei einer vertretbaren Sache keine Bedeutung. Wertpapiere zählen insofern zu den vertretbaren Sachen, die zusätzlich nach einem subjektiven Parteiwillen einer bestimmten Gattung zugeordnet werden können. Wertpapiere derselben Gattung müssen deshalb innerhalb ihrer Gattung austauschbar sein, sie müssen das gleiche Recht verbriefen; vgl. Heinrichs Haarmann/Dörfler, Dividenden-Stripping, S. § 91 Rn. 1 f. und § 243 Rn. 2.

1060 Vgl. RFH vom 17.9.1931, III A 1016/30, RStBl. 1931, S. 868.

1061 Vgl. BFH vom 6.8.1971, III R 89/68, BStBl. II 1972, S. 28. Bei einer Mehrheit gleicher Sachen müssen die einzelnen Sachen tatsächlich bestimmt werden können und nicht nur bestimmbar sein.

1062 Vgl. BFH vom 15.12.1999, I R 29/97, BStBl. II 2000, S. 701.

2. *Ausgewählte Wertpapiergeschäfte*

Die bilanzielle Zurechnung ausgewählter Wertpapiergeschäfte orientiert sich steuer- und handelsbilanziell in erster Linie an den allgemeinen Bestimmungen zum wirtschaftlichen Eigentum. Allerdings findet sich im deutschen Handelsbilanzrecht gem. § 340 b HGB auch eine Spezialvorschrift über den Bilanzansatz von Pensionsgeschäften. Obwohl es sich um ergänzende Vorschriften für Kreditinstitute handelt und insoweit zunächst anzunehmen ist, dass es sich bei diesen Vorschriften um ein „lex specialis" für Banken handelt, findet sich in der Literatur die Meinung, dass § 340 b HGB auf Grund des Fehlens einer anderen gesetzlichen Regelung zur Bilanzierung von Pensionsgeschäften als GoB anzusehen und auch von Nicht-Banken anzuwenden ist.[1063]

Ob diese handelsrechtlichen Zurechnungsentscheidungen auch steuerliche Wirkung entfalten, ist hingegen offen. Sofern es sich bei der Vorschrift des § 340 b HGB um einen GoB handelt,[1064] liegt zunächst die Möglichkeit auf der Hand, dass diese Norm auch für die Steuerbilanz maßgebend ist.[1065] Da allerdings zurzeit noch ungeklärt ist, ob § 39 AO oder § 5 Abs. 1 S. 1 EStG vorrangig zu beachten ist,[1066] gilt es auch Überlegungen anzustellen, ob die steuerbilanzielle Zurechnung nicht unabhängig von der Vorschrift des § 340 b HGB vorzunehmen ist. In diesem Zusammenhang werden nach jetziger Rechtslage insbesondere zwei BFH-Urteile bemüht, auf die zur Klärung der steuerbilanziellen Behandlung von Pensionsgeschäf-

---

[1063] Vgl. ADS, 6. Auflage, § 246 Rn. 336; Häuselmann/Wiesenbart, Wertpapier-Leihgeschäft, DB 1990, S. 2130; IDW, Bankbilanzrichtlinie-Gesetz, WPg 1989, S. 378; IDW, ERS HFA 13, WPg 2004, S. 953; Krumnow/Sprißler et al. in: Rechnungslegung der Kreditinstitute, 2. Auflage 2004, § 340 b Rn. 2 f.; Prahl/Naumann, Wertpapierleihe, WM 1992, S. 1174; Oho/Hülst, Wertpapierleihe, DB 1992, S. 2585; Schild, Pensionsgeschäfte, JbFSt 1996, S. 605; Schmid/Stoll, Dividendenstripping, DStR 2001, S. 2143; Treuberg/Scharpf, Pensionsgeschäfte, DB 1991, S. 1233; Förschle/Kroner in: Beck Bil Kom, 5. Auflage 2003, § 246 Rn. 20 ff.; Weber-Grellet in: Schmidt, EStG, 25. Auflage 2006, § 5 Rn. 270. Ähnliche Überlegungen werden auch für den § 340 h HGB angestellt; vgl. Krumnow/Sprißler et al. in: Rechnungslegung der Kreditinstitute, 2. Auflage 2004, § 340 h HGB Rn. 1.

[1064] Mit der Diskusion um die Vorschrift des § 340 b HGB verhält es sich ein wenig anders als mit der Diskusion um den § 340 h HGB zur bilanziellen Erfassung von Fremdwährungsgeschäften, da § 340 h HGB zumindest für Kreditinstitute nunmehr über die spezielle Maßgeblichkeit des § 5 Abs. 1 a EStG verpflichtend anzuwenden ist. Zwar greift beim § 340 b HGB keine spezielle Maßgeblichkeit, jedoch ist für den Fall, dass § 340 b HGB als GoB anerkannt wird und die allgemeine Maßgeblichkeit gegenüber dem § 39 AO vorrangig zu behandeln ist, der § 340 b HGB die alleinig maßgebende Vorschrift für die Steuerbilanz. Da es sich in diesem Fall nicht wie beim § 340 h HGB um eine Zusatzvorschrift, sondern um einen GoB handelt, rechtfertigt dies auch, dass die Vorschrift des § 340 b HGB einer eigenständigen Würdigung unterzogen wird.

[1065] Für einen grundsätzlichen Vorrang des § 5 Abs. 1 S. 1 EStG i.V.m. § 246 HGB vor § 39 AO; vgl. Fischer in: Hübschmann/Hepp/Spitaler, § 39 AO Rn. 17; Groh, BGH, BB 1996, S. 1489; Körner/Weiken, Wirtschaftliches Eigentum, BB 1992, S. 1037; Kort, Maßgeblichkeit, FR 2001, S. 54 m.w.N.; Lutz in: HDJ, I/4 Rn. 90; Schild, Pensionsgeschäfte, JbFSt 1996, S. 605; Schmid/Stoll, Dividendenstripping, DStR 2001, S. 2142 m.w.N.; Schreiber in: Blümich, § 5 EStG Rn. 511 m.w.N. Zu einem anderen Ergebnis hinsichtlich Pensionsgeschäften gem. § 340 b HGB kommen Häuselmann, Repo-Geschäft, BB 2000, S. 1289 f. m.w.N.; Hinz, Pensionsgeschäft, BB 1991, S. 1156. Sie verweisen darauf, dass § 340 b HGB als Bestandteil der besonderen Rechnungslegungsvorschriften für Kreditinstitute kein GoB ist und daher nicht maßgeblich für die steuerliche Gewinnermittlung sein kann.

[1066] Vgl. Fußnote 402 hinsichtlich eines Vorrangs des § 39 AO vor den GoB.

ten abgestellt wird. Zum einen wird auf das Urteil des Großen Senats vom 29.11.1982 Bezug genommen,[1067] demzufolge Erträge von in Pension gegebenen Wirtschaftsgütern dem Pensionsnehmer zuzurechnen sind, da er zivilrechtlicher Eigentümer auf Zeit ist. Zum anderen ist die Entscheidung des I. Senats vom 15.12.1999 zum Dividenden-Stripping[1068] zu berücksichtigen.[1069] Der BFH urteilt hier, dass ein Erwerber von Aktien auch dann wirtschaftliches Eigentum an Wertpapieren „cum Dividende“ erlangt, wenn der Kauf dieser Wertpapiere an eine schuldrechtliche Verpflichtung zum zeitnahen Rückverkauf von Wertpapieren desselben Emittenten „ex Dividende“ gekoppelt ist. In seiner Begründung führt der I. Senat insbesondere an, dass es sich beim Kauf und beim zeitnahen Rückverkauf von Aktien desselben Emittenten nicht um dieselben, sondern um unterschiedliche Wirtschaftsgüter handelt und insofern eine Verlagerung von rechtlichem zu wirtschaftlichem Eigentum nicht möglich ist.[1070] Die Entscheidung des I. Senats hat seitdem im Sinne der Sicherung einer einheitlichen Rechtsprechung Eingang in die Finanzgerichtsrechtsprechung gefunden und wurde auch durch Beschlüsse desselben und des III. Senats des BFH vom 27.08.2003 und vom 30.07.2002 entsprechend bestätigt.[1071]

1067 BFH vom 29.11.1982, GrS 1/81, BStBl. II 1983, S. 272.

1068 Der Begriff Dividenden-Stripping ist gesetzlich nicht definiert. Beim Dividenden-Stripping handelt es sich im Wesentlichen um Aktienhandel in der zeitlichen Nähe des Hauptversammlungstermins. Ziel ist es, den Dividendenanspruch direkt oder indirekt vom Stammrecht abzutrennen, so dass der ursprüngliche Eigentümer das Stammrecht nicht selbst einlöst. Erreicht wird dies durch ein gezieltes Veräußerungsgeschäft mit Rückerwerb, bei dem der vorübergehende Eigentümer zwischenzeitlich die Gewinnausschüttung erhält. Der ursprüngliche und nach dem Rückerwerb wieder neue Eigentümer, der das Dividendenrecht durch den Verkauf und Rückkauf vom Stammrecht getrennt hat, zieht die Dividende somit indirekt über den Kursabschlag ein, da der Rückveräußerungspreis den Verkaufspreis unterschreitet. Korrespondierend erzielt der vorübergehende Eigentümer einen Verlust aus den Wertpapiertransaktionen. Zweck dieser Aktientransaktion war es vorwiegend, jeweils einen unter dem Körperschaftsteueranrechnungsverfahren nichtanrechnungsberechtigten Anteilseigner am körperschaftsteuerlichen Anrechnungsguthaben teilhaben zu lassen. Die Abwicklung über die Börse ist allerdings mit einem nicht im voraus kalkulierbaren Kursrisiko verbunden, das die Beteiligten versuchen zu reduzieren; vgl. hierzu Bippus, Dividenden-Stripping, RIW 1994, S. 948; Krause, Dividendenstripping, WM 1999, S. 1101 f.; Krawitz, Dividendenstripping, DStR 1994, S. 882 m.w.N.; Schmid/Stoll, Dividendenstripping, DStR 2001, S. 2137; Unfried, Dividenden-Stripping, DStR 2000, S. 994 f.

1069 Vgl. BFH vom 15.12.1999, I R 29/97, BStBl. II 2000, S. 701.

1070 Vgl. BFH vom 15.12.1999, I R 29/97, BStBl. II 2000, S. 701. Der BFH hat über zwei unterschiedliche Alternativen des Dividenden-Strippings entschieden, die ein wirtschaftlich identisches Ergebnis aufweisen. Bei der ersten Alternative liegt zwischen dem Ankauf von Aktien „cum Dividende“ und dem anschließenden Rückverkauf gleicher oder gleichwertiger Aktien „ex Dividende“ eine kurze Zeitspanne. Bei der zweiten Alternative wurde vor dem Dividendenstichtag ein taggleicher Aktienkauf und Aktienrückkauf von sog. „alten“, dividendenberechtigten gegen sog. „junge“, nicht dividendenberechtigte Aktien vollzogen. Beiden Alternativen ist dabei gemein, dass es sich um voneinander unabhängige Kauf- und Verkaufgeschäfte handelt, bei denen eine vertragliche Verpflichtung zum Rückverkauf nicht vorlag.

1071 Vgl. BFH vom 27.8.2003, I B 186/02, BFH/NV 2003, S. 1581; BFH vom 30.7.2002, III B 50/01, BFH/NV 2003, S. 55; Finanzgericht Düsseldorf vom 4.3.2002, 17 K 3418/98 F, DStRE 2002, S. 826; Finanzgericht Düsseldorf vom 4.3.2002, 17 K 9829/98 F, DStRE 2002, S. 826; Finanzgericht Düsseldorf vom 4.3.2002, 17 K 3669/98 F, EFG 2002, S. 693; Hessisches Finanzgericht vom 30.8.2005, 4 K 2557/99, EFG 2006, S. 277. Die Finanzverwaltung ist der Auffassung des BFH allerdings nicht gefolgt; vgl. hierzu BMF-Schreiben vom 06.10.2000, IV C 6 - S 2189 - 11/00, BStBl.I 00, S. 1392.

Neuerdings behandelt nunmehr der XI. Senat des BFH Revisionen von Urteilen des Finanzgerichts Düsseldorf und intendiert, dem Grunde nach zu klären, wie der zeitgleiche Verkauf und Kauf von Aktien steuerbilanziell einzuordnen ist.[1072] Der BFH verweist darauf, dass der I. Senat zum Dividenden-Stripping zwar auf den Fall des gleichzeitigen Verkaufs mit einer Rückkaufverpflichtung eingegangen ist, eine grundlegende Klärung der Bilanzierung von Pensionsgeschäften damit jedoch nicht erfolgt ist. Nunmehr wird der XI. Senat darüber befinden, in welcher Weise sich die für Pensionsgeschäfte geltenden Grundsätze auf die Beurteilung des gleichzeitigen Verkaufs und Rückkaufs von Aktien auswirken, insbesondere dann, wenn Veräußerung und Rückkauf zeitlich zusammenfallen. In diesem Zusammenhang will der XI. Senat auch analysieren, ob und in welcher Weise § 340 b HGB Einfluss auf diese Beurteilung hat.

Mit Spannung ist insoweit abzuwarten, wie der Aspekt behandelt wird, dass es sich beim kombinierten Verkauf und Rückkaufgeschäft nicht um dieselben, sondern um lediglich gattungsgleiche und damit unterschiedliche Wirtschaftsgüter handelt. In diesem Zusammenhang ist auch von Bedeutung, welcher Stellenwert einer Gesamtbetrachtung der Vertragsverhältnisse zukommt, d.h. ob der Verpflichtung zur Rückübertragung gattungsgleicher Wertpapiere innerhalb einer kurzen Zeitspanne eine Bedeutung beigemessen werden kann, insbesondere vor dem Hintergrund, dass Pensionsgeschäfte ökonomisch gegebenenfalls nicht als Veräußerungs-, sondern als Sicherungsgeschäfte zu verstehen sind.[1073] Auf Grund der ungeklärten Rechtslage werden für den kommenden IFRS/IAS-Vergleich zu den Pensionsgeschäften zwei mögliche steuerbilanzielle Szenarien aufgegriffen. Einerseits wird angenommen, dass § 340 b HGB als GoB über § 5 Abs. 1 S. 1 EStG auch Gültigkeit für die Steuerbilanz besitzt. Andererseits wird angenommen, dass dem § 39 AO Vorrang zu gewähren ist und sich die bilanzielle Zurechnung der Wertpapiere nach den allgemeinen, von der Rechtsprechung fortentwickelten Vorschriften zum wirtschaftlichen Eigentum richtet.

1072 Vgl. BFH vom 14.1.2004, XI B 137/02, BFH/NV 2004, S. 638; BFH vom XI B 135/02, Haufe-Index , S. 1126426; Finanzgericht Düsseldorf vom 4.3.2002, 17 K 3669/98 F, EFG 2002, S. 693; Finanzgericht Düsseldorf vom 4.3.2002, 17 K 3418/98 F, DStRE 2002, S. 826.

1073 Hiervon abzugrenzen ist vor allem der Rückerwerb von Wertpapieren, ohne dass eine vertragliche Rückerwerbsvereinbarung vorliegt. Das IDW unterscheidet in seinem Stellungnahmeentwurf bei derartigen Wertpapiertransaktionen wie auch der IASB im Wesentlichen zwischen börsennotierten Wertpapieren und Wertpapieren, die nicht an der Börse gehandelt werden. Vor dem Hintergrund, dass bei Veräußerung und anschließendem Erwerb von Wertpapieren über die Börse lediglich gattungsgleiche Wertpapiere rückübertragen werden, ist von einem Übergang des wirtschaftlichen Eigentums auch dann auszugehen, wenn Erwerb und Veräußerung zeitlich zusammenfallen, da der Veräußerungsgewinn auf Grund des zugrundeliegenden Börsenkurses hinreichend objektiviert ist. Anders hingegen bei Transaktionen, die nicht so liquide handelbar sind wie börsennotierte Wertpapiere. Zum einen müssen Verkaufs- und Rückkaufspreise jeweils dem aktuellen Marktwert entsprechen. Zum anderen führen in zeitlicher Hinsicht Transaktionen, die innerhalb einer kurzen Frist vorgenommen werden, nicht zu einem Übergang des wirtschaftlichen Eigentums. Es sollten Zeiträume zwischen Verkauf und Rückkauf zur Anwendung kommen, innerhalb derer sich in der Vergangenheit nachweisbar wesentliche Marktpreisänderungen ergeben haben, um eine wirksame Übertragung des Wertänderungsrisikos zu gewährleisten; vgl. hierzu IDW, ERS HFA 13, WPg 2004, S. 955 Rn. 31 ff.

2.1. Echtes Pensionsgeschäft und Wertpapierleihgeschäft

2.1.1. Vorrang des § 5 Abs. 1 EStG vor § 39 AO

2.1.1.1. Echtes Pensionsgeschäft

Bei einem echten Pensionsgeschäft ist das Wertpapier gem. § 340 b Abs. 4 S. 1 HGB handelsbilanziell weiterhin in der Bilanz des Pensionsgebers auszuweisen,[1074] d.h. handelsbilanziell wird eine Gesamtbetrachtung des kombinierten Kauf-/Rückkaufgeschäfts mit der Annahme verbunden, dass das wirtschaftliche Eigentum beim Pensionsgeber verbleibt. Sofern § 340 b HGB als GoB einzuordnen ist, würde dies auch für die Steuerbilanz gelten, obwohl nur gattungsgleiche und nicht dieselben Wertpapiere zurückübertragen werden.[1075] Nicht anders gehen die IFRS/IAS vor, die bestimmen, dass das Pensionsgut weiterhin beim Pensionsgeber zu bilanzieren ist. Für beide Rechenwerke bedeutet die Bilanzierung beim Pensionsgeber insofern, dass der wirtschaftliche Zusammenhang von Kauf und Rückkauf hinsichtlich des Wertpapierrisikos beim Pensionsgeber berücksichtigt und offen in seiner Bilanz ausgewiesen wird. Da das wirtschaftliche Eigentum beim Pensionsgeber verbleibt, liegt steuer- und handelsbilanziell auch kein Gewinnrealisierungsvorgang vor; stille Reserven oder Lasten werden mithin nicht aufgedeckt. Anders hingegen in der IFRS/IAS-Bilanz, in der das Pensionsgut gegebenenfalls zum Fair Value zu bewerten ist, so dass keine stillen Reserven oder Lasten in Verbindung mit dem Pensionsgut anzunehmen sind. Um das gesamte Ausmaß der Transaktionen abbilden zu können, wird im Handelsrecht vergleichbar mit den IFRS/IAS-Vorschriften gem. § 340 b Abs. 4 S. 2 HGB vorgeschrieben, dass in Höhe des für die Übertragung erhaltenen Betrags eine Verbindlichkeit gegenüber dem Pensionsnehmer zu passivieren ist.[1076] Auch bei der Betrachtung des Pensionsnehmers liegt Übereinstimmung vor: Dieser darf nach den IFRS/IAS-Vorschriften und gem. § 340 b Abs. 4 S. 5 HGB das Wertpapier nicht ausweisen; er hat in Höhe des für die Übertragung gezahlten Betrags eine Forderung gegenüber dem Pensionsgeber zu aktivieren.[1077]

[1074] Grund für die Einführung des § 340 b HGB war u.a., dass das Wertpapierpensionsgeschäft beim Pensionsgeber dadurch mindestreservenpflichtig wurde; vgl. hierzu Dörge, Pensionsgeschäfte, AG 1997, S. 398.

[1075] Vgl. Schmid/Stoll, Dividendenstripping, DStR 2001, S. 2143; Weber-Grellet in: Schmidt, EStG, 25. Auflage 2006, § 5 Rn. 270.

[1076] Gem. § 340 b Abs. 4 S. 3 HGB ist in Höhe der Differenz zwischen dem Hingabe- und Rückübertragungspreis ein Rechnungsabgrenzungsposten zu bilden, der über die Laufzeit des Pensionsgeschäfts aufzulösen ist. Dem Unterschiedsbetrag kommt insoweit Zinscharakter zu; vgl. Krumnow/Sprißler et al. (Hrsg.) in: Rechnungslegung der Kreditinstitute, 2. Auflage 2004, § 340 b HGB Rn. 20.

[1077] Ebenso wie beim Pensionsgeber ist beim Pensionsnehmer gem. § 340 b Abs. 4 S. 6 HGB eine Differenz zwischen Kauf- und Rücknahmepreis als Rechnungsabgrenzungsposten auf die Laufzeit des Pensionsgeschäfts zu verteilen.

2.1.1.2. *Wertpapierleihgeschäft*

Anders als die Behandlung des echten Wertpapierpensionsgeschäfts sieht hingegen die steuer- und handelsbilanzielle Behandlung des Wertpapierleihgeschäfts aus. So gehen die Finanzverwaltung und die überwiegende Meinung in der Literatur davon aus,[1078] dass für die Bilanzierung die allgemeinen GoB heranzuziehen sind, da sich eine besondere handelsrechtliche Regelung nicht findet. Demnach geht, Überlegungen zu einem Sachdarlehen gem. § 607 BGB folgend, mit der zivilrechtlichen Übertragung des Eigentums auf den Entleiher auch das Eigentum im wirtschaftlichen Sinne über, so dass eine Zurechnung beim Verleiher ausgeschlossen scheint und die Wertpapiere beim Entleiher zu aktivieren sind. Der Übergang des wirtschaftlichen Eigentums ist in diesem Zusammenhang in Analogie zu einem Gelddarlehen zu beurteilen,[1079] da bei einem Gelddarlehen nicht allein das zivilrechtliche Eigentum an den hingegebenen Geldstücken auf den Empfänger übergeht, sondern auch das wirtschaftliche Eigentum, während der Geber lediglich einen Anspruch auf Rückzahlung einer gleich hohen Geldsumme hat. Insoweit kann auch nichts anderes für andere vertretbare Sachen wie bei einem Sachdarlehen gelten. In dem einen wie in dem anderen Falle erhält der Empfänger die Gegenstände zur freien Verfügung; er muss am Fälligkeitstag lediglich eine gleiche Menge von Gegenständen derselben Gattung zurückübertragen. Der Umstand, dass gattungsgleiche und nicht dieselben Wertpapiere zurückkommen, ist auch hinsichtlich des Gewinnrealisierungstatbestands unerheblich, da kein Umsatzakt in Form einer Veräußerung oder Anschaffung wie bei einem echten Wertpapierpensionsgeschäft vorliegt, sondern lediglich die Nutzungsüberlassung eines Darlehensgegenstandes gegeben ist. Insoweit ist davon auszugehen, dass beim Verleiher eine Gewinnrealisierung nicht vorliegt.[1080] Der Verleiher hat vielmehr in Form eines Aktivtauschs an die Stelle der Wertpapiere als Ersatz eine Sachdarlehensforderung zum Buchwert der hingegebenen Wertpapiere zu bilanzieren. Sofern die Wertpapiere rückübertragen werden, ist die Forderung entsprechend auszubuchen. Die Wertpapiere sind beim Entleiher zu den Anschaffungskosten zu bilanzieren, die dem Wert der Rücklieferungsverpflichtung entsprechen; in Höhe dieses Betrags hat der Entleiher zudem eine Rückgewährungsverbindlichkeit zu passivieren. Beim Entleiher ist mithin von einem Gewinnrealisierungstatbestand abzusehen, obwohl nur gattungsgleiche und nicht dieselben Wertpapiere zurückübertragen werden. Eine Übereinstimmung lässt sich daher im Vergleich mit der IFRS/IAS-Bilanzierung von Wertpapierleihgeschäften nicht feststellen. Den IFRS/IAS

1078 Vgl. BMF-Schreiben vom 03.04.1990, IV B 2 - S 2134 - 2/90, DB 90, S. S. 863; Förschle in: Beck Bil Kom, 5. Auflage 2003, § 246 Rn. 150; Edelmann/Eller, Wertpapierpensionsgeschäft, 1995, S. 45; Häuselmann/Wiesenbart, Wertpapier-Leihgeschäft, DB 1990, S. 2130 f.; Häuselmann, Wertpapier-Darlehen, DB 2000, S. 496; Mick, Veräußerungsgewinn, DB 2000, S. 1682; Prahl/Naumann, Wertpapierleihe, WM 1992, S. 1174; Oho/Hülst, Wertpapierleihe, DB 1992, S. 2584; Weber-Grellet in: Schmidt, EStG, 25. Auflage 2006, § 5 Rn. 270; a.A. Schmid/Mühlhäuser, Wertpapierleihe, BB 2001, S. 2610.

1079 Vgl. hierzu RFH vom 17.9.1931, III A 1016/30, RStBl. 1931, S. 868.

1080 Vgl. ADS, 6. Auflage, § 246 Rn. 358; Förschle in: Beck Bil Kom, 5. Auflage 2003, § 246 Rn. 151; Häuselmann, Repo-Geschäft, BB 2000, S. 1291; Schmid/Mühlhäuser, Wertpapierleihe, BB 2001, S. 2614; Werndl in: Kirchhof/Söhn, EStG, § 6 Rn. A 89. Die Hingabe des Darlehens ist kein Veräußerungsvorgang, sondern die Nutzungsüberlassung des Darlehensgegenstands stellt den Umsatzakt dar.

kommt es nicht auf die zivilrechtliche Qualifikation als Sachdarlehen an, sondern vielmehr darauf, dass die mit den Wertpapieren verbundenen Kursrisiken nicht auf den Entleiher übergehen. Alle mit dem Eigentum verbundenen Risiken und Chancen eines Wertpapierleihgeschäfts verbleiben beim Verleiher, so dass die Wertpapiere im Gegensatz zum steuer- und handelsbilanziellen Vorgehen auch weiterhin bei ihm zu bilanzieren sind. Eine Gemeinsamkeit liegt hingegen wiederum im Zusammenhang mit dem Nutzungsentgelt vor, das sowohl steuer- und handelsbilanziell als auch in einer IFRS/IAS-Bilanz ertragswirksam zu erfassen ist.

2.1.1.3. Kritische Anmerkung

Vor dem Hintergrund, dass es sich bei einem echten Wertpapierpensionsgeschäft und bei einem Wertpapierleihgeschäft im Kern um wirtschaftlich identische Vorgänge handelt und dass die IFRS/IAS diese Vorgänge einheitlich behandeln, kann die unterschiedliche handels- und steuerbilanzielle Behandlung dieser Wertpapiergeschäfte nur bedingt überzeugen.[1081] Es ist zu fragen, warum bei einem Wertpapierleihgeschäft der Übergang des wirtschaftlichen Eigentums auf den Entleiher angenommen wird, während dies bei einem echten Wertpapierpensionsgeschäft ausgeschlossen wird. So wird beispielsweise, basierend auf der Rechtsprechung des RFH zu Kostgeschäften, unabhängig von der Zurechnungsvorschrift des § 340 b HGB in der Literatur argumentiert, dass auch bei einem Pensionsgeschäft das wirtschaftliche Eigentum beim Pensionsnehmer anzusiedeln ist.[1082] Bei wirtschaftlicher Betrachtung handelt es sich demnach bei einem echten Pensionsgeschäft nicht um ein kombiniertes Kauf- und Rückkaufgeschäft, sondern um ein wechselseitiges Geld- und Sachdarlehen, das genau den Charakter eines Wertpapierdarlehensgeschäfts aufweist.[1083] Eingewendet wird hiergegen wiederum, dass die beiden Rechtsgeschäfte wirtschaftlich zwar die gleichen Ergebnisse erzielen, dass es sich aber dennoch um zwei unterschiedliche Geschäftsformen mit unterschiedlichen steuerlichen Folgen handelt, da die Rechtsgrundsätze von Kauf- und Darlehensverträgen zivilrechtlich und steuerlich untereinander nicht substituierbar sind.[1084] Des Weiteren wird darauf verwiesen, dass die bei der Wertpapierleihe durch den Aktivtausch hervorgerufene Vermeidung

---

[1081] Vgl. Hoffmann in: Littmann/Bitz/Pust, §§ 4,5 (Pensionsgeschäfte) Rn. 8; Krumnow/Sprißler et al. (Hrsg.) in: Rechnungslegung der Kreditinstitute, 2. Auflage 2004, § 340 b Rn. 65 ff.; Prahl/Naumann, Wertpapierleihe, WM 1992, S. 1174.

[1082] Vgl. RFH vom 3.10.1928, VI A 1153, BB 1928, S. 1424; RFH vom 17.9.1931, III A 1016/30, RStBl. 1931, S. 868. Der BFH hat die Rechtsprechung des RFH zu den Kostgeschäften aufgegriffen und auf die Ähnlichkeit zu den Pensionsgeschäften hingewiesen; vgl. hierzu BFH vom 6.12.1972, I R 198/70, BStBl. II 1973, S. 759; BFH vom 29.11.1982, GrS 1/81, BStBl. II 1983, S. 272; vgl. hierzu auch Häuselmann, Repo-Geschäft, BB 2000, S. 1290. Kostgeschäfte sind eine Form der Pensionsgeschäfte. Sie dienen der wirtschaftlichen Verlängerung von Verpflichtungen aus Termingeschäften. Der Hereinnehmer muss nur Wirtschaftsgüter gleicher Art zurückübertragen.

[1083] Vgl. Häuselmann, Repo-Geschäft, BB 2000, S. 1291; Schild, Pensionsgeschäfte, JbFSt 1996, S. 606.

[1084] So weist auch der GrS im Urteil vom 29.11.1982 explizit darauf hin, dass es sich bei einem Pensionsgeschäft um ein kombiniertes Kauf- Rückkaufgeschäft handelt; vgl. BFH vom 29.11.1982, GrS 1/81, BStBl. II 1983, S. 272.

der Gewinnrealisierung es nahelegt, dass das wirtschaftliche Eigentum nicht dem Entleiher, sondern wie auch nach IFRS/IAS-Vorschriften dem Verleiher zugeordnet werden könnte. Die Bilanzierung des Wertpapierleihgeschäfts würde sich somit an das Vorgehen beim echten Wertpapierpensionsgeschäft anpassen.[1085]

2.1.2. *Vorrang des § 39 AO vor § 5 Abs. 1 EStG*

Gegenwärtig liegt keine abschließende, einheitliche Meinung zur Bilanzierung von echten Pensionsgeschäften im Sinne des § 39 AO vor. Basierend auf dem oben angesprochenen Dividenden-Stripping-Urteil und dem Urteil des GrS vom 29.11.1982 findet sich in der Literatur allerdings die Schlussfolgerung, dass das Pensionsgut steuerbilanziell nicht weiter beim Pensionsgeber zu bilanzieren ist. Der GrS lässt die Frage der Zurechnung des Pensionsguts zwar dahingestellt sein, doch auf Grund der Tatsache, dass er allerdings die während der Pensionsdauer angefallenen Wertpapiererträge dem Pensionsnehmer zurechnet, wird allenthalben angenommen, dass sich hieraus auch die Zurechnung des Pensionsguts beim Pensionsnehmer ergibt.[1086] Beim Pensionsgeber verbleibt mithin weder das zivilrechtliche noch das wirtschaftliche Eigentum an dem in Pension gegebenen Wirtschaftsgut.[1087] Im Gegensatz zu der IFRS/IAS-Bilanzierung echter Pensionsgeschäfte und auch zur Vorschrift des § 340 b Abs. 4 S. 1 HGB wäre das Wirtschaftsgut beim Pensionsgeber gewinnrealisierend auszubuchen und entsprechend beim Pensionsnehmer zu aktivieren.

Zu bedenken ist allerdings, ob diese steuerbilanzielle Schlussfolgerung in dieser Deutlichkeit getroffen werden kann. Tatsache ist zwar, dass der Pensionsnehmer zivilrechtlicher Eigentümer geworden ist, offen ist hingegen, ob das wirtschaftliche Eigentum dem zivilrechtlichen Eigentum überhaupt folgt, d.h. ob der Pensionsnehmer tatsächlich auch wirtschaftlicher Eigentümer wird, obwohl er Verfügungsmacht über das Wirtschaftsgut erlangt.

1085 Vgl. Krumnow in: Rechnungslegung der Kreditinstitute, 2. Auflage 2004, § 340b Rn. 70 ff.

1086 Vgl. BFH vom 29.11.1982, GrS 1/81, BStBl. II 1983, S. 272; und BFH vom 15.12.1999, I R 29/97, BStBl. II 2000, S. 701; Döllerer, Pensionsgeschäfte, ZGR 1984, S. 630; Fischer in: Hübschmann/Hepp/Spitaler, § 39 AO Rn. 108; Häuselmann, Repo-Geschäft, BB 2000, S. 1289; Heuer in: HHR, § 5 EStG Rn. 1320 m.w.N.; Offerhaus, Wirtschaftsgut, BB 1983, S. 872 f. Anzumerken ist zudem, dass die Finanzverwaltung eine allgemeine Anwendung der Grundsätze des Dividenden-Stripping-Urteils nicht anerkennt; vgl. hierzu BMF-Schreiben vom 06.10.2000, IV C 6 - S 2189 - 11/00, BStBl.I 00, S. 1392.

1087 Zur Begründung wird auch oftmals die Rechtsprechung des RFH zu den sog. Kostgeschäften herangezogen; vgl. RFH vom 18.11.1925, VI A 899 u. 900/25, RStBl. 1926, S. 11; RFH vom 27.10.1928, VI A 1047/28, RStBl. 1928, S. 35; RFH vom 17.9.1931, III A 1016/30, RStBl. 1931, S. 868; Bennat, Wertpapierpensionsgeschäfte, WM 1969, S. 1440; van der Velde, Pensionsgeschäfte, StuW 1972, S. 274; Mathiak, Bilanzsteuerrecht, StuW 1982, S. 84.

2.1.2.1. *Dauerhafter Ausschluss des zivilrechtlichen Eigentümers*

2.1.2.1.1. *Kurzfristige Verfügungsmacht des zivilrechtlichen Eigentümers*

Dass der Pensionsnehmer beim Pensionsgeschäft sowohl schuld- als auch sachenrechtlich über das Eigentum kurzfristig verfügen kann, deutet zunächst darauf hin, dass neben dem zivilrechtlichen auch das wirtschaftliche Eigentum bei ihm zu vermuten ist.[1088] Grundsätzlich hat der Pensionsgeber somit zusätzlich zum Verlust des zivilrechtlichen Eigentums auch keine Besitz- oder sonstigen Dispositionsrechte über die dem Pensionsnehmer übertragenen Wirtschaftsgüter.[1089] Der Pensionsnehmer als zivilrechtlicher Eigentümer kann für diesen Zeitraum grundsätzlich nicht von der Einwirkung auf das Wirtschaftsgut ausgeschlossen werden. Die zivilrechtliche Eigentümerstellung des Pensionsnehmers ist zwar dahingehend eingeschränkt, dass ihm auf Grund der vereinbarten Rückübertragungsverpflichtung nicht die gewöhnliche Herrschaftsmacht zukommt, eine Aushöhlung der Eigentümerstellung kann auf Grund der kurzfristigen Verfügungsmacht allerdings auch nicht angenommen werden, so dass ihm zumindest eine gewisse Herrschaftsmacht zuzusprechen ist. Vor diesem Hintergrund wäre steuerbilanziell mithin eine ununterbrochene Zurechnung der übertragenen Wertpapiere beim Pensionsgeber schwer zu begründen.[1090] Steuerbilanziell gilt es gleichwohl in diesem Zusammenhang zu klären, inwieweit die kurzfristige Verfügungsmacht des Pensionsnehmers für den Zeitraum der In-Pensionsnahme nicht gegebenenfalls dennoch als *dauerhafter* Ausschluss des zivilrechtlichen Eigentümers anzusehen ist, d.h. ob der Pensionsnehmer nicht nach dem Gesamtbild der Verhältnisse von der Einwirkung auf das Wirtschaftsgut dauerhaft ausgeschlossen ist. Für den IASB sind Überlegungen zur befristeten Herrschaftsausübung hingegen unerheblich, da auf der Prüfungsebene des Risk and Reward-Approachs allein Überlegungen zur Zurechnung der Risiken und Chancen im Vordergrund stehen.[1091] Unabhängig von einer befristeten Herrschaftsausübung ist für die IFRS/IAS auf dieser Prüfungsebene ausschlaggebend, dass auf Grund des festvereinbarten Rückkaufspreises die Risiken und Chancen beim Pensionsgeber verbleiben.

[1088] Vgl. BFH vom 15.12.1999, I R 29/97, BStBl. II 2000, S. 701; Hessisches Finanzgericht vom 13.5.1975, I 198/73, EFG 1975, S. 533; Häuselmann, Repo-Geschäft, BB 2000, S. 1289 ff.; Wacker in: Blümich, § 4 EStG Rn. 155.

[1089] Vgl. Mathiak, Bilanzsteuerrecht, StuW 1982, S. 85 f. Er kann während des Zeitraums der In-Pensionsnahme die Herausgabe der Wertpapiere nicht verlangen, da die Rückübertragung zu einem festgelegten Zeitpunkt zu erfolgen hat.

[1090] So gesteht beispielsweise auch schon der RFH bei einem Kostgeschäft dem Hereinnehmer das wirtschaftliche Eigentum mit der Begründung zu, dass der Hereinnehmer unbeschränkt über die übertragenen Wertpapiere verfügen kann. Vgl. RFH vom 17.9.1931, III A 1016/30, RStBl. 1931, S. 868.

[1091] Lediglich bei der Prüfung des Control-Konzepts, d.h. auf der zweiten Prüfungsebene, könnte es von Bedeutung sein, ob der Pensionsnehmer das Pensionsgut veräußern kann. Auf dieser Ebene steht allerdings nicht zur Diskussion, ob er auf Grund des bei ihm liegenden zivilrechtlichen Eigentums das Wertpapier rechtmäßig veräußern darf, sondern ob ein aktiver Markt vorliegt, der es ihm ermöglicht, das Wertpapier jederzeit wieder zurückzuerwerben.

2.1.2.1.2. Erstmaliger Ausschluss des zivilrechtlichen Eigentümers

Eine sachgerechte steuerbilanzielle Interpretation der Dauerhaftigkeit des Ausschlusses ist vor allem in Zusammenhang mit dem Zeitpunkt des erstmaligen Ausschlusses des zivilrechtlichen Eigentümers von der Einwirkung auf das Wirtschaftsgut zu sehen. In dem angesprochenen Dividenden-Stripping-Urteil weist der BFH auf eine Rückkaufoption hin, bei der nach dem typischen und für die wirtschaftliche Beurteilung maßgeblichen Geschehensablauf tatsächlich mit einer Ausübung des Optionsrechts zu rechnen ist. In diesem Fall kann bereits *bei Einräumung* der Kaufoption womöglich davon ausgegangen werden, dass der Eigentümer auf Dauer von der Einwirkung auf das Wirtschaftsgut ausgeschlossen bleibt.[1092] In Analogie hierzu muss es sich erst recht dann so verhalten, wenn nicht bloß eine Rückkaufoption vereinbart wurde, sondern der Erwerber sich vielmehr auf eine Rückkaufverpflichtung eingelassen hat, so dass eine derartige Verpflichtung von vornherein besteht. Diese Überlegung kann zur Folge haben, dass der zivilrechtliche Eigentümer für die Zeit der In-Pensionsnahme tatsächlich *kurzzeitig* auf das Wirtschaftsgut einwirken kann, er aber auf Grund der Rückkaufvereinbarung nach dem Gesamtbild der Verhältnisse wirtschaftlich *dauerhaft* von der Einwirkung ausgeschlossen ist.[1093] Hinsichtlich der Struktur eines echten Pensionsgeschäfts würde dies bedeuten, dass das wirtschaftliche Eigentum beim Pensionsgeber verbleibt,[1094] so dass das Wertpapier weiterhin bei ihm zu bilanzieren wäre.[1095] Gleiches gilt auch für die IFRS/IAS-Bilanz. Zwar findet sich in den IFRS/IAS-Ausbuchungsvorschriften kein Hinweis auf das Negativkriterium des dauerhaften Ausschlusses eines am Pensions- oder Wertpapierleihgeschäft Beteiligten, der Risk and Reward-Approach ist aber dennoch, wie oben ausgeführt,[1096] in dieser Richtung zu verstehen. Im Gegensatz zum steuerbilanziellen Vorgehen erleichtert die vom IASB festgelegte Prüfungsreihenfolge mit dem im Vordergrund stehenden Risk and Reward-Approach allerdings die Zurechnung der Wertpapiere erheblich, da das Konkurrenzverhältnis zwischen der kurzfristigen und dauerhaften Herrschaftsausübung bei einem echten Pensionsgeschäft über die zweifelsfreie Zurechnung der Risiken und Chancen zum Pensionsgeber gelöst wird.

1092 Diese Überlegungen sind insofern auch deckungsgleich mit der Zuordnung eines Leasingobjektes beim Leasingnehmer, als auf Grund vertraglicher Bestimmung davon auszugehen ist, dass eine Option auf den Kauf des Leasingobjekts auch ausgeübt wird. Im Gegensatz zu dem hier vorliegenden Fall, d.h. einem Pensionsgeschäft, ist der Leasingnehmer allerdings bereits im Besitz des Wirtschaftsguts, während dies bei einem Pensionsgeber gerade nicht der Fall ist; vgl. hierzu auch das Kapitel zu den Optionsrechten, S. 257 f.

1093 Das Finanzgericht Baden-Württemberg hat bereits mit Urteil des Jahres 1970 vor dem Hintergrund, dass ein und dieselben Stücke zurückübertragen werden, darauf hingewiesen, dass der Pensionsnehmer faktisch von der Verfügung über die Papiere auf Dauer ausgeschlossen ist; vgl. Finanzgericht Baden-Württemberg vom 3.9.1970, VI 136/69, EFG 1971, S. 42.

1094 Nichts anderes kann dann auch für das Wertpapierleihgeschäft gelten. Auch beim Wertpapierleihgeschäft werden die Wertpapiere zu einem vorher festgelegten Zeitpunkt auf den Verleiher zurückübertragen.

1095 Vgl. auch Hoffmann in: Littmann/Bitz/Pust, §§ 4,5 (Pensionsgeschäfte) Rn. 4; vgl. ähnlich Schmid/Mühlhäuser, Wertpapierleihe, BB 2001, S. 2611; Schmid/Stoll, Dividendenstripping, DStR 2001, S. 2142. Schmidt, Stoll und Mühlhäuser weisen allerdings darauf hin, dass das Kriterium des dauerhaften Ausschlusses bei Wertpapieren auf Grund ihrer unendlichen Nutzungsdauer untauglich ist. Dem kann so nicht entsprochen werden, da entscheidend ist, dass der zivilrechtliche Eigentümer auf Dauer, auch wenn es sich um einen unendlichen Zeitraum handelt, von der Einwirkung ausgeschlossen wird.

1096 Vgl. die Ausführung zur tatsächlichen Herrschaftsausübung, S. 253 ff.

2.1.2.2. *Übergang des Kursrisikos*

2.1.2.2.1. *Echtes Wertpapierpensionsgeschäft*

In Übereinstimmung mit den IFRS/IAS-Vorschriften weist der BFH bei Wertpapieren konkretisierend darauf hin, dass die Verfügungsmacht des Erwerbers in der Regel dann gegeben ist, wenn die mit den Wertpapieren gemeinhin verbundenen Kursrisiken und -chancen auf ihn übergegangen sind,[1097] da unabhängig von der zivilrechtlichen Zugehörigkeit von Wertpapieren die Übertragung des Risikos einer negativen und die Chance einer positiven Wertänderung Ausdruck eines Veräußerungswillens ist, der mit einem Umsatzakt gleichzusetzen ist.[1098] Im Umkehrschluss bedeutet dies, dass der Veräußerer ab dem Zeitpunkt das wirtschaftliche Eigentum an einem Wirtschaftsgut verliert, ab dem die mit den Wertpapieren verbundenen Kursrisiken und -chancen ihm nicht mehr zuzurechnen sind. Bezogen auf die Struktur eines echten Wertpapierpensionsgeschäfts lässt insofern auch der fehlende Übergang des Kursrisikos den Schluss zu, dass das wirtschaftliche Eigentum nicht auf den Erwerber übergeht, obwohl zivilrechtlich zwar ein doppeltes Kaufgeschäft vorliegt, ökonomisch jedoch von einem Sicherungsgeschäft auszugehen ist, das nicht als Dokumentation eines Veräußerungswillens verstanden werden kann. Die vorliegende Struktur eines echten Pensionsgeschäfts liefert daher Grund zur Annahme, dass das wirtschaftliche Eigentum beim Pensionsgeber verbleibt, da der Pensionsgeber das Wertpapier zu einem vorher festgelegten Preis zurückerwerben wird und ihm das Kursrisiko somit ununterbrochen zufällt.[1099] Dass es sich um besitzloses wirtschaftliches Eigentum handelt, ist wie auch in der IFRS/IAS-Bilanz steuerbilanziell nicht weiter von Bedeutung.[1100] Insoweit würde das steuerbilanzielle Vorgehen nicht nur mit den

---

1097 Vgl. BFH vom 10.3.1988, IV R 226/85, BStBl. II 1988, S. 832; BFH vom 15.12.1999, I R 29/97, BStBl. II 2000, S. 701; BFH vom 30.7.2002, III B 50/01, BFH/NV 2003, S. 55. Nicht unerwähnt bleiben sollte, dass der RFH seinerzeit hinsichtlich des Kursrisikos im Gegensatz hierzu anderer Auffassung ist und gänzlich die Betrachtung des Kursrisikos ablehnt. Hinsichtlich der Bilanzierung von Kostgeschäften argumentiert er, dass, obwohl das Kursrisiko aus einem in Kost gegebenem Wertpapier beim Hereingeber verbleibt, dies den Hereingeber nicht auch zum wirtschaftlichen Eigentümer macht, da das Kursrisiko mit dem wirtschaftlichen Eigentum nicht das Mindeste zu tun hat. Der RFH bezieht sich argumentativ auf die bilanzielle Berücksichtigung der Kursrisiken aus einem Termingeschäft, bei denen der Käufer nach jedem Abschluss eines Kaufvertrags die Gefahr einer Wert- oder Kursänderung trägt, ohne dass ihm aber das wirtschaftliche Eigentum zustände. Vgl. RFH vom 17.9.1931, III A 1016/30, RStBl. 1931, S. 868; vgl. zur RFH-Rechtsprechung auch Häuselmann, Repo-Geschäft, BB 2000, S. 1290 f.

1098 Vgl. Oldenburger, Pensionsgeschäft, 2000, S. 175.

1099 Vgl. auch Finanzgericht Baden-Württemberg vom 3.9.1970, VI 136/69, EFG 1971, S. 42; Schmid/Stoll, Dividendenstripping, DStR 2001, S. 2142; vgl. auch argumentativ zum HGB IDW, ERS HFA 13, WPg 2004, S. 953 Rn. 15 u. 28. Genau diese Kursrisikozuteilung liegt bei dem Dividenden-Stripping nicht vor. Der BFH verweist in seinem Urteil explizit darauf, dass der Erwerber beim Dividenden-Stripping einem Kursrisiko ausgesetzt war und dies dazu beiträgt, dass wirtschaftliches Eigentum übergegangen ist; BFH vom 15.12.1999, I R 29/97, BStBl. II 2000, S. 701.

1100 Wie oben bereits ausgeführt, liegt beispielsweise bei einem Erwerb von Kapitalgesellschaftsanteilen wirtschaftliches Eigentum bereits dann vor, wenn der Erwerber zwar noch nicht im Besitz der Anteile ist, aber bereits eine rechtlich geschützte Position bekleidet, die die mit den Anteilen verbundenen Kursrisiken auf ihn übertragen; vgl. hierzu Fn. 1053.

IFRS/IAS, sondern auch mit dem handelsbilanziellen Vorgehen gem. § 340 b HGB übereinstimmen. Eine Gewinnrealisierung würde mithin nicht erfolgen.[1101]

2.1.2.2.2. *Wertpapierleihgeschäft*

Die gleiche Argumentation könnte auch für die steuerbilanzielle Einordnung der Wertpapierleihe Bedeutung entfalten. Es sollte zumindest die Frage aufgeworfen werden, ob die zur steuerbilanziellen Einordnung herangezogene Analogie zu einem Gelddarlehen nicht durch die Zurechnung der Kursrisiken aus dem Wertpapier ergänzt werden müsste. Bei der Wertpapierleihe ist der Entleiher nicht bereit, die Wertpapiere zu erwerben, um nicht einem Wertänderungsrisiko aus den Wertpapieren ausgesetzt zu sein. Ein Veräußerungswille seitens des Verleihers oder gar ein Veräußerungsvorgang ist bei der Wertpapierleihe mithin nicht zu erkennen. Es wird seitens des Entleihers kein Kaufpreis und seitens des Verleihers kein Rückkaufspreis entrichtet; die Wertpapiere werden lediglich gegen ein Nutzungsentgelt übertragen, so dass zwischenzeitliche Kursschwankungen vollständig zu Lasten des Verleihers gehen. Die Wertpapierleihe ist daher, wie auch schon die IFRS/IAS feststellen, ein nicht auf die Übertragung von Risiken und Chancen ausgerichtetes Rechtsgeschäft, so dass fraglich ist, ob bei der Wertpapierleihe trotz der zivilrechtlichen Einordnung als Darlehensgeschäft steuer- und handelsbilanziell überhaupt von einem Übergang des wirtschaftlichen Eigentums ausgegangen werden kann.[1102] Das auf Wertpapiere ausgelegte Sachdarlehen wäre insofern bilanziell anders zu behandeln als ein Gelddarlehen. Zu rechtfertigen wäre dies dadurch, dass in der Liquidität des Darlehensgegenstands ein wesentlicher Unterschied zwischen einem Geld- und einem Sachdarlehen zu sehen ist, so dass auf Grund der den Wertpapieren anhaftenden Kursrisiken die Wertpapierleihe einem echten Pensionsgeschäft ökonomisch näher steht als einem Gelddarlehen.[1103] Eine Bilanzierung des Wertpapiers beim Verleiher würde somit entsprechend den wirtschaftlichen Gegebenheiten Rechnung tragen. Sofern dieser Argumentation Folge geleistet werden kann, würde auch eine Übereinstimmung zwischen den IFRS/IAS und der Steuerbilanz vorliegen, da auch in einer IFRS/IAS-Bilanz abstellend auf das Kursrisiko

---

[1101] Der Pensionsgeber hat zudem in Höhe des für die Übertragung erhaltenen Betrags eine Verbindlichkeit gegenüber dem Pensionsnehmer zu passivieren. Der Pensionsnehmer hat in Höhe des für die Übertragung gezahlten Betrags eine Forderung gegenüber dem Pensionsgeber zu aktivieren.

[1102] Vgl. Prahl/Naumann, Wertpapierleihe, WM 1992, S. 1178 f.; Schmid/Mühlhäuser, Wertpapierleihe, BB 2001, S. 2611.

[1103] Berechtigt ist sicherlich der Einwand, dass auf Grund der zivilrechtlichen Verwandtschaft von Sach- und Gelddarlehen diese Argumentation auch für ein Gelddarlehen herangezogen werden müsste, da der Darlehensgeber eines Gelddarlehens grundsätzlich einem Währungsrisiko ausgesetzt ist. Bilanzwirksam wird ein Währungsrisiko allerdings erst dann, wenn das Unternehmen eine Fremdwährung erworben hat, was insoweit vergleichbar mit dem Erwerb eines Wertpapiers ist. In beiden Fällen geht ein Umsatzakt mit dem Erwerb einher, der durch die Zugehörigkeit dieser Wirtschaftsgüter das Unternehmen ab diesem Zeitpunkt einem Währungs- oder Kursrisiko aussetzt. Umgekehrt gilt hingegen nicht, dass das Verfügen über Bar- oder Buchgeld in der zu bilanzierenden Währung das Unternehmen auch gleichzeitig einem Währungs- oder Kursrisiko aussetzt.

die Wertpapiere beim Verleiher nicht auszubuchen und beim Entleiher entsprechend nicht einzubuchen sind.[1104]

2.1.2.3. *Einzelnes Wirtschaftsgut als Gegenstand der Zurechnung*

Im Gegensatz zu den IFRS/IAS darf steuerbilanziell allerdings der Aspekt nicht unberücksichtigt bleiben, dass es zu einer Verlagerung von rechtlichem zu wirtschaftlichem Eigentum nur im Hinblick auf ein und desselbe Wirtschaftsguts kommen kann, so dass bei gattungsmäßigen Rückübertragungsansprüchen die Separation des wirtschaftlichen Eigentums vom zivilrechtlichen Eigentum schwer zu rechtfertigen ist.[1105] Zwar ist die BFH-Entscheidung zum Dividenden-Stripping nicht vollständig mit einem Pensionsgeschäft zu vergleichen, da die Gegenstände der getätigten Geschäfte beim Dividenden-Stripping im Gegensatz zu einem Wertpapierpensionsgeschäft nicht zwingend als Wertpapiere derselben Gattungen anzusehen sind.[1106] Dennoch ist festzustellen, dass trotz der Tatsache, dass die rückübertragenen Wertpapiere eines Wertpapierpensionsgeschäfts gattungsgleich sind, es sich nicht, wie vom BFH gefordert, um ein und dieselben Wertpapiere handelt, so dass in der Gesamtbetrachtung des Verkaufs und Rückkaufs ein Auseinanderfallen von rechtlichem und wirtschaftlichem Eigentum strenggenommen nicht möglich ist. Im Ergebnis wäre daher nicht nur ein Wechsel des zivilrechtlichen, sondern auch des wirtschaftlichen Eigentums vom Pensionsgeber auf den Pensionsnehmer anzunehmen, da eine formalrechtliche Auslegung des § 39 AO eine Gesamtbetrachtung eines kombinierten Verkauf- und Rückkaufgeschäfts gattungsgleicher Sachen nicht gestattet. Als steuerliche Folge des Übergangs würde der Verkauf trotz der oben angestellten wirtschaftlichen Betrachtungsweise und anders als nach den IFRS/IAS-Vorschriften beim Pensionsgeber einen Realisationstatbestand auslösen. Der bereits vertraglich vereinbarte Rückkauf würde zudem als schwebendes Geschäft zunächst bilanzunwirksam bleiben.[1107] Die IFRS/IAS beschränken ihre Ausbuchungsvorschriften auf Grund von wirtschaftlichen Erwägungen eben nicht auf eine derart enge Betrachtungsweise. Aus Informationsgesichtspunkten ist nicht die Bezugnahme auf ein und denselben finanziellen Vermögenswert entscheidend, sondern auf die auf das Unternehmen entfallende Risikoposition.

[1104] Das Nutzungsentgelt ist im Zeitpunkt der Zahlung sowohl in der Steuerbilanz als auch nach den IFRS/IAS-Vorschriften ertragswirksam zu erfassen.

[1105] Vgl. BFH vom 15.12.1999, I R 29/97, BStBl. II 2000, S. 701.

[1106] Zwar obliegt die Abgrenzung einer Gattung dem Grunde nach einem subjektiven Parteiwillen, so dass auch beim Dividenden-Stripping gegebenenfalls Wertpapiere gleicher Gattung vorliegen können. Festzuhalten bleibt dennoch, dass, während beim Dividenden-Stripping dividendenberechtigte Altaktien bzw. Aktien „cum Dividende" übertragen und jeweils nicht dividendenberechtigte Jungaktien bzw. Aktien „ex Dividende" zurückübertragen werden, die Interessenlage bei einem Wertpapierpensionsgeschäft hingegen regelmäßig auf Rücklieferung von unterschiedlosen Wertpapieren gerichtet ist, so dass in diesem Kontext ein Wertpapierpensionsgeschäft nicht mit dem Dividenden-Stripping zu vergleichen ist; vgl. Schmid/Stoll, Dividendenstripping, DStR 2001, S. 2140.

[1107] Vgl. Rau, Pensionsgeschäfte, BB 2000, S. 2340.

Auf Grund der Tatsache, dass die IFRS/IAS nicht auf die Betrachtung ein und desselben Wertpapiers abstellen, erübrigt sich für sie die Diskussion, ob in der Regel girosammelverwahrte Wertpapiere Gegenstand einer Rückübertragung sind. Steuerbilanziell wird hingegen diskutiert, ob die vom BFH geforderte Individualisierung gattungsgleicher Wertpapiere eines Wertpapierpensionsgeschäfts bei girosammelverwahrten Wertpapieren überhaupt möglich ist,[1108] da der Erwerb lediglich eines Miteigentumsanteils an den zum Sammelbestand gehörenden Wertpapieren grundsätzlich die Individualisierung der Wertpapiere ausschließt. Der Käufer ist vielmehr Bruchteilseigentümer an Wertpapieren gleicher Gattung, die gemeinsam im Girosammeldepot verwahrt werden. Im Ergebnis überträgt der Pensionsgeber keine Wertpapiere, sondern Miteigentumsanteile an den girosammelverwahrten Wertpapieren und erhält bei Rückübertragung entsprechende Miteigentumsanteile zurück.[1109] In der Entscheidung des BFH zum Dividenden-Stripping wird diese Problematik allerdings nicht nachhaltig diskutiert. Dass dem BFH dieses Problemfeld indes bekannt ist, macht er durch einen Verweis in seinem Urteil deutlich, demzufolge es zu einer Übertragung der mit den Wertpapieren verbundenen Kursrisiken auf den Erwerber dadurch kommt, dass entweder ein Besitzmittlungsanspruch gem. § 929 BGB zu der girosammelverwahrenden Stelle eingeräumt oder dass ein Besitzkonstitut gem. § 930 BGB vereinbart wird.[1110] Ungeachtet dieses Verweises diskutiert er die Frage des wirtschaftlichen Eigentums allerdings vielmehr auf der Grundlage eines individualisierten Wertpapiers. So stellt er bei seinen Erläuterungen zur personellen Zurechnung von Aktien „cum Dividende“ und Aktien „ex Dividende“ außer Frage, dass der Erwerber sowohl rechtlicher als auch wirtschaftlicher Eigentümer an den erworbenen Anteilen der gehandelten Wertpapiere und nicht der Miteigentumsanteile geworden ist.[1111]

Sofern steuerbilanziell auf eine formale Betrachtungsweise abzustellen ist, nach der nur bei ein und demselben Wirtschaftsgut eine Gesamtbetrachtung eines kombinierten Verkauf- und

---

1108 Gem. § 1 Abs. 3 DepG wird unter Girosammelverwahrung die Sammelverwahrung bankmäßig verwahrter Wertpapiere durch eine Wertpapiersammelbank verstanden. Wertpapiere verschiedener Kunden werden gemeinsam verwahrt, Wertpapiere unterschiedlicher Gattung jedoch getrennt voneinander. Die Girosammelbestände bilden die Grundlage für den stückelosen Effektengiroverkehr von Wertpapieren; jeder Käufer erwirbt einen Miteigentumsanteil am Wertpapiersammelbestand, so dass die Wertpapierurkunden nicht bewegt werden müssen. Das Miteigentumsrecht besteht gem. § 6 Abs. 1 S. 1 DepG in Form einer Bruchteilsquote an jedem einzelnen Wertpapier des Sammelbestands; der Depotkunde verliert dadurch sein Alleineigentum an den Wertpapieren; vgl. Kümpel, Bank- und Kapitalmarktrecht, 3. Auflage 2003, S. 11.22; Rau, Pensionsgeschäfte, BB 2000, S. 2338; Rau/Sahl, Dividendenstripping, BB 2000, S. 1114; Schmid/Stoll, Dividendenstripping, DStR 2001, S. 2141 m.w.N.

1109 Vgl. Rau/Sahl, Dividendenstripping, BB 2000, S. 1114 m.w.N.; Schmid/Stoll, Dividendenstripping, DStR 2001, S. 2141 m.w.N.

1110 Vgl. BFH vom 15.12.1999, I R 29/97, BStBl. II 2000, S. 701. Zivilrechtlich gelten auch für sammelverwahrte Papiere die Vorschriften für Kaufverträge, Eigentum und Besitz gem. §§ 929, 985 BGB. Die Übertragung von Sammeldepotanteilen erfolgt insofern durch Mitteilung des Verkäufers an den Sammelverwahrer, mit dem Käufer ein neues Besitzmittlungsverhältnis einzugehen. Der Sammelverwahrer belastet das Wertpapierdepot des Verkäufers und schreibt dem Käufer die Wertpapiere gut; dem Erwerber können somit die mit den Anteilen verbundenen Gewinnansprüche nicht mehr entzogen werden; vgl. hierzu Rau/Sahl, Dividendenstripping, BB 2000, S. 1114; Rau, Pensionsgeschäfte, BB 2000, S. 2338 f.

1111 Vgl. BFH vom 15.12.1999, I R 29/97, BStBl. II 2000, S. 701.

Rückkaufgeschäfts vorgenommen werden kann, muss für Wertpapierpensionsgeschäfte konstatiert werden, dass das Pensionsgut während der Zeit der In-Pensionsnahme beim Pensionsgeber gewinnrealisierend auszubuchen und beim Pensionsnehmer zu bilanzieren ist, da lediglich sichergestellt ist, dass ein gattungsgleiches und nicht ein und dasselbe Wirtschaftsgut zurückübertragen wird. Sofern jedoch den wirtschaftlichen Gegebenheiten Rechnung getragen wird und eine Gesamtbetrachtung auch von gattungsgleichen Wirtschaftgütern möglich ist, wäre das Pensionsgut in Übereinstimmung mit dem IFRS/IAS-Vorgehen weiterhin beim Pensionsgeber zu bilanzieren.[1112]

2.2. *Einseitiges Rücknahmerecht des Pensionsgebers*

2.2.1. *Vorrang des § 5 Abs. 1 EStG vor § 39 AO*

Liegt ein vereinbarter Rückerwerbskurs vor, ist wie nach den IFRS/IAS-Vorschriften auch bei der steuer- und handelsbilanziellen Zurechnung nach der Höhe des Rückerwerbspreises zu unterscheiden.[1113] Ist ein entsprechend niedriger Rückerwerbskurs vereinbart worden, so dass von einer Wahrnehmung des Rückerwerbsrechts unter Würdigung aller Umstände ausgegangen werden muss, erfolgt handels- und steuerbilanziell kein Übergang des wirtschaftlichen Eigentums. Es ist in diesem Fall davon auszugehen, dass der Veräußerer faktisch zu einem Rückerwerb gezwungen wird;[1114] das Pensionsgut ist weiterhin beim Pensionsgeber zu erfassen. Zu dem gleichen Ergebnis kommen die IFRS/IAS gem. IAS 39.AG51 (f), da in diesem Fall im Wesentlichen alle Risiken und Chancen beim Pensionsgeber zurückbehalten worden sind. Wird ein entsprechend hoher Rückkaufpreis vereinbart, so ist das Wertpapier beim Veräußerer handels- und steuerbilanziell und gem. IAS 39.AG51 (g) auszubuchen. Liegt der Rückerwerbskurs hingegen weder weit über noch weit unter dem beizulegenden Wert, so schließt sich für die IFRS/IAS die weitere Prüfungsstufe des Control-Konzepts an, um festzustellen, ob der Pensionsgeber noch über das Wertpapier verfügt. Dieser Schritt ist handels- und steuerbilanziell nicht vorgesehen. Da die Ausübung der Option in der freien Entscheidung des Pensionsgebers liegt und das Wertminderungsrisiko auf den Erwerber übertragen wurde, kommt es trotz Rückerwerbsoption zur Ausbuchung und Gewinnrealisierung beim Pensionsgeber.[1115] Gleiches müsste für den Fall gelten, dass der Pensionsgeber berechtigt ist, das Wertpapier zurückzufordern, ohne dass ein Rückkaufkurs festgelegt wurde. Auch hier verhindert die Vereinbarung einer Rückerwerbsoption zugunsten des ursprünglichen Veräußerers nicht den handels- und steuerbilanziellen Übergang des wirtschaftlichen Eigentums auf den

---

1112 Zur Bilanzierung beim Pensionsgeber im Ergebnis auch Weber-Grellet in: Schmidt, EStG, 25. Auflage 2006, § 5 Rn. 153.

1113 Die Ausführungen zum handelsbilanziellen Vorgehen gehen auf einen Entwurf des IDW zu Einzelfragen zum Übergang des wirtschaftlichen Eigentums und zur Gewinnrealisierung nach HGB zurück. Derzeit liegt eine verabschiedete Stellungnahme noch nicht vor; vgl. IDW, ERS HFA 13, WPg 2004, S. 954 ff.

1114 Vgl. IDW, ERS HFA 13, WPg 2004, S. 954 Rn. 21 f.

1115 Vgl. IDW, ERS HFA 13, WPg 2004, S. 954 Rn. 21 f.

Pensionsnehmer. Dies gilt hinsichtlich des letztgenannten Falls auch für die IFRS/IAS. Auf der Grundlage des Risk and Reward-Approachs und der Tatsache, dass dem Pensionsgeber im Wesentlichen nicht mehr alle Risiken und Chancen zukommen, ist das Wertpapier bei ihm auszubuchen.

2.2.2. *Vorrang des § 39 AO vor § 5 Abs. 1 EStG*

Eine Rückkaufoption reicht zur Rechtfertigung wirtschaftlichen Eigentums grundsätzlich nicht aus.[1116] Sie kann den Umstand nicht ersetzen, dass das Wirtschaftsgut veräußert wurde, da sie den zwischenzeitlichen Erwerber von der tatsächlichen Einwirkung auf das Wirtschaftsgut nicht vollständig ausschließt.[1117] Neben dem zivilrechtlichen Eigentum liegt insofern auch das wirtschaftliche Eigentum beim Pensionsnehmer, so dass das Wertpapier beim Pensionsnehmer zu bilanzieren ist.[1118] Auch der Umstand, dass beim Pensionsgeber die Chance der Wertsteigerung verbleibt und es somit nicht zu einem vollständigen Übergang der Kursrisiken auf den Pensionsnehmer kommt, ändert an dieser Zurechnung nichts, da bereits der Aspekt, dass sich der Pensionsgeber nicht in einer Rechtsposition befindet, die den Pensionsnehmer dauerhaft von der Einwirkung auf den Optionsgegenstand ausschließt, wirtschaftliches Eigentum beim Pensionsgeber ausschließt. Die steuerliche Behandlung eines einseitigen Rücknahmerechts seitens des Pensionsgebers stimmt daher mit dem handelsbilanziellen Vorgehen überein. Auch hinsichtlich der Realisierung von Gewinnen und Verlusten ergeben sich keine Unterschiede; so ist steuerlich davon auszugehen, dass es zu einer Gewinn- und Verlustrealisierung beim Pensionsgeber kommt, da der Pensionsgeber über die Ausübung der Option selbst entscheidet. Dem Grunde nach gilt Gleiches für die Fälle, dass ein äußerst niedriger oder hoher Rückerwerbspreis vereinbart wurde. Auch hier liegt eine Übereinstimmung mit dem handelsbilanziellen Vorgehen vor, so dass bezüglich des Vergleichs mit den IFRS/IAS auf das handelsbilanzielle Vorgehen verwiesen wird. Nicht vernachlässigt werden darf in diesem Zusammenhang allerdings wiederum der Aspekt, dass es zu einem Auseinanderfallen von rechtlichem und wirtschaftlichem Eigentum nur im Hinblick auf ein und dasselbe Wirtschaftsgut kommen kann. Für den Fall, dass ein entsprechend niedriger Rückerwerbskurs vereinbart wurde und der Veräußerer mithin faktisch zu einem Rückerwerb gezwungen wird, ist insofern in Erwägung zu ziehen, dass es dennoch auf eine Bilanzierung beim Pensionsnehmer hinauslaufen kann.

1116 Vgl. BFH vom 26.1.1970, IV R 144/66, BStBl. II 1970, S. 264; BFH vom 27.9.1979, IV R 149/72, BFHE 1979, S. 439; BFH vom 10.6.1988, III R 18/85, BFH/NV 1989, S. 348.

1117 Vgl. BFH vom 25.8.1993, XI R 6/93, BStBl. II 1994, S. 23.

1118 Vgl. RFH vom 18.11.1925, VI A 899 u. 900/25, RStBl. 1926, S. 11; RFH vom 27.10.1928, VI A 1047/28, RStBl. 1928, S. 35; RFH vom 17.9.1931, III A 1016/30, RStBl. 1931, S. 868; Bennat, Wertpapierpensionsgeschäfte, WM 1969, S. 1440; Heuer in: HHR, § 5 EStG Rn. 1320; Hoffmann in: Littmann/Bitz/Pust, §§ 4,5 (Pensionsgeschäfte) Rn. 5; van der Velde, Pensionsgeschäfte, StuW 1972, S. 274; Mathiak, Bilanzsteuerrecht, StuW 1982, S. 84.

2.3. *Unechtes Pensionsgeschäft*

2.3.1. *Vorrang des § 5 Abs. 1 EStG vor § 39 AO*

Gem. § 340 b Abs. 5 S. 1 HGB geht das wirtschaftliche Eigentum grundsätzlich auf den Erwerber über,[1119] da der Pensionsgeber für den Fall, dass ein fester Rückkaufkurs vereinbart wurde, nicht sicher von der Rückübertragung ausgehen kann.[1120] Der Pensionsgegenstand ist beim Pensionsnehmer und nicht mehr in der Bilanz des Pensionsgebers auszuweisen.[1121] Obwohl der Wechsel des wirtschaftlichen Eigentums vom Pensionsgeber zum Pensionsnehmer anzunehmen ist, wird dennoch die Realisierung eines Gewinns ausgeschlossen,[1122] da die Gewinnrealisierung eine definitive Veräußerung voraussetzt, die solange nicht gegeben ist, wie das Risiko oder die Verpflichtung besteht, das veräußerte Wertpapier zu zuvor festgelegten Konditionen zurücknehmen zu müssen. Das Risiko einer Wertminderung verbleibt mithin beim Pensionsgeber. Für den Fall, dass der vom Pensionsgeber erzielte Veräußerungspreis den Buchwert des abgehenden Vermögensgegenstands übersteigt, ist die Differenz beim Pensionsgeber als erhaltene Optionsprämie für die Stillhalterverpflichtung zu passivieren.[1123] Sofern diese Vorschrift als allgemeiner Grundsatz zum wirtschaftlichen Eigentum für alle Kaufleute anzuerkennen ist, ist diese Art der Bilanzierung entsprechend auch in der Steuerbilanz zu berücksichtigen. In einer IFRS/IAS-Bilanz ist, sofern der Rückveräußerungskurs weder weit über noch weit unter dem Marktpreis liegt, wiederum die weitere Prüfungsstufe des Control-Konzepts zu bemühen, um festzustellen, ob der Pensionsgeber noch über das Wertpapier verfügt, so dass es ggf. im Rahmen des Continuing-Involvement noch bei ihm zu erfassen ist.

Des Weiteren ist bei einem vereinbarten Rückveräußerungskurs entsprechend auch nach der Höhe des Rückveräußerungspreises zu unterscheiden. Ist der Rückveräußerungspreis bereits im Zeitpunkt der Übertragung so hoch, dass bei Würdigung aller Umstände von einer Rückübertragung ausgegangen werden kann, ist eine Ausbuchung beim Pensionsgeber nicht vorzunehmen. Eine solche Konstellation spricht dafür, dass der Pensionsgeber nicht ernsthaft beabsichtigt, das wirtschaftliche Eigentum auch nur kurzfristig aufzugeben, da er gezwungen

---

1119 Die Ausführungen zum handelsbilanziellen Vorgehen gehen auf einen Entwurf des IDW zu Einzelfragen zum Übergang des wirtschaftlichen Eigentums und zur Gewinnrealisierung nach HGB zurück. Derzeit liegt eine verabschiedete Stellungnahme noch nicht vor; vgl. IDW, ERS HFA 13, WPg 2004, S. 954 ff.

1120 Vgl. Förschle/Kroner in: Beck Bil Kom, 5. Auflage 2003, § 246 Rn. 22.

1121 Auch hier müsste wieder Gleiches für den Fall gelten, dass der Pensionsnehmer berechtigt ist, das Wertpapier zurückzugeben, ohne dass ein Rückveräußerungskurs festgelegt wurde, da die Vereinbarung einer Rückgabeoption nicht den handels- und steuerbilanziellen Übergang des wirtschaftlichen Eigentums auf den Pensionsnehmer verhindert.

1122 Vgl. ADS, 6. Auflage, § 246 Rn. 344 m.w.N.; Birck/Meyer in: Die Bankbilanz, 1989, V 464; Häuselmann, Repo-Geschäft, BB 2000, S. 1292; Krumnow in: Rechnungslegung der Kreditinstitute, 2. Auflage 2004, § 340 b Rn. 30 ff.; Treuberg/Scharpf, Pensionsgeschäfte, DB 1991, S. 1237; Waschbusch, Pensionsgeschäft, BB 1993, S. 172. A.A. Schild, Pensionsgeschäfte, JbFSt 1996, S. 606.

1123 Vgl. IDW, Stellungnahme BFA 2/1982, WPg 1982, S. 548; IDW, ERS HFA 13, WPg 2004, S. 954 Rn. 17 ff.

sein wird, das Rückveräußerungsrecht auch wahrzunehmen.[1124] Zu dem gleichen Ergebnis kommen die IFRS/IAS gem. IAS 39.AG51 (f), für den Fall, dass im Wesentlichen alle Risiken und Chancen beim Pensionsgeber zurückbehalten worden sind. Wird ein entsprechend niedriger Rückkaufpreis vereinbart, so ist das Wertpapier korrespondierend zu einem angemessenen Rückkaufpreis beim Pensionsgeber handels- und steuerbilanziell und gem. IAS 39.AG51 (g) auszubuchen, da anzunehmen ist, dass der Pensionsnehmer nicht von seiner Verkaufsoption Gebrauch machen wird.

2.3.2. *Vorrang des § 39 AO vor § 5 Abs. 1 EStG*

Auch in diesem Fall gilt, dass das Optionsrecht als solches nicht zur Rechtfertigung wirtschaftlichen Eigentums beim Pensionsgeber ausreicht,[1125] da er keinen Anspruch auf die Rückübertragung des Pensionsguts hat. Er ist nicht in der Lage, die tatsächliche Herrschaft über das Pensionsgut auszuüben, da er den Pensionsnehmer nicht dauerhaft von der Einwirkung auf das Pensionsgut ausschließen kann. Neben dem zivilrechtlichen Eigentum liegt insofern auch das wirtschaftliche Eigentum beim Pensionsnehmer, so dass das Wertpapier beim Pensionsnehmer zu bilanzieren ist.[1126] Auch der Umstand, dass beim Pensionsgeber das Risiko der Wertminderung verbleibt und es somit nicht zu einem vollständigen Übergang der Kursrisiken auf den Pensionsnehmer kommt, ändert an dieser Zurechnung nichts. Auch bei einem unechten Pensionsgeschäft stimmt somit die steuerliche Behandlung mit der handelsrechtlichen überein; ob es bei einem Vorrang der Vorschrift des § 39 AO steuerlich allerdings zu einer Gewinn- oder Verlustrealisierung beim Pensionsgeber kommt, ist nicht abschließend geklärt. Da der Pensionsgeber angesichts der Rückgabeoption des Pensionsnehmers eine Stillhalterverpflichtung eingeht, ist es mit Hinweis auf die Rechtsprechung des BFH zur bilanziellen Behandlung vereinbarter Optionsprämien allerdings durchaus zu vertreten,[1127] dass die Differenz aus Veräußerungspreis und Buchwert des abgehenden Wertpapiers als passivierungsfähige Optionsprämie zu qualifizieren ist. Hinsichtlich des Vergleichs mit den IFRS/IAS lässt sich wieder feststellen, dass das Wertpapier beim Pensionsgeber auszubuchen ist und somit im Ergebnis Übereinstimmung mit dem steuerbilanziellen Vorgehen vorliegt. Gleiches

---

[1124] Vgl. Förschle/Kroner in: Beck Bil Kom, 5. Auflage § 246 Rn. 22; IDW, ERS HFA 13, WPg 2004, S. 954 Rn. 19 f.; Oldenburger, Pensionsgeschäft, 2000, S. 191 f. Laut IDW sind solche Umstände vor allem dann gegeben, wenn der Erwerber kein eigenes wirtschaftliches Interesse an dem Vermögensgegenstand hat oder ihn sogar auf keine andere Weise verwerten kann als durch Rückveräußerung oder wenn der Erwerber aufgrund anderer Gestaltungen rechtlich oder faktisch zu einer Rückveräußerung angehalten wird; vgl. IDW, ERS HFA 13, WPg 2004, S. 954 Rn. 19 f.

[1125] Vgl. BFH vom 26.1.1970, IV R 144/66, BStBl. II 1970, S. 264; BFH vom 27.9.1979, IV R 149/72, BFHE 1979, S. 439; BFH vom 10.6.1988, III R 18/85, BFH/NV 1989, S. 348.

[1126] Vgl. RFH vom 18.11.1925, VI A 899 u. 900/25, RStBl. 1926, S. 11; RFH vom 27.10.1928, VI A 1047/28, RStBl. 1928, S. 35; RFH vom 17.9.1931, III A 1016/30, RStBl. 1931, S. 868; Bennat, Wertpapierpensionsgeschäfte, WM 1969, S. 1440; Heuer in: HHR, § 5 EStG Rn. 1320; Hoffmann in: Littmann/Bitz/Pust, §§ 4,5 (Pensionsgeschäfte) Rn. 5; van der Velde, Pensionsgeschäfte, StuW 1972, S. 274; Mathiak, Bilanzsteuerrecht, StuW 1982, S. 84.

[1127] Vgl. BFH vom 18.12.2002, I R 17/02, BStBl. II 2004, S. 678.

gilt für die Fälle, dass ein Rückerwerbspreis vereinbart wurde, der bereits im Zeitpunkt der Übertragung so hoch (niedrig) ist, so dass von einer Rückübertragung bei Würdigung aller Umstände (nicht) ausgegangen werden kann. Auch hier sind allerdings wiederum Erwägungen im Zusammenhang mit der Betrachtung lediglich ein und desselben Wirtschaftsguts anzustellen. Sofern gegebenenfalls der Rückveräußerungspreis im Zeitpunkt der Übertragung so hoch ist, dass dem Grunde nach von einer Rückübertragung ausgegangen werden kann, kann es steuerbilanziell dennoch als notwendig erachtet werden, dass das Pensionsgut beim Pensionsgeber auszubuchen ist, da eben nicht sichergestellt ist, dass ein und dasselbe Pensionsgut rückübertragen wird.

III. Beurteilung einer Übernahme der Wertungen aus IAS 39

Zunächst ist festzustellen, dass § 39 AO sich außerhalb der GoB befindet, so dass dieser durch die Aufgabe der Maßgeblichkeit nicht abgeschafft wird und weiter Geltung für die Steuerbilanz besitzen würde. Ein eigenständiges Steuerbilanzrecht hat insofern zu klären, ob auf die bestehende Regelung auch weiterhin Bezug zu nehmen ist, oder ob nicht mittels eigenständiger Ein- und Ausbuchungsvorschriften bestehende Zweifelsfragen beseitigt werden. Für beide Fälle gilt jedoch, dass steuerlich auch zukünftig ein Wirtschaftsgut bei dem Steuerpflichtigen erfasst werden muss, bei dem die Leistungsfähigkeit durch eine dauerhaft ausgeübte Herrschaftsgewalt über das Wirtschaftsgut beeinflusst wird.[1128]

Konsequenterweise ist daher auch zukünftig weiterhin auf das Institut des wirtschaftlichen Eigentums als Gegenstand der steuerlichen Gewinnermittlung zurückzugreifen, um die ökonomischen Implikationen, die sich aus einer gegebenenfalls vom Zivilrecht abweichenden Zurechnung ergeben, sachgerecht erfassen zu können. Unerheblich ist dabei, ob es sich um eine Ausnahme vom Regelfall handelt oder nicht; vielmehr ist von Bedeutung, dass die Herrschaftsausübung auch tatsächlich, d.h. zivilrechtlich abgesichert ist. Im Hinblick auf eine Übernahme der IFRS/IAS-Vorschriften ist somit festzustellen, dass die erste Prüfungsebene des Risk and Reward-Approachs dem Grunde nach dieser wirtschaftlichen Betrachtungsweise entspricht und somit Bedeutung für die Steuerbilanz entfalten könnte. Die zweite Prüfungsebene mit dem Control-Konzept und dem daraus abgeleiteten Continuing-Involvement dürfte hingegen steuerlich eher unbedeutend bleiben, da steuerlich schwerlich eine Unterscheidung zwischen Wirtschaftsgütern vorgenommen werden kann, die an einem aktiven Markt und die nicht an einem aktiven Markt gehandelt werden. Hier kommt zum Ausdruck, dass es steuerbilanziell auch keiner Sonderregelungen zur Ausbuchung von Finanzinstrumenten bedarf, da aus Gründen der Gleichbehandlung keine Veranlassung besteht, zwischen Finanzinstrumenten und anderen Wirtschaftsgütern zu unterscheiden.

[1128] Vgl. BVerfG vom 16.12.1970, 1 BvR 210/68, BStBl. II 1971, S. 381.

In Übereinstimmung mit den IFRS/IAS-Vorschriften ist demnach ein Wirtschaftsgut auszubuchen, wenn eindeutig dokumentiert werden kann, dass die Risiken und Chancen nach dem Gesamtbild der Verhältnisse auf den Erwerber übergegangen sind, d.h. dass ein eindeutiger Veräußerungswille vorliegt. Bezogen auf die Bilanzierung von echten Pensionsgeschäften und Wertpapierleihgeschäften bedeutet dies, dass die IFRS/IAS-Bilanzierung des Pensionsguts beim Pensionsgeber (Verleiher) auch steuerbilanziell als sachgerecht zu beurteilen wäre. Sofern allerdings nicht eindeutig ermittelt werden kann, ob die Risiken und Chancen auf den Erwerber übergegangen sind oder nicht, bedarf es einer steuerbilanziellen Regelung, die einerseits alle Wirtschaftsgüter gleichermaßen behandelt und andererseits eine objektive Zurechnung zulässt. Das IFRS/IAS-Control-Konzept scheidet insofern auf Grund der Differenzierung zwischen marktfähigen und nicht-marktfähigen Finanzinstrumenten aus; eine Anknüpfung an den zivilrechtlichen Eigentümer liegt somit nahe. Hierbei darf allerdings nicht unberücksichtigt bleiben, dass bei einer Europäisierung der steuerlichen Gewinnermittlung nicht die deutsche Zivilrechtsordnung als Regulativ herangezogen werden kann, sondern dass hier eine grenzüberschreitende Konvention über den zivilrechtlichen Eigentümer vonnöten ist.

Die ökonomische Ausrichtung an den Risiken und Chancen erfordert allerdings auch, dass die Beurteilung eines Sachverhalts nicht durch eine formale Betrachtungsweise eingeengt wird. Dies gilt insbesondere für die Frage, ob der Gegenstand der Betrachtung ausschließlich ein und dasselbe Wirtschaftsgut sein kann oder ob nicht unter bestimmten Umständen auch eine das Wirtschaftsgut übergreifende Betrachtungsweise nach dem Gesamtbild der Verhältnisse zuzulassen wäre. Dieser Frage kommt vor allem vor dem Hintergrund einer etwaigen Übernahme der IFRS/IAS-Wertung in ein eigenständiges Steuerbilanzrecht Bedeutung zu, da die IFRS/IAS bei ihrer Betrachtung nicht auf ein und dasselbe Finanzinstrument abstellen, sondern sich an der Risikoposition zukünftiger Netto-Cashflows ausrichten, unabhängig davon, ob die Betrachtung auf ein einzelnes, auf ähnliche oder sogar auf eine Gruppe ähnlicher Finanzinstrumente abstellt.

4. Teil: Schlussteil

1. Kapitel: Zentrale Ergebnisse

Der Ansatz, die IFRS/IAS als Ausgangspunkt für die Bilanzierung von aktiven und passiven Bilanzierungseinheiten heranzuziehen, fördert für die Fragen der Bilanzierung von Finanzinstrumenten durchaus interessante Ergebnisse zu Tage. Insbesondere vor dem Hintergrund, dass die gegenwärtige Bilanzierungspraxis nicht in der Lage ist, bestimmte Sachverhalte sachgerecht abzubilden, liefern die Vorschriften des IAS 32 und IAS 39 teilweise zweckmäßige Anregungen, die der steuerbilanziellen Behandlung von Finanzinstrumenten in einem dynamischen Umfeld zugute kommen könnten. Unter der Bedingung, dass eine eigenständige Steuerbilanz auf verfassungsrechtliche und ökonomische Prinzipien Rücksicht zu nehmen hat, lassen sich folgende Ergebnisse ableiten.

- **Zentrale Bilanzierungseinheiten**

Trotz des gemeinsamen Ausgangspunktes der Einzelbilanzierung weichen die IFRS/IAS und das Steuerrecht hinsichtlich der Bilanzierung aktiver Bilanzierungseinheiten objektivierungsbedingt voneinander ab. Während das Asset der IFRS/IAS-Bilanz ausschließlich über die in Zahlungsmitteln ausgedrückten Verwertungsmöglichkeiten am Absatzmarkt informieren soll, ist die steuerliche Sichtweise, über das Kriterium der selbständigen Bewertbarkeit verbunden mit der Übertragbarkeit, stark an einem durch den Beschaffungsmarkt beigebrachten Mengengerüst ausgerichtet. Steuerbilanziell wird zudem die allgemeine Verkehrsanschauung als objektivierendes Korrektiv herangezogen, deren Aufgabe in der IFRS/IAS-Bilanz weitestgehend durch subjektive Erwägungen des Managements wahrgenommen wird. Dies dürfte schwerlich den gebotenen Objektivierungsanforderungen eines eigenständigen Steuerbilanzrechts genügen. Im Zuge der Gewinnermittlung auf Basis eines Betriebsvermögensvergleichs erscheint es daher auch zukünftig als angebracht, lediglich Vermögensvorteile zu bilanzieren, die ein nutzenbringendes, nachprüfbares Mengengerüst abbilden. Als alternativlos erscheint dabei das zentrale Kriterium der selbständigen Bewertbarkeit, das im Zusammenhang mit dem Grundsatz der Unternehmensfortführung die Übertragbarkeit von Vermögenswerten auf Basis der allgemeinen Verkehrsanschauung einschließt.

Auch bei der Bilanzierung der passiven Bilanzierungseinheiten sind Unterschiede zwischen dem IFRS/IAS-Vorgehen und dem Steuerbilanzrecht zu erkennen. Während als Voraussetzung für die Bilanzierung einer Schuld sowohl nach den IFRS/IAS-Vorschriften und steuerbilanziell auf das Vorliegen einer rechtlichen und wirtschaftlichen Verpflichtung abgestellt wird, kennt die IFRS/IAS-Liability-Definition das Kriterium der wirtschaftlichen Vermögensbelastung nicht. Die IFRS/IAS stellen diesbezüglich auf das Kriterium des Abflusses von Ressourcen ab, die wirtschaftlichen Nutzen verkörpern. Ein etwaiger mit einer Kapitalüberlassung im Zusammenhang stehender Ressourcenabfluss begründet unabhängig davon, ob der Abfluss den wirtschaftlichen Erfolg des Unternehmens mindert oder aus ihm zu leisten ist, einen Schuldposten. Insofern eignet sich dieses IFRS/IAS-Liabilitykriterium auch nicht als ein Schuldkriterium für ein eigenständiges Steuerbilanzrecht, da es für die Messung der wirtschaftlichen Leistungsfähigkeit entscheidend darauf ankommt, ob eine wirtschaftliche Belastung vorliegt und nicht, ob gegebenenfalls ein Abfluss von Ressourcen angenommen werden kann. Das Eigenkapital ist in beiden Rechenwerken zunächst übereinstimmend ein Residuum aus der Differenz zwischen den Vermögenswerten und den Schulden des Unternehmens. Obwohl es sich in beiden Rechenwerken um eine Saldogröße handelt, müssen die Eigenkapitalwerte der beiden Rechenwerke jedoch nicht identisch sein, da sich die Divergenzen der bilanzierten Aktiv- und Passivposten entsprechend im Eigenkapital widerspiegeln. Gegen die Bestimmung des IFRS/IAS-Eigenkapitals als Residuum lässt sich in einem eigenständigen Steuerbilanzrecht nichts einwenden, da sie durch die Bilanzierung der weiteren Aktiv- und Passivposten determiniert wird.

- **Kategorisierung von Finanzinstrumenten**

Im Gegensatz zu den IFRS/IAS nehmen die Finanzinstrumente im deutschen Steuerbilanzrecht weder eine Sonderstellung ein noch ist für sie eine Kategorisierung vorgesehen. Die Bilanzierung von Finanzinstrumenten richtet sich nach den allgemeinen Grundsätzen ordnungsmäßiger Buchführung; dies gilt insbesondere vor dem Hintergrund, dass eine Bewertung von Finanzinstrumenten zum Fair Value nicht vorgesehen ist. Eine Abkopplung finanzwirtschaftlicher von den realwirtschaftlichen Sachverhalten würde eine Ungleichbehandlung bedeuten, die nicht den Anforderungen eines eigenständigen Steuerbilanzrechts gerecht wird. Sonderregelungen für Finanzinstrumente, die sich als Konsequenz aus der Fair Value-Konzeption ergeben, sind steuerlich daher grundsätzlich nicht in Erwägung zu ziehen.

- **Finanzielle Vermögenswerte**

Steuerbilanziell finden sich keine Vorschriften, die zur Bilanzierung finanzieller Vermögenswerte gezielt auf den mittelbaren oder unmittelbaren Zufluss flüssiger Mittel abstellen; die Bilanzierung eines finanziellen Vermögenswerts richtet sich hier vielmehr an den bekannten Wirtschaftsgutkriterien aus. Die IFRS/IAS verweisen zudem auf die Bilanzwirksamkeit finanzieller Vermögenswerte, sofern sie auf einer rechtsgeschäftlichen Grundlage in Form einer vertraglichen Vereinbarung basieren. Während Finanzderivate in einer IFRS/IAS-Bilanz bilanzwirksam zu erfassen sind, sind sie in der Steuerbilanz nicht abzubilden, da dem Bilanzansatz grundsätzlich der Tatbestand der Leistungserbringung vorausgegangen sein muss. Schwebende Geschäfte werden steuerbilanziell generell als bilanzunwirksam behandelt, unabhängig davon, ob es sich um ein finanzielles oder realwirtschaftliches Geschäft handelt. Des Weiteren findet sich im Steuerbilanzrecht auch keine vergleichbare Vorschrift, die bestimmt, dass ein finanzieller Vermögenswert gleichzeitig bei einem anderen Unternehmen zu einer finanziellen Verbindlichkeit (oder zu einem Eigenkapitalinstrument) führen muss. Das deutsche Bilanzrecht kennt im Gegensatz zu den IFRS/IAS-Vorschriften keinen Grundsatz der korrespondierenden Bilanzierung; die Aktivierungsfähigkeit beim Inhaber eines finanziellen Vermögenswerts hängt nicht von der Passivierungsfähigkeit beim Emittenten ab. Auch in einem eigenständigen Steuerbilanzrecht besteht keine Notwendigkeit, Finanzgeschäfte bereits bei Vertragsabschluss zu berücksichtigen oder korrespondierend von der bilanziellen Behandlung bei einem anderen Unternehmen abhängig zu machen.

Die Behandlung eingebetteter Derivate unterliegt sowohl nach den IFRS/IAS-Vorschriften als auch steuerbilanziell einer wirtschaftlichen Betrachtungsweise. Beide Rechenwerke stellen bei der Frage, ob ein eingebettetes Derivat vom Basisobjekt abzutrennen ist oder nicht, auf einen risikoorientierten Ansatz ab. Sofern das eingebettete Derivat und das Basisobjekt auf übereinstimmende Risikofaktoren reagieren, ist von einer Abspaltung abzusehen. Liegen hingegen keine übereinstimmenden Risikofaktoren vor, ist eine Abspaltung vorzunehmen. Steuerbilanziell wird in diesem Zusammenhang angenommen, dass das eingebettete Finanzderivat und der Basisvertrag in unterschiedliche Nutzungs- und Funktionszusammenhänge eingebunden sind. Darüber hinaus sind nach den IFRS/IAS-Vorschriften, anders als in einer Steuerbilanz, eingebettete Derivate auch dann abzutrennen, wenn sie trotz gleicher Risikokategorie einen erheblichen Einfluss auf die Gesamtposition ausüben. Während ein solches Vorgehen auch in einer eigenständigen Steuerbilanz als problematisch anzusehen ist, ist der von den IFRS/IAS verwendete risikoorientierte Ansatz grundsätzlich mit den Anforderungen einer objektivierten Gewinnermittlung eines eigenständigen Steuerbilanzrechts vereinbar.

- **Eigen- und Fremdkapitalinstrumente**

Auf Grund der Tatsache, dass steuerlich die Messung der Leistungsfähigkeit die Bilanzierung von Eigen- und Fremdkapitalinstrumenten bestimmt, ist die Grenzziehung zwischen Eigen- und Fremdkapital nicht so eindeutig wie dies bei der IFRS/IAS-Bilanzierung unter Informationsgesichtspunkten möglich ist. Obgleich sowohl das Steuerrecht als auch die IFRS/IAS übereinstimmend eine Erfolgs- und Vermögensbeteiligung des überlassenen Kapitals fordern und das Kapitalinstrument dem Unternehmen somit nachhaltig und nachrangig zur Verfügung stehen muss, erfolgt die Umsetzung auf Grund der unterschiedlichen Bilanzzwecke nicht einheitlich. Während es steuerlich in Bezug auf die Bilanzierung von Mezzanine-Kapital von Bedeutung ist, in welchem Umfang das überlassene Kapital sich an der Unternehmensentwicklung beteiligt und in welchem Maße dem Kapitalgeber Initiativrechte zukommen, stellen die IFRS/IAS aus Informationsgesichtspunkten auf den Aspekt der Entziehbarkeit des Kapitals ab. Nach Auffassung des IASB liegt lediglich dann Eigenkapital vor, wenn ein etwaiger Kapitalabfluss ausschließlich im freien Ermessen der Organe des Unternehmens liegt. Steuerbilanziell ist vielmehr von Bedeutung, ob die Kapitalbedienung den Erfolg des Unternehmens belastet oder aus ihm zu leisten ist. Tendenziell ist daher im Steuerrecht häufiger Eigenkapital auszuweisen, als dies nach den IFRS/IAS der Fall ist. Eine allgemeine Eignung der IFRS/IAS-Regeln zur Abgrenzung von Eigen- und Fremdkapitalinstrumenten lässt sich auf Grund des Entziehbarkeitskriteriums für ein eigenständiges Steuerbilanzrecht nicht ableiten. So wäre es steuerbilanziell beispielsweise nicht zu rechtfertigen, dass die Kapitalüberlassung des Gesellschafters einer Personengesellschaft als Fremdkapital zu qualifizieren ist, während das Kapital eines Einzelunternehmers als Eigenkapital auszuweisen ist.

- **Sicherungsbeziehungen**

Resultierend aus dem Mixed-Model-Approach erachtet der IASB es für notwendig, unter bestimmten Voraussetzungen wirksame Sicherungsbeziehungen bilanziell zu berücksichtigen. Das IFRS/IAS-Regelwerk sieht hierfür gesonderte Vorschriften vor, die explizit die bilanzielle Behandlung des Hedge-Accountings zum Inhalt haben. Der IASB greift dabei entweder auf die Mark-to-Market-Methode oder die Defferal-Methode zurück. Steuerbilanziell finden sich hingegen keine gesonderten Vorschriften, die sich mit der Bilanzierung von Sicherungsbeziehungen befassen. Im Zentrum der steuerbilanziellen Diskussion steht die Zulässigkeit einer kompensatorischen Bewertung als sachgerechte Interpretation des Einzelbewertungsgrundsatzes. Im Gegensatz zum IFRS/IAS-Vorgehen, das ausgehend vom subjektiven Sicherungswillen des Unternehmens ausschließlich auf den Nachweis der Wirksamkeit einer Sicherungsbeziehung abstellt, werden steuerbilanziell vornehmlich objektive Kriterien herangezogen, die im Wesentlichen auf einen streng kausalen Zusammenhang zwischen Grund- und Sicherungsgeschäft Bezug nehmen. In einem eigenständigen Steuerbilanzrecht dürfte es unverzichtbar sein, in diesem Zusammenhang vom Einzelbewertungsgrundsatz abweichende Sondervorschriften zu erlassen, die verstärkt den subjektiven Sicherungswillen des Bilanzierenden und die tatsächliche Wirksamkeit der Sicherungsbeziehung mit einbeziehen.

- **Personelle Zurechnung von Finanzinstrumenten**

Sowohl in einer IFRS/IAS-Bilanz als auch in der Steuerbilanz wird die Frage der personellen Zurechnung von Wertpapieren unter wirtschaftlichen Gesichtspunkten getroffen. Die steuerbilanzielle Zurechnung richtet sich dabei grundsätzlich an den zivilrechtlichen Eigentumsverhältnissen aus; eine hiervon abweichende Zurechnung zum wirtschaftlichen Eigentümer ist lediglich dann vorzunehmen, wenn dieser die tatsächliche Herrschaft über das Finanzinstrument ausüben kann. Die IFRS/IAS-Vorschriften stellen hingegen auf ein zweistufiges Prüfschema ab, das, ohne an zivilrechtliche Strukturen anzuknüpfen, ausschließlich risikoorientiert zu verstehen ist. Die IFRS/IAS reduzieren ihre Betrachtungsweise nicht isoliert auf ein und dasselbe Finanzinstrument; sie stellen auf die Risikoposition des Netto-Cashflows eines oder eines ähnlichen/gleichartigen Finanzinstruments oder einer Gruppe ähnlicher Finanzinstrumente ab. Auch ein eigenständiges Steuerbilanzrecht ist auf das Institut des wirtschaftlichen Eigentums als Gegenstand der steuerlichen Gewinnermittlung angewiesen; dies gilt ferner für eine Betrachtungsweise, die nicht nur auf ein und dasselbe Finanzinstrument abstellt.

Differenziert ist in diesem Zusammenhang das zweistufige IFRS/IAS-Prüfschema zu bewerten. Während die erste Prüfungsebene des Risk and Reward-Approachs den steuerlichen Anforderungen entspricht, dürfte die zweite Prüfungsebene mit dem Control-Konzept und dem daraus abgeleiteten Continuing-Involvement steuerlich weniger von Bedeutung sein, da steuerlich schwerlich eine Unterscheidung zwischen Wirtschaftsgütern vorgenommen werden kann, die an einem aktiven Markt und die nicht an einem aktiven Markt gehandelt werden.

2. Kapitel: Ausblick

Auf Grund der Rechnungslegungsstrategie der EU mit ihrer Entscheidung für die IFRS/IAS und auch auf Grund des Bedeutungswandels des Kapitalerhaltungsgrundsatzes stellt sich gegenwärtig ein verstärkter Veränderungsdruck auf den Maßgeblichkeitsgrundsatz und auch auf die steuerliche Gewinnermittlung in Deutschland ein. Um auch zukünftig eine an den Grundprinzipien des Steuerrechts orientierte Gewinnermittlung gewährleisten zu können, bedarf es eines eigenständigen Steuerbilanzrechts, das sich unter Aufgabe der Maßgeblichkeit in einem ersten Schritt von den Einflüssen der IFRS/IAS löst. Unter dem Gesichtspunkt der Vereinfachung ist dann in einem zweiten Schritt zu prüfen, ob nicht einzelne IFRS/IAS-Vorschriften Bedeutung für die steuerbilanzielle Gewinnermittlung entfalten können, ohne dass dabei eine rechtstechnische Anknüpfung im Sinne einer Maßgeblichkeit vorliegen muss. Die IFRS/IAS bieten in diesem Zusammenhang globale Lösungsansätze an, die durchaus der Fortentwicklung der steuerlichen Gewinnermittlung dienen können. Wie gezeigt, sind allerdings nicht alle IFRS/IAS-Vorschriften zur Bilanzierung von Finanzinstrumenten für die steuerliche Gewinnermittlung geeignet, was insbesondere aus der Zweckdivergenz der beiden Rechenwerke resultiert. Es finden sich jedoch auch Vorschriften, die in einem eigenständigen Steuerbilanzrecht als Bilanzierungsvorschrift herangezogen werden könnten. Überlegungen hierzu ergeben sich aus dem Vergleich mit den geltenden steuerbilanziellen Vorschriften, der aufzeigt, dass im deutschen Steuerbilanzrecht gegenwärtig u.a. inkonsistente Regelungen oder Regelungslücken vorzufinden sind. Der Gesetzgeber sollte für die Gestaltung eines eigenständigen Steuerbilanzrechts daher nicht auf die Vorgehensweise der international akzeptierten IFRS/IAS-Vorschriften verzichten, sondern die Vorschriften konkret in seine Überlegungen miteinbeziehen. Dies gilt insofern auch für die Bilanzierung von Finanzinstrumenten, bei denen beispielsweise die IFRS/IAS-Sondervorschriften für das Hedge-Accounting sinnvolle Anregungen umfassen.

Literaturverzeichnis

ADS, (Hrsg.: Adler, Hans, Düring, Walther, and Schmaltz, Kurt)
Rechnungslegung und Prüfung der Unternehmen, Kommentar: 6. Auflage 2000, Schäffer Poeschel Verlag, Stuttgart.

AHMANN, Karin-Renate (Bilanzrichtlinie)
Die Bilanzrichtlinie und die steuerliche Gewinnermittlung - Eine Zwangsehe?, in: FS Schmidt (Hrsg.: Raupach, Arndt und Uelner, Adalbert), Ertragsbesteuerung, 1993, C.H. Beck Verlag, München, S. 269-289.

AKTIENGESETZ (Hrsg.: Hüffer, Uwe)
Kommentar: Aktiengesetz, 7. Auflage 2006, Verlag C.H. Beck, München.

ALSHEIMER, Herbert (Maßgeblichkeit)
Einhundert Jahre Prinzip der Maßgeblichkeit der Handelsbilanz für die Steuerbilanz, ZfB 1974, S. 841-848.

ALVAREZ, Manuel/WOTSCHOFSKY, Stefan/MIETHIG, Michaela (Leasingverhältnisse)
Leasingverhältnisse nach IAS 17, WPg 2001, S. 933-947.

AMMANN, Helmut/HUCKE, Anja (Bilanzrechtsreformgesetz)
Das Bilanzrechtsreformgesetz - Ein wichtiger Beitrag zur Internationalisierung der Rechnungslegung und Qualitätsverbesserung der Abschlussprüfung, StuStu 2005, S. 230-234.

AMMANN, Helmut/WULF, Inge (Leasingbilanzierung)
Leasingbilanzierung gemäß HGB, US-GAAP sowie IAS, StuB 2000, S. 909-917.

ANGERER, H.-Peter (Genussrechte)
Genussrechte bzw. Genussscheine als Finanzierungsinstrument, DStR 1994, S. 41-45.

ANSTETT, Christof Werner/HUSMANN, Rainer (Bewertungseinheit)
Die Bildung von Bewertungseinheiten bei Derivatgeschäften, BB 1998, S. 1523-1530.

ARBEITSKREIS "EXTERNE UNTERNEHMENSRECHNUNG" DER SCHMALENBACH-GESELLSCHAFT (Finanzinstrumente)
Bilanzierung von Finanzinstrumenten im Währungs- und Zinsbereich auf der Grundlage des HGB, DB 1997, S. 637-642.

ARBEITSKREIS "EXTERNE UNTERNEHMENSRECHNUNG" DER SCHMALENBACH-GESELLSCHAFT (IAS)
Die Zukunft der Rechnungslegung aus Sicht von Wissenschaft und Praxis - Fachprogramm des Arbeitskreises Externe Unternehmensrechnung im Rahmen des 54. Deutschen Betriebswirtschafter-Tags, DB 2001, S. 160-161.

ARBEITSKREIS "EXTERNE UNTERNEHMENSRECHNUNG" DER SCHMALENBACH-GESELLSCHAFT (IFRS)
International Financial Reporting Standards im Einzel- und Konzernabschluss unter der Prämisse eines Einheitsabschlusses für unter Anderem steuerliche Zwecke, DB 2003, S. 1585-1588.

ARBEITSKREIS BILANZRECHT DER HOCHSCHULLEHRER RECHTSWISSENSCHAFT (Bilanzrecht)
Zur Fortentwicklung des deutschen Bilanzrechts, BB 2002, S. 2372-2381.

ARNDT, Hans-Wolfgang/MUHLER, Manfred (Optionsanleihe)
Optionsanleihen im Ertragsteuerrecht, DB 1988, S. 2167-2173.

ARNOLDI, Roman/LEOPOLD, Tobias (Hedge Accounting)
Portfolio Fair Value Hedge Accounting: Entwicklung IAS-konformer und praxistauglicher Buchungsregeln, KoR 2005, S. 22-38.

BAETGE, Jörg (GoB)
Grundsätze ordnungsmäßiger Buchführung, DB 1986, S. 1-15.

BAETGE, Jörg/BRÜGGEMANN, Benedikt (Genussrechte)
Ausweis von Genussrechten auf der Passivseite der Bilanz des Emittenten, DB 2005, S. 2145-2152.

BAETGE/DÖRNER et al. (Hrsg.: Baetge, Jörg; Dörner, Dietrich; Kleekämper, Heinz; Wollmert, Peter und Kirsch, Hans-Jürgen)
Kommentar: Rechnungslegung nach International Accounting Standards (IAS), 2. Auflage, Schäffer-Poeschel Verlag, Stuttgart, Stand: 1. Ergänzungslieferung Juni 2005.

BAETGE/KIRSCH/THIELE (Hrsg.: Baetge, Jörg; Kirsch, Hans-Jürgen und Thiele, Stefan)
Kommentar: Bilanzrecht, Stollfuß Verlag, Bonn/Berlin, Stand: 1. Auflage ergänzt bis 13. Aktualisierung 2006.

BAETGE, Jörg/KRUMNOW, Jürgen/NOELLE, Jennifer (DRSC)
Das "Deutsche Rechnungslegungs Standards Committe" (DRSC), DB 2001, S. 769-774.

BaFin vom 20.12.2005¶
Rundschreiben 18/2005: Mindestanforderungen an das Risikomanagement (MaRisk).

BALZ, Gerhard K./ILINA, Ksenia (Kommanditkapital)
Kommanditkapital nach International Accounting Standards - Ist die GmbH & Co. KG kapitalmarkttauglich?, BB 2006, S. 2759-2763.

BARCKOW, Andreas (Sicherungsbeziehungen)
Die Bilanzierung von derivativen Finanzinstrumenten und Sicherungsbeziehungen, 2004, IDW-Verlag, Düsseldorf.

BARCKOW, Andreas/GLAUM, Martin (Full Fair Value Model)
Bilanzierung von Finanzinstrumenten nach IAS 39 (rev. 2004) - ein Schritt in Richtung Full Fair Value Model?, KoR 2004, S. 185-203.

BARCKOW, Andreas/ROSE, Simone (Hedgestrategien)
Die Bilanzierung von Derivaten und Hedgestrategien - Konzeption, Anwendungsbereich und Inhalte des zukünftigen US-amerikanischen Standards SFAS 13X, WPg 1997, S. 789-801.

BÄRENZ, Christian (EuGH)
Der EuGH und das deutsche Steuerbilanzrecht, DStR 2003, S. 492-495.

BARTA, Sebastian (Stammkapital)
Das Kapitalsystem von GmbH und AG - Inhalt und Zweck der Regelungen über Stamm- bzw. Grundkapital, GmbHR 2005, S. 657-662.

BAUMBACH/HOPT (Hrsg.: Hopt, Klaus J.; Merkt, Hanno und Baumbach, Adolf)
Kommentar: Handelsgesetzbuch, 32. Auflage 2006, Verlag C.H. Beck, München.

BAUMBACH/HUECK (Hrsg.: Baumbach, Adolf; Hueck, Alfred; Fastrich, Lorenz; Hueck, Götz; Schulze-Osterloh, Joachim und Zöllner, Wolfgang)
Kommentar: GmbH-Gesetz, 18. Auflage 2006, C.H. Beck Verlag, München.

BAYER, Walter (Inspire Art)
Die EuGH-Entscheidung "Inspire Art" und die deutsche GmbH im Wettbewerb der europäischen Rechtsordnungen, BB 2003, S. 2357-2366.

BAYER, Walter (Gesellschaftsrecht)
Aktuelle Entwicklung im Europäischen Gesellschaftsrecht, BB 2004, S. 1-11.

BEA, Franz Xaver (Risikomanagement)
Die Prozesse des Risikomanagements - Anforderungen und Gestaltung, in: FS Eisele (Hrsg.: Knobloch, Alois Paul und Kratz, Norbert), Neuere Finanzprodukte, 2003, Verlag Franz Vahlen, München, S. 34-49.

BECK BIL KOM (Hrsg.: Berger, Axel; Ellrott, Helmut; Förschle, Gerhart und Hense, Burkhard)
Kommentar: Beck`scher Bilanz-Kommentar, 5. Auflage 2003, Verlag C.H. Beck, München.

BECK`SCHES HDR (Hrsg.: Castan, Edgar; Heymann, Gerd; Ordelheide, Dieter; Pfitzer, Norbert und Scheffler, Eberhard)
Kommentar: Beck`sches Handbuch der Rechnungslegung, Verlag C.H. Beck, München, Stand: 24. Ergänzungslieferung Dezember 2005.

BECK`SCHES IFRS-HANDBUCH (Hrsg.: Bohl, Werner; Riese, Joachim und Schlüter, Jörg)
Kommentar: Beck`sches IFRS-Handbuch Kommentierung der IAS/IFRS, 2004, Verlag C.H. Beck, München.

BEISSE, Heinrich (Gläubigerschutz)
Gläubigerschutz - Grundprinzip des deutschen Bilanzrechts, in: FS Beusch (Hrsg.: Beisse, Heinrich, Lutter, Marcus und Närger, Heribald), Festschrift für Karl Beusch zum 68. Geburstag, 1993, Walter de Gruyter, Berlin / New York, S. 77-97.

BEISSE, Heinrich (Bilanzrechtssystem)
Zum neuen Bild des Bilanzrechtssystems, in: FS Moxter (Hrsg.: Ballwieser, Wolfgang, Böcking, Hans-Joachim, Drukarczyk, Jochen und Schmidt, Christian), Bilanzrecht und Kapitalmarkt, 1994, IDW, Düsseldorf, S. 3-31.

BEISSE, Heinrich (True and fair view)
"True and fair view" in der Steuerbilanz?, DStZ 1998, S. 310-317.

BENNAT, Heinz-Dieter (Wertpapierpensionsgeschäfte)
Wertpapierpensionsgeschäfte in steuerlicher Sicht, WM 1969, S. 1434-1442.

BENNE, Jürgen (Schwebende Geschäfte)
Die Bedeutung von Gewinnerwartung aus schwebenden Geschäften für die Bewertung der Aktiva und Passiva, BB 1979, S. 1653-1656.

BENNE, Jürgen (Einzelbewertung)
Einzelbewertung und Bewertungseinheit, DB 1991, S. 2601-2610.

BERGER, Ulrich G./KLOTZ, Simone (Optionsanleihe I)
Steuerliche Behandlung der Emittenten von Optionsanleihen bei Nichtausübung der Optionsrechte, DB 1993, S. 953-957.

BERGHAUS, Michael/BARDELMEIER, Arndt (Genussscheine)
Genussscheine, in: Habersack/Mülbert/Schlitt (Hrsg.: Habersack, Mathias, Mülbert, Peter O., and Schlitt, Michael), Unternehmensfinanzierung am Kapitalmarkt, 2005, Otto Schmidt Verlag, Köln, S. 338-360.

BERNDT, Thomas/HOMMEL, Michael (Konvergenzprojekt)
Konzernrechnungslegung zwischen Konvergenz und Wettbewerb - US-GAAP, IFRS und Euro-IFRS?, BFuP 2005, S. 407-423.

BERTL, Romuald (Finanzierungsinstrumente)
Die Abbildung hybrider Finanzierungsinstrumente im Rechnungswesen, in: Bischof/Eberhartinger (Hrsg.: Bischof, Matthias and Eberhartinger, Eva), Hybride Finanzierungsinstrumente, 2005, Linde Verlag, Wien, S. 99-117.

BERTSCH, Andreas (Aktienanleihe)
Rechnungslegung und Besteuerung von Aktienanleihen, StuB 1999, S. 685-689.

BERTSCH, Andreas (Strukturierte Produkte)
Bilanzierung strukturierter Produkte, KoR 2003, S. 550-563.

BERTSCH, Andreas/KÄRCHER, Ralph (Derivate)
Handels- und steuerbilanzielle Behandlung von Derivativen und strukturierten Produkten, in: Handbuch Derivativer Instrumente (Hrsg.: Eller, Roland), Handbuch Derivativer Instrumente, 1999, Schäffer-Poeschel, Stuttgart, S. 731-770.

BIEG, Hartmut (Derivate II)
Grundlagen der Bilanzierung und Bewertung von Derivaten - Teil II, StB 2002, S. 472-477.

BIEG, Hartmut/HOSSFELD, Christopher/KUßMAUL, Heinz/WASCHBUSCH, Gerd (Finanzinstrumente)
Bilanzierung und Bewertung von Finanzinstrumenten (Teil I), StB 2006, S. 178-182.

BIEKER, Marcus/HACKENBERGER, Jens (Finanzinstrumente)
Finanzinstrumente im IFRS-Abschluss - Der steinige Weg zum Full Fair Value Accounting, DB 2004, S. 1625-1631.

BIENER, Herbert (Bilanzierung)
Bilanzierung im Spannungsfeld von Europa-, Umwandlungs- und Steuerrecht, StbJb. 1996, S. 29-52.

BINNEWIES, Burkhard (EU-Kapitalgesellschaft)
EU-Kapitalgesellschaft als Alternative zur GmbH?, GmbH-StB 2004, S. 206-212.

BIPPUS, Birgit Elsa (Dividenden-Stripping)
Dividenden-Stripping, RIW 1994, S. 945-960.

BIRK, Dieter (Steuerrechtswissenschaft)
Zum Stand der Theoriediskussion in der Steuerrechtswissenschaft, StuW 1983, S. 293-299.

BIRK, Dieter (Leistungsfähigkeit)
Das Leistungsfähigkeitsprinzip in der Unternehmenssteuerreform, StuW 2000, S. 328-336.

BIRK, Dieter (Steuerrecht)
Steuerrecht, 2004, C.F. Müller Verlag, Heidelberg.

BITTERLIN, Olivier (Finanzderivate)
Derivative Finanzinstrumente im Jahresabschluss, 2003, Zürich.

BLÜMICH (Hrsg.: Ebling, Klaus)
Kommentar: EStG, Verlag Franz Vahlen, München, Stand: 89. Ergänzungslierfung März 2006

BMF (September 2004)
Monatsbericht September 2004, S. 1-79.

BOCK, Volker (Mezzanines-Darlehen)
Steuerliche und bilanzielle Aspekte mezzaniner Nachrang-Darlehen, DStR 2005, S. 1067-1072.

BÖCKING, Hans-Joachim (Zero-Bonds)
Der Grundsatz der Nettobilanzierung von Zero-Bonds, ZfbF 1986, S. 930-955.

BÖCKING, Hans-Joachim (Zero-Bonds)
Der Grundsatz der Nettobilanzierung von Zero-Bonds, ZfbF 1986, S. 930-955.

BÖCKING, Hans-Joachim (Einzelabschluss)
IAS für Konzern- und Einzelabschluss!, WPg 2002, S. 925-928.

BÖCKING, Hans-Joachim/HEROLD, Christian (IAS-Light)
Zur Notwendigkeit modifizierter IFRS für kleine und mittelgroße Unternehmen, DK 2004, S. 789-797.

BRACKERT, Gerhard/PRAHL, Reinhard/NAUMANN, Thomas K. (Risikosteuerung)
Neue Verfahren der Risikosteuerung und ihre Auswirkung auf die handelsrechtliche Gewinnermittlung, WPg 1995, S. 544-555.

BREKER, Norbert (Optionsrechte)
Optionsrechte und Stillhalterverpflichtungen im handelsrechtlichen Jahresabschluß, 1993, IDW-Verlag, Düsseldorf.

BREKER, Norbert/HARRISON, David A./SCHMIDT, Martin (Eigenkapital)
Die Abgrenzung von Eigen- und Fremdkapital, KoR 2005, S. 469-479.

BRENNER, Hans-Dieter/WEBER, Christoph (Landesbank)
IAS 39 aus Sicht einer Landesbank, Kreditwesen 2004, S. 594-598.

BREUNINGER, Gottfried/FREY, Johannes (Anleiheemission)
Steuerliche und bilanzielle Aspekte von Anleiheemissionen, in: Habersack/Mülbert/Schlitt (Hrsg.: Habersack, Mathias, Mülbert, Peter O., and Schlitt, Michael), Unternehmensfinanzierung am Kapitalmarkt, 2005, Otto Schmidt Verlag, Köln, S. 458-482.

BRÜGGEMANN, Benedikt/LÜHN, Andreas/SIEGEL, Mikosch (Finanzinstrumente)
Bilanzierung hybrider Finanzinstrumente nach HGB, IFRS und US-GAAP im Vergleich (Teil II), KoR 2004, S. 389-402.

BRÜGGEMANN, Benedikt/LÜHN, Michael/SIEGEL, Mikosch (Finanzinstrumente)
Bilanzierung hybrider Finanzinstrumente nach HGB, IFRS und US-GAAP im Vergleich (Teil I), KoR 2004, S. 340-352.

BUCHHOLZ, Rainer (IAS)
IAS für mittelständische Unternehmen? - Vor- und Nachteile neuer Rechnungslegungsvorschriften in Deutschland, DStR 2002, S. 1280-1284.

BUCIEK, Klaus D. (Darlehen)
Das kapitalersetzende Darlehen im Steuerrecht, Stbg 2000, S. 109-118.

BUDDE, Dieter/STEUBER, Elgin (Gläubigerschutz)
Rechnungslegung im Spannungsfeld zwischen Gläubigerschutz und Information der Gesellschafter, AG 1996, S. 542-550.

BUDDE, Dieter/STEUBER, Elgin (Verfassungsrecht)
Verfassungsrechtliche Voraussetzungen zur Transformation internationaler Rechnungslegungsgrundsätze, DStR 1998, S. 504-508.

BUNDESVERBAND DEUTSCHER BANKEN (Hedge Accounting)
Bilanzierung von Sicherungsgeschäften (Hedge Accounting) nach IAS 39 - Vorschlag einer Umsetzung für Kreditinstitute des Ausschusses für Bilanzierung des Bundesverbandes deutscher Banken -, WPg 2001, S. 346-353.

BURKERT, Manfred (Finanzderivate)
Bilanzierung und Besteuerung von Finanzderivaten - dargestellt am Beispiel ausgewählter Zinsinstrumente, 1995, Diskussionsbeiträge aus dem Institut für Ausländisches und Internationales Finanz- und Steuerwesen, Hamburg.

BURKHALTER, Roland (Maßgeblichkeitsgrundsatz)
Maßgeblichkeitsgrundsatz, 2003, Haupt Verlag, Bern/Stuttgart/Wien.

BURKHARDT, Dietrich (Fremdwährungsgeschäft)
Grundsätze ordnungsmäßiger Bilanzierung für Fremdwährungsgeschäfte, 1988, IDW-Verlag, Düsseldorf.

BUSCHMANN, Wolfgang F. (Risiko-Controlling)
Risiko-Controlling, WPg 1992, S. 720-729.

BUSSE VON COLBE, Walther (Harmonisierung)
Vorschlag der EG-Kommission zur Anpassung der Bilanzrichtlinie an die IAS - Abschied von der Harmonisierung, BB 2002, S. 1530-1536.

CHRISTIANSEN, Alfred (Einzelbewertung)
Der Grundsatz der Einzelbewertung - Schwerpunkt des bilanziellen Ergebnisausweises, DStZ 1995, S. 385-397.

CHRISTIANSEN, Alfred (Einzelbewertung)
Zum Grundsatz der Einzelbewertung - insbesondere zur Bildung sogenannter Bewertungseinheiten, DStR 2003, S. 264-268.

CLEMM, Hermann (Maßgeblichkeit)
Steuerbilanz in der Krise?, in: FS Offerhaus (Hrsg.: Kirchhof, Paul, Jakob, Wolfgang und Beermann, Albert), Steuerrechtsprechung Steuergesetz Steuerreform, 1999, Otto Schmidt Verlag, Köln, S. 631-645.

COENENBERG, Adolf G. (Jahresabschlussanalyse)
Jahresabschluss und Jahresabschlussanalyse, 20. Auflage, 2005, Verlag moderne industrie, Stuttgart.

COSTEDE, Jürgen (Wirtschaftsgut)
Die Aktivierung von Wirtschaftsgütern im Einkommensteuerrecht, StuW 1995, S. 115-123.

CREZELIUS, Georg (Eigentum)
"Aktienrechtliches Eigentum", DB 1983, S. 2019-2023.

CREZELIUS, Georg (Steuergesetzgebung)
Steuergesetzgebung im Steuerstaat, Stbg 2005, S. 101-105.

DASKE, Holger (Kapitalkosten)
Internationale Rechnungslegung und Kapitalkosten: Zum Stand der empirischen Rechnungswesenforschung, BFuP 2005, S. 455-473.

DAUTZENBERG, Norbert (Leur-Bloem)
Anmerkung EuGH-Urteil Leur-Bloem, FR 1997, S. 690-692.

D/E/J/W (Hrsg.: Dötsch, Ewald; Eversberg, Horst; Jost, Werner F. und Witt, Georg)
Kommentar: Die Körperschaftsteuer, Schäffer-Poeschel Verlag, Stuttgart, Stand: 55. Ergänzungslieferung November 2005.

DETTMEIER, Michael/PÖSCHKE, Moritz (GmbH-Gesellschafter)
Der "ordentliche" Austritt aus der GmbH - Gesellschaftsrecht und Eigenkapitalausweis nach IAS/IFRS, GmbHR 2006, S. 297-300.

DETTMEIER, Michael/PÖSCHKE, Moritz (Minderheitsanteile)
Minderheitsanteile im Konzernabschluss nach IAS/IFRS, KoR 2006, S. 76-81.

DIE BANKBILANZ (Hrsg.: Birck, Heinrich und Meyer, Heinrich)
Kommentar: Die Bankbilanz, 1989, Gabler Verlag, Wiesbaden.

DIßARS, Falk-Birger (Überseering)
Überseering und Inspire Art - Perspektiven durch die Rechtsprechung des EuGH, INF 2004, S. 474-478.

DÖLLERER, Georg (Leasing)
Leasing - wirtschaftliches Eigentum oder Nutzungsrecht?, BB 1971, S. 535-540.

DÖLLERER, Georg (Handelsbilanz)
Maßgeblichkeit der Handelsbilanz in Gefahr?, BB 1971, S. 1333-1335.

DÖLLERER, Georg (Bilanzierung)
Zur Bilanzierung des schwebenden Vertrags, BB 1974, S. 1541-1548.

DÖLLERER, Georg (Bilanzierung)
Zur Bilanzierung des schwebenden Vertrags, BB 1974, S. 1541-1548.

DÖLLERER, Georg (Aktivierungswelle)
Droht eine neue Aktivierungswelle, BB 1980, S. 1333-1337.

DÖLLERER, Georg (Pensionsgeschäfte)
Die Rechtsprechung des Bundesfinanzhofs zum Steuerrecht der Unternehmen, ZGR 1984, S. 629-654.

DÖLLERER, Georg (Optionsanleihe)
Die Kapitalrücklage der Aktiengesellschaft bei Ausgabe von Optionanleihen nach Handelsrecht und Steuerrecht, AG 1986, S. 237-243.

DÖLLERER, Georg (Einlage)
Einlagen bei Kapitalgesellschaften nach Handelsrecht und Steuerrecht, BB 1986, S. 1857-1863.

DÖLLERER, Georg (Maßgeblichkeit)
Steuerbilanz und Beutesymbol, BB 1988, S. 238-241.

DOMBEK, Martina (Strukturiertes Produkt)
Die Bilanzierung von strukturierten Produkten nach deutschem Recht und nach den Vorschriften des IASB, WPg 2002, S. 1065-1074.

DÖRGE, Andreas (Pensionsgeschäfte)
Wertpapierleih- und Wertpapierpensionsgeschäfte, AG 1997, S. 396-405.

DÖRSCHER, Martin/HINZ, Holger (Mezzanine-Capital)
Mezzanine Capital - Ein flexibles Finanzierungsinstrument für KMU, FB 2003, S. 606-610.

DRÜEN, Klaus-Dieter (Gewinnerzielungsabsicht)
Maßstab der Gewinnerzielungsabsicht und Störfaktor für die Gewinnermittlung, FR 1999, S. 1097-1108.

DÜCKER, Reinhard (Bilanzrecht)
Aktuelle Entwicklungen des europäischen Bilanzrechts, StuB 2002, S. 70-74.

DUFEY, Günter (Finanzinnovationen)
Finanzinnovationen, in: FS Eisele (Hrsg.: Knobloch, Alois Paul und Kratz, Norbert), Neuere Finanzprodukte, 2003, Verlag Franz Vahlen, München, S. 4-18.

DZIADKOWSKI, Dieter (BIAO)
Anmerkung EuGH-Urteil BIAO, IStR 2003, S. 100-101.

EBENROTH, Thomas/BADER, Tom O. (Wertpapierpensionsgeschäft)
Rechtliche Qualifikation und aufsichtsrechtliche Behandlung grenzüberschreitender Wertpapierpensionsgeschäfte, ZBB 1990, S. 75-82.

EBERHARTINGER, Eva (Finanzierungsinstrumente)
Besteuerung und steuerliche Gestaltung hybrider Finanzierungsinstrumente, in: Bischof/ Eberhartinger (Hrsg.: Bischof, Matthias and Eberhartinger, Eva), Hybride Finanzierungsinstrumente, 2005, Linde Verlag, Wien, S. 119-139.

ECKES, Burkhard/BARZ, Katja/BÄTHE-GUSKI, Martina/WEIGEL, Wolfgang (Hedge Accounting)
Die aktuellen Vorschriften zum Hedge Accounting (I), Die Bank 2004, S. 416-420.

ECKES, Burkhard/SITTMANN-HAURY, Caroline/WEIGEL, Wolfgang (Finanzinstrumente)
Neue Versionen von IAS 32 und IAS 39 (I): Ausweis und Ansatz von Finanzinstrumenten, Die Bank 2004, S. 118-121.

ECKES, Burkhard/WEIGEL, Wolfgang (Fair Value-Option)
Die Fair Value-Option, KoR 2006, S. 415-423.

EDELMANN, Erwin/ELLER, Roland (Wertpapierpensionsgeschäft)
Wertpapierdarlehen und Wertpapierpensionsgeschäft, 1995, Economica Verlag, Bonn.

EINEM, Christoph von/SCHMID, Stefanie/PÜTZ, Silke (Privat Debt)
Mittelstandsfinanzierung mittels Privat Debt: Welche Form ist die richtige aus rechtlicher, steuerlicher und bilanzieller Sicht?, BB 2005, S. 9-15.

EISELE, Wolfgang/KNOBLOCH, Alois Paul (Strukturierte Anleihen)
Strukturierte Anleihen und Bilanzrechtsauslegung, ZfbF 2003, S. 749-773.

EKKENGA, Jens (Wirtschaftliches Eigentum)
Gibt es "wirtschaftliches Eigentum" im Handelsbilanzrecht?, ZGR 1997, S. 262-270.

EKKENGA, Jens (Objektivierung)
Anlegerschutz, Rechnungslegung und Kapitalmarkt, 1998, Mohr Siebeck, Tübingen.

ELKART, Wolfgang/SCHABER, Mathias (Hedge-Accounting)
Hedge-Accounting und interne Geschäfte im Spannungsfeld tradierter Rechnungslegungsgrundsätze und modernem Finanzmanagement, in: FS Eisele (Hrsg.: Knobloch, Alois Paul und Kratz, Norbert), Neuere Finanzprodukte, 2003, Verlag Franz Vahlen, München, S. 402-419.

ELSCHEN, Rainer (Entscheidungsneutralität, Allokationseffizienz und Besteuerung nach der Leistungsfähigkeit, StuW 1991, S. 99-115.

EMDE, Achim (Genußrechte)
Die handels- und steuerbilanzielle Behandlung einer Emission von Genußrechten, BB 1988, S. 1214-1217.

EMMERICH, Gerhard/NAUMANN, Klaus-Peter (Genußrechte)
Zur Behandlung von Genußrechten im Jahresabschluss von Kapitalgesellschaften, WPg 1994, S. 677-689.

ENGLISCH, Joachim (Eigentumsgarantie)
Eigentumsschonende Ertragsbesteuerung, StuW 2003, S. 237-248.

EPPLER, Gerold (Quasi-Eigenkapital)
Das Quasi-Eigenkapital bei der GmbH als steuerrechtliches Problem, DB 1991, S. 195-198.

ERLE/SAUTER (Hrsg.: Erle, Bernd und Sauter, Thomas)
Kommentar: Körperschaftsteuergesetz, 2003, C.F. Müller Verlag, Heidelberg.

ERNST, Christoph (IAS-Verordnung)
EU-Verordnungsentwurf zur Anwendung von IAS: Europäisches Bilanzrecht vor weitreichenden Änderungen, BB 2001, S. 823-825.

ESTERER, Fritz/HÄRTEIS, Lothar (Stock Options)
Die Bilanzierung von Stock Options in der Handels- und Steuerbilanz, DB 1999, S. 2073-2077.

EStG Kompaktkommentar (Hrsg.: Kirchhof, Paul)
Kommentar: EStG Kompaktkommentar, 6. Auflage 2006, C.F. Müller Verlag, Heidelberg.

EU-KOMMISSION (Ruding-Kommission)
Report of the Committee of Independent Experts on Company Taxation, 1992, Brüssel/Luxemburg.

EU-Kommission vom 13.06.2000
Aktenzeichen: KOM (2000) 359 endgültig, S. 1-12, Webseite: http://www.iasifrs.de/inhalt/eu/rechnungslegungsstartegie_kVorg.pdf#search=%22KOM%20(2000)%20359%20endg%C3%BCltig%22.

EU-Kommission vom 23.05.2001
Aktenzeichen: KOM (2001) 260 endgültig, S. 1-28, Webseite: http://europa.eu.int/eur-lex/de/com/cnc/2001/com2001_0260de01.pdf#search=%22KOM%20(2001)%20260%20endg%C3%BCltig%22.

EU-Kommission vom 23.10.2001
Aktenzeichen: KOM (2001) 582 endgültig, S. 1-54, Webseite: http://europa.eu.int/eur-lex/de/com/cnc/2001/com2001_0582de01.pdf#search=%22KOM%20(2001)%20582%20endg%C3%BCltig%22.

EU-Kommission vom 28.05.2002
Aktenzeichen: KOM (2002) 259 endgültig, S. 1-28, Webseite:http://forum.europa.eu.int/irc-/dsis/bmethods/info/data/new/259-02-2de.pdf#search=%22KOM%20(2002)%20259%20end-g%C3%BCltig%22.

EU-Kommission vom 17.10.2003
Aktenzeichen: KOM (2003) 613 endgültig, S. 1-34, Webseite: http://europa.eu.int/eur-lex/de/com/pdf/2003/com2003_0613de01.pdf#search=%22KOM%20(2003)%20613%20endg%C3%BCltig%22.

EU-Kommission vom 24.11.2003
Aktenzeichen: KOM (2003) 726 endgültig, S. 1-30, Webseite: http://europa.eu.int/eurlex/de-/com/cnc/2003/com2003_0726de01.pdf#search=%22KOM%20(2003)%20726%20endg%C3%BCltig%22.

EULER, Roland (Einzelabschluss)
Paradigmenwechsel im handelsrechtlichen Einzelabschluss: Von den GoB zu den IAS?, BB 2002, S. 875-881.

EZB (Fair Value)
Die Auswirkungen der Zeitwertbilanzierung - Bilanzierung auf den Europäischen Bankensektor im Hinblick auf die Finanzmarktstabilität, Monatsbericht 2004, S. 77-91.

FINNE, Thomas (Kurssicherung)
Bilanzielle Berücksichtigung von Kurssicherungen, BB 1991, S. 1295-1301.

FISCHER, Josef K. (Mezzanine-Kapital)
Alternativen zum Bankkredit, DSWR 2004, S. 110-113.

FISCHER, Leonhard (Swap)
Swapgeschäft, in: Gerke/Steiner (Hrsg.: Gerke, Wolfgang and Steiner, Manfred), Handwörterbuch des Bank- und Finanzwesens, 2001, Schäffer-Poeschel Verlag, Stuttgart, S. 2038-2048.

FISCHER, Peter (Eigentum)
Das wirtschaftliche Eigentum, NWB 1991, S. 5623-5632.

FLECK, Hans Joachim (Gesellschafterdarlehen)
Die Bilanzierung kapitalersetzender Gesellschafterdarlehen in der GmbH, in: FS Döllerer (Hrsg.: Knobbe-Keuk, Brigitte, Klein, Franz und Moxter, Adolf), Handelsrecht und Steuerrecht, 1988, IDW-Verlag, Düsseldorf, S. 109-131.

FLECK, Hans Joachim (Gesellschafterdarlehen)
Das kapitalersetzende Gesellschafterdarlehen in der GmbH-Bilanz - Verbindlichkeit oder Eigenkapital?, GmbHR 1989, S. 313-323.

FÖRSTER, Guido/WENDLAND, Jan (Gesellschafterdarlehen)
Steuerliche Folgen von Gesellschafterdarlehen in der Krise der GmbH, GmbHR 2006, S. 169-178.

FRANKE, Günter/MENICHETTI, Marco J. (Terminkontrakt)
Die Bilanzierung von Terminkonrakten und Optionen bei Einsatz im Risikomanagement, DBW 1994, S. 193-209.

FRANKEN, Kai (Terminhandel)
Das Recht des Terminhandels, 1997, Dunker & Humboldt, Berlin.

FRANTZEN, Christopher (Genußscheine)
Genußscheine, 1992, Carl Heymanns Verlag KG, Köln/Bonn/Berlin/München.

FREERICKS, Wolfgang (Bilanzierungspflicht)
Bilanzierungsfähigkeit und Bilanzierungspflicht in Handels- und Steuerbilanz, 1976, Carl Heymanns Verlag, Köln/Berlin/Bonn/München.

FREIBERG, Jens (Perpetual Bond)
Perpetual Bonds – Ewigkeit als zentrales Merkmal von Eigenkapital?, PiR 2006, S. 28 -29.

FRIAUF, Heinrich (Nettoprinzip)
Zur Frage der Nichtabzugsfähigkeit von Aufsichtsratsvergütungen im Körperschaftsteuerrecht, StuW 1973, S. 97-118.

FROTSCHER (Hrsg.: Frotscher, Gerrit)
Kommentar: Einkommensteuer, Haufe Verlag, Freiburg i. Br., Stand: 132. Ergänzungslieferung Juni 2006.

FROTSCHER/MAAS (Hrsg.: Frotscher, Gerrit und Maas, Ernst)
Kommentar: Körperschaftsteuergesetz Umwandlungsteuergesetz, Haufe Verlag, Freiburg i. Br., Stand: 83. Ergänzungslieferung Mai 2006.

FUEST, Clemens/HUBER, Bernd (Koordinierung)
Zur Koordinierung der Unternehmensbesteuerung in Europa, Vierteljahreshefte zur Wirtschaftsforschung 2003, S. 378-390.

GAIL, Winfried (Wirtschaftsgut)
Der Begriff des Wirtschaftsgutes und seine aktuelle Bedeutung im Steuerrecht, BB 1977, S. 135-139.

GASSNER, Wolfgang/LANG, Michael (Leistungsfähigkeitsprinzip)
Das Leistungsfähigkeitsprinzip im Einkommen- und Körperschaftsteuerrecht, 2000, Manzsche Verlags- und Universitätsbuchhandlung, Wien.

GEBHARDT, Günther (Optionsanleihe)
Finanzwirtschaftliche Betrachtung zur Emission von Optionsanleihen, ZfbF 1988, S. 896-897.

GEBHARDT, Günther (Finanzinstrumente)
Probleme der bilanziellen Abbildung von Finanzinstrumenten, BFuP 1996, S. 557-584.

GEBHARDT, Günther/BREKER, Norbert (Fremdwährungstransaktionen)
Bilanzierung von Fremdwährungstransaktionen im handelsrechtlichen Einzelabschluss - unter Berücksichtigung von § 340 h HGB, DB 1991, S. 1529-1538.

GEBHARDT, Günther/BREKER, Norbert (Replik)
Replik: Bilanzierung von Fremwährungstransaktionen im handelsrechtlichen Jahresabschluss, DB 1992, S. 339.

GEBHARDT, Günther/NAUMANN, Thomas K. (Absicherungszusammenhänge)
Grundzüge der Bilanzierung von Financial Instruments und von Absicherungszusammenhängen nach IAS 39, DB 1999, S. 1461-1469.

GESELL, Harald (Wertpapierleihe)
Wertpapierleihe und Repurchase Agreement im deutschen Recht, 1995, Druck- & Verlagshaus Wienand, Köln.

GEßLER/HEFERMEHL/ECKHARDT/KROPFF (Hrsg.: Geßler, Ernst; Hefermehl, Wolfgang; Eckardt, Ulrich und Kropff, Bruno)
Kommentar: Aktiengesetz, Verlag Franz Vahlen, München.

GLAUM, Martin/FÖRSCHLE, Gerhart (Risikomanagement)
Rechnungslegung für Finanzinstrumente und Risikomanagement: Ergebnisse einer empirischen Untersuchung, DB 2000, S. 1525-1534.

GMELIN, Hans Jörg (Währungsumrechnung)
Währungsumrechnung im Einzel- und Konzernabschluss, WPg 1987, S. 597-605.

GOCKE, Rudolf (Nutzungsüberlassung)
Unentgeltliche Nutzungsüberlassung im Körperschaftsteuerrecht, FR 1984, S. 606-609.

GOETTE, Wulf (Eigenkapitalersetzende Leistungen)
Die höchstrichterliche Rechtsprechung zur Behandlung eigenkapitalersetzender Leistungen im GmbH-Recht, DStR 1997, S. 2027-2035.

GOLLAND, Frank (Mezzanine-Capital)
Equity Mezzanine Capital, FB 2000, S. 34-39.

GÖTTGENS, Michael (Hedge Accounting)
Hedge Accounting, BFuP 1995, S. 146-165.

GÖTTGENS, Michael/PRAHL, Reinhard (Bilanzierung)
Bilanzierung und Prüfung von Financial Futers und Forward Rate Agreements, WPg 1993, S. 503-513.

GRIEGER, Rudolf (Genußrechte)
Genußrechte, WM 1958, S. 914-921.

GRIEMLA, Stefan (Optionsanleihe)
Steuerbilanzielle Behandlung des Aufgabeaufschlags einer Optionsanleihe beim Emittenten, FR 2005, S. 565-576.

GROH, Manfred (Bilanztheorie)
Zur Bilanztheorie des BFH, StbJb. 1979, S. 121-140.

GROH, Manfred (Fremdwährungsgeschäft)
Zur Bilanzierung von Fremdwährungsgeschäften, DB 1986, S. 869-877.

GROH, Manfred (Aufwandsrückstellung)
Vor der dynamischen Wende im Bilanzsteuerrecht?, BB 1989, S. 1586-1588.

GROH, Manfred (Eigenkapital)
Eigenkapitalersatz in der Bilanz, BB 1993, S. 1882-1892.

GROH, Manfred (Eigenkapital)
Eigenkapitalersatz in der Bilanz, BB 1993, S. 1882-1892.

GROH, Manfred (BGH)
Bauten auf fremden Grundstück: BGH versus BFH?, BB 1996, S. 1487-1492.

GROH, Manfred (EuGH)
Bilanzrecht vor dem EuGH, DStR 1996, S. 1206-1211.

GROH, Manfred (Rechtsprechung)
Die Rechtsprechung des Bundesfinanzhofs zum Steuerrecht der Unternehmen, ZGR 1996, S. 642-660.

GROH, Manfred (Maßgeblichkeit)
Der Kampf um das Maßgeblichkeitsprinzip, in: FS Börner (Hrsg.: Meffert, Heribert und Krawitz, Norbert), Unternehmensrechnung und -besteuerung, 1998, Gabler Verlag, Wiesbaden, S. 177-196.

GROH, Manfred (Optionsanleihe)
Hände weg von Optionsanleihen?, DB 2002, S. 860-861.

GROH, Manfred (Stille Gesellschaft)
Verluste in der stillen Gesellschaft, DB 2004, S. 668-673.

GROH, Manfred (Rangrücktritt)
Der qualifizierte Rangrücktritt in der Überschuldungs- und Steuerbilanz der Kapitalgesellschaft, DB 2006, S. 1286-1289.

GROTHERR, Siegfried (BIAO)
Zur Entscheidungskompetenz des EuGH in bilanzsteuerrechtlichen Fragestellungen, IWB 2003, S. 413-432.

GRÜNEWALD, Andreas (Finanzterminkontrakte)
Finanzterminkontrakte im handelsrechtlichen Jahresabschluss, 1993, IDW-Verlag, Düsseldorf.

GSCHWENDTNER, Hubertus (Steuerrechtssubjekt)
Die atypisch stille Gesellschaft als beschränkt rechtsfähiges Steurrechtssubjekt im Einkommensteuerrecht, DStZ 1998, S. 335-344.

GÜNKEL, Manfred (Hedge-Accounting)
Ausgewählte Probleme zum Bilanzsteuerrecht, StbJb. 2003, S. 275-303.

HAARMANN, Wilhelm/DÖRFLER, Oliver (Dividenden-Stripping)
Anmerkung zum BFH-Urteil "Dividenden-Stripping" vom 15.12.1999, I R 29/97, IStR 2000, S. 181-182.

HAARMANN, Wilhelm/DÖRFLER, Oliver (Dividenden-Stripping)
Anmerkung zum BFH-Urteil "Dividenden-Stripping" vom 15.12.1999, I R 29/97, IStR 2000, S. 181-182.

HAASE, Florian (Wertpapierpensionsgeschäfte)
Grundzüge von Wertpapierpensionsgeschäften, Wertpapierdarlehen und Wertpapierleihen im Einkommensteuerrecht, INF 2006, S. 457-460.

HAASE, Florian F. (Stille Beteiligung)
Typische und atypische Beteiligung sowie stille Gesellschaften im Steuerrecht - Eckpfeiler für die Beratungspraxis, StuB 2004, S. 356-358.

HABERSACK, Mathias (Gesellschaftsrecht)
Europäisches Gesellschaftsrecht, 1999, C.H. Beck Verlag, München.

HÄGER, Michael/ELKMANN-REUSCH, Manfred (Mezzanine)
Mezzanine Finanzierungsinstrumente, 2004, Erich Schmidt Verlag, Berlin.

HAHNE, Klaus (Kompensatorische Bewertung)
Kompensatorische Bewertung in der Steuerbilanz, BB 2003, S. 1943-1947.

HAHNE, Klaus (Optionsanleihe)
Steuerbilanzielle Behandlung der Ausgabe von Options- und Wandelanleihen beim Emittenten, StuB 2006, S. 295-301.

HALBIG, Uwe (Rangrücktritt)
Unternehmenssanierung: Darlehensverzicht versus Rangrücktritt, StuB 2006, S. 175-181.

HASSELMEYER, Albert/REICHERTZ, Ruth/DOHRN, Matthias (Konzernrechnungslegung)
Anforderungen an die Konzernrechnungslegung multinationaler Unternehmen am Beispiel der BASF, BFuP 2005, S. 440-454.

HÄUSELMANN, Holger (Option)
Die Bilanzierung von Optionen aus handelsrechtlicher Sicht, DB 1987, S. 1745-1748.

HÄUSELMANN, Holger (Zinsbegrenzungsverträge)
Bilanzierung und Besteuerung von Zinsbegrenzungsverträgen, BB 1990, S. 2149-2156.

HÄUSELMANN, Holger (Rangrücktritt)
Rangrücktritt versus Forderungsverzicht mit Besserungsabrede, BB 1993, S. 1552-1557.

HÄUSELMANN, Holger (Wertpapierhandel)
Bilanzsteuerliche Aspekte des Wertpapierhandels, 1997, Fachverlag Moderne Wirtschaft, Frankfurt am Main.

HÄUSELMANN, Holger (Repo-Geschäft)
Repo-Geschäfte in der Steuerbilanz, BB 2000, S. 1287-1293.

HÄUSELMANN, Holger (Wandelanleihe)
Wandelanleihen in der Handels- und Steuerbilanz des Emittenten, BB 2000, S. 139-146.

HÄUSELMANN, Holger (Wertpapier-Darlehen)
Wertpapier-Darlehen in der Steuerbilanz, DB 2000, S. 495-497.

HÄUSELMANN, Holger/WAGNER, Siegfried (Optionsrechte)
Steuerbilanzielle Erfassung aktienbezogener Anleihen: Options-, Wandel-, Umtausch- und Aktienanleihen, BB 2002, S. 2431-2435.

HÄUSELMANN, Holger/WIESENBART, Thomas (Wertpapier-Leihgeschäft)
Die Bilanzierung und Besteuerung von Wertpapier-Leihgeschäften, DB 1990, S. 2129-2134.

HÄUSELMANN, Holger/WIESENBART, Thomas (Deutsche Terminbörse)
Fragen zur bilanzsteuerlichen Behandlung von Geschäften an der Deutschen Terminbörse (DTB), DB 1990, S. 641-647.

HDJ (Hrsg.: Wysocki, Klaus v.; Schulze-Osterloh, Joachim; Hennrichs, Joachim und Kuhner, Christoph)
Kommentar: Handbuch des Jahresabschlusses in Einzeldarstellung, Verlag Dr. Otto Schmidt, Köln, Stand: 37. Ergänzungslieferung März 2006.

HdR (Hrsg.: Küting, Karlheinz und Weber, Claus-Peter)
Kommentar: Handbuch der Rechnungslegung, 5. Auflage, Schäffer-Poeschel Verlag, Stuttgart, Stand: 1. Ergänzungslieferung September 2005.

HEALY, P. M./PALEPU, K. G. (Covenants)
Effectiveness of Accounting-Based Dividend Convenants, Journal of Accounting and Economics 1990, S. 97-123.

HEDRICH, Carl-Christoph/STEDLER, Heinrich (Genußrechte)
Die Reaissance des Genußrechtskapitals, Kreditwesen 1987, S. 192-197.

HEERMA, Dirk (Rangrücktritt)
Passivierung bei Rangrücktritt: widersprüchliche Anforderungen an Überschuldungsbilanz und Steuerbilanz?, BB 2005, S. 537-544.

HEIDNER, Hans-Hermann (Treuhandverhältnisse)
Die Behandlung von Treuhandverhältnissen in der Abgabenordung, DB 1996, S. 1203-1212.

HEIN, Thomas (Optionsanleihe)
Die Besteuerung des Aufgelds bei Optionsanleihen beim Emittenten, FR 1986, S. 421-425.

HEINTGES, Sebastian/HÄRLE, Phillip (Mittelstand)
Probleme der Anwendung von IFRS im Mittelstand, DB 2005, S. 173-181.

HEINTZEN, Markus (EU-Verordnung)
EU-Verordnungsentwurf zur Anwendung von IAS: Kein Verstoß gegen Unionsverfassungsrecht, BB 2001, S. 825-829.

HENNRICHS, Joachim (EG-Bilanzrichtlinie)
Die Bedeutung der EG-Bilanzrichtlinie für das deutsche Handelsbilanzrecht, ZGR 1997, S. 66-88.

HENNRICHS, Joachim (Maßgeblichkeit)
Maßgeblichkeitsgrundsatz oder eigenständige Prinzipien für die Steuerbilanz?, DStJG 2001, S. 301-328.

HENNRICHS, Joachim (Kapitalerhaltung)
Bilanzgestützte Kapitalerhaltung, HGB-Jahresabschluss und Maßgeblichkeitsprinzip - Dinosaurier der Rechtsgeschichte?, StuW 2005, S. 256-264.

HERBER, Rolf (Bilanzrichtlinie)
Hat der deutsche Richter das Bilanzrichtlinien-Gesetz au den ihm zugrundliegenden EG-Richtlinien zu messen?, in: FS Döllerer (Hrsg.: Knobbe-Keuk, Brigitte, Klein, Franz und Moxter, Adolf), Handelsrecht und Steuerrecht, 1988, Düsseldorf, S. 225-244.

HERLINGHAUS, Andreas (Tomberger)
"Tomberger" und die Folgen - ein Beitrag zur Frage der Entscheidungskompetenz des EuGH im Handels- und Steuerbilanzrecht, IStR 1997, S. 529-539.

HERZIG, Norbert (Dauerrechtsverhältnis)
Bilanzrechtliche Ganzheitsbetrachtung und Rückstellung bei Dauerrechtsverhältnissen, ZfB 1988, S. 212-225.

HERZIG, Norbert (Umweltschutz)
Rückstellungen wegen öffentlich-rechtlicher Verpflichtunge, insbesondere Umweltschutz, DB 1990, S. 1341-1354.

HERZIG, Norbert (Harmonisierung)
Harmonisierung der steuerlichen Gewinnermittlung in der EG, in: FS Vormbaum (Hrsg.: Ahlert, Dieter; Franz, Klaus-Peter und Göppl, Hermann), Finanz- und Rechnungswesen als Führungsinstrument, 1990, Verlag Gabler, Wiesbaden, S. 195 - 219.

HERZIG, Norbert (Derivatebilanzierung)
Derivatebilanzierung und GoB-System, in: FS Baetge (Hrsg.: Fischer, Thomas R. und Hömberg, Reinhold), Jahresabschluss und Jahresabschlussprüfung, 1997, IDW-Verlag, Düsseldorf, S. 38-63.

HERZIG, Norbert (Hybride Finanzinstrumente)
Hybride Finanzinstrumente im nationalen und internationalen Steuerrecht, IStR 2000, S. 482-485.

HERZIG, Norbert (Rechnungslegung)
Internationalisierung der Rechnungslegung und steuerliche Gewinnermittlung, WPg 2000, S. 104-119.

HERZIG, Norbert (Maßgeblichkeit)
Maßgeblichkeit und Umkehrmaßgeblichkeit, in: Handwörterbuch der Rechnungslegung und Prüfung (Hrsg.: Ballwieser, Wolfgang, Coenenberg, Adolf G., and Wysocki, Klaus v.), Handwörterbuch der Rechnungslegung und Prüfung, 2002, Schäffer Poeschel Verlag, Stuttgart, S. 1536-1546.

HERZIG, Norbert (IAS/IFRS und steuerliche Gewinnermittlung)
IAS/IFRS und steuerliche Gewinnermittlung, 2004, IDW-Verlag, Düsseldorf.

HERZIG, Norbert (IAS-Vordnung)
IAS/IFRS und steuerliche Gewinnermittlung, 2004, IDW-Verlag, Düsseldorf.

HERZIG, Norbert (Asset)
IAS/IFRS und steuerliche Gewinnermittlung, WPg 2005, S. 211-235.

HERZIG, Norbert (CCCTB)
Harmonisierung der steuerlichen Gewinnermittlung in der Europäischen Union, StuW 2006, S. 156-164.

HERZIG, Norbert/BÄR, Michaela (Europäisches Bilanzrecht)
Die Zukunft der steuerlichen Gewinnermittlung im Licht des europäischen Bilanzrechts, DB 2003, S. 1-8.

HERZIG, Norbert/BRECKHEIMER, Inga (Bewertungseinheiten)
Bewertungseinheiten in der Steuerbilanz - Neuerungen in § 5 Abs. 1a EStG, DB 2006, S. 1451-1454.

HERZIG, Norbert/BRIESEMEISTER, Simone (Optionsgeschäfte)
Steuerbilanzielle Abbildung von Optionsgeschäften beim Stillhalter, DB 2002, S. 1570-1579.

HERZIG, Norbert/DAUTZENBERG, Norbert (Auswirkungen)
Auswirkungen der Internationalisierung der Rechnungslegung auf die Steuerbilanz, BFuP 1998, S. 23-37.

HERZIG, Norbert/GELLRICH, Kai M./JENSEN-NISSEN, Lars (Relevance)
IAS/IFRS und steuerliche Gewinnermittlung, BFuP 2004, S. 550-577.

HERZIG, Norbert/GELLRICH, Kai M./JENSEN-NISSEN, Lars (EÜR)
IAS/IFRS und steuerliche Gewinnermittlung, DSWR 2005, S. 90-94.

HERZIG, Norbert/HAUSEN, Guido (Modifizierte EÜR)
Steuerliche Gewinnermittlung durch modifizierte Einnahmenüberschussrechnung - Konzeption nach Aufgabe des Maßgeblichkeitsprinzips, DB 2004, S. 1-10.

HERZIG, Norbert/HÖTZEL, Oliver (Produkthaftung)
Rückstellungen wegen Produkthaftung, BB 1991, S. 99-104.

HERZIG, Norbert/LOCHMANN, Uwe (Betriebsausgabenabzug)
Steuerbilanz und Betriebsausgabenabzug bei Stock Options, WPg 2001, S. 325-344.

HERZIG, Norbert/MAURITZ, Peter (Marktbewertungspflicht)
Grundkonzeption einer bilanziellen Marktberwertungspflicht für originäre und derivative Finanzinstrumente, BB 1997, S. 1-16.

HERZIG, Norbert/MAURITZ, Peter (Micro-Hedge)
Micro-Hedges, Macro-Hedges und Portfolio-Hedges für derivative Finanzinstrumente: Kompatibel mit dem deutschen Bilanzrecht?, WPg 1997, S. 141-155.

HERZIG, Norbert/MAURITZ, Peter (Bewertungseinheiten)
Ökonomische Analyse von Konzepten zur Bildung von Bewertungseinheiten: Micro-Hedges, Macro-Hedges und Portfolio-Hedges - wünschenswert im deutschen Bilanzrecht, ZfbF 1998, S. 99-128.

HERZIG, Norbert/MAURITZ, Peter (Marktbewertungspflicht)
Ökonomsiche Analyse einer bilanziellen Marktbewertungspflicht für originäre und derivative Finanzinstrumente, ZfB 1998, S. 335-361.

HERZIG, Norbert/RIECK, Ulrich (Saldierung)
Saldierungsbereich bei Drohverlustrückstellungen im Gefolge der Apothekerentscheidung, DB 1997, S. 1881-1885.

HERZIG, Norbert/RIECK, Ulrich (Tomberger)
Europäisierung der handels- und steuerrechtlichen Gewinnermittlung im Gefolge der Tomberer-Entscheidung, IStR 1998, S. 309-320.

HERZIG, Norbert/WAGNER, Thomas (Gruppenbesteuerung)
Zukunft der Organschaft im EG-Binnenmarkt, DB 2005, S. 1-9.

HESSISCHES FINANZGERICHT vom 13.5.1975
Aktenzeichen: I 198/73, EFG 1975, S. 533.

HESSISCHES FINANZGERICHT vom 30.8.2005
Aktenzeichen: 4 K 2557/99, EFG 2006, S. 277-281.

HEUSER, Paul J./THEILE, Carsten (IAS Handbuch)
Kommentar: IAS/IFRS Handbuch, 2. Auflage 2005, Otto Schmidt Verlag, Köln.

HEY, Johanna (Personalstatut)
Personalstatut und Steuerrecht, DK 2004, S. 577-587.

HEY, Johanna (Unternehmensbesteuerung)
Perspektiven der Unternehmensbesteuerung in Europa, StuW 2004, S. 193-211.

HHR (Raupach, Arndt; Clausen, Uwe; Kanzler, Hans-J.; Kumpf, Wolfgang und Prinz, Ulrich)
Kommentar: Hermann / Heuer / Raupach, Otto Schmidt Verlag, Köln, Stand: 222. Ergänzungslieferung Juni 2006.

HINZ, Michael (Pensionsgeschäft)
Bilanzierung von Pensionsgeschäften, BB 1991, S. 1153-1156.

HOFFMANN, Wolf-Dieter (Wesentlichkeit)
Gibt es einen Grundsatz der Wesentlichkeit bei der steuerlichen Gewinnermittlung?, BB 1995, S. 1688-1689.

HOFFMANN, Wolf-Dieter (Dividenden)
Kritische Anmerkungen zum sog. Einlagebeschluss des Großen BFH-Senats, DB 1998, S. 1983-1988.

HOFFMANN, Wolf-Dieter/LÜDENBACH, Norbert (Personengesellschaften)
IFRS-Rechnungslegung für Personengesellschaften als Theater des Absurden, DB 2005, S. 404-409.

HOHENLEITNER, Gottfried (Forderungen)
Bewertung von Forderungen bei Kreditinstituten, DStZ 1988, S. 428-431.

HOLZHEIMER, Dieter (Optionsanleihe)
Die steuerliche Behandlung von Optionsanleihen, insbesondere beim Erwerber, WM 1986, S. 1169-1179.

HÖLZLE, Gerrit (Unternehmenssanierung)
Besteuerung von Unternehmenssanierung - Die steuerlichen Folgen gängiger Sanierungsinstrumente, FR 2004, S. 1193-1248.

HÖLZLE, Gerrit (Rangrücktritt)
Der qualifizierte Rangrücktritt als Sanierungsmittel - und Steuerfalle?, GmbHR 2005, S. 852-859.

HOMBURG, Stefan (Steuerlehre)
Allgemeine Steuerlehre, 2005, Verlag Vahlen, München.

HOMMELHOFF, Peter/SCHWAB, Martin (Privatgremien)
Staatsersetzende Privatgremien im Unternehmensrecht, in: FS Kruse (Hrsg.: Drenseck, Walter und Seer, Roman), Festschrift für Heinrich Wilhelm Kruse, 2001, Otto Schmidt Verlag, Köln, S. 693-718.

HÜBSCHMANN/HEPP/SPITALER (Hrsg.: Söhn, Hartmut; Spindler, Wolfgang et al.)
Kommentar: Abgabenordnung Finanzgerichtsordnung, Otto Schmidt Verlag, Köln, Stand: 189. Ergänzungslieferung Mai 2006.

HULLE, van Karel (Europäische Rechnungslegung)
Europäische Rechnungslegung auf neuen Wegen, in: Übergang der Rechnungslegung vom HGB zu den IFRS (Hrsg.: Übergang der Rechnungslegung vom HGB zu den IFRS, 2004, IDW-Verlag, Düsseldorf, S. 131-144.

HULLE, van Karel (Harmonisierung)
Harmonisierung der Rechnungslegung in der EU, IWB 2004, S. 849-856.

HUNTEMANN, Eva Maria/RICHTHAMMER, Etienne (Unternehmenssanierung)
Neue steuerliche Hindernisse bei der Unternehmenssanierung, StuB 2004, S. 446-448.

HUTTER, Stephan (Anleihen)
Anleihen, in: Habersack/Mülbert/Schlitt (Hrsg.: Habersack, Mathias, Mülbert, Peter O., and Schlitt, Michael), Unternehmensfinanzierung am Kapitalmarkt, 2005, Otto Schmidt Verlag, Köln, S. 418-457.

IASB Update September 2005

IASB Update December 2005

IASB vom 22.06.2006
Exposure Draft: Financial Instruments Puttable at Fair Value and Obligations Arising on Liquidation, 1-53.

IASB vom Juli 2006
Preliminary Views on an improved Conceptual Framework for Financial Reporting, 1-84.

IDW (Stellungnahme BFA 1/75)
Stellungnahme BFA 1/75: Bilanzierung und Prüfung der Devisentermingeschäfte der Kreditinstitute, WPg 1975, S. 664-667.

IDW (Stellungnahme BFA 2/1982)
Stellungnahme BFA 2/1982: Auflösung stiller Reserven durch Veräußerungsgeschäfte, WPg 1982, S. 548-550.

IDW (Bankbilanzrichtlinie-Gesetz)
Stellungnahme zum Referentenentwurf eines Bankbilanzrichtlinie-Gesetzes (BaBiRiLiG), WPg 1989, S. 377-380.

IDW (Stellungnahme BFA 2/1993)
Stellungnahme BFA 2/1993: Bilanzierung und Prüfung von Financial Futures und Forward Rate Agreements, WPg 1993, S. 517-518.

IDW (Stellungnahme HFA 1/1994)
Stellungnahme HFA 1/1994: Zur Behandlung von Genussrechten im Jahresabschluss von Kapitalgesellschaften, WPg 1994, S. 419-423.

IDW (Stellungnahme BFA 2/1995)
Stellungnahme BFA 2/1995: Bilanzierung von Optionsgeschäften, WPg 1995, S. 421-422.

IDW (Stellungnahme BFA 3/1995)
Stellungnahme BFA 3/1995, WPg 1995, S. 735-737.

IDW (Stellungnahme BFA 3/1995)
Stellungnahme BFA 3/1995: Währungsumrechnungen bei Kreditinstituten, WPg 1995, S. 735-737.

IDW (Einzelfragen)
Ergänzung der Stellungnahme HFA 5/1997: Einzelfragen zur Anwendung von IAS, WPg 1998, S. 24-26.

IDW (Anwendung)
Stellungnahme zur Rechnungslegung: Einzelfragen zur Anwendung von IAS (IDW RS HFA 2), WPg 1999, S. 591-601.

IDW (IAS 39)
Entwurf IDW Stellungnahme zur Rechnungslegung: Einzelfragen zur Anwendung von IAS 39, WPg 2001, S. 1184-1188.

IDW (Strukturiertes Produkt)
IDW Rechnungslegungshinweis: Zur Bilanzierung strukturierter Produkte, WPg 2001, S. 916-917.

IDW (Strukturiertes Produkt)
IDW Rechnungslegungshinweis: Zur Bilanzierung strukturierter Produkte (IDW RH BFA 1.003), WPg 2001, S. 916-917.

IDW (Hedge-Accounting)
IDW Stellungnahme zur Rechnungslegung: Einzelfragen zur Anwendung von IAS 39 (IDW RS HFA 9), WPg 2002, S. 819-822.

IDW (IAS-Verordnung)
IDW Stellungnahme: EU-Verordnung zur Anwendung internationaler Rechnungslegungsstandards; Vorschlag für eine Richtlinie zur Änderung der EU-Bilanzrichtlinien; Empfehlung der EU-Kommission zur Unabhängigkeit des Abschlussprüfers, WPg 2002, S. 983-990.

IDW (ERS HFA 13)
Entwurf IDW Stellungnahme zur Rechnungslegung: Einzelfragen zum Übergang des wirtschaftlichen Eigentums und zur Gewinnrealisierung nach HGB (IDW ERS HFA 13), WPg 2004, S. 952-956.

IDW (SME)
IDW Stellungnahme: Discussion Paper - Preliminary Views on Accounting Standards for Small and Medium-sized Entities, WPg 2004, S. 1153-1157.

IDW (Stellungnahme Exposure Draft of Proposed Amendments to IAS 32)
IDW Stellungnahme: Exposure Draft of Proposed Amendments to IAS 32 "Financial Instruments: Disclosure and Presentation" - Liabilities and Equity, WPg 2004, S. 86-87.

IDW (Bilanzrichtlinien)
IDW Stellungnahme: Vorschlag der EU-Kommission zur Änderung der 4. und 7. EU-Richtlinie (78/660/EWG und 83/349/EWG), WPg 2005, S. 176-178.

IDW (RS HFA 9)
Stellungnahme zur Rechnungslegung: Einzelfragen zur Bilanzierung von Finanzinstrumenten (IDW RS HFA 9), WPg 2006, S. 537-574.

ISERT, Dietmer/SCHABER, Mathias (Mezzanine-Kapital)
Die Bilanzierung von Einlagen in Personenhandelsgesellschaften, Mezzanine-Kapital und anderen Finanzinstrumenten nach IFRS (Teil II), DStR 2005, S. 2097-2661.

ISERT, Dietmer/SCHABER, Mathias (Eigenkapital)
Zur Abgrenzung von Eigenkapital und Fremdkapital nach IAS 32 (rev. 2003) - Teil I, KoR 2005, S. 299-310.

ISERT, Dietmer/SCHABER, Mathias (Eigenkapital)
Zur Abgrenzung von Eigenkapital und Fremdkapital nach IAS 32 (rev. 2003) - Teil II, KoR 2005, S. 357-364.

JACOBS, Otto H. (Rückstellungen)
Berechnung von Rückstellungen in der Steuerbilanz, DStR 1988, S. 238-247.

JAKOB, Wolfgang (Mitunternehmerschaft)
Die Mitunternehmerschaft in der Form der sogenannten atypisch stillen Gesellschaft, BB 1986, S. 1615-1622.

JAMIN, Wolfgang/KRANKOWSKY, Matthias (Hedge-Accounting)
Die Hedge-Accounting-Regeln des IAS 39, KoR 2003, S. 502-515.

JANKE, Madeleine (Vermögensgegenstand)
Periodisierung, Objektivierung und Vorsicht bei Vermögensgegenständen und Schulden, StuW 1994, S. 214-231.

JANSSEN, Bernhard (Rangrücktritt)
Bilanzierung einer mit Rangrücktritt versehenen Verbindlichkeit in der Handels- und in der Steuerbilanz, BB 2005, S. 1895-1897.

JENSEN-NISSEN, Lars/LOCHMANN, Uwe (Kapitalerhaltung)
Maßgeblichkeit und Kapitalerhaltung, StuB 2006, S. 307-313.

JOHANNSON (Efficiency)
Income Taxes and Investment Decisions, Swedish Journal of Economics 1969, S. 104-110.

KAHLE, Holger (Einflüsse)
Europarechtliche Einflüsse auf den Maßgeblichkeitsgrundsatz, StuW 2001, S. 126-136.

KAHLE, Holger (Maßgeblichkeit)
Maßgeblichkeitsgrundsatz auf Basis der IAS?, WPg 2002, S. 178-188.

KAHLE, Holger (Zukunft)
Zur Zukunft der Rechnungslegung in Deutschland: IAS im Einzel- und Konzernabschluss?, WPg 2003, S. 262-275.

KAMPMANN, Helga (Kapitalstruktur)
Die Kapitalstruktur der Unternehmung in der handelsrechtlichen Rechnungslegung, 2001, Erich Schmidt Verlag, Bielefeld.

KAMPMANN, Helga (Kapitalstruktur)
Die Kapitalstruktur der Unternehmung in der handelsrechtlichen Rechnungslegung, 2001, Erich Schmidt Verlag, Bielefeld.

KESSLER, Harald (Vorabentscheidung)
Das Vorabentscheidungsersuchen des FG Hamburg vom 22. April 1999 in Sachen Bilanzierung von Kreditrisiken: Paradebeispiel für einen misslungenen Vorlagebeschluss, IStR 2000, S. 531-542.

KESSLER, Wolfgang/TEUFEL, Tobias (Gesellschafterfremdfinanzierung)
Gesellschafterfremdfinanzierung nach der Unternehmenssteuerreform, DB 2001, S. 1955-1962.

KIRCHHOF, Ferdinand (Verfassungsgerechte Besteuerung)
Der Weg zur verfassungsgerechten Besteuerung - Bestand, Fortschritt, Zukunft -, StuW 2002, S. 185-200.

KIRCHHOF, Paul (Steuergleichheit)
Steuergleichheit, StuW 1984, S. 297-314.

KIRCHHOF, Paul (Leistungsfähigkeit)
Der verfassungsrechtliche Auftrag zur Besteuerung nach der finanziellen Leistungsfähigkeit, StuW 1985, S. 319-329.

KIRCHHOF, Paul (Steuerverfassungsrecht)
Grundlinien des Steuerverfassungsrechts in der Rechtsprechung des Bundesverfassungsgerichts, StbJb. 1994, S. 5-22.

KIRCHHOF, Paul (Steuervereinfachung)
Steuergleichheit durch Steuervereinfachung, DStJG 1998, S. 9-28.

KIRCHHOF, Paul (Verfassungsrechtsprechung)
Steuerrechtsprechung und Verfassungsrechtsprechung, in: FS Offerhaus (Hrsg.: Kirchhof, Paul, Jakob, Wolfgang und Beermann, Albert), Steuerrechtsprechung Steuergesetz Steuerreform, 1999, Otto Schmidt Verlag, Köln, S. 83-100.

KIRCHHOF, Paul (Steuerrechtsordnung)
Die freiheitsrechtliche Struktur der Steuerrechtsordnung, StuW 2006, S. 3-21.

KIRCHHOF/SÖHN (Hrsg.: Kirchhof, Paul; Söhn, Hartmut und Mellinghoff, Rudolf)
Kommentar: Einkommensteuergesetz, C.F. Müller Verlag, Heidelberg, Stand: 164. Ergänzungslieferung April 2006.

KIRSCH, Hanno (IFRS/IAS)
Perspektiven der landesrechtlichen Rechnungslegung und der steuerlichen Gewinnermittlung im Zuge der Internationalisierung der Rechnungslegung, DStR 2006, S. 1198-1203.

KIRSCH, Hans-Jürgen (Bilanzierungsnormen)
Vom Bilanzrichtlinien-Gesetz zum Transparenz- und Publizitätsgesetz - die Entwicklung der deutschen Bilanzierungsnormen in den vergangenen 20 Jahren, WPg 2002, S. 743-755.

KLEIN, Franz (Nettoprinzip)
Zur Frage der verfassungsrechtlichen Zulässigkeit von Einschränkungen des objektiven Nettoprinzips, dargestellt § 4 Abs. 5 Satz 1 Nr. 1 EStG, DStZ 1995, S. 630-632.

KLEIN, Martin (Rangrücktritt)
Rangrücktrittsvereinbarung - ein Update nach der Stellungnahme des IDW, GmbHR 2006, S. 249-252.

KNAIER, Hubertus (Mezzanine-Kapital)
Mezzanine-Kapital als Finanzierungsbaustein, Kreditwesen 2004, S. 29-32.

KNOBBE-KEUK, Brigitte (Genußrechte)
Gewinnausschüttungen auf Genußrechte, BB 1987, S. 341-342.

KNOBBE-KEUK, Brigitte (Optionsanleihe)
Steuerrechtliche Fragen der Optionsanleihen, ZGR 1987, S. 312-323.

KNOBBE-KEUK, Brigitte (Daily Mail)
Umzug von Gesellschaften in Europa, ZHR 1990, S. 325-356.

KNOBBE-KEUK, Brigitte (Bilanzsteuerrecht)
Bilanz- und Unternehmensteuerrecht, 8. Auflage, 1991,

KNOP, Wolfgang/KÜTING, Karlheinz/WEBER, Claus-Peter (Herstellungskosten)
Die Bestimmung der Wertuntergrenze der Herstellungskosten nach dem Entwurf eines Bilanzrichtlinien-Gesetzes, DB 1985, S. 2517-2523.

KOCH, Karl/VOGEL, Horst A. (Optionsanleihe)
Zur handels- und steuerrechtlichen Behandlung von Optionsanleihen, BB 1986, S. 1-22.

KOPATSCHEK, Martin (Genossenschaften)
IFRIC D8: Geschäftsguthaben der Genossenschaften - Der Entwurf des IFRIC zur Klassifizierung von Anteilen an Genossenschaften als Eigen- oder Fremdkapital -, WPg 2004, S. 1124-1127.

KÖRNER, Andreas/WEIKEN, Heinz (Wirtschaftliches Eigentum)
Wirtschaftliches Eigentum nach § 5 Abs. 1 Satz 1 EStG, BB 1992, S. 1033-1042.

KÖRNER, Werner (Einzelbewertung)
Das Prinzip der Einzelbewertung, WPg 2005, S. 430-441.

KORT, Michael (Maßgeblichkeit)
Der Maßgeblichkeitsgrundsatz des § 5 Abs. 1 EStG - Plädoyer für dessen Aufgabe, FR 2001, S. 53-62.

KRAUSE, Martin (Dividendenstripping)
Zivilrechtliche Aspekte des Aktienhandels um den Dividendenstichtag unter besonderer Berücksichtigung des Dividendenstrippings, WM 1999, S. 1101-1111.

KRAWITZ, Norbert (Dividendenstripping)
Aktuelle Änderungen der einkommensteuerlichen Behandlung des sog. Dividenden-Stripping, DStR 1994, S. 881-889.

KREILE, Reinhold (Harmonisierung)
Zum Vorentwurf einer EG-Richtlinie über die Harmonisierung der steuerrechtlichen Gewinnermittlungsvorschriften, DB 1988, S. 1-19.

KROPFF, Bruno (Optionsanleihen)
Handelsrechtliche Bilanzierungsfragen der Optionsanleihen, ZGR 1987, S. 286-323.

KROPFF, Bruno (Pensionsgeschäft)
Zur Wirksamkeit bilanzpolitisch motivierter Rechtsgeschäfte, ZGR 1993, S. 41-62.

KROPP, Matthias/KLOTZBACH, Daniela (Financial Instruments)
Der Exposure Draft zu IAS 39 "Financial Instruments", WPg 2002, S. 1010-1031.

KROPP, Matthias/KLOTZBACH, Daniela (Makro-Hedge-Accounting)
Der Vorschlag des IASB zum Makro Hedge Accounting, WPg 2003, S. 1180-1192.

KRUMNOW/SPRIßLER et al. (Hrsg.: Krumnow, Jürgen; Sprißler, Wolfgang; Bellavite-Hövermann, Yvette; Kemmer, Michael und Steinbrücker, Hannelore)
Kommentar: Rechnungslegung der Kreditinstitute, 2. Auflage 2004, Schäffer-Poeschel Verlag, Stuttgart.

KÜBLER, Friedrich (Unternehmensfinanzierung)
Aktie, Unternehmensfinanzierung und Kapitalmarkt, 1989, Otto Schmidt Verlag, Köln.

KÜBLER, Friedrich (Vorsichtsprinzip)
Vorsichtsprinzip versus Kapitalmarktinformation, in: FS Budde (Hrsg.: Förschle, Gerhart, Kaiser, Klaus und Moxter, Adolf), Rechenschaftslegung im Wandel, 1995, C.H. Beck Verlag, München, S. 361-375.

KUHN, Steffen (Fair Value-Option)
Finanzinstrumente: Fair Value-Option in IAS 39 überarbeitet, DB 2005, S. 1341-1348.

KUHN, Steffen/SCHARPF, Paul (Financial Instruments)
Rechnungslegung von Financial Instruments nach IAS 39, 2. Auflage, 2005, Schäffer-Poeschel Verlag, Stuttgart.

KUHNER, Christoph (Spannungsverhältnis)
Das Spannungsverhältnis zwischen Einzelfallgerechtigkeit und Willkürfreiheit - im Recht und in der Rechnungslegung, BFuP 2001, S. 523-542.

KÜMPEL, Siegfried (Wertpapierleihe)
Die Grundstruktur der Wertpapierleihe und ihre rechtlichen Aspekte, WM 1990, S. 909-916.

KÜMPEL, Siegfried (Bank- und Kapitalmarktrecht)
Bank- und Kapitalmarktrecht, 3. Auflage, 2003, Otto Schmidt, Köln.

KUPSCH, Peter (Imparitätsprinzip)
Zum Verhältnis von Einzelbewertungsprinzip und Imparitätspinzip, in: FS Forster (Hrsg.: Moxter, Adolf, Windmöller, Rolf, Müller, Hans-Peter und Wysocki, Klaus v.), Entwicklung bei der Bilanzierung und Prüfung von Kapitalgesellschaften, 1992, IDW Verlag, Düsseldorf, S. 339-357.

KUPSCH, Peter (Bewertungseinheit)
Abgrenzung der Bewertungseinheit in Handels- und Steuerbilanz, StbJb. 1995, S. 131-155.

KUßMAUL, Heinz/TCHERVENIACHKI, Vassil (KMU)
Entwicklung der Rechnungslegung mittelständischer Unternehmen im Kontext der Internationalisierung der Rechnungslegung, DStR 2005, S. 616-621.

KÜTING, Karlheinz (Bilanzrichtlinien)
Europäisches Bilanzrecht und Internationalisierung der Rechungslegung, BB 1993, S. 30-38.

KÜTING, Karlheinz/DÜRR, Ulrike (Mezzanine-Kapital)
Mezzanine-Kapital - Finanzierungsentscheidung im Sog der Rechnungslegung, DB 2005, S. 1529-1534.

KÜTING, Karlheinz/HELLEN, Heinz-Hermann/BRAKENSIEK, Sonja (Leasinggeschäfte)
Die Bilanzierung von Leasinggeschäften nach IAS und US-GAAP, DStR 1999, S. 39-44.

KÜTING, Karlheinz/KESSLER, Harald (Überschuldungsstatus)
Eigenkapitalähnliche Mittel in der Handelsbilanz und im Überschuldungsstatus, BB 1994, S. 2103-2114.

KÜTING, Karlheinz/RANKER, Daniel (IFRS)
Tendenzen zur Auslegung der endorsed IFRS als sekundäres Gemeinschaftsrecht, BB 2004, S. 2510-2515.

KÜTING, Karlheinz/WIRTH, Johannes/DÜRR, Ulrike (Personenhandelsgesellschaften)
Personenhandelsgesellschaften durch IAS (rev. 2003) vor der Schuldenfalle?, WPg 2006, S. 69-79.

LADEMANN (Hrsg.: Lademann, Fritz)
Kommentar: EStG-Kommentar, Verlag Recht und Wirtschaft, Heidelberg, Stand: Nachtrag 150 Januar 2006

LANG, Joachim (Nettoprinzip)
Verfassungsmäßigkeit der rückwirkenden Steuerabzugsverbote für Geldstrafen und Geldbußen, StuW 1985, S. 10-32.

LEFFSON, Ulrich (GoB)
Die Grundsätze ordnungsmäßiger Buchführung, 1987, IDW, Düsseldorf.

LEITINGER, Roland (Mezzanine-Kapital)
Mezzaninkapital als alternatives Finanzierungsinstrument, in: Bischoff/Eberhartinger (Hrsg.: Bischof, Matthias and Eberhartinger, Eva), Hybride Finanzierungsinstrumente, 2005, Linde Verlag, Wien, S. 33-53.

LEOPOLD, Kirsten/REICHLING, Christian (Mezzanine-Finanzierung)
Alternative Finanzierungsformen: Mezzanine-Finanzierung für die Masse?, DStR 2004, S. 1360-1364.

LEUSCHNER, Carl-Friedrich/WELLER, Heino (Eigenkapital)
Qualifizierung rückzahlbarer Kapitaltitel nach IAS 32 - ein Informationsgewinn?, WPg 2005, S. 261-269.

LINK, Gerson/REICHLING, Peter (Mezzanine-Kapital)
Mezzanine Money - Vielfalt in der Finanzierung, Die Bank 2000, S. 266-269.

LINSCHEIDT, Astrid (Genußrechtskapital)
Die steuerliche Behandlung des Genußrechtskapitals der Kapitalgesellschaft, DB 1992, S. 1852-1856.

LITTMANN/BITZ/PUST (Hrsg.: Littmann, Eberhard; Bitz, Horst und Pust, Hartmut)
Kommentar: Das Einkommensteuerrecht, Schäffer Poeschel Verlag, Stuttgart, Stand: 70. Ergänzungslieferung Mai 2006.

LOCAREK-JUNGE, Hermann (Hedging)
Hedging, in: Gerke/Steiner (Hrsg.: Gerke, Wolfgang and Steiner, Manfred), Handwörterbuch des Bank- und Finanzwesens, 2001, Schäffer-Poeschel Verlag, Stuttgart, S. 1016-1022.

LOCHMANN, Uwe (Vergütungsinstrument)
Besteuerung aktienkursorientierter Vergütungsinstrumente, 2004, IDW-Verlag, Düsseldorf.

LOOS, Gerold (Aufgeld)
Steuerrechtliche und handelsrechtliche Einstufung von Aufgeld und Unterverzinslichkeit bei Optionsanleihen, BB 1988, S. 369-376.

LÖW, Edgar (Financial Instruments)
IFRS 7 - Financial Instruments: Disclosures, WPg 2005, S. 1337-1352.

LÖW, Edgar/BLASCHKE, Silke (Fair Value Option)
Verabschiedung des Amendment zu IAS 39 Financial Instruments: Recognition and Measurement - The Fair Value Option, BB 2005, S. 1727-1736.

LÜDENBACH, Norbert/HOFFMANN, Wolf-Dieter (Mittelstand)
IFRS für den Mittelstand?, BFuP 2004, S. 597-614.

LÜDENBACH, Norbert/HOFFMANN, Wolf-Dieter (Eigenkapital)
Kein Eigenkapital in der IAS/IFRS-Bilanz von Personengesellschaften und Genossenschaften?, BB 2004, S. 1042-1047.

LÜDENBACH/HOFFMANN (Hrsg.: Lüdenbach, Norbert und Hoffmann, Wolf-Dieter)
Kommentar: IAS-Kommentar, 3. Auflage 2005, Haufe Verlag, Freiburg i.Br.

LUDEWIG, Rainer (Rechnungslegung)
Die Einflüsse des "true and fair view" auf die zukünftige Rechnungslegung, AG 1987, S. 12-15.

LÜHRMANN, Volker (Fremdwährungsgeschäfte)
Umrechnung geschlossener Fremdwährunspositionen bei Banken und Nicht-Banken, DStR 1998, S. 387-392.

LUTTER, Marcus (Optionsanleihe)
Die rechtliche Behandlung von Erlösen aus der Verwertung von Bezugsrechten bei der Ausgabe von Optionsanleihen, DB 1986, S. 1607-1614.

LUTTER, Marcus (Genussrechte)
Ausgabe von Genussrechten und Jahresabschluss, in: FS Döllerer (Hrsg.: Knobbe-Keuk, Brigitte, Klein, Franz und Moxter, Adolf), Handelsrecht und Steuerrecht, Festschrift Döllerer, 1988, IDW-Verlag, Düsseldorf, S. 383-395.

LUTTER, Marcus (Genußrechte)
Zur Bilanzierung von Genußrechten, DB 1993, S. 2441-2446.

LUTTER, Marcus (Gläubigerschutz)
Das Europäische Unternehmensrecht im 21. Jahrhundert, ZGR 2000, S. 1-18.

LUTTER, Marcus/HOMMELHOFF, Peter (Haftkapital)
Nachrangiges Haftkapital und Unterkapitalisierung in der GmbH, ZGR 1979, S. 31-66.

LUTTER/HOMMELHOFF (Hrsg.: Bayer, Walter; Hommelhoff, Peter; Kleindiek, Detlef und Lutter, Marcus)
Kommentar: GmbH-Gesetz, 16. Auflage 2004, Otto Schmidt Verlag, Köln.

MARTENS, Klaus-Peter (Optionsanleihe)
Die bilanzrechtliche Behandlung internationaler Optionsanleihen nach § 150 Abs. 2 AktG, in: FS Stimpel (Hrsg.: Lutter, Marcus, Mertens, Hans-Joachim und Ulmer, Peter), Festschrift für Walter Stimpel, 1985, Verlag Walter de Gruyter, S. 621-643.

MARX, Jürgen (Franchising)
Bilanzierungsprobleme des Franchising, DStR 1998, S. 1441-1448.

MATENA, Sonja (Vermögenszurechnung)
Bilanzielle Vermögenszurechnung nach IFRS, 2004, IDW-Verlag, Düsseldorf.

MATHIAK, Walter (Bilanzsteuerrecht)
Rechtsprechung zum Bilanzsteuerrecht, StuW 1982, S. 81-86.

MATSCHKE, Manfred Jürgen/SCHELLHORN, Matthias (Verbindlichkeiten)
Gibt es einen neuen Verbindlichkeitsbegriff?, in: FS Sieben (Hrsg.: Matschke, Manfred Jürgen und Schildach, Thomas), Unternehmensberatung und Wirtschaftsprüfung, 1998, Schäffer-Poeschel Verlag, Stuttgart, S. 447-471.

MAULSHAGEN, Almut/MAULSHAGEN, Olaf (Swap)
Rechtliche und bilanzielle Behandlung von Swapgeschäften, BB 2000, S. 243-249.

MAYER, Stefan (Wirtschaftliches Eigentum)
Wirtschaftliches Eigentum in der Steuerbilanz, WPg 2003, S. 925-937.

MEILICKE, Wienand (Europäisches Recht)
Vereinbarkeit der Inhaltskontrolle des Bezugsrechteausschlusses mit europäischem Recht, DB 1996, S. 513-517.

MEILICKE, Wienand (Vorlagepflicht)
Zur Vorlagepflicht des BFH in Bilanzierungsfragen von Personengesellschaften und Einzelunternehmen, BB 2001, S. 40-41.

MEINHARDT, Klaus (Bewertungseinheit)
Auslandstöchter, Devisentermingeschäfte und Bewertungseinheit?, DB 2004, S. 2649-2652.

MELLWIG, Winfried (Leasingverträge)
Die bilanzielle Darstellung von Leasingverträgen nach den Grundsätzen des IASC, DB 1998, S. 1-16.

MELLWIG, Winfried/SABEL, Elmar (Schwebende Geschäfte)
Der Grundsatz der Nichtbilanzierung schwebender Geschäfte unter den IAS/IFRS, DK 2005, S. 357-370.

MELLWIG, Winfried/WEINSTOCK, Marc (Leasingobjekte)
Die Zurechnung von mobilen Leasingobjekten nach deutschem Handelsrecht und den Vorschriften des IASC, DB 1996, S. 2345-2352.

MENNINGER, Jutta (Financial Futures)
Financial Futures und deren bilanzielle Behandlung, 1993, Peter Lang Verlag,

MENNINGER, Jutta (Zins-Future)
Die Abbildung von Hedgegeschäften mittels Zins-Futures im Jahresabschluss großer Kapitalgesellschaften, RIW 1994, S. 300-310.

MEYER-ARNDT, Lüder (Bilanzrecht)
Die Zuständigkeit des Europäischen Gerichtshofs für das Bilanzrecht, BB 2005, S. 1623-1627.

MEYER-SIEVERS, Jürgen (Wertpapierpensionsgeschäft)
Gewinnrealisierung bei Wertpapierpensionsgeschäften, WPg 1988, S. 291-296.

MICK, Marcus (Veräußerungsgewinn)
Steuersenkungsgesetz: Gefährdung der Steuerfreiheit von Veräußerungsgewinnen nach § 8b Abs. 2 und 4 KStG n.F. bei bestimmten Formen des Wertpapierhandels, DB 2000, S. 1682-1683.

MÖHLER, Thomas (Absicherung)
Absicherung des Wechselkurs-, Warenpreis- und Erfüllungsrisikos im Jahresabschluss, 1992, IDW-Verlag, Düsseldorf.

MOXTER, Adolf (Handelsrecht)
Die handelsrechtlichen Grundsätze ordnungsmäßiger Buchführung und das neue Bilanzrecht, ZGR 1980, S. 254-276.

MOXTER, Adolf (Realisationsprinzip)
Das Realisationsprinzip - 1884 und heute, BB 1984, S. 1780-1786.

MOXTER, Adolf (Matching Principle)
Das "matching principle": Zur Integration eines internationalen Rechnungslegungs-Grundsatzes in das deutsche Recht, in: FS Havermann (Hrsg.: Lanfermann, Josef), Internationale Wirtschaftsprüfung, 1995, IDW-Verlag, Düsseldorf, S. 487-504.

MOXTER, Adolf (EuGH)
Zum Umfang derr Entscheidungskompetenz des Europäischen Gerichtshofes im Bilanzrecht, BB 1995, S. 1463-1466.

MOXTER, Adolf (Verhältnis)
Zum Verhältnis von Handelsbilanz und Steuerbilanz, BB 1997, S. 195-199.

MOXTER, Adolf (Bilanzrechtsprechung)
Bilanzrechtsprechung, 5. Auflage, 1999, J.C.B Mohr (Paul Siebeck), Tübingen.

MOXTER, Adolf (Missverständnisse)
Missverständnisse um das Maßgeblichkeitsprinzip, DStZ 2000, S. 157-161.

MOXTER, Adolf (Grundsätze)
Grundsätze ordnungsgemäßer Rechnungslegung, 2003, IDW-Verlag, Düsseldorf.

MÜLLER, Thomas/REINKE, Rüdiger (Genußrechte)
Behandlung von Genußrechten im Jahresabschluß, WPg 1995, S. 569-576.

MÜLLER, Welf (Eigenkapitalbegriff)
Wohin entwickelt sich der bilanzrechtliche Eigenkapitalbegriff?, in: FS Budde (Hrsg.: Förschle, Gerhart, Kaiser, Klaus und Moxter, Adolf), Rechenschaftslegung im Wandel, 1995, Verlag C.H. Beck, München, S. 445-463.

MÜLLER, Welf (Maßgeblichkeit)
Die Ausnahme und die Regel - Ein Lehrstück, dargestellt am so genannten Maßgeblichkeitsprinzip, DStR 2001, S. 1858-1864.

NAUMANN, Klaus-Peter (Bewertungseinheiten)
Bewertungseinheiten im Gewinnermittlungsrecht der Banken, 1995, IDW-Verlag, Düsseldorf.

NIEHUES, Michael (Gläubigerschutz)
EU-Rechnungslegungsstrategie und Gläubigerschutz, WPg 2001, S. 1209-1222.

NIEHUS, Rudolf J. (True and Fair View)
"True and Fair View" - in Zukunft auch ein Bestandteil der deutschen Rechnungslegung?, DB 1979, S. 221-225.

NIEHUS, Rudolf J. (Einzelabschluss)
"Auch für Einzelabschlüsse gelten grundsätzlich die IAS"?, WPg 2001, S. 737-751.

NIEMEYER, Markus (Optionsgeschäft)
Ausweisfragen beim Optionsgeschäft, BB 1990, S. 1022-1028.

OESTREICHER, Andreas (Zinsterminkontrakte)
Grundsätze ordnungsmäßiger Bilanzierung von Zinsterminkontrakten, 1992, Düsseldorf.

OESTREICHER, Andreas/SPENGEL, Christoph (Maßgeblichkeit)
Anwendung von IAS in der EU - Zukunft der Maßgeblichkeit und Steuerbelastung, RIW 2001, S. 889-902.

OFFERHAUS, Klaus (Wirtschaftsgut)
Zur Bilanzierung von in Pension gegebenen Wirtschaftsgütern, BB 1983, S. 870-874.

OHO, Wolfgang/HÜLST, Rüdiger v. (Wertpapierleihe)
Steuerrechtliche Aspekte der Wertpapierleihe und des Repo-Geschäfts, DB 1992, S. 2582-2587.

OLDENBURGER, Iris (Pensionsgeschäft)
Die Bilanzierung von Pensionsgeschäften nach HGB, US-GAAP und IAS, 2000, Gabler, Wiesbaden.

OSTERLOH-KONRAD, Christine (Rückstellungen)
Rückstellungen für Prozessrisiken in Handels- und Steuerbilanz - Kriterien der Risikokonkretisierung und ihre Anwendung auf die Prozesssituation (Teil I), DStR 2003, S. 1631-1635.

PALANDT (Hrsg.: Bassenge, Peter; Brudermüller, Gerd; Diederichsen, Uwe; Edenhofer, Wolfgang; Heinrichs, Helmut; Heldrich, Andreas; Putzo, Hans; Sprau, Hartwig; Thomas, Heinz und Weidenkaff, Walter)
Kommentar: Bürgerliches Gesetzbuch, 65. Auflage 2006, C.H.Beck, München.

PEEMÖLLER, Volker (Risikocontrolling)
Risikocontrolling von und mit Derivaten, in: FS Eisele (Hrsg.: Knobloch, Alois Paul und Kratz, Norbert), Neuere Finanzprodukte, 2003, Verlag Franz Vahlen, München, S. 52-70.

PEZZER, Heinz-Jürgen (Bilanzierungsprinzipien)
Bilanzierungsprinzipien als sachgerechte Maßstäbe der Besteuerung, 1991, Otto Schmidt Verlag, Köln.

POHL, Klaus F. (Maßgeblichkeit)
Die Entwicklung des ertragsteuerlichen Maßgeblichkeitsprinzips, 1983, Köln.

PÖLLATH, Reinhard/RODIN, Andreas (Optionsanleihe)
Besteuerung niedrig verzinslicher Optionsanleihen, DB 1986, S. 2094-2097.

PÖßEL, Wolfgang (Saldierung)
Die Zulässigkeit von Saldierungen bei der Bilanzierung von wirtschaftlich ineinandergreifenden Vorgängen, DStR 1984, S. 428-435.

POUGIN, Erwin (Genußrechte)
Genußrechte, in: FS Oppenhoff (Hrsg.: Jagenburg, Walter, Maier-Reimer, Georg und Verhoeven, Thomas), Festschrift für Walter Oppenhoff, 1985, Verlag C.H. Beck, München, S. 273-290.

PRAHL, Reinhard/NAUMANN, Klaus-Peter (Wertpapierleihe)
Überlegungen für eine sachgerechte Bilanzierung der Wertpapierleihe, WM 1992, S. 1173-1181.

PRAHL, Reinhard/NAUMANN, Thomas K. (Portfolio-Hedge)
Zur Bilanzierung von portfolio-orientierten Handelsaktivitäten der Kreditinstitute, WPg 1991, S. 729-739.

PRAHL, Reinhard/NAUMANN, Thomas K. (Finanzinstrumente)
Moderne Finanzinstrumente im Spannungsfeld zu traditionellen Rechnungslegungsvorschriften: Barwertansatz, Hedge-Accounting und Portfolio-Approach, WPg 1992, S. 709-719.

PRAHL, Reinhard/NAUMANN, Thomas K. (Bewertungseinheit)
Die Bewertungseinheit am Bilanzstichtag - und was dann?, ZBB 1994, S. 1-9.

PREUßISCHES VERWALTUNGSGERICHT vom 2.7.1902
Aktenzeichen: V A 136/01, Entscheidung des Königlich Preußischen Oberverwaltungsgerichts in Staatssteuersachen 1902, S. 294-309.

PRIESTER, Hans-Joachim (Gesellschafterdarlehen)
Sind eigenkapitalersetzende Gesellschafterdarlehen Eigenkapital?, DB 1991, S. 1917-1924.

PRINZ, Ulrich/HICK, Christian (Bewertungseinheiten)
Der neue § 5 Abs. 1a EStG - Gelungene gesetzliche Verankerung der steuerbilanziellen Bildung von Bewertungseinheiten?, DStR 2006, S. 771-775.

RAMMERT, Stefan (Kapitalerhaltung)
Lohnt die Erhaltung der Kapitalerhaltung?, BFuP 2004, S. 578-595.

RAU, Stephan (Pensionsgeschäfte)
Wirtschaftliches Eigentum und Gewinnrealisierung bei echten Pension- bzw. Repogeschäften, BB 2000, S. 2338-2341.

RAU, Stephan (Zinsbegrenzung)
Zur steuerlichen Behandlung von Zinsbegrenzungen und Optionen nach dem BFH-Urteil zur bilanziellen Behandlung erhaltener Stillhalterprämien, DStR 2003, S. 1769-1775.

RAU, Stephan (Aktienanleihe)
Zur steuerbilanzielle Behandlung von Aktienanleihen, DStR 2006, S. 627-632.

RAU, Stephan/SAHL, Ottmar (Dividendenstripping)
Dividendenstripping, BB 2000, S. 1112-1116.

RAUPACH, Arndt (Maßgeblichkeit)
Von der Maßgeblichkeit der Handelsbilanz für die steuerliche Gewinnermittlung zur Prädominanz des Steuerrechts in der Handelsbilanz, BFuP 1990, S. 515-526.

RAUPACH, Gerrit (Mezzanine-Kapital)
Kapital für den Mittelstand - Mezzanine-Fonds, Kreditwesen 2004, S. 17-19.

REINER, Günter (Finanzderivate)
Derivative Finanzinstrumente im Recht, 2001, Nomos Verlagsgesellschaft, Baden-Baden.

RINGLING, Horst (Pensionsgeschäft)
Die steuerliche Beurteilung der Pensionsgeschäfte, StBP 1966, S. 210-214.

ROGLER, Silvia (Gewinnermittlung)
Einfluss ausgewählter steuerrechtlicher Änderungen zur Gewinnermittlung auf den handelsrechtlichen Jahresabschluss sowie die Bilanzpolitik, BFuP 2001, S. 413-425.

ROSE, Gerd (Wandelanleihe)
Bilanzierungs- und Steuerprobleme bei Wandelanleihen nach der Aktienrechtsreform, DB 1966, S. 749-752.

ROTH, Günter H. (Gesellschaftsformen)
Qualität und Preis am Markt für Gesellschaftsformen, ZGR 2005, S. 349-386.

RÜBEL, Markus (Zinstermingeschäfte)
Devisen- und Zinstermingeschäfte in der Bankbilanz, 1990, Verlag Duncker & Humboldt, Berlin.

RUDOLPH, Bernd (Mezzanine-Kapital)
Analyse hybrider Finanzierungsinstrumente: Mezzanine-Kapital, Kreditwesen 2004, S. 12-16.

RUPPE, Hans Georg/SWOBODA, Peter/NITSCHE, Günter (Eigenkapital)
Die Abgrenzung von Eigenkapital und Fremdkapital, 1985, Schriftenreihe des Österreichischen Forschungsinstituts für Sparkassenwesen,

SAMUELSON, Paul (Deductibility)
Tax deductibility of economic depriciation to insure invariant valuation, The Journal of political economy 1964, S. 604-606.

SANDROCK, Otto (Gesellschaftsrecht)
BB-Forum: Nach Inspire Art - Was bleibt vom deutschen Sitzrecht übrig?, BB 2003, S. 2588-2589.

SARRAZIN, Viktor (Genußscheine)
Genußscheine und Gesellschafterdarlehen - steuerlich günstige Finanzierungen?, StbJb. 1985, S. 135-156.

SCHABER, Mathias/KUHN, Steffen/EICHHORN, Sonja (Genussrecht)
Eigenkapitalcharakter von Genussrechten in der Rechnungslegung nach HGB und IFRS, BB 2004, S. 315-319.

SCHANZE, Erich/JÜTTNER, Andreas (Inspire Art)
Die Entscheidung für Pluralität: Kollisionsrecht und Gesellschaftsrecht nach der EuGH-Entscheidung "Inspire Art", AG 2003, S. 661-671.

SCHARPF, Paul (Bewertungseinheit)
Derivative Finanzinstrumente im Jahresabschluß unter Prüfungsgesichtspunkten - Erfassung, Abwicklung und Bildung von Bewertungseinheiten, BFuP 1995, S. 166-208.

SCHARPF, Paul (Strukturierte Produkte)
Überlegungen zur Bilanzierung strukturierter Produkte (Compound Instruments), FB 1999, S. 21-30.

SCHARPF, Paul (Financial Instrument I)
Bilanzierung von Financial Instruments nach IAS 39 (I), FB 2000, S. 125-137.

SCHARPF, Paul (Financial Instrument II)
Bilanzierung von Financial Instruments nach IAS 39 (II), FB 2000, S. 208-217.

SCHARPF, Paul (Financial Instrument IV)
Bilanzierung von Financial Instruments nach IAS 39 (IV), FB 2000, S. 372-381.

SCHARPF, Paul/EPPERLEIN, Joachim K. (Risikomanagement)
Risikomanagement derivativer Finanzinstrumente, BFuP 1995, S. 209-229.

SCHARPF, Paul/LUZ, Günther (Finanzderivate)
Risikomanagement, Bilanzierung und Aufsicht von Finanzderivaten, 2. Auflage, 2000, Schäffer-Poeschel Verlag, Stuttgart.

SCHAUMBURG, Harald (Gewinnermittlung)
Gewinnermittlung im Wandel, Stbg 2004, S. 545-550.

SCHEFFLER, Eberhard (Eigenkapital)
Eigenkaptial im Jahres- und Konzernabschluss nach IFRS, 2006, Verlag Vahlen, München.

SCHEFFLER, Jan (Hedge Accounting)
Hedge Accounting, 1994, Gabler Verlag, Wiesbaden.

SCHEFFLER, Wolfram (Bilanzsteuerrecht)
Europäisierung des Bilanzsteuerrechts, StuB 2004, S. 776-781.

SCHEFFLER, Wolfram (Vorabentscheidungszuständigkeit)
Steuerbilanz und EuGH: Vorabentscheidungszuständigkeit, true and fair view und Vorsichtsprinzip, Wertaufhellung, StuB 2004, S. 298-304.

SCHERRER, Gerhard (Schuldverschreibung)
Bilanzielle Behandlung von Schuldverschreibungen mit Emittententilgungswahlrecht, DStR 1999, S. 1205-1208.

SCHICK, Rainer/INDENKÄMPEN, Andreas (Bewertungseinheiten)
Entwurf des § 5 Abs. 1a EStG zur Bilanzierung von Bewertungseinheiten in der Steuerbilanz: Renaissance des Maßgeblichkeitsgrundsatzes?, BB 2006, S. 650-656.

SCHIFFBAUER, Siegfried (Wirtschaftliches Eigentum)
Das wirtschaftliche Eigentum im Steuerrecht, StuW 1956, S. 459-483.

SCHIFFERS, Joachim (Bewertungseinheiten)
Steuerbilanzielle Bildung von Bewertungseinheiten bei Absicherung finanzwirtschaftlicher Risiken - der neue § 5 Abs. 1a EStG, DStZ 2006, S. 400-405.

SCHILD, Claus (Pensionsgeschäfte)
Bilanzierung von Pensionsgeschäften, JbFSt 1996, S. 604-609.

SCHILDBACH, Thomas (Maßgeblichkeit)
Maßgeblichkeit - Rechtslage und Perspektiven, BB 1989, S. 1443-1453.

SCHILDBACH, Thomas (Internationale Rechnungslegung)
Internationale Rechnunslegungsstandards auch für deutsche Einzelabschlüsse?, in: FS Moxter (Hrsg.: Ballwieser, Wolfgang, Böcking, Hans-Joachim, Drukarczyk, Jochen und Schmidt, Reinhard H.), Bilanzrecht und Kapitalmarkt, 1994, IDW Verlag, Düsseldorf, S. 701-721.

SCHILDKNECHT, Urs (Rangrücktrittsvereinbarung)
Passivierungsverbote nach Rangrücktrittsvereinbarungen, DStR 2005, S. 181-184.

SCHMEKEL, Helmut (Zinstermingeschäfte)
Rechnungslegung von Zinstermingeschäften für Banken und Industrieunternehmen, DB 1983, S. 893-898.

SCHMIDT (Hrsg.: Schmidt, Ludwig; Drenseck, Walter; Glanegger, Peter; Heinicke, Wolfgang; Seeger, Siegbert F.; Wacker, Roland und Weber-Grellet, Heinrich)
Kommentar: EStG, 25. Auflage 2006, Verlag C.H. Beck, München.

SCHMID, Hubert/MÜHLHÄUSER, Felix (Wertpapierleihe)
Wirtschaftliches Eigentum und Gewinnrealisierung bei der Wertpapierleihe, BB 2001, S. 2609-2618.

SCHMID, Hubert/STOLL, Heiko (Dividendenstripping)
Steuerliche Behandlung des echten Wertpapierpensionsgeschäfts nach dem Dividendenstripping-Urteil des BFH, DStR 2001, S. 2137-2144.

SCHMIDT, Karsten (Quasi-Eigenkapital)
Quasi-Eigenkapital als haftungsrechtliches und als bilanzrechtliches Problem, in: FS Goerdeler (Hrsg.: Havermann, Hans), Bilanz- und Konzernrecht, 1987, IDW-Verlag, Düsseldorf, S. 487-509.

SCHMIDT, Martin (Fair Value-Option)
Neue Amendments zu IAS 39 im Juni 2005: Die revidierte Fair Value-Option, KoR 2005, S. 269-275.

SCHMIDT, Martin (Eigenkapital)
Eigenkapital nach IAS 32 bei Personengesellschaften: aktueller IASB-Vorschlag und Aktivitäten anderer Standardsetzer, BB 2006, S. 1563-1566.

SCHÖN, Wolfgang (Grundgesetz)
Die Steuerbilanz zwischen Handelsrecht und Grundgesetz, StuW 1995, S. 366-377.

SCHÖN, Wolfgang (Handelsbilanz)
Entwicklung und Perspektiven des Handelsbilanzrechts: vom ADHGB zum IASC, ZHR 1997, S. 133-159.

SCHÖN, Wolfgang (Maßgeblichkeitsprinzip)
Steuerliche Einkünfteermittlung, Maßgeblichkeitsprinzip und Europäisches Bilanzrecht, in: FS Flick (Hrsg.: Klein, Franz, Stihl, Hans Peter, Wassermeyer, Franz, Piltz, Detlev J. und Schaumburg, Harald), Unternehmensteuern, 1997, Otto Schmidt Verlag, Köln, S. 573-586.

SCHÖN, Wolfgang (Gläubigerschutz)
Internationalisierung der Rechnungslegung und Gläubigerschutz, WPg 2001, S. 74-79.

SCHÖN, Wolfgang (Kapitalerhaltung)
Die Zukunft der Kapitalaufbringung /-erhaltung, DK 2004, S. 162-170.

SCHÖN, Wolfgang (Auslegung)
Kompetenz der Gerichte zur Auslegung von IAS/IFRS, BB 2004, S. 763-767.

SCHÖN, Wolfgang (Steuergesetzgebung)
Steuergesetzgebung zwischen Markt und Grundgesetz, StuW 2004, S. 62-75.

SCHÖN, Wolfgang (Leistungsfähigkeit)
Die zivilrechtlichen Voraussetzungen steuerlicher Leistungsfähigkeit, StuW 2005, S. 247-255.

SCHREIBER, Ulrich (Rechnungslegung)
Rechnungslegung im Einzelabschluss nach internationalen Grundsätzen?, in: FS Fischer (Hrsg.: Kleineidam, Hans-Jochen), Unternehmenspolitik und Internationale Besteuerung, 1999, Erich Schmidt Verlag, Berlin, S. 879-912.

SCHULZE ZUR WIESCH, Dietrich W. (Stille Beteiligung)
Zur Bilanzierung von typischen stillen Beteiligungen, in: FS Budde (Hrsg.: Förschle, Gerhart, Kaiser, Klaus und Moxter, Adolf), Rechenschaftslegung im Wandel, 1995, Verlag C.H. Beck, München, S. 579-597.

SCHULZE-OSTERLOH, Joachim (Tomberger-Entscheidung)
Vorabenscheidung des Europäischen Gerichtshofs zum Handelsbilanzrecht, ZGR 1995, S. 171-189.

SCHULZE-OSTERLOH, Joachim (Rangrücktritt)
Rangrücktritt, Besserungsschein, eigenkapitalersetzende Darlehen, WPg 1996, S. 97-106.

SCHULZE-OSTERLOH, Joachim (Rangrücktritt)
Rangrücktritt, Besserungsschein, eigenkapitalersetzende Darlehen, WPg 1996, S. 97-106.

SCHULZE-OSTERLOH, Joachim (EuGH)
Deutsches Bilanzrecht und Ertragsteuerrecht vor dem Europäischen Gerichtshof, DStZ 1997, S. 281-286.

SCHULZE-OSTERLOH, Joachim (Einzelabschluss)
Internationale Rechnungslegung für den Einzelabschluß und für Unternehmen, die den öffentlichen Kapitalmarkt nicht in Anspruch nehmen, ZIP 2003, S. 93-101.

SCHUMACHER, Andreas (Kompensatorische Bewertung)
Kompensatorische Bewertung bei der Sicherung von Bilanzpositionen durch Finanztermingeschäfte in Handels- und Steuerbilanz, DB 1995, S. 1473-1478.

SCHUMACHER, Andreas (Realisationsprinzip)
Optionsgeschäfte im Betriebsvermögen und Realisationsprinzip, DStR 1997, S. 1236-1238.

SCHUMACHER, Andreas (Compound Instruments)
Die Besteuerung von Compound Instruments beim Privatanleger am Beispiel Reverse Convertibles, DStR 2000, S. 416-418.

SCHÜPPEN, Matthias (Gewinnzuweisung)
Die "Zuweisung von Gewinnen im Jahresabschluß" - Delphisches Orakel oder Salomonische Lösung?, DB 1996, S. 1481-1484.

SCHÜTZ, Robert (EuGH)
Der EuGH und die deutsche Steuerbilanz, DB 2003, S. 688-691.

SCHWARZE, Armin (Finanzierungsinstrumente)
Ausweis und Bewertung neuer Finanzierungsinstrumente in der Bankbilanz, 1989, Verlag Duncker & Humboldt, Berlin.

SCHWARZE, Gerhard/HEUERMANN, Friedo (Genußrechte)
Genußrechte, Die steuerliche Betriebsprüfung 1983, S. 200-206.

SCHWEDHELM, Rolf/EHNERT, Manja (Mittelstand)
Auswirkung des neuen § 8a KStG auf den Mittelstand, FR 2004, S. 249-257.

SEELIGER, Gerhard (Eigentum)
Der Begriff des wirtschaftlichen Eigentums im Steuerrecht, 1962, Stuttgart.

SEELIGER, Gerhard (Wirtschaftliches Eigentum)
Das wirtschaftliche Eigentum im Steuerrecht als Reflex eines Ausschließungsrechts, StuW 1963, S. 18-24.

SEELIGER, Gerhard (Wirtschaftliches Eigentum)
Wirtschaftliches Eigentum und steuerliche Zurechnung, DStR 1963, S. 645-648.

SEIBERT, Ulrich (Mindestkapital)
BB-Gesetzgebunsreport: Entwurf eines Mindestkapitalgesetzes (MindestkapG) - Substanzielle Absenkung des Mindeststammkapitals, BB 2005, S. 1061-1062.

SIEFERT, Norbert H. (Risikomanagement)
Das Management von Devisenkursrisiken: Voraussetzungen und Möglichkeiten der organisatorischen Gestaltung, DStR 1994, S. 1821-1825.

SIEGEL, Theodor (Realisationsprinzip)
Das Realisationsprinzip als allgemeines Periodisierungsprinzip?, BFuP 1994, S. 1-24.

SÖFFING, Günter (Redaktionskostenurteil)
Überlegungen zum sog. Redaktionskostenurteil, DStZ 1976, S. 155-158.

SÖFFING, Günter (Nettoprinzip)
Verletzung des Nettoprinzips, StbJb. 1988, S. 121-145.

SÖFFING, Günter (Maßgeblichkeitsgrundsatz)
Für und Wider den Maßgeblichkeitsgrundsatz, in: FS Budde (Hrsg.: Förschle, Gerhart, Kaiser, Klaus und Moxter, Adolf), Rechenschaftslegung im Wandel, 1995, C.H. Beck Verlag, München, S. 635-674.

SONTHEIMER, Jürgen (Genußrechte)
Die steuerliche Behandlung von Genußrechten, BB 1984, S. 1-8.

SPENGEL, Christoph (Unternehmensbesteuerung)
Unternehmensbesteuerung in der EU - quo vadis?, in: Deutsches Steuerrecht im europäischen Rahmen (Hrsg.: Lüdicke, Jürgen), Deutsches Steuerrecht im europäischen Rahmen, 2004, Otto Schmidt Verlag, Köln, S. 109-168.

SPINDLER, Gerald/BERNER, Olaf (Gläubigerschutz)
Der Gläubigerschutz im Gesellschaftsrecht nach Inspire Art, RIW 2004, S. 7-16.

SPINDLER, Gerald/BERNER, Olaf (Gesellschaftsrecht)
Inspire Art - Der europäische Wettbewerb um das Gesellschaftsrecht ist endgültig eröffnet, RIW 2004, S. 949-957.

SPRIßLER, Wolfgang (Finanzderivate)
Bilanzierung von Finanzinstrumenten insb. Finanzderivaten, in: Gerke/Steiner (Hrsg.: Gerke, Wolfgang and Steiner, Manfred), Handwörterbuch des Bank- und Finanzwesens, 2001, Schäffer-Poeschel Verlag, Stuttgart, S. 826-836.

STAHLSCHMIDT, Michael (Maßgeblichkeit)
Die Maßgeblichkeit - Glücksfall oder Störfaktor, DStZ 2000, S. 415-417.

STAUDT, Anton/WEINBERGER, German (Cross-Hedging)
Cross-Hedging von Währungspositionen und deren bilanzielle Bewertung am Beispiel von Devisentermingeschäften, WPg 1997, S. 44-63.

STEGEMANN, Dieter (Genussrechtskapital)
Finanzierung mittelständischer Unternehmensgruppen durch Genussrechtskapital, GStB 2004, S. 208-217.

STEGEMANN, Dieter (Genussrechte)
Wandel- und Optionsgenussrechte als Sanierungsinstrumente?, INF 2005, S. 145-151.

STEINER, Manfred/TEBROKE, Hermann-Josef/WALLMEIER, Martin (Finanzderivat)
Konzepte der Rechungslegung für Finanzderivate, WPg 1995, S. 533-544.

STEINER, Manfred/WALLMEIER, Martin (Absicherungszusammenhänge)
Die Bilanzierung von Finanzinstrumenten in Deutschland und den USA unter Berücksichtigung von Absicherungszusammenhängen - Vom Hedge Accounting zur Marktwertbilanzierung?, in: FS Coenenberg (Hrsg.: Möller, Hans Peter und Schmidt, Franz), Rechnungswesen als Instrument für Führungsentscheidungen, 1998, Schäffer-Poeschel Verlag, Stuttgart, S. 305-335.

STIFTUNG MARKTWIRTSCHAFT (Gesetz zur Steuerlichen Gewinnermittlung (StGEG))
Gesetz zur Steuerlichen Gewinnermittlung (StGEG), 2006,

STIGLITZ, Joseph E./SCHÖNFELDER, Bruno (Finanzwissenschaften)
Finanzwissenschaften, 1989, München.

STOBBE, Thomas (Wirtschaftliches Eigentum)
Ist der Maßgeblichkeitsgrundsatz bei der Zurechnung des wirtschaftlichen Eigentums anwendbar?, BB 1990, S. 518-525.

STOBBE, Thomas (Maßgeblichkeit)
Neue Koordinaten des Steuerbilanzrechts?, FR 1997, S. 361-365.

STRECK, Michael/OLGEMÖLLER, Herbert (EuGH)
Das Recht der Europäischen Gemeinschaft und seine Durchsetzung in der Steuerberaterpraxis, DStR 1993, S. 417-425.

STREIM, Hannes (Einheitsbilanz)
Ein Plädoyer frü die Einheitsbilanz, BFuP 1990, S. 527-545.

STROBL, Elisabeth (Machting Principle)
Matching Principle und deutsches Bilanzrecht, in: FS Moxter (Hrsg.: Ballwieser, Wolfgang, Böcking, Hans-Joachim, Drukarczyk, Jochen und Schmidt, Reinhard H.), Bilanzrecht und Kapitalmarkt, Festschrift Moxter, 1994, IDW-Verlag, Düsseldorf, S. 407-432.

STROBL, Elisabeth (IASC-Rechnungslegung)
IASC-Rechnungslegung und Gläubigerschutzbestimmungen nach deutschem Recht, in: FS Clemm (Hrsg.: Ballwieser, Wolfgang, Moxter, Adolf und Nonnenmacher, Rolf), Rechnungslegung - Warum und Wie?, 1996, C.H. Beck Verlag, München, S. 389-412.

SUCHANEK, Markus (Rangrücktritt)
Kommentar zum BMF-Schreiben vom 08.08.2004 - IV A 6 - S 2133 -2/04, FR 2004, S. 1129-1130.

SUCHANEK, Markus/HAGEDORN, Sonja (Passivierung)
Passivierung von Rangrücktrittsverbindlichkeiten, FR 2004, S. 451-457.

SUHLRIE, Dietrich (Mezzanine-Finanzierung)
Mezzanine-Finanzierung: Eine Alternative für den Mittelstand?, Stbg 2005, S. 255-259.

TARASCHKA, Franz (Rangrücktritt)
Zur bilanzsteuerlichen Behandlung des Rangrücktritts, DStR 2006, S. 109-111.

THIEL, Jochen (Grenzbereich)
Im Grenzbereich zwischen Eigen- und Fremdkapital - Ein Streifzug durch die ertragsteuerrechtlichen Probleme der Gesellschafter-Fremdfinanzierung, GmbHR 1992, S. 20-29.

THIELE, Stefan (Eigenkapital)
Das Eigenkapital im handelsrechtlichen Jahresabschluss, 1998, IDW-Verlag, Düsseldorf.

THIEßEN, Friedrich (Covenants)
Covenants in Kreditverträgen: Alternative oder Ergänzung zum Insolvenzrecht?, ZBB 1996, S. 19-37.

TIBO, Frank (Termingeschäft)
Die Besteuerung von Termingeschäften im Betriebsvermögen gem. § 15 Abs. 4 EStG, DB 2001, S. 2369-2372.

TIPKE, Klaus (Nettoprinzip)
Das Bundesverfassungsgericht zum Nettoprinzip, StuW 1974, S. 84-95.

TIPKE, Klaus (Steuerrecht)
Über "richtiges Steuerrecht", StuW 1988, S. 262-282.

TIPKE, Klaus (Steuerrechtsordnung (1. Bd.))
Die Steuerrechtsordnung, 2. Auflage, 1993, Otto Schmidt Verlag, Köln.

TIPKE/KRUSE (Hrsg.: Tipke, Klaus; Kruse, Heinrich Wilhelm; Seer, Roman; Brandis, Peter; Drüen, Klaus-Dieter und Loose, Matthias)
Kommentar: Abgabenordnung, Otto Schmidt Verlag, Köln, Stand: 109 Ergänzungslieferung Mai 2006.

TIPKE/LANG (Hrsg.: Tipke, Klaus und Lang, Joachim)
Kommentar: Steuerrecht, 18. Auflage 2005, Otto Schmidt, Köln.

TÖNNIES, Michael/SCHIERSMANN, Bert (Bewertungseinheit I)
Die Zulässigkeit von Bewertungseinheiten in der Handelsbilanz (Teil I), DStR 1997, S. 714-720.

TÖNNIS, Michael/SCHIERSMANN, Bert (Bewertungseinheit II)
Die Zulässigkeit von Bewertungseinheiten in der Handelsbilanz (Teil II), DStR 1997, S. 756-760.

TREUBERG, Hubert Graf von/SCHARPF, Paul (Pensionsgeschäfte)
Pensionsgeschäfte und deren Behandlung im Jahresabschluss von Kapitalgesellschaften nach § 340b HGB, DB 1991, S. 1233-1238.

TUBBESING, Günter (True and Fair View)
"A True and Fair View" im englischen Verständnis und 4. EG-Richtlinie, AG 1979, S. 91-95.

TUBBESING, Günter (Fremdwährungsposten)
Bilanzierungsprobleme bei Fremdwährungsposten im Einzelabschluss, ZfbF 1981, S. 804-842.

UELNER, Adalbert (Unternehmensbesteuerung I)
Die Unternehmensbesteuerung aus der aktuellen Sicht des Gesetzgebers, der Verwaltung und der Rechtsprechung, JbFSt 1986, S. 11-35.

UHLÄNDER, Christoph (Eigenkapitalersetzende Darlehen)
Eigenkapitalersetzende Darlehen im Steuer- und Gesellschaftsrecht - ein systematischer Überblick, BB 2005, S. 70-76.

UNFRIED, Alexander (Dividenden-Stripping)
Besteuerung des Dividenden-Stripping nach der neueren Rechtsprechung des BFH, DStR 2000, S. 993-999.

VATER, Hendrik (Leasing)
Bilanzierung von Leasingverhältnissen nach IAS 17: Eldorado bilanzpolitischer Möglichkeiten, DStR 2002, S. 2094-2100.

VELDE, K. van der (Pensionsgeschäfte)
Steuerliche Behandlung von Pensionsgeschäften mit Wertpapieren und steuerfreien Zinsen, StuW 1972, S. 270-278.

VOLK, Gerrit (Mezzanine-Capital)
Mezzanine Capital: Neue Finanzierungsmöglichkeit für den Mittelstand?, BB 2003, S. 1224-1226.

VOLLMER, Lothar (Genußschein)
Der Genußschein - ein Instrument für mittelständische Unternehmen zur Eigenkapitalbeschaffung an der Börse, ZGR 1983, S. 445-475.

WAGENHOFER, Alfred (Standards)
Die Rolle der Standards des IASB in der Internationalisierung der Rechnungslegung, BFuP 2002, S. 230-245.

WAGENHOFER, Alfred (IAS/IFRS)
Internationale Rechnungslegungsstandards - IAS/IFRS, 5. Auflage, 2005, Verlag Moderne Industrie, Frankfurt.

WAGNER, Franz W. (Neutralität)
Neutralität und Gleichmäßigkeit als ökonomische und rechtliche Kriterien steuerlicher Normenkritik, StuW 1992, S. 2-13.

WAGNER, Franz W. (Überschussermittlung)
Kann es eine Beseitigung aller steuerlichen Ausnahmen geben, wenn es keine Regel gibt?, DStR 1997, S. 517-521.

WAGNER, Franz W. (Maßgeblichkeit)
Aufgabe der Maßgeblichkeit bei einer Internationalisierung der Rechnungslegung?, DB 1998, S. 2073-2077.

WAGNER, Siegfried (Bewertungseinheit I)
Die Konkurrenz zwischen dem Grundsatz der Einzelbewertung und der Bildung von Bewertungseinheiten - Teil I, INF 2003, S. 783-825.

WAGNER, Siegfried (Hybride Finanzierung)
Bilanzierungsfragen und steuerliche Aspekte bei "hybriden" Finanzierungen, DK 2005, S. 499-510.

WAGNER, Siegfried (Optionsanleihe)
Die steuerbilanzielle Behandlung des Ausgabeaufgeldes einer Optionsanleihe beim Emittenten - Rechtsprechung des BFH in den Urteilen vom 30.11.2005 -, DK 2006, S. 262-269.

WALDERSEE, Georg (Finanzderivate)
Bilanzierung von Finanzderivaten nach HGB, IAS und US-GAAP, in: FS Weber (Hrsg.: Küting, Karlheinz und Langenbucher, Günther), Internationale Rechnungslegung, 2003, Schäffer-Poeschel, Stuttgart, S. 239-264.

WALLIS, Hugo von (Einkommensbesteuerung)
Grundfragen der Einkommensbesteuerung, FR 1975, S. 334-341.

WALZ, Rainer (Wirtschaftsgut)
Wirtschaftsgüter und wirtschaftliches Eigentum. Rechtsvergleichende Überlegungen zur Gegenstandswelt von Zivilrecht und Steuerrecht, in: FS Fischer (Hrsg.: Kleineidam, Hans-

Jochen), Unternehmenspolitik und internationale Besteuerung, 1999, Erich Schmidt Verlag, Berlin, S. 463-483.

WASCHBUSCH, Gerd (Pensionsgeschäft)
Die Rechnungslegung der Kreditinstitute bei Pensionsgeschäften, BB 1993, S. 172-179.

WASSERMEYER, Franz (Einlage)
Einlagen in Kapital- und Personengesellschaften und ihre ertragsteuerliche Behandlung, StbJb. 1985, S. 213-235.

WASSERMEYER, Franz (Auswirkungen)
Auswirkungen der neueren Entscheidungen des Großen Senats zum Bilanzsteuerrecht, DB 2001, S. 1053-1057.

WATERMEYER, Heinrich J. (Qualifizierter Rangrücktritt)
BFH entscheidet zum qualifizierten Rangrücktritt, GmbHR 2006, S. 240-243.

WEBER, Andrea (Standortwahl)
Standortwahl und Unternehmensbesteuerung in der Europäischen Union, 1998, Schriftenreihe des Zentrums für europäische Studien, Trier.

WEBER-GRELLET, Heinrich (Europäisches Steuerrecht)
Europäisches Steuerrecht?, StuW 1995, S. 336-351.

WEBER-GRELLET, Heinrich (EuGH)
Bilanzrecht im Lichte, Bilanzsteuerrecht im Schatten des EuGH, DB 1996, S. 2089-2092.

WEBER-GRELLET, Heinrich (Vermögensteuer)
Vermögensteuer, Plafondierung, Vereinfachung, BB 1996, S. 1415-1419.

WEBER-GRELLET, Heinrich (Apotheker-Fall)
Der Apotheker-Fall - Anmerkungen und Konsequenzen zum Beschluss des Großen Senats vom 23.06.1997 GrS 2/93, DB 1997, S. 2233-2238.

WEBER-GRELLET, Heinrich (Reform)
Bestand und Reform des Bilanzsteuerrechts, DStR 1998, S. 1343-1349.

WEBER-GRELLET, Heinrich (Entwicklungen)
Der Maßgeblichkeitsgrundsatz im Lichte aktueller Entwicklungen, BB 1999, S. 2659-2666.

WEBER-GRELLET, Heinrich (Realisationsprinzip)
Realisationsprinzip und Belastungsprinzip - Zum zeitlichen Ausweis von Ertrag und Aufwand, DB 2002, S. 2180-2184.

WEBER-GRELLET, Heinrich (Maßgeblichkeitsgrundsatz)
Zur Abschaffung des Maßgeblichkeitsgrundsatzes, StuB 2002, S. 700-706.

WEBER-GRELLET, Heinrich (EuGH)
Zuständigkeit des EuGH - true-and-fair-view - Ausweis von Garantieverpflichtungen - Einzel- und Pauschalbewertung - Wertaufhellung, DStR 2003, S. 67-69.

WEBER-GRELLET, Heinrich (Rechtsprechung 2004)
Rechtsprechung des BFH zum Bilanzsteuerrecht im Jahr 2004, BB 2005, S. 36-42.

WEERTH, Jan de (Tomberger)
Bilanzrecht und Europarecht, RIW 1996, S. 763-765.

WEERTH, Jan de (Europarecht)
Bilanzsteuerrecht und Europarecht: Anmerkung zum BIAO-Urteil des EuGH, RIW 2003, S. 460-463.

WENGEL, Torsten (Genußrechtskapital)
Die handelsrechtliche Eigen- und Fremdkapitalqualität von Genussrechtskapital, DStR 2001, S. 1316-1324.

WERNER, Horst S. (Mezzanine-Kapital)
Mezzanine-Kapital, 2004, Bank Verlag, Köln.

WESTERBURG, Justus/SCHWENN, Dirk (Rangrücktritt)
Rangrücktrittsvereinbarungen für Gesellschaftsdarlehen bei der GmbH - Entwicklungen zu mehr Rechtssicherheit?, BB 2006, S. 501-506.

WIEDEMANN, Herbert (Eigenkapital)
Eigenkapital und Fremdkapital, in: FS Beusch (Hrsg.: Beisse, Heinrich, Lutter, Marcus und Närger, Heribald), Festschrift für Karl Beusch zum 68. Geburtstag, 1993, Walter de Gruyter, S. 893-913.

WIEDMANN, Harald (Bewertungseinheit)
Die Bewertungseinheit im Handelsrecht, in: FS Moxter (Hrsg.: Ballwieser, Wolfgang, Böcking, Hans-Joachim, Drukarczyk, Jochen und Schmidt, H. Reinhard), Bilanzrecht und Kapitalmarkt, 1994, IDW-Verlag, Düsseldorf, S. 455-482.

WIESE, Tobias/DAMMER, Thomas (Finanzinstrumente)
Zusammengesetzte Finanzinstrumente der AG, DStR 1999, S. 867-876.

WILHELM, Jan (Kapitalaufbringung)
Umgehungsverbote im Recht der Kapitalaufbringung, ZHR 2003, S. 520-545.

WILKENS, Marco/SCHOLZ, Hendrik/VÖLKER, Jörg (Aktienanleihe)
Analyse und Bewertung von Aktienanleihen und Diskontzertifikaten, Die Bank 1999, S. 322-327.

WILEY (Hrsg.: Ballwieser, Wolfgang; Beine, Frank; Hayn, Sven; Peemöller, Volker; Schruff, Lothar und Weber, Claus-Peter)
Kommentar: IAS/IFRS, 2004, GP Fachbuchverlag, Braunschweig.

WINDMÖLLER, Rolf/BREKER, Norbert (Optionsgeschäfte)
Bilanzierung von Optionsgeschäften, WPg 1995, S. 389-401.

WINNEFELD, Robert (Bilanz-Handbuch)
Bilanz-Handbuch, 4. Auflage, 2006, Verlag C.H. Beck, München.

WINTER, Oliver (Zinsbegrenzungsvereinbarung)
Die handelsrechtliche Bilanzierung von Zinsbegrenzungsvereinbarungen, DB 1997, S. 1985-1992.

WINTER, Willi (Genußrechte)
Steuerliche Behandlung von Genußrechten, GmbHR 1993, S. 31-33.

WISSENSCHAFTLICHER BEIRAT FACHBEREICH STEUER ERNST & YOUNG (Teilwert)
Stellungnahme zur Abschaffung des Teilwerts, BB 2004, S. 1-24.

WITTENBRINK, Carsten/HÖLTKEMEYER, Carsten (Finanzinstrumente)
Neue Bilanzierungsregeln für strukturierte Finanzinstrumente, Die Bank 2000, S. 771-775.

WITTMANN, Rolf (Markteinkommen)
Besteuerung des Markteinkommens - Grundlinien einer freiheitsschonenden Besteuerung, StuW 1993, S. 35-46.

WOERNER, Lothar (Schwebende Geschäfte)
Grundsatzfragen zur Bilanzierung schwebender Geschäfte, FR 1984, S. 489-496.

WOERNER, Lothar (Schwebende Geschäfte)
Die Gewinnrealisierung bei schwebenden Geschäften, BB 1988, S. 769-777.

WP-Handbuch (Hrsg.: IDW)
Kommentar: WP-Handbuch 2006, 13. Auflage 2006, IDW-Verlag, Düsseldorf.

WÜSTEMANN, Jens (US-GAAP)
Generally Accepted Accounting Principles, 1999, Dunker & Humboldt, Berlin.

ZEITLER, Franz-Christoph (Rechtsstaat)
Rechnungslegung und Rechtsstaat, DB 2003, S. 1529-1534.

ZEITLER, Franz-Christoph (Rechtsstaat)
Rechnungslegung und Rechtsstaat - Übernahme der IAS oder Reform des HGB? -, DB 2003, S. 1529-1534.

ZIEBE, Jürgen (Genußscheine)
Kapitalbeschaffung durch Genußscheine, BB 1988, S. 225-229.

ZIELKE, Wolfgang (Jahresabschluß)
Internationale Aspekte der Bilanzierung derivativer Geschäfte im Jahresabschluß von Industrieunternehmen, in: FS Moxter (Hrsg.: Ballwieser, Wolfgang, Böcking, Hans-Joachim, Drukarczyk, Jochen und Schmidt, Reinhard H.), Bilanzrecht und Kapitalmarkt, 1994, Düsseldorf, S. 506-528.

ZIMMERMANN, Heinz (Optionsgeschäfte)
Optionsgeschäfte, in: Gerke/Steiner (Hrsg.: Gerke, Wolfgang and Steiner, Manfred), Handwörterbuch des Bank- und Finanzwesens, 2001, Schäffer-Poeschel Verlag, Stuttgart, S. 1609-1622.

Rechtsquellenverzeichnis

1. Nationale Gesetze

AktG
Aktiengesetz vom 6.9.1965 (BGBl.I 1965, S. 1089), zuletzt geändert durch das Gesetz zur Unternehmensintegrität und Modernisierung des Anfechtungsrechts vom 22.9.2005, BGBl.I 2005, S. 2802 – 2808.

AO
Abgabenordnung (AO 1977) in der Fassung der Bekanntmachung vom 1.10.2002 (BGBl.I 2002, S. 3866, ber. BGBl.I 2003, S. 61), zuletzt geändert durch das Gesetz zur Eindämmung missbräuchlicher Steuergestaltungen vom 28.4.2006, BGBl.I S. 1095 -1096.

BGB
Bürgerliches Gesetzbuch in der Fassung der Bekanntmachung vom vom 2.1.2002 (BGBl.I 2002, S. 42, 45, ber. S. 2909, erneut ber. BGBl.I 2003, S. 738), zuletzt geändert durch das Erste Gesetz über die Bereinigung von Bundesrecht im Zuständigkeitsbereich des Bundesministerium der Justiz vom 19.4.2006, BGBl.I 2006, S. 866 – 893.

BilReg
Gesetz zur Einführung internationaler Rechnungslegungsstandards und zur Sicherung der Qualität der Abschlussprüfung (Bilanzrechtsreformgesetz - BilReG) vom 4.12.2004, BGBl.I 2004, S. 3166-3182.

BiRiLiG
Gesetz zur Durchführung der Vierten, Siebenten und Achten Richtlinie des Rates der Europäischen Gemeinschaft zur Koordinierung des Gesellschaftsrechts (Bilanzrichtlinien-Gesetz - BiRiLiG) vom 19.12.1985, BGBl.I 1985, S. 2355-2433.

Bremisches EStG
Bremisches Einkommensteuergesetz vom 17.12.1874, Gesetz-Blatt 1874, S. 121-122.

EStG für das Königreich Sachsen
Einkommensteuergesetz für das Königreich Sachsen vom 22.12.1874, Gesetz- und Verordnungsblatt 1874, S. 471-475.

EStG 1920
Einkommensteuergesetz vom 29.03.1920, RGBl.I 1920, S. 359-363.

EStG 1925
Einkommensteuergesetz vom 10.08.1925, RGBl.I 1925, S. 189-195.

EStG 1934
Einkommensteuergesetz vom 16.10.1934, RGBl.I 1934, S. 1005-1009.

EStG
Einkommensteuergesetz in der Fassung der Bekanntmachung vom 19.10.2002 (BGBl.I 2002, S. 4210, ber. BGBl.I 2003, S. 179), zuletzt geändert durch das Gesetz zur Eindämmung missbräuchlicher Steuergestaltungen vom 28.4.2006, BGBl.I S. 1095 -1096.

Gesetz zur Eindämmung missbräuchlicher Steuergestaltungen
Gesetz zur Eindämmung missbräuchlicher Steuergestaltungen vom 28.4.2006, BGBl.I 2006, S. 1095-1096.

Gesetz zur Fortsetzung der Unternehmenssteuerreform
Gesetz zur Fortsetzung der Unternehmenssteuerreform vom 31.12.1997, BGBl.I 1997, S. 2590-2600.

GenG
Gesetz betreffend die Erwerbs- und Wirtschaftsgenossenschaften in der Fassung der Bekanntmachung vom 19.4.1994 (BGBl.I 1994, S. 2202), zuletzt geändert durch das Erste Gesetz über die Bereinigung von Bundesrecht im Zuständigkeitsbereich des Bundesministerium der Justiz vom 19.4.2006, BGBl.I 2006, S. 866 – 893.

GmbHG
Gesetz betreffend die Gesellschaften mit beschränkter Haftung in der Fassung der Bekanntmachung vom 20.5.1898 (RGBl. 1898, S. 846), zuletzt geändert durch das Gesetz über die Verwendung elektronischer Kommunikationsformen in der Justiz (Justizkommunikationsgesetz – JkomG) vom 22.3.2005, BGBl.I 2005, S. 837 – 858.

HGB
Handelsgesetzbuch vom 10.5.1897 (RGBl.I 1897, S. 219), zuletzt geändert durch das Erste Gesetz über die Bereinigung von Bundesrecht im Zuständigkeitsbereich des Bundesministerium der Justiz vom 19.4.2006, BGBl.I 2006, S. 866 – 893.

KonTrag
Gesetz zur Kontrolle und Transparenz im Unternehmensbereich (KonTrag) vom 27.4.1998, BStBl.I 1998, S. 786-794.

KStG
Körperschaftsteuergesetz in der Fassung der Bekanntmachung vom 15.10.2002 (BGBl.I 2002, S. 4144), zuletzt geändert durch das Gesetz zur Änderung des Versicherungsaufsichtsgesetzes und anderer Gesetze vom 15.12.2004, BGBl.I 2004, S. 3416 – 3428.

KWG
Gesetz über das Kreditwesen in der Fassung der Bekanntmachung vom 9.9.1998 (BGBl.I 1998, S. 2776), zuletzt geändert durch das Gesetz zur Neuorganisation der Bundesfinanzverwaltung und zur Schaffung eines Refinanzierungsregiesters vom 22.9.2005, BGBl.I 2005, S. 2809 – 2819.

Steuerentlastungsgesetz 1999/2000/2002
Steuerentlastungsgesetz 1999/2000/2002 vom 24.3.1999, BStBl.I 1999, S. 304-398.

WpHG
Gesetz über den Wertpapierhandel (Wertpapierhandelsgesetz) in der Fassung der Bekanntmachung vom 9.9.1998 (BGBl.I 1998, S. 2708), zuletzt geändert durch das Gesetz zur Neuordnung des Pfandbriefrechts vom 22.5.2005, BGBl.I 2005, S. 1373 – 1393.

2. *Verordnungen und Richtlinien der Europäischen Union*

Änderung der Kapitalrichtlinie vom 13.7.2006
Vorläufiger Text zur Änderung der Richtlinie 77/91/EWG des Rates in Bezug auf die Gründung von Aktiengesellschaften und die Erhaltung und Änderung ihres Kapitals, Internet 2006, S. 1-17.

Beschluss vom 28.6.1999
Beschluss 1999/468/EG des Rates vom 28. Juni 1999 zur Festlegung der Modalitäten für die Ausübung der der Kommission übertragenen Durchführungsbefugnisse, ABlEG 1999, S. L 148-23-L 148/29.

Fair Value-Richtlinie vom 27.9.2001
Richtlinie 2001/65/EG zur Änderung der Richtlinien 78/660/EWG, 83/349/EWG und 86/635/EWG des Rates im Hinblick auf die im Jahresabschluss bzw. im konsolidierten Abschluss von Gesellschaften bestimmter Rechtsformen und von Banken und anderern Finanzinstituten zulässigen Wertansätze, ABlEG 2001, S. L 283-28-L 283/32.

Fusionsrichtlinie vom 23.6.1990
Richtlinie 90/434/EWG des Rates vom 23.06.1990 über das gemeinsame Steuersystem für Fusionen, Spaltungen, die Einbringung von Unternehmensteilen und den Austausch von Anteilen, die Gesellschaften verschiedener Mitgliedstaaten betreffen, ABlEG 1990, S. L 225-1-L 225/5.

IAS-Verordnung vom 19.7.2002
Verordnung (EG) Nr. 1606/2002 betreffend die Anwendung internationaler Rechnungslegungsstandards, ABlEG 2002, S. L 243-1-L 243/3.

Kapitalrichtlinie vom 13.12.1976
Zweite Gesellschaftsrechtliche Richtlinie des Rates vom 13.12.1976 zur Koordinierung der Schutzbestimmungen, die in den Mitgliedstaaten den Gesellschaften im Sinne des Artikels 58 Abs. 2 des Vertrages im Interesse der Gesellschafter sowie Dritter für die Gründung der Aktiengesellschaft sowie für die Erhaltung und Änderung ihres Kapitals vorgeschrieben sind, um diese Bestimmungen gleichwertig zu gestalten, ABlEG 1977, S. L 026-1-L 026/13.

Modernisierungsrichtlinie vom 18.6.2003
Richtlinie 2003/51/EG zur Änderung der Richtlinien 78/660/EWG, 83/349/EWG und 91/674/EWG über den Jahresabschluss und den konsolidierten Abschluss von Gesellschaften bestimmter Rechtsformen, von Banken und anderen Finanzinstituten sowie von Versicherungsunternehmen, ABlEG 2003, S. L 178-16-L 178/22.

Mutter-Tochter-Richtlinie vom 23.6.1990
2. Richtlinie (EWG) Nr. 90/435 über das gemeinsame Steuersystem der Mutter- und Tochtergesellschaften verschiedener Mitgliedstaaten, ABlEG 1990, S. L 225-6-L 225/10.

Niederlassungsrichtlinie vom 21.12.1989
Elfte Richtlinie 89/666/EWG des Rates vom 21.12.1989 über die Offenlegung von Zweigniederlassungen, die in einem Mitgliedstaat von Gesellschaften bestimmter Rechtsformen errichtet wurden, die dem Recht eines anderen Staates unterliegen, ABlEG 1989, S. L 395-36-L 395/42.

Schwellenwertrichtlinie vom 13.5.2003
Richtlinie 2003/38/EG zur Änderung der Richtlinie 76/660/EWG über den Jahresabschluss von Gesellschaften bestimmter Rechtsform hinsichtlich der in Euro ausgedrückten Beträge, ABlEG 2003, S. L 120-22-L 120/23.

SE-Verordnung vom 8.10.2001
Verordnung (EG) Nr. 2157/2001des Rates vom 08. Oktober 2001 über das Statut der Europäischen Gesellschaft (SE), ABlEG 2001, S. L 294-1-L 294/21.

Siebente EG-Bilanzrichtlinie vom 13.6.1983
Siebente Richtlinie 83/349/EWG des Rates vom 13.06.1983 aufgrund von Artikel 54 Abs. 3 lit.g) des Vertrages über den konsolidierten Abschluß, ABlEG 1983, S. L 193-1-L 193/17.

Verordnung vom 29.9.2003
Verordnung (EG) Nr. 1725/2003 betreffend die Übernahme bestimmter internationaler Rechnungslegungsstandards in Übereinstimmung mit der Verordnung (EG) Nr. 1606/2002 des Europäischen Parlaments und des Rates, ABlEG 2003, S. L 261-1-L 261/2.

Verordnung vom 19.11.2004
Verordnung (EG) Nr. 2086/2004 der Kommission zur Änderung der Verordnung (EG) Nr. 1725/2003 betreffend die Übernahme bestimmter internationaler Rechnungslegungsstandards in Übereinstimmung mit der Verordnung (EG) Nr. 1606/2002 des Europäischen Parlaments und des Rates und im Hinblick auf die Einführung von IAS 39, ABlEG 2004, S. L 363-1-L 363/65.

Verordnung vom 15.11.2005
Verordnung EG Nr. 1864/2005 der Kommission zur Änderung der Verordnung (EG) Nr. 1725/2003 betreffend die Übernahme bestimmter internationaler Rechnungslegungsstandards in Übereinstimmung mit der Verordnung (EG) Nr. 1606/2002 des Europäischen Parlaments und des Rates im Hinblick auf die Einfügung von IFRS 1 und IAS 32 und 39, ABlEG 2005, S. L 299-45-L 299/57.

Vierte EG-Bilanzrichtlinie vom 25.7.1978
Vierte Richtlinie 78//660/EWG des Rates vom 25.07.1978 aufgrund von Artikel 54 Abs. 3 lit. g) des Vertrages über den Jahresabschluss von Gesellschaften bestimmter Rechtsform, ABlEG 1978, S. L 222-11-L 222/31.

3. Gesetzesmaterialien

MoMiG
Entwurf eines Gesetzes zur Modernisierung des GmbH-Rechts und zur Bekämpfung von Missbräuchen (MoMiG) vom 29.5.2006, Webseite des Bundesjustizministerium: http://www.bmj.bund.de/media/archive/1236.pdf#search=%22MoMiG%22, S. 1-88.

Entwurf eines Gesetzes zur Eindämmung missbräuchlicher Steuergestaltungen
BT-Drucksache 16/634 vom 13.2.2006, S. 1-16.

4. Standards und Rahmenkonzept

IASB-Rahmenkonzept
Rahmenkonzept für die Aufstellung und Darstellung von Abschlüssen, angenommen durch den IASB im April 2001.

IFRS 2
International Financial Reporting Standard 2: Anteilsbasierte Vergütungen, in der Fassung, die Änderungen bis zum 31.12.2005 berücksichtigt.

IFRS 4
International Financial Reporting Standard 4: Versicherungsverträge, in der Fassung, die Änderungen bis zum 31.12.2005 berücksichtigt.

IFRS 7
International Financial Reporting Standard 7: Finanzinstrumente: Ausweispflichten, erstmals anzuwenden in der Berichtsperiode eines am 1.1.2007 oder danach beginnenden Geschäftsjahres.

IAS 1
International Accounting Standard 1: Darstellung des Abschlusses, erstmals anzuwenden in der Berichtsperiode eines am 1.1.2005 oder danach beginnenden Geschäftsjahres.

IAS 10
International Accounting Standard 10: Ereignisse nach dem Bilanzstichtag, erstmals anzuwenden in der Berichtsperiode eines am 1.1.2005 oder danach beginnenden Geschäftsjahres.

IAS 11
International Accounting Standard 11: Fertigungsaufträge, erstmals anzuwenden in der Berichtsperiode eines am 1.1.1995 oder danach beginnenden Geschäftsjahres.

IAS 16
International Accounting Standard 16: Sachanlagen, erstmals anzuwenden in der Berichtsperiode eines am 1.1.2005 oder danach beginnenden Geschäftsjahres.

IAS 17
International Accounting Standard 17: Leasingverhältnisse, erstmals anzuwenden in der Berichtsperiode eines am 1.1.2005 oder danach beginnenden Geschäftsjahres.

IAS 18
International Accounting Standard 18: Erträge, in der Fassung, die Änderungen bis zum 31.12.2005 berücksichtigt.

IAS 32
International Accounting Standard 18: Finanzinstrumente: Angaben und Darstellung, in der Fassung, die Änderungen bis zum 31.12.2005 berücksichtigt.

IAS 37
International Accounting Standard 37: Rückstellungen, Eventualschulden und Eventualforderungen, in der Fassung, die Änderungen bis zum 31.12.2005 berücksichtigt.

IAS 38
International Accounting Standard 38: Immaterielle Vermögenswerte, in der Fassung der Veröffentlichung vom 9.12.2004.

IAS 39
International Accounting Standard 39: Finanzinstrumente. Ansatz und Bewertung, in der Fassung, die Änderungen bis zum 31.12.2005 berücksichtigt.

Verwaltungsanweisungen

1. Bundesfinanzministerium

BMF-SCHREIBEN vom 08.12.1986
Aktenzeichen: IV B 7 - S 2742 - 26/86, BB 1987, S. 667-668.

BMF-SCHREIBEN vom 03.04.1990
Aktenzeichen: IV B 2 - S 2134 - 2/90, DB 1990, S. 863.

BMF-SCHREIBEN vom 16.09.1992
Aktenzeichen: IV B 7 - S 2742 - 61/92, BStBl.I 1992, S. 653-654.

BMF-SCHREIBEN vom 17.11.1994
Aktenzeichen: IV B 7 - S 2742 a - 63/94, BStBl.I 1995, S. 25-39.

BMF-SCHREIBEN vom 06.10.2000
Aktenzeichen: IV C 6 - S 2189 - 11/00, BStBl.I 2000, S. 1392.

BMF-SCHREIBEN vom 12.01.2004
Aktenzeichen: IV A 6 - S 2133 - 17/03, BStBl.I 2004, S. 192.

BMF-SCHREIBEN vom 18.08.2004
Aktenzeichen: IV A 6 - S 2133 - 2/04, BStBl.I 2004, S. 850.

BMF-SCHREIBEN vom 25.10.2004
Aktenzeichen: IV C 3 - S 2256 - 238/04, BStBl.I 2004, S. 1034-1042.

BMF-SCHREIBEN vom 08.09.2006
Aktenzeichen: IV B 2 – S 2133 – 10/06.

2. Oberfinanzdirektion

OFD DÜSSELDORF vom 23.3.2001
Aktenzeichen: S 2136 A - St 11, DB 2001, S. 1337-1338.

OFD MÜNCHEN/NÜRNBERG vom 22.08.2000
Aktenzeichen: OFD-M: S 2136 - 1 St 41/42 / OFD-N: S 2136 - 1/ST 31, BB 2000, S. 2628-2629.

Rechtsprechungsverzeichnis

1. Europäischer Gerichtshof

EUGH vom 17.12.1970
Aktenzeichen: 33/70, Slg 1970, S. 1213 ff.

EUGH vom 4.12.1974
Aktenzeichen: 41/74, Slg 1974, S. 1337 ff.

EUGH vom 1.2.1977
Aktenzeichen: 51/76, NJW 1977, S. 2022-2023.

EUGH vom 6.10.1982
Aktenzeichen: 283/81, EuGHE 1982, S. 3415-3442.

EUGH vom 19.1.1982
Aktenzeichen: 8/81, EuGHE 1982, S. 53-77.

EUGH vom 8.11.1990
Aktenzeichen: C-231/89, HFR 1991, S. 245-246.

EUGH vom 27.6.1996
Aktenzeichen: C-234/94, DB 1996, S. 1400-1401.

EUGH vom 14.9.1999
Aktenzeichen: C-275/97, Slg 1996, S. I-5331-I- 5331.

EUGH vom 17.7.1997
Aktenzeichen: C-130/95, EuGHE I 1997, S. 4291-4314.

EUGH vom 17.7.1997
Aktenzeichen: C-28/95, FR 1997, S. 685-690.

EUGH vom 4.12.1997
Aktenzeichen: C-97/96, GmbHR 1997, S. 1150-1152.

EUGH vom 9.3.1999
Aktenzeichen: C-212/97, EuGHE 1999, S. I-1459-I-1498.

EUGH vom 5.11.2002
Aktenzeichen: C-208/00, EuGHE 2002, S. I-9919-I-9976.

EUGH vom 30.9.2003
Aktenzeichen: C-167/01, GmbHR 2003, S. 1260-1271.

EUGH vom 7.1.2003
Aktenzeichen: C-306/99, BStBl.II 2004, S. 144-155.

EUGH vom 13.12.2005
Aktenzeichen: C-411/03, AG 2006, S. 80-82.

2. *Bundesverfassungsgericht*

BVERFG vom 2.10.1969
Aktenzeichen: 1 BvL 12/68, BVerfGE 1969, S. 57-70.

BVERFG vom 16.12.1970
Aktenzeichen: 1 BvR 210/68, BStBl.II 1971, S. 381-384.

BVERFG vom 9.2.1972
Aktenzeichen: 1 BvL 16/69, BVerfGE 1972, S. 333-337.

BVERFG vom 3.11.1982
Aktenzeichen: 1 BvR 620/78, 1135/78, 1104/79, 363/80, BVerfGE 1982, S. 357-361.

BVERFG vom 22.2.1984
Aktenzeichen: 1 BvL 10/80, BVerfGE 1984, S. 226-230.

BVERFG vom 25.9.1992
Aktenzeichen: 2 BvL 5, 8, 14/91, BVerfGE 1991, S. 153-181.

BVERFG vom 27.6.1991
Aktenzeichen: 2 BvR 1493/89, BVerfGE 1991, S. 239-285.

BVERFG vom 27.8.1991
Aktenzeichen: 2 BvR 276/90, DB 1991, S. 2230-2232.

BVERFG vom 25.9.1992
Aktenzeichen: 2 BvL 5,8,14/91, BVerfGE 1992, S. 181-185.

BVERFG vom 22.6.1995
Aktenzeichen: 2 BvL 37/91, BVerfGE 1995, S. 121-128.

BVERFG vom 10.4.1997
Aktenzeichen: 2 BvL 77/92, BVerfGE 1997, S. 1-8.

BVERFG vom 9.3.2004
Aktenzeichen: 2 BvL 17/02, BStBl.II 2005, S. 56-76.

BVERFG vom 18.1.2006
Aktenzeichen: 2 BvR 2194/99, HFR 2006, S. 507-511.

3. Reichsfinanzhof

RFH vom 18.11.1925
Aktenzeichen: VI A 899 u. 900/25, RStBl. 1926, S. 11-16.

RFH vom 21.9.1927
Aktenzeichen: VI A 383, StuW 1927, S. 803-806.

RFH vom 27.3.1928
Aktenzeichen: I A 470/27, RStBl. 1928, S. 260-261.

RFH vom 27.10.1928
Aktenzeichen: VI A 1047/28, RStBl. 1928, S. 35-36.

RFH vom 3.10.1928
Aktenzeichen: VI A 1153, BB 1928, S. 1424-1427.

RFH vom 17.9.1931
Aktenzeichen: III A 1016/30, RStBl. 1931, S. 868-871.

RFH vom 17.7.1930
Aktenzeichen: III A 203/29, RStBl. 1931, S. 42-43.

RFH vom 22.10.1931
Aktenzeichen: VI A 935, StuW 1932, S. 16-28.

RFH vom 13.7.1933
Aktenzeichen: III A 259/33, RStBl. 1933, S. 895-896.

RFH vom 17.4.1934
Aktenzeichen: I A 316/32, RStBl. 1934, S. 773-776.

4. Bundesfinanzhof

BFH vom 9.9.1954
Aktenzeichen: IV 574/53 U, BStBl.III 1954, S. 317-319.

BFH vom 1.4.1958
Aktenzeichen: I 60/57 U, BStBl.III 1958, S. 291-293.

BFH vom 14.8.1958
Aktenzeichen: III 382/57 U, BStBl.III 1958, S. 400-401.

BFH vom 17.5.1960
Aktenzeichen: I 35/57 S, BStBl.III 1960, S. 306-309.

BFH vom 15.11.1960
Aktenzeichen: I 189/60 U, BStBl.III 1961, S. 48-49.

BFH vom 28.6.1960
Aktenzeichen: I 85/60, HFR 1961, S. 13-14.

BFH vom 17.1.1963
Aktenzeichen: IV 335/59 S, BStBl.III 1963, S. 257-258.

BFH vom 29.7.1965
Aktenzeichen: IV 164/63 U, BStBl.III 1965, S. 648-650.

BFH vom 29.4.1965
Aktenzeichen: IV 403/62, BStBl.III 1965, S. 414-416.

BFH vom 2.11.1965
Aktenzeichen: I 51/61 S, BStBl.III 1966, S. 61-64.

BFH vom 22.8.1966
Aktenzeichen: GrS 2/66, BStBl.III 1966, S. 672-675.

BFH vom 1.2.1966
Aktenzeichen: I 90/63, BStBl.III 1966, S. 251-252.

BFH vom 22.4.1966
Aktenzeichen: VI 37/65, BStBl.III 1966, S. 368-369.

BFH vom 31.5.1967
Aktenzeichen: I 208/63, BStBl.III 1967, S. 607-609.

BFH vom 3.2.1969
Aktenzeichen: GrS 2/68, BStBl.II 1969, S. 291-294.

BFH vom 26.1.1970
Aktenzeichen: IV R 144/66, BStBl.II 1970, S. 264-273.

BFH vom 18.11.1970
Aktenzeichen: I 133/64, BStBl.II 1971, S. 133-136.

BFH vom 6.8.1971
Aktenzeichen: III R 89/68, BStBl.II 1972, S. 28-30.

BFH vom 6.12.1972
Aktenzeichen: I R 198/70, BStBl.II 1973, S. 759-760.

BFH vom 13.10.1972
Aktenzeichen: I R 213/69, BStBl.II 1973, S. 209-212.

BFH vom 13.10.1972
Aktenzeichen: III R 110/71, BStBl.II 1973, S. 285-287.

BFH vom 21.2.1973
Aktenzeichen: I R 106/71, BStBl.II 1973, S. 460-461.

BFH vom 19.6.1973
Aktenzeichen: I R 206/71, BStBl.II 1973, S. 774-775.

BFH vom 5.11.1973
Aktenzeichen: GrS 3/72, BStBl.II 1974, S. 414-416.

BFH vom 26.11.1973
Aktenzeichen: GrS 5/71, BStBl.II 1974, S. 132-137.

BFH vom 21.2.1974
Aktenzeichen: IV B 28/73, BStBl.II 1974, S. 404-407.

BFH vom 16.1.1975
Aktenzeichen: IV R 180/71, BStBl.II 1975, S. 526-529.

BFH vom 20.2.1975
Aktenzeichen: IV R 79/74, BStBl.II 1975, S. 510-513.

BFH vom 1.10.1975
Aktenzeichen: I R 207/73, BStBl.II 1976, S. 202-203.

BFH vom 26.2.1975
Aktenzeichen: I R 72/73, BStBl.II 1976, S. 13-16.

BFH vom 4.5.1977
Aktenzeichen: I R 27/74, BStBl.II 1977, S. 802-805.

BFH vom 28.4.1977
Aktenzeichen: IV R 163/75, BStBl.II 1977, S. 553-556.

BFH vom 2.6.1978
Aktenzeichen: III R 4/76, BStBl.II 1978, S. 507-508.

BFH vom 26.1.1978
Aktenzeichen: V R 137/75, BStBl.II 1978, S. 280-283.

BFH vom 21.12.1978
Aktenzeichen: III R 20/77, BStBl.II 1979, S. 466-468.

BFH vom 28.5.1979
Aktenzeichen: I R 1/76, BStBl.II 1979, S. 734-738.

BFH vom 27.9.1979
Aktenzeichen: IV R 149/72, BFHE 1979, S. 439-442.

BFH vom 3.5.1979
Aktenzeichen: IV R 153/78, BStBl.II 1979, S. 515-518.

BFH vom 24.1.1980
Aktenzeichen: IV R 156-157/78, BStBl.II 1980, S. 271-275.

BFH vom 22.1.1980
Aktenzeichen: VIII R 74/77, BStBl.II 1980, S. 244-247.

BFH vom 10.11.1980
Aktenzeichen: GrS 1/79, BStBl.II 1981, S. 164-170.

BFH vom 19.2.1981
Aktenzeichen: IV R 112/78, BStBl.II 1981, S. 655-658.

BFH vom 16.7.1981
Aktenzeichen: IV R 89/80, BStBl.II 1981, S. 766-767.

BFH vom 16.7.1981
Aktenzeichen: V B 51/80, BStBl.II 1981, S. 692-693.

BFH vom 29.7.1981
Aktenzeichen: I R 62/77, BStBl.II 1982, S. 107-111.

BFH vom 25.6.1981
Aktenzeichen: IV R 61/78, BStBl.II 1982, S. 59-60.

BFH vom 28.1.1982
Aktenzeichen: IV R 197/79, BStBl.II 1982, S. 389-390.

BFH vom 29.11.1982
Aktenzeichen: GrS 1/81, BStBl.II 1983, S. 272-277.

BFH vom 16.11.1982
Aktenzeichen: VIII R 95/81, BStBl.II 1983, S. 361-364.

BFH vom 24.8.1983
Aktenzeichen: I R 142/81, BStBl.II 1983, S. 369-371.

BFH vom 5.5.1983
Aktenzeichen: IV R 43/80, BStBl.II 1983, S. 631-633.

BFH vom 19.7.1983
Aktenzeichen: VIII R 160/79, BStBl.II 1984, S. 56-59.

BFH vom 28.6.1983
Aktenzeichen: VIII R 179/79, BStBl.II 1984, S. 196-198.

BFH vom 25.6.1984
Aktenzeichen: GrS 4/82, BStBl.II 1984, S. 751-770.

BFH vom 30.5.1984
Aktenzeichen: I R 146/81, BStBl.II 1984, S. 825-827.

BFH vom 25.1.1984
Aktenzeichen: I R 7/80, BStBl.II 1984, S. 344-347.

BFH vom 12.4.1984
Aktenzeichen: IV R 112/81, BStBl.II 1984, S. 554-557.

BFH vom 2.5.1984
Aktenzeichen: VIII R 276/81, BStBl.II 1984, S. 820-823.

BFH vom 25.4.1985
Aktenzeichen: V R 123/84, HFR 1985, S. 452-455.

BFH vom 11.12.1985
Aktenzeichen: I B 49/85, BFH/NV 1986, S. 595-596.

BFH vom 10.10.1985
Aktenzeichen: IV B 30/85, BStBl.II 1986, S. 68-71.

BFH vom 23.10.1985
Aktenzeichen: VII R 107/81, BB 1986, S. 383.

BFH vom 29.10.1986
Aktenzeichen: II R 229/81, BFH/NV 1986, S. 20-21.

BFH vom 5.6.1986
Aktenzeichen: IV R 272/84, BStBl.II 1986, S. 802-805.

BFH vom 25.2.1986
Aktenzeichen: VIII R 134/80, BStBl.II 1986, S. 788-790.

BFH vom 15.7.1986
Aktenzeichen: VIII R 154/85, BStBl.II 1986, S. 896-900.

BFH vom 9.7.1986
Aktenzeichen: I R 218/82, BStBl.II 1987, S. 14-16.

BFH vom 21.10.1986
Aktenzeichen: VIII R 1/85, BFH/NV 1987, S. 152-156.

BFH vom 18.12.1986
Aktenzeichen: I R 52/83, BStBl.II 1988, S. 521-525.

BFH vom 26.3.1987
Aktenzeichen: IV R 20/84, BStBl.II 1987, S. 561-564.

BFH vom 26.10.1987
Aktenzeichen: GrS 2/86, BStBl.II 1988, S. 348-357.

BFH vom 22.7.1988
Aktenzeichen: III R 175/85, BStBl.II 1988, S. 995-999.

BFH vom 10.3.1988
Aktenzeichen: IV R 226/85, BStBl.II 1988, S. 832-836.

BFH vom 3.8.1988
Aktenzeichen: I R 157/84, BStBl.II 1989, S. 21-24.

BFH vom 14.12.1988
Aktenzeichen: I R 44/83, BStBl.II 1989, S. 323-326.

BFH vom 23.11.1988
Aktenzeichen: II R 209/82, BStBl.II 1989, S. 82-84.

BFH vom 10.6.1988
Aktenzeichen: III R 18/85, BFH/NV 1989, S. 348-350.

BFH vom 22.11.1988
Aktenzeichen: VIII R 62/85, BStBl.II 1989, S. 359-363.

BFH vom 26.7.1989
Aktenzeichen: I R 56/84, BStBl.II 1989, S. 1027-1029.

BFH vom 22.3.1989
Aktenzeichen: II R 15/86, BStBl.II 1989, S. 644-647.

BFH vom 16.5.1989
Aktenzeichen: VIII R 196/84, BStBl.II 1989, S. 877-879.

BFH vom 25.8.1989
Aktenzeichen: III R 17/84, BStBl.II 1990, S. 79-82.

BFH vom 10.8.1989
Aktenzeichen: X R 176-177/87, BStBl.II 1990, S. 15-17.

BFH vom 24.1.1990
Aktenzeichen: I R 157/85, I R 145/86, BStBl.II 1990, S. 639-643.

BFH vom 20.6.1990
Aktenzeichen: I R 160/85, BStBl.II 1990, S. 913-915.

BFH vom 11.4.1990
Aktenzeichen: I R 63/86, HFR 1990, S. 547.

BFH vom 30.5.1990
Aktenzeichen: I R 97/88, BStBl.II 1990, S. 875-878.

BFH vom 16.2.1990
Aktenzeichen: III B 90/88, BStBl.II 1990, S. 794-795.

BFH vom 2.3.1990
Aktenzeichen: III R 70/87, BStBl.II 1990, S. 733-736.

BFH vom 22.8.1990
Aktenzeichen: I R 119/86, BStBl.II 1991, S. 415-418.

BFH vom 12.12.1990
Aktenzeichen: I R 153/86, BStBl.II 1991, S. 479-484.

BFH vom 28.9.1990
Aktenzeichen: III R 178/86, BStBl.II 1991, S. 187-189.

BFH vom 28.9.1990
Aktenzeichen: III R 77/89, BStBl.II 1991, S. 361-363.

BFH vom 6.12.1990
Aktenzeichen: IV R 3/89, BStBl.II 1991, S. 346-348.

BFH vom 20.11.1990
Aktenzeichen: VIII R 10/87, BFHE 1991, S. 336-340.

BFH vom 11.12.1990
Aktenzeichen: VIII R 122/86, BFHE 1991, S. 346-352.

BFH vom 8.8.1990
Aktenzeichen: X R 149/88, BStBl.II 1991, S. 70-73.

BFH vom 28.11.1990
Aktenzeichen: X R 197/87, BStBl.II 1991, S. 300-305.

BFH vom 12.12.1990
Aktenzeichen: I R 27/88, BFH/NV 1992, S. 8-12.

BFH vom 26.6.1990
Aktenzeichen: VIII R 81/85, BStBl.I 1994, S. 645-648.

BFH vom 25.2.1991
Aktenzeichen: GrS 7/89, BStBl.II 1991, S. 691-703.

BFH vom 4.12.1991
Aktenzeichen: I R 148/90, BStBl.II 1992, S. 383-385.

BFH vom 31.7.1991
Aktenzeichen: I R 34/89, BFH/NV 1992, S. 486-488.

BFH vom 12.9.1991
Aktenzeichen: III R 233/90, BStBl.II 1992, S. 182-185.

BFH vom 12.12.1991
Aktenzeichen: IV R 28/91, BStBl.II 1992, S. 600-604.

BFH vom 16.4.1991
Aktenzeichen: VIII R 100/87, BStBl.II 1992, S. 234-237.

BFH vom 5.2.1992
Aktenzeichen: I R 127/90, BStBl.II 1992, S. 532-537.

BFH vom 26.8.1992
Aktenzeichen: I R 24/91, BStBl.II 1992, S. 977-981.

BFH vom 22.1.1992
Aktenzeichen: I R 43/91, BStBl.II 1992, S. 529-531.

BFH vom 25.3.1992
Aktenzeichen: I R 69/91, BStBl.II 1992, S. 1010-1012.

BFH vom 5.2.1992
Aktenzeichen: I R 79/89, BFH/NV 1992, S. 629-632.

BFH vom 8.4.1992
Aktenzeichen: XI R 34/88, BStBl.II 1992, S. 893-895.

BFH vom 7.7.1992
Aktenzeichen: VIII R 24/90, BStBl.II 1993, S. 333-336.

BFH vom 3.5.1993
Aktenzeichen: GrS 3/92, BStBl.II 1993, S. 616-628.

BFH vom 20.1.1993
Aktenzeichen: I R 115/91, BStBl.II 1993, S. 373-376.

BFH vom 30.3.1993
Aktenzeichen: IV R 57/91, BStBl.II 1993, S. 502-504.

BFH vom 12.5.1993
Aktenzeichen: XI R 1/93, BStBl.II 1993, S. 786-787.

BFH vom 28.7.1993
Aktenzeichen: I R 88/92, BStBl.II 1994, S. 164-167.

BFH vom 27.5.1993
Aktenzeichen: IV R 1/92, BStBl.II 1994, S. 700-702.

BFH vom 21.10.1993
Aktenzeichen: IV R 87/92, BStBl.II 1994, S. 176-179.

BFH vom 3.8.1993
Aktenzeichen: VIII R 37/92, BStBl.II 1994, S. 444-449.

BFH vom 13.7.1993
Aktenzeichen: VIII R 50/92, BStBl.II 1994, S. 282-287.

BFH vom 25.8.1993
Aktenzeichen: XI R 6/93, BStBl.II 1994, S. 23-26.

BFH vom 19.1.1994
Aktenzeichen: I R 67/92, BB 1994, S. 1275-1277.

BFH vom 9.3.1994
Aktenzeichen: II R 39/90, BStBl.II 1994, S. 394-398.

BFH vom 19.1.1994
Aktenzeichen: I R 67/92, BStBl.II 1996, S. 77-80.

BFH vom 18.1.1995
Aktenzeichen: I R 44/94, BStBl.II 1995, S. 742-744.

BFH vom 24.5.1995
Aktenzeichen: VIII B 153/94, BFH/NV 1995, S. 1078-1079.

BFH vom 18.5.1995
Aktenzeichen: IV R 125/92, BStBl.II 1996, S. 5-8.

BFH vom 28.9.1995
Aktenzeichen: IV R 34/93, BFH/NV 1996, S. 314-316.

BFH vom 8.2.1996
Aktenzeichen: III R 126/93, BStBl.II 1996, S. 542-544.

BFH vom 29.5.1996
Aktenzeichen: I R 118/93, BStBl.II 1997, S. 92-95.

BFH vom 1.8.1996
Aktenzeichen: VIII R 12/94, BStBl.II 1997, S. 272-277.

BFH vom 24.7.1996
Aktenzeichen: X R 139/93, BFH/NV 1997, S. 105-106.

BFH vom 25.9.1996
Aktenzeichen: III R 112/95, BStBl.II 1998, S. 70-72.

BFH vom 26.11.1996
Aktenzeichen: VIII R 42/94, BStBl.II 1998, S. 328-329.

BFH vom 27.11.1996
Aktenzeichen: X R 92/92, BStBl.II 1998, S. 97-100.

BFH vom 27.11.1996
Aktenzeichen: X R 92/92, BStBl.II 1998, S. 97-100.

BFH vom 23.6.1997
Aktenzeichen: GrS 2/93, BStBl.II 1997, S. 735-739.

BFH vom 19.6.1997
Aktenzeichen: IV R 16/95, BStBl.II 1997, S. 808-811.

BFH vom 11.6.1997
Aktenzeichen: XI R 77/96, BStBl.II 1997, S. 774-776.

BFH vom 9.6.1997
Aktenzeichen: GrS 1/94, BStBl.II 1998, S. 307-313.

BFH vom 15.10.1997
Aktenzeichen: I R 16/97, BStBl.II 1998, S. 249-252.

BFH vom 4.9.1997
Aktenzeichen: IV R 88/96, BStBl.II 1998, S. 657-658.

BFH vom 16.12.1997
Aktenzeichen: VIII R 32/90, BStBl.II 1998, S. 480-485.

BFH vom 7.10.1997
Aktenzeichen: VIII R 63/95, BFH/NV 1998, S. 1202-1204.

BFH vom 19.11.1997
Aktenzeichen: X R 78/94, BStBl.II 1998, S. 59-62.

BFH vom 4.11.1997
Aktenzeichen: VIII R 18/95, BStBl.II 1999, S. 384-387.

BFH vom 15.7.1998
Aktenzeichen: I R 24/96, BStBl.II 1998, S. 728-731.

BFH vom 21.7.1998
Aktenzeichen: III R 110/95, BStBl.II 1998, S. 789-792.

BFH vom 17.2.1998
Aktenzeichen: VIII R 28/95, BStBl.II 1998, S. 505-509.

BFH vom 9.9.1998
Aktenzeichen: I R 6/96, BStBl.II 1999, S. 129-133.

BFH vom 7.7.1998
Aktenzeichen: IV B 62/97, BFH/NV 1999, S. 167-168.

BFH vom 5.10.1998
Aktenzeichen: IV R 18/98, BStBl.II 1999, S. 286-291.

BFH vom 18.6.1998
Aktenzeichen: IV R 94/96, BFH/NV 1999, S. 295-298.

BFH vom 16.12.1998
Aktenzeichen: GrS 2/99, BStBl.II 2000, S. 632-638.

BFH vom 17.12.1998
Aktenzeichen: IV R 21/97, BStBl.II 2000, S. 116-119.

BFH vom 5.3.1998
Aktenzeichen: IV R 23/96, BStBl.II 2003, S. 56-58.

BFH vom 23.8.1999
Aktenzeichen: GrS 1/97, BStBl.II 1999, S. 778-782.

BFH vom 21.1.1999
Aktenzeichen: IV R 27/97, BStBl.II 1999, S. 638-647.

BFH vom 6.7.1999
Aktenzeichen: VIII R 9/98, BStBl.II 1999, S. 817-820.

BFH vom 11.8.1999
Aktenzeichen: XI R 77/97, BStBl.II 1999, S. 771-774.

BFH vom 15.12.1999
Aktenzeichen: I R 29/97, BStBl.II 2000, S. 527-533.

BFH vom 4.2.1999
Aktenzeichen: IV R 54/97, BStBl.II 2000, S. 139-143.

BFH vom 28.10.1999
Aktenzeichen: VIII R 66-70/97, BStBl.II 2000, S. 183-185.

BFH vom 24.6.1999
Aktenzeichen: IV R 33/98, BStBl.II 2003, S. 58-61.

BFH vom 17.2.2000
Aktenzeichen: V B 144/99, BFH/NV 2000, S. 999-1000.

BFH vom 7.12.2000
Aktenzeichen: VII B 207/00, Haufe-Index 2000, S. 1-3.

BFH vom 8.11.2000
Aktenzeichen: I R 10/98, BStBl.II 2001, S. 349-353.

BFH vom 8.11.2000
Aktenzeichen: I R 6/96, BStBl.II 2001, S. 570-573.

BFH vom 25.5.2000
Aktenzeichen: III R 20/97, BStBl.II 2001, S. 365-367.

BFH vom 6.4.2000
Aktenzeichen: IV R 31/99, BStBl.II 2001, S. 536-541.

BFH vom 20.6.2000
Aktenzeichen: VIII R 32/98, BStBl.II 2001, S. 636-641.

BFH vom 18.4.2000
Aktenzeichen: VIII R 68/98, BStBl.II 2001, S. 359-364.

BFH vom 28.3.2000
Aktenzeichen: VIII R 77/96, BStBl.II 2002, S. 227-230.

BFH vom 16.5.2001
Aktenzeichen: I R 102/00, BStBl.II 2001, S. 710-713.

BFH vom 27.6.2001
Aktenzeichen: I R 45/97, BFH/NV 2001, S. 1334-1336.

BFH vom 9.8.2001
Aktenzeichen: III R 30/00, BStBl.II 2001, S. 842-844.

BFH vom 20.4.2001
Aktenzeichen: IV B 53/00, BFH/NV 2001, S. 1256.

BFH vom 1.2.2001
Aktenzeichen: VII B 139/00, BFH/NV 2001, S. 947-948.

BFH vom 18.12.2001
Aktenzeichen: VIII R 5/00, BFH/NV 2002, S. 640-643.

BFH vom 18.7.2001
Aktenzeichen: X R 111/96, BFH/NV 2002, S. 173-175.

BFH vom 18.7.2001
Aktenzeichen: X R 15/01, BStBl.II 2002, S. 278-281.

BFH vom 5.6.2002
Aktenzeichen: I R 23/01, BFH/NV 2002, S. 1434-1436.

BFH vom 5.6.2002
Aktenzeichen: I R 96/00, BFH/NV 2002, S. 1638-1640.

BFH vom 14.5.2002
Aktenzeichen: VIII R 30/98, BStBl.II 2002, S. 741-746.

BFH vom 23.7.2002
Aktenzeichen: VIII R 36/01, BStBl.II 2002, S. 858-861.

BFH vom 18.12.2002
Aktenzeichen: I R 11/02, BFH/NV 2003, S. 700-702.

BFH vom 19.3.2002
Aktenzeichen: I R 87/00 n. rkr., DStR 2003, S. 264-268.

BFH vom 30.7.2002
Aktenzeichen: III B 50/01, BFH/NV 2003, S. 55-56.

BFH vom 22.8.2002
Aktenzeichen: IV R 6/01, BFH/NV 2003, S. 36-38.

BFH vom 9.7.2002
Aktenzeichen: IX R 29/98, BFH/NV 2003, S. 21-23.

BFH vom 16.7.2002
Aktenzeichen: IX R 62/99, BStBl.II 2003, S. 74-85.

BFH vom 9.12.2002
Aktenzeichen: VIII R 20/01, BFH/NV 2003, S. 601-604.

BFH vom 18.12.2002
Aktenzeichen: I R 17/02, BStBl.II 2004, S. 126-129.

BFH vom 27.8.2003
Aktenzeichen: I B 186/02, BFH/NV 2003, S. 1581-1582.

BFH vom 20.3.2003
Aktenzeichen: IV R 27/01, BStBl.II 2003, S. 878-881.

BFH vom 22.5.2003
Aktenzeichen: IX R 9/00, BStBl.II 2003, S. 712-714.

BFH vom 28.3.2003
Aktenzeichen: VIII B 194/01, BFH/NV 2003, S. 1308-1309.

BFH vom 1.7.2003
Aktenzeichen: VIII R 2/03, BFH/NV 2003, S. 1564-1567.

BFH vom 1.7.2003
Aktenzeichen: VIII R 9/02, BStBl.II 2003, S. 883-886.

BFH vom 19.11.2003
Aktenzeichen: I R 77/01, BFH/NV 2004, S. 271-274.

BFH vom 17.9.2003
Aktenzeichen: I R 91, 92/02, BFH/NV 2004, S. 182.

BFH vom 6.11.2003
Aktenzeichen: IV R 10/01, BStBl.II 2004, S. 416-419.

BFH vom 14.10.2003
Aktenzeichen: VIII B 281/02, BFH/NV 2004, S. 188-189.

BFH vom 25.2.2004
Aktenzeichen: I R 54/02, BStBl.II 2004, S. 654-658.

BFH vom 25.2.2004
Aktenzeichen: I R 8/03, BFH/NV 2004, S. 1234-1237.

BFH vom 26.8.2004
Aktenzeichen: II B 117/03, BFH/NV 2004, S. 1625-1626.

BFH vom 15.4.2004
Aktenzeichen: IV R 51/02, BFH/NV 2004, S. 1393-1395.

BFH vom 14.1.2004
Aktenzeichen: XI B 137/02, BFH/NV 2004, S. 638-639.

BFH vom 20.10.2004
Aktenzeichen: I R 11/03, BFH/NV 2005, S. 428-432.

BFH vom 15.9.2004
Aktenzeichen: I R 5/04, BFH/NV 2005, S. 421-426.

BFH vom 17.2.2004
Aktenzeichen: VIII R 28/02, BStBl.II 2005, S. 46-49.

BFH vom 14.1.2004
Aktenzeichen: XI B 135/02, Haufe-Index 2006, S. 1126426.

BFH vom 23.6.2005
Aktenzeichen: VI R 124/99, BFH/NV 2005, S. 1702-1706.

BFH vom 10.8.2005
Aktenzeichen: VIII R 26/03, BFH/NV 2005, S. 2283-2285.

BFH vom 18.5.2005
Aktenzeichen: VIII R 34/01, GmbHR 2005, S. 1633-1638.

BFH vom 14.6.2005
Aktenzeichen: VIII R 73/03, BStBl.II 2005, S. 861-864.

BFH vom 30.11.2005
Aktenzeichen: I R 26/04, BFH/NV 2006, S. 616-620.

BFH vom 30.11.2005
Aktenzeichen: I R 3/04, BFH/NV 2006, S. 426-429.

BFH vom 10.11.2005
Aktenzeichen: IV R 13/04, BFH/NV 2006, S. 409-413.

5. Bundesgerichtshof

BGH vom 31.1.1963
Aktenzeichen: VII ZR 266/61, BGHZ 1963, S. 315-317.

BGH vom 15.5.1972
Aktenzeichen: II ZR 144/69, WM 1972, S. 1399-1400.

BGH vom 9.2.1981
Aktenzeichen: II ZR 38/80, DB 1981, S. 1717-1718.

BGH vom 22.10.1984
Aktenzeichen: II ZR 262/83, WM 1984, S. 317-327.

BGH vom 11.5.1987
Aktenzeichen: II ZR 226/86, DB 1987, S. 1781-1784.

BGH vom 16.11.1987
Aktenzeichen: II ZR 24/87, WM 1988, S. 144-147.

BGH vom 21.3.1988
Aktenzeichen: II ZR 238/87, DB 1988, S. 1262-1263.

BGH vom 18.4.1989
Aktenzeichen: XI ZR 133/88, WM 1989, S. 807-810.

BGH vom 27.11.1989
Aktenzeichen: II ZR 43/89, DB 1990, S. 266-269.

BGH vom 16.12.1991
Aktenzeichen: II ZR 58/91, ZIP 1992, S. 237-242.

BGH vom 5.10.1992
Aktenzeichen: II ZR 172/91, BB 1993, S. 451-458.

BGH vom 21.7.1994
Aktenzeichen: II ZR 82/93, BB 1994, S. 1673-1675.

BGH vom 6.11.1995
Aktenzeichen: II ZR 164/94, 1996, S. 155-157.

BGH vom 2.7.2001
Aktenzeichen: II ZR 264/99, GmbHR 2001, S. 725-726.

BGH vom 8.1.2001
Aktenzeichen: II ZR 88/99, DStR 2001, S. 175-179.

BGH vom 13.3.2003
Aktenzeichen: VII ZR 370/98, NJW 2003, S. 1461-1462.

6. Finanzgerichte

FINANZGERICHT BADEN-WÜRTTEMBERG vom 3.9.1970
Aktenzeichen: VI 136/69, EFG 1971, S. 42-43.

FINANZGERICHT DÜSSELDORF vom 4.3.2002
Aktenzeichen: 17 K 3418/98 F, DStRE 2002, S. 826-831.

FINANZGERICHT DÜSSELDORF vom 4.3.2002
Aktenzeichen: 17 K 3669/98 F, EFG 2002, S. 693-696.

FINANZGERICHT DÜSSELDORF vom 4.3.2002
Aktenzeichen: 17 K 9829/98 F, DStRE 2002, S. 826-831.

FINANZGERICHT HAMBURG vom 22.4.1999
Aktenzeichen: II 23/97, DStRE 2005, S. 171-176.

FINANZGERICHT MÜNCHEN vom 18.4.2002
Aktenzeichen: 15 K 3814/98, EFG 2002, S. 1082-1083.

FINANZGERICHT MÜNCHEN vom 25.3.2003
Aktenzeichen: 6 K 2641/01, EFG 2003, S. 1072-1075.

FINANZGERICHT MÜNCHEN vom 4.2.2004
Aktenzeichen: 7 K 4666/01, EFG 2004, S. 846-849.

FINANZGERICHT MÜNSTER vom 5.4.2005
Aktenzeichen: 8 K 4710/01 E, EFG 2005, S. 1117-1130.

SCHLESWIG-HOLSTEINISCHES FINANZGERICHT vom 15.3.2000
Aktenzeichen: I 714/91, EFG 2000, S. 1057-1059.

7. Oberlandesgericht und Landgericht

LANDGERICHT STUTTGART vom 1.7.1994
Aktenzeichen: 2 KfH O 43/94, DB 1994, S. 1970-1972.

OBERSTLANDESGERICHT STUTTGART vom 1.3.1995
Aktenzeichen: 9 U 175/94, DB 1995, S. 818-821.

FSC
www.fsc.org
MIX
Papier | Fördert gute Waldnutzung
FSC® C083411

Kolibri 360 GmbH
Ferdinand-Jühlke-Straße 7
99095 Erfurt, Deutschland
produktsicherheit@kolibri360.de